탈냉전기 일본의 국가전략

안보내셔널리즘과 새로운 아시아주의

| 서남동양학술총서 |

탈냉전기 일본의 국가전략
안보내셔널리즘과 새로운 아시아주의

송주명 지음

서남 동양학술총서 간행사
21세기에 다시 쓴 간행사

　서남동양학술총서 30호 돌파를 계기로 우리는 2005년, 기왕의 편집위원회를 서남포럼으로 개편했다. 학술사업 10년의 성과를 바탕으로 이제 새로운 토론, 새로운 실천이 요구되는 시점이라고 판단했기 때문이다.
　알다시피 우리의 동아시아론은 동아시아의 발칸, 한반도에 평화체제를 구축하고자 하는 비원(悲願)에 기초한다. 4강의 이해가 한반도의 분단선을 따라 날카롭게 교착하는 이 아슬한 상황을 근본적으로 해결하는 방책은 그 분쟁의 근원, 분단을 평화적으로 해소하는 데 있다. 민족 내부의 문제이면서 동시에 국제적 문제이기도 한 한반도 분단체제의 극복이라는 이 난제를 제대로 해결하기 위해서는 우선 서구주의와 민족주의, 이 두 경사 속에서 침묵하는 동아시아를 호출하는 일, 즉 동아시아를 하나의 사유단위로 설정하는 사고의 변혁이 종요롭다. 동양학술총서는 바로 이 염원에 기초하여 기획되었다.
　10년의 축적 속에 동아시아론은 이제 담론의 차원을 넘어 하나의 학(學)으로 이동할 거점을 확보했다. 우리의 충정적 발신에 호응한 나라 안팎의 지식인들에게 깊은 감사를 표하는 한편, 이 돈독한 토의의 발전이 또한 동아시아 각 나라 또는 민족들 사이의 상호 연관성의 심화가 생활세계의 차원으로까지 진전된 덕에 크게 힘입고 있음에 괄목한다. 그리고 이러한 변화가 6·15남북합의(2000)로 상징되듯이 남북관계의 결정적 이정표 건설을 추동했음을 겸허히 수용한다. 바야흐로 우리는 분쟁과 갈등으로 얼룩진 20세기의 동아시아로부터 탈각하여 21세기, 평화와 공치(共治)의 동아시아를 꿈꿀 그 입구에 도착한 것이다. 아직도 길은 멀다. 하강하는 제국들의 초조와 부활하는 제국들의 미망이 교착하는 동아시아, 그곳에는 발칸적 요소들이 곳곳에 숨어 있다. 남과 북이 통일시대의 진전과정에서 함께 새로워질 수 있다면, 그리고 그 바탕에서 주변 4강을 성심으로 달랠 수 있다면 무서운 희망이 비관을 무찌를 것이다.

　동양학술총서사업은 새로운 토론공동체 서남포럼의 든든한 학적 기반이다. 총서사업의 새 돛을 올리면서 대륙과 바다 사이에 지중해의 사상과 꿈이 문명의 새벽처럼 동트기를 희망한다. 우리의 오랜 꿈이 실현될 길을 찾는 이 공동의 작업에 뜻있는 분들의 동참과 편달을 바라 마지않는 바이다.

서남포럼 운영위원회
www.seonamforum.net

책머리에
탈냉전기 일본의 국가전략: 기본 경향, 관점과 과제

1

 일본에서 전후 54년 가까이 철옹성 같던 자민당 지배가 끝나고 민주당의 새로운 시대가 열렸다. 민주당은 아시아를 중시하며 미일관계를 더욱 평등한 관계로 '상대화'하며, 무리한 과거사 정당화를 정정하는 일본의 새로운 국가전략을 모색해갈 것으로 보인다. 이제 일본은 동아시아에의 융해를 지향하고 민주적이며 공존지향적인 아시아 국가로 재탄생할 것인가. 그리고 그로 말미암아 동아시아의 새로운 시대가 열릴 것인가. 민주당의 새로운 국가전략은 과거 자민당이 주로 추진해온 한 가지 편향적 국가전략을 수정할 것이라는 점에서 상당히 '새로운' 것이겠지만, 다른 한편으로 그것은 이전 시기 동안 모색되어온 탈냉전의 총체적 국가전략 틀 속에서 발생하고 발전하는 것이라는 점에서 전혀 '새로운' 것이 아닐 수 있다. 따라서 과거 자민당 시기 모색되었던 국가전략의 다양한 유형들은 미래 일본의 진로를 가늠하는 데에도 주요한 시금석이 될 것이다.
 과거 자민당 정권시기 한국에서는 교과서 문제와 독도문제, 그리고 야스꾸니신사 참배 문제를 중심으로 일본의 과거사 인식에 대해서 '국가적인' 문제제기를 한 바 있고, 그 결과 양국간의 정치적 관계는 2년 이상 냉각기를 경험하였다. 그러나 여기서 문제의 핵심은 교과서 문제나 독도 문제라는 단편적 사건에 있는 것이 아니라 일본의 정치사회적 주류가 민족주의를 중심으로 국가전략의 대전환을 모색해왔다는 사실이다. 이러한 일본의 국가전략 전환의 주요 내용은 무엇이며, 왜 발생하였는가. 일본의 새로운 국가전략은 미래 동아시아 질서를 근본적으로 변화시킬 것이며, 우리의 미래에도 커다란 영향을 미칠 것이다. 일본이 앞으로도 코이즈미 내각과 아베 내각에서 보여준 대로 '정통 신보수우파'의 관점에 따라 안보내셔널리즘의 길을 고수한다면 한국으로서는 역사인식, 안보정책, 경제정책 등 거의 전면에 걸쳐 협력의 난관을 느낄 수밖에 없을 것이다.

필자는 과거 자민당 정권시기에 모색된 민족주의 국가전략 유형이 일시적 정치현상이 아니라 탈냉전과 세계화에 대응하기 위한 일본 나름의 전략적인 선택의 결과로 판단한다. 이때 우리는 일본 국가전략의 대전환이라는 문제에 대해 어떻게 대응해 나갈 것인가. 일본은 한국에게 동아시아라는 지리적 공간을 공유하는 가장 가까운 인방(隣邦)이며, 한반도 평화정착과 남북한관계의 진전에 도움을 얻어야만 하는 지역강국이고, 동아시아와 세계의 평화와 발전을 위해 건설적으로 협력해가야만 하는 핵심적 파트너 중 하나이다. 그러한 점에서 일본의 국가전략은 객관적으로 파악되어야 하며, 그에 대한 대응 또한 감정의 차원을 넘어서 구조적이고 현실주의적으로 모색되어야 한다.

2

21세기 일본은 탈냉전과 세계화의 조건 속에서 새로이 자신의 세계적 좌표를 설정해가기 위해 노력하고 있다. '잃어버린 10년'(lost decade)의 기간

중에 사회 전면의 침체를 경험한 일본은 9·11 테러 이후 미국 패권의 새로운 전개와 중국의 전례 없는 정치·경제적 성장 등 세계질서의 근본적 재편 상황에 대해 민족주의적으로 대응해오고 있다. 사실 일본정치사에서 민족주의 현상이 처음은 아니다. 전후정치에서 이른바 '보수본류'의 실용주의 정치에 대한 '대안'으로서 냉전적 자주국방론을 앞세운 '보수우파'들이 부단히 '내셔널리즘'의 정치를 제기한 바 있다. 그러나 1950년대 말 '안보국면' 이후 일본정치는 동서냉전과 미일동맹이라는 큰 틀을 전제로 국가적 내셔널리즘 전략을 동결하고, 보수와 혁신의 안정적 균형, 경무장 평화주의, 실용주의, 경제민족주의 등을 중심 요소로 하는 정치사회적 판(plate)을 짜왔다고 할 수 있다. 아이러니하게도 일본에서는 전세계적 냉전이 오히려 균형과 평화, 실용과 경제주의와 같은 '안정'을 가져다주었다. 이러한 점에서 전후 기간에 언뜻언뜻 내비쳐지던 내셔널리즘은 냉전하 일본정치라는 맥락에서는 정합적(整合的)이지 못한 것이었다.

그러나 탈냉전과 함께 냉전이 일본에 가져다준 역설적 안정은 급격히 붕괴하기 시작했고, 세계화의 진전과 더불어 세계 제2위의 대국인 일본의 경제적 지위 또한 심각하게 흔들리기 시작하였다. 탈냉전은 지금껏 일본사회 조직화에 규준(reference)으로 기능을 하던 적(敵)과 아(我,) 그리고 우(友)에 대한 관념을 뒤흔들었고, 이로써 일본 국내 정치사회질서의 안정적 균형 또한 점차 파괴하였다. 그리고 대외적으로 새로운 위협들을 재정의하고, 이에 대항할 수 있는 일본의 자립적·주체적인 재정립을 요구하였다. 나아가 세계화와 더불어 진행된 미일마찰, 경제위기, 생산네트워크의 초국적화 등의 요인들은 경제대국 일본의 성과를 안정화할 수 있는 새로운 미래전략을 요구하였다. 결국 탈냉전과 세계화는 종래 일본 정치경제에 안정성을 주던 제반의 가치와 전략, 문화의 효용성을 근저에서부터 흔들었던 것이다. 그리고 기존 가치체계와 행동양식을 뒤흔드는 불확실성과 혼란 상황에 대한 하나의 돌파전략으로 제기된 것이 선명한 민족주의였다. 결국 일본 사례는 탈냉전과 세계화가 상호 의존과 국제주의를 강화하여 국제협조와 평온한 현실을 가져올 것이라던 자유주의적 예상과는 상반되는 현상이다. 일본은 도리어 탈냉전과 세계화의 상황에 적절히 적응하기 위해 민족주의 전략으로 나서고 있다.

이러한 점에서 필자는 21세기 초두 일본정치를 가장 잘 이해할 수 있는 핵심어(key word)는 다름 아닌 '민족주의'이며, 국가전략으로서 '민족주의' 또한 단기간의 일시적 현상이라기보다 일련의 구조변화의 결과일 것으로 생각한다.

탈냉전과 세계화, 동아시아 국제질서의 재편과정에 대한 최근 일본의 민족주의적 대응은 상호 경합적이기도 하고 보완적일 수도 있는 '안보내셔널리즘'과 '경제민족주의'——그 확장 형태로서 '새로운 아시아주의'——라는 두 개의 대외전략, 국가전략 사조를 중심으로 전개되었다. 안보내셔널리즘은 탈냉전의 국제정치적 불확실성을 배경으로 주로 안보, 방위, 역사인식을 중심으로 전개되었으며, 새로운 아시아주의는 미일 경제마찰과 동아시아 경제위기를 계기로 하여 경제분야를 중심으로 전개되었다. 이 두 개의 새로운 대외사조는 미국 패권의 세계질서와 아시아, 특히 중국에 대한 인식과 대응전략에서 대립하거나 경합적 요소를 갖고 있다. 그러나 정치경제적 지리의 면에서 '구미'와 '아시아'의 중간에 있는 일본의 특수성 때문에 현실정책에서는 두 개의 경향이 부분적으로 상호 침투하면서도 모순적으로 공존하는 양상을 보여주기도 한다.

세기 전환기 일본의 지배적 두 외교사조의 특징을 대두조건, 주요이념, 주요 문제영역, 국제구상을 중심으로 간략히 정리하자면 다음과 같다.

	안보내셔널리즘	새로운 아시아주의
대두배경	탈냉전의 불확실성, '중국위협'과 '중국위험'	세계화 경제의 불안정성(미일마찰, 동아시아 경제위기 등), 미국 패권의 불안정성
주요 이념	국가적 정체성, 자주국방, 국가사회 중심주의, '자유민주주의/시장주의' 가치관, 구 사회주의의 극복	일본의 경제민족주의, 지역적 경제통합, 아시아 가치, 미국 패권의 극복
주요 문제영역	헌법 개정, 교육개혁, 역사문제, 국가주의, 자주국방과 세계적 안보국가	대외경제협력, 아시아통화협력, 무역투자 자유화(자유무역협정), 국제개발협력 등
국제구상	독립적 '힘의 균형', 반중국 국제연대	중국 포함한 동아시아 통합

3

이 책은 탈냉전과 세계화를 조건으로 한 일본 자민당 정권의 새로운 국가전략 모색을 안보내셔널리즘과 새로운 아시아주의라는 두 가지 전략사조의 분립과 교체, 교차의 과정으로 파악하며, 이 두 사조를 중심으로 세계화와 탈냉전의 조류에 대응하는 일본 외교의 거시적 좌표축을 분석하고 있다. 그리고 이러한 분석과 관련하여 민주당 정권의 새로운 국가전략 방향에 대해 간략히 논하고 있다. 이를 위해 이 책에서 이루어진 핵심적 작업은 다음과 같다. 첫째, 세계화와 탈냉전 조건에서 다차원적으로 제기되는 일본 외교와 국가전략 논의들을 안보내셔널리즘과 새로운 아시아주의라는 핵심 개념을 중심으로 유형화하고, 각 사조의 특징과 지향, 전략적 목표 등에 대해 상호 연관성에 유념하면서 분석하였다. 둘째, 새로운 국가전략 사조들이 전후 일본 대외전략의 중심적 철학이던 미일관계 중심주의와 국제주의를 어떻게 변형시키는지, 그리고 지역협력과 동아시아의 안정된 국제질서 형성에 이바지하던 자유주의적 협력의 이념을 어떻게 제약 혹은 변형해가는지를 분석하였다. 셋째, 현 싯점에서 상호 모순적 양상을 보여주나, 동아시아 국제질서에서 미국 주도력의 쇠퇴와 중국의 정치경제적 대두가 현실화될 것이라는 점을 고려한다면 안보내셔널리즘과 아시아주의는 제3의 새로운 외교사조로 수렴되어갈 수도 있다. 이 결과 냉전적 사고방식과 일본의 '독립성(자주성)'을 지향하는 안보내셔널리즘에 따라 재규정된 '아시아주의', 더 정확하게는 아시아 정책이 나타날 수 있다. 이 경우 동아시아 국가들은 더욱 강화된 일본의 국가이익 추구 속에서 어려운 정치적 선택을 강요받을 수도 있을 것이다. 이 책에서는 그 한 가지 사례를 일본의 자유무역협정 정책에서 확인할 수 있다고 보고 그 내용을 분석하고 있다. 넷째, 이 책은 새로운 대외사조하의 동아시아 국제협력이나 한일간 국제협력의 거시적 조건을 분명히 밝히기 위해서 앞으로 안보내셔널리즘의 변동방향을 예측하고 '동아시아 속의 한일 협력관계'라는 대안적 방향을 모색하고 있다.

이 책은 전체 5부로 구성되는데, 여덟 개의 장과 두 개의 보론, 그리고 에필로그가 여기에 포함된다. 처음 제1부 '탈냉전기 국가전략의 진화'는 제1장이 포함되는데 이 책 전반을 아우르는 사조의 흐름을 소개하고, 제2부 '새로운 아시아주의의 특질과 전개'는 제2장과 제3장이 해당하는데 아시아주의의 역사적 성립, 특질, 국제적 · 경제적 기반 등을 분석하며, 제3부 '안보내셔널리즘의 특질과 전개'는 제4장과 그 보론, 그리고 제5장, 제6장을 포함하는데 안보내셔널리즘의 이념적 · 정책적 특질과 그 정치 · 경제 · 사회적 기반에 대해 분석하며, 제4부 '아시아주의와 내셔널리즘의 교착'은 제7장과 그 보론을 포함하는데, 일본의 FTA 정책을 중심으로 안보내셔널리즘과 아시아주의의 부정적 유착에 대해 분석하고 있다. 그리고 마지막 제8장을 포함하는 제5부 '동아시아 속의 일본을 지향하여'와 에필로그 '민주당과 '새로운 아시아주의'의 재림'은 이 책 전체의 결론에 해당한다. 장별로 논의내용을 개괄하자면 다음과 같다.

제1장 '탈냉전기 새로운 일본 민족주의의 역사적 진화: 새로운 아시아주의와 친미 내셔널리즘'은 이 책의 서론에 해당하며 탈냉전기 일본 외교 혹은 대외전략의 기본적 방향을 소개하고 있다. 특히 탈냉전기 일본 대외전략의 특징이 민족주의 대두에 있으며, 그 구체 형태가 새로운 아시아주의와 안보내셔널리즘으로 발현된다는 설명의 틀을 제시하고, 하시모또 내각 이래 아베 내각까지 정권별로 대외전략 사조가 역사적으로 어떻게 진화해왔는지 그 추이를 보여주고 있다.

제2장 '새로운 아시아주의 대외전략 사조의 논리'에서는 1990년대 후반부터 2000년대 초까지 전후 일본정치사에 '섬광과 같이' 등장했던 새로운 아시아주의에 대한 논리적 분석을 시도하였다. 여기에서 필자는 전후 일본 대외전략에서 아시아의 정치적 비중이 증대하는 과정을 논한 이후, 대미관계, 아시아의 범위구성 문제, 일본과 아시아의 관계 문제 등을 중심으로 일본의 새로운 아시아주의의 논리적 요소들을 설명하고, 이 요소들의 현실적 결합의 결과로서 연미입아(連美入亞), 견미입아(牽美入亞), 이미입아(離美入亞)라는 세 개의 아시아 중시 대외전략 사조를 도출해내고 있다. 이 장은 미국과의 관계의 상대화 정도, 동아시아 지역과의 결합방안의 구체성 등의 기준을 중심으로 '이미입아' 노선을 새로운 아시아주의의 전형으로 간주하고, 그 주요한 논리적 특징과 정책사례를 소개하고 있다.

제3장 '새로운 아시아주의의 국제적 조건과 사회경제적 기반'에서 필자는 새로운 아시아주의의 개념적 특질을 더욱 명료하게 하고자 종래 일본 내에서 제기된 제반 '국가전략 구상'들과의 관련성을 설명하고 있다. 그리고 하나의 역사적 대외전략 조류로서 새로운 아시아주의가 성립하게 된 국제적 배경에 대해서 분석하고, 새로운 아시아주의의 경제적 지지배경을 일본 주요 기업들의 해외투자와 국제분업 경향, 그리고 아시아 경제위기 속에서 일

본기업의 행동동향 등을 중심으로 분석하고 있다.

제4장 '안보내셔널리즘과 동아시아 분열'에서는 2000년대 초반 이후 일본정치의 주류가 되는 안보내셔널리즘의 논리구조를 해명하고 있다. 이 장에서는 안보내셔널리즘의 논리구조를 이념, 안보전략, 제도개혁으로서 헌법개정, 동아시아와의 관계 등에 천착해서 분석하고 있다. 특히 그 이념적 특질로서 역사와 '전통'의 정당화, 집단적 자위권 회복, 국가주의, 탈아적 신냉전주의, 자주적 친미주의를 부각하고 있다. 그리고 안보내셔널리즘의 정책 전개와 관련하여 1990년대 중반부터 최근까지 상황을 분석하고 있는데, 이를 통해 일본 안보내셔널리즘의 지향성이 오자와적 의미의 '보통국가'를 훨씬 뛰어넘어 전세계적인 안보국가를 지향하는 것임을 분명히 밝힌다. 나아가 안보내셔널리즘 관점의 헌법 개정 방향을 자민당 초안을 중심으로 검토하고, 이에서 일본의 안보내셔널리즘이 동아시아의 장래에 미칠 영향을 분석하는데, 신냉전적 성격으로 말미암아 안보내셔널리즘은 동아시아 협력에 위협이자 커다란 장애가 될 수 있음을 밝혔다. 그리고 마지막으로 안보내셔널리즘에 대한 대처방안을 개략적으로 제시하고 있다.

제5장 '안보내셔널리즘의 사회적 기반: '신자유주의'와 '강한 일본 욕구' 간의 딜레마적 상호작용'에서는 안보내셔널리즘의 사회적 지지기반과 그 특질을 신자유주의 사회현상과 연관하여 분석하고 있다. 1990년대 이래 주요 통계를 통해 일본경제의 신자유주의적 구조변화를 추적하고, 신자유주의의 승자그룹과 패자그룹이 '동상이몽(同床異夢)'적으로 '강한 일본 지향성'을 표출하고 있으며, 이러한 새로운 내셔널리즘의 사고방식이 궁극적으로 안보내셔널리즘의 저변을 형성하고 있음을 보여주고 있다. 특히 일본정부에서 행한 다년간의 '국민의식조사' '외교태도조사', 그리고 『요미우리신문』『아사히신문』『마이니찌신문』 등 일본 3대 일간지의 '헌법 개정여론조사'를 통해서 사회적 승자그룹(지배계층) 및 전통계급의 내셔널리즘 지향과 사회적 패자그룹(피지배계층) 및 전문직 계층의 내셔널리즘 지향의 차이를 확인한 후,

이를 중심으로 대중적 차원의 새로운 내셔널리즘과 정치적인 차원의 안보내셔널리즘의 격차가 존재한다는 점을 논하고 있다.

제6장 '탈냉전의 정치·경제지형과 안보내셔널리즘'에서는 안보내셔널리즘을 직접적으로 일으킨 일본 국내의 정치·경제지형의 변화를 분석한다. 우선 정치지형의 변화와 관련하여 1990년대 이후 일본 정계의 세대교체와 '신보수우파' 정치인들의 주류화를 논하고, 신보수우파 정치세력의 형성과정과 그 주요 활동을 분석한다. 특히 이와 관련하여 역사, 헌법, 교육, 대외정책, 야스꾸니 문제 등을 중심으로 하는 '의원연맹' 활동을 분석하고 있다. 그리고 안보내셔널리즘이 재계의 열렬한 지지 속에서 추진되게 된 배경을 일본경제단체연합과 경제동우회의 입장분석을 통해 설명하고 있다. 그리고 마지막으로 이러한 정치·경제의 지형변화를 배경으로 일본의회 내에서, 특히 정당별로 개헌문제의 태도변화가 일어나는 상황을 보여준다.

제7장 '안보내셔널리즘과 아시아주의의 변질: 자유무역협정 정책의 사례'에서는 현재 추진되고 있는 일본 자유무역협정 정책의 성격변화 과정을 분석한다. 원래 자유무역협정 정책은 경제민족주의(신중상주의)의 연장에 있는 아시아주의 정책의 일환으로 등장하였지만, 2000년대 초 이래 중국에 대한 정치경제적 위협론 및 위험론의 대두와 함께 안보내셔널리즘의 시각이 직접적으로 침투하여 신냉전적인 재해석이 이루어지고 있음을 보여준다. 결국 이 자유무역협정의 사례는 아시아주의와 안보내셔널리즘의 부정적 결합의 전형임을 설명한다.

제8장 '내셔널리즘을 넘어 동아시아 속의 한일관계로'에서 필자는 일본의 안보내셔널리즘으로 말미암은 현재까지의 한일간 협력의 어려움을 지적한 후, 향후 일본의 민족주의 국가전략, 특히 안보내셔널리즘이 세계, 동아시아, 한일 양국 관계라는 차원에서 어떠한 영향을 미칠지, 그리고 어떠한 문제가 야기될지를 간략히 전망하고 있다. 그 위에서 안보관계, 경제관계, 사회문화적 관계를 중심으로 협력 가능성을 모색하고 있다. 그리고 정서적 접근을 넘

어서 미래 한일관계에 대해서는 현실주의적 접근이 필요하며, 안보내셔널리즘에 대한 중요한 대안으로서 '동아시아 속에 융해된 일본'을 제시하고 그 속에서의 한일관계의 발전을 모색해야 함을 분명히 밝혔다.

마지막으로 에필로그 '민주당과 '새로운 아시아주의'의 재림'은 제8장과 함께 이 책의 결론부에 해당한다. 에필로그는 2009년 8월 30일 총선거를 통해 민주당이 집권한 이후 전개될 국가전략 방향을 이 책의 분석(分析) 싯점과 관련하여 논하고 있다. 특히 여기에서는 민주당의 국가전략을 완화된 안보내셔널리즘과 새로운 아시아주의의 결합으로 파악한 후 이 책에서 논하는 '동아시아 속에 융해된 일본'이라는 실천적 과제가 더욱 적실해지고 있음을 지적하고 있다.

한편 두 개의 보론은 '안보내셔널리즘의 역사인식: '새 역사교과서'의 분석'과 '한일자유무역협정의 검증: 한국 관점에서의 재고'라는 두 개의 소논문이다. 첫번째 보론은 제4장 안보내셔널리즘의 논리구조를 역사인식 면에서 보완하는 글인데, 2005년판 후소샤(扶桑社)의 『새로운 역사교과서(중학교 검정신청판)』의 근현대 기술에 대한 비판적 분석의 글이다. 두번째 보론은 제7장 일본 FTA 정책의 검증과 관련된 글인데, 필자의 2004년 논문을 현재적 관점에서 재구성하여 실은 글이다.

4

현재 국제정세는 또하나의 커다란 전환기에 처해 있다. 그 전환기의 계기는 다름 아닌 현재 세계체제의 중심인 미국에서 발생하고 있다. 서브프라임 모기지에서 발단한 미국경제의 위기가 전세계 경제의 위기를 낳고 있다. 이 전대미문의 위기는 지금까지 미국이 이끌어온 신자유주의적 금융지배 자본주의와 미국 주도 세계질서의 안정성에 대한 본질적인 문제제기를 일으킬 것이다. 이러한 거대한 위기를 배경으로 미국의 민심은 민주당의 버락 오바마(Barack Hussein Obama)를 새 시대를 이끌 대통령으로 선택하였다. 오바마의 당선은 그간 조지 부시(George Walker Bush)의 보수주의와 일방적이고 개입주의적인 대외정책과 전쟁정책에 대한 흐름이 점차 변화될 것을 의미함과 동시에 자국의 경기회복을 위해 국내외 정책 면에서 최대한의 노력을 할 것임을 의미하기도 한다. 그러나 전환의 시대라고 할지라도 위기의 끝자락이 보이지 않는 것처럼 그 도달지점은 지극히 불확실할 뿐이다.

이러한 미국발 위기, 미국발 세기전환 국면은 일본의 정치지형과 동아시아 정책에도 커다란 영향을 미치고 있다. 현재의 정세는 미국 주도의 신자유주의 세계질서의 위기이자 상대적으로 평화지향적이면서 보호주의의 잠재적 가능성이 있는 미국 리더십의 등장으로 요약할 수 있다. 이 상황에서 일본에서는 미국 주도의 세계질서의 위기와 미국의 보호주의 압력을 회피하거나 상쇄할 정책수단을 모색하는 정치-정책그룹의 설득력이 강화될 수밖에 없을 것이다. 그것은 정책적으로는 새로운 아시아주의가, 그리고 정치적으로는 유력 야당이던 민주당이 새로운 선택지로 각광받는 환경을 만든다는 것이다. 2009년 8월 말 일본에서는 역사적인 정권교체가 이루어졌다. 자민당 정권의 장기 집권과 신자유주의 정책, 그리고 정권의 무능력에 대한 국민의 총체적 혐오가 민주당의 압승을 낳았다. 민주당은 미국발 경제위기의 위험성을 견제하기라도 하듯이 미일관계의 재조정과 동아시아 공동체라는 '새로운 아시아주의'를 국가전략으로 제시하고 있다. 이와 더불어 일본으로서는 위기 속에서 EU경제의 상대적 안정성을 '선망(羨望)'하면서 독자적인 지역주의 프로젝트를 추구해갈 수밖에 없을 것이다. 결과로 일본에서는 그 어느 때보다도 아시아주의의 정책환경이 강화될 것이다. 앞으로 일정기간 동안 안보내셔널리즘보다는 새로운 아시아주의적 정책경향은 강화될 것이다.

그러나 앞으로 일본에서 다시 새로운 아시아주의가 '재림(再臨)'한다고 하더라도 그것은 오부찌(小淵惠三) 내각에서 나타났던 '새로운 아시아주의'

의 전형과는 상당히 거리가 있을 것이다. 제7장에서 볼 수 있지만 우선 아시아주의 정책 흐름 내부에 중국에 대한 경제민족주의, 그리고 신냉전주의적 대결자세가 형성되어 있다는 점을 고려할 수 있다. 이렇듯 아시아주의와 중국견제 정서가 공존하게 된 것은 안보내셔널리즘의 성장으로부터 영향을 받은 것도 있지만, 중국의 성장 그 자체가 동아시아 질서에 대해 갖는 '기회'와 '위협'('위험요인'을 포함한)의 객관적 양면성(딜레마)을 반영한 측면도 있다. 이 중국견제 정서는 앞으로 일본의 아시아주의 정책그룹들이 과감하고도 발본적인 아시아 대지역주의를 추구하는 데 내부 장애물이 될 것이다.

한편 과거 자민당의 주류, 즉 안보내셔널리즘의 주창자들은 향후 어떠한 정치적 입장을 취할 것인가. 가장 중요한 변수는 미국의 리더십 변화이다. 지금까지 일본의 안보내셔널리스트들은 보수적이고 친일적이며, 일방적 개입주의적인 미국정권의 정책에 편승(bandwagon)하는 친미일변도 정책을 취해왔고, 그럼으로써 자신들의 정책목표를 쉽게 달성해왔다. 자민당 정권은 동맹의 정치적 '합치'(match)의 이점을 충분히 누려온 것이다. 그러나 이제 오바마의 집권과 일본 민주당의 집권은 지금까지는 경험해보지 못한 새로운 정치적 '합치'와 '불합치'(mismatch) 구조를 제기할 것이다. 이 과정에서 성급한 내셔널리스트(혹은 아시아주의자)라면 미국과의 정치적 간극에 불만을 표할 수도 있을 것이다. 따라서 내셔널리즘의 현실주의적 생리상 극단적 반미(反美)에까지 이르기는 어렵다고 하더라도 적어도 혐미―견미(牽美) 혹은 이미(離美)―의 경향은 강해질 것이다.

이러한 점에서 앞으로 일본의 대외전략의 흐름인 안보내셔널리즘과 새로운 아시아주의 모두 미국과의 관계를 상대화하는 방향으로 수렴하면서 더욱 긴밀한 상호작용을 개시할 수도 있을 것이다. 그러나 그러한 상호작용이 구체적으로 어떻게 진행될지는 아직 미지수이며, 세계적 전환의 도달지점이 불투명한 만큼이나 민주당의 일본정치 방향도 수많은 변수를 안은 채 불확실성을 가진 것이 사실이다. 이 책의 분석이 위기 이후 일본정치와 국가전략의 변화를 체계적으로 이해하고, 일본 국가전략 변화의 동아시아 및 세계 정치적 함의를 체계적으로 분석하는 데 도움이 되기를 바란다. 이 책의 내용은 과거종결형이 아니라 현재진행형이다. 그만큼 필자가 놓친 문제와 쟁점이 상당수 있을 것이다. 그로 말미암아 발생한 분석의 오류나 설명의 한계는 오로지 필자의 책임이다. 더욱 발전된 후속 작업이 이어질 수 있도록 독자 여러분의 건설적인 문제제기를 희망한다.

이 책은 2000년 이래 필자가 현대 일본정치를 따라 읽으면서 가져왔던 가장 큰 연구관심을 한차례 총괄하는 작업의 일환으로 쓰였다. 학자적 삶에 대해 끊임없이 일깨워주면서 이 책을 출판할 수 있도록 격려해주신 분이 있다. 필자의 스승이신 일여(一如) 고(故) 구영록(具永祿) 선생님이시다. 선생님은 학자로서 언제나 공부하고 연구하는 자세를 강조하셨으며, 또 그 본을 직접 보인 분이시다. 언제나 마음속에 계시면서 긴장을 잃지 않도록 가르침을 주신 선생님께 이 책을 바친다. 이 책과 관련하여 또 한 사람 고마움을 표할 사람이 있다. 나와 가장 가까이 있으면서 연구자로서 삶을 더욱 치열하게 살도록 도와주고 충고해준 나의 아내 김유향 박사이다. 그는 이 책의 집필과정에서도 원고를 읽어주고 정리하는 데 큰 도움을 주었다. 그리고 이 책의 원고를 꼼꼼히 읽어주고 참으로 귀중한 코멘트를 해주신 두 분의 심사자께도 깊은 감사를 드린다. 그분들의 코멘트는 이 책이 한 차원 거듭나도록 해주었다. 이 책은 2003년 서남재단의 지원결정에 힘입어 쓰어졌다. 그리고 그간 재단의 독려가 이 책을 마무리하기까지 큰 동력이 되었음을 고백하며 깊은 감사를 드린다.

2009년 9월
송주명

차례

서남동양학술총서 간행사 | 21세기에 다시 쓴 간행사 __ 5
책머리에 | 탈냉전기 일본의 국가전략: 기본 경향, 관점과 과제 __ 7

제1부   탈냉전기 국가전략의 진화 __ 35

**제1장   탈냉전기 새로운 민족주의의 역사적 진화:
새로운 아시아주의와 안보내셔널리즘** __ 37

   1. 문제제기 __ 39
   2. 탈냉전기 일본 민족주의 __ 41
      (1) '잃어버린 10년'과 새로운 민족주의 __ 41
      (2) 새로운 민족주의의 두 형태 __ 42
   3. 하시모또 내각의 '연미입아'와 새로운 민족주의의 태동 __ 47
      (1) 표준적 외교사조: '연미입아' __ 47
      (2) 새로운 민족주의 대외전략의 태동 __ 48
   4. 오부찌 내각과 아시아주의의 '섬광' __ 50
      (1) 동아시아 경제위기와 아시아주의 __ 51
      (2) 안보내셔널리즘의 전개: '북한위협론'의 발원 __ 54
   5. 모리 내각과 안보내셔널리즘의 확산 __ 56

(1) 아시아 정책의 타성화와 안보내셔널리즘의 확산 __ 56
　　　(1) 박약한 대북 관여정책 __ 58
　6. 코이즈미 내각과 안보내셔널리즘의 '만개' __ 60
　　　(1) 미일간 신보수우파 정치의 합주 __ 61
　　　(2) 코이즈미의 신보수우파 리더십 __ 63
　　　(3) '반테러전쟁'과 집단적 자위권 문제: '친미'의 전략적 활용 __ 65
　　　(4) 유사법제: 안보내셔널리즘의 국내 체계 __ 68
　　　(5) 북한 납치문제와 안보내셔널리즘의 사회적 고착 __ 70
　　　(6) 역사문제와 '탈아' 내셔널리즘 __ 72
　7. 아베 내각과 친미내셔널리즘의 '동요' __ 74
　　　(1) 역사인식의 은폐: 아베 '아시아' 전략과 애매함의 정치 __ 75
　　　(2) 개헌문제와 교육기본법 그리고 안보정책 __ 76
　　　(3) 자유와 번영의 호: 해양벨트의 중국 포위 구상 __ 77
　　　(4) 친미내셔널리즘의 딜레마 __ 79
　8. 맺음말 __ 83

제2부　새로운 아시아주의의 특질과 전개 __ 87

제2장　새로운 아시아주의 대외전략 사조의 논리 _ 89

  1. 문제제기 _ 91
  2. 역사적 개념으로서 새로운 아시아주의 _ 92
    (1) 제국주의적 아시아주의와 새로운 아시아주의 _ 93
    (2) 새로운 아시아주의 _ 95
  3. 냉전시기 일본의 대외경제전략과 '아시아' _ 99
    (1) 강고한 미국 패권 시기: 냉전체제하 동남아시아와 중국 _ 99
    (2) 미국 패권의 일시적 후퇴 시기: 후꾸다 선언과 환태평양연대구상 _ 101
    (3) 신냉전과 협력적 동맹 시기: 팍스 컨소르티스 구상과 APEC _ 102
  4. 새로운 아시아주의의 배경 _ 105
    (1) '잃어버린 10년'과 비관적 민족주의 _ 106
    (2) 미일 마찰 _ 107
    (3) 동아시아 경제위기 _ 110
  5. 새로운 아시아주의의 주요 변수들 _ 112
    (1) 미일관계 _ 112
    (2) '아시아'의 범위 _ 117
    (3) 아시아와 일본: 일본 지역패권의 본질 _ 122

6. 새로운 아시아주의로의 과도적 대외전략 사조 유형 _ 127
　(1) 비아시아주의 _ 128
　(2) '연미입아'론 _ 134
　(3) '견미입아'론 _ 137
7. 새로운 아시아주의: 두 개의 논리와 정책사례 _ 140
　(1) '이미입아'론과 새로운 아시아주의 _ 141
　(2) 국제통화질서의 아시아주의 _ 142
　(3) 자유무역협정 정책과 아시아주의 _ 146
　(4) 이상적 동아시아주의 _ 152
8. 맺음말: 동아시아 국제정치와 새로운 아시아주의 _ 156

제3장　새로운 아시아주의의 국제적 조건과 사회경제적 기반 _ 161
1. 문제제기 _ 163
2. 새로운 아시아주의 _ 164
3. 새로운 아시아주의의 위상과 주요 경향 _ 167
　(1) 경제대국론으로서 새로운 아시아주의 _ 167
　(2) 미국 위상의 상대화 _ 169
4. 새로운 아시아주의와 지역질서 _ 175
　(1) 일본과 중국 _ 175

  (2) 융화의 아시아, 차별의 아시아 __ 177
 5. 새로운 아시아주의의 국제적 조건 __ 180
  (1) 일본의 경제대국 위상 __ 180
  (2) 외압의 구조: 패권의 성격 __ 182
  (3) 좌절의 아시아: '캐치업 위기의 초극'으로서 '새로운 아시아주의' __ 183
 6. 일본기업의 아시아 네트워크와 새로운 아시아주의 __ 184
  (1) 일본의 해외투자와 아시아 국제분업 __ 185
  (2) 아시아 경제위기와 일본 산업의 국제분업 네트워크 __ 189
  (3) 수직 국제분업 __ 192
 7. 맺음말 __ 193

제3부 안보내셔널리즘의 특질과 전개 __ 197

제4장 안보내셔널리즘과 동아시아 분열 __ 199
 1. 문제제기 __ 201
 2. 이념: 안보내셔널리즘 __ 203
  (1) 정치적 연원 __ 204
  (2) 집단적 자위권과 헌법 개정 __ 205

(3) 국가주의 _ 207
(4) 신냉전주의와 탈아론: 위협인식과 영토 주장 _ 209
(5) 자주적 친미주의 _ 212

3. 탈냉전의 정치와 안보정책의 진화:
   친미내셔널리즘의 '팍스 컨소르티스' _ 214
   (1) 안보내셔널리즘의 급진전 _ 214
   (2) 지침 개정과 주변사태법 _ 217
   (3) 유사법제: 일본방위와 지역안보의 일체화 _ 219
   (4) 테러와 '특별법': 집단적 자위권의 기정사실화 _ 220
   (5) 새로운 안보전략: 미영일 '팍스 컨소르티스'? _ 223

4. 국가목표: 헌법 개정의 좌표축 _ 226
   (1) 실질적 개헌효과: 전후 평화주의의 변질 _ 226
   (2) 헌법조사회와 정당정치 지형: 주요 경과 _ 227
   (3) 자민당: 안보내셔널리즘의 헌법 구상 _ 230
   (4) 민주당: 오자와의 '보통국가론'으로의 수렴 _ 233
   (5) 공명당의 가헌론: 국제공헌론과 집단적 자위권의 용인 _ 234

5. 동아시아의 신냉전: 동아시아의 분열 _ 235
   (1) 안보내셔널리즘과 동아시아의 분열 _ 236
   (2) 동아시아 신냉전과 잠재적 봉쇄 구도 _ 238

(3) 동아시아의 안보 불안요인으로서 안보내셔널리즘 _ 241
　6. 맺음말: '중국문제'의 협조와 동아시아의 재형성 _ 242

제4장 보론 안보내셔널리즘의 역사인식: '새 역사교과서'의 분석 _ 245
　1. 안보내셔널리즘과 새로운 역사교과서 _ 247
　2. 역사서술의 이념: 애국주의, 역인종주의, 냉전주의 _ 248
　　(1) 근현대 정치에 대한 목적론적 서술 _ 248
　　(2) 신냉전(반공)주의로 점철된 서술 _ 252
　3. 국내정치 관점: 국가주의, 파시즘의 긍정 _ 253
　　(1) 영토 편입과 국내 민족통합의 강제성에 대한 은폐 _ 254
　　(2) 자유민권운동과 근대적 민주정치 관념의 태동에 대한 서술의 부재 _ 256
　　(3) 프러시아형 입헌제의 모순에 대한 서술의 부재 _ 257
　　(4) '교육칙어'와 천황지배, 국가주의 요소의 은폐 혹은 정당화 _ 257
　　(5) 후발형 산업화의 모순적 측면에 대한 서술의 회피 _ 258
　　(6) 전전 민주주의(다이쇼데모크라시)의 가능성과 한계에 대한 평가 결여 _ 259
　　(7) 일본 파시즘의 존재에 대한 암묵적 부인 _ 260
　　(8) 전후 미국의 점령정책과 민주개혁의 의미 폄하 _ 261
　4. 국제관계: 제국주의 지배의 정당화와 공존철학의 상실 _ 261
　　(1) 정한론의 정당화 _ 262

(2) 조선병탄에 대한 속류 현실주의적 정당화 _ 263
　　(3) 식민지 근대화론 _ 264
　　(4) 1차대전과 중국 개입의 객관적 맥락에 대한 곡해 _ 266
　　(5) 전쟁의 본격적 정당화: 만주사변, 중일전쟁, 태평양전쟁 _ 266
　　(6) '대동아공영권'의 정당화 _ 267
　　(7) '피해자' 일본의 이미지 _ 268
　　(8) 전후 평화주의의 의미 폄하 _ 269
5. 역사교과서와 후대의 가치관: 민주주의와 공존의 미래 _ 269

제5장　안보내셔널리즘의 사회적 기반:
　　　'신자유주의'와 '강한 일본 욕구' 간의 딜레마적 상호작용 _ 271

1. 문제제기 _ 273
2. 설명의 틀과 자료: 신자유주의와 내셔널리즘 _ 276
　　(1) 사회적 기반의 분석 틀 _ 276
　　(2) 주요 변수: 연령대와 계층 _ 279
　　(3) 분석자료: 3대 신문사 헌법 여론조사의 장기 경향 검증 _ 280
3. '잃어버린 10년'의 잃은 것과 얻은 것:
　　신자유주의 경제정책과 '신경제'의 효과 _ 283
　　(1) '잃어버린 10년': 국제화에서 세계화로 _ 283

(2) 신자유주의 경제정책 _ 284

(3) '신경제'의 경제사회 _ 286

4. 사회계층 변화와 사회의식: '패자'들의 불안정한 사회심리 _ 288

(1) 연령변수: '20대 패자'론 _ 289

(2) 계층화 변수: 사회계급별 '승자'와 '패자' _ 291

(3) '패자'들의 사회의식: 사회의 폐색감, 다시 신자유주의 바다로 _ 300

5. 신자유주의와 내셔널리즘의 사회의식: 애국, 개헌, 안보 _ 306

(1) 애국주의와 국가주의 _ 307

(2) 신자유주의의 '미래지향'적 돌파구?: 개헌담론의 당연화 _ 314

(3) 무엇을 위한 개헌인가: '안보대국화'의 다양한 층위 _ 323

6. 아래로부터의 내셔널리즘과 위로부터의 내셔널리즘:
'대중정서'와 '전략적 프로젝트' _ 339

(1) 새로운 내셔널리즘과 '안보국가' 구상의 편차:
'전통적 내셔널리즘'과 '전후형 내셔널리즘' _ 340

(2) 기득권층과 패자들의 불안한 '합주' _ 344

(3) 대중정서와 전략적 프로젝트: 선동과 음모, 그리고 재구성 _ 348

7. 맺음말: 새로운 내셔널리즘과 향후 과제 _ 353

제6장 탈냉전의 정치·경제 지형과 안보내셔널리즘 _ 359

1. 문제제기: 탈냉전과 정치·경제적 지형 변화 _ 361
2. 이념적 균형의 파괴 _ 362
3. 집권세력의 정치적 세대교체: 신보수우파의 전면화 _ 363
    (1) 세대교체 _ 363
    (2) 신보수우파 결집의 핵심 기제로서 '의원연맹' _ 366
    (3) '정통' 신보수우파 주도의 정치지형 _ 388
4. 재계의 신국가전략 _ 391
    (1) 경제동우회의 안보대국 지향성 _ 393
    (2) 일본경제단체연합회의 안보대국 지향성 _ 394
    (3) 경제계의 안보내셔널리즘 지지의도 _ 395
5. 국회 내 개헌 정치지형의 변화 _ 399
    (1) 탈냉전기 국회의원의 개헌의식 변화 _ 399
    (2) 헌법 제9조 개정: 집단적 자위권과 국제공헌 _ 401
6. 맺음말 _ 405

제4부 아시아주의와 내셔널리즘의 교착 _ 409

제7장 안보내셔널리즘과 아시아주의의 변질:

자유무역협정 정책의 사례 _ 411

1. 문제제기 _ 413
2. 자유무역협정 정책의 국내적 배경:
   장기 침체의 일본경제와 산업의 동아시아 전략 _ 415
   (1) 국내 경기의 장기 침체 _ 416
   (2) 제조업 산업공동화 _ 417
   (3) 기업의 동아시아 활동전략의 강화 _ 420
   (4) 국제분업 패턴의 변화 _ 423
3. 국가이익과 기업이익: 신중상주의적 FTA/EPA의 설계 _ 426
   (1) 국내 산업정책: 친기업적 시장환경 정비 _ 427
   (2) 산업정책의 국제적 보완으로서 동아시아 FTA/EPA _ 429
4. 경제민족주의와 동아시아 FTA/EPA의 현실화 _ 432
   (1) 일본의 동아시아 FTA/EPA론 _ 432
   (2) 수출 확대와 적극적 공동화 대책: 대상지역의 고관세 철폐 _ 433
   (3) 일본과 ASEAN 4개국간 쌍무협정 _ 437
   (4) 한일 FTA _ 441
   (5) 누적 원산지 규정과 일본 – ASEAN 다자 EPA:
   수직적 국제분업망의 재구축 _ 443

5. 신냉전주의적 FTA 네트워크의 전개 _ 447
          (1) 경제적 위협으로서 중국: 동아시아 해양벨트 FTA/EPA 네트워크 _ 447
          (2) 외교와 안전보장 관점의 투영 _ 450
          (3) 동아시아 외연의 확대: '가치관 외교' '자유와 번영의 호' _ 452
       6. 맺음말 _ 456

제7장 보론 한일자유무역협정의 검증: 한국 관점에서의 재고 _ 459
       1. 문제제기: 한일 FTA의 경위와 문제점 _ 461
       2. 정당화 논리와 실질적 이해관계 _ 463
       3. 관세철폐의 효과 _ 466
       4. 비관세장벽과 대한투자, 경제협력 _ 470
       5. 한일 FTA와 노동규제 _ 473
       6. 한일 FTA와 한중일, 동아시아 FTA _ 474
       7. 동아시아 협력의 새로운 비전 _ 475

제5부   동아시아 속의 일본을 지향하여 _ 481

제8장   내셔널리즘을 넘어 동아시아 속의 한일관계로 _ 483

1. 동아시아 속의 한일관계를 위하여 __ 485
2. 동아시아 정치의 '탈냉전'과 한일관계의 부정교합:
일본의 '포스트 민주주의'와 한국의 '민주주의 심화' __ 487
3. 문제의 소재: 정통 신보수우파 안보내셔널리즘 __ 491
    (1) 탈냉전기 일본 내셔널리즘의 방향 __ 491
    (2) 갈등의 단초로서 자민당 안보내셔널리즘 __ 494
4. 세계 속의 일본: 국제평화와 발전에 공헌하는 문민국가 __ 499
    (1) 안보내셔널리즘과 집단적 자위권, 그리고 공격적 미일동맹 __ 500
    (2) 공세적 경제민족주의의 통상전략 __ 502
    (3) 친미 안보내셔널리즘의 대중정서 __ 504
    (4) 평화적으로 국제공헌하는 '문민국가' 일본 __ 506
5. 동아시아 속의 일본: 동아시아로의 '융해'와 통합을 위한 노력 __ 508
    (1) 동아시아의 안전보장 문제 __ 508
    (2) 북한문제와 일본의 딜레마 __ 509
    (3) '중국문제'와 일본 __ 511
    (4) 동아시아 경제와 일본의 국가이익 중심주의 __ 513
    (5) 내셔널리즘과 대중의 중국 혐오의식 __ 517
    (6) 일본의 동아시아로의 융해 __ 519
6. 한일 쌍무관계의 재조정 __ 522

(1) 지역 안보구상의 대조 _ 522
(2) 구조적 무역역조 _ 523
(3) 충돌, 공유, 연대의 사회문화적 관계 _ 525
(4) 상반된 발전의 한일관계 개혁 _ 527
7. 정서적 접근을 넘어 현실주의 접근으로 _ 529

에필로그 | 민주당과 '새로운 아시아주의'의 재림 _ 534

참고문헌 _ 546
찾아보기 _ 576

제1부

탈냉전기 국가전략의 진화

제1장

탈냉전기 새로운 민족주의의 역사적 진화:
새로운 아시아주의와 안보내셔널리즘

1. 문제제기

1990년대 중후반 동아시아 지역에서는 강대국간의 관여(engagement)를 특징으로 하는 안정적 국제질서가 모색되어왔다. 이는 유일 '초강대국'인 미국의 정책 변화, 그리고 이에 대한 중국의 묵시적 수용 아래 가능한 것이었다. 이러한 협조적 국제상황에서 한국의 대북 '햇볕정책'이 출현할 수 있었으며, 6·15공동선언 등 중요한 성과도 가능했다.

그러나 세기의 전환과 함께 동아시아의 관여형 국제질서는 다자적 틀이 가동되기는 했지만 북핵문제를 중심으로 견제와 압박, 그리고 경쟁의 질서로 재편되었다. 2000년 말과 2001년 초 동아시아 질서 형성에서 핵심적인 두 강대국, 미국과 일본에서 보수적이고 현실주의적인 정치권력이 수립되었다. 미국의 부시(George W. Bush) 정권은 동아시아에서 관여정치보다는 '힘의 균형'과 '개입'을 근간으로 하는 보수적 정치를 추구해왔고,[1] 여기에 일본 코이즈미 준이찌로(小泉純一郎) 내각의 내셔널리즘 정치가 중첩되었다. 새로운 정치권력으로의 교체는 종래 미중일 삼국간의 상호작용 양식, 그리고 동아시아 안정과 평화의 핵심고리인 한반도, 특히 남북한 관계에 근본적 변화를 가져왔다.

이 장은 일본 탈냉전기 민족주의적 대외전략의 구체적 분석에 앞서, 그 기본 유형과 전개과정을 총론적으로 개설하기 위한 장이다. 즉 탈냉전기 대

---

[1] 이 책에서 '관여'(engagement)와 '개입'(intervention)은 대외정책의 이질적 대상을 국제질서의 공동 조력자로서, 즉 건설적 파트너로서 인정하느냐 여부로 구별한다. 즉 '관여'의 경우 대외정책의 대상국가가 '이질적'인 가치관을 따르고 있는 경우라고 할지라도, 그 국가를 대화와 협상의 파트너로 인정하고 그들이 국제질서에 참여해 책임과 의무를 다하고 그 질서의 일원이 되도록 순치(馴致)하는 전략을 의미한다. 반면 '개입'은 대외정책을 가치관의 동질성 여부로 구별하고, 동일한 가치관의 연합 혹은 동맹을 축으로 한 견제, 봉쇄, 공세 등에 의해 비동질적 국가 혹은 국가군의 대외정책을 무력화하려는 전략을 의미한다.

외전략 패러다임의 진화 과정을 역사적으로 개괄하고 시기별 특징을 유형화함으로써 일본에서 민족주의적 대외전략이 성장하는 계기와 구조를 보여주고자 한다. 일본에서는 탈냉전의 초기 싯점인 1990년대 초부터 자유주의적 '관여'의 질서와 모순되는 새로운 민족주의의 대외전략 사조가 성장해왔다. 이 민족주의적 대외전략은 정치분야와 경제분야를 중심으로 구별되는 두 가지 형태로 발전해왔는데, 국제정치경제 상황의 변화 속에서 상호 교차하거나 공존하는 양상을 보여주었다.

아시아 국가들과 커다란 불협화을 보였던 코이즈미 내각의 신탈아론(新脫亞論)적 대외정책 경향, 그리고 아베 신조(安部晋三) 내각의 친미 내셔널리즘 전략으로 대표되는 정치군사적 '안보내셔널리즘'은 새로운 민족주의의 특수한 형태이다. 이와 달리 경제분야에서의 민족주의는 '새로운 아시아주의'라는 형태로 현실화되었는데, 1990년대 초중반의 미일 경제마찰, 그리고 세기말의 동아시아 경제위기를 배경으로 나타났던 반미적(혹은 미국 견제적)이고 지역통합 지향적인 동아시아 정책들이 대표적이다. 요컨대 정치분야의 민족주의가 주로 신보수우파 성향의 '안보내셔널리즘' 형태로 나타났다면, 경제분야의 민족주의는 지역주의 요소가 강한 '새로운 아시아주의'의 형태로 구체화하였다. 이 장에서는 1990년대 중반 이후 역사적으로 전개된 새로운 민족주의의 전략사조들을 개괄하고, 그 역사적 형태의 논리구조를 해명하며, 그것이 동아시아 정치에 주는 거시적 영향력에 대해 분석할 것이다. 특히 이 장에서는 새로운 민족주의의 대표적 양태들인 오부찌 케이조(小淵惠三) 내각의 아시아주의, 그리고 코이즈미 내각과 아베 내각의 안보내셔널리즘을 중심으로 분석하고자 한다.[2]

---

2) 이하의 분석은 송주명(2002c)을 토대로 재집필되었다.

2. 탈냉전기 일본 민족주의

(1) '잃어버린 10년'과 새로운 민족주의

1990년대 이래 민족주의는 일본 외교사조에서 뚜렷한 경향성을 가지며 성장해왔다. 1980년대까지 미일동맹을 근간으로 양보와 조정, '협조주의'에 기반을 둔 반응적(reactive) 외교를 펼쳐 오던 종래의 양상에 비하면, 세기 전환기 일본 외교의 변화는 독자성의 정도와 적극적인 '국익 추구'라는 점에서 놀라운 것이다. 이러한 민족주의 외교는 '잃어버린 10년'이라는 1990년대의 장기 불황과 일본경제의 지체된 회생과정, 이와 결부된 사회적 퇴행과 변질, 그리고 사회적 병리현상 등을 국내적 배경으로 하고 있다. 성장하는 '일류국가'(Japan as no. 1)로서 1980년대의 이미지는 사라지고, 일본 자본주의의 새로운 돌파구를 찾지 못하던 시대가 1990년대였다. 나아가 '중산층 붕괴'로 지칭되는 사회계층 구조의 하강고착 현상——사회구조의 경직화 현상——과 '고령화' '소자화(少子化)'로 인한 사회적 역동성의 상실이 현격해지고 있었다(佐藤俊樹, 2000). 뿐만 아니라 학교 붕괴, 청소년 범죄 등 사회적 정체성 상실 현상마저 가중되었다. 1990년대 이후 '일본모델'의 재편과 무력화 과정에서 일본인들은 전대미문의 자신감 상실을 경험하였다. 이러한 전반적인 사회적 자신감 상실 속에서 이에 대한 정치적 돌파구로서 주목된 것이 민족주의였다. 이른바 사회적 '폐색감(閉塞感)'으로 표현되는 '사면초가'의 상황에 대한 가장 손쉬운 선택지가 다름 아닌 민족주의적 접근이었던 것이다. 1990년대 이후 관료사회(가스미가세끼, 霞が關)나 정계(나가다초, 永田町)에서 만연하기 시작한 '국익' 혹은 '국가적 정체성'에 대한 강조는 '폐색감'에 휩싸인 대중을 의식한 것이다. 즉 일본정치의 새로운 민족주의 현상은 바로 이 '자신감 상실'의 거울상(mirror image)이었다.

(2) 새로운 민족주의의 두 형태

'잃어버린 10년'이라는 국내 조건을 배경으로 탄생한 민족주의 흐름은 일본에서 특정한 국제적 조건과 문제영역에 따라 두 가지 형태로 분화되어 전개되었다. 전전의 파국적 경험에 대한 '반성'적 결과로서 전후 보수에는 두 개의 흐름이 존재하게 되었다. 종래 전전의 국가주의적 보수와 더불어 비국가주의(非國家主義)적 보수, 즉 보수본류가 정치적인 주류 흐름으로 등장한 것이다. 전후 보수는 보수본류와 보수우파라는 두 개의 존립형태를 보여주어 왔다. 보수본류는 냉전 상황이었지만 실용주의와 경무장 노선을 위해 친미전략을 추구하면서 경제적 이익을 최대화하려는 지향성을 보여주었다. 이러한 점에서 보수본류는 미국의 냉전전략을 실용주의적으로 상대화하면서 동아시아 최대시장인 중국과의 관계 개선을 중요한 정책과제로 삼았다. 보수우파는 상대적으로 냉전·반공주의적 관점에서 재무장 및 군사력 강화를 추진하며, 이를 위해 미국과의 군사적 동맹을 전략적으로 강화하는 정책을 추구해왔다. 궁극적으로 보수우파는 일본의 자주적 독립을 추구하려는 국가주의적 경향을 보이면서 동아시아 최대 사회주의 국가인 중국에 대립적인 입장을 견지해왔다.

탈냉전기, 즉 일본으로서는 잃어버린 10년 동안 경제대국의 위기를 극복하고 돌파하려는 민족주의적 흐름이 강력하게 분출되었다. 즉 잃어버린 10년 동안 좌절의 상황을 경험하면서 부분적 양보와 협조를 지향하던 1980년대까지의 주류적 정책노선은 역사무대의 뒤편으로 퇴장하였고, 일본(중심)주의와 일본의 국가이익을 가장 우선하여 일본의 위기를 타파하려는 새로운 민족주의 지향과 충동이 전면에 부상하게 되었다. 탈냉전기 이러한 민족주의의 전개양태는 전후 보수의 존립양태에 의해 큰 틀에서 규정되면서 두 가지로 구별되어 전개된다. 즉 경제적 실용주의 흐름과 안보적 자주국방(독립)주의 흐름과 관련해 탈냉전의 새로운 민족주의 지향성이 각각 독특하게 구체화한다. 이것이 1990년대 일본의 폐색상황(閉塞狀況)을 돌파하고자 한 새로운 민족주의──일본주의와 국가이익우선주의──의 기반을 공유하면서도 '경제'와 '안보' 영역에서 각각 다른 두 민족주의 유형이 전개되는 이유이다.

두 유형 중 하나는 전전 국가주의적 내셔널리즘의 연속선상에 있는 '안보내셔널리즘'이다. 이는 1960년대 이전의 하또야마 이찌로(鳩山一郞)와 기시 노부스께(岸信介), 1980년대의 나까소네 야스히로(中曾根康弘) 등 보수우파 정치인들이 추구해온 '자주국방' 노선과 이를 위한 국가적 정체성의 재확인을 핵심적 지향성으로 갖고 있다(若宮啓文, 1995: Chap. 3). 다른 하나는 전후 경제의 세계화와 경제적 패권의 구조변동 속에서 형성되어온 '경제민족주의'이다. 요컨대 경제민족주의는 1980년대 이후 성취된 일본의 경제대국 지위──세계 제2위의 10~15%의 GDP 국가──와 경제적 구조를 안정적으로 유지해가려는 지향이다. 이 두 개의 민족주의 지향은 세계정치와 경제구조의 변동이 일으키는 불안정성과 불확실성을 돌파하기 위해 일본의 '국가이익'과 '일본주의'를 행동기준으로 설정하고 적극적 외교를 추구한다는 점에서 동일하다.

그러나 두 종류의 민족주의는 특정한 문제영역과 국제적 조건에 따라 그 내용과 지향성이 재구성되고 있다. 우선 안보내셔널리즘은 미래 동아시아의 특정한 세력균형을 염두에 두고 전개되고 있다. 요컨대 새로운 보수우파(이후 신보수우파) 정치인들과 관료들이 동아시아에서 가장 크게 고려하는 변수는 '미래의 중국'이라고 할 수 있다. 자민당의 다수를 점하는 안보대국론자들, 민주당의 적극적 개헌론자들, 방위청과 외무성의 보수관료, 자위대 관련 인사 등 신보수우파 세력들은 종래 냉전주의적 사고방식의 연장선에서 영토문제 등에서 보이는 중국의 '패권주의'적 대외 관행을 견제해왔다. 특히 일본의 안보내셔널리즘은 1993년 세계은행의 『동아시아 기적: 경제성장과 공공정책』(The East Asian Miracle: Economic Growth and Public Policy) 보고서가 발표된 이후 미국과 일본에서 광범위하게 전개된 '중국위협' 논쟁을 계기로 본격화된다. '중국위협' 이론의 논리구조를 따르면 21세기 중국은 미국에 버금가는 경제대국이 될 것이며, 이 경제력에 기초해 동아시아 질서를 자국에 유리하게 재편해가려는 패권추구형 국가가 될 것이다. 앞으로 중국은 일본의 통제범위를 벗어난 거대세력으로 성장할 것이며, 안보와 경제 양면에서 일본에 대해 동아시아 질서의 안정성을 동요시킬 수 있는 구조적 '장애물'이 될 가능성이 크다. 따라서 일본의 신보수우파들은 현재의 중국을 억지하면서 미래 적정한 힘의 균형을 형성할 수 있도록 하는 전략구도가 필요하다고 보았다. 일본을 '비군사 평화주의'라는 '핸디캡 국가'에 머물게 하는 제도적 제약들은 극복되어야 하며, 앞으로 국가적으로 통일된 대응이 가능하도록 국가 정체성과 군사적 전략체제를 질적으로 강화해야 한다는 것이다. 이 전략적 구상의 일부로서 신보수우파 세력들은 과거 국가주의적 역사를 정당화하고, 국가적 상징체계와 '국체(國体, 오늘날 표현으로서 꾸니가라, 국병國柄)'──이는 곧 천황제 국가체제를 가리킨다──를 중심으로 국가의식을 재정립하기 위한 이념적 작업을 서두르고 있다.3) 최근 빈발하는 '역사왜곡' 문제는 우연한 사태거나 단순한 정치 제스처가 아니라 안보내셔널리즘 프로젝트의 중요한 이념적 전제를 이루며, 따라서 아주 본질적이고 전략적인 성격을 갖고 있다(田久保忠衛, 2001).

다음으로 경제민족주의는 전통적으로 미국에 대한 경제적 대항의 연장선에서 이해할 수 있다. 미국이 주도해온 미일 경제마찰이나 세계화의 부작용을 계기로 경제대국의 성과유지에 최대의 관심을 두고 있던 대장성(현재 재무성) 국제금융 부문, 통산성(현재 경제산업성), 외무성의 아시아파 등 정책당국

---

3) 가령 국가적 상징 문제와 관련해서는 관례로 국기와 국가로 인정되어오던 히노마루(日の丸)와 기미가요(君が代)의 법제화를 반대파의 저항에도 통과시킨 것에서 잘 나타난다 (細谷實, 1999; 石田英敬, 1999). 천황국체를 중심으로 하는 집단의식의 고양 문제는 '교육법 개정' 문제를 둘러싸고 보수우파 진영이 취한 태도에서 잘 나타난다(『東京讀賣新聞』 朝刊, 2000年 3月 1日; 『每日新聞』 朝刊, 2000年 6月 1日).

과 자민당 보수본류 중심의 경제주의적 정치인, 그리고 재계의 일부 인사를 중심으로 '국가이익' 관념과 '반미(反米)' 혹은 '혐미(嫌米)' 정서가 급속히 강화되었다(鈴木健二, 1994). 이들은 일본 경제체제의 안정적 존립을 위해 미국의 '전횡'과 미국 통화질서의 불안정성으로부터 보호받을 수 있는 국제경제적 조건을 모색하기 시작했다. 결국 이 경제민족주의는 신중상주의적 지향성을 갖고 있었지만, 강렬한 '반미' 혹은 '혐미' 정서를 배경으로 '새로운 아시아주의'로 확대되었다.

이 새로운 아시아주의로의 전환 혹은 확대의 과정은 1990년대 이후 두번의 커다란 계기를 통해 이루어지게 된다. 첫째 국면인 1990년대 초반에 '초엔고(超円高)'와 결합한 미일마찰 상황에서 경제민족주의자들은 미국에 대한 일종의 '위협카드'로서 아시아주의를 활용하였다. 예컨대 일본은 미국시장을 대신하여 아시아 시장을 적극적으로 개척해야 하며 미국 통상정책에 대해 일방적으로 양보하기보다는 마하티르(Mahathir bin Mohamad)가 제시한 '동아시아 경제협력체'(East Asian Economic Caucus, EAEC)와 같은 동아시아만의 국제조직을 구성하여 주체적으로 미국에 대응해야 한다는 등의 논지를 편 것이 그것이다. 그러나 이 싯점까지 아시아주의란 추상적 내용만을 갖는 하나의 경향(tendency)으로 존재하고 있을 따름이었다. 왜냐하면 당시까지 아시아주의는 주류(主流)로까지 성장하지는 못하였고, 일부 인사에 의한 대미 카드, 즉 '아시아 카드'로서 그 의미와 위상이 제약되어 있었기 때문이다. 한편 1997년 말 이후 전개된 동아시아 경제위기와 이와 연동한 일본 국내의 금융위기 상황 속에서 아시아주의는 새로운 발전의 국면을 맞이하게 된다. 이 싯점 일본의 경제민족주의자들은 일본경제와 동아시아 경제간의 구체적 연동관계에 주목하여 달러 경제체제의 불안정성을 극복하고 일본 경제체제의 안정성을 강화할 수 있는 한 가지 유력한 대안으로서 동아시아 국가들간의 금융·통화·무역·경제협력 등을 추구하였다. 동아시아 경제위기는 일본의 경제민족주의자들이 아시아 지역주의자로서 스스로 정체성과 아이디어를 확장하게 하는 핵심적인 계기가 되었던 셈이다.

그림1 세기 전환기 일본의 새로운 민족주의의 전개양상

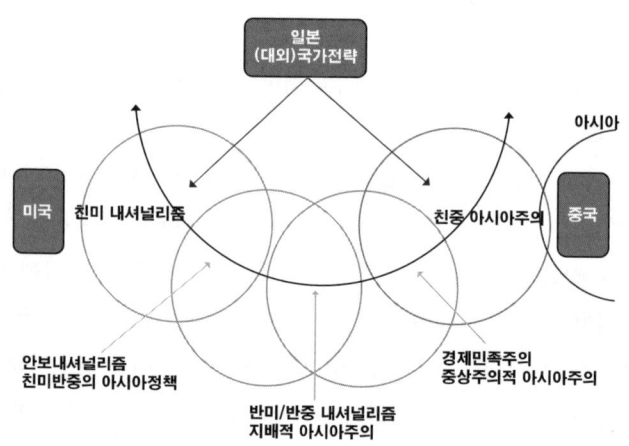

앞서 본 신보수우파의 안보내셔널리즘이 미일 기축의 전략적 동맹을 활용하면서 '힘의 균형' 시각하에 중국에 대해 대항적 관점을 갖는 데 반해, 경제민족주의, 즉 아시아주의는 반미 혹은 혐미의 정서와 함께 미일기축론을 폄하하며, 중국을 포함한 동아시아를 미국에 대항하거나 미국 주도의 경제질서의 불안정성에 대한 방어기제——일종의 동아시아 경제블록——로 통합해가려는 경향을 보여주었다. 이러한 안보내셔널리즘과 아시아주의는 정책요소를 일정하게 상호 공유하면서도 국제적 조건과 정권 성격의 변동에 따라 상호 교대되는 정책체계들이기도 하다. 이하에서는 1996년 자민당이 정권주도 정당으로 복귀한 이후 두 개의 민족주의 대외전략 사조가 어떠한 방식으로 각각 진화해왔는지, 그리고 어떠한 계기를 통해 상호 교대하고 침투·변화해왔는지를 개괄하도록 하겠다.

3. 하시모또 내각의 '연미입아'와 새로운 민족주의의 태동

민족주의의 정책사조가 일본정치무대에서 본격적인 쟁점이 되기 시작한 것은 자민당이 주도정당으로서 정권에 복귀한 것과 때를 같이한다. 1993년 정권을 상실하고 다음해 사회당에 의탁하여 내각에 복귀했을 때까지만 하더라도 자민당은 대외적 이미지 쇄신과 집권기반 재구축을 위한 내부적 노력에 집중하였다. 그러나 1996년 하시모또 류따로(橋本龍太郞)의 자민당 주도 연립내각이 수립되면서 이 두 방향의 민족주의는 주류 정책영역의 밖에서이지만 서서히 그 존재를 드러내기 시작했다.

(1) 표준적 외교사조: '연미입아'

하시모또 내각은 미국 클린턴 정권의 동아시아 정책 구도를 수용함으로써 대체로 '연미입아(連美入亞, 일본식으로는 伴米入亞)'로 지칭되는 미국 동반의 아시아 관여정책을 추구하였다. 이는 카또 코이찌(加藤紘一) 간사장 등 자민당 자유주의 그룹과 사회당, 신당 사끼가께 등 진보-자유주의적 연립여당이 개입한 1996년의 '미일신안보선언'과 1997년의 '미일방위협력지침'의 개정 과정에서 상대적으로 잘 나타난다. 이 '안보 재정의'와 '지침 개정'은 미군의 동아시아 주둔을 지속하고 미일간 자유주의 연합에 기초해 중국을 관여의 틀 안으로 끌어들이겠다는 것으로, 동아시아 질서 형성의 핵심국들인 미중일 세 강대국간의 상호 협력적 미래상을 공식화한 것이었다(Nye, 1995;『每日新聞』朝刊, 1996年 12月 7日;『每日新聞』朝刊, 1997年 4月 27日). 나아가 경제면에서도 미국경제의 호전으로 미일 경제마찰의 정도가 약화하였으며, 양국은 APEC을 중심으로 지역무역 자유화의 전체적 틀을 형성하는 데 별다른 이견을 내세우지 않았다(1994년 보고르 선언, 1995년 오오사까 행동지침, 1996년 마닐라 행동계획). 이러한 점에서 하시모또 내각 시기 동아시아 정책은 자유주의 지향의 연미입아론, 즉 미국과 아시아를 동시에 배려하면서도 지역 전반의 안정과 협력을 지향하는 지역적 관여정책을 '표준'으로 한 것이었다(『外交靑書』, 1997: Chap. 1).

(2) 새로운 민족주의 대외전략의 태동

당시 미국의 동아시아 정책은 앞서 밝힌 바와 같이 중국의 전략적 위상을 중시한 자유주의적 관여정책이었으며, 그 입안자 또한 페리, 나이와 같이 소위 일본에 대한 '병마개'론자들이었다.[4] 그러나 탈냉전기 새로운 동아시아 정세에 대응하기 위해 일본 방위체계의 강화와 역할분담을 요구했다는 점에서 이를 둘러싸고 일본 정치세력 내부에서 논쟁이 야기되었다. 그리고 경제적인 문제와 관련해서는 미일 경제마찰의 후유증과 '일본 때리기'(Japan Bashing) 조짐에 대한 일본 국내의 잠재적 반발은 여전히 지속하였다.

특히 하시모또 내각 기간에 동아시아 안보정책에 대한 재정립 과정은 안보내셔널리즘이 자기정체성을 확립하게 하는 중요한 단초가 되었다.[5] '지침개정'과 관련해서는 '주변지역' 정의를 둘러싼 논쟁에서 보수우파들은 중국을 견제하려고 하였고, 중국을 잠재적 적으로 상정하여 군사력을 강화하려는 입장을 분명히 밝혔다. 대만 총통선거와 그로 말미암은 대만해협 정세의 긴장, 중국의 핵실험 단행, '센까꾸 제도(尖角諸島, 중국명 댜오위다오 조어도釣

---

4) '병마개'론이란 일본의 방위력 증강을 미일 안전보장조약의 틀 아래에서 진행함으로써 미국이 일본의 군사화를 궁극적으로 제어하는 역할을 수행할 것이라는 인식을 가리킨다. 따라서 궁극적으로 미국은 일본의 '자립적 군사화'를 용인하기보다는 미국의 패권에 종속적인 '군사적 역할'만을 인정할 것이라는 견해이다.

5) 이러한 사고방식은 면면히 이어온 반중국 민족주의 사조가 안보문제와 결부하면서 본격화한 것으로 볼 수 있다. 반중국 민족주의의 기본 사고는 『エコノミスト』(1994年 3月 15日)의 좌담회 「日米關係新局面と中國・北朝鮮」에서 나까지마(中嶋嶺雄)의 발언을 참조하라.

魚島)'에 대한 영유권 분쟁 등 중일관계의 악요인(惡要因)을 고려하면서(『外交靑書』, 1997: Chap. 1), 당시 카지야마 세이로꾸(梶山正六) 관방장관, 카메이 시즈까(龜井靜香) 자민당 참의원 간사장 등은 중국을 잠재적 적으로 간주하고 대만해협을 '주변' 범위에 포함하여 자위대의 활동반경을 확대하고 자율성 증대하기 위해 노력했다. 결국 그들은 미국과의 '안보 재정의' 작업 과정을 중국이라는 위협을 가시화하고, 이를 근거로 일본의 군사력과 안보내셔널리즘을 강화하는 중요한 계기로 활용하려 했다(『每日新聞』 朝刊, 1998年 5月 5日). 한편 경제적 차원에서는 미일간 포괄교섭을 둘러싼 혐미 감정이나 클린턴 행정부의 대일 경제정책에 대한 대중적 반감을 배경으로 일부 언론인, 재계인사, 관료 들을 중심으로 미국의 세계적 자유화 압력을 견제하기 위한 '아시아 카드'가 거론되기 시작하였다. 통상정책의 중점을 미국이 아니라 아시아로 옮김으로써 미국의 통상압력을 감소해야 한다는 주장이 그것이다. 이렇듯 '친미 · 탈아'의 안보내셔널리즘과 아시아주의 등 민족주의적 대외전략의 단초들이 형성됨으로써 1980년대 말 이래 일본정부——외무성과 내각——의 표준적 아시아 정책이던 자유주의적 연미입아 혹은 '아시아태평양'론——미국을 동반한 아시아 관여론——은 그 이념의 통일성과 정체성 면에서 부분적인 균열과 동요가 나타나기 시작한다.

그림2 하시모또 내각의 연미입아 구도

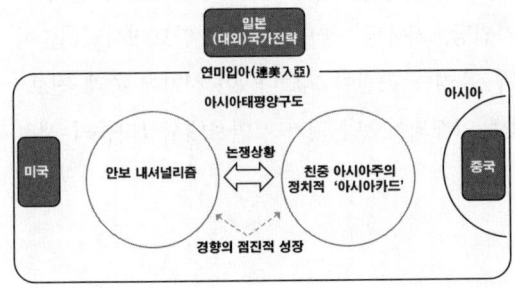

4. 오부찌 내각과 아시아주의의 '섬광'

2년에 약간 못 미친 오부찌(小淵惠三) 내각 기간에 일본의 대외전략에서 가장 큰 특징은 일본 전후사에 있어 섬광(閃光)과 같이 아시아주의가 전면화된 것이었다. 아시아주의는 동아시아 경제위기의 폭발을 배경으로 본격적으로 대두했다. 이는 1990년대 초반까지의 아시아 중시 경향이 일국주의적 경제민족주의의 틀을 벗어나지 못하고 미국에 대한 정치적 '위협카드' 정도의 역할만을 하였던 것과는 아주 대조적인 것이다. 1997년 말 동아시아 경제위기가 발생함으로써 이미 금융불안과 경기침체에 시달리던 일본도 새로운 국면의 심각한 위기에 봉착했다. 이 상황에서 일본의 정책당국은 연쇄적 경제위기에서 탈출할 수 있는 특단의 대내외적 조치를 취해야만 했다. 요컨대 미국 주도의 세계화, 그중에서도 국제통화와 금융 면의 세계화가 일으킨 심각한 불안정성에 직면하여 일본의 일부 대외 경제정책 담당자들은 자국 경제의 방어를 위해 동아시아와 일본을 하나로 연결하고, 이를 미국 주도의 세계경제에서 분리할 필요성을 절감하였다. 이 시기 금융, 국제개발 및 무역, 경제외교 면에서 제기되었던 조치들은 '아시아태평양'이 아니라 '아시아'만을 염두에 둔 것이었으며, 동아시아 그 자체에 대한 적극적인 '관여'를 통해 앞으로 자국 중심의 지역적 경제통합 기반을 확보하려는 정책들이었다.

아시아주의 정책이 주류로 부상한 중에서도 오부찌 내각은 신보수우파의 안보내셔널리즘 프로젝트에서 자유롭지 못하였다. 하시모또 내각과 달리 오부찌 내각의 보수연립——자민당, 자유당, 공명당——은 안보내셔널리즘이 내면적으로 확산하는 데 매우 유리한 조건이 되었다. 이 시기에 종래 진보-자유주의 세력의 연립에 의해 억제되어오던 몇가지 안보내셔널리즘의 쟁점이 '시민권'을 획득하였다.

(1) 동아시아 경제위기와 아시아주의

광범위한 합의기반을 갖는 것은 아니었지만 동아시아 경제위기가 본격화되자 일본은 발 빠르게 대응하였다. 가령 1997년 11월 마닐라에서 열린 '아시아 재무장관·중앙은행 총재 대리회담'에서 "아시아 지역의 금융·통화 안정을 지향하는 지역협력의 강화를 위한 프레임워크"가 채택된 것은 일본 대장성의 적극적인 노력이 숨어 있었다. 이때 일본 대장성, 특히 국제금융국과 재무관실은 미국 달러 체제의 불안정성을 극복하고 IMF 지원체제의 한계를 탈피하기 위한 시도로서 동아시아 역내 국가들로만 구성되는 이른바 '아시아통화기금'(Asian Monetary Fund: AMF) 구상을 추진하였다. 그러나 동아시아만의 통화기구는 미국이 반대하고 중국이 미온적인 반응을 보임으로써 더욱 진전되지는 못하였으며, 대신 '마닐라 프레임워크'──나중의 치앙마이 이니셔티브로 확대, 발전하였다──로 알려진 통화융통(swap) 체제만이 현실화되었다(榊原英資, 1999).

일본정부의 아시아주의 정책들은 오부찌 내각에 들어서 더욱 적극적으로 추진되었다. AMF 시도가 좌절된 이후 일본은 국제통화 체제의 적극적인 변화를 모색하기보다는 '엔의 국제화'를 가속화하기 위해 집중적인 노력을 기울였다. 이와 관련하여 우선 주목해야 할 것이 이른바 '신미야자와 구상(新宮澤構想)'이다. 당시 대장대신인 미야자와 키이찌(宮澤喜一)의 이름을 붙인 이 구상은 총액 3백억 달러 한도 내에서 위기경험 국가의 국채 발행──국채의 외국매입을 일본정부가 보증하는──을 지원하겠다는 것으로, 각국 정부가 엔 채권을 발행하는 '사무라이채(サムライ債)' 시장의 육성계획이 중요한 부분이었다. 위기가 발생한 직후 일본정부는 IMF와 협조융자한 총액 190억 달러의 지원 이외에 '신미야자와 구상'과 특별 엔차관의 형태로 약 8백억 달러의 지원계획을 발표하였다(大藏省, 1997;『朝日新聞』朝刊, 1998. 10. 1). 이와 함께 통산성도 경제위기 국가에 진출한 일본계 기업에 대한 지원을

핵심적 내용으로 하는 '아시아 지원' 구상을 발표하였다. 또한 통산성은 종래 WTO와 APEC 중심의 무역통상정책을 수정하여 동아시아 국가들과의 양국간 자유무역협정(Free Trade Agreement: FTA)에 적극적인 태도를 보이기 시작했다. 그 결과 1999년 말부터 씽가포르, 한국 등과의 자유무역협정에 대한 공동연구가 개시되었으며, 우선 씽가포르와의 '포괄적 경제제휴협정'이 성사되었다(『外交靑書』, 2000: Chap. 2). 외무성 역시 나름대로 일본과 주요 국가 간의 경제정책을 조정하기 위한 노력을 전개하였는데, 동아시아 위기와 관련하여 잠재적인 중요 행위자인 중국과의 거시정책 조정을 위한 노력이 대표적 사례이다. 이렇듯 아시아 경제위기가 발생하자 경제외교를 담당해온 대장성, 통산성, 외무성 등 각 부처간에 동아시아에 대한 관여의 방법은 달랐지만 일종의 '정책경쟁' 양상이 나타나기도 했다.

한편 이러한 각 부처의 아시아주의 경제외교의 추진과 함께 총리관저도 위기의 아시아를 배려한 강력한 이니셔티브를 취하게 된다. 1999년 8월과 9월에 오부찌 총리는 오꾸다 히로시(奧田碩) 일경련(日経連) 회장을 단장으로 하는 '아시아 경제 재생 미션'을 조직하여 경제위기를 경험한 한국과 동남아시아에 파견하였다. 11월에 이 미션이 총리에게 제출한 보고서 「21세기 아시아와 공생하는 일본을 위해」는 아시아에 대한 일본의 서른세 가지 역할을 사람·재화·통화·정보를 중심으로 제시하고, 아시아 국가들과의 파트너십 구축을 위해 일본이 아시아와 세계에 더욱 열린사회가 되어야 함을 지적했다(『外交靑書』, 2000: Chap. 1). 총리관저의 적극적 아시아 정책은 이후 'ASEAN+3(한중일)' 회의에 일본이 주도적으로 참여하는 것으로 이어진다. 1999년 11월 마닐라에서 열린 'ASEAN+3' 정상회담은 '동아시아 협력에 대한 공동성명'을 채택하였고, 2000년 7월 방콕회의부터 'ASEAN+3' 외무장관 회담을 개최하기로 하여 정례화의 길을 열었다. 1990년대 초 마하티르가 제창한 '동아시아 경제협력체(EAEC)'를 미국과의 관계를 고려하여 거부했던 미야자와 내각의 태도와 비교해볼 때 오부찌 내각의 적극적 아시아주의는 놀라운 것이었다.

이 시기에 미일관계는 1999년 일본 통상국회에서 '지침관련법안'이 통과된 것에서 보이는 바와 같이 표면상으로는 양호하였고, 아시아주의 정책으로 양국 관계에서 첨예한 갈등이 초래되지는 않았다. 그러나 적어도 경제적인 측면에서 양국 관계는 괴리양상이 줄곧 관찰되었으며, 일본의 일부 대외경제 정책결정자들은 미국에 대한 전통적인 인식을 변화시키고 있었다. 1998년 9월과 11월, 그리고 이듬해 5월 오부찌 총리의 방미 과정에서 확인되는 바지만, 미국 클린턴 행정부는 아시아 경제와 세계경제의 회복을 위해 일본이 내수 주도의 경기회복을 조기에 실현하도록 강하게 요구했다. 이 내수주도의 경제회복론은 사실 1990년대 초반까지 미일 경제마찰 과정에서 미국이 제기해오던 시장개방, 규제완화 요구와 동일한 맥락이 있었으며, 일본 경제체제의 근본적 변화를 요구하는 것이었다(『外交靑書』, 1999: Chap. 1; 『外交靑書』, 2000: Chap. 1). 그러나 당시 국내 경제회복에 어려움을 겪고 있던 일본정부는 미국의 요구에 반발하면서, 이를 도리어 '내정간섭'으로 받아들이는 경향이 강했다. 즉 경제관계 면에서 미일관계를 상대화하려는 움직임이 일본정부에 존재했으며, 이것이 일본의 아시아 중시정책을 더욱 촉진했다는 것이다(『朝日新聞』 朝刊, 1999. 10. 24). 오부찌 시기 아시아 경제정책들은 시기적으로 단기간에 그쳤으며, 경제위기 상황에서 자국 경제의 피해를 최소화하고 자국의 경제적 이익을 극대화하려는 경제민족주의, 즉 신중상주의적 문제의식에 의해 동기지어졌다는 점에서 한계가 있었다. 그러나 동시에 이 정책들은 동아시아에 대한 일본의 독자적 지역질서 구상과 리더십 의지를 상당정도 구체화하고 있었다는 점에서 '새로운 아시아주의'라고 칭함 직하다.[6]

---

6) 가령 오부찌 총리가 2000년 1월 28일 국회에서 행한 연설에는 큐우슈우-오끼나와 정상회의(G8)에서 일본의 위상을 아시아 입장의 대변자로서 명백히 규정하고 있다(小淵惠三, 2000; 船橋洋一, 2000).

(2) 안보내셔널리즘의 전개: '북한위협론'의 발원

오부찌 내각 시기에 일본의 동아시아 정책의 가장 큰 특징은 아시아 경제 위기를 배경으로 안보문제 이외의 분야에서 미국과 일정한 거리를 유지하는 아시아 중시 정책이 주류로 부상했다는 점이다. 그러나 오부찌 내각 기간에 하시모또 내각 시기의 안보논쟁을 통해 꾸준히 그 세력을 확장해온 신보수 우파들이 전략적 교두보를 확보하고, 자유주의 세력과의 논쟁에서 중요한 전기(轉機)를 마련했다는 점 또한 지적해두어야만 한다.

가령 1999년에는 일본의 군사적 활동범위를 억제해온 헌법 제9조의 개정 문제를 핵심으로 하는 헌법논쟁[論憲]이 본격적인 정치의제로 대두하였으며, 이를 보장하기 위한 제도로서 국회 내에 '헌법조사회'가 설치되었다. 이 헌법조사회는 명목상으로는 헌법 문제 그 자체를 포괄적으로 논의하기 위한 기관으로 의견 개진의 '형식적 평등성'은 보장되었다. 그러나 사회당의 해체 등 호헌론의 구심점이 없어진 마당에서 헌법조사회는 사실상 개헌을 위한 정치적 여론 형성의 장으로 전락하였다. 이러한 점에서 개헌논의의 본격적 개시는 우파 정치세력들의 염원인 이른바 '핸디캡 국가'를 탈피하기 위한 종합전략이 시동되었음을 의미한다(『東京讀賣新聞』 朝刊, 2000. 2. 18; 『東京讀賣新聞』 朝刊, 2000. 5. 12). 나아가 같은 해 일본의 국가적 상징으로 '관례적'으로 사용되어온 히노마루(日ノ丸)와 기미가요(君ガ代)를 자(自)·자(自)·공(公) 보수여당의 압도적 다수의 찬성으로 국기(國旗)와 국가(國歌, '국기·국가법')로 공식화했다. 전전 군국주의와 연계된 천황제적 상징을 현대 일본의 국가적 상징체계로 다시 공식화한 것이다. 이러한 사실들은 탈냉전기 동아시아 정세의 불확실성——그 가장 큰 변수로서 중국——에 대비하는 신보수우파의 안보내셔널리즘 전략이 전전의 국가주의적 접근과 동일한 이념적 근원을 갖고 있음을 확인해준다.

한편 이 시기에 일본의 국가주의적 안보내셔널리즘에 돌파구를 제공해준 핵심 변수는 궁극적인 '주적'인 중국이 아니었다. 당시 비등해진 아시아주의와 미국의 관여전략으로 일본은 중국을 정면에서 적대시하거나 견제하는 정책을 전면화하지는 못했다. 대신 일본 안보내셔널리즘의 진전에 명분을 제공해준 것은 다름 아닌 북한이었다. 일본의 동아시아 외교, 특히 신보수우파 내셔널리즘 입장에서 북한은 중국의 '잠재적 위협'을 대신해주는 '가시적(可視的) 위협'으로서의 역할을 했다. 한국 정보기관이 흘린 일본인 납치 의혹이 1998년 초부터 사회쟁점이 되기 시작했으며, 같은 해 8월에는 이른바 '대포동 미사일'이 발사되었다. 나아가 1999년 3월에는 '북한 공작선 사건'이 발생하였다. 이 일련의 사건들은 철저히 일본의 신보수우파들에게 자신들의 입장 강화를 위한 호재(好材)로 활용되었다. 이 사건들을 기다리기라도 한 듯, 정찰위성의 도입, 전역미사일방어계획(TMD) 연구의 참여 등 일본의 군사화를 급진전시키는 결정들이 이루어졌다. 특히 대포동 미사일 발사 이래 납치문제는 코이즈미 시기 북일정상회담에서 공식 확인되고, 또한 해결이 부분적으로 모색되기도 했으나, 일본정부의 핵심세력으로 부상한 신보수우파들에 의해 대북 압박정치와 안보내셔널리즘의 진전을 위한 정치화(政治化)의 소재로 활용되었고, 결과적으로 북일관계의 개선에 커다란 장애요인이 되고 있다.

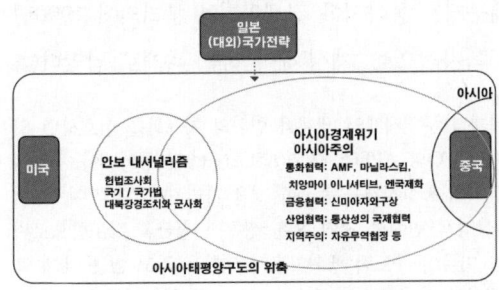

그림3 오부찌 내각의 아시아주의

5. 모리 내각과 안보내셔널리즘의 확산

(1) 아시아 정책의 타성화와 안보내셔널리즘의 확산

모리 요시로(森喜郎) 내각은 오부찌 총리의 급작스러운 사망을 배경으로 정부여당 내부의 은밀한 조정을 통해 일종의 위기관리 내각으로 출범했다. 그만큼 출범 초기 모리 내각은 오부찌 내각의 정책구도를 답습하는 태도를 보여주었다. 외교정책에서 '동북아 중심의 평화구축' '중일관계의 진전 노력' '한일관계의 진척' '북일관계의 재개' 등과 같이 오부찌 내각의 시정방침을 계승하였다(森喜郎, 2000a). 모리 내각은 'ASEAN+3', 한중일 우호관계, 동아시아의 포용적 지역안보질서 등 이미 진전되고 있던 동아시아 국가간 관계를 수용하였다. 이 외교방침은 오끼나와 정상회담의 성공적 개최와 2000년 주룽지(朱鎔基) 중국 총리의 일본 방문을 통해 뒷받침된 듯이 보였으며, 통상정책 면에서도 WTO와 APEC을 상대화하고 동아시아와의 연계를 중시하는 '중층적 정책'[7]이 계속되었다.

그러나 사실 오무찌 내각 시기에 전면화된 아시아주의 대외사조는 모리 내각에서 적극적인 동력을 잃어가고 있었다. 우선 동아시아 경제위기의 진정으로 국제금융・통화 면에서 주도적으로 전개되던 아시아주의의 정책동기가 약화되면서 일본정부가 취할 새로운 이니셔티브의 동인이 분산되어갔던 것이다. 이제 일본의 경제문제는 동아시아 경제위기와 분리되어 1990년대 '잃어버린 10년'으로부터 독자적으로 '재생'해야 하는 과제로 남았다(森

---

[7] '중층적 통상정책'이란 종래 세계적 무역체제와 세계적 범위의 자유화를 선호하던 일본이 아시아 경제위기 이후 세계(WTO와 APEC), 지역(ASEAN+3과 동아시아 차원의 FTA), 쌍무(FTA)에 걸치는 세 층위의 통상정책을 추구한 것을 가리킨다. 결국 여기에서 중층적 통상정책이란 일본이 통상정책 면에서 지역 혹은 쌍무적 접근을 강조함으로써 '아시아'의 의미비중을 높이지만, 미국이 주도적 행위자로서 역할을 하고 있는 세계 혹은 아시아태평양 차원의 통상 레짐의 의미비중을 상대적으로 폄하하는 경향을 보인다.

喜郞, 2000b).

뿐만 아니라 2000년 6월 15일 한반도에서 남북정상회담이 성사된 이후에 한중일간의 협력보다는 한반도 문제에 대한 접근방향을 조율하기 위한 한미일간의 협력, 특히 미일간의 협력문제가 동북아시아 정책에서 핵심적인 축으로 재등장하였다. 따라서 모리 내각의 동아시아 정책은 '아시아주의'의 기본 동력이 현저히 약화한 채 이전 시기의 정책 외형만을 답습하였다고 해도 과언이 아니다.

한편 이면에서 성장해오던 신보수우파의 안보내셔널리즘 조류는 아시아주의의 퇴행과 더불어 크게 확대된 것으로 나타난다. 특히 2000년 6월 25일 중의원 총선거를 전후하여 이러한 경향은 더욱 강화되었다. 신보수우파 세력 내부에서 개헌의 씨나리오와 관련된 개략적이지만 가시적인 일정이 천명된 것이다. 가령 나까소네(中曾根康弘) 전 총리가 제시한 '3년 논헌(論憲)-5년 개헌(改憲)'의 씨나리오는 안보내셔널리즘 프로젝트의 일종의 시간표로 받아들여지기도 했다(송주명, 2000a). 나아가 '교육기본법 개정 논쟁' 등을 둘러싸고 이른바 '일본적 국가정신'과 '집단정신', 즉 '애국심'을 강화하려는 국가주의적 정체성 강화정책이 또하나의 중요 시책으로 추진되었다(森喜郞, 2000a; 森喜郞, 2000b). 이 기간중에 특히 주목되는 현상 중 하나는 젊은 정치인들을 중심으로 현실주의적 국가이익의 관점에서 중국을 견제함은 물론이요, 이를 미일 동맹영역까지 확대하여 일본의 자립적 안보외교를 추구하려는 이른바 '신내셔널리즘'(neo-nationalism) 정서가 확대된 것이었다(『朝日新聞』 朝刊, 2000年 8月 31日).

이 안보내셔널리즘 분위기의 확산은 2000년 총선거의 결과를 통해서도 확인되는데, 자민당은 당선자의 74%, 그리고 자유당과 보수당은 전체, 민주당의 경우도 28% 정도가 개헌을 지지하는 것으로 나타났다(朝日新聞社, 2000). 이러한 안보내셔널리즘 정치토양의 확산 배경에는 모리 총리의 개인적 소신 또한 큰 작용을 하였다. 자유주의 세력과 보수적 전략가들에게서 그의 '돌출행위'와 총리 자질의 문제가 비난받기는 했으나, 일본을 "천황이 통치하는 신의 국가" 운운한 그의 언급은 명백히 구 국가주의적 정신구조에 입각한 것으로 안보내셔널리즘의 시민권 획득에 큰 역할을 하였다(송주명, 2000a).

(2) 박약한 대북 관여정책

모리 내각 기간에 안보내셔널리즘은 크게 확산되었지만, 논의의 질적 진전을 위한 전략적 계기를 발견하지는 못했다. 대신 김대중 대통령의 햇볕정책과 그 성과인 남북정상회담이 일으킨 한국과 미국, 중국의 대북 관여 분위기에 의해 일본의 안보내셔널리즘은 일정 정도 억제될 수밖에 없었다. 대표적으로 1999년 말 사민당 무라야마 토미이찌(村山富市) 전 총리가 이끄는 방북단의 파견으로 북일관계의 물꼬가 터져(『外交靑書』, 2000: Chap. 1), 2000년 국교정상화 본 협상이 재개되었고, 김대중 대통령의 주선으로 모리 총리와 김정일 국방위원장 간의 정상회담이 추진되기도 하였다. 이 시기 북일관계의 진전은 노나까 히로무(野中廣務) 당시 간사장을 비롯한 자민당 보수본류 세력, 그리고 잉여미곡의 처리를 대북지원과 연계하고자 한 농림족 국회의원, 그리고 외무성 아시아파 등에 의해 지탱되었다(송주명, 2000b).

그러나 오부찌 내각 시기부터 북한을 안보내셔널리즘 프로젝트의 속죄양으로 삼고자 했던 신보수우파 세력들은 북한에 대한 안보적 위협인식은 물론 납치문제로 말미암은 적대감을 사회적으로 확산하기 위해 동분서주하였다. 이 결과 납치사건의 가족이 집단화되어 사회적 발언을 함으로써 일종의 여론주도집단의 역할을 하게 된다. 모리 내각의 대북정책은 사회적 기반을 결여하고 있었으며, 도리어 비판세력들에 의해 광범위하게 포위되어 있었던 셈이다(송주명, 2000b). 결국 모리 총리의 북한 방문계획은 철회되었으며, 중단 7년 만에 재개된 2000년 4월의 국교정상화 평양 본 협상(제9회)과 같은 해 8월의 토오꾜오 본 협상(제10회)도 진전이 없는 채 마무리되었다. 일본 측은 일본인 납치문제 해결을 협상 진전의 핵심적 전제조건으로 내세웠을 뿐만 아니라, 종래 한일관계 정상화의 전례를 따른 왜곡된 과거청산 방식을 고수하였다. 양측은 상대방의 기본 논점을 확인하는 선에서 협상을 마무리할 수밖에 없었다. 결국 미국 대통령선거 등 정세의 유동화와 북한 측 협상 태도의 변화로 제11회 본 협상이 무기 연기되는 미궁에 재차 빠지게 되었던 것이다(『朝日新聞』朝刊, 2000年 8月 24日;『東京讀賣新聞』朝刊, 2000年 8月 25日; 『每日新聞』朝刊, 2000年 8月 25日). 당시 국교정상화 본 회담에서 확인된 양측의 논점은 다음과 같다.

표1 제10회 북일국교정상화 협상에서 양국 주장의 비교

항 목	일 본	북 한
보상 문제	재산·청구권의 문제가 존재하므로, 이를 처리해야만 한다.	과거에 물질적·정신적·인적 피해를 입은 것에 대해서는 보상하는 것이 당연하다.
한일방식	('과거의 보상'에 대해서는) 합의에 달한 과거 사례로서 한일국교 정상화를 참조할 수 있다.	타결방법이 있는 과거의 보상에 대해서 쌍방의 접점을 찾을 것이다.
협상방식	과거 청산과 납치문제 등 북일간의 제 현안을 일괄해서 처리한다.	과거 청산을 우선적으로 처리하고, 그 후 기타 문제를 해결한다.
일본인 납치문제	앞으로 회담에서도 일본 측이 이를 제기하여 확실히 한다.	조사를 요구한 납치는 있을 수 없다. 행방불명자에 대해서는 조사하고 있다.

출처 『東京読売新聞』朝刊, 2000年 8月 25日)에서 인용.

그림 4 모리 내각과 안보내셔널리즘의 확대

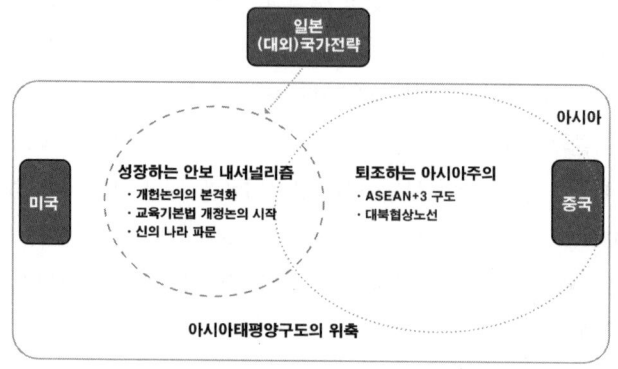

6. 코이즈미 내각과 안보내셔널리즘의 '만개'

1990년대 이래 일본 대외전략의 가장 큰 특징은 민족주의의 본격화이니, 이것은 경제와 안보영역에 따라, 그리고 주어진 국제적 변수의 특수성에 따라 경제적 아시아주의와 신보수우파의 안보내셔널리즘의 형태로 전개되었다. 1996년부터 출범한 하시모토 내각기는 '미국 동반의 아시아 관여'로 특징지어지는 연미입아의 기본 구도가 재확인되면서도 그 틀 내부에서 두 형태의 민족주의가 시동되는 시기였다. 오부찌 내각과 모리 내각(1998~2000) 기간에 정도 차이는 있으나, 일본 민족주의는 동아시아 경제위기의 진행과 더불어 아시아주의 대외전략이 중심이 되었다. 그러나 이면에서 신보수우파의 안보내셔널리즘은 아시아주의와 충돌하거나 상호 침투하면서 본격적인 전개를 준비하고 있었다. 특히 2000년을 전기로 아시아 경제위기가 진정되면서 신보수우파는 일본의 동아시아 관여정책, 즉 양호한 중일관계와 한일관계를 전환하고 북일관계를 막다른 골목으로 몰아가는 중심적 정치세력으로 대두하였다. 예컨대 민간 신보수우파 집단인 '새로운 역사교과서를 만드는 모임'에 대한 적극적 옹호, 코이즈미의 야스꾸니신사 참배 결행, 친미 반테러전쟁에 참전 및 유사법제 등을 통한 개헌의 기정사실화, 납치사건의 '확인'과 반북 여론의 조직화, 영토문제를 둘러싼 주변 국가들과의 갈등 등은 일본의 동아시아 정책 지향의 근간이 변화되었음을 보여주는 대표적인 사례들이며, 동아시아 국제정치 지형 자체를 바꿀 '화근(禍根)'들이었다. 한편 이러한 일본의 안보내셔널리즘은 국제적으로 미국에서 친일적 보수우파 정권이 등장하여 미일간, 신보수세력간의 정치적 합치(match)가 이루어졌고, 일본 국내에서는 여러 이유로 실용주의적 '보수본류' 리더십이 쇠퇴하고, 그 자리를 '신보수우파'의 내셔널리즘 리더십이 대체한 것을 계기로 하고 있다. 특히 국내적으로 '혁신' '자유주의' '실용주의' 세력의 정국 주도력이 지극히 대안이 불분명한 상황에서 '신보수주의' 세력의 정치적 영향력은 상대적으로 안정성을 가졌다. 때문에 오부찌 내각에서 '아시아주의'가 '섬광'처럼 나타났다면, 코이즈미 내각 이후 '안보내셔널리즘'은 일본정치의 전면에서 상당 시간 동안 '만개(滿開)'했다고 해도 과언이 아니다.

(1) 미일간 신보수우파 정치의 합주

2000년 말 미국 대통령선거를 통해 '신보수주의'에 의해 지탱된 부시 공화당 정권이 성립하였다. 이들은 집권 직후 클린턴 민주당 정권의 자유주의적 동아시아 정책을 수정하였는데, 그것은 크게 다음의 네 가지 방향으로 요약할 수 있다. 미국의 이러한 '정책수정' 속에서 일본의 신보수우파들은 자신들의 안보내셔널리즘 프로젝트를 구현해갈 수 있는 최적의 국제환경을 발견하기 시작했다.

① 동아시아 정책 수행의 방법 문제: 부시 행정부 초기 외교팀의 사고방식은 현실주의, 일방주의(unilateralism), 신냉전주의로 집약할 수 있다. 이는

기본적인 정책수행 수단을 '힘'이나 억지를 중심으로 하면서 국제적 협조보다는 독자적 판단에 따라 국제관계에 개입하는 양태를 보여준다. 그리고 '적'과 '위협'에 대항하여 승리를 우선하는 '힘의 균형' 원리를 추구하기 때문에 종래 클린턴 행정부의 동아시아 관여정책 구도를 거의 전면적으로 수정하였다(『每日新聞』 朝刊, 2001年 4月 7日).

② 대중국 정책의 변화: 클린턴 행정부가 관여 정책하에서 중국을 '전략적 파트너'로 위치지었던 데 반해, 부시 행정부의 초기 중국정책은 복합적이기는 하지만 더욱 현실주의 방향으로 전개되었다. 초기 미국정부가 중국에 대해 주목했던 점은 두 가지로 보인다. 하나는 중국의 군사력 증강과 인권정책이며, 다른 한 가지는 미국이 외면할 수 없는 13억의 거대시장으로서 중국시장의 의미이다(『東京讀賣新聞』 朝刊, 2000年 12月 16日). 이러한 상황을 반영하여 당시의 파월(Colin L. Powell) 국무장관은 상원외교위원회의 증언에서 중국을 잠재적 '경쟁상대'임과 동시에 '전략적 이익'이 중첩하는 대상으로 규정한 바 있다(船橋洋一, 2001). 물론 9·11테러와 북한 핵문제 등을 배경으로 미국과 중국은 협력을 추진하였지만, 공화당과 미국정부 일각의 현실주의자들은 중국을 잠재적 견제대상으로서 간주하였다.

③ 대북한 정책의 수정: 부시정권은 집권 직후부터 북한에 대해 엄중한 공세적 자세를 분명히 밝히고 한국의 대북 햇볕정책을 견제해왔는데, 북한정책을 둘러싼 한미간의 입장 차이는 2001년 3월 정상회담에서 분명히 확인되었다(『朝日新聞』 朝刊, 2001年 2月 8日;『朝日新聞』 朝刊, 2001年 3月 9日). 한편 부시정권은 정권 말기에 북한과의 대화정책을 추구하였으나, 2002년 10월 북한 핵문제가 본격화된 이후 완벽하고 검증 가능하며 돌이킬 수 없는 핵폐기(소위 CVID: complete, verifiable and irreversible dismantlement) 원칙을 내세우면서 대화가 아닌 대북 압박정책으로 입장을 선회하였다. 나중에 북한 핵문제의 평화적 해결을 위한 다자 협의체로 그 성격이 점진적으로 변화하기는 했지만, '6자회담'이 북한을 다자적으로 압박하기 위한 장치로 출발했다

는 사실이 미국의 대북정책 변화의 한 가지 상징이었던 점이 흥미롭다(『朝日新聞』夕刊, 2001年 6月 7日; 『朝日新聞』朝刊, 2001年 6月 8日; 송주명, 2002b).

④ 대일 보수적 전략동맹의 강화: 부시 행정부에 의한 동아시아 정책의 전환이 중국의 위치를 협력보다는 견제대상으로 폄하시킨 반면, 일본의 전략적 위치는 대폭적으로 상승시켰다.[8] 가령 라이스(Condoleezza Rice) 초기 안보보좌관(이후 국무장관)은 일본이 동아시아 경제를 지탱하도록 경제력을 강화해야 하며, 중국과 '힘의 균형'을 위해 군사적 역할을 대폭 강화해야 한다고 강조했다. 미국의 전략변화는 부시정권의 동아시아 정책 결정팀을 '친일적' 인사로 재구성하는 작업으로 이어졌다. 가령 동아시아 정책 결정의 핵심 지위에 있던 아미티지(Richard Lee Armitage, 전 동아시아-태평양 담당 국방차관보) 국무차관, 켈리(James A. Kelly, 전 국가안전보장회의 아시아 선임부장) 국무차관보, 패터슨(Torkel Patterson, 전 국방성 일본부장) 국가안전보장회의 아시아 선임부장, 그린(Michael Green) 국가안전보장회의 일본·한국담당부장 등은 미국 내의 대표적인 '친일인사'들인데, 다수가 군 관련자를 중심으로 하는 보수적 현실주의자이며 군사적으로 '강력한 일본'을 주장해왔다(『朝日新聞』朝刊, 2001年 3月 31日).

(2) 코이즈미의 신보수우파 리더십

한편 신보수우파들의 안보내셔널리즘 프로젝트가 전면화할 수 있는 국내적 조건은 신보수우파적 지향을 선명히 한 코이즈미 리더십이 강력한 대중적 지지 속에 탄생했다는 것이다. 물론 코이즈미 내각의 탄생배경은 외교적 쟁점보다는 일본 국내 경제의 구조개혁과 이를 위한 돌파력의 형성이 중요

---

8) 가령 미국 신정권 수립 직전인 2000년 10월 아미티지 현 국무차관 등 초당파적 정책그룹이 제시한 보고서는 새로운 일본정책의 핵심을 선구적으로 보여준 예가 될 것이다(『東京讀賣新聞』朝刊, 2000年 12月 16日; 『朝日新聞』朝刊, 2001年 3月 31日).

한 문제가 되었다(小泉純一郎, 2001a). 따라서 '내향적(內向的)' 정권으로서 코이즈미 내각은 애초에 외교전략에 대한 분명한 대책을 갖고 있지 않았다고 해도 과언이 아니다. 총리가 외교에 대해 별 식견이 없었을 뿐만 아니라, 그가 임명한 타나까 마끼꼬(田中眞紀子) 외상도 외교 경험이 없는 정치인이었다.[9]

그러나 코이즈미는 구래의 보수우파 정치인들과 일정한 공감을 갖는 신보수우파 안보내셔널리스트이다. 그는 정치이력상 보수우파 계열의 후꾸다 타께오(福田赳夫) 전 총리에게서 정치를 배웠으며, 그가 차세대 정치리더로 주목받기 시작한 'YKK'──야마사끼 타꾸(山崎拓) 전 자민당 부총재, 카또 코이찌(加藤紘一) 자민당 전 간사장, 그리고 코이즈미의 뉴리더 그룹──시절부터 키시-후꾸다-나까소네 등에 의해 면면히 재생산되어온 보수우파적인 정치적 소견에 공감을 표명해왔다. 이러한 점들이 작용하여 자민당 총재 선거시 보수우파계의 정치적 구심인 나까소네=카메이 그룹의 정치적 지원을 받았던 것이다(『每日新聞』 朝刊, 2001年 7月 31日).[10] 코이즈미는 총리 선출을 전후하여 헌법 9조의 개정 및 집단적 자위권 용인, 나아가 야스꾸니(靖國)신사 참배의 결행, 대만과의 관계개선 및 역사교과서 문제에 대한 '불개입' 등 자신의 신보수우파 안보내셔널리즘 입장을 분명히 밝혔다(『朝日新聞』 朝刊, 2001年 4月 27日;『朝日新聞』 朝刊, 2001年 5月 3日).

---

9) 코이즈미는 아시아에 대한 인식이 거의 결여되어 있는 정치가였으며, 타나까 외상의 경우도 그의 부친 타나까 카꾸에이(田中角榮)와 마찬가지로 '친중파'로 분류되는데도 분명한 외교 감각이나 전략을 갖고 있지 못하였다(『東京讀賣新聞』 朝刊, 2001年 4月 25日;『朝日新聞』 朝刊, 2001年 4月 27日).
10) 코이즈미의 정치적 계열과 관련해서는 다음과 같은 나까소네의 언급을 참조할 필요가 있다. "코이즈미군은 전망력을 갖고 있다. 헌법 개정, 수상공선, 야스꾸니신사 참배, 집단적 자위권의 행사는 내가 말해온 것이므로 잘 행해주었으면 한다. … 지금까지의 내각에는 경제 중심의 내각과 민족성 등 정신적 요소를 가진 내각이 있었다. 민족주의, 통치권 중심의 내각은 하또야마씨-기시씨와 내가 아니었던가. 코이즈미군은 우리 쪽의 수상이 되어주길 바란다."(『朝日新聞』 朝刊, 2001年 5月 17日)

(3) '반테러전쟁'과 집단적 자위권 문제: '친미'의 전략적 활용

클린턴 시기 관여정책은 중국을 '전략적 파트너'로 해 '주적' 개념을 모호하게 만들었고, 일본의 군사적 역할 증진을 특정한 목적과 한도 내에 제한하려 했다는 점에서 일본 우파세력들의 불만을 샀다. 그러나 신냉전적이고 현실주의적인 부시정권은 일본 신보수우파의 안보내셔널리즘 전략과 정치적으로 합치되었다. 일본 신보수우파들은 '약한 일본'(weak Japan)론의 연장에 있던 클린턴 행정부보다는 부시 행정부의 '강한 일본'(strong Japan) 정책이 군사대국화를 추진하는 데 훨씬 유리한 조건을 제공해주리라고 판단했다. 부시정부 등장 이후 '미일동맹'은 일본 통제의 틀(이른바 '병마개'론)이 아니라, 미국 보수주의의 후원하에 일본의 안보내셔널리즘이 본격적으로 이륙(take-off)할 전략적 틀로서 그 성격이 재규정된다. 이러한 미일동맹의 변질을 가장 극명하게 보여주는 것은 헌법 개정 가능성까지 포함하여 미국이 일본에 대해서 집단적 자위권을 용인하도록 요구했다는 점이다. 미군 전략가들은 일본이 집단적 자위권을 3~5년 내에 용인해야 하고, 이를 통해 미영동맹을 모델로 하는 새로운 동맹관계를 구축해야 한다고 공공연히 주장하였던 것이다.[11]

현행 일본 헌법 제9조는 최소한도의 국내방위를 정당화하는 일부 구절을 제외하면 전쟁권과 정식군대의 보유를 엄하게 금지하고 있다. 이의 연장에서 집단적 자위권에 대해 일본정부(내각 법제국)는 "집단적 자위권은 존재하나 헌법이 보장하지 않으므로 이를 행사할 수 없다"고 공식적으로 해석해왔다. 이러한 일본 국내의 정치상황에서 헌법 개정 이전에라도 우선 집단적 자위권이 용인될 수 있도록 해야 한다는 미국의 자세는 획기적인 돌파구가 되

---

11) 미국 정부의 이러한 태도는 미국 해군 분석쎈터 연구부장인 맥데빗(Micael McDevitt: 미국 태평양사령부 전 전략정책계획부장)이 2001년 6월 『아사히(朝日)신문』과 인터뷰한 내용에서도 잘 확인된다.

었다(田久保忠衛, 2001;『朝日新聞』朝刊, 2001年 6月 6日). 일본의 신보수우파 정책그룹은 미국의 요구를 앞세워 집단적 자위권을 용인하도록 함으로써 헌법 제9조를 실질적으로 무력화할 수 있다고 생각하였다.[12] 코이즈미 총리가 2001년 5월 중의원 예산위원회에서 집단적 자위권에 대한 현행 정부 해석을 존중하나 여러 가능성을 연구할 필요가 있으며, 그 가능한 형태의 하나로서 '국회결의'를 들 수 있다고 한 것은 일본 국내 보수세력의 사고를 일정정도 반영한 것이었다(『朝日新聞』朝刊, 2001年 5月 3日;『朝日新聞』朝刊, 2001年 5月 17日).

한편 일본 신보수우파들의 전략과 관련하여 2001년 10월 말 성립된 '반테러특조법'은 집단적 자위권의 용인을 기정사실화하도록 하는 데 '진일보'한 내용을 담고 있다.[13] 이 법적 조치는 9월 11일 테러 발생 이후 미국의 '반테러전쟁', 즉 아프간전쟁에 대한 지원을 위한 것이었다.[14] 우선 이 법은 의료, 수송, 보급 등을 중심으로 자위대가 제3국의 영토 내에서 미군의 전방전투를 지원할 수 있도록 하였는데, 무엇보다 중요한 것은 자위대 파견의 정당성을 국제연합에서 인정받지 않더라도 일본 국회가 승인하면 파병할 수

---

12) 가령 일본 외교노선에 영향력이 큰 보수우파 논객들인 오까자끼(岡崎久彦) 전 타이대사나 나까니시(中西輝政) 쿄오또대 교수는 최근 미국의 대일요구는 일본 안보내셔널리즘의 완성에 천재일우의 기회임을 강조하면서 집단적 자위권 문제에 적극적으로 대처할 것을 주장한 바 있다(中西輝政, 2001;『東京讀賣新聞』朝刊, 2001年 2月 28日). 이와 관련 나까소네 전 총리도 "집단적 자위권은 당연히 행사할 수 있다. 총리가 해석해서 국민에게 이해를 구하면 된다"고 밝혀 헌법 개정 전 집단적 자위권의 용인을 주장하였다 (『朝日新聞』朝刊, 2001年 5月 7日).
13) 가령 코이즈미는 2001년 부시와의 회담에서 신속히 일본이 "국제사회와 협력하여 주체적이고 효과적인 대책을 강구할 것"임을 표명하여 미국의 테러사건을 안보내셔널리즘의 프로젝트에 적절히 활용할 자세를 분명히 밝힌 바 있다(小泉純一郎, 2001b).
14) 이 법의 공식 명칭은 '헤세이(平成) 13년 9월 11일 미합중국에서 발생한 테러리스트에 의한 공격 등에 대응하여 행하는 국제연합헌장의 목적달성을 위한 제외국의 활동에 대해 우리나라가 실시하는 조치 및 관련된 국제연합결의 등에 기초한 인도적 조치에 관한 특별조치법'이다(閣議, 2001).

있다는 점이다(『每日新聞』朝刊 2001年 9月 24日; 閣議, 2001)[15] 이 법안의 성립으로 자위대는 국제연합의 평화유지활동 지역이나 미일안보조약과 미일방위협력지침상의 '주변지역'이 아닌 전투중인 제3국의 영토 내부에서 '준(準)군사작전'을 수행할 수 있게 되었다(『每日新聞』夕刊, 2001年 10月 5日). 이 법은 2년 한시 입법이었지만 2007년 말까지 기한 연장을 통해 아프간 해상에서 해상자위대의 보급과 후방 지원활동의 법적 근거를 제공해주었다. 따라서 이 법은 자위대의 국제적 활동범위 확장의 중요한 전례가 되었으며, 집단적 자위권 용인을 향한 획기적 '실천행위'로 간주할 수 있다.

'반테러특조법'과 비슷한 상황에서 친미전략과 집단적 자위권의 기정사실화를 위해 만들어진 또하나의 특별조치법이 '이라크특조법'이었다. 이 법은 4년 기한으로 2003년 7월에 제정되었는데, 자위대의 활동을 '인도부흥지원활동'과 '안전확보지원활동'이라는 두 임무에 제한하였다. 그런데 이 중 '안전확보지원활동'은 미군 등 현지 다국적군의 '치안유지활동'을 지원하는 것이 목표였는데, 의료·수송·보관(비축)·통신·건설·수리·정비·보급 등의 형태로 작전중인 미군을 지원하겠다는 것이었다. 한편 이 법의 제정과 실행에 관련하여 한 가지 주목해야 할 특징은 육상자위대가 전투행위 및 테러공격의 위험성이 있는 직접적인 전쟁지역(제3국인 이라크 영토) 내에 파견되었다는 사실이다. 이는 '반테러특조법'보다도 한걸음 더 나간 사례라고 할 수 있는데, 직접적인 전투활동을 벌이지 않는다는 사실을 제외한다면 자위대가 전후방이 구별되지 않는 제3국의 전장(戰場)에서 동맹국과 결합하여 직접적인 전쟁행위에 참여하게 되었고 이것이야말로 집단적 자위권 기정사실화에 가장 부합된 사례라고 할 수 있다(이라크특조법, 2003: 제1~2조).

---

15) http://telecom21.nikkeidb.or.jp/cb/au/hyper/i···/20011029DPPI004929.htm.

(4) 유사법제: 안보내셔널리즘의 국내 체계

한편 미국의 반테러전쟁 지원을 위한 논의과정에서 이전부터 법제화의 필요성이 제기되어오던 '유사법제'의 추진 또한 가속화되었다.[16] '유사법제'란 하시모또 내각을 거쳐 오부찌 시기에 법제화되었던 '주변사태법'의 후속 조치로서, 이른바 '일본유사'――일본 본토의 전면적 침략상황――에 대비하기 위한 비상입법 체계를 가리킨다. 그간 이 법제의 정비가 지체된 것은 전시상황을 이유로 자위대 활동이 전례 없이 확대되고 그에 수반하여 민간활동이 군사활동에 강제로 종속될 것이라는 국민의 우려가 강했기 때문이었다. 그러나 공명당 일부의 반대를 제외하고, 미국에서 테러가 발생한 이후부터 정부와 연립여당, 즉 자민당 국방부회 및 외교조사회와 보수당, 그리고 방위청과 총리관저, 외무성 일부를 중심으로 2002년 통상국회에서 유사법제를 성립해야 한다는 주장이 본격화하기 시작했다(『日本經濟新聞』朝刊, 2001年 9月 13日;『朝日新聞』朝刊, 2001年 9月 13日;『東京讀賣新聞』朝刊, 2001年 9月 16日).

유사법제 문제는 '반테러특조법'이 성립된 직후부터 본격적으로 논의되기 시작했다. '반테러특조법'이 성립된 후 일본 국내의 정치적 분위기를 십분 활용하여 이미 연구가 완료되어 있는 분야부터 유사법제를 도입하자는 주장이 제기되었다. 가령 나까따니 겐(中谷元) 방위청 장관과 자민당의 국방족(國防族) 국회의원, 그리고 이들의 대표격인 야마사끼(山崎拓) 자민당 전 간사장이 2002년 통상국회에서 유사법제를 통과시키자는 주장을 하고 나선 것이 그것이다(『日本經濟新聞』朝刊, 2001年 12月 17日). 여기에서 입법 그 자체에 대해 여당과 야당 내부의 반대의견이 존재했던 것도 사실이다. 이러한 논의과정에서 자민당 내의 구 보수본류 그룹――노나까(野中廣務) 전 관방장

---

16) 이전 일본의 영역경비와 관련된 유사법제 논의는 『朝日新聞』朝刊, 2001年 8月 1日을 참조하라.

관, 코가 마꼬또(古賀誠) 의원──과 공명당의 창가학회 연계세력, 민주당의 구 사회당계 등 야당은 유사법제의 입법화 자체에 반대하거나 신중한 태도를 보여주었다. 그러나 이들은 정책주도 능력을 상실했으며, 전체적으로 비교적 소수의 목소리일 뿐이었다(『朝日新聞』 朝刊, 2002年 1月 13日).

'반테러특조법'과 마찬가지로 유사법제의 확립을 통해 일본의 안보정책은 국내 체계를 확립하고, 일국적 자위와 대외 군사활동을 일체화하는 군사전략을 갖추게 되었다. 이 새로운 단계의 안보내셔널리즘은 일본 국내정치에서 신보수우파 세력이 예전과는 비교할 수 없을 정도로 확대된 데서 가능해졌다. 당시 일본 안보내셔널리즘의 정치・사회적 기반 확대는 두 가지 차원에서 설명할 수 있다. 첫째, 국민여론 면에서 새로운 상황이 조성되었다. 2002년 4월 『요미우리신문』의 조사에 따르면 '국민여론'은 헌법9조의 전면적 개정에 42%가, 그리고 '해석개헌'[17]에는 31%가 찬성을 한 반면, 호헌은 17% 정도인 것으로 나타났다. 이는 당시 일본의 여론이 대내외적 안보강화론으로 크게 기울어지기 시작했음을 보여준다(『東京讀賣新聞』 朝刊, 2002年 4月 5日).

둘째, 자민당의 국방족, 방위청, 외무성의 적극 안보정책파 등 전통적 '매파(たか派) 정치세력의 영향력이 현격히 증대하였다. 특히 2000년대 초반 정치무대에 등장한 상당수 국회의원의 경우 당파를 뛰어넘어 자주적 안보, 즉 안보내셔널리즘에 동조하는 경향을 보여주었다. 자민당은 중견 및 소장 의원 대부분이, 그리고 민주당은 구 사회당계를 제외한 3선 이하의 의원 중 상당수가 안보내셔널리즘에 경도되어 있었다. 일부 언론에서 이들을 가리켜 '안보판(安保版) 정책신인류(政策新人類)'라고 할 정도였다(『朝日新聞』 朝刊, 2001年 10月 7日; 『朝日新聞』 朝刊, 2002年 1月 13日). 이들은 정당을 뛰어넘어

---

17) 이는 헌법조문은 바꾸지 않되 정부의 조문 해석 변경에 의해 군사활동의 자유와 범위를 확대하려는 시도이다.

1백여 명이 '신세기 안전보장체제를 확립하는 청년의원모임' 등의 의원단체를 만들어 '반테러 조치법'과 '유사법제'의 논의과정에서 더욱 적극적인 입장을 개진하였다(『每日新聞』朝刊, 2001年 11月 29日). 이러한 안보내셔널리즘 정치지형의 확산과 고착화 현상은 국회의원들의 정치의식조사에서도 분명하게 확인된다. 『요미우리신문』에 따르면 2002년 헌법9조의 개정 문제에 대해 전체 국회의원의 55%가 찬성하는 것으로 나타났는데, 자민당, 보수당, 자유당 등은 70~100%라는 압도적 다수가, 그리고 민주당은 47%가 찬성을 표명한 것으로 나타났다(『東京讀賣新聞』朝刊, 2002年 3月 22日).

(5) 북한 납치문제와 안보내셔널리즘의 사회적 고착

앞서 살펴보았지만 북한문제는 일본의 안보내셔널리즘이 강화될 수 있도록 한 중요한 '이슈'로 자리매김되어 있었다. 즉 일본 내셔널리즘의 '호재(好材)'로서 북한위협론이 그것이다(송주명, 2002a: 96). 그런데 북한이 제공한 '위협'카드 중 일본 안보내셔널리즘에 가장 결정적인 역할을 한 것은 다름 아닌 '일본인 납치문제'였다.[18]

납치문제는 쟁점화의 초기 싯점에 두 가지의 다른 성격규명을 받고 있었고, 어느 규정을 주로 받느냐에 따라 완전히 다른 발전방향으로 나아갈 가능성을 갖고 있었다. 2002년 코이즈미의 방북이 이루어지던 싯점 납치문제는 외무성에서 다나까 히또시(田中均) 당시 외무심의관이 '협상'을, 그리고 수상관저에서 아베(安部晋三) 관방부 장관이 '전략'을 총괄한 것으로 밝혀지고 있다. 즉 '협상'을 담당한 다나까의 경우 북한 납치문제의 빠른 해결을 근거로 일본이 북한문제에서 주도권을 확보하고, 이를 동아시아 전략의 발판으로 삼는다는 것이었지만, '전략'을 총괄하는 아베는 북한 납치문제를 국내정

---

18) 이하의 설명에 대한 구체적 논의는 송주명(2007)을 참조하라.

치적으로 활용해 안보내셔널리즘 프로젝트를 가속하는 '호재'로 활용하고자 했던 것이다(송주명, 2002a: 80~94면).

결국 두 차례에 걸친 코이즈미의 방북에도 불구하고, 아베 등 신보수우파의 대중조작과 더불어 해당 가족과 보수적 지원세력이 결합한 풀뿌리 보수시민운동——지역별 납치가족모임, 지원모임 등——과 그에 근거한 정치적 반북운동이 더욱 강화되었다(『朝日新聞』夕刊, 2002年 8月 20日). 나아가 이러한 사회적 기반 위에서 "북조선에 납치된 일본인을 조기에 구출하기 위해 행동하는 의원연맹"과 같은 국회의원 조직이 전면적인 반북활동을 전개하였다. 이로부터 일본사회에는 더욱 골 깊은 반북여론의 근원이 자리하게 되었다(송주명, 2002b: 146~69면). 결국 북한 납치문제는 '북한위협론'을 고정화함으로써 일본사회에서 안보내셔널리즘을 일상화하는 커다란 계기가 되었다. 납치문제로 말미암아 형성된 북한의 이미지는 극단적 위협, 봉쇄[制裁]의 대상, 붕괴해야만 할 악(惡)과 같은 것이었다. 그러나 바로 이 지점에서 북한문제는 일본에 '양날의 칼'이 되어버린다. 즉 안보내셔널리즘의 가속화를 위해서 북한 납치문제를 극단적으로 활용하다 보니, 어느덧 납치문제에 발목 잡혀 그것이 도리어 동아시아 외교의 적극적인 전개를 가로막는 요인이 되었던 것이다.

북한 핵문제에 대한 일본정책도 이러한 '납치시각'에서 자유롭지 못하였고, 유연성을 상실한 것이었다. 일본은 북한문제의 해결을 위한 동아시아의 새로운 상황 형성에서 유연성을 상실한 채 대북제재와 압박카드만을 제시할 뿐이었고, 급기야 미국 중간선거 이후에는 6자 협의무대에서 고립되는 상황까지 발생한다. 일본은 '밀월'의 미일관계를 배경으로 2005년 이전부터 6자회담에서 핵문제뿐만 아니라 미사일, 납치문제 또한 일괄 처리해야 한다고 해 6자회담의 진전을 지체시키고 자신의 입장에 동조하지 않는 한국에 대해 강한 불만을 표출하기까지 했다.[19] 이러한 대북강경론의 연장에서 일본은 미사일 혹은 핵 실험 등이 발생했을 때 선두에서 북한을 제재하기 위한 UN

제1장 탈냉전기 새로운 민족주의의 역사적 진화 71

결의를 이끌기 위해 노력하였다(『한국일보』, 2006년 7월 28일).

(6) 역사문제와 '탈아' 내셔널리즘

코이즈미 내각의 신보수우파 안보내셔널리즘은 '미일동맹의 보수적 재정의'와 '국민적 정체성 강화'를 위한 두 가지 노력이 불가분한 일체가 되었다. 역사의 국가주의적 재인식 문제는 이전과 달리 우발적인 것이 아니라, 안보내셔널리즘 '국가전략'의 일환으로 대두한 것이었다. 따라서 역사 '재인식'에 대한 아시아 지역의 반감을 정면 돌파하려는 아시아 무시 태도 또한 그만큼 선명하였다. 이러한 상황에서 일본정부와 주요 정치세력의 역사 재인식은 2004~2005년을 정점으로 아시아 지역과 정면으로 충돌하게 된다.

안보내셔널리즘의 이념적 선두에 선 문부성(현재 문부과학성)은 『새로운 역사교과서』가 최초로 검정 신청된 2000년 2월에 이미 근린제국과의 관계를 고려해 교과서를 검정하겠다는 종래의 '근린제국조항'을 제외하였으며, 부분적 수정만을 통해 이 교과서에 '시민권'을 부여하겠다는 방침을 갖고 있었다(『朝日新聞』 朝刊, 2000年 2月 21日). 이후 역사교과서 문제의 전개과정에서 문부성 입장은 한번도 후퇴한 적이 없으며, 교과서의 불합격을 주장한 외무성 전 관료를 검정과정에서 배제해가면서까지 '새 교과서'의 통과를 위해 노력하였다. 다만 '검정제도의 특수성'상 교과서의 검정통과가 어쩔 수 없는 일임을 한국과 중국이 인정해야 한다는 주장을 반복했을 따름이다(『東京讀賣新聞』 朝刊, 2001年 4月 4日). 이러한 새 역사교과서에 대한 일본의 태도는 그 후 2003년, 2005년의 검정과정, 한일역사공동연구 등에서도 일관된 양상을 보여주었다(송주명, 2007: 93~94면).[20]

---

19) 한미일 연대에 대한 야치 당시 외무 사무차관의 발언(『프레시안』, 2005년 5월 30일)과 일본 측 북핵 6자회담 대표인 사사에(佐々江賢一郎) 외무성 아시아대양주국장의 발언(『한국일보』, 2005년 7월 26일)을 참조하라.

나아가 야스꾸니신사에 대해서도 코이즈미는 2001년 총리 취임 이후 2005년까지 재임중 총 5회에 걸쳐 총리로서 공식적 참배를 결행하였다. 물론 한국, 중국 등 아시아 국가들은 야스꾸니신사가 A급 전범을 합사(合祀)하고 있다는 등의 이유로 총리의 야스꾸니신사 참배를 비판하고 중단해달라고 요구했다. 그러나 코이즈미는 이러한 아시아의 비판과 요구를 무시하고 참배를 결행하였다. 다만 국내외 정치적 쟁점화를 피하기 위해 8월 15일 참배를 피해 '기습적' 참배를 하였을 따름이다. 그러면서 자신의 참배는 개인적 소신이며, 평화를 다짐하기 위한 것이었다고 강변해왔다(송주명, 2007: 95~97면).

그러나 야스꾸니신사가 단순한 종교시설이 아니라 전전 근대 일본의 국가주의적 발전과 제국주의적 팽창을 정당화하고 칭송하는 준(準)국가시설이라는 점에서 코이즈미의 참배의 본질은 흐려질 수 없었다.[21] 이러한 코이즈미 내각의 태도는 역사인식 문제가 신보수우파적 안보내셔널리즘 프로젝트의 핵심고리로서 의미가 있으므로 결코 포기될 수 없음을 증명해준 것일 뿐이었다. 따라서 그들의 입장에서 아시아와의 우호적 관계를 포기하더라도 역사인식에 대한 동아시아의 반발은 일종의 '내정간섭'이었으며 '격퇴'되어야 할 것이었다(岡崎久彦, 2000). 결국 이는 아시아 전략을 결여한 코이즈미 총리의 일방적 친미주의, 즉 "미국과의 관계가 좋아지면 결과적으로 아시아와의 관계도 좋아진다"는 사고방식에 따른 것이었으며, 신'탈아론'적 안보내셔널리즘 경향을 가장 잘 보여준 사례가 되었다. 이 결과 중국과는 코이즈미 내각 시기 전반에 걸쳐 '정냉경열(政冷經熱)'이라는 냉각기를 경험하였으며,

---

20) 2005년판 교과서 검정과 관련해 후소샤의 역사교과서가 갖는 문제점은 이 책의 제4장의 보론 '안보내셔널리즘의 역사인식: '새 역사교과서'의 분석'에서 상세히 분석하고 있다.
21) 이는 야스꾸니신사가 단순한 추도시설이 아니라 일본의 국가주의·제국주의적 발전과정에서 발생한 희생자들을 현창(顯彰)하는 시설이라는 점에서 더욱 분명해진다.

한국과는 2004년 이후 약 2년여 동안 정치적 관계 단절을 감내할 수밖에 없었던 것이다.

그림 5 코이즈미 내각의 '탈아' 안보내셔널리즘

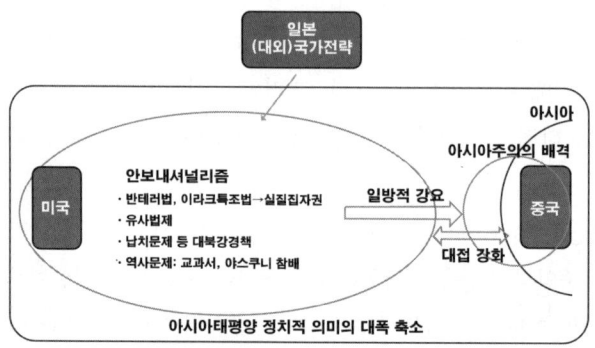

7. 아베 내각과 친미내셔널리즘의 '동요'

코이즈미 내각 이후 안보내셔널리즘의 전개에서 가장 시선을 끌었던 인물은 아베 총리였다. 아베는 코이즈미 시기에 내각관방 부장관과 장관, 자민당 간사장 등 요직을 역임하였고, 코이즈미의 탈아적 내셔널리즘의 실질적 기획자이자 주도자이기도 하였다. 그러나 자민당 내외에서 아시아와의 관계 악화를 우려하고 비판하는 분위기가 강화되는 와중에서 그는 총리로 취임하였다. 그는 자신의 저서 『아름다운 나라로(美しい國へ)』에서 밝힌 헌법 개정, 교육기본법 개정 등 안보내셔널리즘 프로젝트의 총체적 진전과 함께 아시아와의 관계복구를 집권명분으로 총리가 되었다. '아름다운 나라' 구상에서도 확인되지만 그는 역사문제에서 안보문제에 이르기까지 정통 안보내셔

널리스트로서의 면모를 잘 보여준다(安部晋三, 1996). 이러한 점에서 아베 내각의 대외적 관계를 배려한 애매함의 정치는 아시아와의 표피적인 관계개선을 이끌었을지 모르지만, 아베의 안보내셔널리즘과는 부단한 모순, 긴장 관계에 빠질 수밖에 없었다.

결국 아베 내각은 '우정반대파' 복당, 대신들의 부패 문제 등 대외적인 이미지 실추와 함께 참의원선거에서 대패(大敗)하였으며, 기대에도 불구하고 1년을 넘기지 못하고 물러날 수밖에 없었다. 아베의 안보내셔널리즘은 코이즈미 시기와 비교해볼 때 '친미주의'와 '아시아태평양'을 더욱 '체계적으로' 결합한 친미·반중 성향의 '동아시아 정책'을 추구했다는 점에서 특징적이다. 그러나 한 가지 주목해야 할 점은 코이즈미 시기와 달리 아베의 친미내셔널리즘은 테러 지원, 역사문제, 북한문제 등을 둘러싸고 '친미전략'의 한계를 절실히 경험했다는 점이다.

(1) 역사인식의 은폐: 아베 '아시아' 전략과 애매함의 정치

아베는 총리취임 직후 코이즈미 총리의 야스꾸니 참배문제로 말미암아 두절상태에 있던 중국과 한국 방문을 실행에 옮겼다. 그는 2006년 10월 8일 베이징에서 후진타오 국가주석과 회담을 했으며, 9일에는 한국의 노무현 대통령과 회담하기 위해 서울을 방문해 중일관계와 한일관계를 개선을 도모했다. 이를 위해 아베는 야스꾸니신사 참배를 자제하였다.

그러나 이러한 태도는 그의 역사인식과는 정면에서 배치하는 것이었다. 사실 아베는 1990년대 초부터 진행되어온 신보수우파의 역사정당화에서 가장 선두에 선 인물이다. 그는 1993년 자민당이 '태평양전쟁'의 정당화를 위해 설치한 '역사·검토위원회', 그리고 이후 '일본의 전도와 역사교육을 생각하는 의원모임'을 주도했으며, 정통 신보수우파 국회의원의 결집체인 '일본회의 국회의원 간담회'의 핵심 멤버이기도 하다. 이를 통해 그는 일본의 전쟁 책임을 인정한 무라야마 담화(村山談話), 위안부 강제동원을 인정한 고노담화(河野談話)를 부정하는 데 앞장서왔다. 그리고 야스꾸니신사 참배 문제와 관련해서도 코이즈미 내각의 관방장관으로서 중국의 야스꾸니 참배 중단 요구를 '내정간섭'으로 비판해온 바가 있다(『每日新聞』朝刊, 2006年 3月 15日). 그리고 2007년에는 미국 하원에서 위안부 사죄요구결의안을 가결하자, 이를 부정하기 위한 노력의 선두에 섰던 것도 사실이다. 심지어 "위안부는 성노예가 아니라 자발적으로 성써비스를 제공한 매춘부에 불과하고 학대한 사실도 없다"는 입장을 표명하기도 하였다. 이렇듯 그의 동아시아와의 '화해'는 지극히 박약하고 자기모순적인 것이었다.

(2) 개헌문제와 교육기본법 그리고 안보정책

아베내각의 안보내셔널리즘은 무엇보다 헌법 개정문제, 교육이념 그리고 안보정책에서 특징이 발현되고 있다. 우선 헌법 문제에 대해 살펴보자. 아베는 자민당 총재선거에서 총리가 되면 헌법을 개정하겠다고 선언하였는데, 취임 후 "현행 헌법은 일본이 점령되었을 당시에 제정되어 60여 년을 거쳐 현실에 맞지 않게 되었으므로 21세기에 적합한 일본의 미래상 혹은 이상을 헌법으로서 표현하는 것이 필요하다고 생각하고 있다"고 천명하였다. 그리고 개헌을 구체적 일정에 올리기 위해 '개헌을 위한 국민투표법안[日本國憲法の改正手續に關する法律]'을 통과시켰다.

또한 아베는 교육기본법을 개정하여 교육목표의 하나로서 '애국심'이라는 단어를 첨가하여 국가 중심의 교육관을 세우고자 하였다. 나아가 남녀공학 규정을 삭제하여 '젠더프리'(gender free) 교육에 대한 비판논리를 반영하였다. 그리고 일본인으로서의 자긍심, 애국심을 가지고 세계에 '공헌'해갈 수 있도록 교육해야 한다고 주장하였다.

안전보장정책과 관련해서도 일본판 NSC(국가안전보장회의) 구상을 추진하였다. 그리고 헌법 개정 이전에 집단적 자위권을 용인할 수 있는 방안을 추진하였고, 방위청을 방위성으로 격상하였다. 아베는 코이즈미 내각의 친미주의를 그대로 수용하였는데, 가령 일본판 NSC 구상은 일본 독자의 안보정책 수립의 의미도 있지만, 무엇보다도 미국과의 동맹을 질적으로 강화하고 미국과의 안보 면의 커뮤니케이션을 더욱 효과적으로 추진하고자 하는 의도가 있었다.

(3) 자유와 번영의 호: 해양벨트의 중국 포위 구상

코이즈미 내각 이후 일본의 외교정책은 한중일이 중심이 되는 '동아시아'를 무력화하고, 이를 뛰어넘어가는 방향으로 전개되고 있다. 2000년대 초부터 동아시아 협력의 상징이 되는 ASEAN+3(한중일)을 둘러싼 논쟁 상황은 이를 반영한다. ASEAN 및 한국, 중국은 ASEAN+3에서 한중일간의 협력 수준을 높여 더욱 강화된 10개국 중심의 '동아시아정상회의'와 동아시아 FTA를 주장했지만, 일본은 한중일간의 제도적 협력보다는 한일간의 실천적 협력과 'ASEAN의 리더십'을 우선하여 중국을 견제하는 태도를 분명히 밝혔으며(外務省, 2004; 2005),[22] ASEAN+3(한중일)에 호주, 뉴질랜드, 인도를 포함한 ASEAN+6(16개국 '동아시아정상회의')과 '동아시아 FTA'를 주장해 이를 관철했다(김양희, 2006).

특히 후자의 '동아시아 FTA론'은 국내적으로는 경제산업성 '아시아파'의 주도하에 정책화되면서 중국과의 관계를 둘러싸고 일시적으로 격렬한 국내 논쟁을 일으켰다(『朝日新聞』 朝刊, 2006年 8月 2日; 經濟産業省, 2006; 『朝日新聞』 朝刊, 2006年 4月 4日). 그러나 최종적으로는 중국과의 협력보다는 호주, 뉴질

---

[22] 가령 일본은 중국을 제외하고 한일간의 협력을 우선해야 하는 이유로서 "일한은 민주주의, 시장경제라는 공동의 가치관이 있고, 같은 기반에서의 지역협력을 한층 진전해갈 것이다"(麻生太郎 전 외상)라는 가치관 공유론을 제시하고 있다.

랜드, 인도 등 '역외 지역'과의 협력에 정치적으로 강조점이 두어지면서 한중일이 중심이 되는 동아시아의 재구축보다는 '동아시아'의 외연을 무리하게 외부까지 확대하는 결과를 가져와 사실상 동아시아론을 부정하는 결과를 초래하였다.

한편 한중일 핵심론에 대한 부정과 그로 말미암은 일본의 동아시아 초월은 아베 내각에 이르러 더욱 극명하게 나타난다. 요컨대 2006년 11월 아소(麻生太郞) 외상이 일본 외교의 신기축으로서 천명한 '자유와 번영의 호(弧)'가 그것이다. 그는 국회에서 외교 연설을 통해 미일동맹, 국제협조, 아시아 중시라는 일본 외교의 기본 지침에 '자유와 번영의 호'를 신기축으로 더한다고 했다.

즉 그는 첫째, 민주주의, 자유, 인권, 법의 지배, 시장경제라는 '보편적 가치'를 중시하는 '가치의 외교'를 전개할 것이며, 둘째, 그 일환으로서 유라시아 대륙 외주부분(外周部分)에서 성장하는 신흥 민주주의 국가를 띠 모양으로 연계하는 '자유와 번영의 호'를 일본의 적극적 관여로 만들어내겠다는 것이었다(日本國立國會図書館外交防衛調査室・課, 2007: 1).

이 '자유와 번영의 호'는 지리적으로는 한국, 대만, 동남아시아 등 이른바 전통적인 '해양의' 동아시아에 호주와 뉴질랜드, 그리고 남아시아의 인도, 더 나아가서는 중앙아시아 국가들까지 포괄하고 있다. 이는 일본의 자원외교 문제와도 일견 연동되어 있는 듯이 보이는데, 다른 한편으로는 중국을 동에서 서에 이르기까지 광범위하게 포위하는 일본의 영향권역을 구축하겠다는 의지표현이기도 하다. 이러한 외교의 신기축은 중국이 존재하는 한 동아시아를 초월해 중국을 포위할 수 있는 국가들을 중심으로 글로벌한 영향권역을 구축하겠다는 친미・반중의 아시아 정책을 적극적으로 제창한 것으로 볼 수 있다.

(4) 친미내셔널리즘의 딜레마

아베 등 신보수우파들의 안보내셔널리즘은 앞서 밝힌 바와 같이 적극적인 친미전략에 의하여 그 유효성이 배가되어왔다. 그러나 아베 시기에 이르러 안보내셔널리즘의 친미전략은 예전과 달리 국내·국제적인 차원에서 몇가지 딜레마 상황에 봉착한다. 가령 반테러 지원 문제를 둘러싼 군사적 미일동맹의 문제, 역사인식 문제, 북한 핵문제의 처리방향 등을 둘러싸고 예전에 절대적 동맹처럼 존재하던 미국과 일본 사이의 간극이 벌어지기 시작한 것이다.

우선 아베 정권은 2007년 8월 참의원 통상선거에서 참패하여 자신이 가장 우선하는 정책인 반테러 활동중인 미군과 다국적군의 지원이 불가능해졌다. 2007년 참의원 선거는 아베 내각 출범 후 내각 신임투표로서의 의미가 있을 뿐만 아니라 집권여당으로서 참의원에서 과반수를 회복함으로써 앞으로 정국을 안정적으로 주도할 수 있는지를 판가름하는 중대한 의미가 있었다. 2008년 현재 중의원에서 압도적 다수를 점하는 자민당과 공명당의 연립내각이 참의원에서 다수를 점하게 된다면, 현재의 신보수우파 주도의 안보내셔널리즘은 순풍에 돛을 단 격이 될 것이었다. 그러나 결과는 정반대였다. 개선의석(改選議席) 121석 중에 자민당과 공명당 등 연립여당은 47석을 획득한 반면, 민주당 등 야당은 73석을 획득했다. 이로 말미암아 참의원의 총 의석수는 여당 105석 대 야당 134석이 되어 야당이 과반수를 안정적으로 점하게 되었다.[23] 이는 현재의 의회제도상 총리 선출과 예산승인을 제외하고, 법률안의 가결을 여당 단독으로 처리할 수 없는 양상을 만들어냈다.[24]

---

23) http://www2.asahi.com/senkyo2007/(2008년 11월 20일 검색).
24) 일본 헌법은 중의원과 참의원 양의원 관계를 '중의원 우월의 원칙'이라는 규정하에 일반화하고 있다. 총리 선출, 예산안 승인, 법률안 통과 등 사안에 따라 원칙이 달리 적용되나, 법률안의 경우 원칙은 아주 엄격해지고 있다. 가령 양의원간의 입장이 달랐을

당시 '친미전략'을 가장 우선하는 아베 내각에 가장 급선무는 2001년에 법제화된 '반테러특조법'의 기한을 연장하여 해상자위대가 아프가니스탄 등 인도양에서 활동중인 미군과 영국군 선박에 급유활동을 계속하는 것이었다. 그러나 참의원 선거 후 상황은 더욱 어렵게 변화하였다. 미국 시퍼(J. Thomas Schieffer) 대사가 "(미국과 영국군은) 테러에 반대하는 국제적인 활동부대이며, 일본의 공헌은 아주 중요하다. 일본이 연료 제공을 안하면 영국과 파키스탄은 (군사활동에) 참가할 수 없게 된다"고 호소했지만, 열쇠를 쥔 민주당의 오자와 이찌로(小澤一郎) 당수는 "아프간전쟁은 부시 대통령이 '미국의 전쟁이다'고 하여 국제사회의 콘쎈서스를 얻지 않고 시작했다. 일본과 직접 관계가 없는 전쟁이므로 미국 혹은 타국과 공동 작전은 불가능하다"고 단호히 거절하였다(『讀賣新聞』, 인터넷판 2007年 8月 8日). 결국 일본의 변화된 국내 정치상황은 신보수우파 안보내셔널리스트들의 친미전략을 봉쇄한 셈이며, 기대를 모았던 아베 총리도 퇴진할 수밖에 없었던 것이다.

한편 아베 시기 친미내셔널리즘 전략의 파열은 미국 측 내부 요인에 의해서도 나타났다. 아베 총리의 일본은 '위안부 문제'와 '북핵문제'를 둘러싸고 심각한 친미전략의 한계를 경험하게 된다. 먼저 미국하원에서 추진된 '위안부 문제'에 대한 사과요구 결의문과 관련된 사항을 검토해보자. 소위 '위안부 문제'와 관련해 아베 총리는 취임 초기 싯점인 2006년 10월까지만 해도 '위안부 문제'의 실체를 인정했던 '고노담화(河野談話)'를 유지하는 듯한 '애매한' 입장을 취하였다. 그러나 아베 내각의 '위안부 문제'에 대한 입장은 나중에 더욱 선명히 드러났는데, 시모무라 하꾸분(下村博文) 당시 내각 관방 부장관의 고노담화 비판 강연(2006년 10월 25일), 아소 타로(麻生太郎) 당시 외상의 결의문 동향 비판(2007년 2월 19일), 자민당 '일본의 전도와 역사

경우 중의원 우월이 인정되는 재의결정족수를 출석의원 2/3 이상으로 하여 참의원의 실질적 중의원 견제기능을 대폭 강화해주고 있다.

교육을 생각하는 의원모임'의 '위안부 문제' 존재 부인(2007년 3월 1일) 등에 이르는 우회적 표현 이후에 나타난 아베 총리와 내각의 일련의 발표를 통해서 잘 알 수 있다. 2007년 3월 아베 총리는 "구 일본군의 강제성을 입증할 만한 자료가 없다. … (미국 하원의) 결의안은 객관적 사실에 기초하고 있지 않다. … (따라서) … 결의가 있어도 사죄하지 않겠다"고 항변하였고, 내각도 "정부가 발견한 자료에는 군과 관헌에 의한 소위 강제연행을 직접 보여주는 기술은 발견되지 않았다"는 문건을 발표하기에 이른다. 일본정부는 이러한 입장을 미국 의회의 결의문 채택 움직임에 반영시키기 위해 다방면의 로비를 수행하였다.

그러나 결과는 참담하였다. 2006년 4월 미국 하원 국제관계 소위원회에 '위안부 문제' 결의안이 제출된 이후 2007년 1월 하원 본회의에 마이크 혼다(Mike Honda) 의원 등 민주당 의원 6명이 대일 사과요구 결의안을 제출하였고, 이것이 같은 해 7월 30일 통과되었다. 결의안은 첫째, 일본정부에 의한 공식 사죄와 역사적 책임 인정, 둘째, 사죄는 수상의 공식 성명을 통해 할 것, 셋째, '위안부 문제'의 의문과 반론의 철회, 넷째, 청년세대의 교육 강화 등의 요구를 내건 것이었다. 이러한 미국 의회의 대일비판은 일본의 신보수우파 세력이 미국의 우파세력에 의지하여 안정적인 '친미전략'을 구사하기가 어려워질 정도로 미국의 국내정치가 변화기에 접어들었음을 보여주는 좋은 사례라 할 수 있다.[25]

아베 내각의 친미전략의 딜레마는 북한에 대한 정책에서도 잘 드러난다. 아베는 2002년 코이즈미 총리가 납치문제로 북한을 방문한 이후 관방부 장관으로서 일본 국내에서 이를 여론화하고, 피납자와 그 지원단체들과 연계해 반북 압박을 조직해온 대표적 정치가였다. 그는 북한의 납치테러국가 이미지, 그리고 핵위협국가 이미지를 극대화하여 일본 안보내셔널리즘을 가속

---
25) http://www.ianfu.net/history/history.html(2008년 11월 20일 검색).

하는 데 가장 적극적이었던 인물이었다. 이 결과 코이즈미 내각에서 북한을 납치테러국가로 지목하여 봉쇄하기 위한 다양한 조치가 취해졌으며, 이는 북한과의 대화 가능성을 더욱 좁히는 결과를 가져왔다. 이러한 북한에 대한 비탄력적 입장 때문에 일본은 6자회담 등의 장에서 대화를 통한 북한 핵문제의 해결보다는 납치문제와 연동해 압력정치를 강화할 것을 지속적으로 강조해왔다(『朝日新聞』朝刊, 2006年 9月 15日).

또한 2006년 10월 북한의 핵실험에 대해 아베 총리는 "일본의 안전보장에 대한 중대한 도전이다"는 비난성명을 발표한 후 UN의 제재 결의와는 별도로 더욱 엄한 경제제재 조치의 시행을 지시하였다. 나아가 2007년 일본을 방문한 미국 체니 부통령에게 납치문제가 해결되기까지 북한에 대한 테러지원국가 지정을 해제하지 말도록 요청한 바 있다. 그후 3월 1일에도 6자회담의 북일국교정상화에 관한 작업부회에 대응에 대해 "납치문제의 완전 해결과 진전을 위해 전력을 다해주도록" 지시했으며, 에너지 지원의 참가에 대해서도 "우리가 판단해 결정할 것이다. 북한이 결정할 것이 아니다. 우리가 이해하지 못하면 진전은 없을 것이다"고 강조하여 대북 강경기조를 바꾸지 않았다. 이러한 기조하에서 일본은 2008년 10월 핵시설 불능화와 납치문제에 대한 진전이 없음을 이유로 대북제재를 네번째로 연장하는 조치를 취하였다(『讀賣新聞』인터넷판, 2008年 10月 10日).

그러나 일본의 이러한 대북강경 태도는 시대착오적인 측면이 있다. 미국 부시정권 또한 2006년 중간선거 이후 민주당에의 대패를 배경으로 대북정책기조를 바꾸고 있었기 때문이다. 미국은 북한의 핵문제에 대해 일방적인 압력보다는 대화와 타협을 통해 문제해결을 하기 위해 나섰다. 또한 미국은 일본의 우려에도 불구하고 2007년부터 북한과의 대화전략에 중점을 두어 우여곡절은 있었지만 BDA 문제를 해결하고 대북제재의 가장 큰 명분이던 테러지원국 리스트에서 북한을 제외하였다(『讀賣新聞』, 인터넷판, 2008年 10月 12日). 결국 2007년 북핵문제의 해결을 위한 국제적 과정은 급진전되었음에 비해 일본은 친미 안보내셔널리즘의 틀에 가두어져 비탄력적으로 국제적 흐름에서 뒤처지게 되었던 것이다.

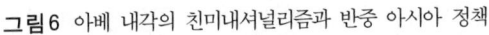
그림 6 아베 내각의 친미내셔널리즘과 반중 아시아 정책

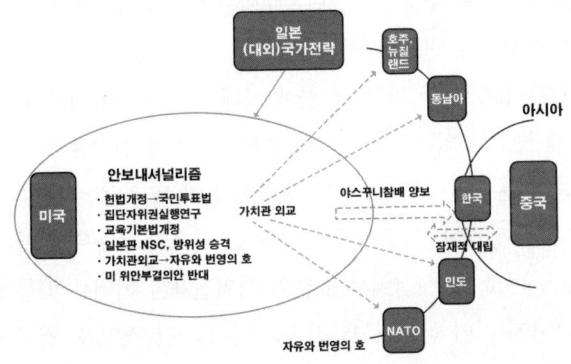

8. 맺음말

일본에서 안보내셔널리즘의 전면화는 세계질서와 동아시아 질서의 유동 상황을 반영하고 있으며, 이 유동적 상황에 전략적으로 대응하는 과정에서 등장한 것이다. 따라서 쉬 역전되기 어려운 성격을 가진 것도 사실이다. 특히 이 안보내셔널리즘은 '역사인식' 문제와 중국에 대한 경쟁을 그 핵심 요소로서 수반하고 있다는 점에서 경제민족주의, 즉 아시아주의가 갖고 있는 탄력성조차 결여하고 있다.

코이즈미 내각과 아베 내각 시기 일본의 안보내셔널리즘은 미국 부시정권과의 밀월관계를 반영하여 탈아적 친미 내셔널리즘의 방향을 취하였다. 그러나 일본의 정책이 절대적인 친미로 고정될 것으로 보기는 어렵다. 앞에서 본 바와 같이 탈냉전기 일본정부의 대외전략은 연미입아에서 아시아주의로,

그리고 안보내셔널리즘으로 역사적으로 전화해왔기 때문이다. 중장기적으로 현재 세계경제의 위기와 미국의 안보전략의 전개방향에 따라서 일본은 동아시아 안보·경제질서에 대한 새로운 접근을 모색할 수 있다. 동아시아 위기 시와 마찬가지로 일본의 안보내셔널리즘은 미국과의 관계를 상당히 재조정할 수밖에 없는 상황에 직면할 수도 있다. 민족주의는 '주적' 설정의 내용에 따라 그 지향성이 탄력적으로 변화할 것이다.

동아시아 경제위기가 휩쓸고 간 지 10년 만에 이제 미국발 금융위기가 전 세계의 미래를 무겁게 누르고 있다. 미국 금융 중심의 세계적 신자유주의 체계가 그 존재에 대한 근본적인 질문을 받는 상황이라 해도 과언은 아니다. 게다가 일본 신보수우파 정권에 '보증서'를 주어왔던 미국의 보수우파 정치 또한 종식을 고하였다. 바로 이 싯점에서 일본의 대외전략은 어떠한 방향을 띠게 될 것이며, 지금까지 친미 안보내셔널리즘은 어디로 갈 것인가. 전세계적 경제위기, 그것도 미국발 금융위기는 일본에도 경제민족주의의 조류를 재발하도록 할 것이며, 예전 동아시아 경제위기 때 확인된 것과 마찬가지로 '새로운 아시아주의'의 재림을 가져올 수도 있다. 특히 앞으로 경제위기 속에서 중국이 일으킬 수 있는 문제들—소위 중국위험(China Risks)—까지 고려한다면 그 가능성은 더욱 커질 수 있을 것이다. 그리고 안보내셔널리즘은 미국과의 정치적 괴리(mismatch)로 친미전략을 접고 국수적 내셔널리즘으로 가거나, 아니면 '새로운 아시아주의'의 흐름에 자신을 의탁할 수도 있을 것이다. 이러한 점에서 현재의 경제위기 상황은 일본의 동아시아 구상에서 모순과 갈등을 더욱 구체화할 가능성이 크다.

물론 일본 친미전략의 기반이 일조일석에 없어지리라고 예측하는 것은 무리이다. 최근까지의 친미전략은 세계 패권의 역사, 중국을 포함한 동아시아 역관계의 현실, 일본 대외관계의 구조 등을 반영한 국가전략적 결론으로 등장하고 있기 때문이다. 그러나 자민당 집권기 안보내셔널리즘의 사고방식이 내재적으로 연장되면서 부분적으로 아시아와의 관계를 복구하려는 노력이 이루어질 가능성을 부정할 수 없다. 즉 중국에 대한 배제의 관점, 그리고 아시아에 대한 일방주의적 정책구조가 유지된 채로 아시아와의 타협을 모색하는 정책이 그것이다. 우리가 마지막으로 검토한 아베 내각 시기의 아시아 정책이나, 이 책의 제7장에서 검토할 일본의 자유무역협정의 사례는 안보내셔널리즘이 외형상으로만 아시아주의로 전환되거나, 아시아주의의 문제의식이 안보내셔널리즘에 따라 재구성된 전형적 사례에 해당한다.

그러나 여기에서 지적해두어야 할 것은 이 안보내셔널리즘의 아시아 '진입'은 오부찌 시기에 '섬광'처럼 등장했던 '새로운 아시아주의'—동아시아 전체에 대해 '관여'하는—와는 근본적으로 다르다는 점이다. 이 새로운 유형의 '아시아주의'는 안보내셔널리즘이라는 차별적 논리에 의해 재구성된 아시아 정책이며, 아시아를 강조하지만 아시아에 대한 '개입' 혹은 '지배' 지향을 본질로 하는 공격적 내셔널리즘—가령 전전 '대동아 공영권'론과 본질이 유사한—의 다른 이름일 수도 있다. 이 경우 일본의 신보수우파들은 동아시아에서 중국과의 '힘의 균형'을 위해 미국, 한국, 대만, 동남아시아로 이어지는 구래의 냉전적 '동맹들'과 호주, 인도 등 역외세력을 최대한 활용하려고 할 것이다.

분단국이며 중간 규모의 국가인 한국으로서 미래를 주체적으로 개척해갈 수 있는 가장 유리한 상황은 역시 지역국가간의 협력구도일 것이다. 이것만이 '연착륙' 방식의 남북관계의 해결, 즉 점진적 통일을 위한 국제적 상황을 제공해줄 수 있기 때문이다. 가령 일본의 전략으로 하자면 최선은 '연미입아'—또는 개방적·융해적 동아시아론—일 것이며, 차선은 '새로운 아시아주의'—그 신중상주의적 한계에도 불구하고—일 것이다. 이 두 가지 대안적 사조는 일본 국내의 정치세력 면에서 자유주의 혹은 최소한 경제 실용주의적 세력이 주도력을 발휘하는 것을 전제로 한다. 최근 민주당의 집권으로 일본의 대외전략 사조는 그 어느 때보다 아시아주의 혹은 유사 연미입아에 근접하는 경향을 보여줄 것으로 판단된다.

제2부

새로운 아시아주의의 특질과 전개

새로운 아시아주의 대외전략 사조의 논리

1. 문제제기

1990년대 말과 2000년대 초에 걸쳐 일본에서는 1990년대 초만 해도 상상하지 못하던 과감한 대외전략 사조의 변화가 모색되었다. 국내정치 면에서 헌법 개정을 필두로 하는 국가주의적 경향의 '개혁' 시도, 그리고 대외정책 면에서 종래 외교기축이던 미일관계를 더욱 자율적이고 주체적인 입장에서 재조정해가려는 움직임이 그것이다. 특히 지난 세기말의 아시아 경제위기를 전후하여 일본의 대외 경제정책은 더 명시적으로 '아시아'를 지향하는 방향으로 전개된 바 있다. 이전에도 아시아는 제품 판매시장으로서, 그리고 원료의 공급지로서 일본 경제외교에서 중요한 위치를 차지해왔다. 그러나 이 '아시아'는 하나의 독립적 정책대상, 즉 하나의 완결된 지역통합의 대상이 아니었으며, 기축 동맹국인 미국과의 글로벌한 외교의 종속적 변수였거나 이 기축을 훼손하지 않는 범위 내에서의 상대적인 중요성만을 갖는 부차적 대상이었다. 그러나 1990년대 말 대외전략의 '아시아' 중시 경향은 동아시아 그 자체를 하나의 독자적 통합지역으로 간주하였으며, 미일동맹의 의미를 심각하게 상대화한다는 새로운 특징을 갖고 있다. 가령 국제통화정책이나 무역정책 면에서 새로이 부상했던 지역주의 정책들은 미국이 주도하는 IMF나 WTO·APEC의 의미를 폄하하고, 동아시아 국가들만의 지역협력을 지향하는 것이었다. 1980년대 후반에 그 단초가 발생하여 1990년대에 본격화되기 시작한 이 새로운 경향을 필자는 '새로운 아시아주의'라고 칭한 바 있다.

일본 대외전략의 방향성과 그를 뒷받침하는 사조가 이렇게 변화하는 데에는 세기 전환기, 즉 탈냉전과 세계화의 상황에서 일본인들이 경험한 미래에 대한 불확실성과 불안감이 크게 작용하였다. 1980년대 말 이후 격렬한 미일 경제마찰, 1990년대 이래 10여 년간의 경기침체와 구조적인 경제위기, 그리고 동아시아의 통화와 경제위기, 1990년대 유일한 성장을 달성한 미국경제의 불확실성 등은 '따라잡기'(catch-up)형 경제성장에 익숙해 있던 일본에 쉬 넘기 어려운 벽이었다. 일본은 종래 의존해오던 미국과 자신에 대해, 그리고 아시아에 대해 근본적으로 재평가하지 않을 수 없게 되었다. 바로 이 불확실성과 불안감을 탈피하기 위한 잠정적 결론의 하나가 새로운 아시아주의였다.

이 장은 이 새로운 대외전략 사조의 역사적 맥락과 기본 요소를 분명히 밝히고, 대표적인 유형들과 사례를 분석함으로써 그 특징과 논리구조를 더욱 명료히 하는 목적을 가진다. 나아가 새로운 아시아주의 대외전략의 맥락에서 세인의 관심을 모으면서 추진되어온 초기 '엔의 국제화' 정책과 '자유무역협정' 정책을 정책사례로서 분석하고, 자유주의 혹은 진보적 맥락에서 제기된 아시아주의의 흐름에 대해 설명할 것이다. 마지막으로 새로운 아시아주의 전략의 미래를 동아시아 국제정치의 맥락에서, 그리고 미국경제의 전개방향과 관련하여 간략히 전망한다.[1]

2. 역사적 개념으로서 새로운 아시아주의

이 장에서 사용하는 새로운 아시아주의라는 개념은 역사적으로 정의될 수밖에 없다. 새로운 아시아주의는 동아시아 지역의 섬나라라는 지정학적 위치를 반영하여 역사적 전통으로서 전전 일본의 아시아주의와 불가분한 논리적 연관성을 갖고 있다. 한편 그것은 전후와 탈냉전이라는 국제정치경제의 새로운 역사적 상황에 재규정되면서 새로이 구성되고 있다. 일본의 아시아주의가 가진 가장 일반적으로 선진 열강과의 격렬한 각축 속에서 이를 돌파하기 위한 지역통합(블록화) 지향이라고 정의될 수 있다면, 식민지주의를 수

---

1) 이하의 분석은 송주명(2002)을 토대로 대폭적으로 재집필되었다.

반한 전전의 '제국주의적 아시아주의'와 지역주의(regionalism) 개념에 입각한 전후의 '새로운 아시아주의'는 역사적으로 구별되는 두 유형의 특수한 아시아주의가 된다.

(1) 제국주의적 아시아주의와 새로운 아시아주의

새로운 아시아주의의 기본 특징을 논의하기 전에 전전 제국주의 시대 아시아주의 계보에 대한 검토를 통해 아시아주의의 기본적 지향성을 확인할 필요가 있다. 전전 일본의 아시아주의는 제국주의 열강들의 각축과 근대화 과정에서 공세적 생존방법 중 하나로 등장하였다. 주지하다시피 메이지 일본은 탈아입구(脫亞入歐)를 근대화의 기본 방향으로 삼았다.[2] 아시아주의는 아시아를 야만적 지배대상, 극복대상으로 본 탈아론의 대립물로 대두하였다. 그러나 아이러니하게도 아시아주의는 극단적으로 '대동아공영권'론에서 보듯이 탈아론에 의해 재규정되는 제국주의적 아시아 지배논리로 귀결되었다. 서구열강과의 힘의 균형을 뒷받침하기 위해 설정된 '이익권' 개념—처음은 한국, 나중은 중국까지 확장되는—은 근대 일본의 지배자적 아시아 인식에서 첫 단계에 해당한다(이리에, 1993: 33~58면). 이 지배자적 아시아 인식이 비성찰적으로 쑨원(孫文) 등의 반제국주의적 대아시아주의의 이념적 외양을 활용하고, 국가주의적 사상과 결합하여 전전의 제국주의적 아시아주의로 발전하였다(이리에, 59~137면). 전전 아시아주의는 제국주의적 흐름으로 통합되면서도 몇가지 유형으로 구별되어 전개되었다. 가령 다까하시 카스미(高橋和巳)는 아시아주의를 국가연합, 문화(명)론, 민권운동, 맹주론, 대동아공영권론 등 다섯 유형으로 구별한 적이 있다(渡辺良智, 2006: 46면).

---

[2] 탈아론(脫亞論)은 한국에서 갑신정변의 실패 이후 중국, 한국에 대한 혐오감의 표현이자 인연 단절을 의미하는 것이었고, 오늘날 용어로 하위제국주의 혹은 후발제국주의 논리에 다름 아니었다(渡辺良智, 2006: 41~43면).

우선 들 수 있는 것은 우에끼 에모리(植木枝盛), 오까꾸라 텐신(岡倉天心) 과 미야자끼 토텐(宮崎滔天) 등이 비국가간 반제국주의 문화적 연대운동으로 제기하였던 이상주의적 '아시아연대론'이다. 미야자끼는 1902년 『33년의 꿈』을 통해 자유민권운동에 대한 열정을 아시아로 확장하게 되는데, 중국혁명에 대한 로맨틱한 꿈을 확인할 수 있다(中野泰雄, 1975: 122면; 이리에, 55면; 關靜雄, 1999: 6~7, 118~30면). 다음으로 주목해야 할 것은 에도 말기의 사또 노부히로(佐藤信淵)에서 발원하여 메이지시기 타루이 토끼찌(樽井藤吉)에서 정점에 이른 반구미지향의 국가간 대등연대론이다.[3] 마지막으로 가장 '완성된' 형태의 전전 아시아주의는 반제국주의적 '대아시아주의'의 외양을 취하지만 일본이 한 단계 높은 위치에서 지역을 주도(지배)하려고 했던 '아시아맹주론'이다. 이 '아시아맹주론'은 논자에 따라 그 실현방법 등에서 차이를 보이기는 하나, 일본 국가주의(민족주의)의 지역적 확장 형태이며 아시아에 대한 일본의 일방적 지배관계를 수립하려 한다는 점에 가장 큰 특징이 있었다.[4] 결국 이 아시아맹주론이 중일전쟁과 제2차 세계대전의 발발을 계기로 '동아신질서' 구상과 '대동아공영권' 구상으로 진전해간 것이다(人坂順一郎, 1992: 503~504면).

이 세 개의 경향이 절대적으로 구별되어 다른 발전의 경로를 간 것이 아니라 궁극적으로는 아시아맹주론으로 수렴되었다. 특히 1894년 청일전쟁 개전 후 거듭하는 제국주의 팽창과 국권론(국가주의)의 강화 속에서 민권론적

---

[3] 가령 1893년 타루이는 '대동합방론'을 내세웠는데, 한국과 일본이 대등한 합방을 이루고 청국과 연합하여 서구제국주의에 대항해야 한다는 주장을 하였다(榮澤幸二, 1995: 16~17면; 關靜雄, 6면).
[4] 황도주의 국가주의자로서 미일 충돌의 불가피성을 전제로 청일전쟁시 대청강경론을 주장한 토꾸또미 소호(德富蘇峰), 역시 동일한 황도주의적 국가주의에 기초하여 러일전쟁 이래 한국, 만주 등 대륙 진출 공작을 담당한 우찌다 료헤이(內田良平)와 '코꾸류까이(黑龍會)', 유존샤(猶存社)를 중심으로 대륙 진출을 획책한 키따 잇끼(北一輝)와 오까와 슈메이(大川周明) 등이 여기에 포함된다(榮澤幸二, 21면).

아시아주의와 국가 간 대등연대론은 배외주의적인 국민감정을 극복하지 못하고, 제국주의 논리인 국권론적 아시아주의, 즉 '아시아 맹주론'으로 변질되기 시작했던 것이다. 즉 사상적 연원의 다양성에도 불구하고 아시아연대론에 '일본의 국가적 사명감'이 더해지면, 연대주의는 공동화(空洞化)되고 국가주의적이고 제국주의적인 대아시아 이데올로기로 변질한 것이다.[5] 이러한 점에서 궁극적으로 전전 아시아주의는 강한 구미열강의 압력에 대항하면서 일본의 대외적 독립과 발전을 확보하기 위해 조선, 중국 등 아시아 민족들을 스스로의 제국주의 질서, 즉 식민지 체제에 재편·통합하려는 이데올로기로 전락했던 것이다(榮澤幸二, 23~25면).

이러한 전전의 특징에서 가장 기본적인 경향을 추출해보자면 아시아주의는 첫째, 구미와 심각한 대립·투쟁 상황 속에서, 둘째, 일본의 생존과 번영이라는 국가이익의 관점에서, 셋째, 아시아 국가들을 단일한 지역통합 범주의 지배권역으로 차별적으로 편입하려는 대외전략으로 일반화할 수 있다.

(2) 새로운 아시아주의

1980년대 후반 이래 진행되어온 새로운 아시아주의도 앞에서 확인한 아시아주의의 일반적 지향을 공유한다. 이는 새로운 아시아주의와 전전 아시아주의가 일정한 연속성을 갖고 있음을 의미하는데, 일본의 지정학적·지경학적(geo-economic) 위치, 전전과 전후 정치의 연속성 등에 의해서 아시아주의 경향이 재생산되기 때문이다. 거대한 '가공조립공장'으로서 전후 일본은 원료 공급지와 제품 수출시장으로서 아시아를 활용해왔는데, 이것은 아시아와의 관계를 강화하는 기본 동력이 되었다.[6] 나아가 전전 내셔널리즘의 불

---

[5] 흥아회(興亞會, 아세아협회)와 동아동문회(東亞同文會)의 역사를 통해 이상주의적 아시아연대론이 아시아맹주론으로 변화하는 과정을 면밀히 분석한 글로서는 黑木彬文(2005: 615~55면)을 참조하라.

철저한 청산과 더불어 일본에서는 구제국주의적 아시아주의 정치조류가 주요 정치지도자를 통해 암묵적으로 재생산되었다. '친미'라는 큰 틀을 유지하였지만, 기시 노부스께(岸信介) 등 보수우파는 내셔널리즘적이고 냉전적인 아시아맹주론 지향을 보여주었고, 요시다 시게루(吉田茂)와 이께다 하야또(池田勇人) 등 보수본류파는 실리주의적인 아시아 중시 경향을 표출해왔다(若宮啓文, 1995: 42~76면). 전후 잠재되었던 아시아주의 사조가 일본의 지정학적 특수성과 전전·전후의 정치적 연속성을 통해 세기 전환기에 새로이 재생될 수 있게 된 것이다.

그러나 아시아주의의 기본 경향은 전후 환경에 의해 영향을 받으면서 새로이 재구성된다. 새로운 아시아주의는 무엇보다 전전 제국주의적 아시아주의의 파멸적 결과에 따라, 그리고 냉전과 아시아 분열의 경험, 나아가 전전과는 비교할 수 없을 정도로 전개된 일본경제의 세계화에 의해 재규정되었다. 우선 1980년대까지 일본은 지역통합을 위한 수단을 발견하지 못했고, 전전 아시아주의의 파멸적 결과를 의식하여 지역통합을 위한 노력을 스스로 자제해왔다.[7] 이리하여 전후 상당 기간 일본은 형식적 지역통합보다는 아시아와의 실질적 경제관계를 발전시키는 방향을 택했는데, 어떠한 경우에는 도리어 아시아 국가들이 일본에 더욱 적극적인 역할을 요구하는 상황이 발생하기도 했다.[8]

다음으로 새로운 아시아주의는 1990년까지 지속한 냉전 경험에 의해 규정되고 있다. 우선 냉전은 일본을 미국의 중요한 동맹으로 머무르도록 했고,

---

6) 가령 1948년 일찍이 일본 외무성 조사국은 이러한 일본의 지경학적인 취약성 인식에 기초하여 아시아로의 '복귀' 필요성을 제기한 바 있다(渡辺昭夫, 1987: 34~35면).
7) 일본의 통산성은 1988년 초부터 아시아 지역주의 구상으로서 'APEC'안을 만들었으나, 아시아를 의식하여 이를 일본의 제안으로 제시하지 못하고, 호주정부를 통해 공식화할 정도였다(畠山襄, 1996: 140~46면).
8) 대표적인 사례는 일본의 대동남아시아 투자이며, 이를 통한 정책조정의 노력이다(송주명, 1997: 45~78면).

이 친미노선에서 이익을 보는 국내세력을 양산하였다. 그리고 냉전에 의해 아시아 지역이 양 진영으로 분열됨에 따라 일본 정책그룹들은 단일하고 통합된 아시아 구상을 전개하기 어려웠다. 가령 중국과 아시아 사회주의 국가들에 대한 일본정부 내의 인식차이는 서로 상이한 아시아 지역의 정치적 범위획정과 접근전략을 낳았기 때문이다.[9]

마지막으로 무역, 해외투자, 국제금융 등을 중심으로 전개된 일본경제의 세계화는 일본의 전세계 시장에 대한 의존도를 높였으며, 특히 이 과정에서 미국시장은 최대 시장으로서 일본경제에 커다란 역할을 하였다. 따라서 다수의 일본 대기업들은 냉전 기간에 지역주의보다는 미국시장을 필두로 한 세계시장을 더욱 중요하게 생각하였다. 따라서 세계화 요인은 냉전에 의해 형성된 미일간의 전략적 관계와 함께 직접적이고 전면적인 일본의 미국 이탈을 억제하는 요인이 되었다.

이와같은 요인들로 인해 새로운 아시아주의는 대미(대선진국)관계, 대아시아관계, 나아가 아시아의 범위획정 등에 걸쳐 전전 제국주의적 아시아주의와 구별되며, 그 실현방법과 발전경로도 상당한 차이를 보여준다. 구조적 차원에서 새로운 아시아주의는 반미(反美)의식의 성장을 배경으로 하지만, 전면적인 반미의 실천보다는 혐미(嫌美, 離美)의식을 배경으로 아시아 지역통합을 모색하며, 중국에 대한 전략적 인식차이를 반영해 양분된 아시아 구상을 보여준다. 그리고 아시아주의의 실현방법과 경로도 상당히 다르다. 가령 제국주의적 아시아주의가 주로 정치군사적 수단에 의존하는 강권적 '통합(식민지화, 점령)' 형태가 주된 것이었다면, 새로운 아시아주의는 경제적 국가이익을 추구하더라도 주로 경제적 수단과 역내 경제 간의 실질적 경제통합에

---

9) 예컨대 전전 반미 아시아주의자이던 기시가 '친미 아시아맹주론자'로 자기변신할 수밖에 없었던 것과 일본 자민당 내에서 친중파와 친대파의 정치적 구분이 형성되면서 보수 진영 내의 통일적 아시아 지역관의 형성이 지연된 점이 그것이다(若宮啓文, 60~60; 108~35면).

기초해 추진되었다. 그리고 일방적 지배력의 확장보다는 경제적 지역주의 혹은 국가간 경제통합이 주요한 실현경로가 되고 있다. 새로운 아시아주의는 대외적으로도 배타적 블록보다는 대외적 개방성이 일정정도 보장되는 지역체제를 상정하기도 한다. 이러한 점에서 새로운 아시아주의는 일본의 경제적 국가이익을 실현하기 위한 현대화된 아시아 맹주론 혹은 신중상주의적 지역통합론이라고 할 수 있다.[10]

이 지점에서 경제적 지역주의와 패권문제에 대한 중요한 쟁점 하나를 검토할 필요가 있다. 즉 일본이 지역의 경제적 맹주(패권국)를 지향할 때 일정한 희생을 감내하고라도 지역통합을 위한 공공재——통화, 금융, 자유무역질서, 지역의 지속성장과 산업구조 고도화를 위한 자국시장 개방 등——를 제공할 것인지 여부이다(Gilpin, 1987: Chpt. 3). 이는 일본의 지역패권 전략(새로운 아시아주의)이 시혜적인지 약탈적인지, 그리고 융해적(融解的)인지 차별적인지를 판가름하는 관건이 된다. 유럽 지역통합 과정에 융해되어 들어간 독일의 경우와 달리 최근까지 일본은 아시아적 정체성이 부족하며 아시아와 수직적 관계를 지속함으로써 자국의 자율성과 국가이익을 증대하려는 신중상주의적 경향이 강하다(白石隆, 2000: 60~61, 70~71면). 결국 일본의 새로운 아시아주의는 아시아주의의 일반적 특징과 마찬가지로 미국과 세계화에 대한 반발, 그리고 경제민족주의나 신중상주의적 국가이익 목표가 있는데, 다만 그 실현방식이 제국주의적 강제가 아닌 경제적 통합전략이라는 점에 커다란 특징이 있다.

---

10) 이러한 파악방식은 구미의 관찰자들로부터 비교적 일찍부터 제기된 바 있다(Cronin, 1992: 115~18면).

3. 냉전시기 일본의 대외경제전략과 '아시아'

냉전시기 동안 일본의 대아시아 정책은 일본과 아시아의 지경학적인 연계에 기초하면서도 패권국 미국과의 전략적 동맹관계에 의해서 크게 규정받았다. 1945년 패전 이후 냉전시기 동안 일본의 대외경제전략은 미국 패권의 동향과 국제경제체계에서 자국의 위치변동을 반영하여 변화해왔는데, 변화의 방향을 한마디로 요약하자면 동아시아 중시 경향이라 할 수 있다. 그러나 이러한 동아시아 중시는 전세계적 미국 패권질서로부터 자립화된 '아시아' 지역을 지향하고, 그 위에서 일본의 지역패권을 설계하는 새로운 아시아주의와는 상당한 거리를 갖고 있다. 이 당시 일본의 동아시아 정책은 미국 주도의 질서 속에서 제한적인 역할분담을 추구하는 미국 패권의 보완정책이었다. 그러나 미국 패권하 일본 외교에서 아시아의 비중이 증대되어온 역사는 새로운 아시아주의로의 '질적 변화'를 위한 '양적 기반'의 축적을 의미하기도 한다. 냉전하 새로운 아시아주의의 전사(前史)는 세 개의 단계로 나누어진다.

(1) 강고한 미국 패권 시기: 냉전체제하 동남아시아와 중국

전쟁 직후 일본은 외무성을 중심으로 일시적으로 동아시아——가령 중국과 한국——와의 관계를 회복하고자 하는 강한 의욕을 표명한 바 있다. 그러나 이것은 구 아시아주의의 연장선에 있었고, 엄격한 미군 점령 상황하에서 지속하기 어려웠다(井上壽一, 1998: 130~34면). 한편 일본의 대아시아 전략은 미국과의 전략적 동맹을 전제로 한 강화가 체결된 이후 본격적으로 재개되었다. 이 시기(1946~72)는 한국전쟁 이후 미국의 대중국 봉쇄정책이 본격화된 시기이기도 하다. 1951년 초 미국은 동아시아에서 일본을 축으로 하는 대중경제 봉쇄정책을 추진하기 위해 '일미경제협력' 구상을 일본에 제안하였다. 한국전 특수(特需) 이후 증강된 생산력을 배경으로 일본이 중국에 접근하지 못하도록 하고, 일본의 경제력과 동남아시아 시장을 통합해줌으로써 중국의 남하를 막겠다는 구상이었다. 냉전하 패권국 미국이 일본에 할애해준 '아시아'는 바로 동남아시아였던 것이다. 이리하여 미국이 추진한 동아시아 봉쇄체계의 하위체계로서 일본과 동남아시아 간의 지역경제 결합이 시작하였다(渡辺昭夫, 44~46면). 이러한 일본과 동남아시아의 냉전적 지역결합은 1972년 중일관계의 정상화와 1973년 미군의 베트남 철수 전후까지 일본의 아시아 정책에서 기본 골간이 되었다.[11]

그러나 엄혹한 냉전체제하에서도 일본의 아시아 범주에는 일정한 변동이 존재했다. 일본의 경제적 성장을 위해 냉전적 봉쇄구도의 일부를 수정하고자 한 경향들이 주기적으로 발생했기 때문이다. 외무성, 통산성과 자민당의 친중파 의원들은 미국이 주도하는 냉전구도를 수용하면서도 단순한 반공인식을 넘어 중국에 대해 객관적으로 평가하고 실질적 관계를 진전하고자 하였다.[12] 이리하여 중국에 대한 일본정부의 태도——'보수우파'의 반공주의인지, '보수본류'의 실리주의인지——에 따라 미일관계는 이른바 '동조'와 '괴리'를 반복하기도 하였다. 이것은 때에 따라 '아시아'의 외연 설정에 동요가 있었음을 의미하기도 한다. 그러나 이러한 동요에도 불구하고 일본정부는 대중봉쇄라는 미국의 정책구도를 크게 훼손하지 않는 범위 내에서 대중관계의 개선을 모색하였으며, 독자적 주도권을 앞세워 무리하게 지역외연을 확장하려고 하지는 않았다. 가령 민간무역의 진행과정에서 정경연계 전략을 취한 중국과는 달리 일본정부는 일관되게 경제관계와 국교정상화의 문제를

---

11) 물론 구상으로서는 1960년대 코지마 키요시(小島淸)와 오끼따 사부로(大來佐武郎)의 태평양 자유무역구상, 미끼 타께오(三木武夫, 당시 외상)의 아시아태평양 구상 등이 존재하였으나, 이것이 독자적인 지역 개념으로까지 발전했다고는 보기 어렵다(河野康子, 1998: 118~27면).
12) 외무성의 관료들의 이러한 '자주적' 태도에 대한 소개는 井上壽一(143~47면)을 참조. 나아가 정치인들의 태도에 대해서는 若宮啓文(121~35면)을 참조.

분리함으로써 미국 주도의 동아시아 봉쇄구조가 파열되는 것을 피하려고 하였다(細谷千博, 1987: 55~73면).

(2) 미국 패권의 일시적 후퇴 시기: 후꾸다 선언과 환태평양연대구상

달러의 금태환 정지를 선언한 '닉슨쇼크' 등 미국 경제력의 쇠퇴 징후가 분명해지고 베트남에서 미군이 철수함으로써 일본 대외전략의 아시아 중시 경향은 더욱 강화되고 체계화된다. 이 기간(1973~80)에 일본은 명시적으로 동아시아 지역질서에 대한 관여의사를 밝히기 시작하였으며 몇가지 적극적인 동아시아 정책을 추진했다. 그러나 이 지역질서에의 관여의사 또한 독자적인 지역주의의 구상이었다기보다는 미국 패권의 의의를 전제로 한 것이었으며, 다만 미국 패권의 상대적 퇴조로 야기된 정치적 공백을 일본이 부분적으로 대신하겠다는 것이었다.

먼저 살펴볼 것은 외무성 주도로 1977년 8월 마닐라에서 공식 천명된 후꾸다 선언(Fukuda Doctrine)이다.[13] 후꾸따 선언의 주요 내용은 ① 일본의 군사대국화 배제 ② 일본과 ASEAN 국가들간의 상호 신뢰관계의 구축 ③ 인도차이나 국가들과의 상호 이해의 증진 등을 통해 동남아시아의 안정화에 이바지하겠다는 것이었다. 이 선언은 베트남에 대한 재건원조와 ASEAN에 대한 원조라는 경제적 수단을 통해 미군철수 이후 힘의 공백상태에 있던 동남아시아 지역의 안정을 도모하겠다는 것으로, 일본 스스로 지역 안정자(stabilizer)의 역할을 자임한 것이었다(Sudo, 1992: 338~42면). 이전 시기 아시아 지역질서에 대해 일본 스스로 정치적 관여를 지극히 자제해왔던 것에 비하면, 동남아시아 지역질서의 안정을 주도하겠다는 일본정부의 공식적인 선언은 그 '자주성' 면에서 놀라운 것이었다. 그러나 엄격히 말해 후꾸다 선언

---

13) 외무성 주도의 정책결정 과정에 대한 더욱 상세한 소개는 河野康子(128면)를 참조

은 미국을 견제하고 그 패권을 대신할 정도의 '자주적' 정책은 아니었다. 도리어 전세계적인 미국 중심의 패권질서를 지역 내에서 부분적으로 보완하려는 것이었다. 즉 미국의 힘이 상대적으로 퇴조하는 과정에서 발생하는 일부 지역의 힘 공백을 미국 패권의 보조적 입장에서 메우려는 것이었다(河野康子, 128면).

다음으로 미국의 전세계적 패권틀 내부에서 생긴 이행기적 갈등상황을 주체적인 입장에서 극복하고 재편하고자 한 또다른 시도로 오히라 마사요시(大平正芳)의 '환태평양연대' 구상을 들 수 있다(Sato, et. als., 1990: 519~26면). 1978년 오히라의 정책그룹이 총재선거 문서를 통해 제시한 내용을 보면 ① 태평양의 이름으로 아시아 지역을 포괄하고, ② 미국을 양국간 협의를 넘어 다자간 협의구도로 유도하며, ③ 호주를 끌어들여 국제협의 과정에서 양국간 동맹관계를 적극적으로 활용하겠다는 것이었다. 이 구상은 일본이 적극적인 지역질서 형성의사를 표명하고 아시아·태평양 전체를 포괄하는 다자간 공적관계의 형성 필요성을 최초로 제기했다는 점에서 일본의 대외전략에서 한 획을 그었다. 그러나 현재적 관점에서 평가하건대 이 또한 미국의 패권을 전제로 그 상대적 약화 과정에서 야기되는 무역마찰과 같은 부작용을 완화하고 미국과 새로운 동반관계를 구축하려는 것이었다. 요컨대 이 구상은 미국의 적극적 참여를 필수불가결한 요소로 하였으며, 미국 중심의 세계질서 속에서 일본이 더욱 안정적으로 존립하기 위한 조건을 만들려는 것이 기본 목표였다(河野康子, 129면).

(3) 신냉전과 협력적 동맹 시기: 팍스 컨소르티스 구상과 APEC

1980년대에 들어서면서 상황은 급변하게 된다. 나까소네 시기에 미일간의 전략적 동맹을 대등한 협력관계로 이미 재규정하였듯이 일본정부, 특히 통산성은 1980년대를 이른바 '팍스 컨소르티스'(Pax Consortis)의 시대로 정의하였다. 이 시기(1980년대) 미국경제는 상대적 퇴조가 심했던 반면, 일본경제는 세계 GDP의 10% 이상을 생산하는 '경제대국'이 되었다. 국제경제에서 나타난 이 선명한 대조는 양국간의 격렬한 경제마찰로 표출되었다. 이 새로운 상황에 대한 '대안논리'가 바로 '팍스 컨소르티스'였다. 즉 세계가 미국의 단일 패권이 아니라 협력적 공동 패권──물론 전세계적 패권으로서 미국의 우위는 인정되나──에 의해 운영되어야 한다는 것이었다. 여기에는 이미 미국만의 단일 패권은 불가능하며, 일본의 국제적 위상 또한 예전과 달리 미국에 대해 더이상 불평등한 지위에 만족할 수 없다는 점이 전제되어 있다. 적어도 경제적인 면에서는 일본의 세계적 위상 증진과 더불어 미국의 패권 우산 속에 수동적으로 머물 수 없음을 분명히 밝힌 것이다(大塚和彦, 1986: 64면; 福川伸次, 1986: 32면). 그러나 이 공동 패권 구상은 또다른 의미가 있다. 대미관계를 재조정하지만 미일간의 전략적인 관계는 유지해가야만 한다는 것이다. 일본정부가 종래의 전략적 미일관계를 유지해가면서 재조정할 수 있다고 판단한 것에는 미국시장의 중요성이라는 외적 요인도 작용하였지만, 당시 상승기에 있던 일본경제의 자신감도 크게 작용하였다. 이른바 '국제화'의 기치 아래 미일관계에서 부분적 양보를 함으로써 평등한 관계로의 재조정을 모색했던 것이다.[14]

1980년대 일본의 아시아 지역정책은 바로 이 팍스 컨소르티스, 즉 대등한 미일관계에 입각한 전략적 협조구상과 발맞추어 전개되었다. 1988년에 통산성을 중심으로 가시화되었던 일본의 APEC 구상은 팍스 컨소르티스 구상을 아시아·태평양 지역무대에 현실화시키려는 것이었다. 일본의 구상은 미일 경제마찰의 부작용을 아시아·태평양 지역시장의 형성을 통해 전가하고,

---

14) 이 시기 일본 대외 경제정책의 기본 틀은 미국과의 즉자적인 대결정책보다는 양국 관계를 더욱 평화적인 방법으로 조정하고 이를 뒷받침할 수 있는 일본 산업구조의 국제적 재편이었다(経済企畵廳總合計畵局, 1985: 서문; 通商産業大臣官房企畵室, 1986: 10~19면).

1980년대 중반 이래 동남아시아를 필두로 전개된 일본 기업들의 역내 해외 투자——이는 일본 산업의 국제적 구조전환 과정이기도 하였다——를 기술, 시장, 정책환경 면에서 지원해주기 위한 신중상주의적인 발상이었다(송주명, 1998: 37~75면). 아시아 지역 국가들의 정부간 무역협력체를 구성하고, 새로운 지역경제질서를 창출해가겠다는 이 정책은 일본정부의 독자적인 구상이었으며, 이미 일본이 소극적이고 반응적인(reactive) 대외전략을 넘어서 적극적인(proactive) 대외전략으로 전환하였음을 보여준다.[15] 결국 일본정부의 구상은 우여곡절을 거친 끝에 1989년에 실현되었다.[16] 일본의 APEC 구상은 지역시장의 형성방법 면에서 미국의 급진적·제도적 자유화 정책을 견제하는 요소가 분명하게 전제되었다. 팍스 컨소르티스와 APEC 구상은 일본 국익의 관점에서 대미관계를 재조정하고, 이를 위해 아시아·태평양지역의 발전도상국들을 활용하려고 했다는 점에서 새로운 아시아주의의 맹아임이 분명하다.

그러나 팍스 컨소르티스, 그리고 APEC 구상을 새로운 아시아주의 범주에 포함하기 어려운 이유가 있다. 우선 명칭 그 자체에서 보이듯이 이 양 구상은 지역범위 자체가 아시아를 넘어 미주와 대양주를 포함하는 태평양 연안 전반을 포괄하고 있다. 지역범위의 포괄성으로 말미암아 아시아주의라는 선명한 지역지향성이 희석되고 있다. 나아가 이 구상들은 앞에서 보았던 환태평양연대 구상과 마찬가지로 미국을 가장 핵심적인 협력행위자로 상정하고 있다(송주명, 1998: 49~50면). 즉 이 정책들은 미국과의 전략적인 관계를 전제로 태평양 연안의 포괄적 지역시장을 형성하려고 했다는 점에서 동아시아 지역을 중심으로 하는 새로운 아시아주의에는 포함되기 어렵다.

---

15) 국제질서 속 국가의 위상과 대외 경제정책 태도의 관계에 대해서는 D. I. 沖本外 (1987: 215~48면)를 참조하라.
16) 일본 APEC 구상이 실현됨에 있어서 우회의 국내외 정치과정에 대해서는 『通産 ジャーナル』(1990. 2: 5면)의 오오끼따 사부로의 증언과 畠山襄(142~46면) 참조하라.

4. 새로운 아시아주의의 배경

앞서 본 바와 같이 일본 외교에서 아시아 인식은 세계경제 속에서 자국의 위치상승과 미국 패권의 상대적 퇴조 정도에 비례하여 적극적이고 체계적인 형태로 전개되었다. 물론 그러한 아시아 인식의 이면에는 일본의 국가이익에 대한 면밀한 계산이 존재했다. 따라서 일련의 경제민족주의 혹은 신중상주의 정서의 연장선에서 새로운 아시아주의가 발생했다고 할 수 있다. 새로운 아시아주의도 아시아주의의 일반적 특징을 공유한다고 볼 때 미국 패권이나 미국과의 전략적 협력관계를 전제로 하는 아시아 정책은 새로운 아시아주의에 포함할 수 없다. 새로운 아시아주의는 적어도 일본 자체의 국익옹호라는 관점에서 반미 혹은 그와 유사한 정서에 기초하여 패권국 미국과 전략적 동맹관계를 상대화하거나 격하하는 것을 전제로 한다. 그리고 일본이 주도할 지역범위 또한 아시아, 특히 동아시아를 중심으로 축소 재조정되어야만 한다. 1990년대 초반까지만 해도 마하티르의 '동아시아 경제회의'(East Asian Economic Caucus: EAEC) 구상에 대해 외무성은 말할 나위도 없고, 특히 미국에 대해 비판심리가 강하던 통산성에 이르기까지 일본정부 전체가 냉담한 반응을 보였지만, 1990년대 말 이후 일본정부가 공공연히 그 내용을 추구해갔다.[17] 이때 대두한 새로운 아시아주의는 대미관계 면에서 자립을 전제로 동아시아 지역을 핵심적 대상으로 한 지역통합과 패권 추구 경향이었다.

한편 일본의 대외전략 사조의 변화는 외교당국과 정책 여론형성 집단에 일대 발상의 전환이 없다면 불가능하다. 그리고 이 '발상의 전환'을 강제한 역사적 계기 혹은 상황이 존재해야 한다. 여기에서는 새로운 아시아주의의

---

17) 1990년대 초 일본 국내의 EAEC 논쟁에 대해서는 『日本經濟新聞』 朝刊, 1991年 11月 10日; 1991年 11月 27日)의 기사를 참조하라. 현재 EAEC 구상은 ASEAN+한중일 3개국 회의로 이미 정례화되어 있다.

주요한 배경과 역사적 계기가 무엇인지 살펴보도록 하겠다.

(1) '잃어버린 10년'과 비관적 민족주의

새로운 아시아주의가 일본 대외전략의 주요한 흐름의 하나가 된 것은 이른바 '잃어버린 10년'으로 지칭되는 1990년대의 사회적 분위기가 주된 배경이 되었다. 일본의 1980년대는 '일등국가 일본'(Japan as no. 1)을 운위할 정도로 자부심에 충만한 팽창의 시대였다.[18] 그런 만큼 일본형 사회경제 씨스템은 세계적인 우월성이 입증된 것으로 인식되었으며, 세계경제 질서를 부분적으로 조정하면 일본의 번영이 유지될 것으로 간주하였다.[19] 이 상황을 표현해주는 세계질서 구상이 이른바 팍스 컨소르티스였다.

그러나 1990년대의 10년간 일본인들은 상상도 못하던 정반대의 경험을 하게 된다. 버블의 붕괴와 불황 속에서 대규모 부실채권 문제가 금융 씨스템 전반을 어지럽혔으며, 아시아 경제위기는 불황의 장기화를 유발했다. 제조업의 강세는 여전하였지만, 경제사회 전반은 탈출구를 찾지 못하고 비틀거리는 상황이 되었다. 그와 더불어 실업문제, 소자(小子) 고령화 사회의 도래와 같은 구조적인 문제뿐만 아니라 여러 형태의 청소년 문제, 옴 진리교 문제 등 사회병리 현상이 속출하였다. 미래에 대한 기대를 어렵게 만드는 불안하고 불길한 상황들이 10년 동안 중첩적으로 전개되었다. 1980년대가 자신감

---

18) 이러한 '자신감'은 세계 GDP 면에서 일본의 비중 변화만을 보더라도 잘 이해될 수 있다. 일본은 1970년에 6.4%, 1980년에 9.1%, 1985년에 10.5%, 1988년에 14.8%의 비중을 점하게 되었던 것이다(United Nations, 1991: 5~8면).
19) 1980년대 산업구조의 국제적 재편과 '국제협조형 산업구조'의 형성이라는 슬로건은 전형적으로 이러한 일본 씨스템의 우월성에 대한 인식에 기반에 두고 있었으며, 새로운 모색의 하나로서 일본 산업의 국제적 네트워크의 형성을 통해 '일본모델'을 국제적으로 확산할 수 있다는 인식이 등장하였다. 이에 대해서는 通商産業省産業政策局(1986: 3면)을 참조.

과 여유에 넘친 '승자 일본'의 시대였다면, 1990년대는 사회 전반에 좌절이 엄습하는 '패자 일본'의 시대가 되었다(中西輝政, 2000a: 50~51면). 낙관주의가 비관주의로 대체되는 과정에서 일본의 우월성에 대한 인식도 정반대의 일그러진 '거울상'으로 변형되어 나타났다. 자신감에 기반을 둔 우월성이 아니라 이제는 불안감에 사로잡힌 과거에 대한 향수, 집착으로서 '우월성'이 주장되기 시작했다. 이 불안감에 휩싸인 과거의 우월성에 대한 집착이 민족주의의 충동인데, 그 민족주의의 한 가지 특수한 표현이 바로 다름 아닌 새로운 아시아주의라고 할 수 있다.[20]

한편 불확실성과 불안한 사회상황을 배경으로 하면서 1990년대 새로운 아시아주의가 본격적으로 전개된 데에는 두 개의 커다란 역사적 계기가 있다. 그 하나는 1980년대의 연장에서 격렬해진 미일 경제마찰이며, 다른 하나는 급속한 글로벌화와 미국 달러 체제의 문제점이 집약적으로 표출된 동아시아의 경제위기였다. 요컨대 하나의 맥락으로 수렴되지만 1990년대 초 미일마찰이 강한 혐미(嫌美) 내셔널리즘과 추상적 아시아주의 경향을 일으켰다면, 동아시아 경제위기 상황에서 국가이익의 극대화를 추구한 경제민족주의 지향이 아시아를 미국의 영향으로부터 격리하고 일본과 동아시아 간의 긴밀한 결합을 추구하는 '이미(離美) 아시아주의'라는 대외전략으로 구체화하였던 것이다.

(2) 미일 마찰

1990년대 초반 새로운 아시아주의는 추상적이지만 클린턴 행정부하의 미국과 일본 간의 마찰을 배경으로 그 단초가 발생하였다. 이 시기에 미국은

---

[20] 가령 보수논객 나까니시 테루마사의 진단이야말로 전형적으로 이러한 불안감의 연장에 서 있다고 할 것이다(中西輝政, 2000a: 60면).

미일간 포괄 협의와 무역 불균형 시정을 위한 구체적 '수치목표'의 설정을 요구하였다. 이러한 정책을 추진하는 과정에서 미국정부는 일본정부의 환율 안정화를 위한 협조 요구를 외면하고, 1990년대 초반의 초엔고(超円高) 상황을 방관하였다. 1달러가 1백엔대를 돌파하여 1980엔대까지 이르렀던 것은 이러한 국제정치적 상황을 반영하고 있었다.[21] 이 시기 동안 본래는 친미적 태도를 견지해오던 재계, 경제학자, 관료 등 정책그룹의 태도가 '혐미적'으로 변화하기 시작했다. 당시 일본 외무성과 통산성이 종래의 양보 태도를 접고 미국 USTR과 대결적 자세를 견지한 것은 이러한 혐미적 분위기를 잘 보여준다.[22]

1994년 1월 11일 미일간 포괄 협의의 실패를 전후로 일본 국내에서 혐미 태도는 급진전하게 된다. 이 시기는 비자민 연립정권의 시기로서 냉전기의 자민당 정권과 달리 미일관계를 재검토해야 한다는 사고가 분출하였다. 당시 정당정치가 유동화되는 과정에서 관료정치가 돌출하고 민간부문에 대해 정부의 영향력이 감퇴하는 상황이었다. 즉 관료와 재계, 그리고 여론의 자연발생적인 혐미감정을 정부가 통제할 수 없었던 것이다.[23] 특히 양국 정상회담에서 당시 호소까와 수상이 미국의 압력에 대해 단호한 거부의사를 표명

---

21) 1985년 플라자 합의로 개시된 엔고 국면은 제1차 엔고와 제2차 엔고로 구별된다. 제1차 엔고는 1985년부터 시작하여 1988년 말에 두 배 이상(244엔대→121엔대)으로 급등한 시기이며, 제2차 엔고는 버블 붕괴 이후 1993년 후반부터 시작된 초엔고의 시기로서 1백엔대를 돌파하여 80엔대까지 근접한 시기를 가리킨다(三橋規宏外, 1994: 174~75면).
22) 『中央公論』(1998. 7: 46~47면)의 오가자끼 히사히꼬(岡崎久彦) 전 타이대사의 발언 참조. 1994년 당시 재계의 혐미 분위기와 관련해서는 쿠로다 마꼬또(黑田眞) 미쓰비시상사 부사장(당시)의 태도에서 잘 확인된다. 그는 한 국제회의에서 미국이 일본을 "이질적 국가로 규정하고 적대적 무역국으로 간주하는" 것에 심한 불쾌감을 표시하면서, 이것이 일본의 감정적 자극을 초래하고 미국을 견제하는 아시아적 사고방식을 초래하고 있다고 밝혔다(『東京讀賣新聞』朝刊, 1994年 11月 17日).
23) 『エコノミスト』(1994. 3. 15: 32~33면)의 이노구찌 타까시(猪口孝)의 분석을 참조하라.

한 것은 아이러니하게도 이시하라 신따로(石原愼太郞) 등 "NO라고 말할 수 있는 일본"주의자들에게 시민권을 부여해준 결과가 되었다(鈴木健二, 1994: 44면).

이렇듯 혐미 혹은 반미 감정의 '대안'으로서 전후 50년 가까이 잠들어 있던 아시아주의가 고개를 들기 시작했다. 사실 전후 50년 기간은 소위 일본의 '미국화'(Americanization)의 과정을 의미했다고 해도 과언이 아니다. 이 '미국화'에는 두 개의 전제가 있었다. 첫째, 안보는 미국이 보장해준다는 것이었으며, 둘째, 대미협조 체제하에서 경제가 절대적으로 성장할 것이라는 것이었다. 그러나 1990년대는 탈냉전의 도래로 종래 안보체제가 심각하게 동요하고 그와 더불어 미일간의 동맹관계도 근본적으로 재검토가 요구되고 있었다. 그리고 1990년대 초부터 시작한 침체와 극심한 마찰은 상당수의 일본인으로 하여금 미국을 벗어나 새로운 생존방법을 모색하게 하였다. 결국 그들은 미국적 '보편주의'를 비판할 대안으로서 '아시아'에 주목하게 되었다.[24]

그만큼 1990년대 초반까지 새로운 아시아주의는 아시아 지역질서에 대한 구체적 구상을 가지지는 못했다. 다만 일본의 아시아·태평양의 대외전략과 관련하여 마하티르가 제시한 동아시아 경제회의(EAEC) 구상에 특별한 지지와 동정을 보내는 정도였다.[25] 아시아주의라고 하기에는 지역구상이 미약하였으며, '아시아'는 혐미 민족주의의 관점에서 유용한 대미 위협카드로서의 의미가 강했다. 결국 이 시기의 아시아주의는 지극히 추상적인 것이었다. 여

---

24)『每日新聞』朝刊, 1995年 8月 18日의 사설 참조. 이 사설은 앞에서 인용한 스즈끼껜지라는『마이니찌신문』의 논설위원의 글로 판단된다.
25) 당시 아시아주의는 실현되어야 할 통합지역으로서 '아시아'에 대한 구체적 상보다는 미국의 자유화 압력에 대한 거센 항의로서의 성격이 강했다. 당시 '탈미'(혹은 이미)의 관점에서 대장성의 외곽단체 기관지인『關稅と貿易』을 통해 집요하게 아시아주의를 설파해온 '후루까와 에이이찌(古川榮一)'의 글 또한 전형적으로 이 예에 해당된다(古川榮一, 1993: 48~50면).

기에서 분명히 밝혀 두어야 할 것은 일본의 새로운 아시아주의가 지역의 균질적 상호 의존의 확산과 공통 단일경제지역의 형성을 지향한 것이 아니라, 미국에 대해 자국의 국가이익을 옹호하기 위한 민족주의의 정치적 카드였다는 사실이다.

(3) 동아시아 경제위기

1997년 말부터 1998년에 걸친 동아시아의 경제위기에 대해 일본 국내의 평가는 대체로 두 가지로 나누어졌다. 우선 경제위기로부터 큰 영향을 받지 않고 활동을 전개할 수 있는 산업분야와 일본의 장래를 위해서 대미 전략적 동맹이 필수적이라고 생각하는 정책그룹은 동아시아 위기가 결정적인 파국이 아니며 더욱 발전적인 미래를 위해 일시적인 '진통'일 뿐으로 보았다. 그만큼 동아시아 경제위기는 일본의 근본적 정책전환의 계기가 될 수 없다는 것이었다.[26] 그러나 이와 달리 종래의 대미관계를 수정하고 동아시아와 일본의 새로운 결합을 통해 상황을 돌파하고자 한 새로운 아시아주의의 재계 인사와 정책 관련자는 동아시아 위기가 미국 주도의 세계화의 근본 모순이 폭발한 것이며, 그만큼 구조적인 성격을 갖고 있다고 비관적으로 판단했다. 그들에게 동아시아 경제위기는 그에 걸맞은 근본적인 정책 전환을 요구하는 것이었다.[27]

---

[26] 가령 전세계적인 분업망을 갖고 있으며, 아시아 지역을 수출기지로 개척하는 산요전기(三洋電器)의 야마노(山野大) 부회장은 전형적으로 낙관적인 견해를 피력한 바 있으며, 미일간 전략적 관계의 중요성을 강조하면서 일본의 맹목적 아시아 이동(shift)을 우려해온 이오끼베 마꼬또(五百旗頭眞) 쿄오또대 교수는 아시아 위기를 글로벌화 그 자체의 근본적인 위기로 간주하는 것에 대해 지극히 비판적인 입장을 취한다. 이에 대해서는 오오사까 국제교류쎈터가 주최한 '아시아 예지회의'를 참조하라(『東京讀賣新聞』 朝刊, 1998年 2月 27日).

[27] 가령 반신고전주의(신자유주의) 아시아주의자인 하라 요스께(原洋之介) 토오꾜오대학

이 '비관론자'들은 일본과 아시아의 친근감 내지는 공통성을 강조하면서[28] 동아시아 경제위기가 종래 미국 및 IMF·세계은행이 주도하는 국제금융·통화질서에서 비롯했다고 비판하고, WTO·APEC 등으로 표현되는 세계적·지역적 무역질서를 상대화하기 시작하였다. 동아시아의 위기가 일본의 위기로 직접 전환될 수 있는 상황에서 금융투기의 원천인 단기자금의 이동을 억제하고 달러를 대체하는 지역통화로서 엔의 위상을 높이려고 새로운 지역 금융·통화질서를 적극적으로 주장한다든지,[29] '안행발전(雁行發展, flying geese)' 모델의 연장에서 일본의 경제이익을 극대화하기 위한 쌍무적 자유무역협정 네트워크의 형성을 주창한다든지 하는 것이 그것이다.[30]

이러한 새로운 아시아 구상은 미국 중심의 글로벌화에 대한 일본인들의 민족주의적 반발이 동아시아 경제위기를 배경으로 더욱 체계화되고 구체화한 아시아주의로 '성장·전화'하고 있음을 보여준다. 민족주의의 아시아주의로의 성장·전화는 아시아 지역에서 반미의식 혹은 반세계화 의식이 팽배해진 것을 배경으로 가속화되었다. 일본의 정책그룹들은 아시아의 대미비판과 불만을 동원하여 자신들의 민족주의 구상과 지역주의를 정당화했던 것이

교수가 오오사까 국제교류쎈터의 '아시아 예지회의'에서 한 발언을 참조하라(『東京讀賣新聞』朝刊, 1998年 2月 27日).

28) 이러한 논의는 가령 일본이 아시아의 일원이며, 그만큼 아시아와 수많은 가치관을 공유한다는 주장을 가리킨다. 가령 사또 미쯔오 전 아시아개발은행(ADB) 총재는 그러한 경향을 대표하고 있다(『中央公論』, 1999. 6: 102~103면; 佐藤光夫, 1999: 10면).

29) 아시아통화기금(AMF) 구상이 그것이다. 이와 함께 재계·학계·국제금융의 정책 주도자들에게서도 이러한 사고는 만연된다. 가령 제5회 '아시아로부터의 메씨지' 씸포지엄 '아시아의 새로운 길을 찾아서'에서 단노 코이찌(団野廣一) 미쯔비시 종합연구소 부사장의 발언내용을 참조하라(『東京讀賣新聞』朝刊, 1998年 11月 7日).

30) 이 관점은 종래 일본형 경제모델과 그 확산형태의 일종인 아시아 경제모델의 긍정성의 관점에서 '도당자본주의'(crony capitalism)론과 미국, IMF의 신자유주의적 산업개혁 처방전을 비판하는 것이 그것이다. 여기에 대해서는 『東京讀賣新聞』朝刊, 1998年 2月 27日)의 하라 요스께 교수의 발언과 『中央公論』(1999. 6: 101~102면)의 와따나베 토시오(渡辺利夫)의 발언을 참조하라.

다. 그런 만큼 이 새로운 아시아주의를 통해 일본이 영미의 백인우월주의에 대항하여 아시아를 대변하고 있다는 '맹주론적 대아시아주의' 시각 또한 자연스럽게 재생산되었다(『中央公論』, 1999.6: 101~102면; 佐藤光夫, 1999). 결국 1990년대 초반에 본격적으로 대두하기 시작했던 일본의 혐미 민족주의자들은 동아시아 경제위기를 통해 장래 세계경제의 불확실성을 심각하게 자각하였고, 아시아에서 반미의식이 증대되고 반일의식이 상대적으로 약화한 것을 배경으로 더욱 '체계화된' 아시아주의자로 스스로를 재규정하게 된다.

5. 새로운 아시아주의의 주요 변수들

새로운 아시아주의의 사상적 지향을 분명히 이해하려면 주요 변수별로 사상적 조류의 층위를 더욱 정치하게 구별해두어야 한다. 이러한 변수별 사상적 층위의 일정한 조합들이 새로운 아시아주의의 구체적 형태를 만들어내기 때문이다. 이러한 변수별 층위를 분명히 밝혀 두는 것은 일본 정책그룹들의 아시아 인식의 다양성을 보여주는 계기가 될 수도 있다. 각 변수는 미일관계, 아시아의 범위 및 개념인식, 일본과 아시아의 관계설정 등이다. 변수별 특정 층위들이 어떤 조합을 이루는가에 따라 다양한 아시아주의가 나타날 수 있다.

(1) 미일관계

현재까지 미일관계에 대한 일본 정책 관련자들의 인식은 크게 삼분되는 것으로 이해할 수 있다. 미일관계를 앞으로도 강화되어야 할 전략적 동맹관계로 인식하는지, 현재 미국의 힘과 시장의 중요성을 인정하나 장기적인 전망의 불투명성 때문에 전술적 관계로 상대화되어야 한다고 인식하는지, 아니면 현재 미국 패권은 그 말기적 불건전성을 표출하고 있으므로 종래 관계를 축소하고 단절해가야 한다고 인식하는지 하는 것이 그것이다. 구별을 더욱 쉽게 하기 위해 잠정적으로 첫째 인식을 '절대적 동맹관계', 둘째 인식을 '상대화된 협조관계', 셋째 인식을 '적대적 반미인식'으로 구별해두자. 물론 여기에서 중요한 것은 이 세 가지 인식이 절대적이고 질적으로 구별되는 것이 아니라 어디까지나 논리적 연속선상에서 상대적으로 구별되는 경향이라는 점이다.

1) 절대적 동맹관계

절대적 동맹관계로서 미일관계를 인식하는 시각은 미국과 일본이 자유, 민주주의, 시장경제라는 기본 가치를 공유하고 있으며, 이것이 일시적 이해관계를 뛰어넘는 양국 관계의 안정적 기반이 되고 있다고 생각한다(有馬裕, 1999: 8~12면). 따라서 냉전이 종결된 후 미일관계에서 여러가지 우여곡절이 발생하더라도 미군의 역내 존재는 필수적이며 일본이 새로운 지역질서를 모색하더라도 미국과의 동맹관계는 반드시 전제되어야 한다는 것이다.[31] 경제적인 측면에서 보더라도 미국의 시장규모는 양국간의 기본 관계를 유지하도록 하는 커다란 동인이 된다.

미일관계의 절대적 동맹론은 서로 다른 두 개의 역사적 기원이 있다. 그 하나는 요시다 시게루(吉田茂) 이래의 '미일동맹론'의 연장선에 있으며 전후 일본 외교의 '정통'을 형성해왔던 외무성과 자민당의 구 다수파──이른바 '보수본류'로 불리던 다나까 카꾸에이(田中角榮), 다께시따 노보루(竹下登), 오부찌 케이조(小淵惠三), 하시모또 류따로(橋本龍太郎) 파──의 '주류적' 사고방식이다. 다른 하나는 기시 노부스께(岸信介) 이후 자주적이고 전

---

31) 1994년 당시 외무성 아시아 국장을 맡고 있던 이께다 타다시(池田維)의 경우 그러하다(池田維, 1994: 94면).

략적인 미일동맹론으로서 후꾸다 타께오(福田赳夫), 나까소네 야스히로(中曾根康弘), 코이즈미 준이찌로(小泉純一郎), 아베 신조(安部晋三)로 이어지는 보수우파적 친미내셔널리즘이다. 전자의 친미가 일본의 소극적 안보편승론을 의미한다면, 후자의 친미는 미일동맹의 군사적·전략적 틀을 활용하여 일본의 '자주국방'을 강화·확대하려는 경향을 의미한다.[32] 전자는 상대적으로 자유주의적인 입장으로 미일관계를 일본 국내의 안정과 평화, 번영을 확보하는 데 필수불가결한 역사적 요소로 받아들인다. 그만큼 일본의 경무장, 평화주의, 실용주의적 발전을 위해 미국의 힘을 적극적으로 활용하고 포용해갈 것을 강조한다(入江昭, 1998: 185~92면). 후자의 전략적 미일동맹론은 우선 지정학적 위치상 4세기 이상 7개의 바다를 통제해온 영미세계와 선린관계를 맺는 것이 일본에 평화와 번영을 가져오는 거의 유일한 방법이라는 전제를 하고 있다.[33] 특히 이 시각은 더욱 보수적이고 현실주의적인 입장인데, 미국이 가진 실질적 '힘'에 주목하면서 이를 활용하여 아시아에 대한 일본의 개입을 용이하게 하거나, 아시아의 '위협'을 견제하고 힘의 균형을 추구해야 한다는 미국 활용론적 관점이다. 이 경우 미일동맹은 '소극적 평화'보다는 일본의 '안보대국화'를 위해 주체적으로 재정의되는 전략적 관계이다. 즉 일본은 스스로의 '자주국방'을 강화하기 위해 미일동맹이라는 '하드웨어'와 적극적으로 결합해야 한다는 것이다.[34] 특히 최근에는 이 두 개의

---

32) 초기 일본과 미국의 냉전동맹 형성과 '미국화'의 과정에 대해서는 이리에(1993: 189~205면)를 참조하라.
33) 『中央公論』(1998. 7: 82면)의 오까자끼 히사히꼬(岡崎久彦) 전 타이대사의 발언을 참조하라.
34) 외무성의 세끼 히로모또(瀨木博基), 타께우찌 유끼오(竹內行夫) 등 다수 외교관은 자유주의와 현실주의의 중간적 입장이라고 할 수 있다. 외무성 OB인 오까자끼 히사히꼬는 나중에 상론하지만 극명한 현실주의 접근법 중 하나다. 「日本はどこまでアジアか」(座談會) 82~84면. 그리고 방위청 전 사무차관 아끼야마 마사히로도 미일간의 전략적 동맹관계를 독자의 사고에 따라 주체적으로 재정의하려는 현실주의적 지향을 분명히 밝히고 있다(『中央公論』, 1999. 12: 136면).

경향 중 현실주의적인 전략적 미일동맹론이 압도적 우위를 차지하고 있다.

2) 상대화된 협력관계

1990년대 초반 양국간의 극심한 경제마찰을 경험하면서 미일관계를 상대화하여 인식하는 경향이 비로소 대두하기 시작했다. 종래 친미적이던 관료, 재계, 학자 등의 인식이 미일마찰과 아시아 경제위기를 통해 크게 변화되기 시작한 것이다. 미일관계는 기본 가치를 공유하는 절대적 관계가 아닐 수 있다는 시각이 등장한 것이다. 이러한 미일관계의 상대화 과정에서 구별되는 두 가지 경향을 확인할 수 있다. 첫째로 상대화의 정도가 비교적 경미한 '견미(牽美)'적 태도이다. 이 입장은 미일안보 관계 등 미국과의 기본 관계가 반드시 필요하고 가장 중요한 관계이며 장기적으로 지속할 관계라는 점을 인정한다. 그러나 이를 절대화하여 미국에게 일방적인 양보만을 되풀이해서는 안된다고 본다.[35] 특히 1990년대 초기 미국의 클린턴 정권이 일본을 보호대상이 아니라 경쟁대상으로 취급한 점을 심각하게 받아들이면서 그들은 미일관계 그 자체가 경쟁과 협조의 균형있는 관계로 재조정되어야 한다고 보기 시작했다.[36] 이 입장은 일본 외교의 기본 방향이 미일간 마찰을 완화 ——국제적으로 재편—— 하고 미국의 일방적 요구를 견제할 수 있도록 다층적 방향을 가져야 한다고 주장한다.[37] 즉 이 입장은 일본이 '경제대국'의 안

---

35) 가령 오까모또 유끼오(岡本行夫)의 경우 그러한 경향을 대표하고 있다. 『東京讀賣新聞』朝刊, 1994年 11月 17일)의 국제원탁회의 「日米・改革と協力の展望」에서 오까모또의 발언을 참고하라.

36) 호소야 치히로 토오꾜오대 교수의 관점은 미국과의 전략적 관계의 지속을 전제로 하지만, 이와 함께 지역적(regional), 다자적(multilateral) 관계로 일본 외교의 층위를 확대해 나감으로써 미일관계 그 자체를 더욱 탄력적으로 조정할 필요가 있다고 본다(細谷千博, 1994: 40~42면).

37) 이는 통산성의 대외적 통상정책 태도에서 잘 나타난다. 통산성은 이미 95년의 미일간 자동차부품교섭을 전후하여 일방적 대미양보의 태도를 버린 것으로 보이며, 미국의 압력을 경감하기 위해 WTO의 다국간 교섭을 중시하는 등 다층 외교로 입장을 전환하였다

정성을 담보하기 위해 미국 주도의 질서 속에서 상대적으로 일본이 영향력을 발휘할 수 있는 독자의 경제공간을 확보해야 하며, 이러한 점에서 미일관계를 강화하기보다는 상대화하는 방향으로 재편, 재구성해야 한다고 본다.

둘째 경향은 미국과의 동맹관계를 근본적으로 재해석하면서 멀지 않은 시간대 내에 '특별한' 미일관계가 종식될 것으로 보는 이른바 '이미(離美)'의 태도이다. 물론 이들도 당분간 미국과의 관계는 유지되어야 한다고 본다. 그러나 그들은 미중일 삼각관계 속에서 미일관계는 이미 상대화되기 시작했고,[38] 미국 주도의 세계화 전략이 언젠가는 실패로 끝날 것이므로 대미추수 전략을 일신하는 대책을 세워야 한다고 보았다(中西輝政, 2000a: 63~65면). 이들은 현재의 미국을 '적'(enemy)과 '친구'(friend)의 양면성을 가진 '라이벌'(rival)——가령 미국의 헷지펀드는 적이며, 월가는 적이면서도 동시에 친구인——로 인식하는 경향이 있다. 이들은 미국이 1980년대의 쇠퇴를 상대적으로 극복하여 세계의 변화를 추진할 수는 있으나, 그 변화를 지탱할 만한 힘은 결여하고 있다는 대미관을 갖고 있다(中西輝政, 2000b: 99~100면). 따라서 미일관계는 일본의 필요에 따라 더욱 자유로이 조정되어야 하는 중난기적 협조관계일 수는 있으나, 장기적으로 미국의 힘의 쇠퇴와 함께 '라이벌' 혹은 '적'의 관계로 나아갈 수 있는 불확정적인 관계일 수밖에 없다(中西輝政, 1999: 99, 105~108면).

3) 적대적 반미인식

일본 대외전략과 관련하여 2000년대 초반 싯점에 적극적인 반미론을 주

(『東京讀賣新聞』 朝刊, 1996年 12月 21日).

38) 가령 테라지마 지쯔로우(寺島實郞) 미쯔비시 전략연구소 소장은 미국 내에서 이미 친일 인맥보다 친중 인맥이 더욱 강화되고 있고, 이를 반영하여 미국 또한 미중관계를 일중관계보다 우선한다고 본다. 따라서 일본의 정책 선택도 미일관계에만 의탁·추수해서는 안됨을 강조하고 있다(寺島實郞, 1999: 10~14면).

장한 정책여론집단은 그리 크지 않았다. 주도적 정치집단 내부에서는 이시하라 신따로(石原愼太郎) 토오꾜오도 지사가 가장 적극적인 반미론자(反美論者)이다.

그는 미국을 '패권주의' 국가로 파악하며, 그 약탈적 패권의 폐해가 극단적으로 표출되고 있다고 보았다(『文芸春秋』, 1999. 1: 114~15면). 가령 미국은 금융부문을 중심으로 세계지배를 위한 음모를 꾸미고 있으며, 미국 달러와 주가 하락을 방지하기 위해 자신의 기준을 세계적 기준(global standard)이라는 외양을 강요함으로써 전세계, 특히 일본과 아시아를 약탈하려 한다고 주장한다. 결국 일본은 약탈적 패권을 자행하는 미국과의 우호관계를 단절하고, 미국의 음모를 극복할 수 있는 독자적인 전략으로 나아가야 한다고 본다(石原愼太郎, 1998: 110~11면). 이 입장은 앞에서 설명한 '이미'와는 달리 단기적 싯점과 장기적 싯점, 전술적 차원과 전략적 차원을 구별하지 않고 일관되게 '반미' 태도를 분명히 밝힌다는 점에 특징이 있다(中西輝政, 2000b: 99면).

(2) '아시아'의 범위

일본의 새로운 아시아주의는 일본 국익의 관점에서 미일관계를 조정하고 상대화하는 것으로부터 발생·발전해왔다는 사실은 이미 설명하였다. 그러나 일본의 정책주도 그룹은 아시아의 범위를 획정하면서 서로 다른 양상을 보여주고 있다. '미일경제협력구상' 이후 전후 일본에 가장 분명한 '아시아'는 동남아시아 지역이었다. 특히 1980년대 이래 급증한 일본기업들의 해외투자를 매개로 동남아시아 국가들과 일본의 전략적 관계가 형성된 이후, 동남아시아는 일본이 추구하는 아시아의 핵심으로 자리잡게 되었다(송주명, 1997: 45~73면). 그러나 냉전시기 일본은 중국과의 관계에서 경험한 보수우파와 보수본류 간의 논쟁[39]이나 중일국교정상화 과정에서 남은 '전략적 애매함(戰略的アイマイサ)'[40]의 연장선에서 중국과 북한 등 구 사회주의 국가

들, 그리고 이 국가들과 분단선을 맞댄 한국과 대만을 아시아 개념과 어떻게 관련맺을지 하는 문제에 부딪칠 수밖에 없었다. 한편 이 논쟁은 미국과 일본 내에서 1990년대 초반 이후 전개된 '중국위협' 논쟁과도 맥락이 연결된다.[41] 중국과 북한 문제와 관련하여 일본 정책여론그룹 내의 아시아 인식은 크게 보아 두 개의 상이한 양상으로 전개된다. 하나는 당면한 지역협력의 연장선에서 중국과 북한을 포함하는 대지역으로서 '아시아' 구상이며, 다른 하나는 중국과 북한을 배제하는 중지역으로서 '아시아' 구상이다.

1) 친중 아시아주의

'대지역으로서 아시아'를 지향하는 관점은 무엇보다 중국과의 현실적 관계를 중시하고 중국의 외교적 입장을 존중하는 태도를 보이고 있다. 이들은 중국을 위협대상이라기보다는 협력의 대상으로 인정하며 정치적인 관여를 중시한다. 따라서 이념지향 면에서 냉전주의적이거나 보수적이라기보다는 상대적으로 자유주의적이고 실용적이다. 적어도 1990년대 초중반에 대두했던 일본의 새로운 아시아주의는 이 친중 성향의 아시아주의인 경우가 많

---

39) 이 논쟁은 1950년대 이래 중국과의 관계를 둘러싼 미일간의 논쟁이기도 하며, 일본 국내 보수계열 내의 우파와 경제주의·자유주의파 간의 논쟁이기도 하다(若宮啓文, 95~146면; 細谷千博, 1987: 55~77면).

40) '전략적 애매함'이란 중일국교 정상화시 중국정부가 요구한 '국교정상화 3원칙'과 관계가 깊다. 1972년 당시 중국의 주은래는 ① 중국을 유일 합법정부로서 인정할 것 ② 중일국교정상화와 함께 일화화평조약(대만정부와의)을 폐기할 것 ③ 대만을 중국의 영토로서 인정할 것 등 세 가지 원칙을 제기했다. 이 '3원칙' 중 일본정부는 ①과 ②를 중국의 요구대로 수용하나, ③만은 그대로 수용하지 않고 "중국의 입장을 이해하고 존중한다"는 애매한 형태로 남겨두었다. 이는 당시 미일안보조약의 범위가 '극동'으로 명시되어 있었고, 이 극동에 대만해협을 포함한다는 점을 고려한 것이었다. 즉 이 '애매함'은 중국과 관계를 정상화하면서도 미일안보약과의 충돌을 회피하기 위해 고안된 '전략적'인 것이었다(緒方貞子, 1992: 785~88면).

41) 중국위협 논쟁과 '아시아 지역'의 범위획정 문제에 대해서는 『世界』(1998. 7: 151~52면)의 후나바시 요이찌(船橋洋一)의 발언 참조하라.

다.[42]

　이들은 중일간의 경제적 상호 의존성과 결합을 중요한 것으로 간주한다. 일본 외무성이나 통산성의 경우 중국을 잠재적인 거대시장으로 인식해왔으며, 이를 현실화하기 위한 방책의 하나로서 엔차관 등 ODA를 통하여 중국의 균형있는 개발을 촉진해왔다. 이러한 정책들을 통해 장래 중국이 무역과 투자 양면에서 일본에 커다란 시장이 될 수 있도록 한다는 것이다.[43] 나아가 이들은 중일간 관계는 '특별한 관계'이며 '공통분모'를 갖고 있음을 강조한다. 즉 중일간에는 역사적·문화적 친근감을 중심으로 미중관계에서는 보기 어려운 공통기반을 갖고 있으며,[44] 국교정상화 20년을 넘으면서 일본에서 중국 이미지 개선은 물론 양국간 국민 수준의 상호 이해도 대폭적으로 증진되고 있다는 것이다.[45] 한편 중국과 일본 사이의 긴밀한 상호 의존성은 현재 세계화 과정에서 야기된 공통과제가 산적해 있다는 점에서도 확인된다. 가령 세계화에 취약한 금융제도 등의 문제는 물론이려니와,[46] 인구문제, 환경문제, 지역격차 문제, 식량문제, 에너지 문제 등 양국이 협력을 통해 해결할 수밖에 없는 문제가 다수 존재한다는 것이다.[47]

---

42) 1992년 8월 주변에 미야자와 내각에 의해 결정된 천황의 방중 결정은 당시 친중적인 '아시아파'들의 노력의 결과였다(『エコノミスト』, 1992. 9. 1: 54면).
43) 일본 외무성과 통산성은 정치·경제 양면에서 중국의 현저한 영향력 확대를 고려하여 '21세기의 새로운 중일관계를 지향한 발본적으로 새로운 대중협력정책'을 추구한 바 있다. 즉 이 구상은 '평화적 대륙 경제진출론'이라고 칭함 직한 것으로서 중국 동북부(만주와 내몽고 지역)를 일본 독자의 '개발지역'으로 한다는 것으로 나타났는데, 이는 1999년부터 시작되는 제4차 엔차관에 반영될 예정이었다(『日本經濟新聞』朝刊, 1996年 8月 18日).
44) 1998년 당시 외무성 아시아국장 아나미 코레시게의 언급을 참조하라(阿南惟茂, 1998: 30~31면).
45) 사또 시게까즈 당시 외무성 아시아국 중국과장의 언급을 참조하라(佐藤重和, 1998: 96~97면).
46) 『世界』(1998. 7: 154~56면)의 후나바시 요이찌의 언급을 참조하라.
47) 『요미우리신문』과 신화사가 공동 개최한 '21세기 일중관계와 아태의 신질서' 국제회

이들은 중국이 무난한 발전을 할 것이며, 이른바 '연착륙'(soft landing)의 형태로 정치개혁과 시장성장이 동시에 전개될 것으로 보았다. 이들은 서측의 '평화공세'에 의해 "중국정권의 본질이 변질"되었고,[48] "위로부터의 자본주의"의 과정에 들어서 있으며, 공산당 또한 개혁을 주도하는 과정에서 '국민정당'으로 발전할 가능성을 충분히 갖고 있다고 보았다(森嶋通夫, 1998: 194~96면). 즉 비록 체제가 다르기는 하나, 그것이 중국을 배제하거나 견제하는 이유가 될 수 없으며, 체제 공존적인 지역통합을 지향해가야 한다고 주장했다. 이러한 친중 아시아주의 대외전략은 북한 등 아직 사회주의체제를 고수하는 나라들에 대해서도 적대정책보다는 포용정책을 취할 것을 주장한다.[49] 결국 그들의 입장에서 일본이 지향해야 할 '아시아'는 동남아시아는 물론이고, 중국·북한·한국·대만을 포함하는 동아시아 지역 전체인 셈이다.[50]

2) 반중국의 아시아

일본 정책여론그룹의 아시아 인식에서 중국문제를 정반대로 비관적으로 인식하는 사조 또한 적지 않다. 이 경향은 '중국위협론'(China Threats) 혹은 '중국위험론'(China Risks)[51] 의 연장에서 적어도 현재의 중국은 일본이 주도

의에서 나까야마 타로(中山太郎) 전 외상의 발언을 참조하라(『東京讀賣新聞』 朝刊, 1999年 12月 15日).
48) 『世界』(1998. 7: 156면)의 코꾸분 료쎄이(國分良成) 교수의 언급을 참조하라.
49) 1994년 10월 나까야마 타로(中山太郎) 자민당 외교조사회장과 외무성이 보여준 태도는 이와 유사하다. 이에 대해서는 『日本經濟新聞』 朝刊, 1994年 10月 22日과 『每日新聞』 朝刊, 1994年 10月 22日을 참조하라.
50) 약간 이상주의적 경향이 있으나 모리시마 미찌오(森嶋通夫)가 제안하는 아시아경제공동체(AEC) 구상 또한 이 맥락에서 이해될 수 있다(『朝日新聞』 朝刊, 1997. 11. 21; 森嶋通夫, 1998: 194~96면).
51) '중국위협론'이란 중국의 경제적 고도성장이 결국은 중국의 군사력 성장을 일으킬 것이며, 이것이 '중화 패권주의'와 결합해 동아시아의 지역질서를 근본적으로 변화할 것이라는 사고방식이다. '중국위험론'이란 중국의 고도성장이 부동산 버블, 고에너지 소비,

하는 아시아 통합권역으로 이끌기 어렵다는 공감에 기반을 두고 있다. 한편 이 경향은 관여 혹은 포용정책을 전제로 한 현상용인적 통합보다는 힘의 균형을 통한 현상변혁을 지향한다. 즉 동아시아에서 힘의 균형을 추구했던 냉전적 미일동맹관——중국을 적대적 봉쇄대상으로 삼아왔던——의 연장에 있거나, 혐미적 관점을 갖고 있다고 해도 보수적·신냉전주의적으로 중국을 배척하는 입장이다.[52] 그들은 오늘날 중국은 위협이거나 위험이 될 가능성이 크므로 고립화 혹은 무력화의 대상이며, '아시아'의 정치적 재구성에서도 중국을 배제해야 한다고 주장한다.

우선 중지역으로 제한된 아시아를 구성하려는 사조는 1990년대 중반 이후에 대두한 '중국 패권주의'론과 관계가 깊다. 중국 패권주의에 대한 우려는 남중국해에 대한 중국의 영향력 확장 노력과 1990년대 이후 중국의 눈부신 경제성장이 결부되면서 증폭되기 시작했다(中嶋嶺雄, 1995: 54~55면). 이러한 고도성장이 지속한다면 그에 비례해 군사력 또한 급성장할 것이고, 그 상황에서 중국은 '대중화민족주의(大中華民族主義)'의 길로 나아갈 것이라는 판단이다. 특히 중국은 개혁·개방파들에 의한 사회적 공동화, 지역 격차, 출세주의적 엘리뜨의 당원 충원 등이 일으킨 대내적인 문제들을 돌파하기 위해 대외적인 팽창주의 경향을 더욱 강화할 것이라고 본다(中嶋嶺雄, 2000: 11~12면). 궁극적으로 이들은 중국과 가장 인접한 국가의 하나인 일본이 자칫 중화적 지역질서의 일원으로 흡수되어버릴 가능성을 심각하게 우려하고 있다.[53]

이들은 '중국 패권주의'를 억제해야 한다는 기대심리로 '바람직한' 중국

지역 격차 등으로 지속 가능하기 어려우며, 이 결과 중국경제의 조정 혹은 침체가 동아시아와 전세계 경제에 치명적인 악영향을 줄 것이라는 논리이다.
52) 가령 이러한 힘의 균형적 사고방식은 오까자끼 히사히꼬(岡崎久彦) 전 타이대사의 경우 아주 전형적이다(『東京讀賣新聞』 朝刊, 1999年 12月 15日).
53) 『エコノミスト』(1994. 3. 15)의 나까지마 미네오의 발언을 참고하라.

의 미래상이 결국은 하나의 통합적 거대국가가 아닌 몇개로 분열된 자본주의 중국임을 분명히 밝혔다. 그리고 자신들이 구상하는 동아시아의 통합에서도 중국의 분열이 전제조건으로 반드시 따라주어야 한다고 보았다. 또한 장기적으로 2, 30년 내에 중국이 분열할 것으로 예측(희망)하였다(中西輝政, 1999: 105~108면). 한편 이들은 중국 견제의 필요성상 '대만카드'의 유효성에도 주목하고 있다. 즉 그들은 종래 외무성이 취해온 대만문제 회피, 즉 중일관계 기축론을 비판하고, 현실적인 경제관계의 진전을 인정하여 중국과 대등할 정도로 대만관계를 유지해야 한다고 주장했다.[54] 궁극적으로 그들은 일본이 당면 싯점에서 지향해야 할 '아시아'의 범위를 대만, 한국, 동남아시아 등과 같이 중국을 제외한 해양지역의 동아시아로 한정하고, 이를 기반으로 장기적으로 '분열될' 중국을 포위해가야 한다고 주장한다.[55]

(3) 아시아와 일본: 일본 지역패권의 본질

일본이 새로운 아시아주의적 조류에 따라 대미관계를 조정하고 아시아 지역통합을 시향하여 그 지도력을 발휘한다고 할 때, 그 통합의 내포적 성격을 이해하기 위해 반드시 점검되어야 하는 것이 일본과 아시아의 관계설정 문제이다. 지역주의에 내재되는 '패권경향'에는 두 가지 서로 구별되는 지향이 존재할 수 있기 때문이다. 즉 지역 구성국들과 완벽히 대등한 관계는 아니라 할지라도 패권국이 지역발전에 필수적인 공공재를 제공하면서 지역 속에 융화되어가는 경우가 그 한 가지이며, 지역 구성국들과의 구조적 불평등성 혹

---

54) 1994년 말에 열린 '제22회 동아경제인회의'(일본-대만 경제교류체)에서 일본 측 위원장인 오까베 레이지로(岡部礼次郎) 위원장의 언급을 참고하라(『每日新聞』 朝刊, 1994年 10月 22日).
55) 그러나 일부 인사는 한국까지 '배제'하려는 듯한 경우도 있다. 가령 미쯔비시 종합연구소 취채역 부사장인 단노 코이찌의 경우가 여기에 해당된다(団野廣一, 2000: 14~17면).

은 차별성을 전제로 지역을 패권국의 일국적 발전을 위한 '뒷마당'으로 활용하려는 분절된 지역주도가 다른 한 가지이다. 전자를 편의상 '자유주의적' 패권지향이라고 할 수 있다면, 후자는 '약탈적' 혹은 '신중상주의적' 패권지향이라고 할 것이다. 그러나 공식적·외형적인 정책언사만으로는 이 두 가지 유형의 패권지향이 명시적으로 구별되기 어려우므로 이를 판별할 수 있는 객관적 사례가 필요하다. 여기에서는 일본과 아시아의 발전적 관계의 형성에서 경제적 열쇠가 되어온 일본 '시장문제'를 그 사례로 취하고자 한다.

일본 시장문제는 그 자체가 무역 면에서 아시아와 일본의 근본적 비대칭성, 즉 구조적 무역역조를 일으켜왔다고 볼 때[56] 이 문제에 대한 정책그룹들의 태도는 새로운 아시아주의에 내포된 패권지향의 성격을 보여주는 중요한 지표가 될 것이다. 일본이 아시아 지역 속에서 수행할 수 있는 역할은 대립적이라고까지는 할 수 없으나 크게 두 가지로 구별될 수 있다. 하나는 일본이 지역 경제발전의 모델로서 주로 해외투자와 정부개발원조(ODA)를 통해 아시아 국가들의 산업화에 '이바지'하지만 더욱 본질적으로는 자국 산업구조를 안정화·고도화하고 산업기반(수출기반)을 확대해가겠다는 '신중상주의적 안행발전론'이다. 이때 일본은 저부가가치제품의 수입을 제외하고는 미온적 수입전략에 그치는 반면, 동아시아를 일본산 고부가가치제품 혹은 부품(중간재)의 수출시장으로 위치지우는 경향이 강하다. 여기서 일본과 동아시아의 관계는 일방적인 의존 혹은 지극히 비대칭적인 무역관계로 나타난다. 다른 하나는 일본이 아시아의 산업화와 생산능력을 추동하면서도 지역산업

---

56) 일본과 아시아의 경제적 교류비중의 증대에도 불구하고 일본 산업구조와 아시아 간의 연계관계는 지극히 비대칭적이라고 할 수 있다. 미쯔비시 종합연구소의 시산에 의하면 일본과 동아시아 각각 1백억 달러의 수요가 증대되었다고 한다면 일본이 동아시아에 줄 수 있는 영향력은 생산이 3.97억 달러, 수출이 1.71억 달러의 증대 효과만에 그치는 반면, 그 반대인 동아시아가 일본에 줄 수 있는 영향력은 생산 면에서 12.73억 달러, 수출 면에서 5.77억 달러의 커다란 효과를 주는 것으로 나타나고 있다(団野廣一, 2000: 7~10면).

들의 주요한 수입시장으로 역할을 함으로써 지역의 무역통합과 경제성장, 나아가서는 산업구조 고도화를 위한 원동력을 제공해야 한다는 '적극적 제품흡수자'(absorber)론이다. 이 경우 일본은 동아시아로부터 저부가가치 제품의 수입은 물론이거니와 새로이 공업화에 의해 형성된 중·고부가가치 제품에 대해서도 수입시장을 적극적으로 제공함으로써 동아시아의 수출지향형 산업화의 주요 시장으로 기능을 하게 된다.

1) 신중상주의적 지역주의

안행발전론은 자기완결적인 일본의 산업과 시장을 정점으로 산업 전반에 걸치는 비교우위의 변동, 그리고 그에 따르는 산업의 국제이동이 조화롭고 성층적으로 지역 경제발전을 가져온다는 일본경제모델의 국제적 확산논리이다(小島清, 1989: 2~25면). 이 논리는 '국제주의적' 외피에도 불구하고 일본 산업구조의 일국적 완결성을 전제로 비교열위의 일본 산업 해외투자를 매개로 아시아 수출지향형 산업화를 추진하고, 이를 토대로 일본 산업구조의 고도화를 도모하겠다는 일본 중심적인(Japan-centric) 동아시아개발론에 불과하다. 결국 이 노선은 일본 산업의 국제적 수직 재배치를 통해 아시아 공업화를 일부 진행하겠지만, 이와 함께 동아시아 산업의 구조적 대일의존성 또한 심화하게 된다. 즉 일본의 해외투자로 부품과 자본재의 대아시아 수출이 확대되겠지만, 아시아에서 증대된 새로운 공업 생산능력은 일본의 자기완결적 시장구조의 다양한 비관세조치(Non-Tariff Measures)에 의해 흡수되지 못하는 비대칭 구조가 고착화된다.[57]

새로운 아시아주의에 내포된 패권지향의 성격과 관련하여 일본 국내의 규제완화와 산업구조 개혁논쟁은 주목할 만한 가치가 있다. 급속한 규제완화

---

57) 가령 일본 산업공동화를 회피하고 일본 산업·시장구조의 자기완결성을 유지하기 위한 일본의 노력에 대해서는 Gilpin(1987: Chapt. 9~10)과 沖本·クラスナ(1987: 215~48면)을 참조하라.

와 시장원리의 적극적 도입에 반대하면서 종업원주의의 기업지배구조, 계열 유지 등을 중심으로 하는 일본적 시장=경영모델을 옹호하거나 지속하고자 하는 경제민족주의자의 사고방식은 대외 경제정책 면에서 이 안행발전론과 강한 친화력을 갖고 있다.[58] 결국 이 안행발전론은 일본 경제·경영모델론의 연장선에서 발본적인 개방 시장구조의 도입론과는 거리가 있으며, 과거 보호주의, 관리무역론으로 표현된 바가 있기도 하지만, 종래 일본의 조직된 시장구조를 유지하려는 신중상주의적 관성을 갖고 있다.[59]

2) 자유주의적 제품 흡수

패권국이 지역의 형성과정과 융화되면서 통합과정을 무리 없이 주도할 수 있으려면 역내 국가의 성장과 산업구조 고도화를 담보할 수 있는 공공재로서 패권국 시장이 적극적인 역할을 해야만 한다. 특히 1980년대 이후 아시아의 해외투자 의존형 산업화가 일본 산업의 국제적 마찰 회피책의 일환으로 가속화되었다는 점을 고려할 때 일본시장의 제품 흡수기능은 더욱 커다란 중요성이 있다(송주명, 1997: 162~82면). 그만큼 일본의 지역패권 지향성이 개방적이고 균형적인 것이라면 일정한 희생을 감내하더라도 아시아의 성장과 산업구조 고도화를 지탱할 만한 적극적인 방책이 제시되어야만 한다. 이는 조직된 국내시장과 일방적(unilateral) 산업이익을 전제로 하는 종래 일본의 안행발전 논리와는 모순되는 것이며, 동아시아 기업들이 고부가가치 시장에서 안정적으로 활동할 수 있도록 일본의 시장구조가 더욱 개방적 방향

---

58) 2000년대 초 구조개혁 논쟁에서 종래 일본모델의 이념과 사고방식의 근본적 변화가 불필요하다는 적극적 옹호론자는 이따미 히로유끼(伊丹敬之) 히또쯔바시대학 교수를 들 수 있으며, 프론티어형 경제환경이 개척된 상황에서 일본형 합의적 시장구조의 우월성(부활 가능성)을 논하는 경우로서 타나까 헤이조(田中平藏) 게이오대학 교수를 들 수 있다(『文芸春秋』, 1999. 10: 184~94면; 田中平藏, 1999: 109~18면).
59) 이는 1990년대 초반 미일마찰 과정에서 극적으로 전개된 바 있다(『東洋讀賣新聞』 朝刊, 1994年 11月 7日).

으로 혁신되어야 함을 의미한다.

이러한 점에서 적극적 규제완화론이라든지 일본 경제체제를 시장중심적이고 개방적인 방향으로 개혁해가고자 했던 논의들을 주목할 필요가 있다(中谷巖, 1998; 野口悠紀雄, 1995). 그러나 일본 시장구조의 발본적 개혁론은 일본 정치경제 체제의 제도적 관성이나 중소기업, 농업 등을 배려해온 종래 일본적 경제정책론에 의해 무력화되면서 적극적인 힘을 발휘하기 어려웠다.[60] 종래 자기완결적인 일본 정치경제 체제를 부분적으로 변화함으로써 활성화를 모색하도록 하는 일본경제의 '활력소' 정도의 의미만을 가졌다.[61] 일본과 동아시아 간의 무역을 볼 때 이러한 경향은 분명하게 확인된다. 대중무역에서 일본은 1990년대 중반 이래 적자상황에 접어들었지만, 구체적인 무역내용에서 핵심 컴포넌트(key components), 일반기계, 전자부품, 소재, 자동차 관련 산업분야의 제품이 주요 수출제품인 반면, 중국으로부터는 사무용기기, 기계기기, 섬유, 식료품 등이 주요 수입품이 되고 있다.[62] 이는 일본기업들의 국제적 생산네트워크를 매개로 하는 일본의 고부가가치 부품수출과 아시아로부터의 저부가가치 개발수입이라는 산업 내 수직분업이 양상을 잘 보여준다. 이렇듯 고부가가치 생산과 저부가가치 생산을 중심으로 하는 일본과 아시아 간의 분업은 지역 내부로의 융화보다는 동아시아를 경제적 배후지로 개척하면서 경제대국으로서 일본 경제체제의 독자성과 안정성을 고수하려

---

60) 제도로서 일본적 씨스템의 관성에 대한 이론적 기초로서는 靑木昌彦(1996)를 참조하라. 그리고 일본의 조직된 시장 변화의 불가능성에 대한 논리로서는 전 대장성 은행국장(현 와세다대학 교수)인 니시무라 요시마사(西村吉正, 1997)의 글을 참조하라. 그는 여기에서 일본형 자본주의 또한 하나의 문명에 비견될 수 있는 독자성을 갖고 있음을 강조한다.
61) 우시오 지로(牛尾治朗) 우시오전기 사장이나, 미야우찌 요시히꼬(宮內義彦) 경제동우회 부간사장과 같은 '자유주의적' 재계인사들은 개방성과 탄력성을 갖춘 '새로운 일본형 모델'의 창안을 제시하고 있다(『中央公論』, 1999. 1: 85면; 宮內義彦, 2000: 180~90면).
62) http://www.near21.jp/data/trade/japan/ja-chi/main.htm(검색일자 2008년 2월 5일 검색).

한 경제정책의 결과라고도 할 수 있다.[63] 결국 새로운 아시아주의의 외교사조는 동아시아의 지속 가능한 발전을 뒷받침하려는 자유주의적 지향성보다는 일국적이며 신중상주의적인 패권지향에 근접한다고 할 수 있다.[64]

6. 새로운 아시아주의로의 과도적 대외전략 사조 유형

앞서 본 미일관계, 아시아의 범위설정, 일본과 아시아의 관계 등에 대한 변수의 층위가 각각 어떻게 결합하는지에 따라 다양한 외교정책 사조가 나타날 수 있다. 형식논리적으로 보면 동아시아 정책을 둘러싼 일본의 대외전략 사조는 약 스무 가지 정도의 조합이 될 수도 있다. 그러나 실제의 대외전략 사조는 현실적인 역관계나 조건 속에서 형성되므로 이보다는 제한된 숫자로 나타난다. 새로운 아시아주의가 미국으로부터의 분리 정도에 상응하여 심화되고 구체화되어왔다는 점을 고려하면 1990년대 말부터 2000년대 초에 걸쳐 대두되고 있는 주요한 대외전략 사조는 크게 다섯 가지 정도로 집약할 수 있다. 연미입아(連美入亞), 비아시아주의, 견미입아(牽美入亞), 이미입아(離美入亞), 이상주의적(유토피안) 아시아주의 등과 같은 유형이 그것이다. 물론 이 내부에서 아시아의 범위획정의 문제나 아시아와 일본의 관계 문제를 둘러싸고, 다소 다른 하위의 정책경향들이 나타날 수도 있다. 이 절에서는 앞 절에서 논한 논리적 변수들의 조합에 유의하면서 새로운 아시아주의로

---

63) 일본과 아시아의 관계를 성층적 관계와 일본의 독자성 유지의 관점, 즉 전형적인 안행발전적 관점에서 파악하는 시각은 白石隆「連載 海の帝國: アジアをどう考えるか」69~70면을 참조하라. 2000년대 중일 무역을 통한 국제분업의 흐름에 대해서는 JETRO(2007)을 참조하라.
64) 1998년 4월 말에 개최된 산또리 주최의 씸포지엄「日本はどこまでアジアか」에서 아오끼 타모쯔(靑木保) 교수의 안행발전론의 정신적 배경에 대한 비판적 평가를 참조하라(『朝日新聞』朝刊, 1998年 5月 1日).

나아가는 과도적 이념 스펙트럼들을 분석하고 소개하고자 한다.

(1) 비아시아주의

'비아시아주의'란 단일한 대외전략 사조가 아니며 각기 다른 논리와 전략적 목표를 가진 사조의 집합이다. 다만 동아시아 독자의 지역형성 가능성에 지극히 회의적이라는 공통점이 있다. 요컨대 전전의 아시아주의가 오까꾸라 텐신(岡倉天心)에서 보이듯이 서구의 확대과정에 대한 '저항'의 주체로서 '아시아'에 기초했음에 비해 새로운 아시아주의는 동등한 위치에서 서구제국에 '대항'하려는 움직임일 뿐이며, 지역 내부의 다양한 편차를 무시하면서 일본이 자의적으로 아시아를 구성하려는 잘못된 방향을 갖고 있다(間宮陽介, 1996: 126~27면). 나아가 일본 외교는 아시아에 우선적인 의미를 부여하기보다 미국 등 선진지역 혹은 전세계를 대상으로 전개되어야 한다고 본다. 비아시아주의 대외전략 사조들은 그 이념지향 면에서 현실주의와 이상주의적 흐름으로 나뉠 수 있지만, 다음 세 가지 사례가 대표적이다.

1) '신탈아론'적 조류: 친미 내셔널리즘

신탈아론(新脫亞論)은 일본의 외교정책이 아시아보다는 여전히 구미, 특히 미국 지향적이어야 하며, 그것만이 일본의 안전과 장래를 보장할 수 있다는 사고방식이다. 그 대표적인 논자는 오까자끼 히사히꼬(岡崎久彦) 전 타이대사로서 외무성 내부 현실주의파들의 사고를 대표하고 있다. 그는 우선 아시아주의자들과는 달리 아시아 그 자체가 하나의 단일한 지역이 되기에는 아주 불안정한 존재라고 주장한다. 그는 지역대국인 중국에 대해 신냉전과 위협인식을 바탕으로 견제태도를 분명히 밝히면서 미래 통일한국이나 아시아 여타 국가에서 발생할 수 있는 민족주의적 가능성에 주목한다. 따라서 국제정치 일반의 시각에서나 아시아 내부 정세 면에서 아시아 공통의 가치관이 존립하기 어렵고, 아시아주의 또한 성립되기 어렵다고 주장한다(岡崎久彦, 1999: 50~52면). 결국 세계에 자원과 시장을 의존할 수밖에 없는 지정학적 위치로 바다와 공중의 방위가 중요할 수밖에 없는 일본은 지역통합보다는 국가간 '힘의 균형' 외교를 추구해야 한다는 것이다. 이 경우 지역 내의 불안정성을 극복하기 위한 최선의 조치는 일본이 초강대국 미국과 안보 면뿐만 아니라 자본·시장·기술 등 경제적인 면에서도 전략적 동맹을 형성하는 길이다. 즉 일본은 적어도 몇십년을 지속될 동맹에 의탁해 아시아 힘의 정치에 안정적으로 개입해야 하는 것이다(『中央公論』, 1998. 7: 82~84면; 岡崎久彦, 1999: 52면).

그의 이러한 사고는 독자적인 지역으로서 동아시아의 통합 가능성을 부정하고 서구적 힘 균형 개념에 기초해 패권국인 미국의 힘에 결정적으로 의존적인 태도를 보인다는 점에서 구미중심적인 탈아론의 외교지향에 근접한다. 이 탈아론적 대외전략론은 역사문제와 영토문제 등으로 동아시아와 관계가 극단적으로 악화한 상황에서도 대미 전략동맹을 우선하여 동아시아와의 관계를 돌파하고 신보수우파적 안보정책을 강화해 나가려고 했던 코이즈미와 아베 내각 시기의 외교정책에서 그 전형을 발견할 수 있다.

그림 1 신탈아론의 대외전략 구상

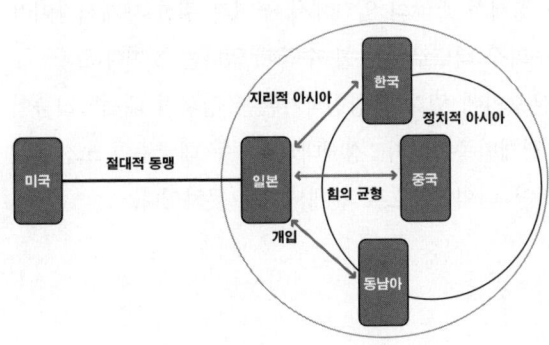

2) 소일본주의적 '상인국가론'

상인국가론(商人國家論)은 냉전적 미국 패권하에서 생성·발전했던 일본의 실용주의적 대외전략 사조의 변종이지만, 경제대국 노선보다는 소일본주의(小日本主義)라는 자유주의적인 전통에 그 뿌리를 두고 있다.

대표적인 논자는 전 통산성 관료로 '경제소설가'라는 특이한 경력을 소유한 사까이야 타이찌(堺屋太一) 전 경제기획청 장관이다. 그는 우선 일본의 경제활동무대는 동아시아가 아니라 전세계여야 한다고 주장한다. 그리고 일본의 시장구조는 개방적으로 개혁될 필요가 있으며 편리성 기준에 입각한 세계적 기준(global standard)——설혹 그것이 미국의 표준이라 해도——을 수용할 수 있는 비민족주의적 외교관점을 취해야 한다고 본다(堺屋太一, 2000: 73~74면).

나아가 그는 경제적 자유주의와 소일본주의 관점에 따라 아시아주의를 분명히 거부하는 태도를 보인다. 요컨대 일본경제는 아시아에 대해 지극히 취약한 입장에 있지만, 지역주의를 주창하면 그에 수반되는 책임을 지고 비용을 낼 수밖에 없다. 그러나 일본은 경험, 신용, 통화 유통량 등의 면에서 지역주의를 시행하기에는 역부족이며, 설혹 독자적인 국제경제적 방책으로서 아시아주의의 길을 선택한다고 해도 그것은 적극적인 유인을 가지지 못할 것으로 판단한다.

따라서 일본으로서는 경제적 소국의 입장에서 구미가 정한 세계시장이라는 경계와 기준을 자유주의적 태도로 활용할 수밖에 없다는 것이다(堺屋太一, 78~79면). 그러나 소일본주의에 입각한 상인국가론은 정치적 내셔널리즘의 '안보(군사)대국론'이나 경제민족주의의 '경제대국론' 등 대국주의 노선들에 의해 압도되면서 적극적인 대외전략으로 전개되지는 못하였다.

그림 2 상인국가론의 대외전략 구상

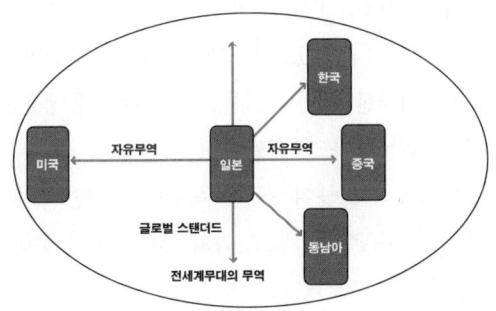

3) 반미·반중의 국수적 내셔널리즘

일본의 정부나 정치사회에서 본격적인 '반미'론은 상대적으로 드물게 확인된다.[65] 이 입장을 가장 명시적으로 대표하는 사람은 이시하라 신따로(石原愼太郞) 토오꾜오도 도지사이다. 그는 기시 노부스께(岸信介) 등 보수우파의 반공주의적 친대만, 친동남아시아 아시아 외교노선과 자신의 반미적 내셔널리즘 노선을 결합한 국수주의——그만큼 그의 논리에서는 내셔널리즘과 지역주의 간의 모순이 극단적이다——를 견지했다(『文芸春秋』, 2000. 8: 117~18면). 그의 '반미'론은 『'No'라고 말할 수 있는 일본』(1989년, 소니회장 모리타 盛田昭夫와의 공저), 『'No'라고 말할 수 있는 일본경제』 등의 저서에서도 알 수 있지만, 전면화된 내셔널리즘의 관점에 따라 미국에 대한 강렬한 적대감을 표명한다는 점에서 특징적이다. 그는 1989년 『'No'라고 말할 수 있는 일본』에서 미국이 현 시대가 구미에 의해 지배되고 있으며, 백인세계가 우월

---

[65] 정치가로서 반미·반중 내셔널리즘에 비교적 가까운 이들을 의회 표결 등 그들의 정책성향을 중심으로 분류해보자면 이시하라 신따로, 카메이 시즈까(龜井靜香), 에또 타까미(江藤隆美), 니시무라 신고(西村眞悟), 마쯔바라 진(松原仁) 등을 들 수 있다. 구체적인 논의는 http://ja.wikipedia.org/wiki/의 '反米保守'(2008년 11월 22일 검색). 항목을 참조하라.

하다고 생각한다고 주장하고, 미국인과 기독교 선교사 들이 각지의 문화를 파괴하고 서양문화를 대체하려고 한다고 미국을 비판했다. 그리고 미국의 식민지였던 국가들에서는 문제들이 넘치고 있으나 일본 식민지를 경험한 지역은 번영하고 있다고 판단한다. 이러한 점에서 일본은 미국과의 동맹을 종결하고 독자적인 자위력을 강화해야 한다고 주장했다(石原愼太郞, 1989).

나아가 그는 극단적 신냉전주의에 기초하여 중국과 북한에 격렬한 적대감을 표현해왔다. 그는 영국 잡지『파이낸셜 타임즈』와의 인터뷰에서 중국을 과거 냉전시기 때보다 더욱 위험한 존재로 묘사하면서 "소련제국이 멸망한 이래 중국만이 확장주의를 신봉하는 유일한 제국이다. … 일본이 이를 허락하면 확장주의가 아시아 전체로 확대되어갈 것이다"(『朝日新聞』朝刊, 2000年 4月 29日)라고 하여 중국에 대해 강한 경계감을 보이는 한편, 대만의 첸수이벤(陳水扁) 전 총통 취임식에서는 "장쩌민(江澤民)이 대만을 합병하면 그는 히틀러나 다름없다. … 그간 중국은 반드시 분열국가가 될 것이다. 아시아와 동양의 평화를 위해 공산주의 독재정권이 붕괴하기를 열렬히 희망한다"(『朝日新聞』朝刊, 2000年 5月 21日)고 하여 공공연히 반중국적 선동을 일삼은 바 있다. 그는 일본의 나쁜 반중파 인사들의 행태와 마찬가지로 대중견제의 '정치적 카드'로서 대만을 활용하였다. 그가 주장하는 반미적 아시아 지역체로서 '대동아공엔권(大東亞共円圈)' 또한 이른바 아시아의 '신반공동맹'적 엔블록이며, 대만, 한국, 동남아시아 등이 대상지역이 되고 있다. 그러나 이시하라의 '아시아'는 동아시아 각국의 대일태도에 따라 주관적으로 그 범위가 달라질 수밖에 없다. '아시아'국가라 할지라도 이시하라의 국수주의에 대해 비판적인 국가는 적대 혹은 혐오의 대상으로 전락하기 때문이다. 이러한 점에서 그에게 '아시아'는 하나의 실체가 아니라 그의 독단적 국수주의를 치장하는 허상일 뿐이다.

이시하라의 국수적 내셔널리즘은 일본과 아시아의 관계설정 면에서도 잘 나타난다. 아시아 경제위기 이후 그는 '아시아'에 대해 일본이 장래의 포석으로서 인접국 기간산업에 투자하고 지역 내의 주요 불량자산·채권을 흡수하기 위한 대규모 기금을 창출하며, '아시아판 마셜플랜'의 일환으로 '아시아 부흥은행'을 설립하여 대아시아 투자를 보증해야 한다는 정책구상을 편 바 있다(石原愼太郞, 1998: 122~23면). 아시아 경제위기를 활용하여 일본이 역내 국가들의 전략산업과 금융동맥을 장악해야 하며, 아시아의 대표자이자 보증자인 '맹주'로 본격적으로 나서야 한다는 것이다. 여기서 일본이 아시아에게 줄 수 있는 것은 우월한 기술력과 금융전쟁의 노하우, 금융자본에 한정된다(石原愼太郞, 1998: 124면). 그의 입장에는 일본과 아시아 간의 융해적 상호 발전, 즉 일본시장의 적극적 역할에 대한 관심은 애초에 결여되어 있다. 반면 '아시아'는 기껏해야 반미를 위한 동원대상일 뿐이며, '반미 아시아주의'의 이름하에 역내 기간산업과 금융을 사실상 일본에 직접 종속시키려는 전전 '대동아공영권'의 사고방식을 그대로 재현해 보여주고 있다. 따라서 이 시하라가 생각하는 '아시아 패권'은 '시혜적이거나 자유주의적'인 것과는 상반되며, '약탈적이고 제국주의적'인 성격이 있다.

현재 이시하라의 반미·반중 국수주의는 정책여론집단 내에서 주요한 정책 대안논리로 인정받지 못하는 것으로 보인다. 동일한 보수진영 내에서도 그의 정시적 내셔널리즘은 국민감정을 선동적으로 자극하는 데에는 유효할지 모르나, 미국, 중국 등 정치적으로 감당하기 어려운 강한 적들을 동시에 양산한다는 비판을 받고 있다.[66] 나아가 그가 '아시아'를 운위하지만 그의 아시아 인식은 내셔널리즘을 넘어서 본질상 국가주의 혹은 국수주의적 지향을 하고 있기 때문에 도리어 아시아 국가들에서 커다란 반발을 사고 있다. 가령 그가 일본 내 아시아인들에 대해 불온한 '제3국인' 운운한다든지, 과거 역사를 정당화한다든지 하는 점들은 그의 사고의 저변에 아시아에 대한 근

---

66) 가령 이시하라와 비슷한 맥락에서 이미의 관점과 중지역으로서의 아시아를 주창해온 나까니시 테루마사의 경우 이시하라의 이 점을 비판하고 있다(中西輝政, 200b: 99~100면).

본적인 멸시의 관점이 존재함을 입증해주고 있다(『朝日新聞』 朝刊, 2000年 4月 29日). 결국 이시하라의 주장들은 '평시'의 대외 전략논리로 발전하기 어려울 뿐만 아니라 아시아 지역과 부단하게 충돌할 수밖에 없다.

이시하라의 반미·반중국 정서는 본질적으로 국수주의적 내셔널리즘이지 아시아주의의 일 형태는 아니다. 그런데 특정한 정세하에서 반미와 반중국을 지향하는 일본의 국수적 내셔널리즘이 스스로의 지지기반을 강화하기 위해 '아시아주의'를 표방하면서 다양한 형태로 아시아를 동원하려는 전략을 취할 수 있다. 그러나 국수주의의 아시아주의로의 '확대'는 과거 '대동아공영권'과 마찬가지로 최악의 기만적 아시아주의일 수밖에 없다.

그림 3 '반미·반중 국수주의'의 대외전략 구상

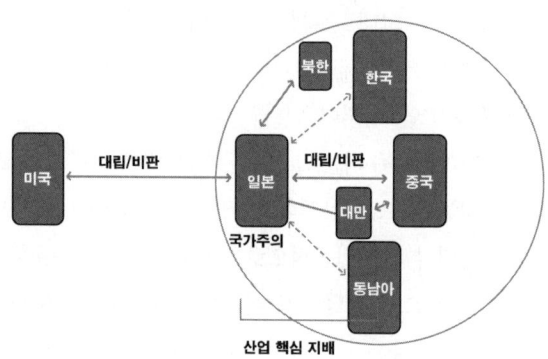

(2) '연미입아'론[67]

'연미입아(連美入亞)'의 대외전략 사조는 미국과의 전략적 동맹을 전제로

---

67) 여기에서 '연미입아'론이란 일본에서 1990년대 중반 이래 대중화된 바 있던 '반미입아(伴米入亞)'론과 동일한 의미이다.

점진적으로 동아시아의 외교적 비중을 늘려온 냉전기 일본 외교의 표준적 경향이다. 이 사조는 1980년대 후반부터 1990년대 중반까지 일본정부, 특히 외무성이 취해왔던 아시아·태평양 경제정책을 뒷받침해왔다.[68] 그만큼 이 조류는 일국적 민족주의보다는 국제협조를 우선하는 자유주의 국제정치관에 더욱 친화적이다.[69]

연미입아론은 미일관계가 기본 가치관을 공유한 전략적 동맹관계임을 전제하고 있다. 일본의 경제외교에서 미국과 아시아는 양자택일의 문제가 아니며, 세계적 상호 의존관계에 따라 아시아 지역에 대한 미국의 지속적인 관여 또한 보장할 수밖에 없다는 것이다(池田維, 1994). 즉 미일관계는 더욱 긍정적으로 발전해가야 하고,[70] 적어도 앞으로 2, 30년 동안 지속해야 할 전략적이고 역동적인 관계이며, 아시아의 번영과 평화를 위해 '지역공공재'로 기능해야 한다고 본다(『國際問題』, 2001. 1: 18면; 船橋洋一, 1998: 43면).

따라서 동아시아 지역통합을 위해 일본이 관여할 때 전략적 동맹인 미국의 관여 또한 필수적이다. 이러한 관점에서 일본에 의미있는 지역범위는 동아시아만에 한정되지 않으며, 동아시아와 북남미, 대양주를 잇는 아시아·태평양이 된다. 뿐만 아니라 지역결합의 형식도 배타적 지역주의보다는 내부 구성의 다양성을 반영하여 느슨한 '개방적 지역주의'로서 성격을 갖게 된다(池田維, 91~93면). 한편 이러한 논리의 연장에서 동아시아의 특정지역이 제외되어야 할 이유는 존재하지 않는다. 가령 중국정책에 있어서도 관여정책을 통해 연착륙을 유도하고 민주화와 경제성장을 지원하는 것이 기본적

---

[68] 1993년 말 당시 수상 미야자와 키이찌는 미국의 지역적 존재와 관여를 인정함과 동시에 아시아와의 결합을 추진하는 것을 내각의 기본 방침으로 천명하고, 아시아만의 지역주의—당시는 EAEC 구상—에 반대함으로써 이 사조를 일본정부의 '공식 입장'으로 확인한 바 있다(『朝日新聞』 朝刊, 1993年 11月 1日).
[69] 가령 『아사히신문』의 경우가 그러하다(『朝日新聞』 朝刊, 1993年 8月 25日의 사설).
[70] 가령 타나까 아끼히꼬(田中明彦) 토오꾜오대학 교수는 미일간의 관계가 더욱 높은 차원으로 '재형성'되어야 함을 강조하고 있다(田中明彦, 2000).

방향이었다(田中明彦, 2000). 따라서 이 입장은 전세계적 자유화와 아시아·태평양의 경제협력을 강조하기 때문에 국제경제기구 면에서 WTO와 APEC을 중시한다.[71]

한편 일본 국내 시장구조의 개혁문제와 관련하여 이 입장은 적극적인 대책을 제시한 바는 없다. 다만 일부 정책그룹은 동아시아와의 밀접한 결합을 가속하기 위해서 농업 등 정치적으로 민감한 분야라 할지라도 시장구조의 부분 개혁이 반드시 필요하다는 입장을 제시하기도 했다.[72]

그러나 이 입장의 주류는 일본과 아시아·태평양의 경제적 관계를 종래 안행발전의 관점에서 이해하고 있으며, 시장개혁이 일으킬 국내의 정치적 부담을 최소화하는 방향에서 대외 경제정책을 설계해왔다. 1995년 APEC 오오사까회의에서는 일본의 이러한 정책태도가 크게 반영되어 일본 시장구조의 근본적 개혁을 회피할 수 있는 APEC 자유화 방안으로서 '조화된 자주적 행동'(concerted unilateral action) 원칙이 채택되었다.[73] 1990년대 전반에 걸쳐 연미입아론은 일본 경제외교의 '표준'으로 영향력을 행사하였다. 그러나 이 입장은 1997년의 아시아 경제위기를 계기로 그 정책적 영향력이 많이 감소했다.

---

71) 1994년 당시 세끼 히로모또(瀬木博基) 북일수교 및 APEC 담당 전권대사의 APEC 접근법을 참조하라(『東京讀賣新聞』 朝刊, 1995年 4月 8日).
72) 1995년 APEC 오오사까 회의를 앞두고, 시노하라 산다이헤이(篠原三代平) 토오꾜오 국제대학 교수는 한 정책토론회에서 이러한 입장을 천명한 바 있으며, 다나까 아끼히꼬 토오꾜오대학 교수도 2000년 일본 국제문제연구소의 한 정책좌담회에서 동일한 입장을 밝힌 바 있다(『東京讀賣新聞』 朝刊, 1995年 4月 18日; 『國際問題』(2001. 1: 17~24면)의 다나까의 발언).
73) 일본의 안행발전론 혹은 신중상주의적 통상태도와 APEC 원리 간의 연관성에 대해서는 송주명(1998: 38~45, 55~65면)을 참조하라.

그림 4 '연미입아'론의 대외전략 구상

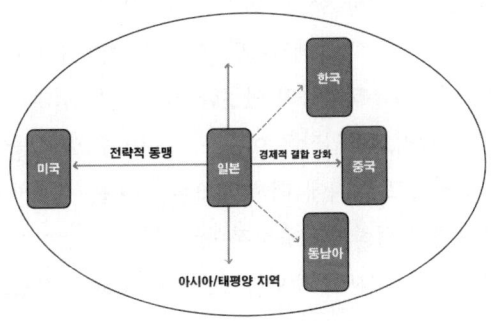

(3) '견미입아'론[74]

'견미입아(牽美入亞)'론은 1980년대 후반 APEC 창립 초기 싯점부터 통산성이 취했던 외교태도이다. 이 입장은 '아시아·태평양'이라는 넓은 지역 범위 내에서 미국과의 전략적 관계를 유지할 필요가 있음을 인정한다. 이것은 APEC 정책이라는 동일한 틀 내에서 통산성의 견미입아론과 외무성의 연미입아론이 공존할 수 있도록 해주었다. 그러나 견미입아론은 미국과의 전략적 관계가 부동(不動)의 공통기반을 갖는 것으로 보지 않는다. 통산성은 1980년대 후반 이래 미국의 시장경쟁주의는 아시아·태평양지역의 전일적 질서가 될 수 없으며 각국별 제도나 지향의 차이가 인정되어야 한다고 주장해왔다.[75] 나아가 경제적 차원의 미일관계는 안보관계와는 달리 이견이 인정되어야 하며, 일본 스스로 국가이익 관점에서 선택적이고 주체적인 태도

---

74) 이 '견미입아'란 말은 외무성의 '연미입아[伴米入亞]'적 태도와 대비하여 통산성의 대미 견제와 동아시아 중시 태도를 부각하기 위해 조어(造語)된 용어이다.
75) 『東京讀賣新聞』 朝刊, 1994年 11月 12日의 아오끼 마사히꼬(靑木昌彦)의 언급을 참조하라.

를 취해야 한다고 보았다.[76] 이를 위해서 일본은 아시아·태평양지역 내에서 미국과 안정적 공존의 방안을 모색하면서도 미국의 자유화 압력을 일정 정도 견제할 수 있도록 미일관계를 조정해가야만 한다는 것이다(송주명, 1998: 47~55, 65~72면). 또한 아시아·태평양의 단일한 지역 틀을 절대적인 것으로 간주하는 연미입아론과 달리, 이 입장은 이른바 '중간범주'로서 동아시아만의 경제통합 노력을 인정하고 여기에 더욱 중요한 의미를 부여하고 있다. 즉 APEC과 같은 지역포괄적 협력체와 중층적으로 공존하는 동아시아 국가들만의 직접투자나 경제협력을 일본이 주도함으로써 대미 교섭력 강화의 기반으로 삼으려 한 것이다.[77] 이러한 사고방식은 1980년대 중반 이후 일본의 동남아시아 투자를 배경으로 일본과 ASEAN 간의 정책 협조관계—산업정책대화(industrial policy dialogue)와 일본통산성과 ASEAN 경제각료회의의 정례회의(AEM-MITI)—를 발전시키고 이를 정치적 기반 삼아 미국의 거센 자유화 압력을 견제하려고 했던 통산성의 정책에서 그 전형을 발견할 수 있다.[78]

한편 일부의 이견에도 불구하고[79] 견미입아론은 '아시아·태평양'이라는 지역범주의 유의미성을 여전히 인정하였고, 아시아 범위 또한 중국을 포함한 대지역주의를 견지했다. 연미입아론과 마찬가지로 중국은 정치경제적 관

---

76) 『東京讀賣新聞』 朝刊, 1995年 6月 3日의 오까모또 유끼오의 발언을 참조하라.
77) 가령 1980년대 후반 통산성의 사무차관을 지냈고, 1995년 당시 전통총연(電通總硏)의 사장 겸 소장을 맡고 있던 후까가와 신지(福川信次)는 대표적으로 이러한 견해를 표명하고 있다(『東京讀賣新聞』 朝刊, 1995年 4月 18日).
78) 이는 1988년부터 진행되기 시작한 ASEAN 정책당국과 통산성 간의 '산업정책대화'와 ASEAN 경제각료회의와 일본 통산성 간 회의의 연례화(AEM-MIITI)를 통해 적극화되었다(通商産業省, 1989: 135~42면; 津田博, 1989: 75~76면).
79) 1995년 당시 내각 외정심의실장이던 히라바야시 히로시(平林博)는 『요미우리신문』과 토오꾜오회의가 주최한 '21세기 환태평양: 일본의 선택'이라는 원탁회의에서 '견미입아'의 기본 틀을 유지하면서도 중국의 패권주의를 경계하는 '중지역주의'의 입장을 밝힌 바 있다(『東京讀賣新聞』 朝刊, 1995年 10月 19日).

여──혹은 포용──의 대상이었으며, APEC과 WTO를 통해 중국의 개혁·개방이 성공하고 고도성장이 연착륙할 수 있도록 지원해야 한다고 보았다.[80] 나아가 연미입아의 경우와 마찬가지로 일본의 시장구조개혁 문제에 대해 견미입아론도 1990년대 경제정책 논리로서 '규제완화'와 '시장개방'을 언급해왔지만 동아시아의 지속적 발전을 담보할 만한 일본의 개방적 시장모델을 적극적으로 제시하지는 않았다. 대신에 종합적 원조수단과 해외투자를 종합하여 현지와 일본을 수직적 분업관계로 구조화하는 안행발전론을 지역개발론의 핵심으로 인식하였다.[81] 통산성도 연미입아와 마찬가지로, 정치적으로 예민한 농업문제, 자신들이 관할하는 중소기업 문제 등을 고려해 시장개방을 회피하는 태도를 보였다. 그리고 아시아의 성장과 산업구조 고도화에 이바지할 수 있도록 일본 시장구조를 개방적으로 개혁해가는 자유주의적 대안에 대해서는 신중한 태도를 취하였다.[82] 한편 이 견미입아의 대외전략 사조는 고정된 완성형태가 아님에 주목해둘 필요가 있다. 즉 '중간범주'로 설정된 동아시아만의 경제협력 구상이 대미 '견제카드'의 수준을 넘어 더욱 심화하고 제도적인 실체가 분명한 지역경제통합 정책으로까지 진전되어간다면

---

80) 『東京讀賣新聞』 朝刊, 1995年 4月 18日을 참조하라. 한편 1980년대 후반 이래 일본적 경제모델과 산업정책의 아시아 이식을 통해 일본과 아시아 발전도상국 간의 산업정책분야에서의 총체적 협력을 추구했던 것이 '신아시아 공업화 종합협력 계획'(New Asian Industrialization and Development Plan: 일명 New 'AID' Plan)이다. 이는 당시 미국, IMF, 세계은행 등의 자유화 압력(신자유주의적 구조조정 압력)에 대한 '아시아적 대안'의 모색과정이었다고도 할 수 있는데, 그 지역범위에 중국도 주요 대상국의 하나로 포함된다(OECF, 1991).
81) 이 대표적 사례는 앞에 언급하였지만 1987년부터 통산성이 추구해온 '신아시아 공업화 종합협력계획'이다. 이 정책은 종합적 원조수단과 현지 정부와의 정책조정을 통해 일본 수출산업의 안정적 해외투자를 도모하고, 이를 기초로 수출지향형 현지 산업화를 가속화하기 위한 것이었다. 더욱 구체적인 내용은 通商産業省(1987: 44~50면)을 참조하라.
82) 이는 통산성이 최초로 APEC안을 제시한 것에서도 잘 나타나며, 경제위기를 전후로 한 APEC 자유화 가속화에 대한 논의과정에서 극명하게 드러난다(송주명, 1998: 47~52면; 송주명, 1999: 5~7면; 송주명, 2000: 7~11면).

견미입아론이 전제로 하는 WTO와 APEC의 전략적 중요성은 현저히 줄어들 것이며 나중에 볼 '이미입아'론, 즉 본격적인 아시아주의의 논리체계로 수렴되어갈 가능성이 크기 때문이다.

그림 5 '견미입아'론의 대외전략 구상

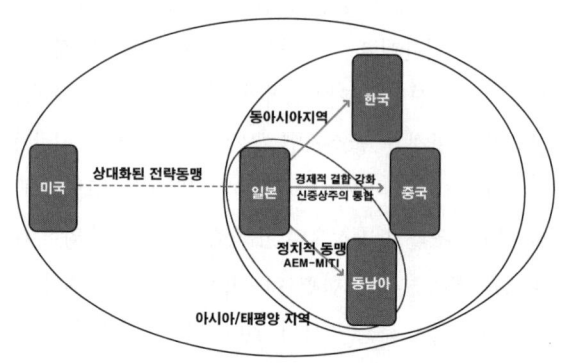

7. 새로운 아시아주의: 두 개의 논리와 정책사례

지금까지 논의해온 대미관계와 아시아주의의 구체성, 그리고 아시아의 범위설정 및 일본과 아시아의 관계 등과 같은 기준을 중심으로 논리적 성격을 규정하자면 새로운 아시아주의는 '이미입아(離美入亞)'론적 경향과 가장 근사(近似)하다. 즉 동아시아에서 미국 패권의 의미는 지극히 상대화되는 반면, 동아시아 독자의 지역구상은 몇가지 지역통합 혹은 지역주의 구상으로 더욱 명시적으로 발전하였다. 한편 새로운 아시아주의의 흐름에는 두 가지의 다소 이질적인 구상이 포함되는데, 정부와 정책결정자, 그리고 정책여론 그룹을 중심으로 하는 이미입아론——경제민족주의의 발전형태로서 1997년 말부터 2000년대 초까지 정책화된──과 자유주의적이거나 진보적인 학자, 그리고 시민단체들이 주장해온 '동아시아 공동체론'──2000년대 초 이래 현재까지 지속하고 있는──이 그것이다. 여기에서는 새로운 아시아주의 근 사형태로서 세기 전환기에 현실화된 바 있는 이미입아론의 논리와 정책들에 대해 분석한 후, 실현방안 면에서는 이상주의적인 한계는 있으나 다소 지역주의의 구성과 내용 면에서 이미입아론을 건강하게 보완할 수 있는 '이상적 동아시아주의'에 대해 그 내용을 소개하도록 한다.

(1) '이미입아'론[83])과 새로운 아시아주의

새로운 아시아주의의 가장 현실적인 존재양태는 '이미입아'론으로 나타나고 있다. 연미입아론과 견미입아론이 전략적 수준의 미일관계를 상정함에 비해 이미입아론은 미일관계를 전술적인 협조관계나 단순한 경쟁관계로까지 상대화한다는 점에 커다란 특징이 있다. 미일관계가 상대화되는 만큼 일본과 동아시아 간의 통합구상, 즉 동아시아를 중심으로 한 지역주의 경향도 구체화하고 강화되고 있다. 이러한 점에서 역으로 동아시아 지역구상이 구체화하면 될수록 미일관계의 중요도는 감소한다. 그만큼 동아시아는 단순한 대미 '견제카드'가 아니라 전후 일본의 대외경제전략에서 미국이 점해오던 위치 일부를 대체하는 독자적 지역으로서의 의미가 있게 되는 것이다. 동아시아의 범위에 대한 인식에서는 대부분이 중국을 포함한 대지역주의 경향을 보여주고 있으나, 일부 논자는 중국위협론 혹은 중국붕괴론의 씨나리오에 따라 중국을 배제하려는 태도를 보여주기도 한다(中西輝政, 1999: 101~104면; 中西輝政, 2000: 96~99면). 단기적 대미관계 인식에서 이미입아론은 비아시아

---

83) 이 '이미입아'론은 일본에서 혐미의식을 바탕으로 외교의 중점을 아시아로 이동해 나가는 현상을 일반적으로 '이미(離米)'라는 말로 표현한다는 점에 착안하여 조어되었다.

주의의 반미(反美) 내셔널리즘 사조와 구별되지만, 장기적·전략적 판단은 유사하다. 여기에서는 통화와 무역정책 면에서 이미입아론에 해당하는 주요 사례별로 기본적 사고방식과 정책지향의 특징을 검토해보겠다.

그림6 '이미입아'론의 대외전략 구상

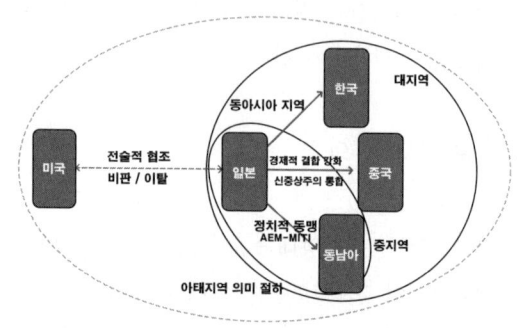

(2) 국제통화질서의 아시아주의

1) 사까끼바라 에이스께의 새로운 아시아주의

사까끼바라 에이스께(榊原英資)는 대장성의 재무관을 역임했으며 아시아 경제위기를 전후해 대장성 국제금융 부문의 새로운 아시아주의 경향을 대표했던 인물이다. 그는 국제통화 관계의 불안정성 혹은 위기를 배경으로 동아시아만의 독자적 통화권 형성——그 현실적 형태로서 '엔의 국제화'——을 강력히 주창해왔다.

그에 의하면 미국과 아시아의 가치관을 대립시키면서 구미의 경제통합 과정과는 다른 아시아적 방법에 따르는 독자적인 네트워크형 지역이 이미 작동하고 있다. 반면 최근 세계화는 미국식 가치관이 지역 내에 전일적(專一的)으로 강요되는 과정이다. 따라서 이미 고유의 기반을 갖고 있는 아시아의 입장에서 보았을 때 세계화는 수용되기보다는 제어되어야 하는 것이다. 그리고 일본은 장기적으로 구미——가령 APEC에서는 미국과 호주——보다는 아시아를 더욱 중요한 선택지로 가져가야만 한다.[84]

한편 사까끼바라는 미국과의 관계를 단기적으로 배제해야 할 것으로 보지는 않으나 근본적으로 재구축되어야 할 것으로 보았다. 그는 1990년대 동안 미국경제가 회복되어왔기 때문에 그만큼 세기 전환기 싯점에서 미국의 힘과 능력을 인정할 수밖에 없다고 한다. 따라서 당면한 미일관계 또한 전술적으로 유지되어야만 할 것이다. 그러나 미일관계는 국익 차이와 상호 독립을 인정한 위에서 진행되는 교류로 재정의되어야 하며 미국 패권의 필연적 쇠퇴과정에서 중장기적으로 격렬한 경쟁관계로 전환되어갈 수밖에 없는 관계이다(『朝日新聞』 朝刊, 1999年 4月 22日). 이와 더불어 미국이 주도하는 국제기구들——IMF와 세계은행, WTO, G8 정상회의, APEC 등——의 중요도는 감소되며, 일본 스스로의 비전에 따르는 아시아와의 결합 네트워크가 더 중요해진다(『國際問題』, 2001. 1: 7~10면). 미묘하게 중국을 견제하는 측면——지역통화간의 경쟁——이 있기는 하지만, 사까끼바라는 동아시아를 지역형성의 기축으로 상정하고 그 안에서 중국과 일본의 협력이 필수적으로 이루어져야 한다고 생각한다. 이러한 점에서 그는 크게 보아 대지역으로서 동아시아를 추구한다(『中央公論』, 2000. 2: 85면). 한편 지역, 즉 아시아와 일본의 관계를 형성하면서 사까끼바라 또한 앞의 대다수 경우와 마찬가지로 일본의 자유화와 시장구조의 적극적 개혁을 회피하는 안행발전론적 접근을 취하고 있다. 즉 그는 지역에 고유한 아시아 경제통합 네트워크가 서구의 신고전파적인 것과는 본질적으로 다르며 엄격한 규제완화와 민영화는 이에 어울리지 않는다는 주장을 하였다. 그러나 이러한 논리는 무엇보다도 일본에 우선 적용될 것이며, 결과적으로 일본의 조직된 시장구조를 옹호하는 데 사용될 것이기

---

84) 1995년 4월 18일에 개최된 요미우리/토오꾜오회의의 전문가 씸포지엄 '아시아태평양의 경제통합'에서 사까끼바라의 발언 참조(『東京讀賣新聞』 朝刊, 1995年 4月 18日).

때문이다(『東京讀賣新聞』朝刊, 1995年 4月 18日). 결국 그가 구상하는 지역패권은 자유주의적이라기보다는 신중상주의적인 것에 가깝다고 할 수 있다.

2) 엔의 국제화 정책

사까끼바라 식의 새로운 아시아주의의 전형적 정책 표현은 대장성이 중심이 되어 추진해온 '엔의 국제화'론이다. 엔의 국제화란 해외, 특히 아시아 지역의 무역과 자본거래뿐만 아니라 각국의 보유 외화로 일본통화인 엔의 비중을 현저히 높여 지역의 실질적 기축통화로 기능을 할 수 있도록 인위적으로 노력하는 것을 의미한다.[85] 사까끼바라는 아시아의 경제위기 이후 "미국이 쌍무적 지원능력을 결여하고 있음을 확인했고, 미국 및 IMF 정책 오류에 대한 아시아의 인식 공유가 이루어졌으며, 아시아가 일본에 대해 미국을 대신하는 적극적인 역할을 해달라고 요구하고 있으므로", 일본은 미국과의 결정적인 이익대립 싯점을 대비하여 지역 통화강국으로 역할을 해야 한다고 주장하였다(『國際問題』, 2001. 1: 22면). 엔의 국제화는 일본의 입장에서 미국의 파국적 경제후퇴를 대비한 동아시아 지역의 실질통화권 확립을 의미한다. 엔을 동아시아의 기축통화로 전환시키고, 동아시아의 저축을 구미가 아닌 아시아 자체로 환류하려는 목표를 갖는다는 것이다(『中央公論』 2000. 2: 82~85면).

우선 대장성 재무관실과 국제금융국은 통화권 확립의 기초를 형성하기 위해 '아시아통화기금'(Asian Monetary Fund: AMF) 구상을 1997년 8월 타이 통화위기 직후부터 적극적으로 추진하였다. 이 AMF 구상은 일본이 아시아 지역 통화질서에 대한 지도력을 갖고, 일본, 중국, 한국, 호주, 홍콩, 인도네시아, 말레이시아, 씽가포르, 필리핀 등 10개국을 중심으로 총액 1천억 달러 규모의 독자적인 지역기금을 건설하겠다는 것이었다(榊原英資, 1999). 결국

---

85) http://www.mof.go.jp/yen/qa001.htm.(2005년 11월 24일 검색).

이 구상은 미국 및 IMF의 반대로 실현되지 못하였다. 그러나 이에 굴하지 않고 일본정부는 엔의 국제적 사용을 증진하기 위해 국내정책을 변경함과 더불어,[86] 1998년에 '아시아통화위기 지원에 대한 신구상'('신미야자와 구상') 을 발표했고,[87] 이 구상의 한 가지 구체화로서 1999년부터는 국제적 '사무라이채'(サムライ債) 시장을 육성하기 위한 정책을 추진하였다.[88] 일본정부의 이러한 정책들은 아시아 각국이 통화위기에 대응하여 사전에 자금을 비축할 수 있도록 하는 데 촛점이 있었는데, 궁극적으로는 엔 자금이나 일본 보유 달러의 대규모 아시아 유입을 통해 엔의 국제화의 효과를 증폭시키기 위한 것들이었다(『朝日新聞』 朝刊, 1998年 10月 1日).

엔의 국제화 정책은 1999년 이후에 세계적·지역적 범위에서 통화상장 방식의 부분적 변화를 모색하려는 정책을 통해 계속되었다. 세계적 변동환율제나 아시아 지역의 달러 페그제를 변화하여 '바스켓 통화제도'에 기초한 목표상장권을 설정하려는 일본정부의 노력은 그 대표적인 예이다.[89] 일본정

---

86) 대표적인 방법으로는 일본정부 발행의 단기국채(TB) 이자의 원천징수세를 폐지하고, 정부단기증권의 발행방식을 변화함으로써 엔자산 운영에서 외국인의 안심도를 높이는 것을 들 수 있다(『日本經濟新聞』 朝刊, 1998年 2月 7日; 自民党國際金融調査會円の國際化に關する小委員會, 1998).
87) 이 구상은 위기에 빠진 아시아 국가 정부의 자금조달을 원활화하고, 민간기업의 채무정리와 금융체계의 안정화를 지원하며, 각국의 융자수축에 대응할 목적으로 총액 3백억 달러 규모의 계획으로 제출되었다(「アジア通貨危機支援に關する新構想: 新宮澤構想」, http://www.mof.go.jp/daijin/1e041.htm).
88) 이 계획은 위기에 봉착한 아시아 각국이 자금을 공급받기 위해 엔채(사무라이채) 채권시장에서 국채를 발행할 때 일본의 국제협력은행(구 수출입은행+해외경제협력기금)이 이를 구입하려는 외국 자본에 총액 3백억 달러, 2조엔 한도 내에서 보증한다는 계획이다(『日本經濟新聞』 朝刊, 1999年 11月 12日).
89) 이러한 방식은 유럽의 경험에 따르는 것으로 국력에 따라 주요 통화간에 비중을 두어 연계하는 '바스켓 통화제도'에 기초하여 외환상장에 대한 가이드라인(목표상장권)을 두고 이를 넘어설 때 각국이 상호 자동개입하며 통화 변동폭을 조정하는 '공동외환상장 관리방식'이다(http://www.nuis.ac.jp/~usui/koramu8.html). 이 구상은 1999년 1월 당시 오

부는 이러한 국제적 제도 변화를 통해 무역·자본거래, 그리고 보유 비율 면에서 엔이 달러에 뒤이은 제2의 지역통화로 성장하도록 노력하였다.[90] 이 정책들은 궁극적으로 엔이 동아시아의 실질적 지역 기축통화로 기능을 하는 반(反)달러 통화권 구축을 지향하는 것이었다.[91] 현재에도 엔의 국제화 정책은 국제통화로서 여러 제약에도 불구하고, 재무성(구 대장성)과 경제산업성(구 통산성)을 중심으로 추진되고 있다. 이 정책의 가장 큰 특징은 구상 그 자체가 암묵적으로 격렬한 혐미의식을 전제로 하고, 특정한 세계금융질서의 불안을 전제로 한 일종의 통화 자급체제(통화블록)의 형성전략이라는 점이다. 그런데 이 구상의 실현 여부와 관련하여 가장 큰 문제점으로 제기될 수 있는 것은 통화블록 내에서 엔과 지역통화 간의 수직적 연계를 통해 동아시아 각국의 거시경제가 일본경제에 종속될 수 있다는 점이다.[92]

(3) 자유무역협정 정책과 아시아주의
1) 오구라 카즈오의 새로운 아시아주의
오구라 카즈오(小倉和夫) 전 외무심의관은 외무성 내부의 새로운 아시아

부찌 수상이 유럽을 방문했을 때 유로의 탄생 상황을 활용하여 일본 엔의 국제적 역할 증대와 아시아 지역통화질서의 안정화를 위해 발표되었다(『朝日新聞』 朝刊, 1999年 4月 22日).

90) 이는 교텐 유따까(行天豊) 국제통화연구소 이사장의 '엔의 국제화' 전략에서도 잘 나타난다(『朝日新聞』 朝刊, 1999年 4月 22日).

91) 이 복수통화 바스켓제는 달러, 엔, 유로를 세 지역의 대표통화로 간주하고 있다. 그리고 공통통화의 창출은 20여 년이 넘는 시간이 요구되기 때문에 복수통화 바스켓제를 활용해 아시아 지역통화의 엔에 대한 직접의존을 가속화할 필요가 있다는 것이다(山本榮治, 1999: 25, 27면).

92) 이러한 문제를 최소화하기 위해서라도 바스켓 통화제도와 목표상장권을 활용해 아시아가 엔을 매개로 유로에 깊게 연동되는 싯점에서 일본이 엔을 고집하지 않고 아시아 공통통화인 아시안(Asian)을 창출하도록 해야 한다고 주장하는 이도 있었다(吉川元忠, 1999: 114~16면).

주의의 대표자로 젊은 관료들에게 커다란 영향을 주어왔다.[93] 여기에서 그를 다루는 이유는 그가 한국과 일본의 자유무역협정 구상을 최초로 천명했고, 이후 논의의 전개과정에서 이미입아의 논리에 상당한 사상적 이바지를 했다고 보기 때문이다.

그는 1990년대 초기부터 외무성의 '정통'에 반하는 혐미논리를 유포해왔다. 가령 미국은 일본에 대해 자국의 가치관을 일방적으로 강요해왔으며 일본을 정신적 식민지로 만듦으로써 일본적 삶의 방식을 파괴해왔다는 것이다. 그는 일본이 자립적인 삶을 유지하려면 미국의 영향력으로부터 점진적으로 벗어나야 한다고 보았다(鈴木健二, 1994: 46~47면). 사까끼바라와 마찬가지로 그는 혐미의식에 기초하여 대외 경제정책 면에서 미국이 주도하는 IMF 등 국제기구에 대해서도 심각한 불만을 표현해왔다. 그의 혐미의식은 결국 동아시아적 대안으로 귀착한다. 그는 아시아가 파우스트적 근대기계문명을 초극하고 '아시아의 전통정신'을 살리면서 복권되어야 한다고 주장하였다. 그의 '아시아'는 사까끼바라와 마찬가지로 '대아시아 지역주의'에 근접한다. 그는 외무성의 아시아파 관료답게 '중국위협론'에 반대하면서 중국, 러시아, 북한을 포괄하는 지역구상을 표명한 바 있다(『外交フォーラム』, 1998. 6: 27~28면). 나아가 그의 아시아주의는 일본의 책임과 지도력하에서 아시아를 통합해가야 한다는 '맹주지향' 또한 분명히 갖고 있다.[94] 그러나 오구라는 '패권' 실현과정에서 결정적인 문제가 될 수 있는 과거 역사에 대해 책임있는 인식이 부족했다. 이러한 점에서 오구라의 아시아주의는 아시아 지역과 평등한 융화를 지향하는 '자유주의적' 패권지향성과는 일정한 거리가 있다(『外交フォーラム』, 1998. 6: 26, 29, 30면).

---

93) 오구라는 미일기축론의 전통이 강한 외무성에서 주류 위치를 점해왔다고는 할 수 없지만, 1990년대 중반 이래 외무성 젊은 관료들의 혐미의식과 결합하면서 일종의 아시아 편향성을 만연해온 중심인물이었다는 평을 받고 있다(鈴木健二, 1994).
94) 『日本經濟新聞』 朝刊, 1997年 6月 13日의 「經濟敎室」 참조하라.

2) 자유무역협정

오구라의 진가는 그의 '사상'보다 일본의 대외 경제정책에 '자유무역협정'이라는 새로운 정책수단을 공식화하고 돌파구를 열었다는 점에 있다. 물론 오구라 이전에도 일본 국내에서는 산업발전 수준이 비슷한 한국 등을 대상으로 자유무역협정을 맺어야 한다는 문제의식이 없었던 것은 아니다.[95] 그러나 자유무역협정에 대한 공식적 문제제기는 1998년 9월 전경련의 한국 경제인들과의 회합에서 오구라에 의해 최초로 이루어졌다. 그의 문제제기를 신호탄으로 외무성 경제국, 그리고 통산성과 그 산하단체에서 일제히 이 문제에 대한 본격적 검토가 이루어지기 시작하였다.[96]

일본의 자유무역협정 정책은 미국의 동의하에서 추진되었다 하더라도 본질적으로 '이미' 지향의 연장에서 이해해야 한다. 주무부서인 통산성은 1998년 말을 전후하여 자유무역협정에 대해 적극적으로 사고하기 시작한 것으로 보이는데,[97] 여기에는 종래 통산성의 주요 활동공간이던 미일 쌍무관계, 그리고 APEC과 WTO 등의 실효성에 대한 커다란 실망이 작용하였다.[98] 심지어 통산성의 정책문서에서는 1999년 이후부터 '아시아·태평양'

---

95) 후지무라 마사야(藤村正哉) 일한경제협력회장(미쯔비시 마테리알 취채역 회장)의 경우도 그러했다(藤村正哉, 1998: 20~22면).
96) 그 직후 통산성의 통상심의관을 지냈던 하따께야마 노보루(畠山襄) 일본무역진흥회(JETRO) 이사장과 한덕수 통상대표가 의견을 타진했으며, 이후 1998년 11월 가고시마에서 열린 한일 각료간담회에서 일본 통산대신과 한국의 산자부 장관이 합의하여 그해 말 일본의 JETRO 아시아경제연구소와 한국의 대외경제정책연구원이 공동연구를 개시함으로써 일본정부 내에서 '자유무역협정'에 대한 적극적 태도가 형성되었다. 이리하여『通商白書』1999년판에 통산성의 공식입장으로서 자유무역협정 정책이 천명되었으며, 1999년 3월 한국 고려대의 강연에서 오부찌 수상이 이를 재확인하는 발언을 하였다(『朝日新聞』朝刊, 1999年 4月 23日; 畠山襄, 1999: 11~12면).
97) 요사노 카오루(与謝野馨) 통산대신은 1998년 12월 18일 일본 외국특파원협회에서 '21세기를 향한 일본의 도전'이라는 연설을 하였는데, 이때 '지역적 무역협정'의 가능성을 공식 거론하고 있다(与謝野馨, 1999: 13~14면).
98) APEC에서 자유무역협정에 대한 공식적인 논의들은 2000년 회의부터 취합되기 시작

보다는 '아시아'라는 지역 개념이 의식적으로 강조되기 시작했다(通産省大臣 官房企畵室, 2000: 30~31면). 나아가 외무성 경제국도 대미 경제관계의 중요성을 인정하지만 WTO와 같은 국제기구의 의미를 미국의 외압을 약화하기 위한 수단 정도로 지극히 상대화하여 인식하는 태도를 보여주었다. 그리고 자유무역협정과 관련해서도 미국과의 협정체결 가능성은 애초에 배제하는 등 '이미'적 자세를 분명히 드러내었다(田中均, 2000: 58~63면).

그러면 일본정부가 자유무역협정 정책을 통해 구성하려는 '아시아'는 어디까지였을까? 물론 당면한 자유무역협정은 쌍무적(bilateral)인 것으로 출발할 수밖에 없는 만큼 아시아라는 것은 단기적으로는 쌍무적 혹은 소지역적 자유무역협정들의 지역적 네트워크로 이해될 수밖에 없으며, 지역 전체가 하나의 통합된 경제와 시장으로 나아가기 위해서는 상당히 긴 시간이 요구될 것이다. 그만큼 1990년대 말과 2000년대 초 국면에서 모색되던 자유무역협정들은 상대국의 산업발전 단계와 경제규모의 문제, 일본이 부담해야 하는 정치·경제적 비용 등을 고려하여 아시아의 경제적 선진국—한국, 쌍가포르—이나 북미 자유무역협정에 대한 '징검다리'로서 멕시코와 같은 몇몇 국가들에 한정되어 있었다. 중국이나 심지어 아시아·태평양지역의 정치·경제적 동맹이던 ASEAN조차도 당면한 협정대상으로 고려되지는 않았다.[99) 이 국가들과의 자유무역협정은 중기적으로 검토되어야 할 과제가 되었다(田中均, 2000: 51~57면). 따라서 초기 자유무역협정 정책은 오구라의 구상과 마찬가지로 '대지역'으로서 아시아를 염두에 두지만, 그 기본적 지역 구성방식

했는데, 이는 APEC 자체의 성과 부재와 WTO 협상과정의 난항에 대한 '대안'으로 모색되었던 것이다. 그만큼 아시아에서 자유무역협정에 대한 관심들은 APEC이나 WTO 등 미국이 주도적으로 참여한 국제기구의 능력에 대한 심각한 회의를 수반하는 것이었다. 이에 대해서는 송주명(2001: 10~12, 17면)을 참조하라.
99) 가령 일본과 쌍가포르 간의 문제는 『通商産業省通商政策局地域協力課』(2000: 14~16면)를, 그리고 한국과 일본의 문제는 『通商産業省通商政策局北西アジア課』(2000: 17~18면)를 참조하라.

은 쌍무적 혹은 소지역적 자유무역협정들이 일정한 시차를 두고 단계적으로 확대되는 형태였다.

자유무역협정들은 아시아 국가들의 지속적 발전을 담보할 수 있을 것인가. 바꾸어 말하자면 자유무역협정 정책의 도입으로 종래 신중상주의적 방향의 일본 대외 경제정책이 지역발전에 더욱 책임있는 형태로, 즉 더욱 자유주의적인 방향으로 변화할 것인지 하는 것이다. 일본의 자유무역협정 정책은 기존 자유무역협정과는 달리 '복합적'이고 '포괄적'인 성격이다. 요컨대 협정에는 무역자유화, 투자협정, 경제협력 등 포괄적인 내용이 포함되며, 명칭도 '경제제휴협정'(EPA, Economic Partnership Agreement)이라는 새로운 용어법이 사용되고 있다(通商産業省通商政策局北西アジア課, 2000: 18면). 우선 일본은 '경제협력' 정책을 통해 일본기업의 해외투자와 동아시아 산업을 밀접히 연동하고 일본적 산업정책을 아시아에 이식하려고 함으로써 종래 안행발전 관점을 유지했다. 이것은 과거 통산성의 '신아시아공업화 종합협력계획'이 재현된 것이다. 통산성으로서 경제협력정책은 아시아의 일본형 산업화를 통해 일본의 대아시아 수출을 안정화하고, 현지 진출한 일본기업들의 원활한 활동조건을 창출하려는 것이었다.[100] 이것은 일본의 자유무역협정에 안행발전론적 문제의식이 중요 부분으로 포함되어 있음을 의미한다.

다음으로 주목해야 할 것은 자유무역협정이 일본 산업정책의 내외일체적 정책으로 적극적으로 추진되었다는 점이다. 1990년대 말부터 2000년대 초 일본 산업구조 개혁의 기본 방향은 여전히 일국적 산업정책에 지배받고 있었다. 즉 종래 일본 산업씨스템을 세계화와 정보통신(IT)혁명 상황에 맞도록 고도화·조정하고 당시 일본의 경제침체를 공세적으로 돌파해가는 것이 그 기본 방향이었다(与謝野馨, 1999: 12~13면). 한편 일본의 산업정책은 특정국가

---

[100] 이 신판 'New 'AID' plan'에 대해서는 『通産省通商政策局アジア大洋州課』(1998: 54~57면)를 참조하라.

혹은 지역과의 무역자유화협정을 통해 일본의 경제적 저조현상을 공세적으로 돌파하겠다는 의사를 분명히 밝혔다. 이면에서 자유무역협정 정책은 '국제사회에 대한 책임'보다는 '침체에 빠진 일본의 재활성화'를 위해 공세적으로 도입된 방책이라는 것이다(田中均, 2000: 58면).

물론 외무성은 농업, 중소기업 등과 같은 예민한 산업을 거느리고 있지 않으므로, 통산성이나 농림수산성보다 비교열위산업의 국내시장 개방에 대해 상대적으로 적극적이다(田中均, 2000: 51). 그러나 외무성의 입장이 최대로 반영되어 농업이나 중소기업 분야에서 개방이 이루어진다고 하더라도 자유무역협정은 일본에 일방적으로 큰 이득을 가져다줄 것으로 예상된다. 첫째, 일본과 아시아 지역 간의 쌍무적 자유무역협정은 막대한 경제력 차이로 일본경제에 대해 상대국 경제가 크게 종속될 가능성이 있기 때문이다. 둘째, 이미 일본은 막강한 산업경쟁력과 조직된 국내시장을 배경으로 관세장벽이 지극히 낮음에 비해 아시아 국가들은 상대적으로 낮은 경쟁력과 비조직적 국내시장, 그리고 상대적으로 높은 관세 수준을 갖고 있다. 이 경우 관세율 제로를 지향하는 자유무역협정은 농업, 중소 경공업 등 몇 분야를 제외하고, 일본이 대부분 산업분야에서 경쟁력을 가지게 될 것이다.[101] 이러한 점에서 자유무역협정 정책은 종래 일본과 동아시아 간의 수직적 '안행발전론'의 문제점──무역과 투자 면에서 일본 생산네트워크의 국제적 확대, 그리고 그로 말미암은 '아시아' 생산능력의 향상과 조직된 일본시장의 제약된 대아시아 제품흡수자 역할 사이의 모순──을 더욱 증폭시키는 결과를 가져올 것이다.

일본과 아시아의 공생적 발전은 아시아가 일본의 시장으로 기능을 하면서도, 일본 또한 기술과 시장 양면 모두에서 아시아의 성장과 산업구조 고도화를 지탱해줄 수 있도록 개혁이 이루어져야만 가능해질 것이다. 즉 공생적 관

---

101) 이러한 사실은 한국 측 여론 상황에서도 지극히 잘 확인되고 있다. 가령 JETRO 아시아경제연구소와 한국 대외경제정책연구원의 공동 연구결과에 대한 양국 설명회에서 한국 측 분위기는 일본과 상반된 것으로 나타났다(山澤逸平, 2000: 22~23면).

계는 관세장벽 문제뿐만 아니라 광의의 비관세조치들(NTMs), 즉 지나치게 일본 산업 위주로 조직된 일본의 시장구조를 아시아의 발전과 상호 보완적일 수 있도록 변화할 수 있을 때 비로소 현실화될 것이다.

(4) 이상적 동아시아주의

한편 새로운 아시아주의는 보수적 정책집단이나 여론 주도집단만이 주창한 것은 아니었다. 새로운 아시아주의 정책이 1998년부터 2000년에 걸쳐 집중적으로 전개된 이후 몇몇 자유주의적이거나 진보적인 학자들이 동북아시아 협력을 중심으로 하는 아시아주의 구상을 발표하기 시작했다. 이들은 2000년대 초중반 이후 현재까지 경제학적, 혹은 정치사회학적 관심하에서 대담한 동아시아 협력구상을 제시하였다. 이들의 논의는 주로 일본의 국가이익이라는 협소한 민족주의에 가두어지기보다는 거시적으로 역내 각국이 조화롭게 이익을 공유하는 '동아시아'를 형성하고 그 속에서 일본의 위상을 재정의해내는 경향을 보여준다. 즉 이들은 대체로 미국으로부터 자유로운 일본의 정책결정을 중시하시만, 다른 한편 중국까지 포함하는 동북아시아 지역 속에 융해된 일본, 즉 '동아시아 속의 일본'을 지향한다는 공통성을 갖고 있다. 학자들의 '새로운 아시아주의'의 기본 방향은 상당히 진보적이지만, 그 실천방안 면에서는 다소 추상적이고 이상주의적인 경향성을 보여준다. 학자들의 새로운 아시아주의는 모리시마 미찌오(森嶋通夫)의 '동아시아 공동체'론과 와다 하루끼(和田春樹)의 '동북아시아 공동의 집' 구상이 대표적이다.

우선 모리시마의 동아시아 공동체론의 내용을 검토해보자. 모리시마는 동아시아 공동체를 '잃어버린 10년'과 일본 붕괴에 대한 유력한 대책으로 제시하고 있다. 즉 동아시아 공동체는 일본의 고립과 쇠퇴를 막을 적극적 대안이며, 현재 교통과 기술력이 발전해 있고, 지역 내부가 역사적・문화적으로 유사성을 갖고 있기 때문에 충분히 성립될 수 있다는 것이다. 모리시마는 문화적 공통성이라는 점에서 동남아시아를 배제하고, 일본, 중국, 한반도, 대만 등을 통합대상으로 거론하였다. 그는 한반도, 일본을 각각 2개 블록, 중국을 6개 블록, 대만을 하나의 블록으로 하고, 마지막으로 오끼나와(琉球)를 독립시켜 하나의 블록으로 하여 전체 12개의 블록으로 구성된 동아시아 공동체를 구축할 것을 제안했다. 공동체의 수도는 오끼나와에 두고 공동체 정부하에서 건설 프로그램을 입안하여 주로 중국의 건설을 관리하는데, 이 과정에서 일본의 자본과 기술이 중요한 역할을 수행할 것이라고 주장하였다. 그런데 모리시마는 갈등의 여지가 있는 시장개방과 통화통합은 차후의 과제로 미루는 한편, 당면한 단계에서 자원개발, 산업개발, 경제협력 등이 중심이 되는 '건설공동체'로부터 시작되어야 함을 강조한다(森嶋通夫, 2001; 森嶋通夫, 2004).

여기에서 모리시마의 아시아주의가 갖는 의의를 간단히 언급할 필요가 있다. 첫째, 그의 동아시아 공동체론은 중국의 경제건설 과정에 대한 공동 관여라는 문제의식을 가지고 있다. 동아시아 내셔널리즘이 상당부분 중국의 성장 및 대두와 연계되어 있다는 점에서 중국문제라는 근본 문제를 직접적으로 건드리면서 협조적으로 문제해법을 찾아가는 것은 앞으로 동아시아 지역협력의 핵심적 방향이 될 수 있다. 둘째, 모리시마는 동아시아의 공동체 실현을 위해서 내셔널리즘의 극복이라는 중요한 이념적 문제를 제기하고 있다. 특히 이와 관련해 그는 일본의 역사인식 등 내셔널리즘이 갖고 있는 문제점을 비판하고 있다. 셋째, 그는 당면한 과제와 관련해 각국간에 제로섬 경쟁이 촉발될 수 있는 시장자유화와 통화통합보다는 건설과 산업육성, 경제협력 등 필수적 기능적 협력분야를 중심으로 공동체의 기반구축을 우선하고 있다. 이는 최근에 거세게 진행되고 있는 자유무역협정 논쟁 등 맹목적 '자유화'론을 넘어 동아시아 국가간 관계의 특수성을 반영하는 현실적이고 건설적인 협력대안으로서 의미를 가질 수 있다.

그러나 이러한 긍정성과 더불어 모리시마의 공동체론은 상당한 문제점을 가진 것도 사실이다. 첫째, 그는 종래 국경과 국민국가의 '위력', 나아가서는 그에 기초한 민족주의의 발원 가능성 등에 대해 지나치게 과소평가했다. 즉 중국과 각 지역국가를 12개의 권역으로 재구성하는 것이 어떠한 조건에서 실현될 수 있을지에 대해 적극적인 방책을 보여주지 못하고 있다. 둘째, 모리시마는 민족성의 차이를 근거로 동남아시아를 배제하고 있는데, 그의 이러한 인식은 동아시아 공동체의 역사적 기반이 일본의 구식민지 체제라고 전제하는 것으로 보인다. 이러한 점 때문에 모리시마의 아시아주의는 실천적 방책이 취약한 유토피아니즘의 한계를 가질 뿐만 아니라 통합의 범위와 방향설정에서도 발전하는 '동아시아' 개념보다는 과거 회고적으로 '동북아시아'에 지나치게 집착하는 것 같은 양상을 보여준다.

다음으로 와다 하루끼(和田春樹)의 '동북아시아 공동의 집' 구상에 대해서 살펴보자. 그는 세계화와 지역화, 과학기술 및 자본이 국경과 대륙의 경계를 넘어 전개되고, 경제·안보·환경·문화적 관계가 긴밀화되어 각 지역의 지역주의적 움직임이 가속화되는 상황에서도 동아시아는 지역주의 면에서 지극히 뒤처져 있음을 지적한다. 동아시아는 정치·문화적으로 이질적이며, 역사분쟁과 영토분쟁이 심해져 군사·안보적 긴장도 확대된다는 것이다.

그는 남북한, 일본, 중국, 몽골, 러시아, 미국 등 7개국과 타이완, 오끼나와, 하와이, 사할린, 쿠릴열도 등 5개 도서를 중심으로 '동북아시아'를 구상하고 있다. 그는 미국, 러시아와 같은 역외 강대국을 포함함으로써 동북아시아를 단지 지리적(geographic)인 것에 그치지 않고 '지정학적'(geopolitical)으로 재구성하고 있다. 와다는 동북아시아 공동의 집이 초기에 평화정착을 거쳐 환경·경제·문화 공동체를 발전시키고 최종적으로는 정치·안보 공동체로 나아가야 함을 밝히고 있다. 구체적으로는 최초로 북핵문제를 해결하여 동북아 평화·비핵화 조약을 체결하고, 다음으로 원자력발전소, 동북아 개발은행 및 에너지공동체, 문화교류의 활성화 등을 중심으로 하는 개발·

환경·무역협력을 전개하며, 마지막으로 정부간 관계를 중심으로 공동의 안전보장체제를 확립한다는 방안을 제시하고 있다. 한편 이러한 과정에서 한반도의 역할은 특히 중요한 것으로 간주되는데, 그 이유는 한반도가 지리적 중심일 뿐만 아니라 불행한 '이산이주민(離散移住民, diaspora)' 네트워크를 갖고 있기 때문이다(和田春樹, 2003; 2005; 오명석 외, 2004).

와다의 동북아시아 공동의 집 구상은 갈등을 넘어 평화와 안전, 협력에 대한 단계적 비전을 보여주고 있고, 나아가 주변 4강을 포함한 현실적 공동협력의 범위를 제시하였으며, 그 실현방안과 관련해서 지역적 갈등과 문제점의 집약지점으로서 한반도와 그 정치사회적 네트워크인 디아스포라에 주목한다는 점에서 참신한 통합비전이라고 할 수 있다. 그러나 탈냉전의 진전, 중국과 일본의 갈등을 중심으로 하는 동아시아의 민족주의가 전면화되는 속에서 협력의 단초를 어디에서 찾을지 구체적인 답을 제시하지 못하고 있다.

이러한 유토피안 아시아주의는 궁극적으로 실천력 부족이라는 한계를 갖지만, '이미입아'론으로 대표되는 새로운 아시아주의에 몇가지 중요한 보완을 할 수 있다. 앞서 살펴본 바와 마찬가지로 새로운 아시아주의는 경제민족주의의 연장에 있기 때문에 지역주의 추진에 필요한 균형과 개방성, 이념 등을 결여하기 십상이다.

첫째, 이상주의적 논리는 '동아시아 속의 일본'이라는 근본적인 문제설정을 통해 경제적 아시아주의에 내포된 신중상주의적 경향을 완화할 수 있다. 이로써 '차별화' '일방성'보다는 동아시아로의 '융해'를 지향하는 일본의 경제정책 체계들이 근본적으로 재설계될 수 있다.

둘째, 경제적 아시아주의는 역내 경제의 상호 의존성이나 달러체제로부터의 지역경제 방어의 필요성과 같은 소극적인 지역통합의 가능성을 보여줄 수 있을지 모르지만, 탈냉전 이후 지역통합에 반드시 필요한 지역정체성의 문제나 이념의 문제에 대해서는 적극적인 대안을 보여주지 못하고 있다. 그리고 경제적 아시아주의자들이 보여주는 지역적 정체성의 근거는 동서(東

西), 황백(黃白) 등 '전통적' '인종적' 구별법으로 흐르는 경향이 있다. 그러나 이상주의적 접근은 적어도 역사문제에 대한 공통기반, 내셔널리즘을 넘어선 평화와 발전에 대한 인식 공유, 그리고 국가간 참여의 민주성 등과 같은 진일보한 가치관(이념)을 중심으로 지역정체성 문제를 해결해갈 수 있을 것으로 보인다.

셋째, 경제적 아시아주의는 중국을 포괄하는 대지역으로서 '동아시아'를 추구하는 경향이 있다. 그러나 이와 동시에 일부 보수적 시각은 구래의 냉전적 관점에 따라 동아시아를 분열시키려는 위험성을 보이기도 한다. 이와 관련하여 이상주의적 시각은 '중국위험'을 상정하는지 여부와 상관없이 동아시아 협력의 핵심 사업으로서 중국문제에의 '관여'를 제시하고 있다. 이것은 중국 변수가 민족주의적 논쟁의 핵심이 되기도 하지만, 동아시아를 구성하는 데 회피할 수 없는 과제임을 동시에 보여주는 것이기도 하다. 이러한 점에서 이상주의적 접근은 동아시아 대지역주의의 유의미성을 지지해준다.

넷째, 경제적 아시아주의는 주로 통화협력, 자유무역협정 등과 같이 일본의 국가이익이 전면에 부상하는 논리이다. 그러나 이러한 영역은 자칫 잘못하면 국가간 이해관계의 첨예한 대립과 일국 내부의 대분열을 초래할 가능성이 있으며, 이로 말미암아 실질적 협력이 지연되는 '딜레마'에 빠지기도 한다. 그러나 이상주의 논의는 통합의 핵심 이슈로서 비제로섬 영역을 중요시하고 있다. 즉 각국간 혹은 국내적 갈등을 초래하지 않는, 그렇지만 각국의 필요성이 협력을 강제하도록 하는 건설, 개발, 산업육성, 환경보호, 에너지 등과 같은 '필수적 기능재(機能財)'를 중심으로 하는 통합이 그것이다.

8. 맺음말: 동아시아 국제정치와 새로운 아시아주의

전후 50년을 지나 비로소 일본 대외전략에서는 동아시아에 본격적으로

시선을 돌리는 새로운 아시아주의 사조가 대두하였다. 새로운 아시아주의는 동아시아의 경제적 상호 의존의 심화, 그 위에서 형성·강화되는 지역정체성, 그리고 정치적 통합지향성에 의해서 안정적으로 추동되었다기보다는 '잃어버린 10년' 동안의 불안심리와 미일 경제경쟁(마찰)이 초래한 '혐미의식'과 민족주의 정서에 의해서 크게 동기 부여되었다. 따라서 동아시아는 미국과의 '이전투구'에서 탈출하기 위한 동원대상일 수 있었으며, 이러한 점에서 아시아주의는 일본 경제민족주의의 확장 형태로서의 의미가 있다.

우리는 앞에서 새로운 아시아주의와 관련된 주요 정책영역들에서 오늘날 새로이 형성되는 일본 외교의 변수별 논리적 층위들을 살펴보았으며, 현실에서 나타난 주요한 대외전략 사조의 기본 유형들에 대해서 검토하였다. 그 중 아시아에 중요한 의미를 부여하는 정책 사조들은 ① 연미입아론 ② 견미입아론 ③ 이미입아론이었다. 연미입아론은 1980년대 중반 이래 일본 대외전략의 주류 노선이었다. 한국이나 아시아 국가의 입장에서는 미국, 미주대륙, 대양주를 포함한 폭넓은 정책선택이 가능해진다는 점에서 연미입아의 지역구도가 가장 무리가 없는 정책사조일지 모른다. 그러나 연미입아론은 이미 논한 바와 같이 새로운 아시아주의의 필수요소를 체현한 것은 아니었다. 일본 근현대 정치적 맥락에서 진화해온 아시아주의의 기본 요소와는 거리가 있다는 것이다. 즉 한 논자의 지적대로 연미입아론은 '아시아주의가 아닌 아시아 중시 외교'일 뿐이다.

새로운 아시아주의는 최소한 다음 두 가지 요소를 가져야만 한다. 첫째, 기존 미일간 동맹관계 혹은 전략적 관계에 대한 재해석과 상대화를 수반해야 한다. 둘째, 그 반대 급부적 지역표현으로서 일본과 동아시아가 결합한 새로운 '아시아'에 대한 독자적 상이 존재해야 한다. 이러한 점에서 새로운 아시아주의로 인정할 수 있는 유형은 이미입아론이다. 통산성(현재의 경제산업성) 경제외교의 골간을 이루던 견미입아론 또한 1990년대 후반 이후 그 정치적 의미가 퇴색되었다. 미국과의 협력, 아시아·태평양지역 개념, 그리고 그 속에서 대미 발언권과 견제력을 높이려는 방안으로서 아시아와의 협력관계 등을 거의 비슷한 비중으로 추구했던 이 사조는 미국과의 협력관계 및 아시아·태평양 개념의 상대화, 그리고 그에 비례하여 아시아로의 명시적인 정책 중점의 이동을 특징으로 하는 이미입아 사조에 의해 체계적으로 대체되었다.

한편 새로운 아시아주의, 즉 이미입아론에는 아시아의 범위획정에 있어서 각기 다른 구상들이 내포되어 있었다. 물론 아시아의 범위문제를 가름하는 기준선은 지역대국인 중국에 대한 판단문제이다. 중국, 북한 등 사회주의 국가에 대해 포용 자세를 취하는지, 아니면 이 나라들을 견제하면서 장래의 '힘의 균형'에 대비해야 한다고 보는지가 그것이다. 경제적 실리주의를 추구해온 일본 정책당국, 정치인, 재계는 중국에 대한 '힘의 균형' 정책보다는 포용정책을 추구해왔으며, 그것이 '대지역으로서 아시아'를 가능하도록 한 원동력이 되었다.

그러나 제7장에서 구체적으로 분석하겠지만, 세기가 전환되면서 사정은 더욱 복잡해지고 있다. '중국위협' 논쟁과 국내정치의 내셔널리즘이 강화된 것을 배경으로 자민당 정부는 2000년대에 들어 중국의 향배와 미래 일본의 전망을 더 직접적으로 결부시키는 경향을 보여주었다. 이것이 중국에 대한 신냉전적 처방을 낳은 가장 커다란 동인이 되었는데, 이러한 대중국 태도가 일본의 동아시아 인식에도 직접 반영되는 것이다. '중지역으로서 아시아'인식은 힘 중심의 조야한 현실주의를 초래할 위험성이 있는데, 중일 양대국이 상호 불신 상황에서 힘 경쟁을 벌임으로써 장래 동아시아의 불안정성을 심화할 위험성을 갖고 있다. 나아가 역사문제 등 일본 국내의 안보내셔널리즘은 중국뿐만 아니라 한국 등 우방국에 대해서도 고압적이고 대립적인 태도를 강화하였다. 이러한 점에서 일본의 지나친 안보내셔널리즘은 폭넓은 아시아주의를 구성하는 데 커다란 장애가 된다.

또한 새로운 아시아주의의 성격을 판단하면서 가장 중요한 기준의 하나는 일본과 아시아의 경제관계를 어떻게 설정하느냐 하는 것이다. 일본과 아시아가 '융화'되는 새로운 아시아가 바람직하다고 본다면, 지역패권을 지향하는 일본으로서는 지역형성에 필요한 제반 비용을 기꺼이 지불해야만 할 것이다. 즉 아시아 지역이 원활히 형성되려면 아시아의 지속적 성장과 질적 발전이 보장되어야 하며, 지나치게 조직된 일본 시장구조는 아시아의 발전과 정합적이도록 더 개방적으로 조정될 필요가 있다. 그러나 지극히 소수의 경우를 제외하면 새로운 아시아주의 대외전략 사조는 이 '융합'과 '비용지불'에 대한 관념이 지극히 부족하다. 물론 아시아 경제위기에서 확인되듯이 일본이 금융·자본·기술·정책 등 아시아에 대한 다차원의 정책수단들을 제시했던 것은 사실이다.

그러나 새로운 아시아주의는 본질적으로 경제민족주의 프로젝트이다. 그리고 그 구상은 안행발전이라는 신중상주의적 지역경제구상에 의해 합리화되어왔다. 우리가 앞에서 검토한 엔의 국제화 정책이나 자유무역협정 정책의 사례에서도 확인되지만, '아시아'는 침체하고 불안정한 일본경제를 지탱해주는 일방적 후방기지였다. 즉 '아시아'는 일본 경제와 산업의 안정적 배후기지이거나 일본 산업 그 자체에 의해 직접적으로 경영될 확대시장이었다. 결국 새로운 아시아주의는 일국주의적·신중상주의적 한계에 가두어지게 된다. 이러한 점에서 이미입아론의 아시아주의는 자유주의-진보적인 학자들의 '동아시아 공동체'론이 보여주는 균형성, 개방성, 이념 등을 참고해 보완될 필요가 있다. 즉 '동아시아 속에 융해되는 일본' '동아시아의 맥락에서 재해석되는 일본의 국가이익'이라는 문제제기가 그것이다.

그러면 마지막으로 새로운 아시아주의가 동아시아 국제정치 맥락에서 얼마나 현실성을 가질 수 있을지를 간략히 언급하면서 이 장의 논의를 맺고자 한다. 일본의 새로운 아시아주의는 국제정치적 맥락에서 두 가지 성격을 동시에 갖고 있다. 1990년 초반 그리고 동아시아의 위기가 진정된 현재와 같은 '평시'의 맥락에서 새로운 아시아주의는 미국과의 양국적·다자적 경제협상의 과정에서 일본의 발언권을 배가하기 위한 '정치적 카드'의 성격을 가졌다. 그런데 1990년대 후반 이후 상당수의 정책그룹의 태도와 현실화된 몇 가지 정책을 보건대 새로운 아시아주의는 단순한 '대미위협카드'가 아니라 미국을 포함한 전세계 경제의 불안정성과 위기를 최소화 혹은 헷지(hedge)하기 위한 방책이었다.

특히 오늘날 민주당의 집권으로 일본의 국가전략이 그 어느 때보다 선명하게 새로운 아시아주의의 경향을 띨 것으로 보인다. 이미 민주당은 선거공약으로 미국과의 관계 재조정 및 아시아 공동체의 추진이라는 '이미입아'론에 근접하는 대외 전략방향을 제시한 바 있다. 그런데 새로운 아시아주의가 일본 정책그룹들의 의도대로 아시아 국가들로 그 영향력을 확대해갈 수 있을지는 의문이다. 우선 아시아는 국가구성의 다양성이 존재하며, 특히 성장하는 중국을 비롯하여 각국이 상이하고 복잡한 국가별 이익계산을 갖고 있으며, 그것이 일본 주도의 지역형성을 상당히 저해할 것이라는 것이다. 뿐만 아니라 가장 큰 제약요인은 다름 아닌 일본 그 자체에 있다. 가령 최근까지 계속되어온 역사왜곡, 전면화된 일본의 안보내셔널리즘, 그리고 동아시아 경제위기시 경험한 바 있는 일본의 중상주의적 대외 경제정책 체계 등에 대해 동아시아 지역은 커다란 불만과 우려를 갖고 있다. 민주당의 경우도 이러한 민족주의적 국가전략에서 자유롭지 못하다. 이러한 동아시아의 대일 불신은 새로운 아시아주의의 발전적 전개를 억제하는 요인이 될 것으로 보인다.

제3장

새로운 아시아주의의 국제적 조건과
사회경제적 기반

1. 문제제기

일본의 코이즈미 준이찌로(小泉純一郎) 정권과 아베 신조(安部晋三) 정권은 이른바 '친미내셔널리즘' 대외전략 사조의 전형을 보여주었다. 역사문제를 둘러싼 일본과 아시아 국가들의 갈등은 친미 안보내셔널리즘 외교사조의 자연스러운 귀결이었으며, 본질상 전전 탈아론(脫亞論)적 아시아 관념의 재현이기도 했다(이면우·송주명, 2001: 23~24면). 그러나 역사문제에 대한 아시아 국가들의 정치적 대응과 이후의 사건 추이는 일본이 온전한 의미의 '아시아 국가'——지리적 의미가 아닌 정치적 의미로서——가 되지 못하는 한편, 동시에 아시아 국가들에서 완벽히 '독립'된 존재 또한 되기 어려움을 보여주었다. 이것은 스스로의 의지와 무관하게 일본 외교의 또다른 지주(支柱)가 아시아일 수밖에 없음을 말해준다.

제2장에서 본 바와 같이 1980년대부터 1990년대까지 일본 대외전략의 가장 큰 특징 중 하나는 '아시아'의 부활이었다. 나아가 동아시아 경제위기를 계기로 미일간의 전략적 관계를 현저히 상대화하고 아시아를 중시하는 지역 통합경향이 대외전략 노선으로 대두하기까지 했다. 이 새로운 아시아주의는 자유무역협정 정책이나 엔의 국제화 정책 등을 통해 현실화되었다. 그런데 분명한 것은 이 노선이 세계경제질서가 안고 있는 구조적인 불안정성과 근본적 문제에 대한 인식 위에서 출발했다는 것이다. 즉 미국 패권질서의 장기적 쇠퇴과정에서 이에 대응하기 위한 정치적 노력의 하나로서 새로운 아시아주의 노선이 대두하였다는 것이다. 제2장에서 상론하였지만 새로운 아시아주의는 미국과 전략적 관계를 상대화하고 중기적으로 일본과 동아시아 국가 간의 경제통합을 통해 새로운 국제질서에 대비하고자 한 1990년대 후반 이후 일본의 대외전략 사조를 가리킨다.

1990년대 후반에 등장한 새로운 아시아주의는 1990년대 초반의 혐미적 아시아 정치카드와 달리 일정한 국제적 전제와 경제적 기초를 가졌다는 점에서 그 나름의 지역주의적 본질을 논할 수 있다. 따라서 이 사조 독자의 논리구조가 존재하며, 그것을 지탱하는 일종의 물질적 기초(사회경제적 기초) 또한 존재한다. 이 장은 1980년대에 그 단초가 시작되어 1990년대 말에 본격적으로 전개된 새로운 아시아주의 대외전략 사조의 기본 성격과 사회경제적 기초를 분석한다. 이를 위해 전전 일반론적인 아시아주의와 비교 맥락에서 새로운 아시아주의를 간략히 정의한 후 탈냉전을 배경으로 제기된 대표적 국가전략 구상들과 관련해 새로운 아시아주의 전략노선의 논리적 구조와 성격을 밝힐 것이다. 나아가 이 노선이 재생산되고 지지를 받는 물질적 기반에 대해 국제적 측면과 사회경제적 측면을 중심으로 분석할 것이다.[1]

2. 새로운 아시아주의

흔히 일본의 아시아주의를 하나의 일관된 논리체계를 갖는 사상으로 이해하는 견해가 적지 않다. 그러나 사전적 정의에 국한하더라도 그 정의내용과 방법은 지극히 다양하다. 가령 '팽창주의 혹은 침략주의를 본질로 하는 반동사상' '광역권(廣域圈) 사상의 한 형태', 쑨원이나 네루의 '아시아주의' 등 여러 방향에서 정의가 이루어지고 있다. 뿐만 아니라 엄밀히 말해 아시아주의라는 말은 종래의 이데올로기적 범주와도 명확히 일치되지 않는다. 때에 따라 이 말은 심적(心的) 무드에 기초한 사조로 이해되기도 한다. 따라서 이 말에 대한 정의 혹은 개념화는 특정한 역사적 상황을 전제한 잠정적인 것이 될 수밖에 없다(竹內好, 2000: 2~11면).

전전 일본 아시아주의는 내셔널리즘적 국가정책과 결합하면서 그 최종 형태가 완성되었다. 그러나 대체로 근대화의 문제와 결부된 제국주의적 식민

---

[1] 이하의 분석은 송주명(2002b)을 토대로 대폭적으로 재집필되었다.

지 체제, 그 거울상으로서 '굴욕의 아시아'를 지역 공동으로 극복한다는 일종의 운동 명분을 갖고 있었다(松本健一, 2000: 90~98면). 이른바 '근대의 초극'이 전전 아시아주의의 기본 문제설정이 되었던 것은 이러한 배경에서이다(廣松涉, 1989). 동일한 명분을 갖고 있지만 전전 아시아주의 사조는 '아시아 연대론'에서 '아시아맹주론' 혹은 '대동아공영권'론에 이르기까지 다양한 형태로 나타났다(關靜雄, 1999: 6~7, 118~30면; 榮澤幸二, 1995: 16~17면). 그러나 한 가지 분명한 것은 이 다양한 형태의 지향이 현실적인 힘을 갖고 독자적으로 발전하였다기보다는 '아시아 맹주론'에 의해 흡수·통합되었으며 그 궁극적 정책형태가 '대동아공영권'론으로 표현되었다는 사실이다(木坂順一郎, 1992: 503~504면). 전전의 아시아주의를 그 가장 완성된 형태인 아시아맹주론과 대체로 동일시하는 이유는 여기에 있다. 아시아맹주론은 일본 내셔널리즘의 지역적 확대판으로서 아시아에 대한 일본의 일방적 지배관계를 구조화하려 했다는 본질을 갖고 있다. 이 경우 '근대의 초극'론은 일종의 정책론으로 변조되는데, 전전 제국주의 체제하에서 일본의 대외적 독립과 발전을 확보하기 위해 조선과 중국 등 아시아 국가들을 자신들의 자족적 제국주의 체제로 편입시키는 정책이데올로기가 된다(榮澤幸二, 23~25면).

이렇듯 전전의 아시아주의는 일본의 제국주의적 근대화라는 특정의 역사성을 배경으로 이데올로기적 내용이 채색되어왔다. 그러나 전후 일본은 고도성장기인 1960년대에 이미 근대화의 과제를 달성했으며, 이후 아시아 지역 또한 더이상 '굴욕의 아시아'가 아닌 '발전과 번영'의 아시아로 변모하였다. 따라서 전전 아시아주의의 정의를 그대로 전후에 적용하기는 어렵게 된다(松本健一, 159~90면). 한편 전후의 아시아주의, 즉 새로운 아시아주의를 논하려면 전전의 특정한 역사적 상황을 추상한 더욱 일반화된 정의에서 시작해야만 할 것이다. 우선 전전 아시아주의의 일반적 경향들을 상황적 요인을 추상하여 추출해보건대 그 주요한 요소들은 ① 구미와의 심각한 대립·투쟁 상황을 배경으로, ② 일본의 생존과 번영이라는 국가이익을 실현하기 위해, ③ 아시아 국가들을 단일한 통합지역범주로 편입해가는 대외전략 지향으로 좁혀질 수 있다.

전후 새로운 아시아주의는 이 일반적인 요소들을 공유하지만, 전전 아시아주의 원형과는 사뭇 다른 역사적 조건 위에서 전개된다. 우선 국제적 경쟁의 형태 면에서 식민지주의를 수반하는 구제국주의적 조건이 아니라 일본이 경제대국으로서 패권경쟁의 일부에 참여하는 신중상주의적 경쟁이 주요한 조건을 이룬다. 따라서 구미, 특히 미국과 일본의 경쟁은 식민지 획득경쟁의 양상이 아니라 신중상주의적 지역통합 경쟁이 더욱 중요한 요소로 대두한다. 둘째, 현재의 탈냉전적 국제구도에도 불구하고 경쟁대상인 미국과 일본은 냉전적 동맹의 연장 위에 서 있으며, 이 동맹의 제도적 힘과 이념적 영향력은 크다. 셋째, 2차대전 후 전개된 엄청난 속도의 세계화는 미일 양국의 경제적 상호 의존성을 강화했으며, 이 또한 미일간의 원심적 극화현상을 일정정도 제어하면서 아시아만의 지역범주 형성에 여러가지 복잡성을 가중시켰다. 넷째, 아시아의 내부 상황 또한 전전과 같은 '굴욕의 아시아'가 아니며, 탈근대화의 경제발전에 기반을 둔 경제민족주의 지향이 본격화되고 있다. 여기에서 두 가지 문제점을 지적해둘 필요가 있다. 아시아는 더이상 '지항'의 주체가 아니며, 일정한 제도적 특질과 자기능력에 기초한 '대항'의 주체로 성장했다는 점이다. 다음으로 아시아의 '핵심'에 위치하는 중국의 발전과 존재감이다. 중국은 더이상 덩치 큰 '허수아비'가 아니며, 장래 미국에 뒤지지 않는 일본의 경쟁상대가 될 수 있다는 점이다(若宮啓文, 1995: 60, 108~35면).

따라서 전전 아시아주의에서 추출된 일반적 특징은 전후의 새로운 아시아주의에 이르러 다음과 같은 요소들을 중심으로 현실화된다고 할 수 있다. 즉 ① 냉전 이래 형성된 미국과 일본간의 정치경제적·전략적 동맹관계에 대한 상대화 ② 세계적 미국 패권의 약화과정에서 경제대국의 이익을 확보하고 지속하기 위한 신중상주의적 국가이익 계산 ③ 성장한 동아시아 국가들의 경제위기와 이 국가들의 대미 '경제적 대항심리'와 지역주의 경향의 동원 ④ 찬반, 친소 여부와 무관하게 중국의 성장에 대한 전략적 배려 혹은 포석이 그것이다(Cronin, 1992: 115~18; Gilpin, 1987).

3. 새로운 아시아주의의 위상과 주요 경향

앞에서 밝힌 바와 같이 최근 본격화되고 있는 새로운 아시아주의의 외교사조는 단일한 논리체계로 환원할 수 없다. 복잡하게 전개되는 세계경제 현실에 대한 일본의 대응방법을 둘러싸고 다양한 논의의 층위가 제시되고, 이 층위상의 일정부분 혹은 경향들에 대해 새로운 아시아주의라 할 수 있을 따름이다. 아시아주의에 대한 논의는 다음에 살펴볼 네 개의 기준, 즉 세계 속에서 일본의 위상 설정, 미국과 아시아와의 관계 설정, 동북아 국제질서 구축에서 중국의 위상인식, 민족주의와 국제주의와의 상관성에 따라 각기 다른 양상으로 나타난다. 이 기준들에 따르는 외교사조의 전반적인 배치와 각 기준의 교차를 통해 새로운 아시아주의의 현실태와 그 속성을 논의할 수밖에 없다.

(1) 경제대국론으로서 새로운 아시아주의

새로운 아시아주의는 일본의 세계적 위상 설정과 관련된 종래 논의들과 관련하여 자리매김할 수밖에 없다. 즉 1990년대 후반 일본의 장래를 예측하면서 사또 세이자부로(佐藤誠三郞)는 일본의 세계적 위상을 둘러싼 논쟁구도를 안보적 측면과 일본 역할의 적극성 여부를 중심으로 분류한 바 있다. 이에 따르자면 한 축은 군사주의와 비군사주의, 다른 한 축은 대일본주의와 소일본주의로 구성되며, 종축과 횡축의 교차에 따르는 입장들이 배치된다(佐

藤誠三郞, 1997: 180~82면).

 가령 그림 1에서 보이는 바와 같이 군사주의와 대국주의가 겹치는 영역은 흔히 '안보대국화' 노선을 대변하는 입장으로 자민당의 나까소네 야스히로(中曾根康弘), 코이즈미 준이찌로, 모리 요시로(森喜朗), 아베 신조(安部晋三), 아소 타로(麻生太郞), 나까가와 쇼이찌(中川昭一), 그리고 토오꾜오 도지사 이시하라 신따로(石原愼太郞), 민주당의 니시무라 신고(西村眞悟), 마에하라 세이지(前原誠司) 등 (신)보수우파 계열의 정치가들이 여기에 해당한다고 볼 수 있다. 그리고 비군사적 대국추구의 경향은 한마디로 '세계적 문민대국'(global civilian power)론으로 귀착된다. 이 입장은 정치인으로서는 자민당 보수본류 계열의 코또다 마사하루(後藤田正晴), 미야자와 키이찌(宮澤喜一), 카또 코이찌(加藤紘一), 노나까 히로무(野中廣務), 고가 마고또(古賀誠) 등이 대표적이다. 그리고 칸 나오또(菅直人), 오까다 카쯔야(岡田克也) 등 민주당 중도파, 사회적 여론기관으로서 『아사히신문』(대표적으로 후나바시 요이찌船橋洋一) 등이 여기에 해당된다고 볼 수 있다. 그리고 '군사주의적 소국주의'는 현실성을 결여하고 있으므로 제외하자면 이상주의적 자유주의 계열에 속하는 '자지만 한란히 빛나는 국가'(小さくともキラリと光る國)론이 남는다. 이 입장은 원래 이시바시 탄잔(石橋湛山) 등 '소일본주의'에서 유래하지만 타께무라 마사요시(武村正義) 전 신당 사끼가께 당수, 사까이야 타이찌(堺屋太一) 전 경제기획청 장관, 시나가와 마사지(品川正治) 전 경제동우회 부대표간사 등이 여기에 속한다(若宮啓文, 1995; 品川正治, 2000).
 그러면 새로운 아시아주의는 이들 중 어느 그룹에 포함되는가. 타께우찌의 지적처럼 사실 이 입장 어느 하나와도 완벽히 일치하는 것은 없다. 다만 분명한 것은 아시아주의의 본질상 그것은 소국주의보다는 대국주의와 더욱 많은 부분에서 일치한다(竹內好, 2000: 9면). 그런데 보수우파들의 군사적 대국주의는 정치적 내셔널리즘과 동아시아 국가들에 대한 지배관념 등으로 아시아주의로 확대되기 어려운 한계를 갖고 있다. 그리고 새로운 아시아주의는 주로 경제적 영역을 중심으로 하는 동아시아와의 통합지향이며, 본질적으로 비군사적·실용적 경향과 친화력을 갖고 있다. 세계적 문민대국론에는 『아사히신문』이나 후나바시와 같은 일종의 정치적 이상주의 그룹도 존재하나, 사실은 경제대국론을 지향하는 경제주의, 실용주의적 접근이 중심을 이룬다. 이 경제대국론의 본질은 다름 아닌 경제민족주의이며, 이것은 세계주의(globalism)나 지역주의(regionalism) 형태로 확대되어 표현되었다. 결국 새로운 아시아주의는 지역적 경제통합을 통해 국가이익을 극대화하려는 일본의 경제민족주의로 이해할 수 있다. 이러한 점에서 새로운 아시아주의는 1980년대 초 경제민족주의의 논리로 대두한 경제대국론이 지역주의적으로 재구성된 것이라고 할 수 있다.

그림1 일본의 국가위상과 새로운 아시아주의의 발원

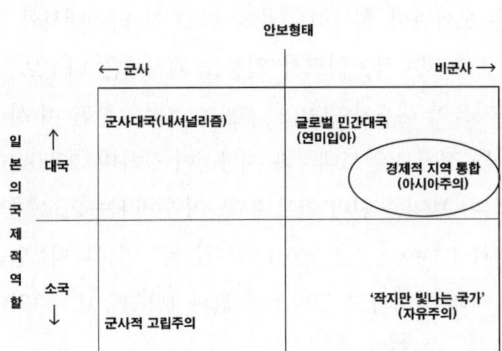

(2) 미국 위상의 상대화

비군사 대국주의, 세계적 문민대국론만으로는 새로운 아시아주의의 특질을 구체적으로 설명하지는 못한다. 이러한 점에서 우리는 앞의 일반적 정의와 관련하여 제2장에서 거론된 제반 대외전략 사조들이 어떻게 형성·분화되는지를 검토해야 한다. 우선 외교사조들이 미국과 아시아에 대한 관계설정을 둘러싸고 어떻게 분화되는지를 살펴보자.

미국과 아시아의 관계를 고려해 새로운 아시아주의의 좌표축을 설정해본 것이 그림 2이다. 여기에서 종축은 미국과의 거리를 의미하며, 횡축은 아시아와의 거리를 의미한다. 우선 미일관계의 전략적 성격을 유지하면서도 관점상 정치적 내셔널리즘, 보수주의, 현실주의적 입장을 갖는 경우 아시아와 일정한 거리를 유지하면서 '힘의 정치'의 관점에서 아시아 전략을 구상하는 경향이 있다. 이 입장은 아시아 내부의 민족주의적 움직임, 공통 가치관의 부재, 지속적 발전 가능성의 결여 등을 지적하면서 아시아의 통합전망이 비관적이라 판단하고, 일본이 취해야 할 유일한 길은 미국과 전략적 동맹을 강화하는 것이라고 주장한다(岡崎久彦, 1999: 50~52면). 이 입장은 외무성 현실주의파의 입장을 대변해온 오까자끼 히사히꼬(岡崎久彦) 전 타이대사와 신보수적 안보내셔널리스트로서 정치적·외교적 입장을 제기해온 타꾸보 타다에(田久保忠衛) 등의 논자들이 대표자이다(田久保忠衛, 2001). 한편 이 사조는 정치적 내셔널리즘이라는 점에서 안보대국화 지향성이 강하며, 2000년대 코이즈미 정권과 아베 정권이 보여준 친미 안보내셔널리즘이라는 외교 자세에서 그 전형을 볼 수 있다(이면우·송주명, 2001). 이 입장은 미국과의 '힘의 연합'에 기초해 아시아에 대해 강경하고 일방적인 돌파 태도를 보여주었다는 점에서 '신탈아론'이라 할 수 있다.

한편 1990년대 초까지 외교사조의 표준은 미국과 동아시아를 동시에 배려하는 전략이었다. 이 사조는 이상주의적 경향이든 경제민족주의(실리주의) 경향이든 앞의 세계적 문민국가론의 범위와 대체로 일치하며, 종래 외무성, 경제기획청, 통산성 일부 등 관청의 주류 견해였다고 볼 수 있다. 이 입장은 미국과 전략적 관계를 유지하면서 동시에 동아시아 중시 정책을 추구해간다는 특징이 있었다. 동아시아 지역의 점진적 통합을 추진하면서도 이를 위한 정치적 전제로서 미일간의 정치경제적 동맹을 중시하는 것이다. 이 주류적 외교사조는 '연미입아(連美入亞)'라고 명명하였다.

한편 연미입아 사조는 아시아 중시 정책에도 불구하고, 미국과 아시아의 '등거리' 외교사조이며, 지역통합 범위 또한 '아시아'가 아니라 '아시아·태평양'이라는 점에서 새로운 아시아주의의 범주에는 포함되지 않는다. 이 입장에는 자유주의적 지향이 강한 '아사히 그룹'(『朝日新聞』朝刊, 1993. 8. 25; 船橋洋一, 1998: 43면)과 관료그룹으로서는 외무성의 주류파(池田維, 1994)가 여기에 속하며, 1980년대 후반부터 1990년대 초반까지 일본정부, 특히 외무성의 정책논리가 전형적 사례이다. '연미입아'론은 '세계적 문민대국론'——'아사히그룹'을 대표하는 후나바시(船橋洋一)는 '세계민생대국'이라는 용어법을 사용하고 있다——의 입장에서 아시아태평양지역주의와 미일동맹은 공존공영의 관계임을 공유하지만, 몇가지 점에서 '아사히 그룹'과 관료그룹의 논리는 차이를 갖는다.

첫째, 외무성의 연미입아론은 최근 안보내셔널리즘의 시대를 거치면서 지극히 약화한 반면, 아사히 그룹의 그것은 오늘날까지 하나의 언론이념으로 탄탄한 존재기반을 갖고 있다. 아사히 그룹은 2000년대 중반 이후에도 일본의 외교 기축으로서 '동아시아 지역주의'와 '미일동맹'을 동시에 추구해가야 한다는 견해를 유지하고 있다(船橋洋一, 2004a).

둘째, 아사히 그룹은 정책당국의 경제주의, 실용주의보다는 평화주의적 지향성이 더 강하다고 할 수 있다. 특히 분쟁 후의 평화정착과 분쟁 예방을 통한 국제적 평화환경 조성이 일본의 가장 큰 사명임을 분명히 밝히고 있다(船橋洋一, 2004b).

셋째, 아사히 그룹의 연미입아론은 정책당국보다 적극적으로 동아시아에 관여하려는 지향을 갖고 있다. 이를 위해 일본은 역사문제를 진취적으로 해결하고 한중일간의 화해를 추구해야 함을 역설하고 있다(船橋洋一, 2004c).

그림2 '새로운 아시아주의'의 좌표: 미국과 아시아의 사이

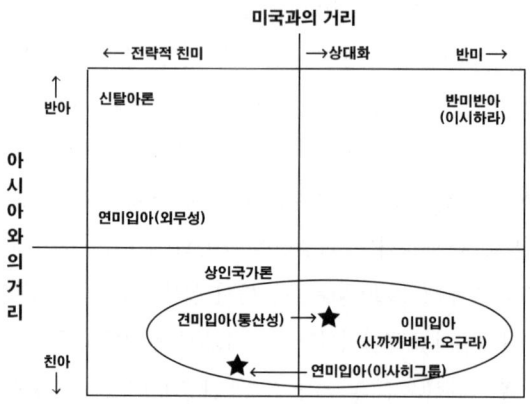

　제2장에서도 보았지만 새로운 아시아주의는 미국과의 관계를 상대화하면서, 그에 비례하여 아시아에 더 많은 외교 중점을 두는 것에서 출발한다. 우선 '세계적 문민대국'론이라는 주류적 인식에 뿌리를 두면서도 통산성과 같은 관료조직은 미국에 대해 더욱 강한 경제민족주의의 관점, 혹은 신중상주의적 관점을 취해왔으며, 미국의 경제적 마찰압력에 대해 아시아를 동원해 견제하려는 자세를 취해왔다. 통산성은 아시아・태평양지역에서 미일간의 안정된 공존과 협력을 지향하면서도 동아시아만의 비공식적 혹은 공식적 협력관계(산업정책대화나 아세안-일본경제부서 회의 등)를 운용함으로써 미국의 자유화 압력을 완화하려고 했다(송주명, 1998: 47~55, 65~72면). 이들은 아시아・태평양이라는 큰 틀의 지역범주를 전제로 하면서도 미국의 정치경제적 압력에 대한 완충장치로서 일본과 동남아시아 국가 간의 협력제도를 중층적으로 운영했다는 점에서 새로운 아시아주의로의 과도적 양상을 보여주었다. 이러한 외교전략적 경향이 견미입아(牽美入亞) 노선이다.
　한편 앞의 개념화 과정에서 지적한 바대로 '미국에 대항하여[反美] 아시아로 들어가자'는 논의는 그리 많지 않다. 그 논리적 모순과 극단적 감정적 언

사에도 불구하고 이시하라 신따로(石原愼太郞) 토오꾜오도 도지사의 반미론이 가장 근접한 사례일 것이다. 그러나 이시하라는 동아시아 지배를 지향하는 자가당착적 '지역주의'를 추구하며, 정치적으로는 극단적 안보내셔널리즘과 국수주의적 경향을 갖는다. 그는 전전 '대동아공영권'의 문제점을 그대로 재현하고 있는데, 정치적 내셔널리즘과 경제적 민족주의가 일체화됨으로써 나타남 직한 동아시아에 대한 지배를 추구한다. 오늘날의 시대적 조건과 걸맞지 않게 그는 반미와 '굴욕의 아시아', 즉 지배대상으로서의 아시아상을 결합하고 있다. 이는 오늘날 지역주의 프로젝트로 결코 성공할 수 없는 기만적 시도이며, 사실상 아시아주의가 아니라 반미·반아시아의 국수주의 프로젝트일 뿐이다(『文藝春秋』, 2000. 8: 117~18면; 『朝日新聞』 朝刊, 2000年 4月 29日; 『朝日新聞』 朝刊, 2000年 5月 21日; 石原愼太郞, 1998: 122~24면). 이것과 정반대 경향은 반미와 아시아 친선을 결합한 구 사회당 좌파의 노선일 것이다. 그러나 이 입장은 사회당의 퇴조와 함께 이미 그 존재가 미미할 뿐만 아니라, 본질상 소일본주의적 지향을 갖기 때문에 아시아주의라 하기에는 합당하지 않다.

새로운 아시아주의의 가장 현실적인 존재양태는 미국과의 전략적 공존관계를 전술적인 관계나 경쟁관계로 폄하하면서 동아시아 중심의 실질적 협력관계를 추구하는 사조다. 이들은 미일관계의 유지 필요성을 인정하나 경제민족주의의 관점에서 미국에 대한 공공연한 비판을 서슴지 않으며, '아시아적 가치'관을 동원해 미국 주도의 세계질서를 비판한다. 미국은 '적'(enemy)과 '친구'(friend)의 양면을 갖는 '경쟁자'(rival)로 위치지어지며, 그 패권의 필연적 쇠퇴와 더불어 아시아 지역이 이를 점차 대체할 수밖에 없다고 생각한다(中西輝政, 2000a: 63~65면; 中西輝政, 2000b: 99~100면; 中西輝政, 1999: 99, 105~108면).

이들은 전세계적 차원이나 아시아·태평양 차원의 협력 과정의 중요성을 폄하하며, 대신에 동아시아만의 협력을 더욱 중시한다. 결국 동아시아 지역주의는 예상되는 미국 주도 질서의 파국을 목적의식적으로 대비하려는 대안적 통합전략인 것이다(『國際問題』, 2001. 1: 7~10면). 이 입장은 특히 동아시아 경제위기를 배경으로 아시아 지역에서 '대미 대항심리'와 '지역주의' 경향이 강화된 것을 배경으로 본격화되었다. 미국으로부터의 이탈심리와 아시아 질서의 구체화라는 측면에서 이 대외전략 사조는 '이미입아(離美入亞)'론으로 지칭된다. 달러 페그(dollar-peg) 제하에서 발생했던 동아시아 국가들의 파국적 통화위기를 배경으로 '엔의 국제화 정책'이 적극적으로 추진된 것, 나아가 지역무역의 침체 경향 속에서 일본과 아시아 국가 간의 자유무역협정 네트워크의 형성이 모색되어온 것은 이 대외전략 사조의 정책 표현이었다. 이 입장은 비교적 최근 관료조직을 중심으로 외무성 일부와 구 대장성 국제통화 담당부문(국제금융국과 재무관실), 그리고 통산성(경제산업성) 등에 의해 본격적으로 추진되었으며, 대표적인 주창자로서는 사까끼바라 에이스께(榊原英資) 전 대장성 재무관, 오구라 카즈오(小倉和夫) 전 외무성 외무심의관 등을 들 수 있다.

한편 이들과 더불어 새로운 아시아주의에는 모리시마 미찌오(森嶋通夫)와 와다 하루끼(和田春樹) 등 이상주의적 '동아시아 공동체'론자도 포함된다. 제2장에서 살펴보았지만 이들의 논의는 '동아시아 속의 일본' '평화와 발전지향적인 지역정체성과 통합이념' '동아시아 통합에서 중국을 포함한 대지역주의의 중요성' '필수적 기능재를 중심으로 하는 현실적 통합대안' 등을 제시함으로써 경제대국론적 아시아주의의 신중상주의적 한계에 대한 비판적 요소를 갖고 있다.

4. 새로운 아시아주의와 지역질서

(1) 일본과 중국

앞에서 확인된 바와 마찬가지로 새로운 아시아주의는 '세계적 문민대국'론, 즉 경제대국론의 위기적 표현형태라고 할 수 있는데, 이른바 이미입아 사조가 가장 근접한 현실적 존재양태라고 할 수 있다. 이미입아론은 미일관계를 상대화함과 동시에 동아시아 중심의 질서구상을 구체화하고 있다. 지역질서 구상의 핵심은 동아시아 지역의 범위문제이다. 이와 관련하여 새로이 지역대국으로 부상하는 중국이 커다란 변수가 될 수밖에 없다. 동아시아에서 '중국문제'는 단지 지리적 범위를 획정하는 문제에 머무르지 않고, 동아시아 내부의 정치적 관계패턴을 상징적으로 집약해주는 문제라는 점에서 아주 중요하다.

중국과 관련된 논쟁의 역사는 1990년대 초반의 '중국위협' 논쟁으로 거슬러 올라간다. 중국의 패권주의적 대외 군사관행이 이전부터 일본에서 문제가 되어왔으나, 실질적인 논쟁은 미국과 마찬가지로 1993년 세계은행의 「동아시아 기적」 보고서가 제출된 것을 계기로 본격화되었다. 21세기 중국이 순조롭게 경제성장을 이룬다면 중국은 지역패권을 추구하는 국가가 될 것이라는 주장이 제기되었다. 일본의 안보내셔널리스트들은 중국을 커다란 위협으로 간주하고 중국의 '위험한 성장'을 막기 위해 외교적 견제를 강화하거나, 미래 중국의 위협에 대응하기 위해 국민적인 체제——애국주의 강화와 정치안보대국화——를 정비할 필요성이 있음을 역설하였다. 그들의 희망 섞인 기대는 중국 경제성장의 '경착륙'과 국가적 분열이었다. 이에 비해 국가전략으로서 '세계적 문민대국'론을 선호한 자유주의 세력은 중국을 봉쇄하는 것이 지나치게 큰 비용이 소요되고, 중국이 개혁과정을 완수하려면 일본 등 서방국가와 협력이 반드시 필요할 것이라고 보았다. 나아가 중국이 국제정치경제질서에 편입되어야만 공존 가능하고 안정적인 존재로 순치될 것이라고 주장했다. 따라서 이들은 일본 내부의 강화된 내셔널리즘이나 중국견제론에 반대하며, 유일한 대안이 중국에 대한 건설적 '관여정책'(engagement)임을 주장하였다. 이 점과 관련해 경제민족주의의 확대 혹은 경제대국론의 한 형태로서 새로운 아시아주의는 대체로 친중적 지향이 강한 것이 사실이다.

그림 3 새로운 아시아주의와 중국변수

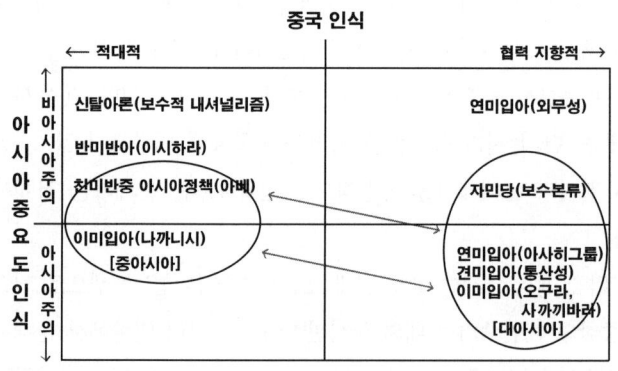

대체로 연미입아론과 견미입아론자들, 즉 자민당 보수본류 계열의 정치인이나 통산성 관료들의 경우, 중국을 '성장하는 거대시장'(Emerging Market)으로 인식해왔다. 애초에 이들의 관심지역은 동아시아 그 자체였다기보다는 아시아·태평양이었기에 중국이 배제될 이유는 전혀 없었으며, 도리어 중국이 투자와 무역시장으로서 일본 산업에 새로운 기회가 되리라고 생각했다. 한편 이미입아론의 경우도 커다란 차이는 없다고 할 것이다. 가령 1990년대 말까지만 해도 지역통화와 금융협력은 중국이 제외되었을 때 협력의 실효성이 현저히 감소될 수밖에 없다고 간주하였으며, 초기에 자유무역협정도 당면의 대상은 아니었으되 추진목표에서 배제되지는 않았다.

그러나 견미입아론과 이미입아론으로 대표되는 경향들 속에서도 중국인식의 문제는 단일한 협력경향만으로 수렴되지는 않는다. 가령 반미론의 이시하라가 냉전적 시각으로 중국을 공격하는 것은 차치하더라도 동아시아 경제위기시 중국경제의 위력(위엔화 평가절하)을 상기한다면 중국문제는 논자에 따라 엄청나게 복잡한 문제일 수밖에 없다. 고도성장의 결과 중국을 통제할 수 없을 것이라는 조바심과 더불어 일본이 대국주의적 중화질서에 편입되어갈 가능성마저도 피할 수 없기 때문이다. 이 지점에서 새로운 아시아주의 내부에서도 중국과 관련되는 한 안보내셔널리즘의 판단기준이 적용되는 양상을 보여주기도 한다. 물론 중국에 대한 냉전적 사고의 조류가 새로운 아시아주의의 본질적 특징은 아니다. 그러나 중요한 것은 새로운 아시아주의 계열의 대외전략 사조 내부에서도 중국 변수에 대한 태도가 더 복잡한 양상으로 전개되고 있다는 것이다. 가령 2000년대 중반 이후 중국과의 협력을 주장하던 이코노미스트들이나 경제관료들은 공공연히 중국으로부터의 역수입이나 개발수입의 급증으로 말미암은 '부메랑 효과'를 우려하기 시작했다. 그리고 자유무역협정과 관련해서도 안보내셔널리즘 혹은 극단적 경제민족주의의 관점에 따라 중국을 배제하는 태도가 분명해진 것이다. 이 사실은 새로운 아시아주의의 지역구상이 더욱 복잡하고 풀기 어려운 문제에 봉착할 것임을 보여준다.

(2) 융화의 아시아, 차별의 아시아

새로운 지역질서의 실현문제와 관련하여 지역주의로서 새로운 아시아주의의 성패 여부를 가늠할 수 있는 주요한 잣대 중 하나는 그것이 국제주의적인지 아니면, 일국주의 혹은 신중상주의(경제민족주의)적인지 하는 것이다.
이와 관련된 선례는 유럽연합(EU) 형성과정에서 독일의 역할에서 찾아볼 수 있다. 원래 독일은 유럽지역에서 전쟁재발의 위협세력으로 지목되어왔다.

1차대전과 2차대전의 경험은 다름 아닌 독일 실패의 역사였다. 1990년대 초 당시 독일의 겐셔(Hans-Dietrich Genscher) 외상은 이 실패의 역사를 "독일은 유럽을 독일화하려고 안간힘을 썼기에 실패했다"는 함축적인 언어로 표현하였다. 유럽통합은 독일을 유럽 내에 안치시켜 전쟁을 추방하려는 정치적 목표가 있었다. 2차 세계대전 이후 이러한 유럽적 목표는 독일의 목표로 수용되었고, 이후 이른바 '독일의 유럽화'가 추구되었다(重村智計, 1999: 77~80면). 나아가 경제적으로도 독일과 프랑스 간의 협력이 기초가 되어 EEC(유럽경제공동체)와 EC(유럽공동체)를 거쳐 EU(유럽연합)에 이르는 집단적 협력이 모색되었다. 이는 독일이 철저하게 과거사를 청산하고 정치경제적으로 국제주의를 수용함으로써 가능해졌던 것이다. 이리하여 유럽은 지역주의가 지역질서의 기본이 되고, '유럽 속에 융해된 독일'로 나아갈 수 있었다(白石隆, 2000: 60~61면).

일본은 어떠한가. 앞장과 이 장에서 간단히 언급하였으나 일본은 동아시아 정체성과 책임성이 근본적으로 부족하다. 이는 새로운 아시아주의자들도 완벽히 예외는 아니다. 그들은 자신들의 통화인 엔을 포기하면서까지 아시아주의라는 지역주의를 고수할 의사가 없다. 긴단히 말해 동아시아에 대한 일본의 관심은 지역의 정치경제질서를 창출함으로써 그 위에서 일국적 독립이나 경제이익을 극대화하는 데 촛점이 맞추어져 있다(白石隆, 61면). 일본의 새로운 아시아주의에서 나타나는 이러한 '독립주의'는 전후 오랫동안에 형성된 자기완결적이고 수직차별적인 안행발전론(雁行發展論)에서 비롯한다. 산업정책의 조절기능을 통해 국내 산업구조의 고도화와 완결성(조직된 시장)을 유지하고, 비교열위산업의 해외이전과 해외투자를 통해 아시아에 대한 투자와 수출을 상호 상승적으로 확대해가려는 전략이 그것이다(沖本・クラスナ, 1987: 215~48면).

한편 2000년대 초 일본 내부의 산업구조 개혁이나 규제완화 논쟁 또한 적절한 해답을 주지는 못하였다. 요컨대 적극적인 규제완화와 시장개방, 그리고 아시아 공업화에 대한 일본시장의 흡수기능(absorber) 강화 등과 같은 논의들은 퇴조하고, 종래 일본의 조직된 시장과 기업모델을 부분적으로 변형함으로써 동아시아 경제위기를 돌파해 나가겠다는 수정된 '일본모델'론이 재부상하였다(『文芸春秋』, 1999. 10: 184~94면; 田中平藏, 1999: 109~18면). 그러나 일본이 아시아 국가들과의 관계를 설정함에 있어서 이렇듯 돌출적이고 독립적인 위치를 고수하는 방향을 고수해 나간다면 동아시아 지역 내부의 상호 의존구조는 지극히 비대칭적으로 고착될 수밖에 없다. 즉 동아시아는 산업구조 고도화의 난관에 봉착하고 대일수출이 저부가가치 노동집약적 산업 혹은 제1차 산품에 특화되는 반면, 일본은 동아시아에 대해 고부가가치 부품 및 중간재, 완성 제품 등을 지속적으로 수출할 것이다. 그래서 일본과 아시아 사이에는 고질적인 무역역조가 고착화되고 구조적으로 비대칭적인 무역관계가 야기될 것이다. 이는 단기적으로 일본경제에 일정한 득이 될지 모르나, 장기적으로는 아시아 경제의 구조적 불안정성을 더욱 증대시켜 일본경제의 시장기반을 약화시킬 수도 있다.

그림 4 새로운 아시아주의의 내포: 민족주의와 국제주의

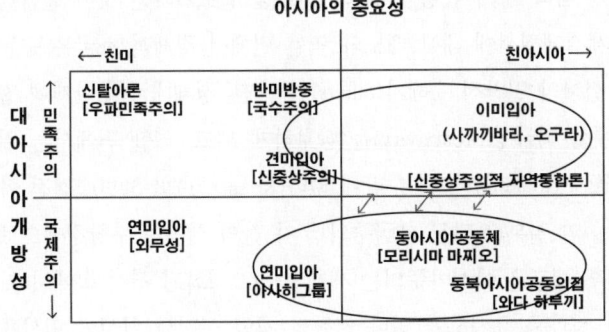

5. 새로운 아시아주의의 국제적 조건

그러면 왜 1990년대에 들어서 이미입아로 대표되는 새로운 아시아주의가 대두했는가. 우선 새로운 아시아주의가 대두하게 된 국제적인 맥락을 점검해보자.

(1) 일본의 경제대국 위상

먼저 한 가지 지적해두어야 할 점은 새로운 아시아주의가 세계경제체제에서 일본의 경제대국으로의 지위상승을 거시적인 배경으로 한다는 사실이다. 표 1에서 보는 바와 마찬가지로 일본은 1980년대에 세계 GDP의 10%를 생산하는 명실상부한 경제대국의 반열에 올라서게 된다. 1970년대까지만 하더라도 세계경제에서 점하는 미국경제의 비중이 31.7%였던 데 비해, 일본은 6.4% 정도에 머물렀다. 그러나 1980년대 후반까지 미국 비중의 지속적인 감퇴에도 불구하고 일본 비중은 약 15%대까지 상승하게 된다.

이러한 지위변화는 일본 경제활동의 국제체제에 대한 영향력 변화를 수반하는 것이며, 그에 따라 국제적 행동패턴의 변화를 일으킨다는 것이 일반적인 논의이다. 국제경제질서에 대한 태도와 역할 면에서 경제적 소국은 수동적(reactive)이며 질서의 일반적 수혜자(takers)인 반면, 경제대국의 단계에 접어들면 태도 면에서 적극성(proactivity)을 담보하게 되고, 역할 면에서는 질서의 '창조자/제공자'(makers)가 될 수밖에 없다(Krasner, 1978: 52면). 전전 아시아주의가 제국주의 일본과 다른 제국주의 국가 간의 식민지 분할경쟁으로 직결되었다면 전후 새로운 아시아주의는 세계적으로 격화된 경쟁 속에서 일본이 경제대국의 성과를 유지하기 위한 전략적 지역 신질서 형성의 의사표명이라고 볼 수 있다.

표1 세계 GDP에서 주요 3국의 비중 변화(단위: 100만 달러)

	1970	1980	1985	1987	1988	1989
세계	3,180,900	11,622,400	12,661,300	17,292,220	19,233,600	20,204,000
일본	230,736 (6.4)	1,059,262 (9.1)	1,325,996 (10.5)	2,374,979 (13.7)	2,850,008 (14.8)	2,834,232 (14.0)
서독	184,508 (5.8)	813,498 (7.0)	621,770 (4.9)	1,114,639 (6.4)	1,172,533 (6.1)	1,176,632 (5.8)
미국	1,009,220 (31.7)	2,688,470 (23.1)	3,976470 (31.3)	4,452,878 (25.7)	4,809,081 (25.0)	5,132,001 (25.4)

출처 United Nations, National Accounts Statistics: Analysis of Main Aggregates, 1988~1989(New York: United Nations, 1991), 5~8면의 Table 1을 재구성.
주 ( )는 비중.

그런데 일본은 왜 1980년대, 즉 경제대국으로 진입한 초기 단계에 새로운 아시아주의를 모색하지 않았을까? 새로운 아시아주의가 탄생하기까지 경제대국 반열에 접어든 이후 10년 이상의 시간이 지체된 이유는 무엇인가. 하나는 정책환경의 관성——내향적 산업정책의 관성, 미국시장의 중요성, 아시아 지역 주도에 대한 내외의 반발 등——과 관련된 요인을 지적할 수 있다. 다른 하나는 경제적 패권구조의 변화에 따르는 국가간 마찰과 이것이 일으키는 사회심리적 대항의식, 나아가서는 경기침체와 종래 체제유지에 대한 자신감의 상실 등 순차적 사건전개의 시간 소요를 들 수 있다. 1980년대는 패권구조의 변동에 따르는 심각한 경제적 마찰은 존재하였으나, 지속적 경제성장으로 말미암아 자신감이 뒷받침되었고 여전히 미국시장이 중요한 시장으로 남아 있었다. 그리고 일본이 아시아 지역통합을 주도하는 것에 대한 국내외의 저항이 강력하였다. 이것이 미국에 대한 심리적 대항의식의 발전과 아시아에의 경사 속도를 감소시켰다고 볼 수 있다.

본격적인 대미 대항의식과 아시아주의는 1980년대 말과 1990년대에 걸친 두번의 결정적인 계기를 통해 급진전하게 된다. 첫째, 1980년대 후반의 무역흑자와 1990년대 초반의 초엔고 불황 속에서 전개된 격렬한 미일마찰이다. 둘째, 1990년대 후반의 아시아 경제위기와 그 효과의 일본 역류가 그 것이다. 아시아 경제위기가 아시아 지역 구상을 빠른 속도로 구체화하는 결정적 계기가 되었다면, 일본의 경제대국 반열 진입을 우회적으로 표현해준 미일간의 경제마찰은 아시아주의를 추동하는 일상적 힘이 되었다. 이러한 점에서 새로운 아시아주의는 경제위기 상황을 배경으로 한 경제대국 일본의 일종의 생존전략 프로젝트였다고 할 수 있다.

(2) 외압의 구조: 패권의 성격

한편 1980년대와 1990년대 미일관계를 연계하는 정치세력간 네트워크 차이와 그로 말미암아 외압의 성격이 변화했다는 점 또한 1990년대 새로운 아시아주의의 발생을 설명하는 데 중요한 요인이 된다.[2] 1980년대의 경우 격렬한 경제마찰의 진전에도 불구하고 공화당의 레이건과 나까소네 간의 반공 신보수주의 동맹이 강고하게 존재했다. 이 시기에 일본경제의 사신삼이 작동하기도 했지만, 미일간의 운명공동체적 인식과 동맹을 기초로 일본의 자동차 대미 수출자율규제—1981년 4월부터 1984년 3월까지—와 대미 투자, 플라자 합의, MOSS 협의(시장지향형 분야별 협의), 공작기계 대미 수출자율규제 등을 통해 마찰은 비교적 질서있는 해결이 모색되었다(外務省, 1987; 外務省, 2007) 이러한 동맹구조는 경제관계의 심각한 불안정성을 다소 완화하는 역할을 하였다.

이에 비해 1990년대 시기는 양국에 정치지향상의 '오접(誤接, mismatch)'

---

[2] 미일간의 정치세력 네트워크의 문제를 도입하여 친미와 반미의 정서가 형성되는 메커니즘을 잘 보여주고 있는 저술은 田久保忠衛(2001: 16~55면)를 참조하라.

요인이 존재했다고 볼 수 있다. 미국은 1993년 민주당의 클린턴 행정부가 등장했고, 일본은 자민당의 정권복귀(政權復歸))에도 불구하고 1990년대 전반에 걸쳐 연립정권의 시기가 지속하였다. 클린턴 행정부는 안보 면에서 중국에 대한 합리적 관여를 중심으로 하는 동아시아 정책을 취하였지만, 일본에 대해서는 경제적으로 수치 목표설정 등 시장개방을 더욱 강하게 요구했다. 클린턴 행정부는 1993년 미일포괄경제협의, 1997년 미일규제완화대화 등 일본시장 개방을 집요하게 요구했다. 한편 1980년대 후반과는 달리 외환협력도 이루어지지 않아 1990년대 초중반에 초엔고 상황이 지속하였다(外務省, 2007). 이러한 시장개방 압력과 초엔고 상황은 일본 정책당국과 여론그룹의 예상외 반발을 일으켰다. 나아가 동아시아 경제위기 국면에서 일본의 적극적 대응 부족이 미일간에 불신을 더욱 강화시켰으며, 이에 대한 미국의 비판은 일본 국내의 반미감정을 증폭시켰다. 이 상황에서 미국의 중국중시정책, 즉 '일본우회'(Japan Passing)론, 미일간 소통 네트워크의 부족 등의 문제가 일본 국내에서 심각하게 받아들여졌으며, 일본은 미국과 일정한 거리를 유지하는 새로운 생존방식으로 지역주의적 접근을 모색할 수밖에 없었던 것이다(田久保忠衛, 56~91면).

(3) 좌절의 아시아: '캐치업 위기의 초극'으로서 '새로운 아시아주의'?

미국에 대한 일본의 '대항의식'이 강화되더라도 동아시아가 이전과 마찬가지로 일본을 경계하는 태도를 늦추지 않았다면, 엔의 국제화나 자유무역협정 정책과 같은 새로운 아시아주의의 정책은 적극적으로 전개되기 어려웠을 것이다. 그러나 과거사 문제, 일본의 신중상주의적 대외경제 관행 등과 연동한 동아시아의 대일 불신감은 아시아 경제위기로 파생된 각국의 통화부족, 수출부진, 경기침체, 금융체계의 혼란 등의 난관 속에서 더이상 쟁점이 되지 못한다. 동아시아 위기의 심화 속에서 기동적이고 실효성있는 지원을 제공해줄 만한 국가는 역내 최대 경제대국인 일본밖에 없다는 인식이 전면적으로 대두했다.

일부 아시아 국가의 대미 대결 자세와 동아시아 국가간의 연대의식이 당시까지 '성장과 번영의 아시아'가 갑작스러운 위기로 말미암아 '좌절의 아시아'로 반전됨으로써 비로소 발생했듯이 일본이 제시한 새로운 아시아주의는 전전과 같은 '근대의 초극'이 아니라 '캐치업 성장'의 '위기를 초극'하기 위한——'동아시아 모델'의 위기를 돌파하려는——정책대안으로 제시되었다. 이 상황에서 일본의 경제민족주의자들은 일본과 동아시아의 친근감 혹은 유사성을 강조하면서 아시아적 결합의 필연성을 강조하기도 했다(『中央公論』, 1999. 6: 102~103면). 일본의 새로운 아시아주의자들은 아시아와 일본의 공감 위에서 위기의 대안으로서 새로운 '동아시아 모델'을 추구해 나갔다고 할 수 있다. 즉 '캐치업 체제'의 위기를 낳은 미국 주도의 국제금융 및 통화질서와 무역자유화 패턴을 비판하면서 '아시아적 가치'에 입각한 지역의 통합비전을 모색했던 것이다.

6. 일본기업의 아시아 네트워크와 새로운 아시아주의

여기에서는 일본의 '새로운 아시아주의'의 사회경제적 기반이 어떻게 형성되었는지 동아시아 경제위기를 중심으로 간략히 분석할 것이다. 이를 위해 1980년대 말 이후 1990년대까지 일본 산업들의 국제분업 패턴과 동아시아 전략을 확인하고, 동아시아 경제위기를 배경으로 어떠한 산업들이 어떠한 요구를 왜 제출했는지를 살펴봄으로써 새로운 아시아주의가 등장하게 된 물질적 조건을 분석하고자 한다. 나아가 동아시아 경제위기 이후 최근까지 전개된 일본 산업의 분업경향이 구체적 정책사례인 엔의 국제화와 자유무역협정 정책에 대해 갖게 되는 정책적 함의를 간단히 설명할 것이다.

(1) 일본의 해외투자와 아시아 국제분업

우선 1980년대 이후 일본 제조업의 대아시아 해외투자 상황을 통해 일본 산업의 국제분업에서 동아시아가 점하는 비중을 보도록 하자. 1986년부터 1990년까지 일본의 전세계 누적투자액은 572억 달러였는데 112억 달러가 아시아로 유입되었고, 이 중 73억 달러가 ASEAN 국가에 집중되었다. 아시아는 총 투자액의 약 20%, 그리고 ASEAN은 13%를 차지하였다. 이 기간에 대다수의 투자가 선진국을 향해 이루어졌고, 선진국의 발전도상국에 대한 투자가 거의 없었음을 상기할 때 일본의 아시아 투자는 엄청난 액수라고 할 수밖에 없다(大藏省, 1986~1990). 이러한 경향은 아시아 경제위기가 일어난 1997년까지 확대되어 나타났다. 표 2에 따르면 1990년부터 1997년까지 일본기업 해외투자 상황을 누적액 면에서 보면 아시아 지역은 전세계 해외투자에서 19%를, 제조업은 32%를 점하였다. 1990년대의 투자는 1980년대를 현격히 초월하는 규모이다. 이러한 현상은 일본 산업의 국제분업 네트워크에서 아시아 지역의 중요성이 특히 중대하고 있음을 보여주며, 일본 대외 경제정책——국제 금융정책과 통상정책——에서 아시아 중시 정책의 기반이 되었다.

특히 버블이 붕괴한 1993년부터 1997년까지의 제조업 해외투자를 보면 ASEAN 주요 5개국——타이, 인도네시아, 말레이시아, 필리핀, 씽가포르——과 중국의 누적액은 아시아 전체투자의 51%와 32%에 이르러 아시아 지역 중 ASEAN과 중국 등 동아시아 지역이 일본 대외 경제정책의 핵심적 대상 지역으로 부상했음을 보여준다(표 3). 업종별로 보면 아시아 지역투자의 주도산업들은 표 4에서 보는 바와 같이 전기, 화학, 철·비철, 자동차, 기계 등 일본 국내에서도 주력 산업들이었다. 일본 국내의 주력산업들은 동아시아와의 국제적 네트워크를 구축하면서 전체 해외투자액의 약 1/3을 동아시아에 집중했는데, 특히 ASEAN과 중국을 전략적 거점으로 편입한 것이다.

표2 1990년대 일본의 해외투자 현황(지역별, 억엔, %)

지역	1990~1997	%	1998~2000	%	1990~2000	%	1951~1999 누계 (100만 달러)	%
북미	195,383	45	55,202	31	250,585	40	305,576	42
	60,482	42	31,848	42	92,330	42		
아시아	84,474	19	22,900	12	107,374	17	125,965	17
	46,332	32	13,672	18	60,004	27		
유럽	89,048	20	73,693	41	162,741	26	156,728	22
	25,716	18	24,741	33	50,457	23		
중남미	39,223	9	22,982	13	62,205	10	83,706	12
	6,246	4	3,718	5	9,964	5		
기타	31,791	7	5,472	3	37,263	6	51,757	7
	5,861	4	1,811	2	7,672	3		
합계	438,919	100	180,249	100	620,168	100	723,732	100
	144,637	100	75,790	100	220,427	100		

출처 대장성 자료: 『ジェトロ投資白書(2001年版)』: http://www.mof.go.jp/1c008.htm; http://www.mof.go.jp/fdi/sankou01.xls; http://www.mof.go.jp/fdi/sankou02.xls; http://www.mof.go.jp/fdi/sankou03.xls의 재구성.
주 1. 상단은 전 산업 누계
  2. 하단은 제조업 누계
  3. 1951~99년 누계는 전 산업(달러 기준)

한편 동아시아 경제위기로 그 실체가 드러났지만 일본 산업의 대아시아 '국제분업'은 금융 면에서도 대대적으로 추진되었다. 금융산업은 초저금리가 지속하던 1990년대 이후 본격적으로 아시아에 진출하였다. 표 5는 경제위기가 시작된 1997년을 기준으로 한 일본 은행들의 대아시아 융자잔고를 다른 국가 은행들과 비교한 것이다. 이에 따르면 일본 은행들은 중국, 한국, 타이, 말레이시아, 인도네시아에 거액을 융자하고 있었으며, 이 국가들에 대한 융자규모는 구미국가들에 비해 최소한 두 배 이상이었다. 일본의 민간은

표3 일본 제조업의 아시아 지역별 투자 현황(단위: 억엔)

국가·지역	1993~1997	%	1998~2000	%	1951~2000	%
ANIEs3	3,874	11	2,973	22	17,204	19
ASEAN5	17,289	51	7,430	54	54,445	60
중국	10,786	32	2,470	18	15,564	17
기타	1,702	5	734	5	2,943	3
합계	33,833	100	13,672	100	90,947	100

출처 대장성 자료: http://www.mof.go.jp/1c008.htm; http://www.mof.go.jp/fdi/sankou01.xls; http://www.mof.go.jp/fdi/sankou02.xls; http://www.mof.go.jp/fdi/sankou03.xls의 재구성.
주 1. 투자액은 누계. %는 아시아 전체에서 차지하는 비율
   2. 기타는 베트남과 인도의 합산임
   3. ANIEs3=한국+홍콩+대만
   4. ASEAN5=씽가포르+인도네시아+타이+말레이시아+필리핀

표4 아시아 지역 일본 제조업의 업종별 진출 상황(1990년대, 단위: 억엔)

업종	아시아 전체					
	1990~1997	%	1998~2000	%	1990~2000	%
식품	1,696	4	583	4	2,279	4
섬유	3,540	7	690	5	4,230	7
목재, 펄프	904	2	245	2	1,149	2
화학	7,619	16	1,957	14	9,576	16
철, 비철	4,865	11	1,965	14	6,830	11
기계	3,970	9	965	7	4,935	8
전기	12,248	26	3,471	25	15,719	26
수송기	4,518	10	2,335	17	6,853	11
기타	6,973	15	1,460	11	8,433	14
제조업계	46,332	100	13,672	100	60,004	100

출처 대장성 자료: http://www.mof.go.jp/1c008.htm; http://www.mof.go.jp/fdi/sankou01.xls; http://www.mof.go.jp/fdi/sankou02.xls; http://www.mof.go.jp/fdi/sankou03.xls의 재구성.

행들은 공식 집계만으로 951억 달러, 즉 당시 환율로서 약 12조엔 이상을 아시아 지역에 융자하고 있었다. 이러한 일본의 대아시아 은행융자는 1997년 말 동아시아 금융위기를 가속한 원인으로 주목되기도 하였다. 일본의 은행들이 단기자금을 급격히 회수하면서 위기가 더욱 심화하였다는 논리가 그 것이다.[3] 그런데 분명한 것은 이러한 대규모 아시아 융자가 부실채권 문제로 시달리던 일본의 금융기관들에는 엄청난 부담이 되었다는 사실이다.

표5 아시아 위기 직전 세계 민간은행들의 대아시아 융자 잔고(단위: 억 달러)

국가	일본		독일	미국	영국	프랑스	합계
	융자액	비율					
중국	187	32.3	73	29	69	73	579
인도	38	20.4	33	20	18	14	188
인도네시아	232	39.4	56	46	43	48	587
한국	237	22.9	108	100	61	101	1,034
말레이시아	105	36.4	57	24	20	29	288
필리핀	21	14.9	20	28	11	17	141
대만	30	12.0	30	25	32	52	252
타이	377	54.4	76	40	28	51	694

출처 국제결제은행(BIS). 민간은행의 융자액을 각국 중앙은행을 통해 BIS가 집계한 것.

---

3) 아시아 통화위기 이후 일본 민간은행들의 융자비중(BIS 보고은행에 의한 아시아 대상 융자 합계액에서 점하는 비중)은 크게 저하하고 있다. 일본의 경우 긴 국내 경기 저조 요인도 있었으며, 통화위기 이후 타국의 융자도 축소하였음에도 불구하고 일본의 대아시아 융자는 더욱 신중해져 1995년 6월에 40.7%이던 것이 1999년 6월에 29.5%까지 저하하였다. 잔고를 중심으로 보면 1997년 6월에 1,002억 달러를 정점으로 대폭 감소로 돌아서고 있다. 1999년 6월에 융자잔고는 579억 달러로 통화위기 전의 6할 이하 수준으로 떨어졌던 것이다. 여기에서 알 수 있듯이 통화위기가 발생하자 일본은행들은 급격히 융자를 회수해갔으며, 이러한 행위가 아시아의 위기를 더욱 심화했다는 주장도 있다. 융자 비중과 잔고 변화에 대한 설명은 橫江芳惠(2000)를 참조하라.

일본의 산업과 금융기관은 1990년대 아시아 금융위기 이전까지 실로 막대한 금액을 아시아에 투자·융자하고 있었으며, 이러한 산업들은 일본 국내의 주력산업으로서 1990년대 초중반에 걸쳐 통산성 및 외무성, 재계, 정치인들의 아시아 중시 정책지향을 광범위하게 촉진한 것으로 볼 수 있다. 한편 일본 산업들의 대대적인 아시아 진출에 기반을 둔 새로운 아시아주의 사조는 1997년 이전까지 아직 추상적인 경향성의 단계를 벗어나지 못하였으며 구체적인 정책론으로 발전하지는 못하였다. 새로운 아시아주의가 엔의 국제화와 자유무역협정 정책이라는 정책론으로까지 구체화하는 데에서 일본 산업의 국제네트워크에 큰 영향을 미친 동아시아 경제위기라는 변수가 결정적인 역할을 하였다.

(2) 아시아 경제위기와 일본 산업의 국제분업 네트워크

한편 동아시아 경제위기로 말미암은 제조업과 금융업의 타격은 일본경제에도 심대한 타격으로 증폭되어 환류된다. 금융업의 경우 본국 은행에 엄청난 규모의 부실채권을 안겨주게 되었고, 은행들이 자기방어적 태도를 강화하게 하였다. 특히 은행들은 대출자들에 대해 지나치게 엄격한 심사기준을 적용하고, 융자를 회피하는 태도를 보였다. 부실채권으로 인한 증권 및 은행의 몰락——야마이찌증권(山一証券), 홋까이도타꾸쇼꾸은행(北海道拓殖銀行)등——은 말할 나위도 없으며, 융자회피로 말미암아 대규모의 토목업자, 중소기업들이 도산하는 사태가 빈발하게 되었다(『日本経濟新聞』朝刊, 1998年 1月 3日;『東京讀賣新聞』朝刊, 1998年 3月 1日). 이제 동아시아의 위기가 은행들의 네트워크를 타고 곧바로 일본경제를 '공격'하게 된 셈이었다.

제조업의 경우도 상황은 크게 다르지 않았다. 통산성의 조사에 따르면 동아시아 경제위기는 일본 현지 제조업에 전반적으로 부정적 효과를 냈던 것으로 나타난다. 영향력은 산업별 특성과 국제분업의 형태에 따라 차이가 있는 것으로 보이는데, 우선 통화위기로 말미암은 외환차손(外換差損)은 산업 전반에 걸쳐 부정적 영향을 미친 요인이었다. 한편 통화위기가 일으킨 수출 가격 인하와 현지 조달가격의 저하는 일부 산업에 긍정적 영향을 미친 반면, 현지 수요의 저조와 수입가격의 상승이 상당수 산업에 부정적 영향을 미친 것으로 나타났다. 이와 관련하여 현지 진출기업은 대상시장의 성격과 현지 조달 정도에 따라 위기에서 상당히 다른 영향을 받을 것이라 추론할 수 있다(山根俊彦·吉川康之, 1998: 23면). 그림 5는 ASEAN 국가들에서 산업별 영향력의 정도를 표시한 것이다.

그림 5 ASEAN4의 업종별 현지판매 비율과 현지 조달비율(제조업, 1995년)

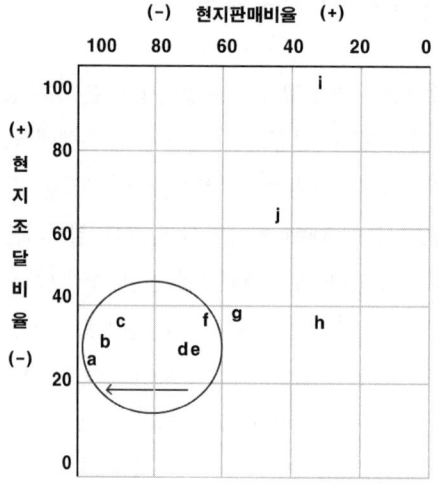

a: 철강 b: 수송기계 c: 화학 d: 일반기계 e: 비철금속 f: 제조업 전체
g: 섬유 h: 전기 i: 식품 j: 정밀기계

출처 통산성 『我が国企業の海外事業活動』(1995년)
주 현지는 현지법인 소재 국내. ASEAN 4란 말레이시아, 타이, 인도네시아, 필리핀을 가리킨다.

여기에서 이해할 수 있는 것은 현지 조달비율이 낮을수록, 그리고 현지 판매비율이 높을수록 피해 정도는 크게 나타나며, 그 역의 경우 피해의 정도는 비교적 경미하다. 이에 따라 추산하건대 현지 진출 일본계 산업 전반의 피해 정도(f)는 평균적으로 심각한 것으로 나타난다. 특히 철강산업(a), 자동차산업(b), 화학산업(c), 일반기계산업(d), 비철금속산업(e)에서 타격이 심했으며, 정밀기계(j)와 전기산업(h)은 비교적 피해가 적은 편에 속했다. 그리고 피해의 내용을 보건대 외환차손, 현지 차입부담 증가, 부품·원료 비용의 증가, 자금순환의 난관, 판매의 저조 등이 중요한 비중을 점했다(山根俊彦·吉川康之: 26면).

이러한 피해에 대한 근본적 처방은 외환차손은 안정적 국제통화제도의 형성이, 현지 차입이나 자금순환 난관에 대해서는 현지에 대한 유동성의 공급이, 그리고 부품·원료비용 및 판매시장 저조의 문제는 일본시장과 현지 시장을 통합하는 자유무역 체제의 형성이 될 수 있다. 결국 이는 통화제도 면에서 '엔의 국제화', 유동성 공급 면에서 '신미야자와 구상', 무역정책 면에서 '자유무역협정'과 같은 정책들이 현실화되도록 한 요인들이었다. 이러한 정책 선택들은 일부 산업이 불안정한 부수익 효과를 누렸다고 하더라도, 특히 피해가 컸던 철강, 자동차, 화학산업 등 커다란 손해를 입은 주력산업들이 새로운 아시아주의 정책을 강력하게 주도한 것으로 보이며, 이 산업들의 주도하에 산업 전체의 '지지'가 형성된 것으로 보인다.

한편 동아시아 위기를 배경으로 한 산업계의 '아시아경제통합'의 요구는 일본 주력산업을 대변하는 최대의 재계단체 경단련의 움직임에서 잘 확인된다. 경단련은 1998년 4월부터 엔의 국제화 정책을 내부적으로 거론하기 시작했으며(KC, 1998. 4. 9), 1999년 초부터 '자유무역협정'을 본격적 정책대안으로 검토하기 시작하였다(KC, 1999. 1. 28). 이러한 재계 내부의 움직임은 2000년 들어 더욱 적극적인 형태로 조직화하였으며, 정부에 공식적인 정책 요구를 하게 된다. 경단련의 2000년 3월 '아시아경제 재구축을 위한 제언'

과 '엔의 국제화를 위하여: 무역결제통화로서 엔의 국제화에 대해'와 같은 해 7월 '자유무역협정의 적극적인 추진을 바란다. 통상정책의 새로운 전개를 위해'라는 정책제언을 이러한 맥락에서 이루어진 것이다(경단련, 2000a; 경단련, 2000b; 경단련젠, 2000).

(3) 수직 국제분업

새로운 아시아주의의 추진자들은 관료적 경제민족주의 신념 위에서 일본이 아시아로 융해되지 않고 독립성을 담보할 수 있는 지역질서를 구축해 나가고자 했다. 그러나 그러한 신념은 특정한 구조, 그리고 그와 관련된 이익 위에서 더욱 강화된다고 볼 수 있다(Cox, 1989).

1980년대 이래 진행되어온 해외투자를 통해 일본과 동아시아는 수직 네트워크형 국제 분업구조를 형성하게 되었다. 수직 네트워크형 국제 분업구조는 일국적 산업전략으로서 산업정책에 의해 매개된 해외투자의 결과물이다. 길핀(Gilpin)이 지적했듯이 미국에서의 자유주의적 해외투자는 명백히 수출대체적인 효과를 갖는 투자였다(Gilpin, 1975: Chapt 7~8면). 그러나 1980년대부터 1997년 경제위기 전까지 일본의 동아시아 해외투자는 대외적 산업 재편을 촉진하면서도 국내 산업구조를 고도화하고 생산기반을 강화하는 투자를 유도함으로써 국가적 수출대체효과를 최소화하는 것이다. 산업정책이 국내투자와 해외투자를 전략적으로 조절해낸 셈이다. 이리하여 국내수출과 해외투자는 균형을 이룰 수 있었으며, 고도화된 국내산업과 표준제품 생산의 해외투자산업이 일종의 수직적 네트워크를 형성하게 되었다(송주명, 1997: 180~81면). 한편 이 수직적 네트워크는 현지와 일본 간의 구조적인 비대칭 무역연계를 낳았다. 즉 네트워크의 정점인 일본에서는 산업구조 고도화와 수출이 동시에 촉진되는 반면, 현지 국가의 경우에는 대일수출보다는 제3국 수출 혹은 현지 시장판매에 의존하면서 일본에서 자본재와 부품을 지속적으로 수입할 수밖에 없는 구조이기 때문이다. 이 경우 일본기업의 사적 이익과 국가의 공적 이익은 동시 달성될 수 있는데, 새로운 아시아주의는 이러한 수직 네트워크 관계를 정당화하거나 확대재생산하려고 한 것이다. 이러한 점에서 일본의 새로운 아시아주의는 아시아와의 융해보다는 아시아로부터 독립된 위치에서 아시아를 일본 산업의 광범위한 시장이나 배후지로서 개척하는 신중상주의적 지향을 공고화하게 되는 것이다.

7. 맺음말

지금까지 1990년에 본격적으로 대두한 새로운 아시아주의에 대한 더욱 체계적인 개념화의 문제로부터 그 현실적 처방, 그리고 주요 쟁점, 나아가서는 그것의 국제적 조건과 사회경제적 기반에 대해서 분석하였다. 앞선 논의를 간략히 요약하면 다음과 같다. 첫째, 새로운 아시아주의는 일반적으로 전후 미국과 일본 간의 전략적 동맹관계를 상대화하면서 아시아 지역통합을 앞으로 일본의 핵심적 전략적 선택으로 간주하는 경제외교사조라고 정의할 수 있다.

둘째, 새로운 아시아주의는 ① 경제대국화론의 연장으로서 지역경제통합을 통해 국가이익을 극대화하려는 경제민족주의이며, ② 현실적 사조로서는 미일관계를 폄하하고 동아시아를 중시하는 '이미입아'론이고, ③ 중국에 대한 태도를 중심으로 두 개의 논리적으로 대립적인 동아시아 인식——대아시아와 중아시아——을 보이며, ④ 동아시아에 대한 일본의 비용해성, 차별성을 전제로 아시아를 일본 산업의 일방적 배후지로 개척하려는 안행발전관을 갖고 있다고 할 수 있다.

셋째, 새로운 아시아주의는 ① 급격한 신자유주의적 세계화의 조건 속에서 일본의 '경제대국'화와 미일간의 구조적 갈등 ② 미국 정치세력과의 부조응 및 갈등요인의 증폭 ③ 동아시아 위기 속에서 아시아 국가들의 일본의 존 심리의 강화 등 세 가지 국제적 조건과 긴밀히 맞물리면서 등장하였다.

넷째, 새로운 아시아주의는 그것이 발원하게 되는 사회경제적 조건——산업적 지지와 구조의 영향력——을 갖고 있다. 먼저 산업들의 정책적 지지와 관련해서 ① 1980년대와 1990년대 일본 산업의 해외투자와 융자를 통해 추진된 실질적인 동아시아 지역의 통합은 일본 외교와 대외 경제정책에서 아시아의 전략적 중요성을 높이는 계기가 되었으며 ② 일본 산업 전반에 엄습한 동아시아 경제위기 속에서 철강·자동차·화학·기계산업 등 피해산업을 선두로 일본의 주력산업 전반이 불안정한 달러 중심 경제와 시장축소의 위험성을 피하려고 지역통합정책을 요구한 것을 들 수 있다. 이러한 요구들을 배경으로 새로운 아시아주의는 엔의 국제화, 자유무역협정 등 정책수준으로까지 구체화하였다. 나아가 1990년대 중반까지 구조화되어온 일본과 아시아 간의 산업간 수직 네트워크는 새로운 아시아주의가 신중상주의적 성격을 갖도록 하는 구조적 요인이 되었다.

한편 최근까지 일본정부의 중심적 대외전략노선은 친미 안보내셔널리즘 주류에 상당히 경도되어왔다. 오부찌 시기 아시아주의의 섬광을 터트리게 한 '역사의 진자'가 반대쪽 극(極)인 친미 안보내셔널리즘으로 향해 있는 것이다. 그러나 앞서 살펴본 바와 같이 일본의 새로운 아시아주의는 국제적 조건과 사회경제적 기반이라는 물질적 기반 위에서 전개되었다. 물론 국제적 조건은 상당히 변화——미국과의 국제적 부조응 요인이 일시적으로 제거되어 부시정권이 성립했고, 동아시아 위기가 진정되는 등——되었다. 그럼에도 불구하고 세계적 신자유주의의 전개 속에서 세계경제의 구조적 불안정성은 지속하고 있으며, 사회경제적 기반에서도 일본 산업의 동아시아 중시 경향은 의연히 작동하고 있다. 따라서 친미 안보내셔널리즘의 전면화에도 불구하고, 새로운 아시아주의의 동력은 잠재화되어 지속하고 있으며, 국제 정치경제적 환경변화에 따라서는 강한 정책 이니셔티브로 재현될 수도 있을 것이다. 이러한 점에서 최근 전면화되고 있는 미국발 경제위기와 미국 민주당 정권의 수립과 같은 국제적 변화가 일본의 정책환경에 어떠한 영향을 미칠지 주목할 필요가 있다.

제3부

안보내셔널리즘의 특질과 전개

제4장

안보내셔널리즘과 동아시아 분열

1. 문제제기

오자와 이찌로(小澤一郎)가 일본에 '보통의 국가'(이하 '보통국가')라는 국가목표를 제시한 『일본개조계획』이 출판된 지 약 16년이 지났다(小澤一郎, 1993). 이 '보통국가'라는 목표는 1990년대와 2000년대 초반에 걸쳐 일본을 이해하는 데 가장 중요한 키워드이기도 했다. 그러나 이 16년의 기간에 국제질서와 일본 국내의 정치상황은 금석지감(今昔之感)의 변화를 경험하였고, 일본의 안보전략 또한 1960부터 약 30년 넘게 자리잡아오던 소극적·제한적 개념에서 크게 이탈하기 시작했다. 오자와가 제시한 보통국가란 공명당의 논법으로 하자면 일종의 '가헌(加憲)'으로서 헌법 제9조의 1, 2항이 가진 평화주의적 정신을 살리되, 유엔 중심의 국제공헌을 위해 '국제연합대기군'을 설치해 현행 평화주의와 UN 헌장하에서 제한적으로 집단적 자위권을 회복하자는 것이었다. 그러나 오늘날 일본은 전투행위에 직접 참가하지는 않지만 이미 사실상의 집단적 자위체제를 가동하고 있으며, 전시에 대비한 국내 통제체제를 확보하고 있다. 일본은 9·11테러 이후 유엔의 결의와 무관하게 미일동맹에 의탁해 전세계적인 전쟁이슈에 개입할 능력과 경험을 갖게 되었다. 이미 일본의 안보현실은 오자와적 의미의 '보통국가'를 뛰어넘어 있는 셈이며, 안보의 주요 기준도 '국제주의'라기보다는 쌍무적 미일동맹을 전략적으로 활용하는 '안보내셔널리즘'이라고 할 수 있다. 따라서 급진전되어온 자민당 정권의 안보전략을 이념, 정책진화, 국가목표 등의 면에서 고찰해보면 보통국가라는 개념은 이미 낡은 것이라 하지 않을 수 없다.

이 장에서는 탈냉전기 일본 민족주의의 또다른 전개형태인 안보내셔널리즘에 대해 분석하고자 한다. 이 안보내셔널리즘은 우리가 앞 장들에서 보았던 아시아주의와 비교해볼 때 여러 면에서 대조를 보여준다. 우선 이 장에서는 일본 안보전략의 진화과정을 이념적으로 내셔널리즘에 따라 뒷받침된 과정, 즉 안보내셔널리즘의 전개과정으로 파악하고 있다. 그리고 최근 일본 안보전략의 목표는 보통국가가 아니며, 미일동맹을 기축으로 해서 일국적·지역적 안보는 물론 전세계적 안보질서에까지 대응할 수 있는 '세계적 안보국가'라고 보고 있다. 한편 일본의 안보전략은 지역적 범위에서 한반도 분쟁과 대만해협 분쟁에 대한 개입 가능성을 분명히 포함하고 있는데, 이를 위해 '중국위협론'과 '북한위협론'이 적극적으로 동원되고 있다. 최근 일본의 안보전략은 중국이라는 궁극적 위협과 북한이라는 당면한 위협을 적절히 활용하면서 진화해왔으며, 동아시아에서의 '자립'을 확보하기 위해 전략적으로 '친미'를 활용해왔다는 특징을 발견할 수 있다. 미일간의 보수동맹을 기초로 중국에 대항하는 힘의 균형을 형성함과 동시에 세계적 안보질서의 재편과정에 적극적으로 개입해왔다는 것이다. 이러한 점에서 이 장에서는 최근 일본의 안보전략, 즉 '세계적 안보국가' 지향이 협력과 공존이라는 지역적 '명분'과는 달리 동아시아를 분열시키고 지역 내 경쟁과 불안정성을 가중시키는 일종의 안보위협이라고 본다.

이 장은 1996년 미일안전보장조약의 재정의가 이루어진 이후 급진전하는 일본의 안보전략의 전개과정을 안보내셔널리즘의 진화라는 관점에서 분석한다. 이 시기에 중요한 사건으로는 1996년 '미일방위협력지침'(이하 지침)의 개정, 1999년 지침의 법적 표현으로서 '주변사태법' 제정, 2001년 '반테러특조법' 통과, 2003년의 '유사관련3법제'[1](유사법제)의 통과, 같은 해 '이라크특조법'[2] 통과 등을 들 수 있다. 나아가 이러한 안보전략이 2000년부터 본격화된 헌법 개정 움직임에 어떻게 반영되고, 어떠한 국가목표의 설정으로 이어지는지를 살펴볼 것이다. 마지막으로 안보내셔널리즘이 동아시아에 어떠

---

1) '유사관련3법제'란 '무력공격사태 등에 있어서 우리나라의 평화와 독립, 그리고 국가 및 국민의 안전확보에 관한 법률'('무력공격사태법'), '안전보장회의설치법'(개정), '자위대법 및 방위청 직원의 급여 등에 관한 법률의 일부를 개정하는 법률'을 의미한다.
2) 이 법의 원래 명칭은 '이라크에서 인도부흥지원활동 및 안전확보지원활동의 실시에 관한 특별조치법'이다.

한 영향을 미치는지, 동아시아 입장에서 '세계적 안보국가'라는 일본 자민당 정권의 전략목표가 어떠한 의미가 있을지에 대해서 분석할 것이다. 그리고 안보내셔널리즘을 넘어 동아시아 협력과 지역정체성의 형성을 위해 어떠한 접근이 필요한지를 간략히 제시하고자 한다.

2. 이념: 안보내셔널리즘

안보내셔널리즘이란 1990년대 이래 일본에서 안보문제를 중심으로 자주국방을 추구하며, 이를 뒷받침할 국가적·사회적 정체성을 강화하고, 신냉전주의적으로 아시아 지역을 차별화하여 정치동맹을 선별적으로 재구성함으로써 중국 등 '위협국가'의 대두를 억지하고 전세계적인 안보행위자로 성장하려는 일본의 정치안보적 민족주의적 사조를 가리킨다.[3] 이 안보내셔널리즘은 제6장에서 보겠지만 하나의 통일된 철학적·사상적 기반을 갖지는 않으며, 탈냉전의 불확실한 상황을 타개해 나가기 위한 민족주의의 한 가지 표현형태라고 할 수 있다. 따라서 안보내셔널리즘은 미국과 아시아에 대한 태도에서도 정치적 목표설정, 전략설정에 따라 상당한 편차를 보여주고 있다. 안보내셔널리즘은 1990년대 이래의 다양한 정치적 계기와 결합하면서 발전, 진화해왔는데, 특히 코이즈미 정권과 아베 정권에 이르러서는 하나의 통합된 정책논리가 되었고, 이에 기초해 전례 없이 과감하고 적극적인 안보전략이 추진되었다.

---

3) 이러한 안보내셔널리즘에 대해서 와따나베 오사무(渡辺治) 교수는 맑스주의적 입장에서 '네오내셔널리즘'으로 정의하기도 한다(渡辺治, 2001: 136~264면).

(1) 정치적 연원

안보내셔널리즘은 1990년대에 들어 갑자기 등장한 정치적 이념사조는 아닙니다. 냉전시기 동안 일본의 지배적 보수정치 흐름 내에서 전전과의 연속성, 자주국방, 국가적 정체성, 반공(반중, 반소), 군사적 미일동맹의 강화, 헌법 개정 등을 추구해온 일련의 정치세력이 안보내셔널리즘의 역사적 전(前) 단계(段階)를 이루고 있다. 이 책에서는 이 흐름을 '보수본류'와 구별하는 의미에서 '보수우파'라는 용어법으로 칭하였다. 물론 이 선구적 안보내셔널리즘은 전후정치 기간에 냉전체제의 역설적 '안정성' 및 이념대립 회피의 실용적 국내정치에 의해 오랫동안 동결(凍結)됨으로써 주도적이고 본격적인 면모를 보여주지는 못하였다. 익히 알려졌다시피 전후정치 기간의 주류적 정치노선은 흔히 보수본류라 지칭되는 것으로서 자주국방과 개헌을 둘러싼 무리한 논쟁을 피하고, 미일동맹의 안보우산하에서 '경무장'——실질적으로는 점진적 무장——을 추진하고, 경제성장에 주요한 가치를 부여했던 실용주의적 정치노선이었다. 보수본류는 미국 주도의 냉전질서에 편승하면서도 경제적 국가이익을 중심 기치로 두어 평화헌법하의 세한적 방위노선을 추구하였고, 미국과 아시아라는 양대 전략지역을 균형있게 배려하는 정책을 취하였다(이오끼베 외, 2002: 127~34면).

그러나 이러한 주류 정치노선의 지배 속에서도 보수우파는 1960년대를 제외하고 주요한 시기마다 총리를 배출하는 등 '저력'을 보여왔다. 가령 역대총리를 중심으로 볼 때 구체적인 출신파벌은 다르지만, 1950년대 하또야마 이찌로(鳩山一郞)와 기시 노부스께(岸信介)가 여기에 해당하며, 1970년대는 후꾸다 다께오(福田赳夫), 1980년대는 나까소네 야스히로(中曾根康弘) 등이 보수우파에 속한다. 잘 알다시피 하또야마와 키시는 미국에 대한 친화력의 차이는 존재하지만, 반공, 자주국방, 평등한 미일동맹, 헌법 개정 등을 추구했다는 점에서 커다란 공통점이 있었으며, 이러한 공통성으로 그들은

1950년대 정치에 자주적 안보라는 커다란 쟁점을 던졌다(이오끼베 외, 97~123면). 물론 미일동맹의 개정을 제외하고, 급격한 재무장과 헌법 개정이라는 목표는 일본정치의 주요 흐름이 변화함과 더불어 상당 기간 유폐(幽閉)될 수밖에 없었다. 한편 키시, 후꾸다, 나까소네는 실질적 자주국방을 위해 미일동맹의 강화를 전략적으로 활용했으며, 미일동맹 내부의 평등을 추구해간 점에서 공통성을 갖는다. 나아가 일본에 '아시아'는 대미관계의 평등성을 실현하기 위한 정치적 배후무대(hinterland)로 규정되어왔는데, 키시와 후꾸다는 '대만'과 '동남아시아'를, 그리고 나까소네는 '한미일 삼각동맹'과 '동남아시아'를 대표적으로 활용하였다. 보수우파에 '아시아'란 동아시아 반공블록으로서 일본이 이 지역을 대표하거나, 이 지역의 맹주임을 과시하기 위한 뒷마당에 불과했다(若宮啓文, 1995: 108~20, 147~58면).

(2) 집단적 자위권과 헌법 개정

안보내셔널리즘은 보수우파 정치지향의 핵심인 자주국방론을 공유하고 있다. 앞서 말했듯이 1990년대 들어 그동안 정치무대의 한구석에 유폐되어 있던 자주국방론, 즉 실질적 재무장과 집단적 자위권의 회복이라는 목표를 현실의 정치과제로 제기한 사람은 오자와였다. 오자와의 보통국가론은 '군국주의부활'론을 무력화하면서 자주국방론과 헌법 개정론에 중요한 돌파구를 제공하였다.[4] 2000년대에 들어서 흔히 이 자주국방론은 그 매파적 본질

---

4) 오자와의 '보통국가'론은 그의 개헌론에서 잘 나타나는데, 현행 헌법 제9조의 1, 2항을 유지하면서 다음의 세 가지 항을 추가[가헌]하는 것에 특징이 있다. "3. 전 2항의 규정은 제3국의 무력공격에 대한 일본국 자위권의 행사와 이를 위한 전력보유를 막는 것이 아니다." 나아가 제9조 다음에 10조로서 "일본 국민은 평화에 대한 위협, 파괴 및 침략행위로부터 국제의 평화와 안전의 유지, 회복을 위해 국제사회의 평화활동에 솔선해 참가하고, 병력의 제공을 포함한 모든 수단을 포함하여 세계평화를 위해 적극적으로 공헌해야만 한다"는 것을 신설함으로써 UN 산하의 국제연합대기군의 창설을 주장해왔다. 그

을 희석시키기 위해 보통국가론 혹은 '보통의 민주주의국가'론으로 지칭되어왔다. 자주국방론은 일반적으로 개헌, 특히 헌법 제9조 개정을 필수적으로 제기하는데, 가장 핵심적인 쟁점은 일국적·집단적 자위권의 보유 여부, 전력보유 여부 등이다. 한편 개헌의 사전작업과 여론수렴, 공론화 등을 위해 2000년 1월부터 국회에 헌법조사회가 설치되어 본격적인 활동이 전개되었으며, 2005년 상반기에 제반 논점을 망라한 최종 보고서가 제출되었다. 제9조의 개정 문제와 관련해서는 다음 현행 평화헌법 조항이 보여주는 대로 집단적 자위권, 즉 동맹관계에서 발생하거나 국제연합의 집단안보 개념에서 발생하는 전쟁권을 인정하는 것이 핵심적 방향이다.

"일본 국민은 정의와 질서를 기조로 하는 국제평화를 성실히 희구하며, 국권의 발동인 전쟁과, 무력에 의한 위협 또는 무력의 행사는 국제분쟁을 해결하는 수단으로서 영구히 이를 포기한다.
전항의 목적을 달성하기 위해 육해공군 기타의 전력은 이를 보유하지 않는다. 나라의 교전권은 이를 인정하지 않는다." (『일본국헌법』, 제9조)

한편 안보내셔널리즘은 의석수 2/3 이상을 요구하는 개헌의 현실적 어려움을 자각하면서 사실상의 집단적 자위권을 실현하기 위한 여러 안보적 조치를 서둘러왔다. 독자적 방위력 증강을 위해 노력하고 자위대의 국제적 활동반경을 확대함과 동시에 미군 활동의 국제적 전개, 즉 미군의 전방 군사활동을 지원하는 후방 군사작전 유형을 보편화함으로써 실질적인 집단적 자위 체제를 가동해왔던 것이다.

의 주장은 일국 자위권을 분명히 인정함과 아울러 UN 통제하의 제한적 집단적 자위권 (PKF와 집단안전보장)을 인정하는 것이었다(小澤一郞, 1999).

(3) 국가주의

안보내셔널리즘은 내셔널리즘의 내적 측면, 즉 '국가(중심)주의' 요소의 부활을 수반하고 있다. 탈냉전의 불확실성을 극복하고, 대내외적인 국방체제를 확보하면서 국가적·국민적 정체성의 확립이 불가결하다고 판단된 것이다. 여기에서 한 가지 주목할 점은 안보내셔널리즘이 추구하는 국가적 정체성이란 전후 형성된 새로운 정치이념이 더해지기도 했지만, 대부분은 전전 상징체계와 국가주의적 정체성 인식으로 회귀한다는 사실이다. 국가적 정체성의 확립과 관련하여 1999년의 '국기·국가법'과 2006년에 개정된 '교육기본법'은 그 대표적 사례이다. 우선 사회적 반대여론에도 불구하고 통과된 '국기·국가법'은 비록 상징체계에 대한 규정을 내용으로 하는 비강제적 법체계라고 할지라도 전전 천황제 파시즘과 제국주의의 상징인 히노마루와 기미가요를 국기와 국가로서 공식화하였다는 점에 특징이 있다. 이는 전후 계속되어온 국가적 상징에 대한 국론 분열, 즉 전전 국가적 상징체계의 재생에 대한 국가적 논쟁상황을 정치적으로 일단락짓고, 현재의 일본이 전전 일본의 '정통성'과 '연속성' 위에 서 있음을 대내외적으로 천명한 것이다.

그리고 '교육기본법' 개정은 교육현장에 전후 미국이 도입한 인간 형성의 기준, 즉 개인주의 교육의 청산을 목표로 하였다. 그런데 중요한 사실은 일부 신자유주의적 요소의 도입이 이루어짐과 동시에 본질적으로 전전 국가주의적 교육기준과 이념의 부활이 적극적으로 추진되었다는 점이다(『每日新聞』朝刊, 2000년 6월 1일). 즉 전전 '교육칙어(敎育勅語)'의 정신과 접목되는 '일본적 전통과 문화' '일본적 (국가)정신', 국가와 사회를 중시하는 '집단정신' '자기희생' '국가적·가족적 의무인식(충효 개념)'이 강조되었으며, 여기에서 '애국심'은 가장 중요한 정신적 가치로 부각되었다(『東京讀賣新聞』朝刊, 2000년 3월 1일; 『每日新聞』朝刊, 2000년 5월 16일).[5]

한편 안보내셔널리즘의 국가 정체성 문제와 관련하여 1990년대 초중반부터 크게 주목받아온 것이 '역사정당화'의 문제이다. 가령 과거 '식민지 지배'나 '전쟁'의 역사를 정당화하려는 움직임은 일부 사회집단이나 일부 정치인에 의해 '교과서 문제'나 '망언'의 형태로 전개되었다. 그러나 이러한 움직임은 주변국의 항의성 외압과 더불어 일본정부에 의해 적당히 조절되는 양상을 보여주었다. 그만큼 과거의 '역사문제'는 일본의 동아시아 정책에서 일시적이고 부차적 현상이었다. 그러나 오늘날 반복되고 있는 역사문제, 즉 '새로운 교과서를 만드는 모임'의 역사교과서나 총리나 각료의 공식적 야스꾸니신사 참배는 일시적·우연적 현상이 아니라 안보내셔널리즘의 '정통' 역사인식의 전형을 보여주는 현상이다. 교과서 문제만 하더라도 일본정부(문부성)는 2001년 교과서 문제가 본격화되기 이전에 이미 검정기준에서 이른바 '근린제국 조항'을 배제했으며, 주변국의 반발을 정면 돌파하면서 새 역사교과서에 '시민권'을 부여해주기 위해 노력했다(『朝日新聞』 朝刊, 2000年 2月 21日; 2001年 6月 6日).

나아가 코이즈미는 총리가 되면서 야스꾸니신사 참배를 공약으로 내세웠으며, 해마다 일자를 달리하였지만 자신의 총리 재임기간에 6회에 걸쳐 공식적으로 참배하였다. 코이즈미의 참배 상행은 메이지 이래 일본의 국가주의·제국주의적 근대화의 정신적 지주이자 표상의 역할을 해온 야스꾸니신사에 대한 대내외적인 옹호투쟁, 상징투쟁의 의미가 있었다.[6] 코이즈미의 참

---

5) 2006년 12월 22일에 공포된 개정 '교육기본법'은 이전의 개인주의 교육관과 달리 집단·사회·국가적 가치를 더욱 강조하고 있는데, 가령 교육의 목표 면에서 '정조와 도덕심' '공공의 정신' '애국심'에 대한 강조가 그것이다. 개정 '교육기본법' 제2조 교육의 목표는 앞으로 일본이 추구해야 할 교육적 가치를 다음과 같이 밝혔다. "① 풍부한 정조와 도덕심을 배양함과 동시에 건강한 신체를 키울 것, ③ 공공의 정신에 기초하여 주체적으로 사회의 형성에 참여하고 그 발전에 이바지하는 태도를 키울 것, ⑤ 전통과 문화를 존중하고 그것을 키워온 우리나라와 향토를 사랑함과 동시에 타국을 존중하고 국제사회의 평화와 발전에 이바지하는 태도를 함양할 것"(http://ja.wikipedia.org/wiki/의 '교육기본법' 항목, 2008년 11월 27일 검색).
6) 일본의 국가주의적·제국주의적 근대화의 상징으로 야스꾸니신사가 자리잡게 된 배경

배 결행은 2차대전과 식민지 지배를 포함한 전전일본의 대외침략적 발전노선 전반을 긍정하는 것으로서 오늘날 정통 내셔널리즘의 역사적 정체성을 '확립'하는 작업이기도 했다(송주명, 2007).

표1 코이즈미 수상의 야스꾸니 참배 행적

횟수	참배일자
1회	2001년 8월 13일
2회	2002년 4월 21일
3회	2003년 1월 13일
4회	2004년 1월 1일
5회	2005년 10월 17일
6회	2006년 8월 15일

과거 역사의 정당화는 안보내셔널리즘에 역사적 정통성을 부여해주는 핵심적 구성부분이 되었으며, 따라서 외부압력에 '굴복해서는 되지 않는' 문제로 인식되었다. 특히 이 '역사문제'에 대해 과거 일본의 지배경험이 있는 동아시아 지역, 특히 한국, 북한, 중국은 전면적으로 비판적 태도를 보였으며, 이러한 점에서 안보내셔널리즘의 '외압돌파' 자세는 과거 탈아(脫亞)적 사고방식과도 직결된다.

(4) 신냉전주의와 탈아론: 위협인식과 영토 주장

안보내셔널리즘은 일본이 동아시아로 지나치게 경사되거나 동아시아 속으로 융해되어 들어가는 것을 경계한다. 한반도의 분열과 더불어 중국의 미

과 전후 이러한 상징적 위상의 고수를 위한 일본정부, 정치계의 노력에 대해서는 春山明哲(2006)을 참조하라.

래가 큰 불확정 요인이어서 동아시아의 미래가 지극히 불투명한 상태에 있다고 보기 때문이다(岡崎久彦, 1999: 50~52면). 그리고 동아시아 맥락에서 아직 냉전은 종결되지 않았으며, 아시아주의, 즉 일본이 아시아로 융해되어 들어갈 근거 또한 박약하다는 것이 안보내셔널리즘의 공통된 인식이다.[7] 일본은 아시아에 융해되어가기보다 동아시아에서 자립과 행동의 자유를 확대해 가야 한다는 것이다(白石隆, 2000: 70면).

한편 안보내셔널리즘의 동아시아 인식에서 가장 큰 특징은 지역질서에 대한 신냉전적·현실주의적 인식이다. 이들에게 중국은 가장 큰 위협이며, 잠재적으로 가장 큰 적이라는 점에 대해 이견이 없다. 현재의 성장추세하에서 중국의 '대중화주의'라는 지역패권 추구경향은 더욱 강해질 수밖에 없다(岡崎久彦, 1999). 나아가 국내 문제의 돌파구로서 대외적 패권정책을 더욱 강하게 추진할 수 있는데, 이는 중국의 향배 그 자체가 일본에는 커다란 위협이 됨을 의미한다. 이러한 점에서 일본이 대중화 질서에 예속되지 않고 자립할 수 있는 방향모색이 중요해지게 되며(中嶋嶺雄, 2000: 11~20면, エコノミスト, 1994; 1995), 중국경제의 경착륙과 위기가 일본에 미칠 악영향까지를 고려하여 대처방안을 강구히는 것이 중요해진다.[8] 마토 이와 관련하여 안보내셔널리즘은 전략적 지렛대 하나로 대만정세에 집착하고 중대관계에 대한 개입

---

[7] 가령 마미야 요스께(間宮陽介) 쿄오또대 교수는 과거 아시아주의는 서구의 확대에 저항하는 주제로서 아시아가 구성될 수 있었고, 일본도 그 속에 있었으나, 현재 아시아제국은 독립해 있으며, 다양성에 기초해 있으므로 더이상 아시아는 하나로 통합되기 어렵다는 진단을 한 바 있다(間宮陽介, 1996: 126면). 그리고 이오끼베 마꼬또 쿄오베대 교수와 평론가 오까자끼 히사히꼬의 경우도 일본의 아시아주의란 상실한 것에 대한 향수일 뿐이며, 아시아주의를 뒷받침할 공통의 가치관도 존재하지 않는다는 인식에 공감을 표하고 있다(中央公論, 1998: 79~84면).

[8] 가령 나까니시 테루마사(中西輝政) 쿄오또대 교수는 중국보다는 북한이 일본(안보내셔널리즘)의 제1의 적이지만, 더 대처하기 어려운 제2의 적은 역시나 중국이라고 본다. 그러나 장기적으로 중국은 붕괴할 수밖에 없는 존재로 인식하고 있다(中西輝政, 1999: 101면; 2000: 99~96면).

가능성을 내비쳐왔다(中嶋嶺雄, 12~20면).[9]

안보내셔널리즘의 동아시아 위협인식에서 중국위협론을 보완해준 것이 북한위협론이었다(中西輝政, 1999). 1990년대에 빈발하기 시작한 북한의 미사일 발사 문제, 공작선 문제, 납치문제, 핵문제 등은 일본에서 중국의 '잠재적 위협'을 대신하는 현실적 위협으로서 기능을 해주었으며, '정찰위성 도입' 'MD체제에의 본격 참여' 등 보수적 안보정책이 급진전하는 계기들이 되었다. 특히 1990년대 말 쟁점화되기 시작한 '납치문제'는 '납치자가족모임' 등을 중심으로 한 풀뿌리 보수주의를 시동했으며, 최근까지 안보내셔널리즘에 신냉전주의인 정치사회 지지기반을 만들어주었다(송주명, 2002: 148~54면).

나아가 안보내셔널리즘의 강화와 더불어 일본 외교는 동아시아 전반을 공격적으로 배척하는 듯한 전략을 취하기까지 하였다. 일본 외무성은 2005년 이후 '공세적 국가이익의 옹호'와 '영토문제의 해결 및 해양권익의 확보'를 중점적 외교정책 항목으로 공공연히 내걸기 시작했다(外務省, 2005a; 2006; 2007; 2008). 일본의 이러한 정책은 중국의 성장, 북한의 위기 등으로 말미암아 동아시아의 안보질서가 근본적으로 변화되어 나가는 와중(渦中)에서 이 지역의 고립된 섬나라가 직면할 수 있는 취약성을 극복하고 영토적 거점을 최대한 확대함으로써 국가적 안정성을 기하려는 의도로 해석된다. 이러한 점에서 일본의 안보내셔널리즘이 본격화되면서 '경쟁상대'들인 러시아, 중국과의 영토 갈등은 물론이려니와 잠재적인 '동맹'의 가능성이 있는 한국과도 양보 없는 영토 갈등이 시작되었다. 2005년 이후 한국, 중국과 일본의 관계가 급랭되어 코이즈미 시기를 마무리하게 된 것도 사실은 이 때문이었다. 한편 여기에서 주목할 점은 극단적 안보내셔널리즘이 국가이익, 영토문제,

---

9) 안보내셔널리즘의 대만에 대한 집착과 전략적 고려는 중일 국교 정상화 이후 현재까지 끊임없이 이어지고 있는데, 대만의 '중화민국' 정부의 실체를 인정하고 일본과 대만 간의 이념과 가치를 공유하면서 중국을 견제할 수 있어야 한다는 사고방식이 그것이다(井尻秀憲, 1992: 30면).

해양권익 등의 면에서 공세주의적 관점을 지나치게 취한 나머지, 동아시아 협력의 가능성을 근본적으로 어렵게 부정했을 뿐만 아니라 궁극적으로 자신의 지원세력이 될 잠재적 가능성이 있는 세력들조차도 반일지향을 더욱 강화하게 하였다는 점이다.

그리고 2000년대 초부터 동아시아 협력의 상징이 되는 ASEAN+3(한중일)을 둘러싼 논쟁상황은 안보내셔널리즘의 탈아론적 신냉전주의를 잘 보여준다. ASEAN, 한국, 중국은 ASEAN+3에서 한중일간의 협력수준을 높여 더욱 강화된 10개국 중심의 '동아시아정상회의'를 주장했지만, 일본은 한중일간의 제도적 협력보다는 한일간의 실천적 협력과 'ASEAN의 리더십'을 우선하여 중국을 견제하는 태도를 분명히 밝혔으며,[10] ASEAN+3(한중일)에 호주, 뉴질랜드, 인도를 포함한 ASEAN+6의 '동아시아정상회의'를 주장해 이를 관철시켰다.[11] 결국 안보내셔널리즘은 한중일이 중심이 되는 '동아시아' 구상을 탈아론적으로 무력화하여갔던 것이다.

(5) 자주적 친미주의

안보내셔널리즘은 무엇보다 일본의 독립과 자주적 안보체제의 구축을 가장 주요한 가치로 삼고 있다. 그러나 현실 속에서 대다수 안보내셔널리스트들은 자주적 안보체제를 효과적으로 실현하기 위해 전략적으로 미일동맹을 활용해야 한다는 관점을 갖고 있다. 우선 현재 세계적인 미국 패권은 장기적인 쇠퇴가 시작되고 있으므로, 이에 대한 일본의 독자적 준비가 필요하고 주

---

10) 일본은 중국을 제외하고 한일간의 협력을 우선해야 하는 이유로서 "일한은 민주주의, 시장경제라는 공동의 가치관이 있으며, 같은 기반에서의 지역협력을 한층 진전해갈 것이다"(麻生太郞 전 외상)는 가치관 공유론을 제시하고 있다. 外務省(2004)과 外務省(2005)을 참조하라.
11) 김양희 「아베체제와 FTA: 동아시아 FTA 정책, 어떻게 풀어갈까?」, 『프레시안』, 2006년 9월 25일.

장한다(中西輝政, 1999; 2000b; 2001). 그러나 동시에 미국은 아직 세계에서 가장 강력한 국가이며, 아시아의 복잡한 정세와 잠재적 위협에 대응하기 위해서 미일동맹을 강화하는 친미전략이 결정적으로 중요하다는 것이다(岡崎久彦, 1999). 나아가 안보내셔널리즘은 미국과의 동맹, 즉 미일기축을 전략적으로 강화함으로써 미국의 세계적 관여에 동반 개입할 수 있고 일본의 안보군사적 역할과 활동의 범위도 대폭으로 확대할 수 있을 것으로 보았다(北岡伸一, 2003).

물론 여기에서 한 가지 정리해둘 문제가 있다. 역사적으로 전후 일본은 한번도 전략적 '미일기축'을 벗어난 적이 없었다. 보수본류의 정치노선이 지배하던 전후 시기 동안의 '미일기축'론이란 이른바 요시다 노선의 '친미주의'를 의미했다. 즉 일본 방위를 위한 자주국방의 비용은 최소화한 채 미국의 힘에 편승하려 했던 전후 경제주의 노선이다(五十嵐武士, 1999: 121~80면). 그러나 안보내셔널리즘의 친미전략은 이와 상반된 논리를 갖고 있다. 즉 자주국방, 나아가 일본의 세계적 안보·군사적 역할범위를 확대하기 위해 미국의 팽창전략을 활용하겠다는 것인데, 이를 위해 전후 평화주의의 틀을 넘어서는 공세적 미일동맹이 요구된다.[12] 따라서 미국의 대일 군비증강과 군사적 역할확대 요구는 안보내셔널리즘의 관점에서는 부담이 아니라 전후 소극적 방위론자들을 무력화하기 위해 적극적으로 활용해야 할 기회이다. 부시정권의 등장과 함께 미국의 아시아 정책은 중국보다는 일본을 중시하는 정책으로 변화했으며, 미일동맹을 강화함으로써 지역적으로 중국과 북한을

---

12) 여기에서 우리는 미일기축론을 전후 평화주의 혹은 일국방위적 활용론과 달리 자주국방론의 입장에서 적극적으로 재규정하고 활용한 경우를 지적해볼 수 있다. 첫째, 기시와 아이젠하워 시기의 미일관계로서 기시는 자신의 지론인 자주국방과 헌법 개정의 정당성을 위해 평등한 미일동맹을 추구했다고 할 수 있다. 둘째, 나까소네와 레이건 시기의 미일관계에서 발견할 수 있는데, 나까소네는 미국 신보수주의 대외전략에 발맞추어 일본의 군사안보적 위상을 높이고(아시아의 불침항모), 군비증강의 한계 돌파(군비예산의 GNP 1% 한도 돌파)를 실현했던 것이다.

견제하고 이를 넘어서 중동지역까지 공동 개입해야 한다는 방향으로 전개되었다. 게다가 미국은 일본이 집단적 자위권을 이른 시일 내에 회복할 것을 촉구하기까지 하였다(『朝日新聞』朝刊, 2001. 6. 6). 이러한 상황은 안보내셔널리스트들이 일본의 안보군사적 역할 확대에 대한 국내적 제약——헌법상의 제약과 여론의 한계——을 돌파해가도록 중요한 계기를 주었다. 이리하여 일본의 안보전략상의 목표가 미국의 지역 및 세계전략 목표와 일치되는 결과가 야기되었다(田久保忠衛, 2001).

3. 탈냉전의 정치와 안보정책의 진화: 친미내셔널리즘의 '팍스 컨소르티스'

(1) 안보내셔널리즘의 급진전

표 2는 일본 안보전략이 1990년대 후반 이래 급진전하였음을 잘 보여준다. 이는 1990년대 전반과 세기 전환기의 국제적 불확실성, 그리고 국내의 지속한 경기침체 등 복합적 상황 속에서 발생한 일련의 내셔널리즘 정치논리와 관련하여 이해되어야 한다. 1990년대 초반에는 미일마찰이 일본을 괴롭히고 있었으며, 탈냉전의 상황에서 중국의 부상은 일본의 미래를 더욱 불확실하게 만들고 있었다. 나아가 국내적으로는 10년 이상 지속하는 경기침체 속에서 1980년대의 '영화(榮華)'와는 정반대로 사회적 퇴행현상들이 속출하였다. 한편 1980년대까지 위력을 발휘하던 55년 체제의 틀이 1990년대 초에 붕괴하면서 기나긴 연립정치의 여정이 시작되었다. 이러한 상황은 1980년대까지 이른바 전후 기간에 일본의 성장과 안정을 지탱해온 국내적·국제적 틀, 그리고 그에 고정된 인식기준 등이 일거에 해체되는 과정이

었다. 그만큼 일본인들에게 미래에 대한 불확실성과 불안감은 커질 수밖에 없었던 것으로 보인다(中西輝政, 2000a). 이러한 점에서 전후의 안정 속에 잠들어 있던 내셔널리즘이 정치적 세대교체와 함께 하나의 상황 돌파의 논리로서 재등장했다고 볼 수 있다. 이것은 1990년대 중후반부터 안보정책이 급진전되는 상황적 배경이 된다.

그러나 안보내셔널리즘이 본격화됨에 있어서 연속적이지만 두 개의 국면이 있었음을 지적해둘 필요가 있다. 하나는 미일안보의 재정의, 미일방위지침의 개정으로부터 주변사태법 제정에 이르는 국면이며, 다른 하나는 오부찌 내각 후반기(모리정권)부터 코이즈미 내각과 아베 내각에 이르는 국면이다. 첫째 국면의 특징은 미국의 대중국 관여정책(engagement)이 자리 잡았던 시기였고, 국내적으로도 자사사(自社さ) 연립이라는 상대적으로 자유주의적인 기조가 유지되는 속에서 보수적 안보내셔널리즘의 대두가 제어되었다는 점에 있다. 그런 만큼 미군의 전방 전개와 연계된 자위대의 활동반경 확대가 모색되면서도 미국의 관여적 동아시아 정책, 국내의 반대여론, 중국 등 아시아 국가들의 반응 등을 배려하여 무기 사용, 주변지역 설정, 자위대의 협력 범위 등에 대해 일정한 '자제'가 이루어진 시기였다. 특히 미국과는 전략적 개념 설정 등에서 일종의 '엇박자'가 나타나기도 했다.

한편 둘째 국면에 이르러서 안보내셔널리즘은 국가적 상징과 정체성 강화정책을 중심으로 오부찌 내각 후반기부터 표면화되었지만, 본격적인 성장은 주로 코이즈미 내각에서 이루어졌다. 이러한 편차가 생긴 것은 오부찌 내각 시기에 국내정치의 보수화——자사사의 '자유주의' 연립의 해체와 자자공, 자공보, 자공의 '보수'연립의 형성, 그리고 자민당 구 보수본류의 퇴조와 신내셔널리즘적 신진정치세력의 대거 등장, 사회당의 해체 등[13]——는 이미 이루어졌지만 국제적으로는 여전히 클린턴의 관여정책이 지속하고 있었으며,

---

[13] 탈냉전기 일본의 정치경제적 상황과 체제 변화에 대해서는 이 책의 6장을 참조하라.

동아시아 경제위기와 함께 경제정책 등 일부 정책 중심이 미국보다는 동아시아로 옮겨졌기 때문이다. 따라서 안보전략이 급진전할 '최적 조건'은 동아시아 경제위기가 진정되고 미국과 일본 양국 모두에서 보수 민족주의 정권이 탄생한 2001년을 전후해 나타났다고 할 수 있다.

표2 안보내셔널리즘의 진전과 정치경제 여건

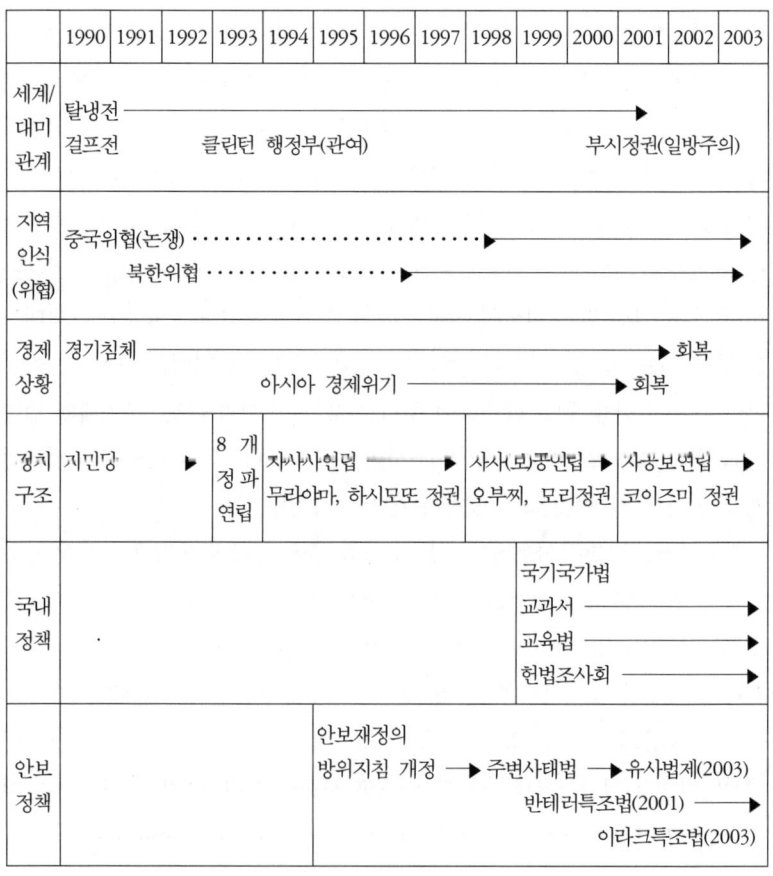

(2) 지침 개정과 주변사태법

앞서 언급했지만 1990년대 중반의 미일안보의 재정의(신안보선언)와 지침 개정은 지극히 제약된 국내적·국제적 상황을 전제로 한 것이었다. 주변 유사가 발생하였을 때 일본자위대가 미군의 전방작전을 지원할 수 있는 작전지역은 전투작전과 일선을 긋는 공해(公海)와 그 상공으로 제한되었고, 후방지원의 내용도 탄약과 무기수송(보급)은 제외되었으며, 자위대의 현장 무기 사용 또한 극도로 억제되었다. 그러나 이와 동시에 지침 개정에서 '주변사태법'의 제정에 이르는 상황은 그간 '판도라의 상자'에 가두어져 있던 안보내셔널리즘을 해방시키는 결과를 낳은 것도 사실이다. 즉 일국적 자위권의 명확화, 집단적 자위권의 회복, 그리고 이를 통한 일본의 지역 개입력과 억지력의 확보, 나아가서는 세계적 차원에서 일본의 안보군사적 역할의 강화 등에 이르기까지 안보내셔널리즘의 논리를 해동해준 것이 지침 개정이었기 때문이다.

우선 일본정부의 일본어 번역에서는 되도록 군사적 뉘앙스를 없애려고 노력했음에도 불구하고, 개정된 지침에 따르는 자위대의 지원활동이 후방활동이라고 할지라도 그것은 명백한 군사작전이고 전쟁행위에 대한 참여를 의미했다. '비전투물자'의 수송(보급)과 정보협력도 미군의 전투행위를 지원하는 군사행위이며 실질적인 참전행위(參戰行爲)인 것이다. 한편 지침 개정과 주변사태법은 일본 자위대에게 일본 국내를 벗어나 해외에서 군사작전─'주변지역'의 공해와 그 상공으로 한정되기는 했어도─을 최초로 허용해주었다. 결국 지침 개정과 주변사태법은 직접적인 전투행위는 부정되었지만, 주변지역, 즉 해외에서 자위대가 미군과 공동 군사작전을 수행하는 실질적 집단적 자위체제─이를 준(準)집단적 자위권이라 불러도 좋다─를 합법화해준 것이다(小池政行, 2004: 50~54면).

나아가 지침 개정과 주변사태법을 둘러싼 논쟁과정은 일본이 동아시아 지역안보의 대상——위협 혹은 잠재적 적——과 활동범위를 설정하면서 결정적인 계기를 제공해주었다. 특히 이른바 주변지역의 정의와 관련된 논쟁은 안보내셔널리즘이 논리적으로 발전하는 데 핵심적 개념틀을 제공해주었다. 초기 단계에 '주변'이란 동북아시아, 즉 극동(極東)과 유사한 것으로 받아들여졌는데, 이와 관련하여 냉전의 불씨가 남은 북한과 한반도가 주변에 포함된다는 데에는 거의 이견이 없었다. 그러나 당시 자민당 간사장 카또 코이찌(加藤紘一)가 대만해협은 중국을 고려하여 주변에서 제외하자는 주장을 해 논쟁이 시작되었다. 카지야마 세이로꾸(梶山正六) 관방장관 등 보수우파들은 억지의 필요성상 '전략적 모호함'(strategic ambiguity)이 유지되어야 한다는 논리로 이에 반대하였고, 결국 주변지역은 지역을 특정하지 않는 비지리적 개념으로서 정의되었다. 결국 논쟁 초기의 인식과 달리 주변지역은 "일본의 안보와 직결되는 지역"으로 지극히 일반적으로 정의되었으며, 결과적으로 자위대의 전세계적 군사활동을 합법화해주고야 말았다. 그런데 초기의 인식과 관련해 주변지역을 재정의한다면 그것은 '동북아시아+α'로 이해되어야 하며, 동북아시아의 가장 중요한 전략적 지역인 한반도와 대만해협을 핵심으로 포함함은 두말할 나위가 없다.14) 이리하여 지침 개정과 주변사태법은 일본 안보체제가 일본방위, 지역안보, 세계안보라는 3중 구조를 갖도록 하였다.

---

14) 가령 1999년 일본정부가 밝힌 '주변사태'의 여섯 가지 사례는 다음과 같다. ① 일본 주변지역에서 무력분쟁이 발생하고 있다. ② 그러한 무력분쟁의 발생이 임박해 있다. ③ 어떤 나라의 정치체제의 혼란으로 대량의 난민이 발생하고 일본으로 유입할 가능성이 커지고 있다. ④ 어떤 나라의 행동이 유엔 안전보장 이사회에서 평화에 대한 위협, 침략 행위로 인정되어 그 나라가 안전보장 이사회의 결의에 기초한 경제제재의 대상이 된다. ⑤ 주변지역에서 무력분쟁은 멈추었지만, 질서유지와 회복이 달성되지 않고 있다. ⑥ 어떤 나라에서 내란이나 내전이 발생하여 그것이 순순히 국내 문제에 그치지 않고 국제적으로 확대된다(小池政行, 79~80면). 이 여섯 개의 경우 가운데 북한과 한반도만 해당하는 것은 ③ ④ ⑥일 것이며, ① ② ⑤의 경우는 한반도와 대만문제에 공히 해당할 수 있다.

(3) 유사법제: 일본방위와 지역안보의 일체화

2003년에 성립된 '유사법제'는 일본 일국방위를 위한 국내적 전시체계를 명확히 하였고, 일본방위와 지역안보를 일본방위라는 하나의 안보 개념에 통합하고 있다는 점에 커다란 특징이 있다. 일국유사와 주변유사를 구별하지 않고 자위대의 개입 범위와 무력 사용 가능성이 대폭으로 확대되는 것이다. 요컨대 '유사법제', 특히 '무력공격사태법'은 '무력공격사태'와 '무력공격예측사태'를 모두 포함하고 있다. 우선 '무력공격사태'를 전제로 일본은 체계적인 국내 방위체제를 가동할 수 있다. 가령 무력공격사태가 인정되면 방위출동 명령이 내려지기 이전에라도 자위대가 부대 군사활동——가령 진지구축 등——을 할 수 있고 무기를 사용할 수 있다. 그리고 자위대의 군사행동에 제약되는 법규들은 특례 규정에 따라 무력화된다. 방위출동명령 이후에는 사유물——토지, 시설, 물자——을 지방자치단체장과 협의하여 자위대가 사용할 수 있으며, 자위대의 행동에 필요한 필수물자——식료, 의약품, 물, 연료 등——를 지방자치단체장이 보관명령을 내릴 수 있고, 이를 어기면 처벌할 수 있다(小池政行, 95~96면). 그리고 모든 국민은 자위대의 군사활동에 "협력하도록 노력해야 하며"(무력공격사태법, 제8조), 지방공공단체(자치체)와 '특정 공공기관'으로 지정된 민간업자——NHK, NTT, JR, 토오꼬오전력, 일본유통 등——도 "필요한 조치를 할 책무를 갖는다"(무력공격사태법, 제5조; 제6조)고 하여 민간의 협력의무를 분명히 밝히고 있다. '유사법제'로 말미암아 일본 국내에서는 자위대의 무력행사, 자원과 물자 동원, 민간의 협력 동원에 이르기까지 기본적인 전시통제체제 입법이 재등장했다.

나아가 '유사법제'는 '무력공격예측사태'라는 규정을 두어 종래 '주변사태'로 분류되던 상황을 일본의 일국방위와 연계했다.[15] 가령 주변의 제3국이

---

15) 가령 사태의 성격에 대한 판단은 일본정부가 자유로이 하는 것이며, '주변사태'라 할

전쟁을 일으킬 경우 일본은 '주변사태법'을 발동하여 자위대로 하여금 미군의 후방 군사지원을 전개하도록 한다. 그러나 이 경우 공해와 그 상공에서의 지원이라 할지라도 이는 명백히 제3국과의 전쟁에 개입하는 것이며, 제3국은 이를 적대행위로 간주할 수 있다. 이 경우 제3국은 일본 측 연안에 함정과 병력 등을 결집할 수 있는데, 이 상황을 일본정부는 '무력공격예측사태'라는 위기상황으로 규정할 수 있다. 이리하여 주변사태는 일본에 대한 '무력공격예측사태'로 발전하며, 일본에서는 자위대의 출동대기명령과 함께 필요한 전시통제 조치들이 가동될 것이다. 그리고 미군에 대해서는 개정된 미일 물품용역상호제공협정(ACSA)과 미군행동원활화법에 따라 탄약과 무기까지도 제공된다. 결국 미군의 전투행위와 더욱 일체화된 자위대의 군사작전이 이루어질 것이며, 자위대나 일본 본토가 제3국으로부터 공격을 받을 가능성은 더욱 높아진다(朝日, 2004). 이 상황에서 일본정부가 '무력공격예측사태'로 판단하는 것만으로, 자위대가 미군에게 선제공격을 위한 무기와 탄약을 지원할 수 있게 된다. 그리고 만약 자위대가 공격을 받게 되면 상황은 '무력공격사태'로 전환되며, 이때에는 자위대의 직접적인 전투행위도 용인된다(有事法制, 2003).

(4) 테러와 '특별법': 집단적 자위권의 기정사실화

'주변사태법'과 '유사법제'를 통해 일국방위와 지역안보가 일체화되었다면 9·11테러는 일본의 안보전략에 또다른 심대한 변화를 일으켰다. 미국이 전개한 일련의 '반테러' 전쟁에 발맞추어 미일동맹, 그리고 자위대 독자의 행동반경이 동아시아 지역범위를 넘어 세계적으로 확대된 것이다. 헌법 개

지라도 일본 자위대도 준집단적 자위권에 따라 군사작전에 참여하게 되며, 이는 곧 전쟁이 일본으로 파급될 수 있기 때문이기도 하다(小池政行, 80면).

정이 이루어지지 않았지만, 한시적 특별법에 따라 일본의 안보전략은 종래 '일본방위'——'지역안보'를 포함한——영역을 넘어서 세계적 '평화질서 유지'라는 새로운 영역까지 확대된 것이다.

먼저 2001년 11월에 통과되어 2007년 11월에 기한이 만료된 '반테러특별조치법'(이하 '반테러특조법')의 경우를 살펴보자. 이는 9·11테러 이후 자위대가 미국의 아프간전쟁을 지원할 수 있도록 만들어진 한시적 특별법이다. 이 법은 그 정당성을 UN 결의에서 찾고 있으나, 사실은 UN에 의해 정당화되지 못한 아프간전쟁에 그것도 해외파병의 헌법적 제약이 있는 자위대를 '주체적으로' 파병하기 위한 특례법이었다. 일본이 아프간전쟁에 개입할 객관적 명분은 크지 않았지만, 자주적 친미전략에 따라 미국의 아프간전쟁을 반테러전쟁으로 정당화하면서 적극적으로 결합하고 나선 것이다.[16]

이 '반테러특조법'으로 자위대는 새로운 차원의 능력을 부여받았다. 우선 군사활동과 관련하여 자위대의 행동반경은 동아시아 지역을 넘어 인도양, 중동까지 미치게 되었으며, 작전영역 또한 공해와 그 상공을 넘어 미군의 작전이 이루어지는 외국 영토 내부까지 확장될 수 있게 되었다(반테러특조법, 제2조). 나아가 미군 등 외국 군대에 대한 물품, 용역, 편의 제공과 같은 '협력지원활동', 전투행위에 의한 조난 전투원의 수색, 구조, 수송과 같은 '수색구조활동' 등을 수행함으로써 정보, 병참, 수색에 이르는 실질적 군사작전을

---

16) '반테러특조법'은 UN이 '국제적 테러공격을 국제평화 및 안전에 대한 위협이라고 인정한 것'에 기초하고 있다고 목적에 적고 있다(반테러특조법, 2001, 제1조). 그러나 UN이 당시 아프간을 특정해 침략국으로 규정한 바 없었고, 전쟁은 미국과 영국의 일방적 주도로 전개되었다고 할 수 있다. 이러한 점에서 집단적 자위권을 갖지 못한 일본이 특별히 참전할 이유는 없었다고 볼 수 있다. 이와 관련하여 '반테러특조법' 또한 이 법의 특별법으로서의 위상을 밝혔다. 즉 "(UN의 결의 등)을 고려하여 우리나라가 국제적인 테러리즘의 방지 및 근절을 위한 국제사회의 기본 틀에 적극적이고 주체적으로 기여하기 위해 다음 사항들을 정하여 우리나라를 포함한 국제사회의 평화 및 안전의 확보에 도움이 되는 것을 목적으로 한다."(반테러특조법, 2001, 제1조)

할 수 있게 되었다(반테러특조법, 제3조).17) 그러나 무엇보다도 획기적인 것은 2002년에 일본이 인도양에 이지스함을 파견한 것이었다. 이를 통해 일본 자위대는 전방의 미군에 고도한 전술정보를 제공하는 독자적 군사작전의 '성과'를 올린 것으로 알려졌다. 이러한 전술정보 제공을 중심으로 하는 군사작전에 대한 직접적인 결함은 사실상의 공동 군사행동이며 집단적 자위권의 행사였던 것이다(小池政行, 153~55면). 나아가 파견 자위부대의 무기사용범위와 관련해서도 'PKO협력법'이나 '주변사태법'과 달리 무기사용 상황과 권한을 대폭으로 확대하였다. 가령 자위대원은 그 자신과 관리하에 있는 사람의 생명과 신체를 보호하기 위해서 "합리적으로 필요하다고 판단될 때" 무력을 사용할 수 있으며, 그리고 상관도 "위험을 미연에 방지하기 위해" 무력을 사용할 수 있게 되었다(반테러특조법, 제12조).

한편 '반테러특조법'과 똑같은 상황에서 집단적 자위권을 기정사실화한 또하나의 특별법이 '이라크특별조치법(이라크특조법)'이었다.18) 이 법은 4년 기한으로 2003년 7월에 성립되었는데, '인도부흥지원활동' '안전확보지원활동' 등 두 개의 임무로 제한되어 있었고, 실질적인 전투행위와 연관된 탄약과 무기 보급, 전투항공기에 대한 급유와 정비는 배제되었다. 그러나 나머지 자위대의 활동영역, 파견국군에 대한 지원내용, 무기 사용권한 등에 대해서는 대체로 '반테러특조법'의 선례를 따르고 있다. 특히 '안전확보지원활동'

---

17) 이 '반테러특조법'하에서 2001년 11월 15일에 결정된 자위대의 해외파병을 위한 기본 계획은 다음과 같다. 협력지원활동은 해상자위대의 보급함 2척 이내와 호위함 3척 이내, 항공자위대의 수송기 6기 이내, 다용도지원기 2기 이내를 배치하며, 활동내용은 미군에 대한 보급, 물자수송과 미함정에서의 수리, 정비, 의료, 항만 업무 등으로 하며, 활동범위는 페르시아만을 포함하여 인도양의 디에고 가르시아섬, 호주, 인도양에 이르는 경유지와 물자하역항으로 되어 있다(小池政行, 152면).
18) 이 법 또한 제1조에서 장황하게 UN 관련 정당화의 근거를 나열하고는 있으나, 제2조에서는 이 법이 일본의 국제사회에 대한 일본의 주체적·적극적 이바지의 산물임을 분명히 밝히고 있다(이라크특조법, 2003: 제1~2조).

은 미군 등 현지 다국적군의 '치안유지활동'을 지원하는 것이 목표인데, 여기에는 의료, 수송, 보관(비축), 통신, 건설, 수리 및 정비, 보급 등이 포함되어 있다. 자위대의 이라크 파병과 관련하여 특기할 점은 육상자위대와 항공자위대가 전투와 테러공격이 진행중인 이라크 영토 내에 파견되었다는 사실인데,[19] 이는 해상지원을 주로 하던 '반테러특조법'의 경우보다도 형태론적으로 집단적 자위권 행사에 더욱 근접한 사례이다.[20]

(5) 새로운 안보전략: 미영일 '팍스 컨소르티스'?

코이즈미 시기 친미 내셔널리즘 안보전략의 전개에 따라 일본의 안보전략 환경도 상당한 변화를 겪은 것으로 평가되고 있다. 이러한 상황에서 미래 국가안보전략을 재검토하기 위해 2004년 10월 총리 자문기관인 '안전보장과 방위력에 대한 간담회'가 「미래의 안전보장, 방위력 비전」이라는 보고서를 총리에게 제출하였다. 이 보고서는 일본의 안전보장 정책을 결정하는 방위대강과 미일동맹 정책에 기본 취지가 그대로 반영되었다는 점에서 검토의

---

19) '이라크특조법'에 따라 2004년 1월에 육상자위대가 이라크에 파견되었으며, 같은 해 3월에 항공자위대가 쿠웨이트를 거점으로 공수활동을 개시하였다. 2006년 7월에 육상자위대는 철수하였지만, 항공자위대는 바그다드 공항 등으로 항로를 확장하여 다국적군과 UN의 물자, 인원의 공수를 지속했다. 최종적으로 대원 약 210명이 C130 수송기 3기를 중심으로 활동하였는데, 2008년 12월에 모두 철수하였다(『讀賣新聞』, 인터넷판, 2008年 11月 28日). 2008년 11월 26일까지 항공자위대의 활동실적은 810회였는데, 이라크 근무요원 수송 4만5천8백명(UN 관계 2천8백명), 물자 671톤(UN 관계 86톤)이었다(『朝日新聞』, 인터넷판, 2008年 11月 28日).
20) '이라크특조법'이 다국적군에 의한 격렬한 전투가 계속되는 이라크 국내에 '비전투지역'을 인위적으로 설정하여 자위대의 후방지원활동을 정당화한 것에 대한 비판은 계속되어왔다. 대표적으로 2008년 4월에 나고야 고등재판소는 항공자위대가 바그다드에 다국적군을 공수한 것에 대해 "헌법9조에 위반하는 활동을 포함한다"고 하여 실질적인 집단적 자위권의 행사임을 판시한 바 있다(『朝日新聞』, 인터넷판, 2008年 11月 28日).

가치가 크다.

보고서는 테러 국면 이후의 상황전개를 반추하면서 안전보장 환경이 크게 변화하고 있음을 지적하고 있다. 우선 전세계적인 차원에서 강대국간의 전면적 전쟁 가능성은 줄어든 반면, 테러리즘 등 비국가주체에서의 위협이 본격화되고, 여기에 고전적인 국가간 전쟁 가능성이 중첩되는 복합적 위협을 상정하고 있다. 나아가 동아시아에서는 중국, 러시아, 북한의 핵문제, 한반도와 대만해협의 분쟁 가능성, 일본 주변의 자원개발을 둘러싼 충돌 등을 중요한 위협요인으로 거론하고 있다(懇談會, 2004: 3~4면).

이러한 위협요인에 대한 대처방안으로서는 '통합적 안전보장전략'이 제안되는데, 핵심적 안보전략 목표는 '일본의 방위'와 '국제적 안전보장환경의 개선'이며, 각각 목표별로 독자적 대응, 동맹적 대응, 국제사회와의 협조라는 세 차원의 대책을 제시하고 있다. 안보내셔널리즘이 주로 자주적 방위력 증강과 친미전략을 기본 축으로 해왔으므로, 독자적 대응과 동맹차원의 대응을 중심으로 그 내용을 보도록 하자. '일본방위'라는 목표는 앞서 본 바 있지만, '유사법제'를 통해 '일국유사'와 '주변유사'가 통합된 새로운 방위개념으로서 다음의 두 가지를 주요 내용으로 한다.[21] 첫째, '일본방위' 목표와 관련하여 독자적 접근으로서는 종래 소규모 국지전쟁을 전제로 한 '기반적 방위력' 대신에, 테러, 주변사태 등을 고려한 '다기능, 탄력방위력'을 도입해야 하며, 국가적 방위태세와 관련해서도 자위대를 필두로 한 전사회적·총력적 체제를 구축해야 함을 강조한다. 둘째, 미일동맹의 관점에서는 주변 핵문제에 대한 탄도미사일 방어체제(BMD)의 구축, 지역적 위협에의 공동대응 필요성을 강조하고 있다. 여기에서 미일이 공동 대응해야 할 지역적 위협이

---

21) 종래 미일안전보장조약의 조항에는 일본 안보를 규정한 '5조사태'와 극동 안보를 규정한 '6조사태'를 구별하고 있는데, '유사법제'로 인해 이 '5조사태'와 '6조사태'의 구별은 본질적인 것이 아니며, 기본적으로 일체적인 것이라는 사고방식이 일반화되게 된 것이다(中西貫, 2004: 152면).

란 중국, 러시아, 북한의 핵문제와 한반도 및 대만해협에서의 분쟁 가능성, 나아가서는 일본 주변의 자원개발을 둘러싼 갈등이었다(懇談會, 6~7, 11면).

한편 이 보고서의 가장 큰 특징은 세계적 테러리즘 등 '국제적 안전보장 환경'의 개선까지 일본 고유의 안보목표로 설정하고 있다는 점이다. 이제 '반테러특조법'이나 '이라크특조법'에 따라 추진되어오던 전세계적 테러대응활동은 자위대의 특별한 활동이 아니라 일반적인 안보 임무의 하나가 되었다. 이렇게 됨에 따라 일본은 '세계적 시야의 안보대국'으로서의 역할까지 자임하게 된 것이다. 특히 이러한 활동은 공통의 가치관과 탁월한 국제활동 능력을 가진 미일동맹을 기반으로 할 수밖에 없음을 분명히 밝힌다. 이를 위해 일본은 더 효과적인 세계적 안보목표를 달성하기 위해 미일동맹을 한 차원 높게 재조정을 할 필요성을 제기하였다. 즉 미일동맹은 일본이 더욱 주체적·독자적 권리를 행사하는 형태로 재조정되어야 하며, 전세계적 반테러 과제를 수행하기 위해 질 높은 정보공유와 전략적 대화가 이루어져야 한다는 것이다. 미일동맹의 효율 제고와 평등을 위해 새로운 '미일안보공동선언'이 필요하며, 나아가서는 이에 걸맞은 형태로 미일방위협력지침의 재개정 또한 필요해진다(懇談會, 18). 이렇듯 강화된 '미일안보'를 통해 중동으로부터 동북아시아에 이르는 이른바 '불안정의 호(弧)'에서의 테러 등 위협의 발생을 억지하는 것이 중요하다. 한편 일본의 세계적 안보질서 유지의 개입과 더불어 이의 안정화를 위해 필요한 것이 UN 상임이사국 진입이었던 것이다 (懇談會, 8~10면).

일본의 새로운 안보전략은 다음 그림과 같은 구조로 되어 있다. 이 안보전략은 미일동맹에 준거해 전세계적 안보역할을 분담하고, 다시 이를 기초로 동아시아 지역으로 개입해 들어간다는 친미 내셔널리즘, 즉 안보내셔널리즘의 문제의식을 집약하고 있다. 그러나 앞서 언급했지만 오자와적 의미의 이른바 '보통국가'를 훨씬 뛰어넘는 '전세계적 안보대국'을 지향하는 것이며, 강화된 미일동맹과 UN 상임이사국 진출을 통해 미국의 군사적 패권의 일부를 분담하겠다는 의지를 가진 전략이라 할 수 있다. 이러한 점에서 우리는 1980년대 후반에 강화된 경제력을 배경으로 일본의 경제당국이 적극적으로 주장하던 이른바 '팍스 컨소르티스'(Pax Consortis)의 국가상이 안보영역에서 재현되고 있음을 발견할 수 있다. 결국 일본의 안보내셔널리즘은 '보통국가'에 그치는 것이 아니라 '세계적 협조 패권'을 가능케 하는 '안보대국'이라는 것이다.

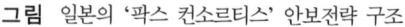

그림 일본의 '팍스 컨소르티스' 안보전략 구조

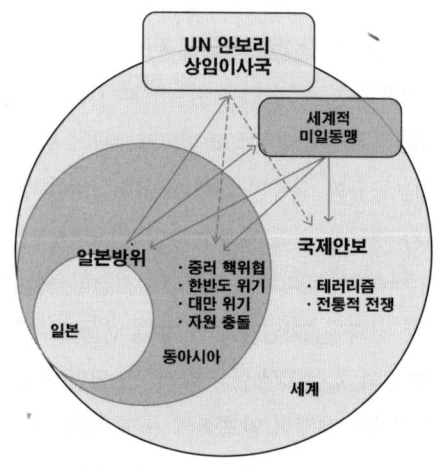

4. 국가목표: 헌법 개정의 좌표축

(1) 실질적 개헌 효과: 전후 평화주의의 변질

2000년대에 일본에서 본격적으로 전개된 안보내셔널리즘은 전후 평화주의 이념과 헌법 제9조의 전쟁 포기, 무력 포기 조항을 부인하고 집단적 자위권을 실질적으로 행사하기 위해 노력해왔다. 일본 헌법의 전문과 제9조에 내포된 평화주의란 '절대적 평화주의'에 근접하는 것으로서 세계와 주변국에 대해 일본이 그 어떠한 위협도 가하지 않겠다는 공존의 선언으로서의 의미가 크다. 그러나 오늘날 안보내셔널리즘의 '평화'란 힘으로 강제된 평화이며, 일종의 세계적 패권에 대한 도전을 용인하지 않겠다는 공격적 개입 선언으로서의 의미가 있다. 이러한 점에서 현재 일본 헌법의 기반인 '평화이념' 또한 정반대의 의미로 변질할 가능성이 크다. 일본의 안보전략은 '주변사태법' '유사법제'를 통해 이미 집단적 자위권의 기본 체제를 확보하였으며, 테러 국면에 대응하는 일련의 특조법들을 통해 세계적 범위에 걸치는 사실상의 집단적 자위권을 행사하기에 이르렀다. 다만 최전선에서의 공동 전투활동만이 보류된 것이다. 이러한 점에서 헌법 제9조는 그야말로 정치적·사회적인 컨쎈서스를 모아 '현실에 정합적'이도록 개정하는 일만 남은 것으로 보인다.[22] 이하에서는 그간 헌법 개정논의의 쟁점을 간략히 소개하고, 안보내셔널리즘의 진전과 더불어 헌법 개정논의의 좌표축이 어떻게 설정되는지를 살피고 '전세계적 안보대국' 전략이 헌법 개정문제에 어떻게 반영되는지 살펴보고자 한다.

(2) 헌법조사회와 정당정치 지형: 주요 경과

2000년 국회에 설치된 헌법조사회는 자위권 문제를 일으키는 헌법 제9조에 한정하지 않고, 현행 헌법 제정 과정의 정당성으로부터 출발하여 광범위

---

[22] 이러한 사실은 나까소네 전 총리가 2004년 11월 국회 헌법조사회 공청회 증언에서도 잘 확인되는 바인데, 그는 9조를 개헌해서 '방위군'을 창설해야 한다고 주장하면서 이미 이라크 파병으로 9조의 해석——집단적 자위권은 존재하나 행사할 수 없다는 종래 내각법제국의 정통 해석——이 거의 막다른 골목에 봉착하고 있음을 밝힌 바 있다(『每日新聞』인터넷판, 2004. 11. 12).

한 주제들을 검토하였다. 2000년 설치 이후 2001년 말까지는 ① 일본 헌법의 제정 경위, ② 전후의 주요한 위헌 판결, ③ 21세기 일본의 존재방식 등이, 그리고 2002년에는 ① 기본적 인권의 보장, ② 정치 기본기구의 존재방식, ③ 국제사회에서 일본의 존재방식, ④ 지방자치가 2003년과 2004년에는 ① 최고 법규로서 헌법의 존재방식, ② 안전보장/국제협력, ③ 기본 인권보장, ④ 통치기구의 존재방식이 주요한 논제로 채택되었다. 그리고 2004년 8월 이후에는 일본 헌법의 전반적 주제들에 대한 자유토론을 실시하였다. 국회에서의 헌법 논의는 거의 제헌을 전제로 할 정도로 폭넓은 분야에 걸친 검토가 이루어져왔다. 그러나 헌법조사회는 의안 발의권이 없는 특별위원회였고, 5년 시한으로 출범했으므로 2005년 4월에 최종 보고서를 제출하고 해산되었다(중의원, 2004; 衆議院憲法調査會, 2005).

헌법조사회의 논의는 헌법9조 등 집단적 자위권 문제의 처리가 가장 중요한 안건이 되었으며, 각 정당의 경계를 넘어 자유로이 의견을 개진함으로써 개헌에 대한 정치적 컨쎈서스를 확대하는 데 커다란 이바지를 한 것으로 보인다. 헌법조사회 회장을 맡았던 나까야마 타로(中山太郎) 자민당 의원은 헌법조사회의 취지가 국민적 헌법 개정 여론의 조성에 있다고 강조하고, 2005년에 최종 보고서를 중의원에 제출한 이후 2년 이내에 개헌이 실현되도록 해야 한다는 일정표를 제시하기도 했다(『每日新聞』朝刊, 2004年9月 1日).

　　국민으로부터 부탁을 받아 헌법 개정의 발의권을 부여받은 우리 국회의원들은 그러한 새로운 문제에 관한 탄탄한[骨太] 헌법논의를 더욱 '광범위하고 종합적으로' 행해감과 동시에, 여기에 대응할 수 있는 '국가형태(國のカタチ)'를 국민 앞에 제시할 책무를 가져야 할 것이다. 이후에도 이러한 숭고한 책무를 수행해갈 각오이다. (衆議院憲法調査會 2005: ix면)

국회라는 국민대표기관에서 개헌문제가 본격적으로 검토됨으로써 국민여론에서도 개헌 분위기는 더욱 성숙하였다. 나아가 주요 정당들에서도 개헌 필요성에 대한 인식이 점진적으로 강화되었다. 개헌에 가장 적극적인 정당은 최대 정당인 자민당이며, 민주당도 제9조 개헌을 중심으로 당론이 구체화[創憲]되고 있었고, 공명당 또한 종래 제9조 견지의 입장을 벗어나 제한적으로 집단적 자위권을 허용하는 방안[加憲]을 모색하고 있었다. 공산당과 민주당 좌파, 사회민주당 일부 등 진보적 정치세력을 제외하면 내용의 차이는 있으나 제9조를 중심으로 개헌에 대한 전반적인 수렴이 이루어져 가고 있는 것이다.

표3 국회 헌법조사회에서 각 정당의 안보 외교정책 및 개헌에 대한 태도 비교

	외교/안전보장	헌법 태도
자민당	미일동맹을 기축으로 이라크 부흥지원, 테러 박멸 등 '평화외교' 추진	2005년 헌법 개정 초안. '헌법 개정국민투표법' 성립지향
민주당	이라크특조법에 기초한 자위대 파견은 하지 않고, 폐지를 포함하여 재검토	국민합의하에 '논헌(論憲)'에서 '창헌(創憲)'으로, 기본 이념을 기초로 논의
공명당	'국민평화공헌쎈터'를 창설하여 각 분야의 전문적인 인재를 양성	환경권 등 새로운 인권을 담는 '가헌(加憲)'. 헌법 9조의 항목 추가
공산당	'미국 추수'에서 탈피, 이라크 자위대 파병 반대	9조는 세계에 자랑할 만한 평화의 보배. 평화적·민주적 조항의 완전 실시를 요구
사민당	미일동맹에 대한 과도한 의존에서 탈피, 다국간 안전보장체제의 구축	평화헌법을 세계에 발신. 9조를 세계로 넓히기 위해 '비핵부전국가'를 선언
보수신당	방위청의 '성' 승격을 실현, 테러대책을 강화하고, 미사일방위를 정비	국제협조주의를 발전시켜 국가건설의 기본이 될 신헌법 제정을 지향

출처 http://news.kyodo.co.jp/kyodonews/2003/shuinsen/shucho/shucho3.html(2005년 4월 5일 검색).

(3) 자민당: 안보내셔널리즘의 헌법 구상

2004년 6월에 개략적인 개헌 방침——당 헌법 개정 프로젝트팀(좌장 나까따니 겐中谷元 전 방위청 장관)의 논점정리——이 밝혀진 이래 자민당의 개헌안은 2005년 7월 7일 '자민당 신헌법 기초위원회 요강 제1차 초안'이 내외에 공표되었다. 2005년 7월의 초안은 연립여당인 공명당의 의향을 반영하고 야당과의 개헌 협상력을 실질적으로 높이려는 표현 등이 상당히 조정되면서 보수색(保守色)은 다소 약화되었다(『每日新聞』 朝刊, 2005年 5月 3日; 2005年 7月 8日). 그러나 헌법의 기본 정신을 변경하고 수정의 폭 또한 넓다는 점에서 개헌안이라기보다는 신헌법의 제정에 더 가깝다. 그리고 내용 전반에는 안보내셔널리즘의 핵심적 발상이 전면적으로 반영되고 있다. 헌법 개정의 기본 사고는 '품격있는 국가'와 '일본인의 정체성'을 강조하고 있는데, 이는 개헌의 취지가 국가 중심의 사고방식과 국민적 정체성의 확립에 있음을 잘 보여준다(『朝日新聞』 인터넷판, 2004年 6月 4日; 要綱, 2005: 1).

헌법 전문(前文)의 개헌과 관련하여 국민주권, 기본 인권존중, 평화주의를 들고 있지만, 기본 인권의 존중에 대해서 '이기주의 풍조의 방지', 평화주의와 관련해서 '일국 평화주의의 오류의 시정'과 '적극적 국제평화의 추구'라는 새로운 가치가 더해지고 있다. 그리고 이와 함께 전문에 '일본 역사' '일본 전통' '일본 문화' '일본 국체[國柄]' '건전한 애국심' 등의 가치가 더해지고 있다. 이와 관련해서는 세 가지 정도의 문제를 지적할 수 있다.

첫째, 일본의 전통과 관련해서 일본의 문화적·역사적 우월성과 자긍심이 강조되고 그 연장에서 천황이 자리매김되고 있다.[23] 이는 자민당이 제정하

---

[23] 제1차 초안의 전문에는 "상징천황제는 이것을 유지한다"고 지극히 간결하게 표현되어 있지만, 전문의 요강에는 "일본 국민이 다양한 문화를 수용하여 높은 독자의 문화를 형성한 것, 그리고 일본인은 다원적인 가치를 인정하고 화(和)의 정신으로 국가의 번영을 일구고 국민통합의 상징인 천황과 더불어 역사를 새겨왔다는 것"이 전문 내용의 주요한

려는 신헌법의 기본 정신이 그만큼 전통적인 애국주의에 따라 있으며 그 정점에 천황을 세우는 현대판 국체론(國柄論)의 관점에 따르고 있음을 잘 보여준다.

둘째, 전후 일본사회의 근간이 되어왔던 기본 논리인 '개인주의'는 이제 극복의 대상이 되며, 일본이라는 국가, 사회공동체가 더 높은 차원의 가치를 가지므로 개인들(국민)은 이에 대한 소속감과 충성심, 책임감을 더욱 분명히 밝혀야 한다는 국가(중심)주의적 관념이 전면화되고 있다. 예컨대 초안에 "일본 국민은 귀속하는 국가와 사회를 애정과 책임감, 기개로 스스로 지탱해 지킬 책무를 공유"하는 것을 분명히 밝히고 있다(素案, 2005: 1).

셋째, 전후 이상적·공존적 평화주의 관념이 현실주의적이고 공세적인 '평화주의' 관념으로 대체되고 군사적 힘에 의한 '평화강제'라는 패권적 평화구상이 본격화하고 있다. 현행 일본 헌법이 국제평화의 이상을 강조하는 반면, 자민당의 초안은 국제평화의 강제와 이를 위한 국가간 협력을 강조하고 있다. 그만큼 '국제평화'를 명분으로 대외적으로 확대되는 일본의 안보군사적 역할을 헌법이 정당화하게 된다(素案, 1; 『朝日新聞』인터넷판, 2004年 6月 4日).

헌법 개정문제에서 가장 핵심적인 부분은 제9조를 중심으로 하는 안전보장 관련 조항이다. 우선 현행 헌법의 평화 조항(제1항)을 그대로 유지하되 전력 및 교전권 불보유 조항(2항)을 삭제하는 방향을 취하고 있다. 대신 자위를 위한 전력 보유를 명기하고, 개별적·집단적 자위권의 행사를 포함하도록 하고 있다. 자위를 위한 전력의 명칭은 최초로 국방군(國防軍)안이 제출되었으나, 절충을 통해 자위군(自衛軍)이라는 용어가 채택되었다. 한편 재계는 현재 진행되고 있는 사실상의 집단적 자위권 행사를 반영하고, 더 나아가 명실공히 해외에서의 전투행위가 가능하도록 집단적 자위권 조항의 신설을 요

취지로 설명되고 있다(要綱, 1; 素案, 1).

구하였다(『每日新聞』 朝刊, 2005年 7月 8日). 그러나 집단적 자위권 명기 문제와 관련해 자민당 내에서는 여론의 향배를 예민하게 주시하면서 그 표현을 완화해야 한다는 주장 또한 존재했다. 즉 집단적 자위권이라는 군사적 용어법보다는 대중적 거부감이 적고 군사적 뉘앙스가 상대적으로 약한 자위대의 '국제공헌 업무'라는 포괄적 표현을 사용해 제9조 3항을 신설한다는 것이다. 그러나 자민당 초안의 국제평화 및 안전활동은 사실상의 집단적 자위권 개념을 우회적으로 표현하는 것임에 불과하다(『每日新聞』 朝刊, 2004年 5月 3日; 『朝日新聞』 인터넷판, 2004年 6月 4日). 이 조항과 관련된 자민당 개헌 초안은 다음과 같다.

"제9조의 2. 일본의 평화와 독립, 그리고 국가 및 국민의 안전을 확보하기 위해 내각총리대신을 최고 지휘자로 하는 자위군을 보유한다. (2) 자위군은 전항의 규정에 의한 임무를 수행하기 위한 활동을 함에 대해 법률이 정하는 바에 의해 국회의 승인과 기타 통제에 따른다. (3) 자위군은 제1항의 규정에 의한 임무를 수행하기 위한 활동 외에 법률이 정하는 바에 의해 국제사회의 평화와 안전을 확보하기 위해 국제적으로 협조하여 행하는 활동 및 긴급사태에서 행하는 공의 질서를 유지하고 또는 국민의 생명 혹은 자유를 지키기 위한 활동을 할 수 있다." (素案, 2~3면)

나아가 자민당의 안보내셔널리즘 개헌방안은 이른바 '민주주의의 과잉'을 방지하려는 조항이 포함되어 있다. 이러한 조항들은 헌법에 국가주의와 일본 원리주의를 반영하려는 것이다. 첫째, 국민의 자유와 권리에 대한 제한 규정이 훨씬 광범위해졌다는 것이다. 즉 종래에는 국민의 자유와 권리가 우선적으로 보장되고 이를 제한하는 기준은 공공복지(公共福祉)라는 소극적 기준만 존재했다. 그러나 자민당 초안은 새로운 권리제한 기준으로 공익(公益)과 공(公)의 질서를 제시하고 있는데 예전의 기준보다 추상적이고 광범위하게 해석될 수 있는 여지를 남기고 있다(素案, 5면). 둘째, 신앙의 자유와 정교분리에 대한 재해석이다. 최근까지 안보내셔널리즘의 주요한 쟁점 중 하나는 야스꾸니신사 참배를 둘러싼 헌법의 정교분리 위반 문제였다. 이러한 쟁점을 회피하도록 초안은 "사회적 의례와 습속행위의 범위를 넘지" 않는 종교행위를 국가와 지방자치단체가 할 수 있도록 허용하고 있다(素案, 7면).

(4) 민주당: 오자와의 '보통국가론'으로의 수렴

민주당의 헌법 개정안은 자민당의 개헌안이 안보내셔널리즘에 기초한 것에 비해 국가중심적 요소가 덜하며 종래 방위원칙을 일부 유지한다는 점에서 상대적으로 자유주의적인 것만은 분명하다. 민주당은 개헌이라는 말보다는 '창헌(創憲)'이라는 말을 사용하는데, 일본 국민의 정신과 의사를 표현하고 국가활동을 규율하는 '기본 규칙'을 새로이 만든다는 의미이다. 민주당 헌법조사회가 2004년 6월 22일에 발표한 중간보고('창헌을 향해, 헌법 제언 중간보고: '법의 지배'를 확립하고, 국민의 손에 헌법을 되돌려주기 위해')의 주요한 쟁점을 정리하면 다음과 같다(民主黨憲法調查會, 2004). 우선 제9조를 포함한 안전보장 항목의 개정과 관련해서이다. 민주당은 UN의 집단안전보장 활동에 관여할 수 있도록 9조를 개헌한다는 방침을 천명하였는데, 이는 UN 헌장의 '제약된 자위권' 개념을 현실화하겠다는 것이었다. 그러나 민주당은 UN 중심주의와 전수방위(專守防衛)의 원칙에 따라 무력행사는 가능한 한 억제되어야 한다는 전제를 명확히 하고 있다. 즉 민주당은 종래 전통적 '평화주의'의 관점을 유지하지만, 집단적 자위권을 UN 안보나 총회의 결의에 의한 PKO 및 집단안전보장에 대해 행사할 수 있도록 하고 있다(民主黨憲法調查會, 21;『朝日新聞』인터넷판, 2004年 6月 22日).

한편 안전보장 조항의 개정과 관련하여 민주당은 UN의 집단안전보장활동과 PKO의 참여를 위해 종래 자위대와는 별도의 조직인 'UN 대기부대'의 창설을 적극적으로 검토하고 있다. 사실 이 구상은 오자와 이찌로(小澤一郞)의 '보통국가' 구상의 일부인데, 지휘권이 UN에 맡겨져 있는 PKO나 집단안전보장 행위에 파견할 전문부대의 창설을 의미한다. 이 'UN 대기부대' 구상은 2003년 말 민주당 좌파의 실력자인 요꼬미찌 타까히로(橫路孝弘)와 오자와 사이에 합의되었으며, 중도보수파의 대표이자 적극적 개헌론자인 하또야마 유끼오(鳩山由紀雄) 당수(수상)도 이에 대해서 공감하고 있는 것으로 알려졌다(『朝日新聞』, 인터넷판, 2003年 12月 30日; 『每日新聞』 朝刊, 2004年 4月 28日).

이러한 점에서 볼 때 오늘날 안보내셔널리즘은 '보통국가론'으로 통칭되고 있지만 사실 자민당의 방침은 '보통국가'론을 훨씬 뛰어넘는 전세계적 안보대국 지향으로 나아가고 있고, 원래의 '보통국가론'은 'UN 헌장하의 제한적 자위권 보유' 'UN 대기부대' 창설 등을 핵심 개념을 중심으로 민주당의 개헌방침에 흡수되고 있는 점이 흥미롭다.

(5) 공명당의 가헌론: 국제공헌론과 집단적 자위권의 용인

2005년 8월 15일에 공명당은 9월 중의원 선거를 대비해 '공명당 매니페스토: 헌법 개정문제에 대하여'를 발표했는데, 여기서 개헌의 방향으로 첫째, 가헌(加憲)의 입장, 둘째, 국민주권주의, 항구적 평화주의, 기본적 인권의 보장 등 3원칙 견지, 셋째, 헌법 9조 1항과 2항의 견지, 넷째, 가헌논의의 대상으로서 자위대의 존재, 국제공헌의 검토 등을 제시하였다. 현행 헌법에서 자위대의 존재와 해외파병에 대해서 헌법과 모순되지 않는 것이 전제되는데, "문제가 되는 집단적 자위권은 인정하지 않지만 지금의 자위대와 그들의 '국제공헌활동'은 인정한다"는 취지였던 것이다. 여기에서 주목해야 할 점은 제9조 개헌과 관련된 공명당의 가헌논리는 현행 자위대와 그 활동에 대한 현상추수적 용인론이라는 점이다. 그러나 문제는 현재 자위대는 이미 일본의 '방위를 위한 물리력'이며, '주변사태법' '유사법제' '반테러특조법' '이라크특조법' 등에 의해 사실상의 집단적 자위활동을 전개해왔다는 것이다. 이러한 점에서 자위대와 그들의 국제공헌활동에 대한 정당화 규정을 헌법 제9조에 추가한다는 것은 자위대의 사실상의 집단적 자위권 행사를 정당화하는 것과 별로 다르지 않다.

나아가 공명당은 2007년 참의원 선거를 앞두고 '매니페스토 2007'을 발표하였는데, 거기에서는 "3년 후를 목표로 가헌안을 작성한다" "PKO를 필두로 종합적인 일본의 국제평화협력의 공헌력을 높이기 위해 모든 노력을 경주한다" 등 기존 방침을 재확인하였다.[24] 그러나 PKO의 어디까지 참여할지, 종합적인 공헌력이란 무엇인지에 대한 정의는 내리고 있지 않으며, 미군에 대해 병참지원을 할 경우 현재보다 더 공헌력을 높인다는 것이 무엇을 의미하는지 분명히 밝히고 있지 않다. 특히 집단적 자위권을 인정하지 않는다고 하고 있지만, 현재 이상으로 미군과의 협력을 강화하는 것은 실질적인 '집단적 자위권 행사'로 연결될 수밖에 없다는 사실이 공명당 가헌론의 딜레마가 될 수 있다.[25] '평화주의적 언사'를 통해 그 본질이 혼선에 빠지는 경향이 있지만, 공명당의 가헌론은 현재까지 연립정권의 보수적 결과가 보여주는 바와 마찬가지로 자민당의 안보내셔널리즘을 사후적으로 용인해주는 자가당착에 빠질 수 있다.

5. 동아시아의 신냉전: 동아시아의 분열

앞에 살펴본 안보내셔널리즘, 즉 세계적 안보국가 전략은 이미 '방위대강'

---

24) 공명당의 홈페이지 http://www.komei.or.jp/policy/policy/index.html(2008년 9월 29일 검색).
25) http://www.asahi.com의 (下) 憲法改正について(2008년 9월 29일 검색).

등에 반영됨으로써 현재 체계적으로 실현되고 있다. 그리고 개헌을 위한 '국민투표법'이 통과됨으로써 시간은 일정하게 소요되더라도 헌법 제9조를 중심으로 한 개헌도 자민당과 민주당의 절충, 당파를 뛰어넘는 정치적 이합집산 등을 거치면서 점진적으로 그 실현기반이 강화될 것으로 보인다. 이 경우 동아시아와 세계에서 제한 없는 군사활동을 전개하며 개선된 미일동맹에 의탁해 아시아에 강력한 개입능력을 갖는 안보대국으로 일본이 부상할 가능성이 크다. 이때 동아시아는 어떻게 될 것인가. 물론 일본의 공세적 안보체제가 형성되었다고 할지라도 주변국과의 정치관계가 급격히 악화하지 않을 수는 있다. 그러나 일본의 안보대국으로의 진전과정은 안보내셔널리즘의 여러 측면을 동반하는 것이며, 동아시아와 갈등의 여지는 증가할 수밖에 없을 것이다. 이러한 점에서 일본의 안보내셔널리즘은 동아시아 전반의 협력과 통합을 촉진하기보다는 역내의 잠재적 불화, 때로는 심각한 갈등을 유발하리라고 판단된다. 이미 일본은 과거 상당 기간 역사교과서와 야스꾸니신사 참배 문제, 그리고 영토문제, 자원문제 등을 중심으로 동아시아—특히 한국, 중국—간의 격렬한 갈등을 겪고 있다.

(1) 안보내셔널리즘과 동아시아의 분열

일본에서 안보내셔널리즘의 전면화는 동아시아를 두 차원에서 분단시키는 결과를 가져왔다. 하나의 차원은 안보내셔널리즘의 국가정체성 이념이 일으키는 것이며, 다른 하나는 안보내셔널리즘의 위협인식이 일으키는 것이다. 먼저 안보내셔널리즘의 국가정체성 이념이 일으키는 '동아시아의 분단'이라는 일본의 과거 역사 정당화에 대한 동아시아 지역의 양분된 태도와 관련이 깊다. 최근까지 경험한 바 있지만, 일본의 과거사 정당화는 일시적·우발적 현상이 아니라 안보내셔널리즘의 국가정체성 확립 프로젝트의 일환이며 그만큼 최근 안보전략의 '사상'적 혹은 '상징'적 의미가 있다. 따라서 이는 국가간 조정이나 외압으로 경감될 수 있는 사안이 이미 아니다. 특히 한국, 북한, 중국 등 동북아시아 3개국은 역사문제에 대해 일본을 크게 불신하고 있으며, 일본이 안보내셔널리즘에 따라 세계적 안보대국으로 성장하는 것에 대해서도 큰 우려를 할 수밖에 없을 것이다. 반면 역사문제를 둘러싸고 대만과 동남아시아 국가들은 동북아 3개국과는 달리 상당히 복잡한 태도를 보이고 있다. 그들은 과거 역사적 경험과 관련하여 일본의 구식민지 경험 혹은 군사점령에 대해 양면적인 태도를 보이기도 하는데, 그만큼 일본의 역사 정당화에 대해서도 직설적으로 불만을 표시하지 않고 있다.

다른 차원에서 안보내셔널리즘은 생리적으로 부단히 주변의 적 혹은 위협을 만들어낼 수밖에 없는데, 대표적인 것이 북한위협론과 중국위협론이다. 최근 일본이 '피아(彼我)'를 구별하는 기준으로 흔히 사용하는 기준이 있다. 민주주의, 시장경제, 법치, 기본적 인권보장과 같은 '가치관'의 공유 여부가 그것이다(懇談會, 2004) 이에 따라 동아시아를 구별한다면 북한과 중국이라는 대륙은 안보내셔널리즘의 '잠재적 동맹권역'에서 완전히 배제되며, 융화하기 어려운 이질적 '대상' 혹은 '잠재적 적'이 될 수밖에 없다. 앞에 안보전략의 진화과정을 설명하면서도 언급하였지만, 최근 일본의 안보전략, 혹은 안보 대국화 프로젝트에서 지역적 위협은 여전히 이 두 나라이다. 물론 안보전략이나 안보체제가 확립되었다고 해도 모든 위협인식이 현실정치에 반영되지 않을 수는 있다. 그러나 문제는 안보전략이나 체계는 북한과 중국을 본질적인 위협으로 보고 있으며, 궁극적으로 제거하거나 봉쇄해야 한다고 인식한다는 점이다. 즉 궁극적인 갈등을 예비한 공세적 대응이 체계적으로 준비되고 있다는 것이 문제이다. 한편 이와 함께 주목해두어야 할 점은 위협인식이 때로 전략적 필요성에 따라 과장되거나 가공(架空)된다는 것이다. 가령 북한에 대하여 미사일/인공위성 논쟁이나 납치문제를 통해 테러 및 납치국가로서의 이미지를 만들어내고, 중국에 대해서는 '중화제국주의'의 팽창주의적 이미지를 형성하는 것이 대표적 경우이다. 즉 위협인식은 단순한 인식에 그치지 않고, 역으로 일본의 '세계적 안보대국'화의 창끝이 북한과 중국을 향해 있음을 의미하기도 한다. 결국 이러한 점에서 일본의 안보내셔널리즘은 단순히 보통국가화——일본이 단지 잃었던 전쟁권리만을 회복하는——의 효과만을 갖는 것이 아니라 동아시아 지역질서를 위협세력과 동맹으로 분절함으로써 불신과 적대, 궁극적으로는 불안정으로 몰아가는 효과가 있다.

(2) 동아시아 신냉전과 잠재적 봉쇄 구도

일본에서 안보내셔널리즘이 본격화함과 동시에 구체적으로 검토되거나 현실화되었던 대륙배제(봉쇄)의 노력으로 다음과 같은 사례를 들어볼 수 있다. 먼저 북한과 관련된 사례이다. 최근까지 북한과 일본 사이의 핵심적 쟁점은 납치문제이며, 이를 둘러싸고 일본 국내에서는 '납치자가족모임' '납치자 구원 의원연맹', 지역별 '납치자가족 지원모임' 등과 같은 보수적 운동조직이 형성되었다. 여기에 『산께이신문(産経新聞)』,『요미우리신문(讀賣新聞)』등 보수적 매체들이 대대적인 대북공세의 선봉에 서게 된다. 이 피해자단체, 보수적 NGO, 정치가조직, 매스미디어 들은 북한에 대한 납치피해가족들의 원한과 원망을 여론화하면서 북한에 대한 정치적 압박과 공세를 체계적으로 강화해왔다. 나아가 그들은 일본정부의 대북 행동반경을 제약해왔고, 정부와 집권 자민당 내에 다수의 완고한 반북 정치세력을 포진시켰다. 이리하여 코이즈미 내각 기간에 자민당의 신보수우파 정치인들과 내각의 각료들은 '북한붕괴론'을 당연시하게 된다. 외무성의 '아시아파'와 총리를 제외하고, 북한에 대한 공세적 협상조차 그 의미가 부정되기까지 하였다. 특히 납치문제와 '북한붕괴론'을 배경으로 일본국회에서는 북한봉쇄를 위한 입법이 이루어졌다. 2004년에 통과된 '외국환 및 외국무역법 개정안'과 '특정선박 입항금지법'이 그것이다. 전자는 법의 발동요건을 대폭 완화해 일본 독자적인 판단으로 대북 송금과 무역을 제한할 수 있도록 했으며, 후자는 북한

선박의 일본 항구 입항을 금지하는 법률이다(水野賢一, 2004). 핵문제 등과 관련하여 상황이 악화하고 대북공세가 필요할 경우 일본은 언제라도 발동할 수 있는 대북 압박의 유효한 지렛대를 확보하였던 것이다.

한편 일본에 중장기적으로 더욱 근본적인 위협으로 인식되고 있는 것은 북한보다는 중국이다. 군사적 팽창과 함께 중국의 거대한 경제성장 그 자체가 일본에 커다란 위협으로 인식되고 있다. 일본은 "아편전쟁 이래 한번도 경험한 바 없는" 강력한 중국에 직면하고 있다. 중국은 대중투자 등의 면에서 협조의 대상이지만, 군사적 위협, 경제, 통상문제, 나아가 일부 정치문제 등에서 심각한 마찰의 대상이 되고 있다. 이에 대해 일본은 각각의 차원에 대해 중국을 봉쇄하기 위한 구체적인 방안을 연구해온 것으로 보인다. 우선 군사문제와 관련해서 중국의 군사력 증강이 일본과 주변 아시아 국가들에 심각한 위협이 될 수 있으며, 중국 해군의 일본 주변 출몰이 일본에 큰 불안이 될 것으로 판단하고 있다. 일본은 중국이 경제성장에 비례해 지역패권을 추구할 가능성이 크다는 점을 우려하고 있다(태스크포스, 2002).

이와 관련하여 대만 문제는 일본에 각별한 전략적 의미가 있다. 가령 일국양제(一國兩制)의 경우를 포함하여 대만이 중국에 통일된다면 일본은 두 차원에서 커다란 타격을 입게 될 것이다. 첫째, 일본이 의존해온 해로(sea-lane) 확보상의 문제가 발생한다. 대만이 중국 영토로 완전히 편입되면 중국 해군은 동·남중국해의 영역을 넘어 대만이동 해역을 장악할 것이며, 이 경우 일본의 에너지와 물류 이동은 결정적인 한계에 봉착하게 된다. 둘째, 지금까지 일본의 배후지이던 동남아시아에 대한 영향력을 상실할 우려가 있다. 예컨대 대만의 중국 흡수는 동남아가 의존하는 동·남중국해의 해로를 중국이 완전히 통제하는 상황을 일으킬 뿐만 아니라 동남아시아 내 화교네트워크의 통합을 가져와 동남아시아 국가들이 친중국 노선으로 선회하도록 할 수 있다(岡崎久彦, 2003). 이러한 점에서 대만과 일본의 관계개선은 일본에 필수적이며(태스크포스, 2002), 대만해협에서 전쟁이 발생할 때 중국의 흡수통합을 방지하기 위한 미일동맹의 개입이 그만큼 전략적인 의미가 있을 수밖에 없다.

나아가 중국의 경제성장 그 자체가 일본경제의 생존에 커다란 파급을 미칠 수 있다. 먼저 일본의 대중국투자가 초래하는 산업공동화 효과가 지적될 수 있다. 가령 중국에 진출한 중소기업, 부품산업, 전기기계산업 등은 국내생산을 대신해 현지에 생산기반을 구축했는데, 이 산업들에서 제품 혹은 부품의 대대적인 역수입은 국내산업 기반의 취약화와 뼈아픈 구조조정을 강요하였다. 둘째, 중국의 거대한 성장이 일으키는 에너지와 자원경쟁의 경우가 그것이다. 최근 중국 정부는 2020년까지 7% 성장을 지속하여 GDP를 네 배로 성장시키겠다고 선언했는데, 이 경우 최대한 효율화를 기하더라도 에너지소비는 두 배 이상 증가할 수밖에 없다. 이러한 중국발 에너지 위기의 가능성은 일본에 경제적 '생존권역'(Lebensraum)의 문제를 던진 것으로 보인다. 2003년부터 최근에 이르기까지 동러시아 석유 파이프라인의 경로, 그리고 동중국해의 천연가스 자원개발을 둘러싼 중일간의 갈등은 전형적인 '에너지 안보의 딜레마'를 보여주는 사례가 되는데, 일본은 동아시아 지역의 에너지 선점경쟁에 본격적으로 참여해 중국의 에너지원 확보를 차단하겠다는 태도를 보이고 있다(兼淸賢介, 2003; 平松茂雄・舛添要一, 2004).

표4 시베리아원유 파이프라인 중일경쟁의 개요

	파이프노선	개략거리	연간 수송량	건설비
기존 라인 증강	서시베리아→타이셋→ 앙가르스크	2천4백 km	현재 1천5백만톤 증설 후 5~8천만톤	10억 달러 정도
경쟁적 구상	(중국)남쪽 노선→자바이칼스크→ 다칭(→다롄)	앙가르스크에서 2천2백 km	수출용 5천만톤 현지용 1천만톤	30억 달러 정도
	(일본)북쪽	앙가르스크/타이	초기 2천만톤	60억 달러

	노선→스코보로디노→ 나호드카(→유조선 수출)	셋에서 3천9백 km	2010년 3천만톤	정도
통합안	앙가르스크→북쪽 노선→스코보로디노	2천 km	9천만톤	65억 달러 정도
	(간선) 나호드카	1천8백 km	6천만톤	
	(지선) 다칭	9백 km	3천만톤	

출처 兼清賢介(2003: 9)의 표를 수정.

(3) 동아시아의 안보 불안요인으로서 안보내셔널리즘

안보내셔널리즘의 '동아시아 분열'정책은 아베시기에 이르러 더욱 극명하게 나타난다. 2006년 11월 아소(麻生太郎) 외상이 일본 외교의 신기축으로 천명한 '자유와 번영의 호(弧)'가 대표적이다. 이 '자유와 번영의 호'는 지리적으로는 한국, 대만, 동남아시아 등 이른바 전통적인 '해양의' 동아시아에 호주와 뉴질랜드, 그리고 남아시아의 인도, 더 나아가서는 중앙아시아 국가들까지 포괄하고 있다. 이는 중국을 동에서 서에 이르기까지 광범위하게 포위하고 북한을 배제하는 형국으로 일본의 동아시아 영향권역을 재구축하겠다는 의지표현이기도 하다. 이러한 외교의 신기축은 중국을 견제하고 북한을 압박하기 위해 동아시아를 분열하고 소위 '해양의 동아시아'와 역외국을 중심으로 신냉전적인 힘의 균형 구도를 형성하겠다는 의지표명에 다름 아니다(송주명, 2007).

이러한 점에서 일본의 안보내셔널리즘은 동아시아라는 각도에서 보면 지역질서를 안정화시키기보다는 도리어 이 질서를 더욱 복잡하고 불안정하게 만드는 요인이다. 특히 중국과 일본이 상호 견제, 경쟁하는 구도 속에서 미일동맹이 더욱 공세적으로 작동하게 되면 지역질서는 더욱 혼란스러워질 수 밖에 없을 것이다. 오늘날 동북아시아가 직면한 중차대한 과제를 생각할 때, 안보내셔널리즘은 우발적 교란요인에 머물지 않고 더욱 복잡한 갈등요인을 잉태할 수도 있다. 한반도 통일 과제와 북한문제를 원활하고 발전적으로 해결하려면 남북한 평화공존의 상황에서 점진적으로 통일의 물질적·문화적·정치적 조건을 준비해가는 것이 필수적이다. 그리고 현재와 같은 동아시아 상호 의존의 조건에서 중국의 고도성장은 국제사회와 공존할 수 있는 '중국의 적절한 지속성장'이라는 과제를 새로이 제기한다. 중국과 북한의 원만한 발전과 국제사회와의 공존을 위한 협력은 양국만의 문제가 아니라 동아시아와 세계가 공유하고 해결해내야만 하는 과제이다. 이러한 상황에서 공통 과제의 핵심 당사자들을 배제하여 동아시아를 분열시키고, 갈등을 강화하는 것은 지역 발전과 평화에 정반대로 역행하는 것이라고 할 수 있다.

6. 맺음말: '중국문제'의 협조와 동아시아의 재형성

지금까지 우리는 흔히 '보통국가화'라는 이름으로 지칭되어온 1990년대 중반 이후 일본 안보전략의 내용과 그것이 동아시아에 미치는 정치적 효과에 대해 검토하였다. 이에 대한 본 장의 결론적 요약은 다음과 같다. 최근 일본의 안보전략은 보통국가라는 말이 갖는 함의를 뛰어넘어 세계적 안보국가를 향해 있다. 그리고 동아시아에 대해서는 중국과 북한 등 이른바 위협요인에 대한 명백한 봉쇄 혹은 공세구도가 내포되어 있어 동아시아 내부의 안정과 협력보다는 극단적 경쟁과 대립을 초래할 수 있다.

일본의 안보내셔널리즘이 이렇듯 동아시아의 안정보다는 갈등을 심화할 수 있다면 이 문제에 대해 어떻게 대처할 것인가. 최근 일본의 '세계적 안보국가' 전략은 일본 국내 내셔널리즘 정치지형의 산물이며, 이러한 정치지형을 외부에서 근본적으로 전환할 수 있는 방안을 발견하기란 몹시 어려운 일이다. 다만 현재까지 동아시아에서 실체적으로 발전해온 상호 의존의 망에 기초한 또다른 국제적 정책망을 강화함으로써 안보내셔널리즘의 파행적 효과를 중화 또는 약화할 수는 있다. 한반도의 통일, 동아시아 지역의 안정적 성장을 유지하기 위해서는 여전히 '동아시아적 담론', 동아시아 통합 지향성이 중요한 문제가 될 것으로 보인다. 그러나 민간기업이 중심이 되어 발전시해온 무역과 투자 영역의 자유화 문제는 국가간의 관계에서는 상호 양보나 조정이 용이하지 않는 '제로섬 게임'에 지배될 가능성이 크다. 결국 제로섬 구조가 아니면서 지역적 협력이 가능하고, 그 협력의 파급효과가 크게 나타날 수 있는 공유영역을 발견하는 것이 중요하다. 지역통합으로의 협력은 현재 각국의 발전(혹은 발전의 잠재력)에 사활적 영향을 미치지만, 그 자체가 공동으로 해결·관리되어야만 하는 위기적 요인을 내포하는 경우에 더 용이하게 발생한다.

　사활적인 협력의 지점은 일본 안보내셔널리스트들이 위협으로 지목하는 '중국의 성장' 문제(이후 '중국문제')이다. 앞으로 중국이 지속적 성장을 유지할 수 있는가, 중국이 지속성장을 유지하려면 어느정도 수준에서 조정이 이루어져야 하며, 어떠한 조건이 있어야 하는가 등의 질문이 핵심적인 과제로 떠오르고 있다. 중국의 지속성장 문제는 현재 동아시아와 세계의 상호 의존 구조로 보았을 때 중국만의 문제가 아니며, 이미 동아시아와 세계가 공유해야 할 사활적 문제로 대두하고 있다. 현재와 같은 고성장은 자원, 식량, 에너지 등 필수자원의 핍박과 그로 말미암은 국가간 갈등을 가져올 것이다. 그리고 상황에 따라서는 중국의 경착륙과 급작스러운 침체는 동아시아 전체의 동시침체와 그로 말미암은 지역 내 불안정성과 갈등을 유발할 수 있을 것이다. 중국이 안은 이러한 문제는 군사안보적 대응이나 봉쇄로 해결될 수 있는 문제가 아니며, 중국의 성장에 관여하는 지역 각국이 지혜를 모으고 협력해야만 대안을 마련할 수 있다.[26] 이러한 차원에서 궁극적으로는 중국의 성장

전략을 공유하고 이를 공동관리하는 것을 목표로 필수적이고 가능한 부분부터 중층적인 협력을 진행해갈 필요가 있다. 대표적인 초기 협력분야들은 인프라, 자원·에너지, 식량, 환경, 투자 및 국제분업 문제 등이 있을 수 있을 것이다. 이러한 분야에서의 협력은 중국의 지속성장을 관리하면서도 관여국들의 경제적 '생존권'을 부분적으로 보장받는 과정이기도 하다. 한편 이러한 협력의 누적과 발전은 중국과 동지역의 지속성장 문제를 둘러싸고 동아시아 각국이 일종의 '공동운명체'임을 자각하도록 할 것이며, 이로부터 동아시아의 지역정체성이 발원될 수 있다고 본다. 이러한 점에서 안보내셔널리즘을 약화시킬 수 있는 거의 유일한 대안은 '공동운명체'임을 자각하도록 해주는 긴급한 협력이다.

---

26) '중국문제'를 둘러싼 지역 공동운명체적 접근은 오랫동안 대중국사업을 전개해온 이 또추 상사의 니와 우이찌로(丹羽宇一郞) 사장의 '중국비즈니스 성공을 위한 10개조'를 참조할 수 있다(丹羽宇一郞, 2004: 84~87면).

제4장
보론

안보내셔널리즘의 역사인식:
'새 역사교과서'의 분석

1. 안보내셔널리즘과 새로운 역사교과서

1990년대 초반 우익운동의 영향 속에 자민당이 역사문제에 대한 재검토 작업을 마친 이후 과거 식민지 지배와 제국주의 전쟁에 대한 정당화 등을 중심으로 한 일본의 역사인식 문제는 단순한 과거 문제가 아니라 오늘날의 현실과 직결된 현재적 문제로 부상하기 시작하였다. 즉 1980년대 문부성의 교과서 검정과정과 일부 각료들의 망언을 통해 드러난 '역사왜곡' 문제는 사회적 우익세력과 연계되기는 하였으나, 당시로서는 일부 정부세력의 비전략적·선거정치적 행태의 일부였다. 그만큼 1980년대의 교과서 문제와 망언 문제는 일본정치라는 커다란 맥락에서 보면 중심적 조류였다기보다는 부차적이고 부분적인 흐름의 하나일 뿐이었다.

그러나 최근 교과서 문제나 야스꾸니신사 참배 문제 등에서 알 수 있듯이 코이즈미 정권 이후 일본의 역사인식 문제는 완전히 다른 국면에 접어들었다. 우선 재해석된 역사적 관점, 즉 일본 안보내셔널리즘 역사관에 따르는 '체계적이고 종합된 서술'이 등장했다는 것이 그 한 가지이며, 이러한 '새로운' 역사서술을 일본정부와 집권 자민당이 적극적으로 지지하고 나섰다는 것이 다른 한 가지이다. 즉 후소샤(扶桑社) 발간 『새로운 역사교과서(新しい歷史教科書)』의 '새로운' 역사서술체계와 이에 대한 일본정부와 집권 자민당의 긍정적인 자세가 그것이다. 이제 역사문제는 단순한 '과거사 문제'가 아니라 현재 진행되는 일본 내셔널리즘 국가전략의 일환으로서 그 위치가 재규정되고 있으며, 코이즈미 내각과 아베 내각에서 정점에 이른 신보수우파 내셔널리즘의 안보, 사회전략의 이념적 기반을 제공해주고 있다. 이렇듯 역사인식 문제의 정치적 위상이 변화한 것은 코이즈미 정권에 이르러 갑자기 이루어진 것은 아니며, 약 10여 년 넘게 체계적으로 준비되어온 결과이다. 즉 안보, 사회문제 등에 대한 새로운 전략모색과 함께 1990년대 초부터 자민당은 당시 보수우파 중심의 중견 정치세력과 '새로운 역사교과서를 만드는 모임(新しい歷史敎科書をつくる會, 이하 새역모)'의 주체들이 중심이 되어 역사문제에 대한 재검토를 해왔고, 과거 역사에 대한 긍정적 재해석을 스스로의 국가전략의 핵심 부분으로 정초하는 작업을 해왔다. 오늘날 일본정부가 예전과 달리 역사문제에 대해 '완고한' 자세를 견지하는 것은 그것이 안보내셔널리즘의 이념적 기반 혹은 정체성의 근간을 이루기 때문이다.

이 보론의 목적은 최근 문제가 되는 『새로운 역사교과서』의 근현대 기술에 대한 정치학적·국제정치적 시각에서의 비판적 분석이다. 따라서 '사실합치(史實合致)' 여부에 대한 분석보다는 『새로운 역사교과서』의 서술 체계와 내용이 동아시아의 공통적 지향가치로 민주주의, 평화, 공존의 철학에서 얼마나 많이 이탈해 있는지를 주로 보여줄 것이다. 후소샤에서 출간한 『중학교 역사』(2005년 검정신청본)의 근현대 기술을 중심으로 분석하되 구체적 쟁점들을 예각화(銳角化)하기 위해 토오쿄오서적과 일본서적에서 검정 신청한 역사교과서와 비교분석을 수행할 것이다. 교과서 분석은 오늘날 안보내셔널리즘의 이념과 역사인식의 단면을 보여준다는 점에서 제4장을 잘 보완해줄 것으로 본다.

2. 역사서술의 이념: 애국주의, 역인종주의, 냉전주의

(1) 근현대 정치에 대한 목적론적 서술

후소샤간 교과서의 가장 큰 문제점은 근현대 정치에 대한 자부심과 애국주의를 강조하기 위해 역사적 사실을 편의적으로 단순화하고 과장한다는 것이다. 이를 위해 사건의 전체적 본질 관계에 대한 서술은 회피되는 반면, 자신들이 긍정적으로 생각하는 일부의 단편적 사실만이 지나치게 강조되는 경향이 있다. 이에 따라 일본 근현대정치의 모순적 측면에 대한 객관적 서술

위에서 민주적 국가로 올바로 자리매김하기 위한 모색은 도외시되고 있지만, 모순의 은폐와 사실 관계의 왜곡을 통해 과거 역사의 '정당성'과 '자긍심'만을 부각하기 위해 노력하고 있다. 이러한 서술태도는 헌법 전문 개정 논란과 '교육기본법' 개정 논쟁에서도 잘 드러나지만, 사회와 역사에 대해 비판적인 개인(소위 '무책임한 개인')보다는 '국가와 집단에 충성하는 개인('사회적 책무를 자각하는 개인')'을 칭송하는 자민당과 재계의 애국주의, 국가주의적 사고방식과 일맥상통한다. 이러한 점에서 새로운 교과서의 서술 전반을 꿰뚫는 특징은 '애국주의적 자부심'을 일깨우기 위한 목적론적 서술이라고 할 수 있다. 이를 위해 무사도를 중심으로 한 일본적 원리주의나 근대의 초극론 등을 중심으로 한 거꾸로 선 인종주의 등 비합리적 논리체계들이 동원되는 것이다.

1) 메이지유신의 성격에 대한 목적론적 단순화

새로운 교과서는 메이지유신을 "무사의 자기희생정신에 따르는 개혁"이라고 함으로써 메이지유신의 성격을 '무사도'와 연계하여 단순화하고 있다(후소샤, 148~49면). 이러한 설명은 전적으로 그릇된 것이라고 평가하기는 어려우나, 다만 메이지유신이 여러 주체에 의해 복합적인 특징을 보여주면서 전개되었다는 점을 상기할 때 지나친 단순화라고 하지 않을 수 없다. 이러한 단순화는 '일본정신'의 원류를 무사의 근검, 책임, 희생정신과 연계지어 찾고자 했던 전통적인 고꾸가꾸(國學)나 국수주의적 정신구조로 회귀할 위험성을 갖게 된다. 즉 메이지유신이란 일본적 원리주의(fundamentalism)의 한 가지 실현형태일 뿐인 것으로 이해된다.

그러나 이는 일본 근대정치의 특수한 전개방식에 대한 왜곡이자 일면화된 설명이다. 잘 알다시피 일본의 근대화는 '후발 자본주의' 상황에서 모색된 구미에 대한 일종의 캐치업 전략이었다. 그 전략의 가장 결정적인 정치적 계기가 된 것이 다름 아닌 메이지유신이었다. 일본에서 근대화 과정은 개항과 통상압력이라는 구미열강의 '외압(外壓)'에 대해 주체적으로 대처하기 위해 다양한 엘리뜨세력의 정치연합이 형성되었으며, 그리고 이 정치연합들 속에서의 정치(권력)투쟁을 통해 구미(선진자본주의 국가)의 산업화 경험을 캐치업하려는 정치세력이 최후의 승자가 되었다는 특징을 갖고 있다.

메이지유신을 위한 초기의 정치연합은 도꾸가와 막부와 일정한 거리를 유지하던 일부 도자마 다이묘, 각번의 중하층 무사계급, 서구문물에 비교적 밝은 신흥 관료계급 등으로 구성되었으며, 이 정치연합은 결국 관료 중심의 중앙집권[專制]체제로 귀착되었다. 다이묘의 권력이 판적봉환(版籍奉還)과 폐번치현(廢藩置縣)을 통해 무력화되었다면, 무사계급은 징병령(徵兵令)과 무사특권 폐지조치 등을 통해 중앙 정치무대에서 배제된다. 이에 따라 유신의 지향성도 변화하였는데, 가령 메이지유신을 전후해 무사계급이 주도하던 '존왕양이(尊王攘夷)' '대외웅비(對外雄飛; 정한론征韓論)'의 사조는 1873년 이후에 급속히 퇴조한 반면, 관료계급의 '문명개화(文明開化)' '식산흥업(殖産興業)' 노선이 메이지 근대화의 일관된 노선이 된다. 결국 이는 메이지유신의 중심 조류가 단지 '무사정신'만으로 환원되지 않으며 서구지향성과 근대지향성에 더욱 큰 비중이 있었음을 보여준다. 따라서 메이지유신은 '무사의 자기희생 정신'이 단초가 되었을지는 모르나 그것이 전체를 일관되게 설명할 수 있는 요인은 아니며, 구미 제국주의의 강력한 외압 속에서 서구의 경험을 압축, 비월해 '따라잡으려 했던' 물질주의적 근대지향성이 오히려 더 본질적인 동력을 이루었다.[1]

메이지유신의 복합성과 일련의 모순성, 즉 현실의 객관적 과정을 인정하지 않고, '일본정신'의 원류인 '무사도정신'을 중심으로 역사과정을 단순화하는 것은 학생들에게 국수적 애국주의, 일본적 원리주의를 불러일으킬 수 있다.

---

1) 이러한 점에서 일본서적, 147면의 평가는 주목할 만하다(내용 설명).

2) 유색인종과 백인종의 대립구도: 인종주의적 관점과 일본주의적 '원리주의'

다음으로 근현대 정치에 대한 목적론적 서술의 또다른 경우는 백인종에 대한 유색인종의 대립구도를 전면에 부각하고, 일본을 유색인종의 대표 세력으로 규정하여 백인들의 근대문명에 대한 일종의 초극자(해방자)로서 이미지를 강조하려는 대목이다. 새로운 교과서는 러일전쟁에 대한 서술에서 "유색인종의 국가 일본이 … 백인제국 러시아에 이긴" 전쟁(후소샤, 168면)이었고, 일본이 유색인종의 대표로서 "국제연맹에서 유색인종 차별을 철폐하기 위해 적극적으로 노력했"으며(후소샤, 188면), "대동아회의" 또한 전쟁을 정당화하기 위한 정치적 선전활동이었다기보다 "동아시아의 새로운 질서를 형성하기 위한 동아시아 국가간의 적극적 협력 노력"이었다고 긍정성과 자부심에 어린 서술을 하고 있다(후소샤, 206~207면).

이러한 서술의 이면에는 일본을 중심으로 한 유색인종의 질서['동아시아']와 서구열강의 백인종 질서['서구의 근대문명']를 대립시키고, 거꾸로 선 인종주의에 따라 서구문명을 초극하겠다던 '근대의 초극론'적 사고방식이 자리하고 있다. 이 '근대의 초극론'에는 다음 두 가지의 논점이 내포되어 있다. 첫째, 일본의 제국주의적 지배와 전쟁이 구미백인의 지배에 저항하고 백인문명이 갖고 있던 근대적 한계를 극복하려는 것이었다는 전쟁 그 자체에 대한 정당화이다. 둘째, 일본은 이러한 구미문명을 초극하려는 전쟁을 추진하는 과정에서 아시아 유색인종의 '맹주'로서 충실하게 역할을 했다는 것이다. 즉 일본은 유색인종의 대표로서 아시아의 해방을 위해 적극적인 대리전을 수행했다는 논리이다. 이는 일본의 제국주의 전쟁에 대해 '근대의 초극'이라는 근본주의(fundamentalism) 명제를 적용함으로써 침략전쟁의 본질을 은폐하고 일본의 아시아 지배를 정당화한다는 점에 가장 큰 특징이 있다. 앞서 본 바와 마찬가지로 '일본적 원리주의'를 동원해 일본 근대사의 모순 및 복합성을 은폐하였듯이 서양에 대립하는 동양이라는 새로운 근본주의를 동원하여 전쟁에 대한 일본의 현실적 국가목표(이익)와 아시아에 대한 실질적 지배관계를 은폐하는 것으로 이어지는 것이다.

(2) 신냉전(반공)주의로 점철된 서술

한편 새 교과서의 전반적 서술은 반사회주의, 반공주의로 점철된 나머지 탈냉전의 오늘날에도 신냉전주의적 발상을 정당화하고 있다. 사회주의 문제에 대해 현실적인 차이를 인정하고 공존의 자세를 표명하기는커녕 '나[我] 이외에는 적[敵]'이라는 극단적 사고방식이 발견된다. 새 역사교과서는 자본주의 모순은 물론 그에 대한 비판테제의 하나로서 사회주의가 존재할 수 있다는 인식을 결여하고 있다. 한편 이러한 서술태도는 자본주의적 모순들에 대한 저항의 일환으로 표출된 국내정치의 민주주의운동, 노동운동과 민중운동, 사회주의 이념운동 등에 대한 일면적이고 부정적인 이미지를 과장하고 있다. 나아가 국제정치에 대해서는 '힘'(power)의 관점을 앞세운 속류 현실주의적 시각이 전면화되고 있는데, 냉전적 적대감이 앞선 나머지 역사무대에 등장한 사회주의국가의 국제관계, 국내 계급관계에 대한 영향력은 물론 그것의 역사적 의미에 대한 서술은 배제되고 있다. 이러한 냉전적 사고방식은 최근 안보내셔널리즘의 세계관에서 '자유민주주의·자본주의'=친구[友], '구 사회주의'=이질집단[잠재적 '적敵]'이라는 세계의 양분 구도와 일맥상통한다.

또한 새 교과서는 러시아혁명을 볼세비끼의 '무자비한 권력투쟁'(후소샤, 182~83면)으로 묘사한다든지, 공산주의 체제를 '전체주의' 체제의 한 형태로서만 극히 단순화하여 서술하고 있다(후소샤, 192~93면). 이러한 서술은 1950~60년대 냉전 기간에 미국 주도의 비교정치학계에서 만들어진 '자유민주주의' 체제 대 '전체주의' 체제라는 낡은 대립항을 그대로 재현하는 듯이 보인다. 따라서 이념으로서 사회주의 혹은 현실사회주의는 전체주의 혹은 일당 독재의 수립을 위한 책략으로 그 의미가 지극히 단순화되고 있다.

이러한 사고방식은 이질적인 체제간의 역사적 공존을 모색해왔던 평화공존의 이념과는 거리가 멀며, 더 나아가 역사적 사회체제로서, 그리고 자본주의에 대한 비판으로서 사회주의 이념의 존립의미를 부정하는 것이다. 따라서 러시아혁명과 이후 사회주의의 실험이 자본주의에 주었던 충격이나 그것의 역사적 의미에 대한 서술도 전혀 찾아볼 수 없다. 이러한 서술은 타 출판사의 교과서와 비교하더라도 가히 돌출적인데, 다른 교과서들은 당시의 사회주의 혁명이 세계의 민주주의 운동, 민중운동에 끼친 영향에 대해 상당정도의 지면을 할애하고 있다(토오꾜오서적, 171면; 일본서적, 182~83면). 새 교과서의 냉전적 사고방식은 내적으로는 자본주의 혹은 제국주의적 식민지배에 대한 다양한 비판과 저항운동의 의미를, 그리고 국제적으로는 이질적 국가간의 평화공존이 갖는 가치를 심각하게 폄훼할 수 있다.

3. 국내정치 관점: 국가주의, 파시즘의 긍정

새로운 교과서의 근현대 국내정치에 대한 서술은 제국주의적 통합, 국가주의 및 파시즘에 대한 우회적 긍정이 이루어지는 한편, 전전 일본 민주주의 발전의 조건과 가능성, 과제에 대한 분명한 언급 혹은 평가가 이루어지지 않는다는 특징이 있다. 이러한 점에서 새 교과서는 근현대 정치사에 대한 지나친 정당화로 말미암아 민주주의에 대한 일관된 관점을 상실할 위험성을 갖고 있다. 한 걸음 더 나아가 이러한 정치사 서술의 왜곡을 통해 '민주주의'론에 대한 근본적 재검토, 즉 민주주의의 상대화로 나아갈 가능성마저 부정할 수 없다.

이렇듯 새로운 교과서의 국내정치 서술에서 가장 큰 문제점은 민주주의에 대한 옹호의 관점이 약한 만큼 전전 국가주의나 군국주의 파시즘에 대한 비판의 관점도 일관되지 못하거나 지극히 약하다는 사실이다. 이는 근대 일본

정치의 모순과 가능성에 대한 객관적 평가를 하기 어렵게 한다. 일본 국내의 강제적 민족통합이 갖는 '내부 식민지주의'(internal colonialism)적 성격에 대한 서술이 부재하며, 근현대 일본 민주주의(민주정치)의 발전과정이 보여준 한계와 과제에 대한 객관적 평가는 어디에서도 발견하기 어렵다. 나아가 1930년대 말과 1940년대 진행된 '국가개조운동'이 파시즘의 특수형태라는 관점과 군국주의 파시즘의 역사에 대한 반성적 서술이 결여되어 있다. 그리고 전후 미군점령과 더불어 '강제된' 민주개혁에 대해서도 그에 대한 적극적 의미부여를 발견하기 어렵다. 한편 이러한 관점은 패전 후 성립된 이른바 '전후체제'——평화주의, 전후 민주주의, 평등주의——의 정당성을 부정하고, 도리어 '일본적 전통'이라는 이름으로 전전의 군국주의 파시즘, 천황제 파시즘의 역사에 정통성을 부여하려는 정치적 추세와 정확하게 일치한다.

(1) 영토 편입과 국내 민족통합의 강제성에 대한 은폐

새로운 교과서는 식민지 민족, 그리고 일본의 국내영토 흡수통합 과정에 내포된 강제성에 대한 서술을 회피함으로써 일련의 '내부 식민지주의'적 근대 민족통합 과정을 정당화하고 있다. 오늘날 일본의 영토가 획정되고, 민족통합이 이루어지기까지 일본에서는 남으로는 오끼나와의 복속, 그리고 북으로는 홋까이도오의 개발이 있었다. 이 역사과정은 남에서는 류큐(琉球) 민족, 북에서는 아이누(アイヌ) 민족이라는 이질적 민족들이 일본 민족에 강제적으로 통합되는 과정이었다. 그러나 이 과정에 대해 새로운 교과서는 "1874년 대만 출병의 자연스러운 결과로서 오끼나와의 귀속이 이루어졌다"는 서술 이외에 그 어떠한 언급도 하고 있지 않다(후소샤, 150~51면). 오끼나와 복속, '북방 영토' 확정에 대한 객관적인 서술이나, 이면에 존재하는 다른 민족들의 저항에 대한 서술은 의도적으로 회피되는 것이다.

나아가 관동대학살, 식민지동화 및 강제동원 등과 관련된 전전 재일조선인 문제에 대해서도 정부의 정책적 개입이나 의도성은 은폐되고 있다. 가령 관동대학살에 관해서는 "1923년 9월 1일 칸또오(關東)지방에 대규모 지진이 일어나 … 이런 혼란 속에서 조선인과 사회주의자 사이에 불온한 책동이 있다는 소문이 퍼져 주민의 자경단 등이 사회주의자와 조선인을 살해한 사건이 일어났다"고 하여 소문과 자경단의 소행으로 그 주체나 문제의 소재를 축소・왜곡한 채 도리어 '불온한 책동'이라는 왜곡된 용어를 사용해 사건의 본질을 은폐하고 있다(후소샤, 189면). 그리고 강제동원 및 황민화 정책과 관련해서 "조선반도에서 일중전쟁 개시 후 일본식 성명을 사용하게 하는 창씨개명이 이루어졌고, 조선인을 일본인화하는 정책이 추진되었다. 전쟁 말기에 징병과 징용이 조선과 대만에도 적용되어 다수 조선인이 일본의 광산 등지에서 가혹한 조건하에서 노동하였다"고 쓰고 있다(후소샤, 208면) 여기에서는 첫째, 조선에 대한 황민화정책을 일본인화 정책이라고 하고 창씨개명만을 부각함으로써 교육・종교・문화정책 등에 걸쳐 진행되었던 강제적인 민족말살 정책을 은폐하고 있다. 둘째, 강제동원과 관련해 공장 징용만을 인정하며 여성의 '위안부' 강제동원에 대해서는 한마디 언급도 없다(손승철, 2005; 신주백, 2005).

이는 근대 민족 통합과정의 제국주의적 성격, 즉 강제적이고 강압적인 성격을 은폐하고 단일민족 관념을 정당화하기 위한 편견이 동원된 결과이다. 반면 타 출판사의 교과서는 불완전하지만 근대 일본 민족의 형성과정에 내포된 모순성을 인정하고, 민주주의적 관점에서 과거사에 대한 반성적 음미를 시도하고 있다.[2]

---

2) 토오꾜오서적, 149면과 일본서적, 157면을 참조하라. 특히 일본서적의 경우는 홋까이도 아이누족의 사례를 들어 강압적 민족통합이 일으킨 무리함에 대해 상세한 소개를 하고 있다.

(2) 자유민권운동과 근대적 민주정치 관념의 태동에 대한 서술의 부재

잘 알다시피 일본 근대정치사에서 민주주의 문제를 최초로 제기한 것은 무사계급의 정권 축출 이후 단계적 발전양상을 보여주었던 '자유민권운동'이었다. 이로 말미암아 입헌논쟁이 개시되었으며, 내각제도와 입헌제도라는 근대 민주주의 정치제도의 도입이 이루어졌다. 이 과정에서 국가문호를 국민(신민)에게 점진적 단계적으로 개방한다는 정치노선이 승리하였고, 이 노선에 따라 국회개설과 정당정치의 발전이 이루어지게 된다. 물론 이 시기 도입된 입헌체제는 이른바 '프러시아형' 모델의 것으로서 문명개화와 식산흥업이라는 국가적 목표와 근대적 국민 참정권이라는 모순적 계기들을 절충적으로 통합하려는 것이었다. 이러한 점에서 자유민권운동과 입헌체제의 도입논쟁은 오늘의 민주주의론의 관점에서 보면 불완전하기 그지없는 것이었으며, 그러한 불완전성은 나중에 '천황주권설' '천황기관설'의 논쟁으로 재해석되는 헌법구조의 모순을 낳기도 했다. 그러나 이러한 모순에도 불구하고 당시 자유민권운동과 입헌제 도입논쟁은 나중의 근대정치사가 입증하듯이 일본정치에 근대적 민주주의(보통선거제)를 가져온 결정적 계기가 되었다. 따라서 자유민권운동과 입헌제 도입과정의 성격을 이해하는 것이 전전 일본 민주주의의 가능성과 한계를 동시에 인식하게 하는 출발점이 된다. 그러나 새로운 역사교과서는 이 과정에 대한 간단한 역사적 사실 소개 이외에 어떠한 분석적 관점도 제시하고 있지 않다(후소샤, 158~59면). 반면 타 출판사의 역사교과서는 근대적 민주정치사조의 도입과 그 역할이라든지, 근대적 자유권의 태동과 같은 지점들에 대한 서술을 통해 일본 민주주의 발전사의 중요 계기로서 자유민권운동과 입헌제 도입논쟁의 의미를 부각하고 있다는 점에서 대조적인 양상을 보여준다(일본서적, 151, 156면).

(3) 프러시아형 입헌제의 모순에 대한 서술의 부재

한편 민주주의론을 발전적으로 견지함에 있어서 '프러시아형' 입헌제 채택의 배경과 의미에 대한 적확한 인식은 결정적인 의미가 있다. 새로운 역사교과서의 서술은 1889년 채택된 『대일본제국헌법』에 대한 설명에서도 입헌제 도입 그 자체에 대해 의미를 부여하면서 이로 말미암아 국민의 권리가 보장되었다는 피상적 설명만을 하는 데 그치고 있다. 그러나 당시의 헌법이 지닌 모순성, 즉 천황주권하의 제한적 민권의 인정이라는 본질적 내용이 채택되게 된 배경, 그리고 그러한 헌법체계가 지닌 가능성과 한계에 대한 서술은 이루어지지 않고 있다. 이는 전전 민주주의의 양면성에 대한 인식 결여를 낳고 있으며, 결과적으로 이 헌법체계가 전전 일본 파시즘과 융합되어간 상황에 대해서도 정당한 설명을 하지 못한다. 결국 전전 헌법체계의 천황주권설적 측면에 대한 적절한 평가가 회피되면서 일본인들, 특히 후대들이 발전해 나가야 할 올바른 민주주의관의 문제도 논의에서 배제되고 있다(후소샤, 160~61면).

(4) '교육칙어'와 천황지배, 국가주의 요소의 은폐 혹은 정당화

근대 정치사의 서술과 관련하여 새로운 역사교과서가 일관된 민주주의 관점을 결여하고 있다는 사실은 전전 천황제 지배이데올로기의 한 축인 '교육칙어(敎育勅語)'에 대한 서술에서도 분명히 드러나고 있다. 새로운 교과서는 '교육칙어'를 "국민으로서의 심득(心得)을 논한 (천황의) 가르침"으로 정의하며, 그 일부의 내용을 소개하고 있다(후소샤, 161면) 그러나 주지하는 바와 같이 당시 '교육칙어'는 '군인칙유(軍人勅諭)'와 함께 천황제 통치이데올로기와 국가주의 사조를 대중적으로 전파하는 핵심적 전범(典範)이었다. '교육칙어'의 본질은 '충군애국'을 통한 천황제의 강화가 일차적인 목표였다(일본

서적, 155면). 이러한 점에서 '교육칙어'를 '국민심득'의 사항으로 일반화하는 것은 전전 천황제 국가주의, 사회적 집단주의, 전근대적 충효론을 정당화하는 것일 수밖에 없다. 한편 2000년대 '교육기본법' 개정을 둘러싼 논쟁과정에서 자민당의 안보내셔널리스트들이 개정의 기본 축으로 '교육칙어' 정신의 부활을 주장하였다. 이를 통해 안보내셔널리스트들은 국가와 사회 중심의 교육관, 개인권리에 대한 국가적 제약, 그리고 애국주의 등을 정당화하고 국가적 정체성의 강화를 주장하였다. 결국 자민당 안보내셔널리즘의 교육개혁, 즉 2006년 '교육기본법' 개정은 새로운 역사교과서의 '교육칙어'에 대한 정당화와 동일한 맥락에서 진행되었던 것이다.

(5) 후발형 산업화의 모순적 측면에 대한 서술의 회피

새로운 역사교과서는 일본 파시즘 발생의 사회경제적 연원(origin)으로도 귀결되는 후발형 산업화에 대한 서술을 회피하고 있다. 교과서는 이와 관련된 서술을 '산업혁명', 그로 말미암은 '도시 및 농촌생활의 변화' 및 '사회문제의 발생' 등의 항목을 중심으로 수량적 데이터에 근거한 간략한 서술을 하고 있다(후소샤, 172~73면). 당시 후발형 산업화가 압축비월의 성장전략하에서 특정한 '성과'를 얻을 수 있었다고 한다면, 동시에 경제구조의 불균형과 이중구조, 민중생활의 구조적 제약 등과 같은 자생적으로 조정되기 어려운 심각한 문제점을 가져오기도 하였다. 결국 세계공황이라는 위기상황에서 이 문제점들을 은폐하면서 군비 중심의 성장주의로 상황을 타개하고자 했던 것이 파시즘의 경제전략이었다. 그러나 교과서는 당시의 재벌경제나 노동/농민운동 등 사회운동이 사회적 '일탈(逸脫)'현상이었다고 진단하고 있다. 결국 교과서는 도시와 농촌에 걸친 산업구조 전반의 왜곡과 모순에 대해 서술하고 있지 않으며, 군수산업, 재벌 중심 체제하의 노사관계와 지주제하의 농촌 생산관계의 핵심적 문제점에 대해서도 논의를 회피하고 있다. 이러한 당

시 산업체제에 대한 구조적 인식의 결여, 혹은 의도적 외면은 전전 노동운동과 농민운동 등 민중운동, 나아가서는 공황기 노동정세와 농민정세 등에 대한 정당한 평가를 애초에 어렵게 만들고 있다(일본서적, 164~67면). 이러한 문제점은 전전 민주주의의 객관적 동력에 대한 평가 또한 어렵게 만들고 있으며, 파시즘 체제의 경제적·사회적 연원에 대한 설명을 회피하도록 하고 있다.

(6) 전전 민주주의(다이쇼데모크라시)의 가능성과 한계에 대한 평가 결여

'다이쇼데모크라시'와 이후 보통선거제하의 정당내각 시기는 근대 일본정치에서 전무후무한 단기간 민주주의 시기였지만 동시에 그 허약성 또한 적나라하게 드러낸 시기이기도 하였다. 그러나 여러가지 한계에도 불구하고 이 시기에 잉태되었던 제반의 가능성이라는 측면에서 보았을 때 짧았던 전전 민주주의의 시기는 전후 본격적 민주주의 체제 작동을 위한 중요한 기반이 될 수 있었을 것이다. 그러한 점에서 전전 민주주의 시기의 가능성과 한계에 대한 충분한 평가는 오늘날 일본 민주주의 문제점을 올바로 인식하는 데 필수적이다.

그러나 새로운 역사교과서는 전전 민주주의의 원천인 다이쇼데모크라시에 대해 독립적 항목으로 취급하고 있지 않으며, '정당정치의 전개'라는 항목에서 그 내용을 아주 짧게 소개하고 있을 뿐이다. 따라서 이 시기에 등장한 민주주의의 주요 사조들과 그 정치적 의미에 대한 평가 혹은 서술을 찾아보기 어렵다. 이와 함께 전전 민주주의의 가능성과 한계에 대한 설명도 이루어지지 않고 있다(후소샤, 186~87면). 반면에 타 출판사의 교과서들은 전전 민주주의 가능성과 한계에 대해 상당한 비중을 할애하고 있어 차이점을 보이고 있다(토오쿄오서적, 176~77면; 일본서적, 186~87면).

(7) 일본 파시즘의 존재에 대한 암묵적 부인

새로운 역사교과서의 일관된 민주주의 철학의 결여는 파시즘 관련 서술에서도 극명히 드러나고 있다. 제2차 세계대전 시기의 파시즘 체제, 세계공황으로 말미암은 군부에의 기대 고양, 2·26사건, 전시하의 생활 등에 대한 항목들에서 새로운 교과서는 마치 파시즘 정치체제가 독일과 이탈리아에서만 존립했던 것처럼 기술하고 있으며, 일본에서 공황 및 전시 상황을 배경으로 한 실질적인 파시즘 체제로의 전환과정을 설명하면서 '파시즘' 혹은 '군국주의적 파시즘'이라는 용어법은 의도적으로 배제되고 있다(후소샤, 193, 195, 198, 208~209면).

이러한 태도는 일본 국가주의 체제의 파시즘적 보편성을 부정하는 것인데, 일본적 총력전 체제와 파시즘을 구별하여 "민주주의 체제의 전면적 부정──정당정치의 중단, 국민의 민주적 권리부정, 자주적 사회조직의 부정 등──으로서의 파시즘"은 전전 일본에서 존재하지 않았다는 것이다. 이러한 점에서 전전 '전쟁체제'의 역사는 전면적으로 부정되어야 할 것이 아니라 일면의 정당성을 갖는 역사로 재해석된다.

물론 타 출판사의 역사교과서도 1937년 이후 전쟁기 동안 일본의 정치체제를 파시즘으로 명시적으로 규정하지는 않는다. 그럼에도 불구하고 일본에서도 유럽의 파시즘 운동과 마찬가지로 공황 시기에 청년장교 등을 중심으로 하는 파시스트 그룹이 국민의 불만을 동원하려는 선동적 운동을 진행하였으며(일본서적, 192~93면), 특히 2·26사건 이후에는 '통제파'를 중심으로 하는 정치·경제 면의 파시즘 정책──군부의 정치지배, 군수 중심의 중화학공업화, 대륙침략의 가속화 등──이 전면화했음을 서술하고 있다. 이는 실제로 정치체제의 이행, 즉 맑스주의적 용어법으로는 '국가형태'(form of state)의 이행을 인정하는 것이며, 궁극적으로 일본에서 군부 주도의 파시즘 ('군국주의 파시즘')이 형성되었음을 인정하는 것이다(토오꾜오서적, 186~87면;

일본서적, 197면).

(8) 전후 미국의 점령정책과 민주개혁의 의미 폄하

전전 국내정치에 대한 새로운 역사교과서의 긍정 관점——파시즘, 즉 국가주의의 용인론과 민주주의론의 결여——은 전후 민주주의의 출발점인 미국의 점령정책, 특히 초기의 민주개혁에 대한 의미폄하로 이어지고 있다. 즉 미군점령의 개시는 부당한 것이라는 뉘앙스의 서술이 그것이다. 이는 일본이 범한 전쟁의 책임 소재를 불명확하게 만드는 과정이기도 한데, 미군의 점령이유와 점령정책의 기본 정책 또한 불분명하게 만들고 있다. 따라서 점령정책의 일부 항목에 대한 언급은 있을지언정 점령시 민주개혁의 전반적인 목표와 전후 민주주의의 개시에 대한 총괄적 평가는 발견하기 어렵다(후소샤, 212면). 반면 타 출판사의 교과서는 미군의 전후 개혁정책을 전전 일본 파시즘과 전쟁범죄를 청산하기 위한 과정으로 평가하고 있으며, 그에 따라 전후 민주주의의 위상 또한 적절히 평가하고 있다(토오꾜오서적, 204~205면; 일본서적, 219면).

4. 국제관계: 제국주의 지배의 정당화와 공존철학의 상실

새로운 역사교과서의 '원리주의'를 동원한 애국주의와 역인종주의(逆人種主義), 그리고 냉전주의적 관점은 국내정치에 대해 전전정치의 정당화——국가주의 파시즘의 용인, 민주주의적 철학의 결여——를 낳았다고 한다면, 국제정치에 대해서는 극단적인 자국중심주의와 제국주의의 정당화를 낳고 있다. 결국 자국역사를 극단적으로 정당화하는 이 국제정치관은 주변국들과의 평화공존, 그리고 상호 발전을 위한 지역협력이라는 가치와는 양립되기 어럽다.

새로운 역사교과서는 근대 일본이 범한 아시아·태평양전쟁의 본질, 즉 제국주의 침략전쟁으로서 일본의 전쟁에 대한 서술을 의도적으로 회피하고 있고, 식민지 혹은 점령지배를 일본의 국가안보적 관점에서 정당화하고 있다. 나아가서는 이른바 '식민지 근대화'론을 원용해 식민통치를 정당화하거나, 일본의 제국주의 전쟁을 아시아 민족해방전쟁으로 곡해하고 있다. 한편 국가안보론, 식민지 근대화론, 민족해방론과 함께 제국주의적 패권지배를 더욱 정당화하기 위해 유색인종(아시아) 대 백인종(구미)을 대립시키는 역인종주의적 편견이 중요한 이데올로기로 동원되고 있다. 이를 통해 일본이 지배한 '근대 아시아'의 또다른 측면인 피지배와 피해, 파괴, 억압 등의 문제는 회피되고 있다. 그리고 동일한 맥락에서 아시아 근대화의 주요 동력으로서 일본 제국주의에 대한 민족저항, 민족해방운동의 적절한 의미부여 또한 그 어디에서도 발견할 수 없다. 결국 이러한 지배의 정당화, 즉 공존철학의 폐기는 전후 아시아와 일본을 공존할 수 있게 했던 일본의 전후 평화주의가 지닌 의의를 크게 폄훼하는 자세로 이어진다.

(1) 정한론의 정당화

새로운 역사교과서는 사이고 다까모리에 대한 기술 속에서 "정한론(征韓論)은 조선의 문호를 개방하기 위한 노력의 일환"이었다고 긍정적인 평가를 하고 있다. 이는 새로운 교과서의 전반적 관점과 관련하여 이미 논한 바 있는 메이지유신에 대한 무사도적 정당화와 연결되며, 메이지정부 초기 무사계급에 의한 '대외웅비론'에 대한 적극적 평가의 연장으로 보인다. 특히 무사계급이 주도한 정한론이라는 근대 일본 최초의 팽창주의적 프로젝트에 대한 긍정적인 태도는 제국주의단계 진입 이후 일본의 조선, 만주, 중국 등에 대한 침략 혹은 지배에 대해서도 그대로 반복되고 있다. 이러한 태도는 주변

봉건적·반봉건적 국가들에 대해서 '문명을 앞세운 힘에 의한 강제적 개방'이 불가피했다는 국제질서에 대한 속류 현실주의적 인식에 기초하고 있다. 그리고 주변국과의 공존이라는 국제적 가치를 배제하면서 일본의 초기 군사·봉건적 제국주의를 정당화하는 것으로 귀결된다(후소샤, 153면). 그런데 이 정한론과 관련된 서술도 앞의 사례들과 마찬가지로 당시의 정치적 배경과 관련된 역사적 사실을 의도적으로 외면하고 있다. 결과적으로 정한론이라는 역사적 사건이 가진 본질적 측면을 은폐하는 것이다. 먼저 정한론은 1873년 당시 관료계급과 무사계급의 권력투쟁, 즉 징병제 도입논쟁의 와중에서 몰락해가는 무사계급의 지위회복을 위한 정치적 모략으로 급부상하였다. 이러한 점에서 '대외웅비'라는 명분에도 불구하고 정한론의 논리기반은 그만큼 취약한 것이었다. 정한론의 본질적 측면은 '조선의 문호개방'에 있었다기보다는 국내 근대화 과정의 정치불만을 해소하려는 '대외적 희생양 찾기'에 있었다고 할 수 있다. 결국 정한론의 본질은 조선에 대한 야만적인 봉건적 제국주의의 정복을 실현하려는 것이었다.

(2) 조선병탄에 대한 속류 현실주의적 정당화

새로운 역사교과서는 조선병탄을 합리화하면서 일본의 안보상 필요성 때문에 불가피한 것이었다는 속류 현실주의적 논리를 제시하고 있다. 가령 청, 러시아와의 국제관계 속에서 일본의 안보를 지키기 위해 "양국의 영향권에 있는" 조선의 독립을 '지원'했으며, 궁극적으로는 일본의 안전과 만주의 권익을 위해 한국의 병합이 필요했다는 것이다(후소샤, 163, 170면). 이러한 사고방식은 '주권선'과 '이익선' 개념을 동원해 자국의 생존을 위해서 주변국을 속국으로 만들어 '안보의 방패'로 삼아야 한다는 1890년 야마가따 아리또모(山縣有朋)의 재판이라고 볼 수 있다(이리에 아끼라, 1993: 45~47면). 그러나 조선병탄에 대한 안보론적 정당화는 후발형 근대화, 즉 압축비월형 근대화를 추구한 일본이 비교적 초기 국면에서도 제국주의적 발전의 양상을 보여 줄 수밖에 없었다는 사실을 은폐하려는 시도이다. 당시 일본이 주변지역을 자신의 배타적 생존권역(Lebensraum)으로 재편하려 했던 준(準)제국주의였음을 은폐하려 하는 것이다. 앞서 언급한 야마가따의 '주권선' 및 '이익선' 개념은 서구와의 종속적 협조를 유지하면서 아시아에 대해서 준제국주의적 전략을 시동하기 시작한 싯점에 출현하였다.[3] '주권선'과 '이익선'이라는 개념은 자신의 배타적 지배영역을 영향권역의 확대를 통해 단계적으로 팽창시켜 가려 한 것으로서 본질적으로 타국에 대한 침략적 경향이 있었다. 이러한 점에서 청일전쟁과 러일전쟁 후 한국의 병합은 더욱 적극적인 대륙진출을 위한 교두보 확보로서의 의미가 있게 된다. 결국 '국가안보'론을 내세운 당시 국제관계에 대한 속류 현실주의적 해석은 일본 제국주의의 대륙팽창 논리를 정당화하는 하나의 도구에 불과한 것이다.

(3) 식민지 근대화론

새토운 역사교과서의 팽창주의, 제국주의적 식민지 지배에 대한 또다른 정당화의 방법은 조선과 대만에 대한 식민지 지배가 결국 해당 지역의 근대화에 이바지했다는 '논리'이다. 일본은 조선개국 후 군제개혁을 지원했으며, 합병 이후에도 총독부가 철도, 관개시설, 토지조사 등의 새로운 인프라 구축을 통해 조선의 근대화를 지원했다고 주장한다. 그리고 대만과 관련해서는 핫따 요이찌(八田与一)의 사례를 들어 식민지 지배를 통한 근대화를 '입증' 하기 위해 노력하고 있다. 즉 일본 제국주의의 식민지 지배는 '은혜로운 개

---

3) 19세기 말에서 20세기 초라는 싯점은 당시까지 '탈아입구(脫亞入歐)'를 부르짖고 선진국(제국주의) 반열에 진입하려던 일본에 '아시아'가 인식되기 시작한 싯점이며, 아시아를 무대로 독자의 세력권역을 구축하려는 제국주의적 전략이 시동된 싯점이기도 하다(이리에 아끼라, 45~58면).

발'을 수행했고, 결과적으로 이는 한국과 대만의 근대화를 추동했다는 것이다(후소샤, 164, 170~71면). 이러한 논리는 궁극적으로 '근대화'의 정의와 주체에 대한 새로운 논란을 일으킬 수 있다. 근대화란 자본주의 도입과 더불어 나타나는 물질적 생활양식의 혁신(근대적 산업화)과 정신적・문화적 삶의 양식의 혁신——자유와 평등이 전제되는 주체적 개인의 형성——이 동시에 추진되는 복합적 과정이다. 이러한 과정은 근대적인 '민족'의 형성과 그 궤를 같이하며, 일반적으로 그 민족이 주체가 되는 자각적 통합운동이라 정의할 수 있다. 그런데 제국주의 세계체제의 팽창과 더불어 이러한 독립적 근대화의 과정은 사실상 존립하기 어렵게 되었으며, 제국주의적 지배력에 저항하면서 주체적 근대화를 지향하는 새로운 근대화의 경로가 대두하게 된다. 식민지하의 근대화 또한 이 새로운 조류 중 하나이다. 그러나 잘 알다시피 식민지하에서의 인프라 개설과 제한된 범위 내 자본주의 발전은 식민지 통치의 효율성을 기하기 위한 지배기제의 하나로 도입되었으며, 정신적이고 문화적 삶의 측면에서도 자립적 개인과 민족의 형성은 부정된 반면 식민통치에 예속적인 문화이데올로기가 일반화되었다(토오꾜오서적, 156면). 이렇듯 식민지 자본주의의 물질적・정신적・문화적 구조는 철저히 식민지 본국의 필요에 복속되는 '왜곡된 근대'일 수밖에 없으며, 자립적・주체적 근대화의 경로와는 동떨어져 있다. 이러한 점에서 식민지 지배가 근대화를 가져왔다는 논리는 근거가 없다. 따라서 식민지 자본주의를 경험한 국가의 근대화는 식민통치에 의해서가 아니라 이 식민통치에 대한 저항과 극복에서 시작된다고 할 수 있다. 식민지 경험 국가들의 근대화는 민족(해방)운동을 통해 새로운 주권국가가 형성됨으로써 비로소 가능해지는 것이다(토오꾜오서적, 160, 174~75면). 따라서 식민지시대 형성된 '근대적' 인프라나 기술은 그 자체로서 근대화의 '사례'가 될 수는 없으며, 주체적 근대화 과정이 본격적으로 시동되었을 때 비로소 그 자산으로 활용될 수 있을 따름이다. 결국 식민지 지배가 근대화를 가져왔다는 주장은 근대화의 기본 개념은 물론 근대화에 내포된 주체의 문제를 철저히 무시하는 강권적 지배에 대한 궁색한 사후 변명일 뿐이다.

(4) 1차대전과 중국 개입의 객관적 맥락에 대한 곡해

새로운 역사교과서는 1차대전의 발발과 함께 본격화된 중국에 대한 개입의 이유를 '영일동맹'에 의한 불가피한 참전으로 곡해하고 있다. 영일동맹으로 일본은 독, 오, 이의 3국협상에 맞서 영, 불, 러의 연합국 진영에 참전하였다는 설명이다(후소샤, 180~81면). 이는 일본 육군이 유럽의 전화(戰禍)를 호기로 활용해 중국대륙에서의 본격적인 이권을 확보하기 위해 1차대전에 형식적으로 개입하였다는 사실을 은폐하는 논법이다. 일본이 1차대전에 개입한 것은 유럽의 전장 전반보다는 중국의 독일 이권을 목표로 한 것이었으며, 이를 위해 영일동맹을 형식적 명분으로 활용하였을 따름이다. 즉 일본은 독일의 중국 내 권익을 강제적으로 양도받고, 21개조로 표현되는 중국에서의 권익 확대를 실질적 목표로 하였다. 이러한 점에서 새로운 교과서는 중국 개입의 실질적 목표를 은폐하는 한편, 개입의 형식적 명분만 강조함으로써 일본 군부의 대륙진출을 정당화하고 있는 것이다(일본서적, 181면).

(5) 전쟁의 본격적 정당화: 만주사변, 중일전쟁, 태평양전쟁

새로운 역사교과서는 만주사변에서 태평양전쟁에 이르는 일련의 전쟁과정에 대해 전쟁의 발생원인을 모호하게 만들거나 전쟁발단의 책임을 전가하는 방식으로 자신의 제국주의 전쟁을 정당화하고 있다. 가령 만주사변에 대해서는 '소련 등에 대한 관동군의 위협인식', 중일전쟁에 대해서는 노구교사건에 대한 중국책임론, 태평양전쟁과 관련해서는 '제해권 문제' 등을 전쟁발생의 원인으로 들고 있다(후소샤, 196~97, 199, 204면). 이러한 설명에 따르면 1930년대 이후 왜 일본이 대륙과 동남아시아에서 확전을 거듭했는지 그 원인이 분명히 밝혀지지 않는다. 다만 전쟁이 발생한 특별한 계기나 인식에 대한 서술만이 존재한다. 그러나 만주사변의 경우 만주경영과 관련된 일본의 경제적 이익, 대소방어를 위한 전략적 기지구축, 대륙진출 및 일본본토 파시즘화의 교두보 확보(만주국 건설) 등과 같은 일본군부의 전략적 의도가 충분히 고려되어야 한다. 그리고 중일전쟁의 경우 1930년대의 초기 파시즘 정권 하에서 대규모의 군비증강이 이루어지고 이것이 일본 군부의 팽창의도를 자극함으로써 중일전쟁이 야기되는 구조적 상황이 고려되어야 할 것이다. 나아가 아시아·태평양전쟁의 원인도 단순히 제해권 문제로 한정되어서는 안되며, 세계전쟁의 확전과 더불어 일본이 동북아와 동남아를 연계하는 '동아시아·태평양권역'['대동아'지역]에서 배타적 생존권(生存圈)을 추구하려 한 것과도 관련지어 이해할 필요가 있다.

(6) '대동아공영권'의 정당화

새로운 역사교과서의 전쟁에 대한 긍정론은 '태평양전쟁'과 관련된 서술에서 정점에 이른다. 가령 '태평양전쟁'은 서구제국주의를 극복하기 위한 전쟁이었으며, 따라서 이를 위한 '대동아공영권'은 민족해방을 지향하는 새로운 지역협력이었다는 것이다. 즉 '태평양전쟁(아시아·태평양전쟁)'은 서구제국주의에 대한 '민족해방전쟁'이었다는 것이다. 이러한 발상은 당시 동남아시아 지역이 구미 제국주의의 식민지였던 사실과 현지의 민족(해방)운동과 남하하던 일본군이 우연하게도 조우했던 사실을 침소봉대한 것이다. 결국 구미 식민지주의의 문제점과 그 해체에 촛점을 맞춤으로써 그 이면에서 전개된 일본 제국주의의 배타적 생존권의 재구축──지배권역의 재편──과정은 은폐하는 것이다. 나아가 일본 군국주의 파시즘에 따라 동원된 정치적 괴

뢰체제로서 '대동아회의'가 마치 동아시아 국가들의 자발적 의사를 대표했던 것으로 기술하는 것은 아시아 지배전쟁으로서 '태평양전쟁'의 본질을 가장 심각하게 왜곡하는 사례라 할 것이다(후소샤, 206~207면). 전체적인 과정에서 볼 때 현지 민족운동과 일본군이 조우하여 일시적인 '협력'이 있었다고 하더라도 그것은 실로 의도되지 않은 결과였을 뿐이며, 아시아 민족운동은 일본이 동남아시아의 서구 식민지 체제를 해체하고 그들의 점령체제를 효과적으로 재구축하는 데 일방적으로 이용당하였다. '대동아공영권'은 '아시아인의 아시아 구축'이라는 슬로건에도 불구하고, 스스로의 자급체제(autarky)를 뒷받침하기 위한 일본의 배타적 지배권역일 뿐이다. 결론적으로 '대동아공영권'의 본질은 대중국 전쟁, 조선과 대만에 대한 식민지 지배, 동남아시아에서의 일본군의 학정 등의 제반 사정을 종합해 파악되어야 한다(일본서적, 202면).

(7) '피해자' 일본의 이미지

새로운 역사교과서는 가해자가 아니라 전쟁의 일방적 피해자로서 일본의 이미지를 강조함으로써 전전 제국주의 전쟁의 역사를 왜곡하고 있다. 가령 교과서는 전시하 공습피해에 대한 기술, 전체주의 희생자와 전범재판 등에 대한 기술을 통해 '전쟁범죄란 일본만의 문제가 아니며 러시아, 독일의 사례에서 볼 수 있듯이 언제나 존재해왔던 문제'라고 함으로써 전전 전쟁범죄의 죄의식에서 탈출을 모색하고 있다. 반면 공습피해와 원폭피해를 통해 일본은 지나친 피해를 봤다는 피해자 이미지를 일방적으로 강조하고 있다. 또한 교과서는 남경대학살이나 동남아에서의 학살에 대한 논의는 의도적으로 회피하고 있다(후소샤, 209, 214~15면).

(8) 전후 평화주의의 의미 폄하

일본의 대외적 팽창을 정당화하려는 새로운 역사교과서의 관점은 전후 평화주의의 국제정치적 의미를 폄하하는 것으로 이어지고 있다. 교과서는 『일본국헌법』에 대한 기술에서 전후 헌법제정의 절차적 문제를 과장하고 있으며, 일본의 평화주의가 미군에 의해 강요되었다는 사실만을 강조하고 있다. 나아가 헌법에서 국가의 교전권이 부인된 것은 국가로서의 주체성이 부정된 것이라는 '안보내셔널리즘'의 전형적 헌법인식 또한 발견된다. 반면 당시 헌법 개정을 둘러싼 일본정부의 보수적·저항적 태도(일본서적, 220면)에 대한 서술은 의도적으로 배제되고 있다. 그리고 전후 평화이념의 적극적 측면에 대한 서술이나 일본의 국제사회 복귀과정에서 강화논쟁 등에 대한 평가도 발견되지 않는다(후소샤, 213, 218~19면). 이와 달리 타 출판사는 전후 헌법이 갖는 진취적 의미, 그리고 전후 민주주의와 세계적 문민대국론(civilian power)의 적극적 의미 등에 대한 적절한 평가를 내리고 있어 대조적인 양상을 보여주고 있다(일본서적, 220~21면; 토오꾜오서적, 214면). 전후 평화주의에 대한 의미폄하는 이 교과서의 모태인 '새역모'가 적극적인 개헌론자들로 구성되어 있으며, 이러한 역사교과서 작업의 궁극적인 귀결점이 헌법 개정임을 잘 보여준다.

5. 역사교과서와 후대의 가치관: 민주주의와 공존의 미래

교육은 사회의 정신적·문화적 재생산의 핵심 기제이다. 역사교육, 특히 근현대사에 대한 교육은 사회 구성원들이 현재 사회의 기원과 구조, 그리고 그 발전방향을 인식하는데, 결정적인 영향을 미친다고 할 수 있다. 따라서 근현대사에 대한 인식은 현재 사회의 기본 속성을 이해하고 미래사회의 바람직한 존재형태를 설계하는 가치관에 커다란 영향을 미친다. 이러한 점에서 역사의 왜곡은 단지 과거 인식의 왜곡에 그치지 않고 미래사회의 기본설계 또한 크게 왜곡한다는 점에서 커다란 문제가 된다.

　이러한 점에서 안보내셔널리즘의 새로운 역사교과서가 지향하는 인간형은 애국주의, 국가주의, 대외적 팽창주의로 수렴되는 편협한 인간형이라고 할 수 있다. 이는 '교육기본법' 개정 논쟁에서 안보내셔널리스트들의 '컨쎈서스'인 "일본의 전통과 문화에 정통하며 주체적으로 일본의 국가적 입장에서 자기주장을 해나갈 수 있는 '국제인'의 형성"과 내용상으로 일맥상통하는 것으로 보인다. 한국은 가장 가까운 인접국이면서 역사적으로 일본과 제로섬에 가까운 갈등을 여러 차례 겪어왔다. 게다가 안보내셔널리즘의 역사교육에 의해 기본 가치관이 형성될 일본의 미래 세대들은 한국인들에게 공존과 커뮤니케이션이 어려운 이질적이고 당혹스러운 존재가 될 수 있다. 일본의 역사교과서 문제는 과거의 역사적 사실들(facts)에 대해 왜곡하는 것에 머물지 않고, 미래 한일관계의 커다란 흐름에도 커다란 영향을 미치는 요인이 될 것이다. 따라서 더욱 본질적으로 이러한 역사서술이 시도되는 일본의 국가전략 전반에 대한 올바른 판단과 적절한 대응방안을 마련하는 것이 가장 필요한 일이 될 것이다.

제5장

안보내셔널리즘의 사회적 기반:
'신자유주의'와 '강한 일본 욕구' 간의 딜레마적 상호작용

1. 문제제기

  1990년대의 잉태기를 거쳐 일본의 안보내셔널리즘은 코이즈미 내각하에서 첫번째의 커다란 파고를 경험하였다. 코이즈미 내각은 일본의 우월성, 국가이익, 공세적 자기주장을 앞세우는 내셔널리즘의 '보편성'을 '친미 안보대국화' 속에서 실현하고자 한 국가전략을 추구했다. 이 국가전략은 동아시아에서 신사참배 문제, 역사문제, 영토문제 등을 중심으로 커다란 쟁점이 되었는데, 특히 한국과 중국에는 우려스러운 현실로 받아들여지고 있다.
  이러한 상황에서 일본 안보내셔널리즘의 성격을 올바로 이해하고 전망하는데 핵심적인 쟁점들을 검토하는 것은 중차대한 의미가 있다. 첫째, 세기 전환기에 재등장한 일본의 내셔널리즘은 1990년대의 장기 침체와 함께 나타난 주기적(cyclical)인 현상인가, 아니면 일정한 사회경제적 지각변동과 결합한 구조적(structural)인 현상인가. 전자라면 경기회복과 함께 일본 내셔널리즘은 점차 그 강도가 약화할 것이며, 만약 후자라면 일시적인 후퇴는 있을지언정 내셔널리즘의 기본 경향은 지속할 것이고, 최악의 경우 일본사회를 더욱 큰 위기국면에 처하게 할 수도 있다. 둘째, 하나의 커다란 정치흐름이자 프로젝트인 안보내셔널리즘의 사회적 지지기반은 존재하는가. 지지기반은 청년층을 중심으로 하는 '프티 내셔널리즘'인가, 아니면 사회경제적 변동에 의해 엄밀히 규정되는 '사회적 패자들' 혹은 '승자들'의 새로운 계층구조인가. 셋째, 안보내셔널리즘은 '위로부터'의 내셔널리즘인가, '아래로부터'의 내셔널리즘인가. '아래'로부터의 내셔널리즘 정서와 '위'의 내셔널리즘 프로젝트는 일관되고 합치되는가. '아래'의 내셔널리즘 정서는 어떻게 '위'의 내셔널리즘 프로젝트를 강화하는가. 넷째, 안보내셔널리즘과 전전의 파시즘적 내셔널리즘의 차별성은 무엇인가. 전전 내셔널리즘을 후발형 민족주의로서 시장주의적 세계질서에 대한 하나의 대극적 대안모색으로 파악할 수 있다면, 오늘날 안보내셔널리즘도 세계화와 신자유주의에 대한 적극적 대응의 하나로 파악할 수 있는가. 오늘날 일본에서 전개되고 있는 '신자유주의'와 '내셔널리즘'은 보완적인가, 아니면 대체적인가.

한편 이 쟁점들에 일관된 해명을 하려면 그 무엇보다 안보내셔널리즘의 사회적 기반과 그 구조에 대한 분석이 필요하다. 이 장은 일본 안보내셔널리즘의 사회적 기반을 분석하면서 세계적 신자유주의의 흐름 속에서 일본의 경제씨스템이 어떠한 방향으로 변화해왔는지, 그리고 그러한 경제씨스템의 변화가 기존의 사회적 계층구조를 어떻게 변화시키는지, 나아가 변화한 경제씨스템 및 사회적 계층구조가 어떠한 사회·정치의식을 일으키는지에 촛점을 맞추고자 한다. 그리고 이러한 상향적 과정이 '신자유주의'와 '내셔널리즘'을 양날로 하는 최근 포퓰리즘 정치의 하향적 정책흐름과 어떻게 조우, 조정되는지를 살펴볼 것이다. 한편 오늘날 안보내셔널리즘의 사회적 기반을 분석하는 것은 내셔널리즘의 전개과정 그 자체가 가진 모순과 딜레마를 밝히는 작업이기도 할 것이다.

앞의 쟁점들과 관련해 이 장이 취할 가설은 다음과 같다. 첫째, 최근 일본의 내셔널리즘은 단순한 주기적 경기침체가 아니라 심각한 불황을 동반한 신자유주의 경제구조로의 이행에서 그 사회적 연원을 설명할 수 있다. 따라서 안보내셔널리즘은 경기상황에 따라 정도의 차는 있겠으나 지속적인 사회현상으로 이해해야 한다. 둘째, 안보내셔널리즘은 그 나름의 사회적 기반이 있는데, 신자유주의 경제에 따르는 계층구조 전반의 불안정화와 동요로부터 새로운 내셔널리즘 정서와 같은 사회적 기반은 재생산·강화된다. 따라서 안보내셔널리즘의 사회적 지지기반은 단순한 계급논리로 환원되기 어려우며, 각 계급 내의 다양한 '패자(敗者)'그룹——경제의 핵심영역으로부터 배제된 주변화되고 불안정한 집단——의 불안정한 사회의식이 비의도적으로, 그리고 결과적으로 계급을 뛰어넘어 연계되는 것으로 이해할 수 있다. 한편 20대를 중심으로 하는 청년층의 '프티 내셔널리즘'은 그 자체가 안보내셔널리즘의 커다란 동력이 되었다기보다 불안정 심리의 계급간 연계와 확산과정에서 '증폭회로'로 작용했다고 본다. 셋째, 안보내셔널리즘 현상은 하층(대중)의 내셔널리즘 '정서'와 상층(지배계급 혹은 정치적 엘리뜨)의 '정치전략' 간의 상호작용의 결과이다. 그러나 대중정서와 정치영역의 두 흐름에는 상당한 차이가 존재하는데, 대중정서가 평화, 국제, 문민 등 '전후적' 가치의 상당부분을 반영하고 있다면 정치전략은 더욱 전통적이고 일국안보 중심적이며 애국주의적인 경향을 보여준다. 그러나 대중정서는 정치전략을 통해서 재규정되고 '완성'된다. 넷째, 안보내셔널리즘은 시장 만능질서의 불안정성으로부터 비롯되고 있지만, 전전 내셔널리즘과는 달리 시장주의의 폐해를 국가주의적으로 돌파하려는 대체전략이 아니다. 즉 '신자유주의'와 '안보내셔널리즘'은 대체물이 아니다. 안보내셔널리즘은 '상층'과 '하층' 모두에 신자유주의 긍정의 논리가 내재하여 있지만, 특히 상층의 정치전략에서 내셔널리즘과 신자유주의는 상호 보완적이다. 이러한 점에서 신자유주의 속의 대중이 하나의 정치적 돌파구로 선택한 내셔널리즘이 다시 더욱 더 강렬한 신자유주의 공세를 낳는 악순환이 야기된다.[1]

---

[1] 신자유주의와 민족주의의 상관성에 대해서는 국제적 사례를 중심으로 상당한 연구가 진행되고 있다. 가령 신자유주의의 패자층들이 광범위하게 내셔널리즘의 기반을 형성한다는 것이 그것이다. 이 대표적인 사례를 프랑스 극우 민족주의·인종주의와 동아시아의 민족주의에서 발견할 수 있다. 그러나 그 규모와 사회적 변혁지향의 구체성과 체계성, 정치적 집권능력, 국가규모와 국제적 영향력 등의 면에서 일본의 신자유주의와 내셔널리즘은 더욱 커다란 특징을 갖고 있다. 가령 일본은 '잃어버린 10년' 동안의 신자유주의로 말미암아 내셔널리즘은 특정한 사회적 분파에 의한 것이라기보다 전국적·전 계층적 범위에서 전개되었으며, 다양한 사회적·정치적 쟁점에 대한 신보수우파적 '대안그룹'——보수적 풀뿌리시민조직과 신보수우익 사회집단, 그리고 정치적 의원연맹——들이 체계적으로 구체적인 정책목표를 제시하면서 운동을 전개해왔으며, 그에 기반을 두어 이미 정치적 집권을 실현하는 등의 특징을 갖게 되었다. 나아가 일본의 이러한 내셔널리즘 현상은 경제대국의 위기에 대한 정치적 대응으로 집약되며, 결과적으로 대국주의적 내셔널리즘으로서의 독특성을 보여주기도 한다. 이러한 점에서 이 장에서 핵심적으로 검토하는 일본에서 신자유주의와 내셔널리즘의 관계성은 세계적 보편성을 가진 주제이기도 하지만 일본의 특징이 반영된 역사특수성을 보여주는 일본적 주제이기도 하다. 신자유주의

2. 설명의 틀과 자료: 신자유주의와 내셔널리즘

(1) 사회적 기반의 분석 틀

 이 장은 일본 내셔널리즘의 사회적 기반을 분석하면서 1990년대 급진전한 세계화(globalization)에 대한 일본경제의 기본적 대응방식이 신자유주의 정책——경제정책, 구조조정, 고용유연화 등——이었다는 점에 착안하고 있다. 1990년대 이래 신자유주의 정책이 안정성과 미래에 대한 확실성을 가진 종래 일본형 경제씨스템과 사회계층 구조를 어떻게 변화시켜왔으며, 그 결과 등장한 '신경제'(new economy)와 새로운 계층구조는 어떠한 사회심리 혹은 사회의식의 흐름을 생산해내는지가 기본적인 관심이다. 이 장은 '신경제'의 등장과 함께 주변화되는 계층구조로부터 일종의 정신적 돌파구 혹은 '자기 치유책'(therapy)으로서 내셔널리즘 정서가 발생된다고 보고 있다. 그러나 아이러니하게도 이 새로운 내셔널리즘은 신자유주의의 '대안'이 아니라 이를 긍정하는 정서이자 정책체계라는 점에서 커다란 논리적·현실적 딜레마를 갖고 있다.

 이 장은 최근 일본 안보내셔널리즘의 사회적 기반을 체계적으로 설명하기 위해 세 단계의 분석을 수행하고 있다. 첫째 단계는 안보내셔널리즘이 본격적으로 배양, 발전해온 세기 전환기, 즉 '잃어버린 10년'과 이후 본격적으로 전개된 '신자유주의 경제'에 대한 분석이다. 탈냉전과 세계화, 그리고 전후 유례없는 장기적 경기침체의 와중에서 하나의 적응방식으로 선택된 신자유주의 정책이 종래 일본의 경제씨스템을 어떻게 분해, 재편하는가, 그리고 그 결과 야기된 주요 경제지표상의 변화가 사회계층과 경제생활에 주는 의미가

와의 관계성에 주목해 탈냉전·세계화 시기의 국제적 민족주의 현상을 연구한 문헌으로서는 加茂直樹(2007), 大嶽秀夫(2007), 이광일(2007) 등을 참조하라.

무엇인지를 분석하는 것이다. 둘째 단계는 신자유주의 경제가 확대됨에 따라 종래 안정적이던 '중류 중심'의 일본형 사회계층 질서에서 야기되는 변화를 추적하고자 한다. 이 변화에 대한 추적은 산업 및 직업유형에 따르는 수평적 방향과 산업규모——사업소별 규모——와 종업형태(從業形態)——자영, 가족종사, 고용자 등——에 따르는 수직적 방향을 교차시킴으로써 각 산업 및 계급별로 '승자'와 '패자'의 새로운 '계층' 구별선이 어떻게 형성되는지, 그리고 그러한 계층변화에 따라 사회의식의 저변이 어떻게 유형화되었는지를 분석하는 것이다. 셋째 단계는 직업·연령·소득·학력 등을 중심으로 한 각 계층범주에 따라 국가이념, 개헌, 안보국가상에 대한 대중적 의견표명의 장기적 경향이 어떻게 나타나는가를 검토하고자 한다. 특히 이 단계에는 주요 항목의 내셔널리즘 정서를 제1단계와 제2단계 사회경제 분석 및 계층분석과 연관지음으로써 안보내셔널리즘의 대중적 기반을 더욱 체계적으로 범주화하고자 한다. 그리고 안보내셔널리즘이라는 동일한 흐름 안에 존재하지만, 대중적 정서 속에 존재하는 '전후정서'와 '전통정서' 간의 간극, 그리고 대중정서와 정치전략 간의 간극이 갖는 의미, 그리고 그 간극의 현실적 조정방식에 대해 논할 것이다. 이러한 '간극'과 '조정방식'에 대한 논의는

그림1 설명의 개념도: 신자유주의와 새로운 내셔널리즘

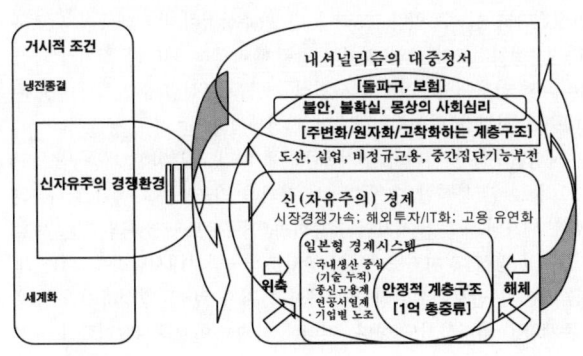

안보내셔널리즘이 봉착할 수 있는 문제점을 분명히 보여줄 것이다.

이 장의 이러한 분석틀은 2차대전 이전의 파시즘에 대한 사회운동 분석이나 외압과 이에 대한 정치적 대응을 다룬 거비치(Peter Gourevitch) 등의 구체적 정치과정 분석과는 물론 다르다.[2] 이 장이 다루는 일차적 관심은 주요 행위자간의 정치과정보다 앞서는 대중정서의 문제로서 내셔널리즘의 사회심리와 의식이 형성되는 경로를 분석하고자 한다. 이를 위해 이 장은 장기적 시계열 통계에서 확인되는 사회계층 구조의 변화와 연동한 의식변화의 경향과 특징을 분석하고자 한다. 이러한 점에서 이 장의 분석틀이 정치적 역동성에 대한 설명을 하기에는 미흡할지 모른다. 그러나 이러한 설명은 역동적 정치과정을 제약 혹은 강화하는 사회적 계층구조 저변의 의식과 심리흐름을 객관화하여 보여줄 수 있으며, 사회의식과 정치전략 간의 관계에서 생길 수 있는 모순을 잘 드러내 보여줄 수 있다고 생각한다.[3]

---

[2] 거비치의 역동적 정치과정 분석, 즉 대외 경제정책의 사회적 기반분석은 '역전된 둘째 이미지'(second image reversed)라고 한다. 이는 첫째, 국제 정치경제적 외압요인에 대해 자본·농업·노동 등 사회세력이 어떠한 사회적 동맹을 형성해 정당과 이익집단의 중간조직의 지형을 만드는지, 그리고 그 결과 어떠한 정부정책이 야기되는지, 둘째, 정부는 자신의 정책에 대한 지지를 확보하기 위해 사회세력들에게 어떠한 접근을 수행하는지를 분석하는 것이다. 이에 대해서는 Gourevitch(1978: 884, 900~11면)를 참조하라.

[3] 정치전략으로서 안보내셔널리즘은 일반적 대중 레벨에서의 '새로운 내셔널리즘'의 정서와 사회적 경향에 기반을 두고 있지만 이념체계로서 그 구체적 형태는 '정치지도자'들의 방향제시에 의해 완성된다고 할 수 있다. 그러나 다소 추상적이지만 대중의 새로운 내셔널리즘 정서가 없다면 '정치지도자들'의 정치적 방향제시 등은 커다란 정치적 파장을 갖지 못할 것이다. 따라서 안보내셔널리즘의 사회적 기반을 분석함에 있어서 새로운 내셔널리즘의 일반적 대중적 정서가 형성되기까지의 과정분석 또한 아주 중요하다. 이 과정은 신자유주의라는 독립변수뿐만 아니라 신자유주의에 따라 성층화된 계층구조, 연령구조 등의 변수들을 고려해야만 분석할 수 있다. 이 장의 논리구조는 다음과 같다. 신자유주의(신경제)→승자와 패자의 구분→지지의 계층화와 연령분포→전통적 혹은 새로운 내셔널리즘 사회적 정서의 형성+정치지도자들의 상황조작→안보내셔널리즘. 이는 대중의 새로운 내셔널리즘 정서가 안보내셔널리즘의 사회적 지지기반을 형성하지만 양자 사이에는 일정한 갭이 존재함을 의미하기도 한다. 이러한 점에서 안보내셔널리즘의 사회

(2) 주요 변수: 연령대와 계층

이 장의 독립변수는 세계화와 신자유주의 경제환경이며, 이를 통해 설명될 종속변수는 안보내셔널리즘의 사회의식이다. 그러나 이러한 인과관계의 설정에는 중간항의 설명변수, 즉 매개변수가 있어야 한다. 즉 매개변수가 어떻게 존재하는가, 혹은 어떠한 역할을 수행하는가에 따라 사실 종속변수의 결과 또한 크게 달라질 것이다. 즉 동일한 신자유주의라고 할지라고 국내경제구조, 사회계층 구조, 혹은 이를 둘러싼 국내 정치관계에 따라 다양한 형태의 내셔널리즘이 나타날 수 있다. 이러한 점에서 이 장에서 매개변수란 독립변수와 종속변수를 연계하는 핵심 변수 혹은 주요 변수로서의 의미가 있다.

이 장은 최근 일본의 내셔널리즘과 신자유주의를 매개할 주요한 사회경제 변수로서 연령대(세대)와 산업별, 종업형태별로 등장하는 새로운 '계층화'—계층적 구별선—에 주목하고 있다. 이 두 변수는 최근 일본사회의 변화를 가늠하는 두 개의 기준으로 작용하기도 한다. 우선 '연령대 변수'를 중시하는 최근 저술들은 특히 20대—때로는 30대까지 포함—의 행위와 사고유형에 촛점을 맞추어 보수화와 내셔널리즘의 이유를 설명하고 있다. 가령 청년층의 담론구조, 문화패턴, 정신심리 패턴 등과 내셔널리즘의 연관성에 주목하는 경향들로서 '프티 내셔널리즘' 연구가 그것이다. 이 연구들은 거시적 맥락에서 연령변수 또한 신자유주의적 양극화로부터 커다란 영향을 받고 있다고 보며 사회계층 변수의 보완 필요성을 주장하고 있다. 한편 '계층화' 변수를 중시하는 저술들은 일본사회가 신자유주의 경제정책과 '신경제'의 등장으로 경제적으로 불안정화—혹은 위험(risk)화—되고 있을 뿐만 아니라 생활기반의 파괴와 양극화로 일종의 '계급사회'로 이행할 수밖에 없음을 강

적 기반을 이해하려면 중간의 매개변수—계층변수, 연령변수, '정치지도자'의 내셔널리즘 등—에 대한 충분한 분석을 할 필요가 있다.

조하고 있다. 경제적 불안정화와 사회적 양극화의 추세 속에서 원자화되고 고립된 경제적 패자(敗者)들이 선택할 수 있는 정치적·사회적 돌파구가 내셔널리즘이라는 것이다. 이렇듯 내셔널리즘의 경제적 기반이 신자유주의라고 하더라도 사회적 동인을 설명하는 주요 변수 설정은 달라지는 것이 현실이다.

그러나 이 장은 두 개의 변수 간의 더욱 밀접한 상관성에 주목하고 있다. 즉 신자유주의 경제정책의 효과가 청년층에 가장 집중되고 크게 나타난다는 점에서 연령대 변수는 일종의 변형된 '계층변수'로 이해할 수 있다. 이 장은 두 변수간의 연관성을 고려하면서도 현실의 설명력 면에서 독립된 연령 접근이 가질 수 있는 한계 또한 분명히 인식하고 있다. 결국 이 장은 설명력을 더욱 높이려고 '계층'변수를 기본으로 하면서 연령대 변수를 보완적으로 위치지우고자 한다. 이러한 변수 설정은 이론적으로 볼 때 최근 진행되는 일본의 새로운 내셔널리즘 현상이 청년층만의 '휘발성' 강한 '프티 내셔널리즘'이 아니라 신자유주의 도입과 사회계층 구조의 전반적 변동에 따라 필연화되는 '중간층과 노동계급'의 즉자적 위기대응 현상에서 발원한 것이라는 가실을 전제로 하고 있다.

(3) 분석자료: 3대 신문사 헌법 여론조사의 장기 경향 검증

이 장에서 안보내셔널리즘의 사회경제적 기반을 검증하기 위해 사용한 자료는 다음과 같다. 우선 신경제의 등장과 함께 새로운 계층화의 조건과 경향의 분석에는 일본 총무성과 후생노동성의 기업, 고용, 노동통계를 사용하였다. 특히 총무성 통계국의 '노동력 조사'(장기시계열 통계),[4] '사업소·기업통계조사'[5] '일본의 장기 통계계열'[6] '일본의 통계 2006'[7] '노동력 조사연감'

---

4) http://www.stat.go.jp/data/roudou/longtime/03roudou.htm(2006년 6월 28일 검색).

그리고 후생노동성의 '고용 동향조사'[8] '고용 구조조사'(취업형태 다양화에 관한 특별조사)[9] 등을 사용했다. 그리고 신자유주의와 계층구조의 변화로 말미암은 사회의식, 심리의 변화를 추적하는 자료로서는 내각부의 '국민생활에 관한 조사'[10] '사회의식에 관한 여론조사'[11] '자위대·방위문제에 관한 여론조사' 등을 사용하였다.

이 장의 핵심 부분인 안보내셔널리즘의 사회적 기반을 분석할 가장 중심적인 자료는『요미우리신문』『아사히신문』『마이니찌신문』의 헌법 관련 여론조사의 설문항목별 속성별통계표(매년)들이다. 이 장은 연령대별, 사회계층별 반응의 일관성 여부를 확인하기 위해 개헌 찬성 여부, 헌법9조 개정 찬성 여부, 안보 면의 개헌방향 등과 관련된 설문별 응답결과(속성별 응답결과표)의 시계열적 추이를 분석하였다. 그러나 신문사별로 설문조사의 방법이 상이할 뿐만 아니라 설문조사의 기간과 횟수, 조사에 따르는 속성설정 방법과 일관성 등의 면에서 큰 차이를 보이고 있다.『요미우리신문』의 경우 이 연구에서는 1981년 이래 총 16회분(16년)의 결과를 확보했는데, 1980년대를 제외하면 1990년대와 2000년대에 걸쳐 가장 체계적인 조사를 수행해오고 있다.[12]

---

5) http://www.stat.go.jp/data/jigyou/2004/zenkoku/index.htm(2006년 6월 28일 검색).
6) http://www.stat.go.jp/data/chouki/index.htm(2006년 6월 28일 검색).
7) http://www.stat.go.jp/data/nihon/index.htm(2006년 6월 28일 검색).
8) http://wwwdbtk.mhlw.go.jp/toukei/kouhyo/indexkr_14_1.html(2006년 6월 28일 검색).
9) http://wwwdbtk.mhlw.go.jp/toukei/kouhyo/indexkr_26_2.html(2006년 6월 28일 검색).
10) '국민생활에 관한 여론조사'는 1965년부터 해마다 시행되고 있으나 사회경제 기반 분석에 필요한 속성 통계가 일부 공개된 것은 1999년 12월, 2001년 9월, 2002년 6월, 2003년 6월, 2004년 6월, 2005년 6월 조사 등 7년간이다. 이에 대해서는 http://www8.cao.go.jp/survey/index-ko.html(2006년 6월 28일 검색)을 참조하라.
11) '사회의식에 관한 여론조사'는 1969년부터 해마다 시행되고 있으나 사회경제 기반 분석에 필요한 속성 통계가 일부 공개된 것은 2002년 12월, 2004년 1월, 2005년 1월 조사 등 3년간이다. 이에 대해서는 http://www8.cao.go.jp/survey/index-sha.html(2006년 6월 28일 검색)을 참조하라.
12)『요미우리신문』의 해마다 조사항목은 http://www.yomiuri.co.jp/feature/fe6100/nenji/

이 조사는 주요 항목별 설문의 일관성, 속성 항목의 일관성이 있고, 핵심적으로 설문되어야 할 내용――안보의 방향 등――에 대한 누적 통계를 확보할 수 있다는 점에서 커다란 장점이 있다. 한편 『아사히신문』의 경우 1983년 이래 7년간의 결과를 검토하였는데, 1990년대에는 1997년, 2000년대에는 2001년, 2004년, 2005년 등 일정하지 않은 간격의 조사를 수행해왔고, 그나마 2000년을 전후해 속성의 집계방식――직업, 연령――마저 변화하고 있다.[13] 『마이니찌신문』은 1982년 조사 이래 총 15회분(12년)의 결과를 확보하였는데, 『아사히신문』과 마찬가지로 2000년을 전후하여 속성의 집계방식――직업계층군――이 변화하는 등 문제점을 노출하고 있다.[14] 그리고 『아사히신문』과 『마이니찌신문』 조사의 경우 개헌 여부에 대한 비교적 일관된 응답표, 그리고 제9조 개정에 대한 일부 시계열 응답표를 제외하고 체계적인 안보개혁의 방향에 대한 응답결과를 얻기는 어렵다. 물론 『요미우리신문』의 경우 그 스스로의 개헌추진론적 편향이 내포되어 있을 수 있다. 그러나 전체적인 자료의 성격상 『요미우리신문』이 분석의 일관성과 대상의 풍부성을 갖고 있으므로 『요미우리신문』의 조사결과를 기본으로 하되, 『아사히신문』과 『마이니찌신문』의 결과를 '편향정정' 혹은 '검증'의 차원에서 보완하였다.

(2006년 6월 29일 검색)을 참조하라.
13) 『아사히신문』의 집계자료는 2006년 4월 25일 필자가 동 신문사를 방문하여 수집하였다. 이 과정에서 노고를 아끼지 않고 자료수집에 협력해준 동 신문사 여론조사부 호리에 히로시(堀江浩) 차장에게 감사드린다.
14) 『마이니찌신문』의 집계자료는 2006년 4월 24일 필자가 동 신문사를 방문해 수집하였다. 자료수집에 적극적으로 협력해준 사가라 요시나리(相良美成) 여론조사실 차장에게 다시 한번 감사드린다.

3. '잃어버린 10년'의 잃은 것과 얻은 것: 신자유주의 경제 정책과 '신경제'의 효과

(1) '잃어버린 10년': 국제화에서 세계화로

1980년대 일본은 세계 제2위의 경제대국에 진입해 이른바 '일본형 경제 씨스템'의 최전성기를 누리고 있었다. 이러한 상황에서 일본과 세계를 매개해주는 개념으로서 등장했던 것이 '국제화'였다. 이 개념은 1984년 경제기획청에 의해 개념화된 것으로서 통산성, 대장성을 비롯한 정부는 물론이요, 재계와 사회 전반에 걸친 합의를 얻은 것이라 할 수 있다. 이 국제화라는 개념은 일본형 경제씨스템을 유지한 채 세계무대로 진출해가겠다는 적극적 의지표명이며, 세계무대 진출에 필요한 조정요인을 자신의 경제씨스템에 걸맞게 정책적으로 관리해가겠다는 것을 의미했다. 국제화는 경제대국 일본의 성장기 상황을 반영해주는 것이었으며, 일본 국민경제의 체계적이고 안정적인 유지가 전제되어 있었다(經濟企劃廳總合計劃局編, 1985).

그러나 1980년대 후반 미일 경제마찰과 거시 경제정책 조절의 실패로 거품경기가 붕괴하면서 상황은 크게 바뀌게 된다. 갑작스러운 불경기와 장기적 침체상황의 도래로 일본의 경제씨스템을 유지한 채 전략적으로 세계경제에 적응해 들어가겠다는 종래의 사고가 적실성을 상실하고 만 것이다. 침체의 돌파를 위해 국민경제의 균형발전보다는 기업의 활성화를 위한 정책이 우선 과제로 부각되기 시작했다. 이러한 상황을 정당화하기 위한 개념으로 등장한 것이 '세계화'(globalization 혹은 グローバル化)라는 개념이었다(經濟企劃廳編, 1990: 220~21; 225~30면). 이 개념하에서 기업들은 비용절감을 위해 대대적인 구조조정에 착수했으며 정부는 기업활동의 자유를 확대해주기 위해 적극적으로 규제완화를 추진하였다. 기업들은 예전과 달리 정부의 전

략에서 벗어나 국민경제의 이익보다는 기업이익을 우선하는 해외투자를 추진하였다. 이러한 상황변화는 1980년대 정점에 달한 일본형 경제씨스템과 그에 기초한 안정적이고 균형잡힌 중간층 중심의 사회씨스템을 현저히 잠식하였다. 결국 1990년대 버블 붕괴 후 장기 침체 국면에서 일본에서는 세계화라는 이름의 '신자유주의' 정책이 본격화하게 되었으며, 이리하여 전후 기간에 형성되어 작동되어온 일본형 경제·사회 씨스템이 전반적으로 위축되는 상황이 발생한다(阿部潔, 2001: 34~37면).

(2) 신자유주의 경제정책

'잃어버린 10년'의 불황은 단지 경과적(經過的)인 침체국면으로 끝난 것이 아니며, 신자유주의적 경제정책과 함께 경제·사회 씨스템에서의 구조적 변동을 야기했다. 즉 1990년대 이전까지만 하더라도 구미와 구별되는 일본형 경제·사회 씨스템, 즉 대량생산과 대량소비에 대응하는 기업씨스템과 중간층에 기초한 안정적 사회계층 질서가 작동하고 있었다. 즉 기업들은 수출을 중심으로 세계시장과의 관계를 형성하고 있었으며, 국내에서의 생산과 기술누적, 그리고 산업 파급효과를 중시하였으며, 간접금융 방식의 영향하에서 중장기적 전략경영을 추진하는 양상을 보여주었다. 그리고 인적 자원 관리에 있어서도 종신고용, 연공서열, 기업 내 훈련, 업무간 질적 동일성 등의 개념하에서 노동자에 대한 장기 고용, 안정적 승진, 점진적 수입확대가 보증되었다. 또한 '일본형 경제씨스템'은 시장질서의 일정한 '규율'과 '균형'을 담보할 장치로서 다양한 규제장치와 행정지도 체계를 갖고 있었다. 이른바 '과당경쟁' 방지의 관점하에서 시장진입에 대한 정부규제와 업계 자율규제를 작동함으로써 자영업자와 중소기업 또한 경제씨스템의 일원으로 기능할 수 있도록 한 것이다. 나아가 일본형 경제씨스템은 사회복지와 지역 간 균형발전을 담보하는 기능도 수행하였다(山田昌弘, 2004: 71~100면). 이와같은 경제·사회 씨스템은 '무격차' '비대립' '사회적 총화'로 표현되는 이른바 '총 중류사회'의 사회적 계층구조를 전후 일본에 정착시켰다(林信吾, 2005: 9~10면).

그러나 1990년대 이래의 세계화와 신자유주의 경제정책은 일본형 경제·사회 씨스템을 현저히 위축시키고, 일본형 경제씨스템과 신자유주의 경제가 모순적으로 결합한 '신경제'를 낳고 있다. 첫째, 이 기간에 제도와 시장에서의 세계화가 현저히 진행되었다. 기업들은 전세계를 무대로 하는 해외투자와 글로벌 경영전략을 적극적으로 추진하였으며, 이 결과 해외의 '성장부문'을 중심으로 하는 사업은 적극적으로 전개하는 한편, 국내사업은 축소하는 경향을 보여준다. 그에 따라 국내경제에서는 누적적 기술기반의 취약화, 고용축소, 부품산업과의 생산연계 단절 등과 같은 현상이 발생하게 된다. 결국 대기업 위주의 성장은 국내고용과 산업연관 등 국내 경제부문 성장과의 연결고리를 상실하게 한 것이다. 둘째, 거품경제의 붕괴와 함께 은행들의 대규모 부실채권 문제, 중소기업에 대한 은행들의 신중한 대출관행 등으로 종래 '메인뱅크'(main bank) 제도와 '간접 금융방식'은 그 존재의미가 크게 약화하였다. 이 결과 기업들은 그간의 중장기 경영전략에서 벗어나 단기적 이익을 추구하기 시작했고, 더욱 격렬한 경쟁환경에 대응할 수 있도록 경영방식을 전환할 수밖에 없었다. 셋째, 인적 자원 관리 면에서도 근본적인 변화를 일으킨다. 가령 무차별적 기능누적을 전제로 장기적 고용과 안정적 수입을 보장하던 이전과 달리 세계적 경쟁에 필요한 새로운 제품과 쏘프트웨어 개발 능력, 그리고 세계적 업무능력 등을 중심으로 인적 자원 관리의 중점이 이동하게 된 것이다. 이에 따라 고도한 기능업무와 단순업무 간의 질적 차별이 이루어지고 비정규직 노동이 전면화되는 등 노동시장의 유연화가 급진전하게 된다. 넷째, 정부-시장 관계도 규제완화와 정부역할의 축소가 이루어졌고, 지금까지와는 달리 시장기능을 강화하는 중소기업정책이 도입되었다. 이리하여 국내 소비시장에 국내외 대자본의 진입이 허용되어 격렬한 시장경쟁이 야기되었고, 소비재 제품, 전통제품, 유통 및 써비스 영역에 특화하던 지역사회의 대다수 자영업 및 중소기업 활동의 기반이 크게 흔들리게 되었다. 다섯째, 기업이 비정규노동의 도입을 본격화하면서 연금, 고용, 의료 등 개인들에 대한 사회보험기능이 현저히 약화하고, 중소기업을 중심으로 하는 지역적 집적(cluster)이 해체되면서 기업의 사회적·지역적 기능 또한 현저히 축소된다(橘川武郎, 2000).

(3) '신경제'의 경제사회

한편 '신경제'의 도래로 다수 경제주체의 실제생활이 지극히 불안정해지거나 악화되는 경향을 보여주고 있다. 첫째, 기업간 경쟁이 국내외를 막론하고 격렬해졌다. 우선 전세계를 무대로 하는 '승자' 기업인 경우에도 글로벌한 경쟁에서 유리한 위치를 장악하고 자신들의 해외생산 네트워크를 안정적으로 유지, 재생산하는 것이 사활적 관심사항이 되었다. 그리고 국내도 이윤중심 경쟁기준의 일반화, 정부규제의 축소 등으로 대기업과 중소기업 간, 첨단기업과 선도기업 간의 경쟁이 더욱 격렬해지고 있다. 특히 해외산업, 대기업, 첨단산업이라 할지라도 최근 전환기적 국제질서하에서는 안정적 사업활동을 위한 정치적 조건을 확보하기 어렵기 때문에 전세계적 사업망의 안정성을 높이기 위해 자국 국가의 적극적인 역할을 기대하게 된다.

둘째, 기업 해외활동의 증가, 정보기술화, 국내 규제완화 등 기업 활동조건의 변화는 일련의 승자 기업들에는 경쟁조건의 개선으로 받아들여지겠지만, 경쟁구조상 비대칭적이고 불리한 위치에 있는 경제주체들에는 사업기회의 축소와 박탈로 이어질 수밖에 없다. 특히 도시의 자영업자, 전통산업의 중소기업가, 대기업의 해외생산으로 공급처를 상실한 중소부품업체들의 경우 신경제의 등장으로 근본적으로 불리한 경쟁구조에 직면할 수밖에 없으며, 현재 경제활동의 불안정성과 미래의 불확실성이 중첩되면서 '경쟁무대'

에서 불이익을 받을 가능성이 크다.[15]

셋째, 국내외에서 경쟁의 증가와 비교열위 기업들의 경영 불안정화는 최종적으로 노동자 고용조건의 악화로 전가되게 마련이다. 1990년대 기간에 구조조정, 실업률의 급등, 장시간 노동 등 노동조건의 악화는 그 대표적인 사례이다. 신경제는 이러한 고용조건의 악화를 구조적인 것으로 고착시키고 노동을 질적으로 양극화시킨다. 우선 신경제는 세계경영, 정보화 등에 필요한 전문적 기능노동자와 단순 노동자를 질적으로 구별하고, 전자를 정규직으로, 그리고 후자는 비정규직으로 고용한다. 비정규직 노동자는 주변화된 산업 및 업무영역에 종사하면서 수입에서의 양적 격차뿐만 아니라[16] 노동조건, 사회보험, 사내 기술훈련 등의 면에서 질적 차별을 받고 있다(中村眞人, 1999). 신경제는 다양한 형태의 비정규직—파트타임, 계약, 위촉, 파견 등—을 양산하고 있다. 그리고 이러한 '취업형태의 다양화'를 배경으로 성과주의 임금제도와 내부 분화를 가속하는 '조기선발(早期選拔)'이 도입됨으로써 정규직 내부에도 연공제가 파괴되고 고용조건의 불안정성과 불확실성이 커지고 있다(山田久, 2005).

넷째, 시장경쟁 및 고용에서의 '패자'들은 사회보험, 중간집단 등 다양한 사회적 보호장치로부터도 배제됨으로써 '하강분해'의 경향을 보인다. 우선 기업이 후생연금보험과 건강보험 등 사회보험비용을 지출에서 노동시간 및 일수가 정규직 노동자의 3/4 미만인 비정규직 노동자는 기업가입의 의무가 면제된다. 이 결과 2005년 파트타임 노동자의 건강보험과 후생연금보험 가입률은 각각 36%와 31%에 불과한 것으로 나타났다(山田久, 2005). 나아가 과거에는 개인들에게 부과될 수 있는 위험요인(risk)을 완충하는 장치로서 여

---

15) 1980년대 후반 이래 자영업의 불안정화에 대해서는 일본 리쿠르트 워크스 연구소의 분석을 참고할 만하다(リクルートワークス硏究所 2000)
16) 비정규직의 증가로 말미암은 소득격차의 확대를 실증하고 있는 연구업적으로는 太田淸(2005)을 참조하라.

러 종류의 사회적 '중간집단'들이 기능을 하고 있었다. 가령 기초적으로는 가족, 그리고 사회화된 관계에서는 노동조합, 업계단체, 기업계열 등이 개인들의 경제생활 위험요인을 감소해주는 중간집단이었다. 그러나 경제적 위험이 보편화하고 개별화된 오늘날에 와서 중간집단들은 심각한 기능 부전에 빠졌을 뿐만 아니라 그 자체가 심각한 위험성을 내포한 존재로 전락하고 있다(山田昌弘, 2004: 131~55면).

다섯째, 신경제의 또다른 특징은 경제적 승자와 패자 간에는 양적 격차뿐만 아니라 질적인 격차가 동시에 작동해 격차가 고정화된다는 것이다. 가령 부모의 능력과 교육기회, 가족형태 등의 질적 격차는 경제적 수입 등 양적 격차를 더욱 확대하고 장래 이 격차를 고착시킬 가능성이 있다. 이리하여 부모의 능력과 사회적 지위가 자식의 교육수준과 경제·사회활동 반경을 규정하고, 이것이 다시 자식의 능력과 지위를 견고하게 하는 이른바 '계급사회'로의 진전 가능성이 본격적으로 거론되고 있다(佐藤俊樹, 2002).

4. 사회계층 변화와 사회의식: '패자'들의 불안정한 사회심리

앞에서 논한 바와 같이 1990년대 '잃어버린 10년'과 함께 전개된 신경제는 사회계층 구조를 현저하게 변화시키고 있다. 이 사회계층의 변화는 전면화된 시장주의, 경제활동의 불안정성, 사회적 양극화 등에 따라 전통적 계층(혹은 계급) 내부에서 승자그룹과 패자그룹이 불균등하게 분화되고, 패자그룹은 주변화되는 방향으로 전개되고 있다. 신경제는 전반적인 경제활동과 고용상황과 관련하여 '불안정성'을 도리어 상수(常數)로 만들어놓았다. 가령 폐업율(廢業率)과 신설율(新設率)을 중심으로 볼 때 1990년대 초까지 일본 기업의 활동환경은 지극히 안정적이었으나, 신경제 등장 이후에는 현격히 높아지는 폐업율과 낮은 신설율 간의 간격이 더욱 확대되고 있다.[17] 나아가 이러한 경제적 불안정성은 경제주체들의 경제활동을 전반적으로 위축시킬 뿐만 아니라 취업 및 고용 상황 또한 크게 악화시키는 것으로 나타나고 있다. 가령 취업자는 1997년의 6,557만명을 최고 정점으로 감소하기 시작하여 2004년에는 6,329만명으로 약 228만명이 줄었다(總務省統計局, 2005b). 완전실업률은 1990년대 초까지만 해도 약 3%대였지만 2000년대에 이르러서는 5%대로 급증하였다(總務省統計局, 2006a). 이러한 취업과 고용 면에서의 양적인 불안정성은 노동계급 내부의 비정규직화──질적 차별과 분화의 고착화──를 양산하고 있다. 2003년을 기준으로 보았을 때 전체 취업인구 중에서 비정규직의 비율은 34.1%에 이르고 있다.[18] 이 통계들은 신경제의 등장으로 과거 안정적 경제활동과 취업, 저실업, 평등고용을 기조로 하던 일본형 경제·사회 씨스템이 크게 동요했으며, 경제활동, 취업 및 고용 면에서 불안정성과 차별을 특징으로 하는 새로운 경제·사회 씨스템의 요소가 더욱 강력해지고 있음을 보여준다. 이 새로운 씨스템의 요소들은 종래 산업부문, 종업 형태, 경제계급 간에 존재하던 경제적 '평준화' 경향, 그리고 그 사회적 결과인 생활의 '중류화' 경향을 해체하고, 불평등과 차별을 양산하며 결국은 동일 산업, 동일 계급 내에서도 승자와 패자로 나뉘는 복합적이고 차별적인 계층구조를 만들고 있다.

(1) 연령변수: '20대 패자'론

최근 새로운 내셔널리즘의 사회적 기반으로 20대의 '프티 내셔널리즘'에

---

17) 1994년 사업소의 폐업율과 신설율은 4.7%, 4.6%로 폐업, 신설 모두 낮을 뿐만 아니라 균형을 유지했으나, 2004년은 폐업율이 6.4%임에 비해 신설율은 4.2%에 머무르는 양상을 보여주었다(總務省統計局, 2004a)
18) 그중에서 남자는 정규직 81.2%, 비정규직 18.8%(그중 파트타임 7.7%)이며, 여자는 정규직 50.2%, 비정규직 49.8%(파트타임 37.6%)이다(厚生勞働省, 2003a).

주목하는 경향이 있다. 20대는 일본형 경제・사회 씨스템이 신경제로 변질되면서 새로운 경제씨스템으로의 안정적 '탑승'을 애초에 거부당한 최대의 '패자'이며, 이 청년들의 반전된 패자의식이 새로운 내셔널리즘으로 나타난다는 것이다(香山リカ, 2002; 香山リカ, 2003). 우선 신경제하의 복합적이고 차별적인 계층구조의 형성과 관련해 20대라는 연령변수가 갖는 사회경제적 의미가 무엇인지 간략히 살펴보자.

먼저 완전실업률을 중심으로 살펴보면 15~24세의 경우 1998년 이후 8~10%로 가장 높게 나타나며, 25~34세의 경우도 5~7%대의 실업률을 보여줌으로써 청년층이 1990년대 전반을 통해 모두 평균 실업률을 상회하고 있음을 알 수 있다.[19] 나아가 연령대별 유효구인배율(有效求人配率)을 보더라도 20대는 버블 전성기인 1990년에 1.5를 보여주었으나, 버블 붕괴와 아시아 경제위기로 1990년대 기간에 0.59~0.75로 저조한 양상을 보여주다가 최근에 와서야 0.83~1.05 정도의 회복세를 보여주고 있다.[20] 한편 1990년대 이래 유효구인배율의 흐름은 크게 양분되는데, 19세 이하의 단순노동에 대한 구인배율이 아주 크고, 그 다음으로 30~44세 연령대에 대한 전문기술형=베테랑형의 구인이 주력이 되고 있다(總務省統計局, 2006d). 이러한 신경제형 구인패턴 속에서 신규 사회진출자인 20대 연령층은 단순노동과 베테랑 노동의 그 어디에도 속하지 않으며, 고용에서 '배제'된 상황에 놓여 있다. 이렇듯 연령대별 실업률과 유효구인배율의 상황만을 교차해보아도 가장 고용상황이 좋지 못한 것은 역시 20대이다. 이들은 신경제의 대두와 더불어 정규직 취업구조로부터 대대적으로 '사전차단'되고 있다. 따라서 이들의 경

---

19) 반면 35~44세와 45~54세의 중견 연령대는 2.5~4%대 초반으로 1990년대 이래 줄곧 평균을 하회하는 실업률을 보여주고 있다(總務省統計局, 2006a).
20) 중간 연령대인 30~44세의 연령대는 1990년 2.28에서 버블 붕괴 후 1993~94년에 1.18, 그리고 아시아 경제위기 중에는 0.90 전후를 보이다가 최근에는 0.94~1.11로 회복세를 보여주고 있다(總務省統計局, 2005d).

우 일정한 취업기회를 얻더라도 비정규직으로의 취업 가능성이 가장 큰 것으로 나타나고 있다. 이 연령대는 '프리타'(freeter)라는 파트타임 노동에 의존비율이 높으며, 따라서 원자화·고립화된 상황에서 심각한 고용불안을 경험하고 있다(太田淸, 5면). 가령 2003년에 20대 취업은 비정규직이 약 29.9%(연령대 후반)부터 42.1%(연령대 전반)에 이르는 높은 비중을 점하고 있다.[21] 결국 1990년대 이전까지만 해도 안정적 취업과 확실한 미래의 직장을 보장받던 20대가 이제는 취업기회로부터 구조적으로 '배제'될 뿐만 아니라 취업기회를 얻더라도 단순 업무만을 수행해야 하는 '비정규직' 인생을 벗어나기 어려운 최대의 '패자'그룹으로 등장하고 있다. 그렇다면 최대의 패자인 20대는 새로운 내셔널리즘의 형성과정에서 '프티 내셔널리즘'의 주역으로서 일관된 지향을 표출하고 있는가.

(2) 계층화 변수: 사회계급별 '승자'와 '패자'

시장에서의 경쟁 격화, 경제주체들의 불안정화, 그리고 고용의 축소와 차별 등의 문제는 종래 일본형 사회씨스템, 즉 '중류' 중심의 안정적 계층체계를 심각하게 흔들고 있다. 계층체계의 변화는 각 사회계급 안에서 '승자'와 '패자'의 구별선이 불균등하게 그어지는 방향으로 전개되고 있다. 이 계층체제의 변화는 종래 계급과 계급 간의 전체적 '착취'관계를 중심으로 하던 근대적 자본주의 '계급체제'와는 달리 시장메커니즘을 통해 모든 계급이 더욱 격렬히 착취당할 가능성이 커진 속에서 각 계급 내부에서 불균등한 분열이 발생한다는 점에서 전통적인 계급적 연대는 물론이고 경제적 패자들간의 계급을 넘어선 연대나 커뮤니케이션 또한 어렵게 만들고 있다. 그러면 신경제

---

[21] 30~34세는 21.7%, 35~39세는 24.2%로 가장 낮은 양상을 보이고, 40~44세는 32.6%, 45~49세는 35.3(25.9)로 전체의 평균 수준을 보여주었다(厚生勞働省, 2003a).

의 등장으로 일본의 계층체제 내에 어떠한 변화가 일어나는지 살펴보자.

1) 기업의 분화: 대기업과 중소기업, 글로벌산업과 국내산업

신경제의 등장은 우선 산업영역에서 승자와 패자 간의 더욱 분명한 분화를 낳고 있다. 이 승패의 구분선은 주로 기업규모나 산업부문에 따라 달리 나타나고 있다. 우선 기업규모별로 승패의 계층화가 어떻게 나타나는지 살펴보자. 2004년 회사의 신설율과 폐업율을 중심으로 보면 회사 형태에서 대규모 주식회사보다는 소규모의 개인회사, 상호 회사, 합자 및 합명회사 등의 경영환경이 좋지 못하며, 종업원 규모별로도 1인 이상 19인 이하의 소기업의 경영환경이 좋지 못한 것으로 나타나는데, 특히 4인 이하 규모의 영세기업들은 폐업과 신설의 격차가 가장 현격한 것으로 나타났다. 또한 30인 이상 299인 이하의 중소기업도 폐업율이 신설율을 약간 앞서 경영환경이 개선되고 있지 못함을 보여주고 있다(總務省統計局, 2004b; 2004c).

기업수에 대한 시계열적인 통계를 보더라도 영세기업과 소기업 수는 급감추세이고, 중소기업 수는 정체상태임이 확인된다. 1980년대 이래 안정적 경제상황 속에서 자본금 1천만엔 이하의 영세기업 수는 섬신석으로 증가해왔으며, 자본금 1~2천만엔의 소기업 수는 급증하는 양상을 보여주었다. 그러나 이렇듯 증가하던 영세 및 소기업 수는 1990년대의 불황 국면 속에서 급속히 감소하고 있다. 요컨대 자본금 1천만엔 이하 기업 수는 1992년에 187만개였으나 2002년에는 153만개까지 감소하였다. 이 중 5백만엔에서 1천만엔의 기업과 2백만엔 이하의 기업들이 1997년을 전후해 현격하게 감소하였는데, 특히 2백만엔 이하 기업들은 거의 자취를 감추게 되었다.[22] 그리고 1천만엔에서 2천만엔 규모의 소기업 수는 1990년대 초반에 약 314만개에서

---

22) 5백만엔에서 1천만엔의 경우 1992년에 554만개이던 기업수가 1997년에는 362만개로 감소하였고, 200만엔 이하는 1990년대 초에 약 6백만개이던 것이 42만개로 현저한 감소를 보여주었다(總務省統計局, 2003).

1998년의 966만개까지 급증하였지만, 이후 1990년대 말부터 2000년대까지는 정체상태에 머물러 있다. 이러한 양상을 종합해볼 때 일본의 영세기업들과 소기업들은 장기 침체의 둘째 국면이자 결정적 심화 국면이던 동아시아 경제위기를 전후해 커다란 사업상의 위기를 경험했던 것으로 보인다.

그러면 산업 부문별로 보았을 때 승자와 패자의 계층화는 어떻게 드러날까? 2004년 산업 대분류별 폐업율과 신설율의 상황을 보면 일본경제의 침체상태를 보여주듯이 의료복지산업을 제외하고 거의 전 산업의 폐업율이 신설율을 앞서고 있다. 그중에서도 광업, 건설업, 제조업, 유틸리티, 정보통신업, 운수업, 도소매업, 금융보험업, 음식숙박업, 복합써비스업 등은 폐업율이 5 이상으로 높고, 폐업율과 신설율 간의 격차가 2를 초과한 난관산업들이다. 특히 폐업율이 6 이상인 정보통신업, 운수업, 도소매업, 금융보험업, 음식숙박업 등은 가장 불안정한 부문에 해당한다고 볼 수 있다. 결국 가장 큰 고용의 중심이자 국민생활과 연관이 큰 산업부문들이 난관 또는 불안정 산업군이 된 것이다.[23] 그러면 아직까지 일본경제에 막강한 영향력을 행사하는 제조업 내 부문별 상황은 어떠한가. 제조업은 폐업율과 신설율의 평균 격차가 3.5로서 큰 격차를 보여주고 있으며, 화학제품과 석유석탄 제품을 제외하고 대부분 산업이 2 이상의 격차를 보여주고 있다. 여기에서 2004년 전체 산업 평균 폐업율이 폐업율 5 이상, 그리고 폐업율과 신설율 간의 격차 3을 상대적으로 산업활동의 양호, 난관을 구분하는 기준으로 삼아보도록 하자. 이 기준에 따르면 잠정적으로 난관산업은 섬유(5.7), 의류(6.7), 목재(3.9), 가구(3.7), 인쇄(3.8), 플라스틱(3), 고무(4.3), 가죽모피(5.5), 금속제품(3.1), 전기기계(3.2),

---

23) 산업 대분류별로 2004년의 산업(신설율, 폐업율)을 보면 전체(4.2, 6.4), 농림어업(3.3, 4.6), 광업(1.7, 5.4), 건설업(2.9, 5.5), 제조업(2.2, 5.7), 유틸리티(2.3, 5.6), 정보통신(9.9, 12.6), 운수(4.2, 6.4), 도소매(3.9, 6.8), 금융보험(5.6, 9.6), 부동산(3.4, 4.5), 음식숙박(6, 8.5), 의료복지(6.4, 4.1), 교육학습 지원(6, 6.7), 복합써비스(2.8, 5.9), 써비스(4.4, 5.5)이다(總務省統計局, 2004d).

정보통신기계(3.7), 전기부품(3.8) 등이었으며, 양호산업은 음식·담배·사료 (1.8), 식료(2.2), 펄프제지(2.8), 화학(0.3), 석유석탄 제품(1), 요업토석(3), 철강 (2.5), 비철금속(2.6), 일반기계(2.7), 수송기계(2.2), 정밀기계(2.8), 기타 제조업 (0) 등으로 나타났다. 이 기준에 의거해볼 때 우리는 신경제와 시장원리가 강조되는 현재 일본에서 경공업, 소비재산업, 주로 국내 대상 제조업들이 난관 산업군에 속함을 알 수 있다. 여기에서 주목할 것은 전기기계, 정보통신기계, 전자부품 등 일부 기계 및 전자 조립산업들이 난관산업군에 포함되기 시작했다는 점이다. 이 산업들은 지금까지는 주력산업으로서 제품 및 부품 생산에서 핵심적 역할을 하였으나, 신경제 도입과 격렬한 국제경쟁의 와중에서 경쟁력을 상실하기 시작한 부문이라고 할 수 있다. 반면 양호산업은 지극히 일부의 국내시장대상 소비재 산업을 포함하고 있으나, 에너지산업, 철강 및 금속산업, 기계산업, 자동차 산업 등 해외경영과의 연계가 강력한 기계 및 소재산업이 중심이 되었다.[24]

2) 도시자영업의 궤멸: 유통숙박업, 써비스업, 제조업의 위기

신경제의 등장과 더불어 한 가지 주목할 일은 자영업의 대폭적인 축소이다. 자영업의 감소는 도시와 농촌에서 모두 관찰되나, 농촌보다는 도시지역 자영업의 상황이 훨씬 심각하다. 먼저 농업부문에 대해 간략히 살펴보면 이미 1955년부터 1980년대 후반까지 장기간에 걸쳐 커다란 감축이 이루어져 온 것으로 나타난다. 요컨대 1955년 520만명이던 농민(자영업자) 수가 1988

---

24) 제조업 내의 2004년 산업별(신설율, 폐업율)은 다음과 같다. 식료품(2.3, 4.5), 음료담배사료(2.4, 4.2), 섬유(1.2, 6.9), 의류(1.9, 8.6), 목재(1.7, 5.6), 가구(1.5, 5.2), 펄프제지(1.9, 4.7), 인쇄(2.4, 6.2), 화학(4.2, 4.5), 석유석탄 제품(3.3, 4.3), 플라스틱(2.3, 5.3), 고무(2.4, 6.7), 가죽모피(1.9, 7.4), 요업토석(1.9, 4.9), 철강(2.9, 5.4), 비철금속(2.6, 5.2), 금속제품(2, 5.1), 일반기계(2.2, 4.9), 전기기계(3, 6.2), 정보통신기계(4.1, 7.8), 전기부품(3.7, 7.5), 수송기계(2.8, 5), 정밀기계(3.1, 5.9), 기타(2.3, 2.3). 이에 대해서는 總務省統計局(2004e)을 참조.

년에 206만명으로 약 314만명 감소했는데, 일본의 산업화·근대화·국제화에 따르는 '정상적' 감소로서 해마다 약 9만5천명씩 줄어든 것이다. 그런데 1988년 이후 2005년까지 신경제 도입 시기에 농업 자영인구는 206만명에서 125만명이 되어 해마다 5만명씩 줄어들었다. 이러한 감소 추세는 도리어 이전 시기의 '정상 감소' 추세보다 현저하게 줄어든 것으로서 1988년 이후 같은 기간에 도시자 영업자 수의 절망적인 감소와는 매우 대조적이다. 이는 농협조직의 정치력, 나아가 농업이슈의 과대한 정치화로 농업부문에 대한 신자유주의의 파급력이 결과적으로 그리 강하지 못했음을 보여주는 증거이기도 하다(總務省統計局, 2006b).

반편 비농업 자영업(주로 도시자영업)은 신경제 도입과 함께 거의 절망적인 감소 추세를 보이고 있다. 비농업 자영업자 수는 1955년부터 88년까지 매년 약 5만6천명, 전체로서는 약 184만명이 증가하였다. 그러나 자영업 부문에도 신경제가 도입되기 시작한 1988년부터 2005년까지 17년간 자영업자 수는 전체 179만명, 해마다 약 10만5천명이 감소했다. 이는 과거 도시자 영업의 성장추세나 농업부문의 감소 추세에 비교하더라도 전례를 찾기 어렵다. 이는 신경제의 등장에 의해 도시자영업이 얼마나 처절한(drastic) 조정 국면에 처했는지를 잘 보여준다. 이러한 자영업의 조정은 나까소네 야스히로(中曾根康弘) 내각 이후 미일마찰과 신보수주의 개혁, 특히 대점법(大店法) 등 획기적인 유통개혁 조치, 유통·써비스 분야의 대대적 규제개혁에 따른 것으로 보이며, 조정의 심도가 농업보다 훨씬 심한 것은 업계단체나 지역단체의 능력의 한계나 취약성 때문으로 보인다(總務省統計局, 2006b).

자영업 업종별로 더 구체적으로 상황을 보도록 하자. 먼저 가장 비중이 큰 도소매·음식숙박·금융보험·부동산의 상황을 보면 1975년부터 85년까지 10년 동안 전체 약 5만명이 증가한 반면, 1985년부터 2005년까지 20년간 해마다 약 4만4천명이 줄어들어 전체 87만명의 업자가 사라졌다. 둘째 써비스업은 1975년부터 1995년까지 20년간 약 39만명이 증가했지만, 1995

년부터 2005년까지 10년간 해마다 약 5만2천명, 전체로서 약 52만명이 감소했다. 셋째 제조업은 1975년부터 1985년까지 10년간 약 20만명이 증가했으나, 1985년부터 2005년까지 20년간 해마다 4만8천명, 전체로서 95만명이 감소했다. 결국 도소매・음식숙박업, 써비스업, 제조업 등의 자영업자들이 신경제의 도입으로 가장 처절한 조정을 당한 셈이다. 한편 도시자영업 중 상대적으로 양호한 부문은 건설업과 운수・통신・유틸리티업으로 보이나 구체적인 상황을 보면 반드시 그런 것만도 아니다. 건설업의 경우 95년부터 2005년까지 10년간 약 2만명이 감소한 것으로 드러나 전체적으로 1985년 수준을 유지하고 있으며, 운수・통신・유틸리티 산업은 1975년부터 2005년까지 아주 미약한 증가추세만을 보여주고 있다(總務省統計局, 2006c).

표1 산업부문별 자영업자 수의 변천추이(단위: 만명)

	1975년	1985년	1995년	2004년	2005년
건설업	60	88	90	86	88
제조업	135	155	105	61	60
도소매, 음식, 숙박, 금융보험, 부동산	243	248	205	177	161
운수, 통신, 유틸리티	14	16	18	17	21
써비스업	146	174	185	131	133

출처 『日本總務省統計局의 『勞動力調査年鑑』과 최근 자료.

자영업은 가족종업(家族從業)과 소규모 고용을 중심으로 하지만 실질적 고용흡수력을 갖고 있다. 이런 의미에서 자영업의 붕괴는 자영업 그 자체의 위기이기도 하지만, 관련된 고용의 붕괴로 연쇄적인 실업 확대를 가져온다. 가령 1997년 자영업 부문의 총 고용수는 1,148만명(업주 772만명, 가족종업자 376만명)이었는데, 2004년에는 946만명(업주 656만명, 가족종업 290만명)으로 줄어 7년 만에 합계 202만명(매년 약 29만명)의 고용이 축소되었다(總務省統計局,

2005b). 결국 대점법, 규제완화 등 대대적인 신자유주의적 조치를 통해 개인 써비스업이 몰락하고 대규모 써비스업 형태로 전환되었지만, 이는 고용 면에서 자영업과 가족고용을 실업자나 대자본 써비스산업의 비정규직 노동자로 전환한 것을 의미한다.

3) 노동계급의 분화: 써비스직과 생산직, 관리·전문기술직과 단순사무·생산직, 정규직과 비정규직

신경제 도입 이후 일본 노동계급은 써비스노동과 전통적인 육체노동, 복잡한 기능을 수행하는 관리·전문기술직과 단순노동의 사무직 및 생산직, 그리고 마지막으로 정규직 노동과 비정규직 노동이라는 세 가지 축을 중심으로 분화하고 있다. 이 기준들은 서로 상호작용하면서 노동계급을 승자와 패자 그룹으로 분열시키고 있다.

먼저 업종별 고용상황에 따라 확인되는 '써비스노동'과 '생산육체노동' 간의 구별이다. 입직율(入職率)과 이직율(離職率)을 중심으로 하는 산업별 시계열통계를 확인하면 업종별 고용상황은 크게 두 개 그룹으로 나뉜다. 첫째 그룹은 건설업과 제조업 등 전통적 육체노동의 경우이다. 이 그룹에서 고용상황의 동요는 그리 크지 않지만 고용이 점차적으로 축소되는 경향을 보여주고 있다. 이 양 업종에서 노동은 1995년 정도까지 이직율과 입직율이 비슷했지만, 2000년대에 접어들어 건설업은 이직율이 입직율을 4~5% 일관되게 초과하고, 제조업은 3~4%를 초과하는 경향을 보여주고 있다. 둘째 그룹은 운수통신, 도소매·음식업, 써비스업 등과 같은 써비스 업종의 경우이다. 이 그룹은 고용상황의 동요가 상대적으로 크나, 1995년까지 비슷했던 입직율과 이직율 간의 관계가 이후에도 유지됨으로써 고용수요가 탄력적이고 고용흡수가 신속히 이루어지는 경향을 보여주고 있다. 2000년대에 접어들어 운수통신, 도소매·음식업의 경우 입직율이 이직율을 약 1~2% 앞서고 있으며, 써비스업도 입직율과 이직율이 유사하게 유지되고 있다(厚生勞働

省, 2005d).

그다음은 노동계급 내의 직업계층별로 신경제의 효과가 다름에 따라 생기는 분화이다. 1980년부터 2004년까지의 직업계층별 시계열통계를 확인해보면 고용안정성의 정도에 따라 크게 세 개 그룹이 존재한다. 첫째, 아직 고용의 주력부분이기는 하나 고용이 가장 현저하게 감소한 제조·건설직과 사무직의 경우이다. 제조·건설직은 1997년에 고용이 최고 정점에 달해 1,706만 명이었는데 2004년에는 1,415만명으로, 그리고 사무직은 1998년에 1,290만명으로 최고 정점이었는데, 2004년에는 1,244만명으로 각기 291만명과 41만명이 감소되었다. 둘째, 신경제로 인해 고용이 대폭으로 확대된 전문기술직과 써비스직의 경우이다. 전문기술직은 1990년에 690만명이던 것이 2004년에 들어서 901만명으로 211만명이 증가되었으며, 써비스직의 경우에는 1990년에 535만명이던 것이 2004년에는 748만명으로 213만명이 증가하고 있다. 셋째, 1990년대의 고용수준이 큰 변화 없이 유지되는 그룹으로서 판매직, 노무직, 운수통신, 관리직 등의 직업계층 그룹이다. 이러한 직업계층별 분화는 작업장 중심의 기술누적을 중시하던 전통적 생산 및 사무기능은 축소되는 반면, 전문 기능 및 써비스 기능의 역할이 현저하게 중시되는 신경제의 특징과 부합한다(總務省統計局, 2005c).

한편 업종별 혹은 직업계층별 단순 고용상황만으로는 신경제 이후 본격화된 노동계급 내부의 질적 분화와 격차를 적절히 설명할 수 없다. 요컨대 취업형태별로 1990년대 이래의 입직율을 시계열통계를 통해 확인해보면 일반 노동자, 즉 정규직의 경우 신규 입직은 제한이 큰 반면 전직 등을 통한 베테랑 고용경향이 크며, 신규 입직이나 일부 전직은 주로 비정규직, 특히 파트타임노동의 고용이 대부분을 차지하는 것으로 확인되고 있다. 이 결과 2003년 비정규직 노동은 전체 고용의 34.6%까지 확대되고 있다. 이러한 점에서 신경제 이후 노동계급 내에서 발생하는 가장 중요한 분화는 정규직과 비정규직의 분화가 된다(厚生勞働省, 2005a).

일본 노동계급의 비정규직 현황을 사업소규모, 산업대분류, 제조업 부문을 중심으로 간략히 살펴보도록 하자. 2004년 통계를 중심으로 살펴볼 때, 먼저 사업소규모와 비정규직 비율은 대체로 반비례하는 경향을 보여주고 있다. 요컨대 영세, 중소업체일수록 비정규직 고용이 많은데, 특히 5~99명의 영세·중소기업의 비정규직 사용은 평균 이상으로 36~38%였다. 결국 영세·중소기업의 가중되는 '자본의 난관'이 노동상황을 더욱 불안정하게 만들 수 있으며, 궁극적으로 이중적인 의미의 노동 불안정성이 발생할 가능성이 크다. 다음으로 산업별 비정규직 비율을 살펴보면 전체 고용의 22.9%를 차지하는 도소매(유통)업은 비정규직이 45%, 전체 고용의 7.9%를 차지하는 음식숙박업은 비정규직이 71%, 전체 고용의 13.4%를 차지하는 써비스업의 경우 비정규직이 41%에 이름으로써 비정규직 고용의 평균을 훨씬 상회하고 있다. 한편 고용규모가 상대적으로 퇴조하는 경향을 보여주고 있지만, 두번째 큰 고용부문(22.2%)인 제조업도 23.3%가 비정규직이다. 결국 가장 고용효과가 큰 산업들에서 비정규직 고용현상이 현저하다고 할 수 있다. 반면 고용효과가 그리 크지 않은 광업, 건설, 유틸리티, 정보통신, 금융보험 등의 산업에서 노동의 비정규직화 비율은 지극히 제약되거나 평균 이하로 나타나고 있다. 제조업 내부 상황을 보자면 비정규직 고용비율은 평균 23.3%로 나타나는데, 주로 글로벌경영을 하는 소재 및 기계 관련 제조업의 비정규직 비율은 19~20%로 상대적으로 낮은 반면 소비 관련 제조업은 33.1%로 제조업 평균을 훨씬 초과하고 있다. 결국 비정규직 노동사용의 비중이 큰 사업소규모, 산업, 제조업 부문은 앞서 살펴본 기업과 산업 들의 난관부문과 대체로 일치하며, 이 경우 산업(자본 측)의 난관은 노동의 난관과 중첩되어 전개될 가능성이 아주 크다(厚生勞働省, 2003b).

그림2 신자유주의와 비정합적 모자이크형의 차별적 계층화 구조

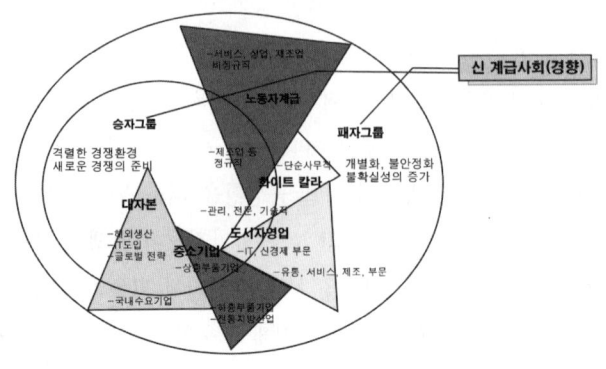

(3) '패자'들의 사회의식: 사회의 폐색감, 다시 신자유주의의 바다로

　20대 연령층, 국내 기반 중소기업가, 도시자영업자, 생산 및 사무직 노동자, 소규모 사업소 및 유통써비스업, 소비재 제조업의 비정규직 노동자 등 사회적 패자들의 사회의식은 어떻게 나타날까? 그들은 자신의 존재에 대해 얼마나 객관화된 인식을 하고 있으며, 사회 및 경제에 대해 어떠한 태도를 가지고 있을까? 여기에서는 일본 내각부가 해마다 수행하는 '국민생활에 관한 여론조사'(1999년~2004년 6월), 『아사히신문』의 2005년 헌법 여론조사, 2006년 2월의 RDD 조사, 『요미우리신문』의 2003년 헌법 여론조사 등을 통해 계층별로 생활 악화에 대한 감도(소득 격차), 사회적 불만의 감도, 사회적 폐색감 감도 등에 대해 어떠한 반응을 하는지를 살펴보고자 한다. 그리고 그들의 사회의식의 일관성 여부를 확인하기 위해 사회적 계층변화를 일으킨 신자유주의 경제정책에 대한 태도는 어떠한지도 살펴보고자 한다.
　먼저 내각부 조사의 5년간 시계열 집계결과 '현재 생활의 악화감도'를 전체 평균보다 일관되게 높게 응답한 연령대와 직업계층군은 다음과 같다. 연

령대로는 남녀를 불문하고 40대, 50대, 60대가, 그리고 직업계층군으로서는 상공써비스업·자유업——중소기업, 전문자유직, 자영업——도시자영업의 가족종업자, 농림어업, 노무직——노동자계급——이었다. 반면 무직(실업자), 주부, 관리·전문기술·사무직, 학생은 생활 악화감도가 낮은 편이었다.[25] 이와 유사한 결과는『아사히신문』의 2006년 2월 RDD 조사의 '소득격차 확대에 관한 느낌'에서도 나타난다. 즉 격차 확대를 평균 이상으로 느끼는 것은 연령대 면에서 40대, 50대, 60대였으며, 직업계층군으로서는 사무기술직, 제조·써비스 종사자——중소기업 및 제조·서비업 노동자——자영업자였다.[26] 연령대별로 가장 악화감을 많이 느끼는 것은 50대였고, 20대와 30대는 일관되게 평균 이하의 악화감을 보여주었다. 한편 직업계층 면에서는 중소기업, 도시자영업, 도시자영(가족종업), 농림어업, 제조·써비스 노동자, 사무직 노동자 등이 생활 악화 및 소득 격차감을 크게 느끼는 것으로 나타났다. 반대로 무직, 주부, 관리직, 학생 등은 생활 악화감도를 크게 가진 것은 아니었다. 생활에 대한 악화감도는 직업계층에서는 대체로 신경제로 말미암아 사회적 패자그룹들의 지지가 반영되어 있다. 그러나 한 가지 특징적인 점

---

25) 내각부의 '국민생활에 관한 여론조사' 2. 조사결과의 개요의 표 1 '작년과 비교한 생활의 향상감'의 질문에 대한 응답 중 "저하하고 있다"에 대한 속성별 답변의 추이를 시계열적으로 추적한 결과이다. 답변에 대한 속성통계치는 1999년 12월, 2001년 9월, 2002년 6월, 2003년 6월, 2004년 6월, 2005년 6월 등 7년분이 공개되고 있다. 이 설문에 대한 평균적 응답비율은 1999년 12월(28.5%), 2001년 9월(30.1%), 2002년 6월(28.5%), 2003년 6월(32.3%), 2004년 6월(27.3%), 2005년 6월(26.1%)이다. 이 전체적 응답비율을 기준으로 응답비율이 지속적으로 높은 계층을 생활 악화 민감계층으로, 지속적으로 낮은 계층을 둔감계층, 일관성이 없는 계층을 동요계층이라고 할 수 있다(內閣府 國a, 1999~2005).

26) 2006년 2월의『아사히신문』RDD조사의 설문은 다음과 같다. "현재의 사회에 대해 여쭙겠습니다. 최근 일본은 소득 등의 격차가 확대되고 있다는 관점이 있습니다. 당신의 실감으로서 격차가 확대되고 있다고 생각합니까? 그렇게는 생각하지 않으십니까?" 이에 대한 전체 답변 비율은 다음과 같다. "확대되고 있다"(71%), "그렇지 않다"(20%), "기타·무응답"(9%, 朝日新聞, 2006/2: #5).

은 객관적 상황인식 면에서 20대와 무직자들은 비교적 둔감한 반응을 보인다는 점이다. 20대와 무직자들은 신자유주의 경제의 도입 이후 경제체제로부터 '배제적 피해'를 당해옴으로써 생활의 변화에 무감각해지고 이것이 '둔감성'의 원인으로 작용한 것으로 보인다. 신자유주의 '패자'들의 이러한 둔감성은 소위 '희망격차사회'론에 의해 그 원인을 더욱 체계적으로 설명할 수 있다. 과거에는 '풍요로운 가족생활 구축'에 대한 장래 희망이 존재했고, 이것은 다수에게 도달 가능한 목표였다. 그러나 신자유주의가 전면화된 상황에서 '승리한' 일부는 사회 속에서 활약의 장을 제공받지만, 나머지 사회의 다수는 일상적인 생활의 불안에 조우한다는 것이다. 안정적인 삶이 도리어 '복권당첨'과 같은 비현실적 꿈이 되며 이것이 현실에의 적극적인 참여를 가로막는 '희망의 구조적 격차'를 낳게 되고 사회적 현실과 변화에 무관심, 무감각해지도록 한다는 것이다.[27]

한편 내각부 조사에서 사회적 불만족 추이를 살펴보면 연령대로서 30대, 40대, 50대가 일관되게 평균 이상의 불만족을 표현한 것에 비해 20대는 여전히 평균에 훨씬 못 미친 반응을 보여주었다. 직업계층으로서는 노무직, 상공써비스·자유업, 상공써비스·자유업(가족종업)의 사회적 불만이 가장 큰 것으로 나타났고, 관리·전문기술직, 주부, 학생은 상대적으로 '저불만'층이며, 농림어업 및 그 가족, 무직층은 중간에서 동요하고 있다.[28] 한편 2005년

---

27) 1990년대 말과 2000년대에 걸쳐 청년층에서 형성된 사회적 개념인 히끼코모리(ヒキコモリ), 프리타(Freeter)족, 니트(NEET)족 등은 청년층에서 발생하는 사회적 무관심, 부적응, 노동의욕의 저하를 상징하는 현상이며, 신자유주의에 따라 양산되는 '희망 격차' 사회의 단면을 보여주는 것이다(山田昌弘 2004: 6~12면).
28) 내각부의 '국민생활에 관한 여론조사' 2. 조사결과의 개요의 표 2 "현재의 생활에 대한 충족도" 질문에 대한 응답 중 "어느정도 불만이다" "불만이다"에 대한 속성별 답변의 추이를 시계열적으로 추적한 결과이다. 답변에 대한 속성통계치는 1999년 12월, 2001년 9월, 2002년 6월, 2003년 6월, 2004년 6월, 2005년 6월 등 7년분이 공개되고 있다. 이 설문에 대한 평균적 응답비율은 1999년 12월(34.2%), 2001년 9월(36.3%), 2002년 6월(36.7%), 2003년 6월(39.6%), 2004년 6월(37.3%), 2005년 6월(37.5%)이다.

4월 『아사히신문』 조사의 '일본사회의 폐색감'에 대한 집계결과 또한 이와 유사한 결과를 보여준다. 요컨대 연령층에서 30~50대가, 사회계층 면에서 사무기술 노동자, 제조·써비스 종사자(중소기업과 노동자), 자영업자, 주부 등이 평균 이상의 사회적 폐색감을 표현한 것이다.[29] 그러나 이후 주관적인 만족도 평가로 바뀌면서 연령대에서는 60대가 퇴장한 반면 30대가 진입하고 있으며, 직업계층에서 농림어업이 퇴장하고 있다. 현실생활에 대해 불만을 적극적으로 표현하는 층은 연령대로서 30~50대의 실제 주력생활 세대이며,[30] 사회계층으로서 중소기업가, 도시자영업자와 그 가족, 제조·써비스·사무직 노동자 등이라고 할 수 있다. 결국 가장 큰 '패자'이자 '프티 내셔널리즘'의 주역으로 주목되는 20대, 그리고 신경제의 완벽한 소외자인 무직자들은 생활 악화감을 크게 평가하지도 않고 현실에 대한 불만도 적극적으로 표현하지 않고 있다. 20대나 무직자는 '완패자'이면서도 말미암아 '패배'를 못 느끼거나 시인하고 싶지 않아 하는 것이다. 신자유주의로 인한 불안감이나 불만은 40~50대의 실질 생활연령층을 중심으로, 그리고 계층 면에서는 신자유주의의 핵심적 패자들──중소기업, 도시자영업자 및 가족, 제조·써비스 노동자, 사무직 노동자 등──에게 가장 크게 감지된다.

이 전체적 응답비율을 기준으로 응답비율이 지속적으로 높은 계층을 생활불만 계층으로, 지속적으로 낮은 계층을 상대적 만족계층, 일관성이 없는 계층을 동요계층이라고 할 수 있다(內閣府國b, 1999~2005).

29) 『아사히신문』의 2005년 4월 여론조사의 질문 4 "당신은 지금 일본사회가 막다른 골목에 봉착해 있다고 느끼십니까?"라는 질문에 대한 속성별 응답표 참조. 답변은 강하게 느낀다(31%), 약간 느낀다(54%), 별로 느끼지 않는다(11%), 완전히 느끼지 않는다(1%), 기타·무응답(3%)로서 폐색감을 느끼는 것(85%)이 느끼지 않는 것(12%)을 압도하고 있음을 알 수 있다. 이는 이 폐색감에 대한 감도를 기준으로 평가한 것이다(朝日新聞, 2005/4, #4).

30) 가령 내각부 '국민생활에 관한 조사'에서 앞으로 경제생활(수입) 악화에 대한 연령대별 우려 정도를 보더라도 일정한 편차는 있으나 주도적 생활연령대인 30~50대의 우려 정도가 가장 높다.

그러면 '프티 내셔널리즘'은 근거가 없을까? 나중에 구체적으로 보겠으나 20대는 커다란 편차를 보여주는 것이 특징이지만, 쟁점의 성격에 따라 대단히 다른 반응을 보이고 있고, 다른 경우 쟁점의 주도 연령그룹이 아니었더라도 전반적인 내셔널리즘 정서를 선도하는 경향을 보여주기도 한다. 20대의 경우 불안감이나 불만이 잠재되어 있어서 반응의 편차가 큰 반면, 특정 유형의 안보대안에 대해서는 일관되고 강한 지지를 보이고 있다. 이러한 점에서 '프티 내셔널리즘'이 전혀 영향력이 없는 것은 아니며 특정 조건 속에서 계층구조에 기초한 내셔널리즘 정서를 배가하는 증폭회로로서의 역할을 해왔다고 할 수 있다.

한편 이 신경제의 패자 혹은 '불만족 세력'들은 현재 자신들이 처한 난관의 이유인 '신자유주의' 그 자체에 대해서는 어떠한 평가를 하고 있을까? 이를 적확하게 실증할 장기시계열적 조사통계를 확보하기는 어렵지만, 몇가지 직접적으로 연관된 조사결과들을 기초로 기본적 경향은 확인할 수 있다. 가령『요미우리신문』의 2003년 3월 조사에서 '경쟁에 대한 태도'를 묻는 질문이나,[31]『아사히신문』의 2006년 2월 RDD 조사에서 '코이즈미 정권의 신자유주의 정책의 지속 여부'에 대한 질문 등에 대한 답변[32]을 통해 신자유주의의

---

31) 2003년 3월에 시행된『요미우리신문』의 정례조사의 질문 21 "바람직한 사회의 존재형태에 대하여 다음 두 개의 의견 중 당신의 생각에 가까운 쪽을 선택해주세요"에 대한 응답결과가 그것이다. 이 질문에 대해 전체적인 응답은 "자유로운 경제경쟁을 어느정도 제한"한다는 쪽이 46.3%, "자유로운 경제경쟁을 촉진"한다는 쪽이 45.7%로 나타났다 (讀賣新聞, 2003: #21).
32) 2006년 2월『아사히신문』의 RDD조사 질문 7 "코이즈미 수상은 행정써비스 등을 가능한 한 민간 등에게 넘겨 행정조직을 축소하는 소위 '작은 정부'노선을 추진해왔습니다. 당신은 다음 수상도 이 노선을 계속하기를 바랍니까, 노선 그 자체를 전환하기를 바랍니까"를 참조. 이에 대한 답변은 1) 이대로 계속하기를 바란다(28%), 2) 노선은 좋으나 추진방식을 변경하기 바란다(47%), 3) 노선 그 자체를 전환하기 바란다(14%), 4) 기타・무응답(11%) 등이며, 노선의 방향(신자유주의) 그 자체를 지속하기 바라는 의견이 75%에 달하는 것으로 나타났다(朝日新聞, 2006/2: #7).

에 대한 연령대별, 직업계층별 태도를 확인할 수 있다. 우선 연령대와 관련해 20대와 30대는 확실히 '경쟁촉진' 정책을 더 선호하며, 40대와 50대의 경우는 '경쟁제한'의 사고가 '경쟁촉진'을 미미하게 앞서고 있다. 코이즈미 정권의 신자유주의 정책의 지속 필요성에 대해서는 20대부터 50대까지의 연령대가 평균 이상으로 지지를 표명하고 있다. 결국 20대는 자신들의 객관적인 '존재'와 달리 생활 악화감이나 현실에 대한 불만을 표현하지 않았던 것과 마찬가지로 신자유주의 정책에도 수긍하는 태도를 보이고 있다. 그리고 실질적 생활 연령대인 30~50대 연령은 신자유주의의 결과 야기된 '현실'에 불만을 느끼고는 있지만, 궁극적으로는 신자유주의 이외의 대안은 존재하지 않는다는 모순적 태도를 보이고 있다.

경쟁촉진에 대해 직업계층별로는 상공써비스업(중소기업과 자영업), 자유업, 관리전문직, 사무기술직, 학생 등이 평균 이상의 지지를 표현했으나, 주부, 농림수산, 기타 무직의 경우에는 반대의 경향을 보이고 있고, 노무, 써비스직(제조, 써비스 노동자)의 경우에는 경쟁 촉진과 제한에 대해 거의 절반씩의 지지를 표현했다. 코이즈미 정권의 신자유주의 정책에 대해서는 사무기술직, 제조써비스 종사자(중소기업, 제조써비스 노동자), 자영업자, 농림어업 등이 평균 이상의 지지를 표현했다. 여기에서 종래 신경제의 상층 혹은 기득계층인 자유업, 관리전문직이 자신에게 승리를 가져다준 신자유주의를 지지하는 것은 당연하다고 할 것이다. 그리고 패자라 할지라도 '시장 행위자'(market player)인 중소기업과 자영업자들 또한 '경쟁논리의 자가당착'으로부터 벗어나기 어려운 것도 이해할 수 있다.

그러나 주목할 것은 신경제의 비시장적 패자그룹들——사무기술직 노동자, 제조·써비스 노동자——또한 신자유주의를 수긍하고 있는 것이다. 그만큼 일본에서 신자유주의의 이념적 마력은 큰 것으로 나타나고 있다. 결국 현실 생활연령대인 30~50대, 그리고 신경제의 사회적 패자——중소기업, 자영업 및 그 가족, 사무직 노동자, 생산·써비스 노동자——들은 신자유주의

로부터 경제적 난관을 강요받지만 다시 신자유주의를 긍정할 수밖에 없는 이데올로기적 '마법'에 걸려 있는 꼴이다. 이 패자들의 사회인식은 신자유주의 이데올로기의 하나인 성과주의, 효율성을 위한 개혁론을 그대로 인정하기 때문에 체계적인 것이 아니다. 특히 이들은 원자화되어 있고 사회적 연대(커뮤니케이션)가 결여되어 있으며, 초기 격차의 사회적 성격을 인정한다고 하더라도 격차 확대의 원인을 자기 자신에게 돌리는 경향이 있다. 나아가 대중적 상징조작, 행위모방 등에 취약하고 신자유주의 홍보의 창(窓)인 매스미디어, 정부발표, 기업선전 등에 노출 정도가 크기 때문에 신자유주의에 대한 저항의 정도도 지극히 허약하다(香山リカ, 2002: 133~35면). 이 이데올로기적 '마법'은 2006년 4월 『요미우리신문』의 '코이즈미 정권 5년 총괄' 여론조사 결과에도 그대로 드러난다. 가령 코이즈미 정권하의 규제개혁은 국민생활을 개선하는 데 이바지하지 못했고, 구조개혁은 사회경제적 격차를 확대하는 결과를 낳았지만, 코이즈미 '구조개혁' 전반에 대한 평가는 60% 이상이 지지를 보내고 있다. 즉 '마법'의 핵심은 "(자신을 포함해) 고통이 따르더라도 신자유주의 구조개혁은 필요하다" "신자유주의는 최소한 필요악이다"는 무기력한 수긍론이다(讀賣新聞, 2006).

5. 신자유주의와 내셔널리즘의 사회의식: 애국, 개헌, 안보

신자유주의로부터 부단히 고통을 받으나 다시 신자유주의를 수긍할 수밖에 없는 패자들의 '불행한 의식'(unhappy consciousness)은 현실도피의 한 방법으로 '자기다움'을 부단히 추구하는 '실존주의'를 택하거나, 당면한 폐색상황에 대한 합리적 처방전보다 현상을 일거에 '변혁할 듯한 획기적 돌파구'를 찾아 나서는 경향이 있다. 이 실존주의가 일종의 정치적 낭만주의와 결합할 때, 그리고 비관적 현상의 반전으로 일종의 '변혁'을 희구할 때, 가장 손쉽게 대두하는 대안이 다름 아닌 내셔널리즘이다. 1990년대 이래 움터서 오늘날 그 본격적인 모습을 보여주는 일본다움, 일본적인 것, 일본의 역사와 전통, 일본이라는 국가를 사랑하고 찬미하는 정서, 그리고 막다른 골목에 있는 '자신들의 일본'이 '강력한 국가 일본'으로 변모해주기를 기대하는 갈망 등 이른바 '내셔널한 것'에의 추구가 대표적이다. 여기에서는 1990년대 이래 대중적 내셔널리즘의 표상인 애국주의와 국가주의 문제, 신자유주의 시대 개헌의 대중적 의미, 강한 일본의 실현태로서 안보대국화의 형태 혹은 경로 등을 중심으로 새로운 내셔널리즘의 특징 및 사회적 기반의 성격에 대해 논하고자 한다. 특히 새로운 내셔널리즘의 대중적 사회의식이 내포한 비일관성과 불균질성, 그리고 모순성 등에 대해서도 간략히 논할 것이다.

(1) 애국주의와 국가주의

일본 내각부의 '사회의식에 관한 조사'에서 일본의 자랑거리 중 '일본의 역사와 전통'에 대한 응답 그리고 일본에서 애국심 교육의 필요성에 대한 응답을 1981년부터 최근까지의 시계열 통계로 모아보면 1980년대 이래 일본의 애국주의의 확산추이가 대체적으로 확인된다. 가령 전자를 통해서 '일본적인 것'에의 애착 정도가 무엇을 계기로 어떻게 급성장하는가, 그리고 후자를 통해서는 전후 기간에 일본에서 '유폐'되었던 '애국의 당위성'이 어떻게 부활하는지를 이해할 수 있다.

'일본의 역사와 전통'에 대한 자긍심의 응답비율 추세를 시계열적으로 확인해보면 '일본적인 것'에 대한 애착은 1980년대 전반기까지만 하더라도 30% 미만에 머물러 있었지만, 다음 세 단계를 통해서 성장하고 있다. 첫째, 1980년대 후반의 거품경제 기간에 '일본의 세계적 팽창'과 함께 '일본적인 것'에 대한 자긍심이 성장하였다. 둘째, 1990년대 초반 거품경제가 붕괴하고 급격하게 경기 및 사회 전반이 침체되는 상황에서 '일본적인 것'에 대한 자

그림 3 신자유주의 도입과 일본적 자긍심, 애국주의, 국가중심주의의 추이

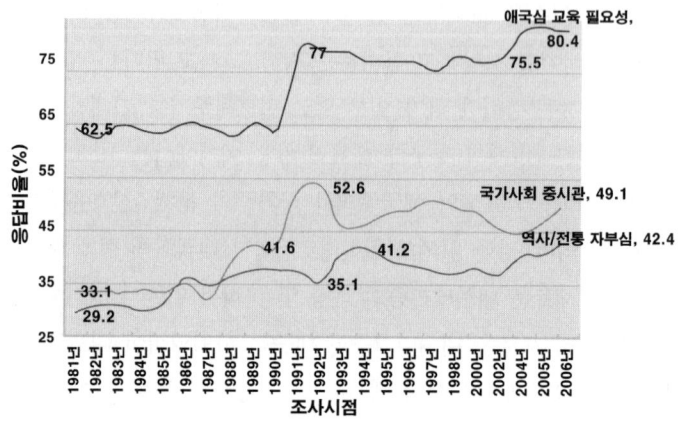

궁심은 다시 고양되고 있다. 셋째, 2000년대 초반 일본 내셔널리즘 정권의 등장을 배경으로 '일본 전통과 역사'에 대한 정치적 부각이 이루어지는 싯점에서 자긍심은 또다시 증폭되고 있다. 이러한 점에서 1980년대의 자긍심을 자신감에 기초한 자부심이라고 한다면, 1990년대의 그것은 상실의 고통을 대신 완화해줄 하나의 자기다짐이라고 할 수 있고, 2000년대의 그것은 이러한 대중적 정서를 상승・집약시키기 위해 정치적으로 가공되고 증폭된 흐름이라고 할 수 있다(內閣府社a, 1981~2006).

한편 '애국주의'의 흐름은 이후에 '일본적인 것'에의 애착과 기본적인 방향은 대체로 일치하나, 일본경제 팽창기이던 1980년대에는 '애국주의'가 상대적으로 침잠해 있었던 반면, 특히 1990년대와 2000년대에 폭과 정도 면에서 급진전했던 것으로 나타난다. 즉 1980년대 일본 내셔널리즘은 경제팽창과 함께 일종의 자신감의 표현이었고, '일본적인 것'에 대한 긍지 또한 성장하였지만, '애국심'과 같은 국가정체성의 특별한 '다짐기제'를 별도로 필요로 하지는 않았다. 반면 1990년대 내셔널리즘에서 '일본적인 것'에의 애착

과 '애국주의'가 동시에, 그리고 급속하게 성장하는 데에는 일본경제의 장기 침체와 신경제로의 구조전환이라는 고통스러운 배경이 존재한다. 1990년대 이후에 '일본적인 것'은 더이상 순조로운 경제팽창에 대한 자신감의 표현이 아니었고, 도리어 돌파구가 보이지 않는 일본경제의 난관을 헤쳐 나가기 위한 상상의 '치유제(治癒劑)' '돌파구'로서의 의미를 갖기 시작했으며, 이 연장에서 더욱 적극적인 국가정체성, 즉 '애국주의'가 필요했다는 것이다(小熊英二・上野陽子, 2003: 70~72면). 결국 1990년대의 경제적 난관기──전환기──를 배경으로 자연발생적으로 성장한 '일본적인 것'에의 긍지와 '애국주의'는 2000년대 코이즈미 정권의 안보내셔널리즘 정책과 조우하면서 또 한 번 도약하게 된다(內閣府社b, 1981~2006).

표2 사회계층별 애국주의 지지도(단위: %)

	2000	2002	2004	2005	2006
전체 평균	74.6	75.5	80.3	80.8	80.4
성별/연령별					
(남성)					
20대	52	55.8	62.2	63.4	60.9
30대	63.5	69.1	69.3	73.1	70.4
40대	68.6	74.4	79	76.6	76.8
50대	78.5	79.8	82.1	80.6	79
60대	86.9	85.3	89.8	88.8	85.4
70세 이상	87.6	89.5	89	90.7	89.4
(여성)					
20대	58.2	60	62.5	63.5	70.5

30대	67.6	64.2	71.2	72.2	75
40대	72.4	72.2	77.2	76.4	81.4
50대	78.3	77.8	83.5	86	82
60대	81	83	88.2	85.5	83.7
70세 이상	83.9	83.8	86.4	89	86.2
직업계층별					
농림어업(자)		87.6	90.2	87.2	85.7
상공써비스, 자유업(자)		80.5	82.3	85.6	83.2
농림어업(가)		85.6	90.6	86.4	82.6
상공써비스, 자유업(가)		81.1	87.7	84.3	84.6
관리직		80	85.9	79.9	82
전문기술직		68.2	72.7	71.2	72.8
사무직		70.4	76	75.1	75.4
노무직		71.1	77.8	77.6	76.2
주부		74.5	80.6	82.3	84
학생		52.6	56.3	62.4	65.2
기타 무직		83.3	84	85.7	84.2

출처 内閣府社b(2000~2006).
주 2000년의 직업계층별 집계는 공개되지 않음.

그러면 1990년대 이래 고조된 애국주의 흐름은 어떠한 사회세력에 의해 지탱되고 있는가. 먼저 '일본적인 것'에 대한 자긍심은 연령대에서 50, 60, 70대라는 고연령층의 지지가 평균 이상으로 현저하다. 그리고 사회계층별로

310

는 관리직, 상공써비스업(중소기업, 자영업), 자유업, 주부, 농림어업, 기타 무직 등이 평균 이상의 지지를 보여주고 있다. 다음으로 애국주의에의 지지 흐름을 보면 앞의 경우와 마찬가지로 연령대에 있어서 50, 60, 70대가 주도하고 있으며, 사회계층별로는 농림어업과 그 가족, 상공써비스와 그 가족, 자유업, 기타 무직, 관리직, 주부 등이 주요한 지지세력을 형성하고 있다. 여기서 표면적 측면만을 부각시키면 1990년대 이후 일본의 애국주의는 높은 연령층과 기득권층, 일부 신경제의 피해층 등 사회보수층에 의해 주도되는 전통 및 복고 지향으로 그 의미가 폄하될 수도 있다.

그러나 우리는 여기에서 평균 이하의 연령대 및 계층들의 경향 또한 주목해야 한다. 가령 두 경우 모두 20~40대의 연령대는 모두 평균치 이하의 답변을 하고 있으나, 각 연령대 모두 '일본적인 것'에 대한 자긍심과 애국주의에 대해 평균치에 수렴하는 방향으로 응답률이 높아지고 있다. 그리고 지지계층 면에서도 주부, 기타 무직(실업자) 등은 기존 보수적 계층과는 다른 새로운 지지층으로 부상하고 있다. 나아가 평균 이하의 지지를 보낸 계층 속에서도 학생을 제외하고 전문기술직, 사무직 노동자, 제조·써비스 노동자들 또한 평균치에 근접하면서 수렴되고 있다. 이러한 점에서 애국주의는 연령대, 사회계층 면에서 전통적인 보수세력들이 주도하고 있지만, 그 저변에 청장년층 및 신경제 패자그룹들의 잠재적 애국주의 흐름이 간접적으로 이를 보완해주고 있음을 알 수 있다. 물론 고연령층-전통적 보수층과 저연령층-신경제 패자그룹, 그리고 전통적 상층 흐름과 하층 흐름 간에는 천황관, 현대 역사에 대한 이해방식 등에 대해 분명히 차이가 존재하며, 애국주의에 대해서는 고연령층-전통적 보수층, 상층 계급 들의 지지가 현저하다.[33] 그런데 애국주의 흐름에 대해 미약하지만 저연령층-신경제패자 그룹들의 지지면의

---

[33] 이에 대해서는 교과서 문제를 지지하는 풀뿌리 보수운동에서 연령대간 쟁점인지의 차이를 실증한 小熊英二·上野陽子(2003: 94~140면)를 참조하라.

성장 또한 관찰된다는 점이 특징적이다.

한편 애국주의 흐름이 새로운 대중적 기반에도 불구하고 역사와 전통문화를 중심으로 일종의 복고적 성격이 있다고 한다면, 약간은 추상적이고 일반적이지만 더욱 현대화된 보수적 '국가(중심)주의'의 흐름 또한 나타나고 있다. 이 흐름은 국가 혹은 사회라는 '전체성에 대한 인식'이 선행되고 있으며, 개인보다 '현대 일본사회 · 국가'에 더욱 중요한 가치를 부여하고 있다. 내각부의 '사회의식조사'에서 국가 · 사회적 가치와 개인적 가치의 우선 여부에 대한 응답의 흐름을 1980년대부터 역사적으로 추적해보면 거품경제기 및 그 불균등한 파열기라고 할 수 있는 1988년부터 1992년 사이에 국가(중심)주의가 급등한 후에 다시 1993년부터 2000년에 걸쳐 재상승하는 경향을 확인할 수 있다. 응답수 절반 전후의 이 새로운 국가(중심)주의가 1980년대 후반과 1990년대 초에 대두한 배경은 냉전의 끝자락에 전면화되었던 '신보수주의', 잇따른 정치부패와 보수정치질서의 혼란, 탈냉전으로 인한 국가좌표의 재형성 요구 등 다양한 요인이 반영된 것으로 보인다(內閣府社c, 1981~2006).

표3 사회계층별 국가(중심)주의 지지율(단위: %)

	2002	2004	2005	2006
전체 평균	44.7	44	45.7	49.1
성별/연령별				
(남성)				
20대	38.5	35.1	42.4	44.6
30대	45.2	42.1	45.7	47.6
40대	43.3	45.5	46.4	49.9
50대	47.3	49.4	46.8	52.5
60대	52.1	49.9	50	53.5

70대 이상	46.3	44	45.4	45.9
(여성)				
20대	37.1	36	38.4	48.5
30대	39.4	37.9	44.7	48.6
40대	45.3	45	46.8	53.5
50대	52.1	47.8	47.9	51.2
60대	43.9	47.1	46.6	50.6
70대 이상	38.5	34.1	40.3	40.1
직업계층별				
농림어업(자)	44.4	44.8	43.6	46.1
상공써비스, 자유업(자)	49.5	45.3	49.1	55.4
농림어업(가)	52.2	46.9	36.4	34.8
상공써비스, 자유업(가)	46.6	42.1	46.2	53.3
관리직	63.1	57.3	49.7	62.4
전문직	56.5	49	50	58
사무직	47.7	49.2	52.6	56.7
노무직	40.5	40.3	42.6	44
주부	44	43.2	44.2	48.4
학생	45.3	38.5	47	71.2
기타 무직	41.4	41.7	42.7	43.5

출처 內閣府社c(2002~2006).

그러나 이 국가(중심)주의가 1990년대 이래 하나의 강력한 흐름으로 자리하게 된 데에는 1990년대 이래 일본사회의 침체, 그리고 그 속에서의 새로운 구조변동 등의 요인이 크게 작용하였다. 2000년대의 집계결과에 따르면 이 새로운 국가주의 흐름은 연령대에서는 40대, 50대, 60대가 평균 이상의 주도 그룹이 되고, 평균에는 못 미치나 30대가 꾸준하게 지지한 결과였다. 그리고 사회계층 면에서는 이전의 애국주의와는 달리 농림어업과 같은 전통적 보수층이 후퇴한 반면, 관리직, 전문직, 사무직, 상공써비스업 및 그 가족, 자유업 등 도시 중심의 '현대적' 계층이 중심이 되고 있다. 이러한 주도계층은 신경제의 기득권적 보수계층으로서 관리직, 전문기술직, 자유업, 그리고 일련의 패자계층으로서 중소기업, 도시자영업 및 그 가족, 사무직 노동자 등 성격이 다른 두 층위로 구성되어 있다. 이 새로운 국가주의 흐름은 계층 면에서 도시 신경제의 승자와 패자 그룹을 모두 포함하고 있지만, 지지연령대 면에서는 40대부터 60대에 이르는 실질 생활계층이 중심이 되고 있다.

(2) 신자유주의의 '미래지향'적 돌파구?: 개헌담론의 당연화

애국주의와 국가주의는 이념문제시만 신자유주의 시대 일본에서 이념문제에 못지않게 대중의 내셔널리즘 정서가 집중되어 표출되는 지점은 '개헌'이라는 커다란 정치쟁점이다. 오늘날 보수파들에 의해 추진되어온 개헌문제의 정치적 핵심은 현행 헌법의 평화주의를 적극적 안보대국 노선으로, 그리고 민주적 개인주의 노선을 국가주의와 애국주의 노선으로 변화시키는 것이다. 대중의 관심은 반드시 이러한 정치쟁점들로 제약된다고 할 수는 없지만, 여러 새로운 의미를 부여하면서 개헌 그 자체를 '내셔널한' 정서적 결집지점으로 만들고 있다. 가령 2005년 4월 『아사히신문』의 헌법 관련 여론조사 결과에 의하면 신경제의 주역들——물론 여기에는 승자와 패자가 모두 포함되어 있다——과 20대, 30대, 40대의 청장년층은 그 정치적 의미와 관계없이 개헌을 현재의 폐색 상황에 대한 하나의 유력한 돌파구로 받아들이고 있었다. 이들에게 개헌은 진취적이고 독립지향적이며 현재의 난관을 뛰어넘을 수 있는 현실적 대안으로 받아들였던 것이다. 연령대 면에서 30대(79%), 20대(76%), 40대(74%)가, 그리고 사회계층별로는 사무기술직(74%), 중소기업(75%), 제조·써비스 노동자(75%), 자영업자(77%) 등 신경제의 패자들을 중심으로 평균 이상의 높은 지지율을 보내고 있다.[34]

그림 4 개헌찬성 반대의 장기시계열적 추이

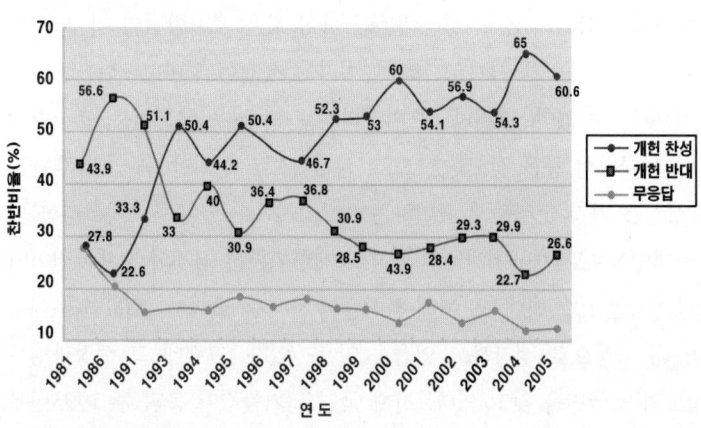

출처 読売新聞憲(1981~2005).

개헌에 대한 여론조사는 『요미우리신문』 『아사히신문』 『마이니찌신문』 등 일본 굴지의 매체들이 각기 '신뢰성'을 내세우면서 지금까지 지속적으로 수행해왔다. 이 조사들은 앞서 밝힌 바 있지만, 2000년대에 들어서 거의 매년 수행되고 있으나 1990년대 이전에는 『요미우리신문』의 경우를 제외하고

---

34) 이 설문은 "당신은 '개헌'이라는 말에 어떠한 이미지를 갖고 있습니까?" 전체적 집계결과는 "미래지향"(28%), "자주독립"(14%), "현실적"(29%), "복고적"(8%), "군확"(10%), "기타, 무응답"(11%)으로 나타났다. 이 중에서 "미래지향" "자주독립" "현실적"이라는 현실에 대한 돌파구로서의 응답은 71%였다(朝日新聞, 2005/4: #9).

단속적으로 이루어졌을 뿐만 아니라 사용된 속성(屬性)기준 또한 중간에 변화하는 등 일관성이 결여되어 연구의 기초 자료로 사용하기에 어려움이 있다. 이러한 상황 때문에 개헌문제가 봉인되었던 1980년대 이후 개헌 찬성여론이 반대여론을 앞지른 객관적 싯점이 언제인지 정확히 알기는 어렵다. 그 싯점은 『요미우리신문』의 경우 1993년이고, 『아사히신문』의 경우 1997년이며, 『마이니찌신문』은 1982년으로 나타나고 있다. 그러나 『아사히신문』의 경우 1990년 12월을 제외하고 1990년대 최초의 여론조사가 1997년이었으며, 『마이니찌신문』의 경우 설문내용의 차이 혹은 조사방법의 차이—면접조사와 전화조사—가 크므로 1982년이라는 싯점이 얼마나 객관적 근거를 갖는지는 알 수 없다. 그러나 『요미우리신문』의 경우 설문내용, 조사방식의 동일성과 규칙성 등을 갖고 있으므로 상대적으로 신뢰할 수 있고 객관적인 여론 상황을 가장 근사하게 표현하는 것으로 볼 수 있다. 『요미우리신문』조사를 시계열적으로 재구성해보면 일본의 개헌여론은 경제의 침체국면이면서 전환국면이던 1990년대 초 이래 찬성율이 50%를 돌파해 2000년대 이후에는 60%대 이상으로 성장하고 있음을 알 수 있다. 그런데 그 성장과정은 세 개 정도의 소국면을 짓고 있다. 첫째 국면은 거품경기 붕괴 후 1993년부터 1997년까지의 시기로서 찬성여론이 다수로 역전한 후 발생한 소강국면이며, 둘째 국면은 아시아 경제위기 이후 1998년부터 2001년의 시기로서 찬반여론의 간극이 급격히 확대된 국면이며, 셋째 국면은 2001년 코이즈미 안보내셔널리즘 내각 성립 이후 현재까지 개헌문제가 '당위'적인 것으로 확정되는 시기이다. 요컨대 첫째 국면은 거품경기가 붕괴한 후 장기 침체의 조짐 속에서 혼전하는 정치상황이 지속하였지만, 정치적으로는 자민당·사회당·신당 사끼가께 간의 리버럴 연합의 정권이 형성되어 내셔널리즘의 결집에는 도리어 '혼선'을 주었던 시기였다. 둘째 국면은 아시아 경제위기와 일본의 장기 침체가 악순환하는 구도 속에서 상황 돌파의 정서로 내셔널리즘이 급격히 고양되고 정치적 보수화도 급진전하였는데, 정치적으로도 자민당·공명당·자유당(나중의 보수당) 간의 보수연합이 대중적 내셔널리즘을 강화하던 시기였다. 셋째 국면은 2001년 코이즈미 정권 이후 시기로서 내셔널리즘과 개헌이 정치적으로 '당연시'됨으로써 사회적으로도 보수여론과 개헌여론이 다수파임을 확정받는 시기였다고 할 수 있다.

표4 개헌 찬성의 사회경제적 속성별 시계열통계(단위: %)

	1981	1986	1991	1993	1994	1995	1996	1997
전체	27.8	22.6	33.3	50.4	44.2	50.4	46.7	44.9
연령								
20대	27.6	27.6	33.3	52.5	48.1	58.7	50.7	46
30대	29.2	23.5	38.2	56.2	55.6	55.9	55.3	49.4
40대	27.6	22.1	37.1	51.1	45.1	56.9	48.2	51
50대	30.1	22.4	28.3	49.4	41.9	46.4	48.1	44.1
60대	24.1	19.8	32.4	46.9	36.2	42.3	36.9	39
70세 이상	25	19.9	24.7	42.2	32.2	37.4	37.8	35.6
학력								
초중 졸	22.5	18.3	26.9	44.6	36.5	39.7	37.4	38.2
고교 졸	31.6	22.4	34.2	52.2	45.1	51.1	49.3	47.5
대학 졸	26.5	29.9	38.1	52.5	49.5	58.4	50.8	46.3
직업계층								
농림어업	23.6	11.8	25	48.8	37.2	44.1	40.4	42.4
상공써비스업	33.2	24.6	28.7	54.7	46.1	55	52.3	49.1
자유업	37	32.4	36.4	41.7	16.7	46.2	46.4	57.7
관리전문직	36.4	25.7	36	48	51.7	48	42.2	46.1

사무기술직	29.2	22.7	40.9	54.5	49.5	59.3	50.3	49.3
노무, 써비스직	30.9	24.2	34.4	55.7	50.7	47.9	46	48.6
주부	23.4	22.3	32.9	48.7	38.2	50.7	47.3	44.8
주부 이외 부인	20.7	16.2	20	31.2	23.1	37.2	38.2	32.8
학생	7.7	22.9	39.5	31.7	57.4	59	59.5	39.5
기타, 무직	32.6	26	32.6	49.6	44.6	40.3	41.6	33.8
지역사회 규모								
대도시	26.4	28.1	40.5	51.5	46.7	55.4	49.5	47.6
중핵도시								
중도시	29	25.1	32.8	51.9	46.4	51.8	48.5	44.4
소도시	30.7	21.7	29.9	45.4	44.3	46.5	42	53.7
정촌	24.6	17	31.4	51.3	38.4	47.6	45.2	36.1c

	1998	1999	2000	2001	2002	2003	2004	2005
전체	52.3	53	60	54.1	56.9	54.3	65	60.6
연령								
20대	52.6	60.2	63.6	57.4	51.2	58	64.8	57.9
30대	59.9	64.5	66	62.3	60.1	57.7	71.8	68.6
40대	55.6	55	63.5	55	62.9	64	70	66.7
50대	53.6	52.3	59.1	55	59.4	56.5	68.4	64
60대	50.1	46.5	55.6	51.7	57	49	60.3	57.6
70세 이상	35.9	35.3	51.1	43.1	44.6	40.8	52.8	45.2

학력								
초중 졸	41.7	41.7	48	43.3	50.3	47	55.7	47.2
고교 졸	54.3	55.4	61.3	58.4	58.1	57.5	67.3	63.2
대학 졸	55.5	56.6	66	53.6	58.8	54.7	66.4	63.4
직업계층								
농림어업	56.1	44.1	54.1	47.1	50	45.7	59.6	52.8
상공써비스업	52.5	56	64.5	60.5	60.3	56.9	69.5	63.6
자유업	57.1	59.3	69.6	58.5	68	40	64.9	72.8
관리전문직	57.5	57.3	71.2	61.5	60.4	64.8	68.3	71.9
사무기술직	50.2	53.7	65.4	57.1	59	61.1	65.5	66.6
노무, 써비스직	55.5	55.8	59.2	57.9	59.9	56.7	68.7	63.2
주부	56.5	53.7	59	48.6	55.4	52.8	61.6	55.6
주부 이외 부인	33.7	35.2	44.8	46.4	44.7	38	43.6	38.8
학생	52.4	50	52.6	52.8	43.5	39.1	73	44.1
기타, 무직	42	51.4	53.2	50.5	54.1	51.7	67.1	58.4
지역사회 규모								
대도시	57.5	58	64.6	57.3	63.5	55.8	67.2	61.1
중핵도시				54.7	55.9	64.6	64.2	64.1
중도시	53.6	52.5	64.9	58.2	57.7	56.5	65.4	55.8
소도시	50.9	54	55	53.2	57.2	47.4	63.8	58.8
정촌	47	49.2	52.7	47.9	51.4	48.5	64.4	63.6

출처 読売新聞憲(1981~2005).

이렇듯 강화된 개헌 찬성여론의 사회적 기반은 무엇인가. 먼저 연령대를 중심으로 살펴보면 1990년대 이래 30대와 40대가 개헌의 확실한 주도그룹으로 나타나고 있다. 이 양 연령대는 1980년대까지 평균 정도의 개헌지지 태도를 보여주다가, 1990년대 초중반 이후에 일관되게 평균 수준을 상회하는 강력한 개헌 주도그룹으로 나서고 있다. 한편 50대는 평균 수준에서 동요하고 있고, 70대 이상은 평균 이하로 반대론이 강한 것으로 나타났다. 한편 이 장의 관심인 20대의 경우 평균 수준을 중심으로 동요하는 양상을 보여주고 있으나, '잃어버린 10년' 시기인 1993년부터 2001년까지는 평균을 상회하는 찬성비율을 보여주고 있다. 이러한 점에서 개헌찬성 연령그룹은 신자유주의 영향에 대해 가장 민감하게 반응할 수밖에 없는 실질 생활연령인 30대와 40대가 주도하고 20대의 '프티 내셔널리즘' 그룹이 이를 보완하는 양상을 보여주고 있다.[35]

개헌지지 여론과 지역사회 규모 간의 관계를 중심으로 볼 때 개헌론은 주로 도시지역, 특히 대도시지역을 중심으로 주도적으로 전개되고 있고, 농촌과 소도시지역은 상대적으로 신중하거나 무관심한 양상을 보여주고 있다. 이는 개헌론을 비롯한 1990년대 이후 일본 내셔널리즘이 신자유주의 경제정책에 가장 민감한 도시의 자본주의적 관계를 중심으로 전개되고 있음을 보여준다. 그리고 사회경제적으로 볼 때 개헌은 대학 졸업 이상의 고학력자들과 고소득자들이 대체로 지지하는 경향이 강하다. 그러나 한 가지 특징적인 점은 소득을 기준으로 볼 때[36] 하층을 제외하고 정도의 차이는 있지만

---

35) 가령 『마이니찌신문』의 경우 30대는 1990년대 초반부터, 그리고 40대는 2000년대부터 적극적인 개헌지지로 나타나고 있고, 20대는 동요를 보이지만 주도그룹에 속함을 알수 있다. 한편 『아사히신문』의 조사에 따르더라도 결과는 이와 유사한데, 다만 20대의 개헌 지지태도가 더 일관된 것으로 나타나고 있다(每日新聞憲, 1982~2006: #7a; 朝日新聞憲, 1983~2005).

36) 『요미우리신문』의 소득속성(所得屬性)에 따르는 개헌 찬반 여부 집계는 1994년부터 1997년까지 4년간에 한정된다. 따라서 이 소득기준은 이 4년간의 경향을 기본으로 한

최상층으로부터 중하층에 이르는 대다수 계층이 개헌론에 동조하고 있으며, 그중에서 최상층이 가장 강렬한 개헌 지지층으로 나서고 있다. 이러한 점에서 개헌지지 흐름의 이면에는 도시지역에서 신자유주의 승자인 최상층의 내셔널리즘과 신자유주의로부터 집중적 '공격대상'이 되는 중간층과 중하층의 내셔널리즘 간에 불안한 '혼류'가 발생하고 있다고 볼 수 있다.

이러한 불안한 혼류의 상황은 직업별 개헌 지지계층 면에서도 잘 나타난다. 장기적 추세를 보면 비교적 일관된 개헌찬성 그룹은 관리전문직, 자유업, 상공써비스업, 사무기술직, 노무·써비스직이라고 할 수 있으며, 개헌신중 그룹은 농림어업, 주부 이외 가정부인,[37] 기타 무직, 주부이며, 동요층은 학생이었다. 여기에서 관리전문직은 일종의 '기능적 자본가'인데, 95년과 1996년의 일시적 시기를 제외하면 1990년대와 2000년대 전 시기 동안 개헌론을 주도한 것으로 나타난다. 그리고 자유업은 '전문적 기능의 자영업'으로, 추세의 등락은 보이지만 1993~95년의 기간과 2003년을 제외하고 전 기간에 개헌론을 주도한 그룹에 속한다. 이 두 계층은 사회적으로 기득권층이며 신자유주의 승자그룹에 해당하며, 그만큼 그들의 개헌론 또한 1990년대 이후에 갑자기 생겨난 것이 아니며 1980년대부터 줄곧 평균 이상의 개헌 여론 추이를 보여왔다. 한편 중소기업인과 도시자영업자로 구성된 상공써비스업 범주는 1980년대까지만 하더라도 사회적 안정계층이고 보수적인 정치

것이다. 한편 이때 소득기준이란 연간수입 총액을 기준으로 (1) 최상층: 1천만 엔 이상 (2) 상층: 8백~1천만 엔 (3) 중상층: 6~8백만 엔 (4) 중간층: 4~6백만원 (5) 중하층: 2~4백만원 (6) 하층: 2백만원 미만으로 나뉜다.

37) 주부 이외의 가정부인이라는 직업범주는 전업주부가 아닌 취업(사회활동) 주부를 가리킨다. 마쯔무라 나오꼬(松村尙子)가 "현재의 주부는 처, 어머니라는 가정 내 역할에만 스스로 안주할 수 없으며, 가정 이외의 장에서 사회적인 활동에 참가하는 것이 주부 개인뿐만 아니라 가정의 안정을 위해서도 필요한 시대에 살고 있고, 또 그러한 주부가 점점 주류파를 점해가는 것이 현재의 조류다고 할 수 있다"(松村尙子, 1999: 243면)고 지적한 것을 참조하라.

적 지향을 갖고 있었다. 그러나 앞 절들에서 서술하였듯이 이들은 1990년대 이래 신자유주의 공세, 즉 신경제로의 재편과정에서 커다란 타격을 입은 대표적 패자계층이 되고 있다. 이리하여 '개헌론'이 사회적으로 봉인되었던 1980년대에도 보수세력으로서 개헌지향이 상대적으로 강한 편이었지만, 1990년대 이후에는 경기침체와 신자유주의 정책을 배경으로 개헌에의 지향이 더욱 '강렬'해진 것으로 나타나고 있다. 또하나 주목해야 할 것은 1990년대에 들어 자본주의 계급구성 면에서 노동자계급으로 분류되는 사무직 노동자(화이트칼라)와 노무・써비스직(제조업 및 써비스 노동자)이라는 또다른 신경제의 패자그룹이 일관된 개헌 지지층으로 참여하고 있다는 것이다. 이들은 경제사회적 위험(risk)을 완화할(buffer) 노동조합에 소속될 수 있고, 계급간의 집단적 커뮤니케이션 또한 가능하기 때문에 사회적 기득권층이나 중소기업가, 자영업자들보다는 새로운 내셔널리즘에의 호소 정도가 전면적인 것으로 보이지는 않는다. 그러나 사무노동과 생산노동의 위기, 그리고 노동 전반의 비정규직화 등으로 인한 불안감과 불만이 화이트칼라와 블루칼라 노동자의 상당수를 내셔널리스트로 만들고 있는 것으로 보인다.[38]

---

38) 『마이니찌신문』 조사의 경우 조사 중간의 속성 집계방식의 변화가 있으나, 대체로 개헌여론을 주도하는 직업계층은 경영직, 관리직, 자유업 등 기득계층, 그리고 자영업, 사무기술(기능)직, 제조・판매・써비스 노동자, 학생 등의 패자계층으로 구성된 것으로 나타났다. 여기에서 두 가지 주목할 점은 첫째, 『마이니찌신문』 1994년 조사에는 파트타이머라는 직업계층군이 포함되어 있는데, 이는 대체로 판매・써비스 노동자의 속성과 유사한 패턴을 보이고 있다. 따라서 간접적이지만 『마이니찌신문』 조사는 1990년대 이래의 노동자계급의 비정규직 현상이 개헌여론에 커다란 영향을 미치고 있음을 시사하고 있다. 둘째, 개헌여론에 대한 학생층의 역할문제이다. 이는 『요미우리신문』에서 동요하는 학생 이미지와는 상당한 차이를 보여준다. 한편 『아사히신문』의 조사결과도 동일한 경향을 보여주고 있는데, 특히 1980년대, 1990년대, 2000년대에 이르는 주요 개헌지지계층의 변화를 추적해볼 수 있다. 가령 1980년대의 개헌지지 계층은 관리직, 자영 및 상공업자, 상업노동자, 자유업이고 신중계층은 기타 무직, 사무직 노동자, 산업노동자, 농림어업이었다. 그러나 1990년대 후반(1997년) 이후 사무직 노동자와 산업노동자군이 새로이 개헌지지층으로 합류하고 있다. 이는 사무노동 및 제조업 노동의 위기, 그리고 써

(3) 무엇을 위한 개헌인가: '안보대국화'의 다양한 층위

신자유주의의 주도자들과 패자들에 의해 현상 돌파구로서 개헌이 당연시 된다고 할 때, 그다음으로 어떠한 개헌, 혹은 무엇을 위한 개헌인지가 질문 되어야 할 것이다. 현재 개헌담론은 자위권 문제를 둘러싼 평화조항의 변경 문제, 천황제, 수상공선제, 국민의 의무와 권리 관련 사항, 일본의 전통과 애국심 조항의 삽입 여부 등 다양한 분야에서 전개되고 있고, 이러한 쟁점들과 개헌을 당연시하는 내셔널리즘 분위기가 일정하게 연동하고 있다. 그러나 현재의 개헌문제에서 가장 큰 쟁점은 '평화국가' 일본이 어디로 갈 것인지 하는 문제이며, 이는 헌법 9조를 어떻게 할 것인지 하는 문제로 집약된다. 이러한 점에서 헌법 제9조 개정의 구체적 방안을 둘러싸고 전개되는 사회적 추세는 새로운 내셔널리즘의 대중정서를 읽을 수 있는 가장 중요한 자료가 된다.

1) '9조 개정'론

개헌의 방향과 관련해 가장 먼저 대중정서의 흐름을 읽을 수 있는 것은 9조 개정 그 자체에 대한 지지패턴이다. 9조 개정은 어떠한 방향이든 전후 일본이 고수해온 평화주의 원칙이 변화한다는 것을 의미한다. 즉 일본은 종래 소일본주의적 '평화국가'에서 벗어나 '대국'적 '안보국가'로 나아가야 한다는 것이다. 9조 개정을 둘러싼 여론의 장기 추이는 1986년에 가장 큰 편차로 반대가 찬성을 압도하였지만, 1990년대와 2000년대에 간극이 점진적으로 축소되었고, 2005년에 찬반양론이 40%대 중반으로 수렴해 차이가 2% 정도 내로 좁혀졌다. 이는 대중차원에서 이미 '평화국가'와 '안보국가'의 상

비스 노동을 필두로 한 파트타이머 현상(비정규직 현상)의 강화로 말미암은 노동자계급의 민족주의화로 해석할 수 있다(每日新聞憲, 1982~2006: #7a; 朝日新聞憲, 1983~2005).

이 혼전을 벌이는 상황에 접어들었고, 현재까지의 진행패턴으로 미루어볼 때 '안보국가'상이 머지않아 '평화국가'상을 앞지를 수도 있음을 보여준다. 그러나 안보국가의 상은 아직 구체적인 내용이 정치적으로 확정된 것은 아니며, 따라서 대중정서로서 9조 개정론은 몇가지 서로 다른 가능성을 남기고 있고, 그만큼 역사적 진화와 발전과정에 있는 새로운 내셔널리즘의 특징들을 잘 보여준다고 할 수 있다.

9조 개정론의 연령대별 지지층은 30대와 40대가 견고한 중심이 되고, 50대가 일관성을 가지고 이 흐름에 합류하고 있다. 크게 보아 20대 또한 동요하지만 개정을 지지하는 흐름을 보이고 있다. 결국 20대부터 50대까지 청장년층으로부터 고른 지지를 얻고 있는 것이다. 사회적 지지는 비교적 고학력의 지지가 특징적인데, 관리전문직, 자유업 등 기득권층의 지지와 함께 사무직 노동자, 상공써비스업(중소기업가 및 자영업자), 노무·써비스직(제조업 및 써비스업 노동자), 기타 무직(실업자) 등 신경제의 패자군들, 그리고 사회적 대세에 민감한 학생집단이 이 흐름을 견고하게 뒷받침하고 있다. 주요 지역 면에서는 보더라도 대도시, 중핵도시, 중도시 등 현대적 도시지역이 지지 흐름을 보이고 있다.[39] 9조 개정론은 60~70대 이상의 연령층, 농림어업 계층을 중심으로 한 전통적 보수계층, 그리고 소도시와 농촌지역 등 전통적 지역 등이 배제되고, 청장년층과 현대 자본주의의 주류적 계층들이 주요한 지지기반을 형성하는 특징이 있다. 이러한 점에서 국가중심주의 이념, 일반적인 개헌론에 대한 지지세력과 비슷한 양상을 보여주고 있다.[40]

---

39) 『아사히신문』의 경우 9조 개정과 관련된 통계는 1997년, 2001년, 2004년, 2005년 등 4년간이다. 9조 개정과 관련된 연령대별 지지분포를 보면 40대와 50대 지지를 핵심으로 30대와 20대가 동요를 보이면서 이를 보완하는 양상을 보여주고 있다. 그리고 직업계층별로는 자영업, 제조·써비스 종사자, 사무기술직 등이 일관된 평균 이상의 지지를 보여주는 것으로 나타났으며, 농림어업과 주부가 신중한 양상을 보여주는 계층으로 드러났다. (朝日新聞九, 1997~2005).

40) 『마이니찌신문』의 조사도 거의 유사한 결과를 보이고 있다. 가령 연령대 면에서는 30

표5 9조 개정 지지의 사회경제 속성 시계열통계(단위: %)

	1981	1986	1991	2002	2003	2004	2005
전체	29.8	23.7	34.9	41.7	42	44.4	43.6
연령							
20대	30.9	29.4	35.9	38.8	46.5	47.1	47.2
30대	35.1	23.6	34.5	47.1	50.6	47.7	50.9
40대	28.3	24.4	37.7	49.7	49	49.4	45.5
50대	30.2	21.9	32.3	41.7	43.2	46.7	48.6
60대	26.7	24.9	34.6	38.6	36	41	38.5
70세 이상	27.6	14.4	33.5	30.7	27.9	33.5	30
학력							
초중 졸	25.9	19.1	28.8	32.6	30.7	35.1	28.2
고교 졸	31.1	24.3	34.5	41.7	43.9	44.4	45
대학 졸	34.8	29.6	42.5	47.6	47.1	49.3	49
직종							
자영업	37	25.7	34.9	41.7	40.4	47.4	40.7
급여생활자	31.8	28.3	36.9	44.5	48	47.9	47.8
무직자	23.6	18	32.6	38.4	36.2	39	39.7
직업계층							
농림수산	32.2	23.6	33.8	32.1	28.7	37.2	32.1

대와 40대 지지를 바탕으로 20대 지지가 더해지고 있으며, 직업계층 면에서는 자영업, 학생, 제조·판매·써비스업, 사무기술계 등이 9조 개정의 주요한 지지층으로 나타났다 (每日新聞九, 2000~2006).

상공써비스업	40.2	26.8	34	44.8	46.3	50.3	42.2
자유업	33.3	23.5	50	52	40	59.5	53.3
관리전문직	39.4	33	44.1	52.8	55.7	56.7	57
사무기술직	30.8	26.9	35.6	44.7	50.3	47.7	48
노무, 써비스직	30.7	28.1	36.4	42.5	44.4	45.8	45
주부	24.2	17	30.3	39	38.5	37.1	39.5
주부 이외 부인	12	17.7	24.5	19.7	26.1	25.6	20.9
학생	26.9	25.7	51.2	43.5	30.4	51.4	44.1
기타, 무직	30.3	23.7	42.2	42.7	37.7	45.2	45.2
지역사회 규모							
대도시	26.3	25.7	37.4	47	46	44.5	45.5
중핵도시				44.7	48.4	48.1	38.8
중도시	29.1	22.9	34.4	41.6	40.9	46.8	44.4
소도시	30	23.2	33.9	39.2	39.7	41.4	44.4
정촌	32.7	23.7	34.6	37.2	36.7	42.1	43.9

출처 読売新聞九(1981~2005).

한편 이 '9조 개정'의 기본 흐름은 어떠한 양상의 '안보국가' 구상으로 이어질 것인가. 최근 9조 개정의 대안과 관련하여 '유사법제' '자위권 명기' '집단적 자위권' '국제(안보)공헌' 등이 주요한 정치적 쟁점이 되어왔다. 이들을 주요수단과 활동범위를 중심으로 재배치해보면 다음과 같다. 각각의 '대안'들을 중심으로 대중의 '안보대국' 상은 어떻게 수렴되는지 살펴보자.

표6 '안보대국' 구상의 갈래

접근방식 활동반경	군사적 접근	비군사활동 포함한 복합 접근
국내무대	유사법제	자위권 명기
국제무대	집단적 자위권	국제안보공헌

2) '유사법제'

'유사법제'는 2003년에 법제화되었지만, 일본 국내의 자위권을 체계적으로 제도화하는 최초의 법적 조치로서 헌법 9조의 자위권 논쟁에 실질적으로 종지부를 찍는 의미가 있다. 즉 유사법제란 일본 국내의 자위권(일국자위권)을 당연한 것으로 보고 전쟁 상황을 예비한 군사적 대응체제를 제도화하는 것이다. 군사적 국내 방위체제에 대한 지지율은 1981년까지만 해도 28.2% 정도로 지극히 저조했다. 그러나 신자유주의 시기인 1990년대를 지나 2000년대에 접어들어 유사법제에 대한 지지율은 44~50% 정도까지 이르고 있다.[41] 이렇듯 2000년대에 접어들어 유사법제에 대한 지지도가 상승한 사회적 배경을 1981년, 2001년, 2002년, 2003년의 4년간의 통계를 중심으로 확인해보자. 먼저 연령대 면에서 유사법제 지지의 흐름은 주로 60대, 70대 이상의 노년층에서의 지지가 현저했고, 50대는 평균 지지율을 약간 웃도는 양상을 보였다. 학력 면에서는 대졸보다는 고교 및 초중등 졸업자들에서 지지가 현저했고, 지역 면에서도 대도시보다는 소도시의 지지율이 높은 것으로 나타났다. 한편 사회계층 면에서 상공써비스업(중소기업 및 도시자영업), 기타·무직(실업자), 관리전문직에서의 지지가 특히 현격했으며, 농림수산업, 노무·써비스직(제조·써비스 노동자)이 경우에 따라 평균보다 높은 지지를 보

---

41) 『요미우리신문』 조사 중 유사법제에 관한 질문은 1981년, 2001년, 2002년, 2003년 등 총 4년에 걸쳐 발견되며, 전체적인 찬성 의견은 1981년(28.2%), 2001년(49.15), 2002년(47.6%), 2003년(43.6%)이었다. 讀賣新聞有(1981~2003)를 참조.

였으나 유사법제에 대한 지지도 상승에 큰 역할은 하지는 못했다. 자유업, 사무기술직, 학생, 주부, 주부 이외 가정부인 등은 신중집단으로 나타났다. 이러한 지지계층 구성은 실업자를 제외하면 자본주의의 전통적 보수계층이다. 이러한 점에서 유사법제라는 군사적 대안은 고연령층, 상대적 저학력자, 전통적 보수계층을 중심으로 하는 안보대안이었던 셈이다. 무직 계층의 지지 등 신경제의 영향력이 일부 반영되었지만, 유사법제에 대한 사회적 지지기반은 국가(중심)주의, 개헌 및 9조 개정 등에서 보이는 새로운 내셔널리즘의 전형적 지지기반과는 상당히 구별된다. 유사법제는 국내 자위에 대한 군사적 접근이며, 전시 상황에는 상당한 국가통제까지 가져오므로 전통적인 보수 색채의 사회적 그룹을 중심으로 지지의 흐름이 형성된 것으로 이해할 수 있다.

표7 유사법제 지지의 사회경제 속성 시계열통계(단위: %)

	1981	2001	2002	2003
전체	28.2	49.1	47.6	43.6
연령				
20대	24.5	40.8	42.1	38
30대	24.7	47	45.1	45.5
40대	27.4	44.4	47.1	38.7
50대	30.5	50.8	48.9	48.4
60대	36.8	53.5	51.8	45.2
70세 이상	36.8	55.8	48.5	41.6
학력				
초중 졸	28.1	52.1	46.2	37.6
고교 졸	28.1	52.2	48.7	47.4

대학 졸	28.9	41.2	46.9	41
직종				
자영업	34.3	57.8	54.1	46.8
급여생활자	28.6	48.3	49.1	44.4
무직자	24.3	46.6	43.6	41.3
직업계층				
농림수산	27	56.3	52.4	36.2
상공써비스업	39.6	60.5	55.2	52.7
자유업	25.9	44.8	52	43.3
관리전문직	36.4	54.9	55.7	55.7
사무기술직	27.3	43.2	45.3	40.4
노무, 써비스직	27.8	50.6	50.1	45.1
주부	23.2	40.5	39	39.1
주부 이외 부인	22.8	42.9	31.6	33.7
학생	15.4	44.4	39.1	37
기타, 무직	36	62.4	57.3	48.3
지역사회 규모				
대도시	26.6	46.5	46.5	47.8
중핵도시		48.7	48	51.3
중도시	28.5	51.7	45.3	42
소도시	27.2	52.9	48.2	39.1
정촌	30.1	46.4	49.9	39

출처 読売新聞有(1981〜2001).

3) '자위권 명기'

유사법제 문제와 영역 면에서 동일한 국내 자위의 문제지만, 자위권을 헌법 9조에 명기하자는 주장도 핵심적 쟁점이 되고 있다. 그러나 유사법제 질문과 다른 점은 이 문제가 일반적 원칙의 표현문제이며, 따라서 그 실행수단도 단순한 군사적 수단에만 한정되지는 않는다는 점이다. 자위권 명기 문제를 쟁점으로 다룬 통계는 1995년부터 2001년까지 7년간인데, 기본적으로 68~75%라는 높은 수준의 지지를 얻은 것으로 나타나고 있다. 연령대 면에서는 50대와 60대가 주축이 되고, 40대가 이를 보완하는 형태의 장년층 중심의 지지기반을 보여주고 있고, 지역 면에서는 대도시 등 도시권역 지지도가 높은 것으로 나타났다. 한편 계층별로는 자유업(전문직), 상공써비스업(중소기업 및 도시자영업), 노무·써비스직(제조·써비스 노동자), 기타 무직(실업자)에서 지지가 높았으며, 시기별로 상당한 편차를 보여주지만 사무기술직, 관리전문직, 학생 등도 지지흐름을 보완해주고 있다. 자위권 명기를 둘러싼 지지계층 구조는 지지연령대 면에서 40~60대이며, 신경제의 핵심적 승자와 패자를 포함하는 대도시 전역의 '현대적' 계층들이 중심이 된다는 점에서 새로운 내셔널리즘의 지지계층 구조에 근접하는 양태를 보여주고 있다(讀賣新聞自, 1995~2001). 가령 전문직으로서 자유업이 사회적 승자계층을 대표한다면 제조·써비스 노동자나 무직자는 사회적 패자계층을 대표한다고 할 수 있다. 그리고 사무기술직과 학생들 또한 신자유주의하의 패자계층에 포함된다. 이 사회적 패자계층은 도시지역을 중심으로 현대적 자본주의 생산양식과 직간접적인 연관성을 가지며 신자유주의의 '패자의식'을 보편적인 국가의 안보역량 강화요구에 투영하고 있다.

표 8 자위권 명기 지지의 사회경제적 속성 시계열통계(단위: %)

	1995	1996	1997	1998	1999	2000	2001
전체	69.1	70.8	69.5	66.2	70.1	72.5	66.5
연령							
20대	74.6	70.4	69.6	63.7	69.2	70.7	58.5
30대	66.7	70.5	67.9	64.7	71	69.3	64.9
40대	71.5	67.6	70.2	67.4	68.5	76.1	66.2
50대	66.7	73.5	69	67.3	72	73.8	70
60대	70	69.9	71.1	67.7	71.9	73.8	67.9
70세 이상	63.2	75.7	68.8	65	66.5	68.3	68.5
학력							
초중 졸	62.2	70.2	64.4	62.7	67.1	66.9	70.6
고교 졸	68.3	71.5	71.3	67.3	71.9	73.2	67.7
대학 졸	77.7	70.8	70.6	66.6	69.6	75.6	61.6
직종							
자영업	69.1	75.8	69.8	71.4	77.8	77	68.3
급여생활자	70.7	71.5	70.6	68.8	70.7	74.8	67.7
무직자	67.3	67.8	68.4	61.5	66.4	68.1	64.5
직업계층							
농림수산	62.7	71.6	55.4	74.2	69.9	72.9	69
상공써비스업	72	77.1	75.7	70.9	81.7	79.2	68.9
자유업	73.1	82.1	80.8	66.7	77.8	73.9	62.1
관리전문직	65	67.2	73	68.3	68.9	80.2	75.8

사무기술직	76.7	68.9	66.5	66.6	68.6	75.8	63.5
노무, 써비스직	66.5	75.1	73.6	70.6	73	72.4	69.2
주부	67.4	64.7	67.9	60.8	66	67.1	62.6
주부 이외 부인	56.4	71.6	65.5	51.7	60.4	54	56
학생	76.9	73.8	76.3	66.7	56.5	71.1	58.3
기타, 무직	69.9	72.1	69.7	66.8	71.9	75.9	73.3
지역사회 규모							
대도시	70.6	74.1	73.2	69.9	69.3	73.6	68.2
중핵도시							63.5
중도시	75.8	69.1	67.7	67	72	74.2	71.3
소도시	64.9	69.2	73.9	65.5	68.1	69.3	66.2
정촌	60.9	72.1	65.9	62.5	69.4	71.6	63.6

출처 読売新聞自(1995~2001).

4) '집단적 자위권'

'집단적 자위권'은 동맹관계나 UN의 집단안전보장 개념에 기초해 불법적 침략행위에 대한 대응으로서의 정당한 전쟁을 해외에서 수행할 수 있는 권리를 의미한다. 현행 일본 헌법은 '국제분쟁'을 해결하는 수단으로서의 전쟁과 군대를 엄격히 부정하고 있기 때문에, 일본에서 그간 이 '집단적 자위권'은 금지되어왔다. 그만큼 일본정부도 공식적인 헌법 해석을 통해 "집단적 자위권은 보유하고 있으나, 헌법이 금지하므로 행사할 수 없다"는 금지 입장을 고수할 수밖에 없었다. 그러나 보수우파들이 주장해온 개헌론은 9조 개정으로 모이고, 9조 개정의 핵심은 집단적 자위권의 회복으로 모아진다. 그만큼 집단적 자위권의 문제는 일본이 대외적 안보대국으로 나아가는 데 필수적인 관건이 되고 있다. 그러나 이 집단적 자위권 문제를 개헌문제와 직결하게 되면 대외적 군사팽창 지향성이 부각됨과 동시에 지지율이 제약되는 양상을 보여주는 것도 사실이다. 2002년부터 2005년까지 4년간의 집계 결과를 중심으로 보면 집단적 자위권 인정을 9조 개정에 반영해야 한다는 의견은 찬반 백중지세이기는 하지만, 찬성이 약 32~35% 정도에 머물고 있다(讀賣新聞集, 2002~2005). 다만 『아사히신문』의 경우와 같이 집단적 자위권 문제를 개헌문제에만 한정하지 않고, 헌법 해석 변경을 통한 해금(解禁) 가능성까지 인정하게 되면 실질적 지지 정도는 훨씬 커지는 것으로 나타난다.[42]

표9 집단적 자위권 회복 지지의 사회경제 속성 시계열통계(단위: %)

	2002	2003	2004	2005
전체	35.3	32.6	30.1	30.5
연령				
20대	32.6	36	25.7	29.8
30대	31.1	32.3	26.2	27.9
40대	35.9	27	30	28.8
50대	40.4	36.1	33.4	36.7
60대	35	35.2	32.9	28.5
70세 이상	33.3	27.5	29.1	28.4
학력				
초중 졸	29.9	25.7	29.4	23.3
고교 졸	36	35	30.7	30.9

---

42) 『아사히신문』의 2005년 4월 조사에 따르면 개헌과 해석 변경을 모두 포함한 '집단적 자위권'에 대한 용인태도는 전체의 53%에 이르고 있다(朝日新聞, 2005/4: #14).

대학 졸	37.9	33.4	29.5	33.8
직업계층				
농림수산	39.3	31.9	28.7	34
상공써비스업	44.8	42	36.2	37
자유업	56	33.3	40.5	40
관리전문직	50	39.8	40.4	47.4
사무기술직	33.9	30.2	25.3	29.8
노무, 써비스직	33.1	35.6	32.1	32.4
주부	27.6	25.7	24.7	22.5
주부 이외 부인	14.5	21.7	21.8	13.4
학생	37	26.1	18.9	20.6
기타, 무직	45.4	36.4	36.2	33.8
지역사회 규모				
대도시	39.2	37.1	27.9	28.2
중핵도시	34.3	38.9	31.9	28.8
중도시	31.7	31.1	28.2	33.6
소도시	37.2	26.6	31.3	31.1
정촌	34.8	30	31.1	30.1

출처 読売新聞集(2002~2005).

집단적 자위권에 대한 연령대별 지지는 50~70대라는 상대적 고연령층이 중심이 되고 있다.[43] 학력별로는 고교 졸업의 지지가 중심이 되는데, 이는

---

43) 『아사히신문』의 2005년 4월 조사는 연령대 면에서도 '유사법제' 문제와 더 흡사한

집단적 자위권이 반드시 고학력자들의 지지를 기반으로 하는 것이 아님을 잘 보여준다. 지역지지 기반으로서는 주로 소도시의 거주자들이 가장 많이 집단적 자위권을 지지하는 것으로 나타나고 있다. 계층별 지지기반을 보면 관리전문직, 상공써비스업(중소기업, 도시자영업), 기타 무직(실업자)에서의 지지가 현저히 높다면, 자유업, 노무·써비스직(제조·써비스 노동자), 농림수산업 등은 평균을 약간 상회하거나 시기별로 커다란 편차를 보여주고 있다. 반면 사무기술, 학생, 주부, 주부 이외 가정부인 등은 평균 이하의 신중한 태도를 보였다.[44] 결국 집단적 자위권 문제는 해외에서, 그리고 군사적 수단이 주가 되는 안보형태이므로 동일한 군사적 접근인 유사법제 문제와 연령, 학력, 지역, 계층별 지지구성 면에서 흡사한 구조, 즉 전통적 보수적 지지계층 중심의 구조를 보여주고 있다. 한편 유사법제, 자위권 명기 등 국내 안보영역과 달리 집단적 자위권 문제가 국가적 안보영역에 속하기 때문인지 20대 청년층의 지지가 눈에 띤다.

5) '국제공헌(안보)론'

9조 개정 문제의 가장 본질적인 핵심쟁점이 집단적 자위권의 용인문제임은 이미 밝힌 바 있다. 그러나 이 집단적 자위권 문제 자체가 본격적인 쟁점이 된 것은 그리 오래된 일은 아니며, 코이즈미 정권에 이르러서 일본 국내외에서 집단적 자위권의 용인문제가 거론됨으로써 현실적인 쟁점이 되었다. 그만큼 해외에서의 전쟁행위는 과거 전쟁역사의 상흔, 주변국의 반발 등으로 전후 일본사회에서 큰 금기사항이 되어왔던 것이다. 따라서 집단적 자위

결과를 보여주고 있다. 가령 60대와 70대가 전체 평균 이상의 지지를 보이고 있으며, 여기에 30대가 참여하는 양상인 것이다(朝日新聞, 2005/4: #14).

44) 『아사히신문』의 2005년 4월 조사도 자영업자, 농림어업, 제조·써비스 종사자(중소기업 및 제조·써비스 노동자), 기타 무직(실업자) 등이 평균 이상의 집단적 자위권 해금 지지태도를 보인 반면, 사무기술직과 주부는 전체 평균의 지지를 훨씬 밑돌고 있어 신중한 태도가 역력하다(朝日新聞, 2005/4: #14).

권 회복을 위한 보수파들의 접근은 오랜 기간이 소요되는 우회적 경로를 통할 수밖에 없었다. 그 우회적 경로란 UN 결의하의 평화유지활동(PKO)과 집단안전보장 등 국제적-다자적 틀을 활용한 이른바 '국제공헌론'이었다.[45] 국제공헌론은 1990년대 전반기까지만 하더라도 자위대의 PKO 참여 여부가 핵심 쟁점이 되었지만, 1990년대 후반기에 접어들면서 미일방위협력지침이 개정되고 자위대의 국제안보에 대한 관여방식이 크게 변화함에 따라 UN에 국한되지 않고 미일동맹까지 포함하여 국제안보에의 참여 정도와 형식을 어떻게 할 것인지가 새로운 쟁점이 되고 있다. 그런 만큼 최근의 국제공헌론은 UN 중심의 원래 의미에서 변질하여 실질적으로는 'UN과 미일동맹을 불문한 국제안보에의 적극적 참여론'으로 받아들여지고 있다. 가령 코이즈미 정권하에서 전쟁중인 제3국 영토에 자위대를 파견한 두 개의 '특별조치법'——'반테러특조법' '이라크특조법'——은 미일동맹하에 집단적 자위권을 기정사실화하려는 정치적 목적이 있었지만, UN 결의와의 가공의 연관설정을 통해 파병의 명분을 찾았던 것이다. 이 '특별조치법'들에 의한 아프가니스탄과 이라크에의 자위대 파병은 '국제공헌론'이 '국제안보론'으로 변질한 중요한 사례들이다.

실질적으로 일본의 안보적·군사적 팽창을 가져올 수밖에 없지만, 국제공헌 혹은 국제안보론은 '국제기구의 결의'와 연관된 명분을 갖고 군사·비군

---

45) 가령 일본 내각부가 시행하는 '외교에 관한 여론조사'에서 '일본의 국제적 역할'과 관련된 시계열적 집계결과를 1990년대 초부터 관찰하면 난민 등 인도적 지원, 세계경제 발전에의 기여, 국제적 보편가치의 옹호, 개발도상국 개발에의 협력 등 더욱 보편성을 갖는 저차정치(low politics)에의 지지는 현격히 감소하는 반면, '국제평화' 역할, 즉 안보적 함의를 강하게 갖는 국제적 역할에 대해서는 현저한 증가를 확인할 수 있다. 국제평화·안보에 대한 기대감은 1990년대 초까지만 해도 30%대의 지지율을 보이다가, 1990년대 신자유주의 시기 동안 지속적으로 성장하여 2000년대에는 50%까지 이르고 있다. 이는 기대되는 일본의 국제적 역할 중 가장 큰 비중을 차지하고 있다(內閣府外, 1990~2005).

사의 복합적 수단을 통해 전개되기 때문에 그만큼 지지의 부담이 줄어들 수 있다. 1995년부터 2005년까지 10년 정도의 집계결과를 중심으로 살펴볼 때 국제공헌(안보)론의 지지율이 자위권 명기와 유사한 정도로 높게 나타난 것 ──기본적으로 60%대, 최고치 70%대── 은 이러한 이유와 무관하지 않다. 국제공헌(안보)론의 연령별 지지는 30대와 50대가 중심이 되지만 20대도 상당히 강한 추세로 이를 뒷받침하고 있다. 그만큼 연령대 면에서 청장년층이 국제공헌(안보)론을 지지하는 것이다(讀賣新聞國, 1995~2005) 이러한 추세는 내각부 '외교조사'에서도 그대로 확인되는데, 가령 '국제평화 역할의 중시' 'PKO확대론'에 대한 연령대별 지지 추세를 보면 40대와 50대가 중심이 되지만, 20대와 30대도 이 흐름을 강하게 뒷받침하고 있다.[46] 국제공헌론에 대해서는 지역적으로 대도시권역을 중심으로 현저한 지지가 관찰되고 있다. 사회계층 면에서는 자유업, 학생, 상공써비스업(중소기업 및 자영업), 노무·써비스직(제조·써비스 노동자), 사무기술직, 관리전문직 등에서 대체로 높은 지지를 발견할 수 있으며, 기타 무직(실업자), 주부, 농림수산업, 주부 이외의 부인 등에서 신중한 입장이 관찰된다. 국제공헌(안보)론은 20~50대의 청장년층을 중심으로 대도시권역의 '현대적' 승자계층과 패자계층의 '혼류'적 지지를 받고 있다. 특히 자유업과 관리전문직, 일부의 상공써비스업을 제외하고 대다수 노동자 계층과 학생 등 패자계층이 이에 대해 적극적인 지지를 보이는 것이 특징적이다. 이러한 점에서 국제공헌(안보)론의 사회적 지지기반은 국가중심주의, 일반적 개헌론, 헌법 9조 개정론, 자위권 명기론 등에서 보이는 새로운 내셔널리즘의 지지구성과 근사(近似)한 양상을 보여주고 있다.

---

46) 국제평화·안보를 지지하는 속성통계는 1999년, 2001년, 2002년, 2003년, 2004년, 2005년 등 6년분 정도가 공개되고 있다. 가령 이 싯점에서 이 국제평화·안보에 대한 전체적 지지율은 1999년(42.2%), 2001년(50.3%), 2002년(52.8%), 2003년(51.5%), 2004년(51.9%), 2005년(49.3%)이었다(內閣府外, 1990~2005).

표10 적극적 국제공헌(안보) 지지의 사회경제 속성 시계열통계(단위: %)

	1995	1996	1997	1998	1999	2000	2001	2003	2004	2005
전체	65.4	68.9	66.1	65.5	66.6	69.9	69.2	66.5	61.7	55.7
연령										
20대	70.7	69.4	71.2	63.3	65.2	69.4	66.8	67	67.6	62.3
30대	69.9	67.5	65.4	70.6	68.8	71	74.6	65.2	63	62.9
40대	67.3	66.7	66.5	65.2	64.7	71.9	72	74.3	64.7	57
50대	61.8	71	66.8	67	70.8	72.2	72.6	70.7	65.1	58.5
60대	63.1	69.1	62.9	65.7	65.2	68	67.9	62.5	58.7	51
70세 이상	57.9	71.4	62.9	58.7	63.3	64.3	58.5	59.5	50.4	44.4
학력										
초중 졸	60.8	66.1	63.5	59.5	62.6	63.5	63.4	55	54.4	47.1
고교 졸	65.1	70.3	68.3	66.9	71.1	71.9	72	69	62.8	55.3
대학 졸	70.8	68.6	64	67	62.2	71.4	68.3	70.7	63.4	57.9
직업계층										
농림수산	64.7	71.6	63	60.6	64.5	71.8	65.5	53.2	55.3	49.1
상공써비스업	75.1	72	61.8	65.8	74.3	71.6	73.7	70.2	69.5	52.6
자유업	61.5	78.6	65.4	61.9	74.1	73.9	75.9	63.3	78.3	66.6
관리전문직	61.8	64.7	65.2	70	61.2	73.9	74.7	79.5	67.3	63.2
사무기술직	68.8	67.2	64.8	65.9	67.8	75.5	70.8	70.1	62.5	58.6
노무, 써비스직	64.5	75.6	71.3	68.4	68.1	71.2	75.3	67.9	64.4	59.4
주부	63.4	65.1	67.2	63.4	65	67.8	64.7	66.5	54.2	53.6
주부 이외 부인	57.7	60.8	59.7	55.1	58.2	54	46.4	47.8	44.9	37.3

학생	74.4	69.8	76.3	71.4	52.2	65.8	75	69.6	72.9	55.9
기타, 무직	59.7	67.9	63.7	65.3	67.6	65	66.7	64.8	63.3	54.3
지역사회 규모										
대도시	70.6	69	65.9	69.6	66.8	73	70.7	73.6	65.9	58.8
중핵도시							70.8	70	65.1	55.9
중도시	65.2	68.2	64.4	65.9	66.2	73.3	68.7	68.6	60	56.4
소도시	63.6	71.2	72.6	63.3	67.2	64.3	67.6	60.3	60.9	56.2
정촌	63.3	68.1	63.7	63.2	66.7	66.8	68.2	61.9	57.7	52

출처 読売新聞国(1995~2005)

6. 아래로부터의 내셔널리즘과 위로부터의 내셔널리즘: '대중정서'와 '전략적 프로젝트'

지금까지 본 바와 같이 신자유주의 경제의 패자들——연령대로서 20~40대, 사회계층으로서 중소기업, 도시자영업자, 화이트칼라 노동자, 생산 및 써비스 노동자, 파트타이머, 실업자, 학생 등——이 '불안정하고 불만스러운' 현상을 타파하기 위한 하나의 돌파구로서 새로운 내셔널리즘의 지향을 지지해왔다는 이 장의 가설은 잘 확인된다. 앞서 살펴본 이념으로서 애국주의와 국가주의, 전반적 개헌여론, 9조개정론, 유사법제, 자위권 명기, 집단적 자위권, 국제안보 역할의 강화 등의 문제에서 정도의 차는 있되 '패자' 내셔널리즘 요인들이 내포되어 있으며, 특히 이 중에서 몇몇 쟁점은 전통적 내셔널리즘과 구별되는 현대적 혹은 전후적 내셔널리즘, 즉 새로운 내셔널리즘으로서의 특징을 선명히 보여주고 있기도 하다. 그러나 새로운 내셔널리즘 그 자체가 하나의 완결된 논리체계를 갖고 있다든지, 이념적 완성도가 높다고는 말할 수 없다. 새로운 내셔널리즘은 신자유주의 경제의 기득권층과 패자들의 다양한 희망과 불안, 불만이 총괄되므로 다소 포괄적이고, '문민적(文民的)'이며 '국제적'인 외형마저 띠고 있다. 그리고 이러한 흐름 속에서 대중 스스로 '보수적 내셔널리즘'으로서 정체성에 대해 별로 자각적이지 못할 수도 있다. 그만큼 새로운 내셔널리즘의 전개과정에는 서로 구별되는 모순적 경향들이 역동적으로 상호작용하고 있다. 요컨대 새로운 내셔널리즘의 흐름에는 '아래로부터의 내셔널리즘'과 '위로부터의 내셔널리즘'이라는 두 경쟁적 경향의 공존과 합주(合奏)가 존재한다. 이 두 경향의 '합주'란 다음의 세 차원, 즉 전후적 내셔널리즘(새로운 내셔널리즘)과 전통적 내셔널리즘 간의 이념적 교착, 새로운 내셔널리즘의 대중적 흐름 속에서 기득권층 지향과 패자 지향 간의 불안한 혼류, 불완전하고 다소 느슨한 대중적 정서와 전략적인 정치 프로젝트(안보내셔널리즘) 간의 부정교합(不整交合) 등에서 발생하는 '구별'과 '통합'의 역동적 상호작용을 의미한다. 이러한 과정은 비자각적인 대중정서가 목적의식적인 신보수우파 안보내셔널리즘으로 어떻게 성장・전화, 혹은 재구성되는지 그 메커니즘을 더 잘 이해하도록 해줄 것이다.

(1) 새로운 내셔널리즘과 '안보국가' 구상의 편차: '전통적 내셔널리즘'과 '전후형 내셔널리즘'

지금까지 본 바와 마찬가지로 최근 일본에서 내셔널리즘이 비등해지고 있지만 문제영역이나 성격에 따라 내셔널리즘의 대중적 지향은 크게 전통적 내셔널리즘과 전후형 내셔널리즘으로 구별되는 양상을 보여주고 있다. 먼저, 군사적 접근 중심의 국내방위, 일방주의적 세계안보, 역사와 전통 중시, 애국주의 이념 등은 그 나름의 체계적이고 분명한 안보대국 구상으로 이어진다. 이 안보대국 구상이란 자위대(혹은 정식 군대) 중심의 자위권을 회복하고 실질적 전쟁능력을 갖추며, 대외적으로는 전세계 어디에서나 미일동맹 혹은 UN의 이름으로 '일본의 군대'가 전쟁할 수 있도록 만드는 것이다. 이는 종래 평화주의를 가장 강력하게 형해화해온 하나의 극을 이루고 있다. 유사법제의 입법을 통해 이미 일부는 실현되었지만, 개헌에 얽매이지 않는 '해석변경'을 통해 집단적 자위권이 우선 해동(解凍)되면 그리 머지않은 싯점에 그 구상은 현실이 될 것이다. 유사법제와 집단적 자위권은 국내외에서 강도 높은 전쟁을 수행할 수 있는 실질적 능력을 갖추는 것으로서 자국방위뿐만 아니라 전세계 및 지역 안보질서에 일본이 적극적으로 개입해 들어가겠다는 세계적 안보대국의 상을 완성하는 데 필수적인 요소들이다. 일본이 강력한 안보대국으로 변화하려면 일본의 역사와 전통에 대한 강한 애착, 그리고 '애국심'을 중심으로 국민 정체성이 재구축되어야 할 것이다. 이러한 안보 접근은 신자유주의 패자층—가령 도시자영업자와 산업노동자 등—을 일부 포함하지만, 연령대와 지지계층의 사회적 구성으로 보아 '전통적인 보수층'에 의해 지지되는 내셔널리즘이라고 할 수 있다. 연령대로는 50대에서 70대 이상까지의 장노년층이 중심이 되고, 사회계층 면에서는 관리전문직 등 기득권익계층, '프티부르주아' 감수성의 도시자영업자와 농림어업자, 주변화되는 블루칼라 노동자계급(비정규직) 등 사회적 상층계급과 '전통적 보수적인' 사회적 중하층 그룹이 지지계층을 형성하는 것이다. 이러한 안보 접근의 경향을 '전통적 내셔널리즘'으로 잠정적으로 명명하고자 한다.

한편 유사법제, 집단적 자위권 문제와 본질적으로 유사한 발전경향을 보이고 있지만, 안전보장의 수단, 방법, 이념 등의 측면에서 전통적 내셔널리즘의 안보대국 구상과는 상당히 다른 경향 또한 발견할 수 있다. 동일한 내셔널리즘의 흐름이지만 전통적 내셔널리즘과는 달리 평화, 문민, 국제화 등 '전후적' 맥락이 가미된 '전후형' 대중정서도 존재한다. 자위대가 존재하는 현상을 인정하여 자위권을 명기하되, UN이라는 국제기구의 합의적 결정에 따라 평화유지나 국제안보를 위한 집단적 자위권을 행사해야 한다는 정서가 그것이다. 이러한 대중정서의 흐름을 구태여 '정치전략'과 연관지어 재규정해보자면 오자와 이찌로(小澤一郎)의 'UN 상설대기군' 개념과 유사한 측면을 갖고 있다(小澤一郎, 1999).

이러한 안보적 경향은 군사와 비군사의 복합적 정책수단, 국제주의적 방식의 문제해결, 이념경향으로서 전통적 '애국'보다는 국가·사회 중심의 '공공주의' 경향을 선호한다. 이 복합적 안보관은 개헌문제의 보수적 핵심을 현대적인 감각으로 공유하면서도 평화주의·문민주의·국제주의·국가중심주의라는 전후 일본에서 발전해온 역사적 가치를 추가로 투영하고 있다. 현대성, 국제성, 전후일본의 가치 등이 투영된다는 점에서 이 '국제안보국가' 상은 상대적으로 광범위한 지지층을 확보할 수 있다. 특히 중소자본, 자영업자, 전통적 제조·써비스 노동자는 물론이고, 화이트칼라 노동자, 비정규직 노동자, 실업자, 학생 등 도시의 신자유주의 패자군에게 이 '국제안보국가'의 상은 상황 돌파의 신선한 계기로 수용되는 듯이 보인다. 나아가 전통적인 '프티부르주아' 감수성보다는 신자유주의의 직접적 피해자이자 현대 자본주의의 주요 계급·계층인 신구 중간계층 및 노동자계급이 이 새로운 흐름을 주도한다. 여기에서 이 새로운 '국제안보국가' 지향성을 '전통적 내셔널리즘'과 구별해 '전후형(현대형) 내셔널리즘' 대중정서라 명명한다.

그러나 전후형 내셔널리즘이란 전통적 내셔널리즘——그 전략적 표현으로서 안보내셔널리즘——과 구별되는 대중적 정서 혹은 경향일 뿐이지 하나의 완결된 이념 혹은 전략체계가 아님을 분명히 밝혀 둔다. 이러한 점에서 전통적 내셔널리즘과 전후형 내셔널리즘은 상호 배타적인 대항적·경쟁적 관계가 아니며, 도리어 현실에서 양자는 상호 침투하고 있고 '협연관계(協演關係)'를 이루고 있다. 표 11에서도 알 수 있지만, 전통적 내셔널리즘과 전후형 내셔널리즘에는 각각의 주도적 지지계층은 분명히 구별되나, 사회적 계층기반의 공통성이 탄탄하고 넓다고 할 수 있다. 가령 기득권층으로서 관리전문직과 일부의 상공인계층, 패자층으로서 중소기업, 자영업, 제조·써비스 노동자, 실업자 등의 사회계층은 두 경향의 흐름에 공통된다. 그만큼 두 가지 내셔널리즘은 질적으로 구별된다기보다는 주요 요소들의 배합이 달라지는 연속적 공간에 존재할 수도 있다. 그리고 목표의 성격상 전자의 전통적 내셔널리즘은 훨씬 체계적이고 전략적인 정치활동과 연계되어 있다. 유사법제는 이미 법제화되어 있으며, 집단적 자위권 또한 개헌과 해석변경이 이루어지기 이전에도 두 개의 '특별조치법'을 통해 이미 기정사실로 되고 있다.[47] 그만큼 전통적 내셔널리즘은 안보내셔널리즘이라는 형태로 일본정부의 정책이념이 되어 있다. 그리고 국제공헌론은 그 의미가 사실상 국제안보국가론으로 변질하면서 집단적 자위권 용인문제와 본질적 구별선을 상실하였다. 이러한 점에서 전후형 내셔널리즘 대중정서는 그 자체가 독립적이고 완결적인 의미가 있기보다는 '안보내셔널리즘'을 광범위하게 보완해주면서도 '안보내셔널리즘'에 의해 재해석되고 재규정되는 위치에 있다. 이러한 점에서 두 내셔널리즘 조류의 '협연'으로 형성되는 복합적이고 중층적인 흐름 그 자체를 광의의 '새로운 내셔널리즘'이라고 할 수도 있다.

---

47) 2001년 9·11테러 이후 일본은 미군의 '반테러' '반후세인' 작전을 지원하기 위해 '반테러특별조치법'과 '이라크부흥특별조치법'을 통과시켰다. 이 두 법률을 통해 일본정부는 '전투지역과 일선을 긋는'이라는 애매한 전제를 붙이기는 했으나 해외 제3국 영토 내에서 미군의 전투행위를 지원하는 실질적 전쟁행위를 개시하였다. 가령 전자의 '반테러특별조치법'을 통해서 아프가니스탄 영해상에서 미군의 전투활동을 지원했으며, '이라크부흥특별조치법'을 통해서 육상자위대가 이라크 영토 내에 진주하여 '연합군'의 활동을 지원한 것이다. 이러한 자위대의 제3국 전투지역 파견은 전투행위 그 자체는 수행하지 않는다고 할지라도 정보제공, 수송, 유류보급, 기타 후방지원 등을 통해 실질적 전쟁행위를 수행하는 것으로 사실상의 집단적 자위권의 행사라고 볼 수 있다. 이러한 사실상의 집단적 자위권 행사는 집단적 자위권의 해금을 위한 정치전략에서 중요한 '전례'로 작용할 수 있다(日本政府, 2001; 日本政府, 2003).

표11 대중정서로서 '전통적 내셔널리즘'과 '전후형 내셔널리즘'

내셔널리즘 유형	'안보국가'의 제도	연령 기반	지역 기반	사회계층 기반
전통적 내셔널리즘 (안보내셔널리즘)	국내: 유사법제 국제: 집단적 자위권 이념: 애국주의	50~60대 (+20대)	소도시	기득권층: 관리직, 일부상공업 '패자'층: 농림수산업 '패자'층: 상공써비스업, 기타 무직(실업)
전후형 내셔널리즘	국내: 자위권 명기 국제: 국제공헌(안보) 이념: 국가(중심)주의	30~50대 (+20대)	대도시	기득권층: 자유업, 일부 상공업 '패자'층: 노무 · 써비스직, 사무 기술직, 학생

(2) 기득권층과 패자들의 불안한 '합주'

쟁점의 성격에 따라 구체적 구성은 약간씩 달라지겠으나, 새로운 내셔널리즘의 사회적 지지기반에는 신경제의 기득권층과 패자층이 모두 포함되어 있다. 애초에 신자유주의로부터 내셔널리즘이 발생하게 된 것은 다양한 패자계층의 '아우성' 때문이 아니었다. 요컨대 신자유주의 세계에서 내셔널리즘은 애초에 승자계층의 가치관에서 비롯되었다. 즉 시장주의에 기초한 '세련된 보수(クールな保守)'라는 가치관이 가진 승자 중심의 팽창욕구가 내셔널리즘을 발원시킨다는 것이다. 가령 '시장주의에 기초한 구애되지 않는 보수', 즉 승자의 경제적 업적을 확고히 하려는 거침없이 팽창해가겠다는 가치관을 국가 전체에 적용하면 예전 국수주의적 우익은 아니지만 단순한 보수를 넘어서 세계 속에서 강력한 일본을 지향하는 승자 내셔널리즘이 발생한다는 것이다(香山リカ, 2003: 3면).

전환기 일본의 새로운 승자들——국제적 혹은 전세계적 업무에 종사하거나, 그 업무와 연관된 안정적 직업계층군——은 승자 기업들의 세계적 팽창과 승자 계층들의 안정적 생활기반을 더욱 확고히 보증하기 위해 그에 걸맞은 국제적·세계적 프레임워크의 형성을 요구하고 있다. 이러한 요구는 본원적 승자인 자본의 요구이기도 하지만, 그 자본에 고용된 관리직, 전문기술직, 자유업 등의 '기능자본'의 내재적 요구이기도 하다. 결국 일본경제의 승자들이 의존해야 할 국제적·세계적 프레임워크——세계화된 일본자본의 공공재——를 형성하는데, 일본의 국가가 적극적 역할을 수행해야 한다는 것이다. 이 적극적 역할에 필수불가결한 것이 지금까지와는 다른 적극적 '안보대국'이다. 이러한 의미에서 이 '안보대국'은 소극적이고 내향적인 내셔널리즘——즉 국수주의나 그것의 좌절적 반전으로서의 공격주의——이 아니라 전세계적 무대를 향해 공세적이고 팽창적으로 나서는 내셔널리즘 국가가 되는 것이다. 그리고 한 가지 더 주목할 것은 이 맥락에서 내셔널리즘이 강화되면 될수록 신자유주의 또한 그 강도가 더해진다는 것이다.

바로 이러한 승자 내셔널리즘이 형성한 틀 위에서 딜레마에 사로잡힌 패자 내셔널리즘의 다양한 토양이 꿈틀거리게 된다. 세계화와 신자유주의 경제정책에 따라 사회는 유동화하고 불안정한 생활층과 빈곤층이 확대되며, 나아가 종래 공동체의 기능부전 상황에서 이 불안정한 생활층과 빈곤층은 찰나적 판단과 히스테릭한 부화뇌동을 특징으로 하는 '무당파적' 인간군으로 전환된다. 이 결과 이들은 승자들의 여론조작이나 포퓰리스트적 선전선동에 '쏠려'다니는 인간군이 되는 것이다(小熊英二·上野陽子, 2003: 4면; 暉峻淑子, 2005: 26면). 한편 패자들의 '무당파적 내셔널리즘'이 본질적으로 보수적인 내셔널리즘으로 귀착되는 이유를 좀더 구체적으로 보면 전후 일본현대사 전개의 특수성, 신자유주의 긍정과 국가의존 체질 강화의 딜레마, 고립상황에서 실존적 '자기다움' 추구와 초월적 국가주의, 자신의 현재 위치가 갖는 우연성의 정당화와 정치적 낭만주의 등의 이유들이 거론된다. 이것은 내셔널리즘이 신자유주의의 치유책(therapy)으로 등장하였음을 입증해주는 것들이기도 하다(阿部潔, 2001: 31면). 각각의 내용을 약간 자세히 살펴보기로 하자.

첫째, 전후 일본 현대사 전개의 특수성이란 이 패자들이 전후 '자학사관'에 위화감이 있었을 뿐만 아니라 호헌론자들에게는 수구 이미지를 느꼈다는 것이다. 가령 패자들은 자신들의 아픔을 위무할 수 있는 역사적 자긍심을 '자학사관'에서 발견할 수 없었으며, '현상변혁'을 추구하는 도정에서 호헌론자들을 방해세력으로 인지한다. 따라서 자신들에게 필요한 '치유책'을 찾고 현상을 '변혁'하기 위해서 '자학사관'과 '호헌론자'들——전후 일본현대사에서 실제로 진보 혹은 자유주의 세력을 표상하는——을 적대시하고 '새로운 역사교과서'와 '개헌론'—— 전후 일본 현대사에서 실제적으로 보수 혹은 국수주의적 우익정서를 표상하는——에서 강렬한 진취적 개혁 이미지를 발견했다는 것이다. 결국 신자유주의의 패자들은 우익 및 보수파들의 백색 깃발 아래서 애국과 변혁을 외치게 된 것이다(小熊英二·上野陽子, 34~35면).

둘째, 앞서 통계들에서도 확인한 바지만 경제적 패자들은 신자유주의와 그 핵심 표지로서 성과주의를 절대적인 것으로 받아들이기 때문에 개인들의 삶의 난관을 경제씨스템의 개혁이 아니라 강한 국가의 '재림(再臨)'을 통해서 해결하겠다는 사고방식을 갖는다. 즉 신자유주의 경제에서 발생하는 격차는 어쩔 수 없으니, 강한 국가를 만들어 보상책을 발견하자는 일종의 '돌파구' 심리이다. 이러한 점에서 결국 신자유주의의 수긍은 강력한 국가의 등장을 희구하는 국가주의의 심상으로 이어진다(香山リカ, 2002: 132~36면).

셋째, 사회적으로 만연한 고립상황에서 패자들은 일종의 몽상으로서 '자기다움'을 추구하게 되는데, 이 '자기다움'의 연장 속에서 일본다운 강한 국가에 대한 희구가 발생하며 궁극적으로 이것이 국가주의적 사회심리로 발전할 수도 있다(三浦展, 2005: 157~86면). 특히 패자들이 원자화되고 고립화되어 있는 상황에서 개인의 실존에 대한 고민이 발생하게 되고 이 연장에서 '진짜 일본적인 것'에 대한 갈망이 생기며 개인에서 국가로 '초월'하는 낭만적 실존주의가 작동할 수도 있다(北田曉大, 2005: 14~16면).

넷째, 만화 『전쟁론(戰爭論)』 등으로 청년층의 내셔널리즘에 큰 영향을 끼치고 있는 코바야시 요시노리(小林よしのり)의 사례와 같이 스스로 현재 위치의 우연성을 아이러니하게 정당화하는 과정에서 종래의 합리주의적 설명방식―특정의 사상에 기초해 세계(사회)를 초월(비내재)적으로 파악하려는 태도―을 거부하고 '정치적 낭만주의'를 취할 가능성이 커질 수도 있다. 결국 이러한 정치적 낭만주의는 좌파운동, 시민운동, 일관된 자유주의 등 합리적 접근방식을 공격하고, '건전한 상식'에 기대는 우익 내셔널리즘에 대한 기대를 키우는 '이념적' 징검다리가 된다(北田曉大, 2005: 215면).

한편 이렇듯 패자들의 내셔널리즘 회귀경로는 다양하고 복잡한 과정을 거칠 수 있다. 그러나 새로운 내셔널리즘이 신자유주의 혹은 신경제의 폐해로 발생하는 생활의 불안정성, 불확실성, 그리고 미래에의 좌절감 등에 대한 일종의 '치유책'으로 등장한다는 점은 동일하다. 그런데 이 경우 병리(病理)의 원인과 처방이 완전히 어긋나 있다. 게다가 그 처방전이란 합리적 사회비판이 아니라 비합리적(낭만적) 사회비판과 정당화의 방법론이다. 도리어 처방전에 대한 합리적 비판이 건강한 상식에 어긋나는 것으로 배타적인 역공의 대상이 될 수도 있다. 나아가 이 내셔널리즘의 '치유책'은 신자유주의에 대한 치유가 아니라 본질적으로 패자의 '덫'―신자유주의의 피해자지만 이를 긍정함으로써 더 큰 신자유주의에 직면하는―이다. 따라서 패자들의 내셔널리즘은 치유가 아니라 더욱 병세를 키우는 사회병리의 온상이 될 수도 있다. 게다가 패자들의 내셔널리즘은 비의도적이고 결과론적이기는 하지만 새로운 내셔널리즘의 흐름 속에서 기득권층의 내셔널리즘과 상하층 '연대'를 이루고 있다. 그러나 이는 본질적으로 대립적이며 '연대의식'이 결여된 지극히 불안정한 가공의 '연계'일 뿐이다. 따라서 패자들의 내셔널리즘은 승자 중심의 국가통합력을 높여주는 역할을 하지만, 그로 말미암아 주어지는 보상은 상징적인 것에 머물거나 아니면 정반대로 더욱 강력한 덫이 될 수도 있다.

(3) 대중정서와 전략적 프로젝트: 선동과 음모 그리고 재구성

일반적으로 내셔널리즘의 방향——위로부터, 아래로부터——을 논할 때 가장 중요한 차원은 내셔널리즘의 대중정서와 정치가들의 전략적 프로젝트 사이의 관계 문제일 것이다. 여기에서는 대중과 운동(활동)가 간의 관계라는 면에서 아래로부터의 자발적 내셔널리즘 운동이 얼마나 '자기완결성'을 갖는지, 그리고 대중정서와 정치전략 사이에서 내셔널리즘의 발전과정을 결정적으로 규정하는 변수는 무엇인지가 검토될 것이다.

전자의 경우 새로운 내셔널리즘의 정서를 가진 다수 대중과 이를 운동으로 조직하고자 하는 운동지도자 간의 문제이다. 이 관계에서 대중은 내셔널리즘 '개혁' 이슈에 깊은 관심을 둔다. 그러나 그들은 운동보다는 본업에 더욱 충실하다. 그리고 과격하거나 적극적인 운동에는 위화감을 갖거나 주저하는 양상을 보인다. 또한 대중은 개인주의적이며, 적극적인 커뮤니케이션에도 능하지 못하다. 노년층을 제외하고 그들은 이념적으로 전통 내셔널리즘, 더 나아가 전전 감각의 내셔널리즘에 대한 위화감이 크며, 천황제나 전쟁역사에 대해서 옹호하기보다는 일종의 전쟁책임론하에서 현행 상징천황제의 지속을 바라는 경향을 보여주고 있다. 그리고 그들이 하나의 지속적 운동단위로 묶이기에 공통 기반이 아주 허약하다. 대중은 어떠한 쟁점을 만들어내기보다 만들어진 쟁점을 중심으로 운동에 관심을 두고 지지하는 다수의 '침묵그룹'이다. 결국 그들 침묵그룹들의 재결집 정도는 자신들이 지지하는 운동결과에 따라 달라진다. 그들의 행동기준은 '결과주의'인 것이다(小熊英二·上野陽子, 93~101, 132~34, 140~48면).

내셔널리즘 운동의 지도자는 이념적으로 단순한 보수가 아니며, 구태여 말하자면 '자유혁신파'적 경향을 갖고 있다고 할 수 있다. 이들은 교과서 문제, 북한에 의한 일본인 납치문제, 개헌문제, 신사참배 문제, 교육법 개혁문제 등 타 우파 사안들 사이의 적극적인 연대를 모색하고 있다. 그들은 개헌

과 자위권 회복, 국가중심주의, 역사적 정통성의 재정립, 대외적 국익주장 강화, 자주적 행동지반 위의 강한 일본 지향성 등 공통적 경향을 갖고 있다. 그러나 이들은 과거 내셔널리즘, 즉 '민족파' 일변도가 아니며, 대일본제국에 대한 향수(鄕愁)와도 거리가 멀다. 그리고 쟁점영역별로 다양한 의견이 개진되어 하나의 선명한 이념적 비전을 보여주고 있지도 못하다. 역사교과서운동을 보더라도 주도집단간에 전략과 주도권을 둘러싼 내분이 격렬하게 전개되었고 그것이 운동의 일관된 발전을 방해했음을 관찰할 수 있다. 내셔널리즘의 강한 정서는 존재하나 그 대중적 정서를 거대한 '아래로부터'의 대중운동으로 '승화'하는 자발적 프로젝트로 나아가기까지는 아직까지 커다란 한계가 있다(小熊英二・上野陽子, 29~31, 111~18면).

한편 자발적 대중운동으로서 내셔널리즘 운동의 한계가 있는 상황에서 대중정서와 정치전략 간의 관계는 정치전략이 주요한 역할을 할 수밖에 없다. 나아가 의원내각제라는 정부형태 자체가 '대중선택에 의한 내셔널리즘'보다는 '정치전략에 의한 대중정서의 재구성'이 우선하도록 하기도 한다. 이러한 점에서 일본의 새로운 내셔널리즘은 광범위한 대중정서를 기반으로 하지만 정부 혹은 정치가의 위로부터의 내셔널리즘 전략에 의해 결정적으로 영향을 받고 있다. 그러나 정치가들의 정치전략은 대중의 전후형 내셔널리즘 정서와는 일정한 거리가 있으며, 도리어 전통적 내셔널리즘이나 전전 내셔널리즘과의 연계를 강하게 유지하고 있다. 이러한 점에서 정치전략은 제한되고 분산된 대중정서가 안보내셔널리즘의 국가전략에 더욱 합당한 내용으로 '완성'되도록 하는 강렬한 촉매제가 되고 있다.

한편 정치세력, 특히 자민당을 중심으로 하는 안보내셔널리즘 정치세력들은 대중의 새로운 내셔널리즘을 차원 높게 결집하고 자신들의 국가전략을 실현하기 위해 복합적 층위에서 전략을 수행해왔다. 첫째, 탈냉전 상황에서 내셔널리즘의 배양을 위해 자민당 신보수우파 정치인과 관련 정부부처를 중심으로 위기의식을 유포하고 심화시키는 적절한 상황 형성과 조작이 이루어

그림 5 내셔널리즘의 이념형과 새로운 내셔널리즘의 정치전략

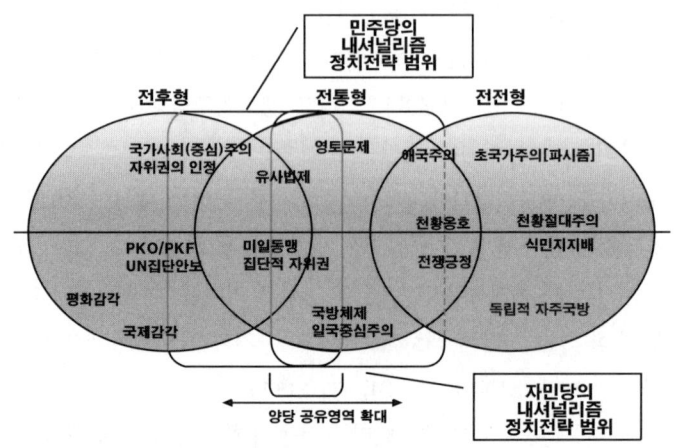

져왔다. 가령 1990년대 이래 진행되고 있는 북한 미사일 문제, 핵문제, 공작선문제, 납치문제, 그리고 중국을 둘러싼 해군력 증강, 대만문제, 영토문제 등이 그것인바, 이것들은 탈냉전하에서 도리어 일본의 안보조건이 악화하고 있고, '전쟁위협'이 어느 때보다 커지고 있음을 유포하기 위한 재료로 활용되었다.[48] 둘째, 이러한 위기의식의 조장 속에서 국가주의 상징성을 선점하

---

48) 이러한 정치전략의 결과로 일본 국민의 전쟁 위협인식은 1990년 중반 이후에 급상승하는 것으로 나타나고 있다. 요컨대 내각부의 '자위대·방위문제에 관한 여론조사'에 따르면 전쟁 우려인식(일본이 전쟁에 휘말릴 가능성에 대한 인식)은 1969년(52%), 1975년(43.6%), 1978년(43.8%), 1981년(60.2%), 1984년(60.9%), 1988년(53.6%), 1991년(55.4%), 1994년(47.9%), 1997년(54.9%), 2000년(64.5%), 2003년(80%), 2006년(77.6%)로 나타났다. 가령 1970년대 이전까지 일본의 전쟁우려인식은 50% 이하였지만, 1980년대 초중반의 신냉전기에 60%로 상승하지만, 탈냉전 초기, 그리고 경제적 버블기와 그 영향 기간 동안(1980년대 후반과 1990년대 초반) 위험인식이 다시 50% 이하대로 후퇴하는 양상을 보여주고 있다. 그러나 중요한 것은 1990년대 중반을 전환점으로 하여 아시아 경제위기 이후 코이즈미 정권에 이르는 전 기간에 걸쳐 전쟁 위협인식이 급격히

고 내셔널리즘의 '시민권' 확대를 위한 전선을 의식적으로 형성해왔다. 즉 자민당의 안보내셔널리스트들은 1990년대 초부터 이미 '자학사관' 등 역사문제를 '바로 세우기' 위한 움직임을 시작했는데, 이것이 '자유주의 사관 연구회'와 '새로운 역사교과서를 만드는 모임'의 결성계기가 되었으며 계속되는 논란중에도 '새로운 역사교과서'의 검정통과와 채택률 확대운동을 직간접적으로 지원해왔다. 야스꾸니신사 참배 문제에서도 코이즈미 총리는 아시아의 강경한 반발기조에도 불구하고 수미일관되게 자신의 '공약'을 지켰으며, 자민당과 정계의 안보내셔널리스트들은 수상이 이 '전선'을 지키도록 광범위하게 엄호해주었다. 이러한 전선의 형성과 '단호한' 상징적 입장천명은 자민당, 정계, 정부에서 안보내셔널리트들의 정치적 신뢰성을 높이는 결정적 계기가 되었을 뿐만 아니라, 대중차원의 내셔널리즘의 흐름에 상징적이고 정치적인 결집지점을 제공해주었다. 셋째, 정치권의 전략적 내셔널리스트들은 대중운동의 효과를 대대적으로 증폭시키기 위해 주로 대중운동, 대중선전 면에서의 접점을 가지고 행동하는 사안별 혹은 특별 목적의 '(초당파)의원연맹'과 같은 제도를 중층적으로 활용했다. 특히 이 의원연맹들을 통해 이른바 '풀뿌리 보수운동'과 접촉 면적을 확대하면서 그들의 활동력 개선을 지원해왔고, 특정 싯점에는 대도심에서의 대중집회 등을 개최해 직접적으로 대중을 선동하기도 했다. 넷째, 이렇듯 조직적이고 전략적인 활동을 전개하면서 가능한 '성과'들부터 우선적으로 제도화함으로써 내셔널리즘의 국가전략을 기정사실화하려고 한 것이다. 가령 1998년의 국기·국가법안 및 헌법조사회의 설치, 2001년 '테러특별법', 2003년 '이라크특조법' 및 '유사법제'의 통과 등과 같은 사건을 통해 국가정체성을 강제할 수 있는 제도의 확립은 물론이고, 현재 내셔널리즘 국가전략의 핵심이라고 할 수 있는 집단적 자

상승하고 있는데, 최근에는 약 80% 전후까지 이르고 있다. 이에 대해서는 內閣府防 (2006: #24)을 참조하라. 다만 답변 항목에서 "위험이 있다"와 "위험이 없는 것은 아니다"를 하나로 묶어 '전쟁우려' 경향으로 파악했다.

위권의 회복과 개헌을 당연시하는 정치·제도적 조건과 선례를 만들어냈던 것이다.

한편 정치권의 내셔널리즘 전략은 앞서 본 바와 같은 체계적이고 중층적인 접근과 더불어 '강력한' 포퓰리스트적 정치가의 인기몰이에서 그 정점을 발견할 수 있다. 특히 새로운 내셔널리즘의 대중적 기반을 제공하는 신자유주의의 패자들이 원자화·개별화되어 있고, 그들만의 집단적 담론과 미래전망을 만들기 어려운 상황에서 자신들의 상황을 반전시켜줄 수 있는 강력한 지도자를 찾는다는 데서 포퓰리즘의 상황 장악력이 더욱 커진다. 이러한 점에서 분산되고 낮은 차원의 대중의 내셔널리즘 정서는 포퓰리스트 정치가들의 선동에 의해 한 차원 '고양'——재구성과 완성——되며, 포퓰리스트들은 대중의 정서적 요구의 '화신'으로 나타난다. 그들에게는 폐색을 돌파하(려)는 듯한 강렬한 이미지, 이를 뒷받침하는 '독설'의 언어정치 능력, '상징적 정치공간'에서의 결단력, 행동의 상징성, '현대적' 외모 등이 중요하지, 논리와 그것의 합리성이 중요한 것이 아니다.

이시하라 신따로(石原愼太郎)는 반미, 반중, 반아시아를 서슴지 않는 좌충우돌의 배외주의로, 코이즈미는 야스꾸니신사, 신자유주의 구조개혁, 친미 및 적극적 안보강화 노선, 개헌론 등에서의 일관성과 단호함으로, 그리고 아베 신조(安倍晋三)는 자민당 신보수우파 흐름을 주도·총괄하고 역사문제, 개헌문제, 대북-대중 관계에서 강경기조를 유지한 것으로 대중의 지지를 얻었다. 2006년 3월 『아사히신문』의 RDD 조사에 따르면 아베에 대한 지지율은 단연 압도적——전체 후보 중 47%——인데, 연령대 면에서는 20대부터 50대까지 고른 지지를 얻는 중에 특히 20대의 지지가 큰 것으로 나타났다. 그리고 직업계층별로는 특히 사무기술 노동자, 제조·써비스 노동자, 중소기업, 자영업자, 농림어업의 전반적 지지를 얻고 있는 것으로 나타났다. 즉 신자유주의의 패자층이라 지칭되는 사회계층들이 아베에 대한 높은 지지를 보였던 것이다. 한편 이러한 포퓰리즘과 관련해 한 가지 주목해둘 것은 특정

정치가에 대한 대중의 지지기준은 그들의 정책이 아니라 이미지라는 점이다. 요컨대 일본의 한 인터넷 마케팅 쎈터의 조사에서도 아베는 개헌추진세력, 결단력, 실행력, 성실성, 두뇌명석, 국제감각 등의 이미지가 지지의 배경이 되는 것으로 나타났다. 그리고 아베에 대한 이러한 이미지 중심의 지지는 그가 신자유주의 정책을 지속적으로 추진하였다는 사실에 의해 조금도 훼손되지 않았다.

7. 맺음말: 새로운 내셔널리즘과 향후 과제

이 장에서는 일본의 안보내셔널리즘의 사회적 기반을 1990년대 신자유주의 경제의 도입과 관련하여 설명하였다. 첫째, 이 장은 전통적 안보내셔널리즘과 전후형 내셔널리즘, 즉 새로운 내셔널리즘이 장기 불황이라는 주기적 변화의 결과가 아니라 장기 불황과 동시 진행된 구조변동, 즉 신경제의 도입에 따르는 불가피한 사회현상임을 실증하였다.

신경제의 도입으로 일본경제에는 첫째, 기업간 경쟁의 격화, 둘째, 사업환경의 개방화와 세계화로 인한 중소기업과 자영업 경제환경의 악화, 셋째, 노동자의 고용조건 악화와 질적 차별구조, 넷째, 중간집단의 기능부전과 경제격차의 확대, 다섯째, 경제 격차의 고정화와 '계급사회'의 도래 등 적지 않은 구조적 변동이 야기되었다. 이 결과 연령대 면에서는 20대가, 그리고 사회계층 면에서는 일부 부품생산 중소기업과 국내시장을 대상으로 하는 전통적 기업, 유통·숙박·제조업 등에 종사하는 도시자영업자와 그 가족(종업), 사무직 노동자 및 생산·써비스 노동자 등이 신자유주의 경제의 가장 큰 피해계층(패자계층)으로 확인되었다. 이 계층들은 예상대로 20대를 제외하고 사회에 대한 불안감과 불만을 크게 느끼는 것으로 확인되었다. 여기에서 20대는 신자유주의의 가장 큰 '피해자'지만 실질적 생활계층이 아니므로 사회적 불안감이나 불만감에 대한 민감도가 그리 크지 않은 것으로 보인다. 그런데 한 가지 주목할 사실은 이 피해계층 대부분이 신자유주의에 대해 소극적이지만 긍정의 태도를 보인다는 것이다. 결국 신자유주의의 최대 피해자들이 다시 신자유주의를 긍정하는 역설적 상황이 나타나는 것이다.

둘째, 신자유주의의 피해자들이 역설적으로 신자유주의를 긍정하는 상황 이야말로 새로운 내셔널리즘이 발생하는 기초가 된다. 이 장에서는 내셔널리즘과 관련된 핵심 이념 문제, 개헌론의 의미와 지지분포, 개헌의 구체적 쟁점과 안보국가 구상 등을 중심으로 그 사회적 지지기반을 분석하였다. 먼저 확인되는 것은 1990년대 이후 신자유주의 시기에 이념과 개헌문제에 대한 지지도의 급격한 상승을 확인할 수 있는데, 특히 '역사와 전통' '애국' '국가' '개헌' 등이 신자유주의의 피해에 대한 일종의 처방전 역할을 하였다는 점이다. 내셔널리즘의 주제영역별로 사회적 지지층위의 중요한 차이가 읽히고 있지만, 연령변수를 제외하고 사회적 직업계층의 지지는 신경제의 패자계층으로 주목된 계층범주와 대체로 일치하거나 근접하고 있음이 확인되었다.

특히 주제영역별로 발생하는 지지계층의 차이를 중심으로 보았을 때 대중적 내셔널리즘 정서는 대체로 두 유형으로 구별되는 것을 확인할 수 있었다. 이를 이 장에서는 '전통형 안보내셔널리즘'과 '전후형 내셔널리즘'으로 명명하고 있다. 가령 전통적 내셔널리즘은 유사법제, 집단적 자위권, 애국주의 등의 이슈를 중심으로, 연령대에서 50대와 60대의 장노년층, 사회계층 면에는 관리직, 상공써비스업(중소기업과 도시자영업), 실업자, 농림어업자층이 지지기반인 것으로 확인되었다. 한편 전후형 내셔널리즘은 주로 개헌론, 9조 개정론 등에서도 비슷한 경향을 확인할 수 있지만, 자위권 명기, 국제공헌(안보)론, 국가(중심)주의 등의 이슈를 중심으로 기본적 경향이 나타나고 있다. 이는 연령대 면에서 20대부터 50대에 이르는 청장년층의 지지를 얻고, 계층 면에서 자유업, 상공써비스업(중소기업과 도시자영업), 노무·써비스직, 실업자,

사무기술직, 학생 등 광범위한 계층들의 지지를 받고 있는 것으로 드러났다. 그러나 양 경향은 상호 배타적인 것이 아니라 내셔널리즘의 동근성(同根性)과 같은 뿌리를 상호 보완관계임이 확인되었다.

한편 새로운 내셔널리즘의 사회적 지지기반과 관련해 몇가지 특징들을 지적해둘 필요가 있다. 첫째, 최대 피해자로서 '20대'라는 연령변수와 이른바 '프티 내셔널리즘'의 의미이다. 이 장의 검증결과 20대 연령대의 정치적 역할은 비교적 일관되지 못한 것으로 확인되었다. 도리어 역동적인 실제 생활계층인 30대와 40대가 가장 일관된 전후형 내셔널리즘의 지지층위였음이 확인되었다. 따라서 새로운 내셔널리즘은 휘발성이 강한 프티 내셔널리즘이라기보다는 일관된 규칙성이 존재하는 '생활 내셔널리즘'으로서의 성격이 강하다. 그러나 그렇다고 해도 '프티 내셔널리즘'의 정치적 의미가 부정될 수는 없다. 가령 특정한 이슈에 대해 20대는 상당한 동요를 보이지만 내셔널리즘의 지지도 향상에 적극적인 이바지를 하는 경우가 많기 때문이다. 이러한 의미에서 이 장에서는 20대 연령변수와 프티 내셔널리즘을 내셔널리즘의 사회적 지지기반이 급속히 확대되어가는 증폭회로로서 위치지우고 있다.

둘째, 새로운 내셔널리즘에 내포되어 있는 중간층 문제의 중요성이다. 역사적으로 내셔널리즘이 강화된 데에는 사회적 중간층의 불만이 크게 작용했다는 것은 익히 알려져 있다. 2차대전 이전에 파시즘 혹은 국가주의와 농민층이나 도시자영업층의 연관관계는 그 대표적인 사례다. 일본의 새로운 내셔널리즘은 농민층의 상대적 중요성은 감퇴한 반면, 도시지역의 새로운 중간층들이 새로운 지지기반을 형성하고 있다. 가령 위기에 직면한 도시자영업자층이 적극적 지지세력으로 등장하는가 하면, 관리직과 자유업이라는 상대적으로 안정적인 신중간계층이 새로운 내셔널리즘의 일관된 지지세력이 되는 것이다. 이러한 점에서 새로운 내셔널리즘은 2차대전 이전과 달리 도시지역 중심의 '현대적'인 중간층의 대중정서로 이해할 수 있다. 그리고 2차대전 이전과 또다른 점은 과거 내셔널리즘의 중간층 문제는 농민이든 도시 중간층이든 모두 패자의 입장이었던 것에 비해 새로운 내셔널리즘은 승자와 패자의 중간층이 모두 연루되었다는 점에 큰 차이가 있다.

셋째, 새로운 내셔널리즘은 노동계급의 위기 혹은 주변화와 큰 관련이 있다는 점이다. 이 장의 분석에서 충분히 확인하였지만, 전통적 내셔널리즘이나 전후형 내셔널리즘을 가리지 않고 제조업과 써비스업의 노동자계급이 정도의 차이는 크지만 내셔널리즘의 지지층으로 등장하고 있다. 이는 신자유주의의 확산으로 취업기회가 축소되고, 기업활동의 불안정성이 강해짐에 따라 상시적 고용불안이 발생하고, 궁극적으로는 경제구조의 변동에 따라 비정규직화 현상이 확대된 데 따른 노동자계급의 '보수적' 대응패턴으로 이해할 수 있다. 특히 전 산업에 확산되는 비정규직화와 같은 주변화 현상은 신자유주의에 대한 노동자계급의 공동대응을 더욱 어렵게 만드는 구조상의 변화이고, 결국 전통적 노동계급의 일부를 내셔널리즘의 온상으로 변질시키는 계기가 되고 있다. 나아가 전통적 내셔널리즘에 대한 지지를 보이고 있지는 않으나, 전후형 내셔널리즘에 대한 사무기술직 노동자(화이트칼라 노동자)의 일관된 지지가 관찰되고 있다. 이는 IT혁명 등에 따르는 사무직 노동자의 존재조건 변화와 밀접한 관련을 갖는 것으로 보인다. 결국 신자유주의와 신경제의 대두로 노동자계급의 전반적 조건이 크게 변화하는 속에서 동요하고 위기에 봉착한 일부 노동자계급이 새로운 내셔널리즘의 지지기반으로 변화하고 있음이 확인되었다.

한편 새로운 내셔널리즘의 사회적 지지구조 문제와 관련하여 반드시 점검되어야 하는 문제는 그것의 발전방향의 문제이다. 가령 그 발전방향이 주로 '상향적'이라고 한다면 새로운 내셔널리즘의 기본적 경향은 전통적 내셔널리즘보다는 더욱 보편적이며 포괄적인 전후형 내셔널리즘에 더 근접할 것이며, 거기에는 평화, 문민, 국제 등 전후적 가치가 어떤 형태로든 반영될 수밖에 없다. 이는 일국주의적 내셔널리즘의 발전에 상당한 제약이 될 수도 있을 것이다. 그러나 이 장의 분석에서 확인된 바는 새로운 내셔널리즘의 발전방향이 상향적이기보다는 하향적 흐름에 의해 주로 규정되었다는 것이었다. 요컨대 전통적 내셔널리즘과 전후형 내셔널리즘, 그리고 승자 내셔널리즘과 패자 내셔널리즘, 정치전략과 대중정서 등을 중심으로 하는 내셔널리즘의 부정교합 위에서 '전통' 내셔널리즘, '승자' 내셔널리즘, '정치전략'이 우선되는 하향적 흐름이 대중적 내셔널리즘을 재규정하고 통제해왔다. 이러한 점에서 전후 내셔널리즘, 패자 내셔널리즘, 대중정서는 정치전략적 안보내셔널리즘과 상당한 편차를 갖지만, 궁극적으로 그 '지지기반'으로 전환·흡수되어온 것이다.

이러한 상호작용의 구조 속에서 새로운 내셔널리즘의 내적 모순은 앞으로 더욱 심각해질 수 있을 것이다. 즉 새로운 내셔널리즘을 패자 내셔널리즘 혹은 전후형 내셔널리즘의 관점에서 해석하자면 신자유주의에 대한 하나의 처방전 혹은 치유책이라고 할 수 있을 것이다. 이 신경제의 패자들은 신자유주의를 무기력하게 긍정할 수밖에 없는 입장이지만 이에 대한 적극적인 지지자는 아니다. 그리고 적어도 내셔널리즘을 통해 그들의 생활의 불안과 불만, 불확실성이 경감되기를 희망하고 있다. 즉 '강한 일본'을 통해 신자유주의의 폐해가 '경감'되기를 바라는 것이다. 그러나 새로운 내셔널리즘의 부정교합으로 말미암아 이러한 패자들의 희망은 허망한 꿈으로 끝날 가능성이 크다. 승자와 정치전략상의 내셔널리즘이란 철저히 세계적 신자유주의에 적응해가고 그 위에서 더욱 유리한 조건을 획득하려는 팽창주의적 의도가 존재한다. 결국 새로운 내셔널리즘을 통해 패자들은 '더 강한 일본의 재림'을 목도할지는 모르지만 동시에 더욱 강력해진 신자유주의적 경쟁논리를 요구받게 될 수도 있다. 즉 신자유주의의 피해로 내셔널리즘이 강화된다는 것은 하나의 아이러니로 끝날 수 있지만, 거기에 그치지 않고 강화된 내셔널리즘이 다시 더욱 강력한 신자유주의를 낳게 된다면 그것은 본질적인 딜레마일 수밖에 없다. 현재와 마찬가지로 일본의 안보내셔널리스트 지도자들이 상황을 더욱 내셔널리즘적으로 악화시켜 간다면 이 대중적 딜레마는 더욱 커질 것이며,

그로부터 사회병리적 현상은 더욱 확산될 수밖에 없을 것으로 보인다. 게다가 동아시아 경제위기, 미국발 세계경제위기와 같이 신자유주의 파국현상이 전개된다면 상황은 더욱 복잡해질 수밖에 없다. 이 상황은 정치지도자들의 전략과 대중적 정서가 극단적으로 갈등하는 국면이 될 것이며, 신자유주의를 넘어서려는 대중적 내셔널리즘과 신자유주의, 그리고 승자 내셔널리즘의 한 형태인 정치전략 간의 새로운 충돌국면이 발생할 가능성마저도 부정할 수 없다.

제6장

탈냉전의 정치·경제 지형과 안보내셔널리즘

1. 문제제기: 탈냉전과 정치·경제적 지형 변화

2000년대에 들어 일본의 국가전략이 안보내셔널리즘으로 대전환하게 된 국내적 배경에는 앞 장에서 살펴본 신자유주의 정책과 신경제, 그리고 장기적 경기침체에 따르는 대중적 차원의 '새로운 내셔널리즘'이 대두한 것도 있지만, 일본의 정치계와 경제계에서의 정치경제적 지형이 근본적으로 변화한 것도 커다란 원인이 되었다. 사실 일본의 안보내셔널리즘 현상은 비단 어제, 오늘의 문제는 아니었다. 그동안 사회적으로 유폐되어 있었지만 우익집단들이 존재했고, 일부 '보수우파' 정치인도 자민당 내에서 주도적 '보수본류파'에 대한 대안세력으로서 공식정치의 일익(一翼)을 담당해왔다. 그리고 그들 중 일부는 자신들의 정치적 '정체성'을 부각시키고 정치적 지지를 얻기 위해 전쟁역사를 정당화하는 '망언'을 반복하기도 했다. 그러나 냉전시기 동안 전반적으로 그들의 위상은 일본정치를 지배하지는 못하였으며, 비주류세력으로서 사회적 영향력 또한 그리 크지는 않았다. 국제적으로 냉전을 전제로 한 것이었지만, 일본정치는 이념적 균형, 실용주의적 보수, 자민당의 일당 우위 등을 내용으로 하는 소위 '55년 체제'라는 정치체제에 의해 극단적 정치세력이 약화하거나 순치되었다. 이 기간에 실리적 보수와 경제우선주의를 핵심으로 하는 보수본류가 주류파를 형성하게 되었다.

최근 일본 안보내셔널리즘은 탈냉전과 그로 말미암은 국제질서의 변화에 대처하기 위한 일본 정계와 경제계의 정치적 대응의 산물로 이해할 수 있다. 먼저 탈냉전 그 자체가 국제질서의 불확실성을 가중시켰다. 냉전시기에 일본은 미소간의 힘의 균형 위에서 미국의 군사력과 핵우산 속에서 상대적 안정감을 부여받을 수 있었다. 그러나 냉전이 종결되면서 동아시아를 포함해 국제질서는 기대되던 평화와 안정적 질서로 재편되기보다는 심각한 혼란과 불확실성을 내포한 질서로 재편되어 '자주파적' 안보관념을 일깨우는 계기가 되었다(阿部潔, 2001). 둘째, 일본은 탈냉전의 공간에서 성장하는 중국에 대한 대응책을 마련해야 하였다. 중국의 성장으로 말미암은 동아시아 질서의 변동은 일본의 생존조건을 근본적으로 변화시키는 잠재적 위협이 될 수밖에 없다. 따라서 일본은 대외적으로 중국의 변화를 염두에 둔 국가전략을 추구할 수밖에 없으며, 그것은 중국의 성장이 일으킬 문제들을 제어할 수 있는 능력을 함양하는 것에 촛점이 있다. 셋째, 탈냉전은 그간 냉전체제로부터 안정성을 부여받고 있던 55년 체제의 이념과 권력 균형을 파괴하였으며, 이 결과 경제주의적 보수의 지배력 또한 급속히 쇠퇴할 수밖에 없었다. 특히 전후 긴 냉전시기 동안 안정적 일본정치와 호의적인 세계경제질서에 의탁해왔던 경제계도 탈냉전 상황에 걸맞는 안보내셔널리즘을 본격적으로 지지하기 시작했고, 집권 자민당의 구성 또한 구래의 보수본류 세력보다는 선명한 국익추구를 앞세운 '신보수우파' 세력이 전면에 부상하였다. 이 결과 헌법 개정 등을 중심으로 한 국회 내의 정세 또한 급변하게 된다. 이 장에서는 탈냉전의 파고 속에서 전개된 일본 안보내셔널리즘의 정치사회적 배경을 국내의 정치경제적 지형 변화라는 맥락에서 검토하고자 한다.

2. 이념적 균형의 파괴

한 가지 커다란 변화로서 우선 사회당의 해체와 이념적 균형 해소를 지적할 수 있다. 1994년부터 2년에 걸친 자민당과 사회당간의 '적들의 동침'과 같은 이상한 연립이 형성되기 이전까지 일본 사회당은 독자적 집권능력은 없었지만 국내 평화세력, 양심세력, 노동세력 등 정치적 '반대파' 세력들을 통합해온 이념적·정치적 구심으로 역할을 해왔다. 이러한 점에서 보수 일변도의 정치에 반대하는 시민사회의 힘은 일종의 정치적 구심체를 통해 결집할 수 있었다. 이것이 전후 일본의 보수화의 속도와 범위를 제약하고 실리주의적 보수가 주류로 자리하는 데 일정한 이바지를 했다(ジェラルド・カー

ティス, 1987). 그러나 1990년대 연립 이후 사회당은 극심한 정체성 혼란에 빠짐으로써 당이 공중 분해되었고, 결과적으로 사회당의 다수세력은 이념적·정치적으로 정체가 불분명한 민주당으로 흡수되었다. 이렇듯 이념적 균형이 해소됨으로써 헌법의 기본 정신이기도 한 '절대적 평화주의'와 '전후민주주의'의 극을 유지해오던 사회세력은 분산되고 취약해졌으며, 그만큼 신보수우파가 주도하는 안보내셔널리즘 프로젝트가 사회적으로 여과되지 않은 채 급부상하게 되었다.

3. 집권세력의 정치적 세대교체: 신보수우파의 전면화

(1) 세대교체

전후 일본정치를 지배해온 자민당에는 민족주의적이고 자기주장 강한 '보수우파' 노선과 실리주의적이고 타협주의적인 '보수본류' 노선으로 대별되는 두 부류의 정치가 그룹이 존재해왔다. 그러나 전후시기 동안 전반적으로 실용주의적이고 타협주의적인 보수본류의 정치가들이 주류를 이루어 정치적 관록에 기초한 융통성의 정치가 수행되었다. 이들은 극히 일부를 제외하고 과거 전쟁이 가져온 후유증에 대해 커다란 부담을 느끼던 정치가들이었다(若宮啓文, 1995). 그러나 1990년대 이래 중의원을 비롯해 의회에 신진 의원들이 대거 진출한 반면, 과거 정치경력을 자랑하던 베테랑 정치인들이 대거로 정치무대에서 퇴장하였다. 표 1에서 확인되는 바와 같이 1990년부터 2005년에 걸쳐 중의원에는 20%를 넘는 정치신인들이 진출하였다. 특히 1990년과 2003년의 선거는 종래 노장 의원들의 은퇴도 상당한 수로 이루어져 중의원 세대교체에 특기할 만한 해로 기록된다. 한편 집권여당의 핵인 자민당의 경우에도 같은 기간 해마다 10%를 넘는 정치신인이 당선되었다. 특히 1996년과 2005년 총선거에서 정치신인들의 진출이 대거로 이루어졌다. 이 당시 당선자수의 20%와 28%가 정치신인이었다. 2005년 선거에서는 '우정해산(郵政解散)'으로 인한 코이즈미 열풍이 작용하여 그 여파로 당선된 소위 '코이즈미 칠드런'이 대거로 진출했다. 한편 2003년 총선거에서는 상당수 노장의 퇴진이 이루어졌는데, 사실 보수본류파들은 1990년대부터 핵심 인사들의 은퇴가 지속적으로 이루어져 왔다. 1996년 총선거에서 코또다 마사하루(後藤田正晴), 타무라 겐(田村元), 니까이도 스스무(二階堂進) 등이, 그리고 2000년 총선거에서는 타께시따 노보루(竹下登)가, 2003년 총선거에서는 노나까 히로무(野中廣務), 미야자와 키이찌(宮澤喜一) 등이, 마지막으로 2005년 총선거에서는 하시모또 류따로(橋本龍太郞)가 은퇴했다. 그리고 그사이 오부찌 케이조(小淵惠三) 전 수상이 사망했다. 1990년대 이래 이 전통적인 관록의 정치가들은 정치무대로부터 점진적으로 퇴장해갔으며, 1980년대 말과 1990년대 초반에 걸친 일련의 오직사건(汚職事件)——리쿠르트 스캔들, 사가와큐빈 사건——으로 정치적으로 큰 타격을 받기도 했다. 이 과정에서 보수본류 정치인들은 구세대의 '부패정치인'으로 낙인찍혔으며, 그들의 공간을 전후 세대의 신보수우파 정치인들이 메우기 시작했다. 이 40~60대 초반의 정치가들은 전후 세대이며, 국가적 좌절과 위축의 1990년대를 경험하면서 그간 전쟁행위에 각인된 사회적 금기사항을 넘어서는 새로운 민족 자존심의 정치를 추구하고 있다.[1]

표1 일본 중의원의 세대교체 동향(단위: 명, 괄호 안은 %)

2005년 (9월 11일)	정당명	자민당	공명당	민주당	공산당	사민당	국민신당	신당일본	합계
	당선수	296	31	113	9	7	4	1	480

---

1) 자민당의 신보수우파 정치인들의 경우 그들의 공격(극복)대상을 이념적 좌익이 아니라 당면한 보수본류 세력으로 설정하였다(小熊英二・上野陽子, 2003).

	초선수	83(28)	2(7)	13(11)	1(11)	0	1(25)	0	101(21)
	은퇴·불출마	13(5)	3(9)	2(1)	1(11)	0	0	0	20(4)
2003년 (11월 9일)	정당명	자민당	공명당	보수신당	민주당	공산당	사민당	자유연합	합계
	당선수	237	34	4	177	9	6	1	480
	초선수	27(11)	3(9)	0	58(49)	1(11)	2(33)	-	103(22)
	은퇴·불출마	28(12)	3(10)	0	13(10)	6(30)	1(5)	-	55(11)
2000년 (6월 25일)	정당명	자민당	공명당	보수당	민주당	자유당	공산당	사민당	합계
	당선수	233	31	7	127	22	20	19	480
	초선수	27(12)	1(3)	0	43(34)	7(32)	4(50)	13(68)	106(22)
	은퇴·불출마	15(6)	6	1	3	3	7(27)	3(20)	40(8)
1996년 (10월 20일)	정당명	자민당	사민당	신당사키	신진당	민주당	공산당	민개련	합계
	당선수	239	15	2	156	52	26	1	500
	초선수	47(20)	4(27)	0	36(23)	17(32)	5(19)	0	118(24)
	은퇴·불출마	13(6)	12	0	3	0	0	1	34(7)
1993년 (7월 18일)	정당명	자민당	사회당	신생당	공명당	일본신당	민사당	신당사키	합계
	당선수	223	70	55	51	35	15	13	511
	초선수	26(11)	5(7)	19(35)	26(50)	35(100)	1(7)	4(30)	134(26)
	은퇴·불출마	11(4)	13(10)	0	20(44)	0	1(7)	0	48(9)
1990년 (2월 18일)	정당명	자민당	사회당	공명당	공산당	민사당	사민련	진보당	합계
	당선수	275	136	45	16	14	4	1	512

	초선수	43(16)	56(41)	16(35)	4(25)	3(21)	0	0	138(27)
	은퇴·불출마	25(8)	15(17)	12(21)	3(12)	5(19)	0	0	63(12)
1986년 (7월 6일)	정당명	자민당	사회당	공명당	공산당	민사당	신자유	사민련	합계
	당선수	300	85	58	26	26	6	4	512
	초선수	42(14)	9(11)	2(4)	3(12)	2(8)	1(17)	0	62(12)
	은퇴·불출마	12(5)	9(8)	2(3)	1(3)	3(12)	1(13)	0	28(6)
1983년 (12월 18일)	정당명	자민당	사회당	공명당	민사당	공산당	신자유	사민련	합계
	당선수	250	112	58	38	26	8	3	511
	초선수	23(9)	21(19)	14(24)	9(24)	4(15)	1(13)	1(33)	84(16)
	은퇴·불출마	13(5)	13(12)	4(12)	2(6)	3(12)	1(8)	0	37(7)
1980년 (6월 22일)	정당명	자민당	사회당	공명당	민사당	공산당	신자유	사민련	합계
	당선수	286	107	33	32	26	12	3	511
	초선수	17(6)	7(7)	0	0	2(8)	2(17)	1(33)	32(6)
	은퇴·불출마	4(2)	1(1)	0	0	0	0	0	5(1)

출처 http://ja.wikipedia.org/의 '衆議院議員総選挙'(2008년 4월 5일 검색). 항목을 기초로 필자가 작성.

(2) 신보수우파 결집의 핵심 기제로서 '의원연맹'

물론 보수본류의 실리주의적 노선이 일본정치의 전면을 지배하던 동안에도 자민당 내부에는 일관되게 '자주파적 국가전략'을 주장하던 보수우파들이 소규모지만 집단화되어 존재하였다. 가령 1973년에 이시하라 신따로(石原愼太郎), 카또 무쯔끼(加藤六月), 나까가와 이찌로(中川一郞), 와따나베 미찌오(渡辺美智雄) 등이 결성한 세이란까이(청람회靑嵐會)가 그 대표적 예이다. 그들은 우파적 신념에 따라 당시 타나까(田中角榮) 정권의 중일수교를 반대하고 친대만적 입장을 확산하기 위해 노력하였다.[2] 이들은 대다수가 1920년대 전전세대로서 현재에는 이시하라를 제외하고 역사무대에서 사라졌지만, 2세나 정치적 후계구도 등을 통해 오늘날 일본 정계를 주도하는 신보수우파를 '양육'하게 된다.

탈냉전기 일본의 민족주의적 국가전략을 지탱했던 신보수우파의 형성은 개헌과 안보문제, '교육기본법' 개정문제, 신사참배 문제, 역사문제, 북한문제 등의 쟁점영역에서 일정한 공유지점이 있다. 1990년대 이후 이 40~50대의 신보수우파 정치인그룹의 형성과 결집에서 결정적인 역할을 한 것은 안보내셔널리즘의 확산과 선전을 위해 조직된 '(초당파) 의원연맹'(이후 의련)들이었다. 특히 역사문제와 관련된 의원연맹들의 활동은 초기부터 현저했는데,[3] 그들의 역사 재해석─일본 보수판 '역사바로세우기'─은 이후 신보수우파 운동의 이념적 자양분이 되었다.[4] 이러한 흐름의 연장에서 1990년대

---

[2] 세이란까이는 이시하라가 '혼돈의 정치에 상쾌한 기운을 주입한다'는 의미로 작명하였으며, 당시 자민당 내 소장의원 31명으로 구성되었다. 참가인물 중에는 위에서 거명한 사람 이외에도 타마끼 카즈오(玉置和郎), 나까오 에이이찌(中尾榮一), 하마다 코이찌(浜田幸一), 후지오 마사유끼(藤男正行), 미쯔즈까 히로시(三塚博), 모리 요시로(森喜朗) 등이 있었다. 세이란까이는 1979년에 해소되었는데, 이후 나까가와, 이시하라 등 일부 인사가 '자유혁신동우회'를 결성하였다(http://ja.wikipedia.org/의 '靑嵐會' 항목, 2008년 4월 13일 검색).

[3] 이러한 과정에서 주도적 역할을 하였던 사람들은 야마나까 사다노리(山中貞則), 오꾸노 세이스께(奧野誠亮), 하시모도 류따로(橋本龍太郎), 후지오 마사유끼(藤尾正行), 무또 카분(武藤嘉文), 에또 타까미(江藤隆美), 카지야마 세이로꾸(梶山正六), 시오까와 마사쥬로(塩川正十郎), 나까야마 타로(中山太郎), 모리 요시로(森喜朗), 누카가 후꾸시로(額賀福志郞) 등 자민당 중견 정치인들이었다(http://www.linkclub.or.jp/~teppei-y/tawara%2003.12.3/1.html, 2003년 4월 13일 검색).

[4] 가령 이러한 운동을 통해 스즈끼 무네오(鈴木宗男, 1948년생), 아베 신조(安部晋三, 1953년생), 에또 세이이찌(衛藤晟一, 1947년생), 카와무라 타께오(河村健生, 1942년생),

후반과 2000년대 초반에 이르면 세대교체를 통해 의회에 진출한 40～60대의 중견, 소장그룹의 신보수우파 의원들이 초당파 의련 등을 통해 본격적으로 세력화되기 시작한다.

예컨대 종합적이고 포괄적인 신보수우파 정책의련으로서 '일본회의 국회의원간담회'(1997년 발족, 초당파)를 들 수 있고, 안보와 개헌 문제와 관련해서 '일본의 방위를 연구하는 소장의원의 모임'(자민당), '신세기 안전보장체제를 확립하는 소장의원의 모임'(초당파), '헌법조사추진의원연맹'(1997년 결성, 초당파), '신헌법제정촉진위원회준비위'(2007년 결성, 초당파), 교육개혁 문제와 관련해서는 '교육기본법검토특명위원회'(2001년 결성, 자민당 정무조사회 내부), '교육기본법개정촉진위원회'(2004년 결성, 초당파), 역사문제와 관련해서는 '일본의 전도와 역사문제를 생각하는 소장의원의 모임'(1997년 결성, 자민당), '역사교과서를 생각하는 모임'(2001년 결성, 초당파), 신사참배 문제와 관련해서는 '신도정치연맹 국회의원 간담회'(1970년 설립, 자민당), '모두 함께 야스꾸니신사를 참배하는 국회의원의 모임'(초당파), '코이즈미 총리의 야스꾸니신사 참배를 실현하는 초당파 국회의원 유지의 모임'(2001년 결성, 초당파), 북한(납치)문제와 관련해서는 '북조선 납치의혹 구원 의원연맹'(1997년 설성, 초당파), '북조선에 납치된 일본인을 조기에 구출하기 위하여 행동하는 의원연맹'(2002년 결성, 초당파), '조은(朝銀) 문제를 생각하는 초당파 의원모임'(2001년 결성, 초당파) 등 중견 및 소장파 국회의원들의 의련을 통해 신보수우파 정치인들이 결집하였다. 분야별로 대표적인 신보수우파 초당파 의원연맹을 간략히 소개하면 다음과 같다(俵義文, 2005).

나까가와 쇼이찌(中川昭一, 1953년생) 등 소장그룹의 신보수우파 의원이 등장하였다 (http://www.linkclub.or.jp/~teppei-y/tawara%20HP/2003.12.3/1.html, 2008년 4월 13일 검색).

1) 종합적 신보수우파 의원연맹

신보수우파 의원들의 초당파 의련 중 가장 종합적이고 포괄적인 것은 일본회의국회의원간담회(日本會議國會議員懇談會, 이하 일본회의의련)이다. 일본회의의련은 1997년 일본회의[5)]가 발족할 당시 일본회의의 포괄적 우익활동을 전면적으로 지원하기 위해 만들어졌는데, 자민당의 오부찌 케이조(小淵惠三), 모리 요시로(森喜朗), 신진당의 오자와 타쯔오(小澤辰夫)가 발기인이 되어 결성되었다. 주요 임원은 히라누마 타께오(平沼赳夫, 회장), 나까가와 쇼이찌(中川昭一, 회장대리), 누까가 후꾸시로(額賀福志郎, 부회장), 에또 세이이찌(江藤晟一), 아소 타로(麻生太郎) 등이고, 현재 약 250여 명의 회원이 가입되어 있다.[6)] 일본회의의련은 '역사·교육·가정문제'(좌장, 타까이찌 사나

---

5) 일본회의는 '애국주의'와 '보수주의'의 기치하에 각 부문, 지역에 걸쳐 존재하는 보수우익세력들의 '전국쎈터'(national center)로 1997년에 만들어졌다. 전 최고재판관 미요시토오루(三好達)를 회장으로 보수우익적 문화인, 정치인, 전 관료, 재계인, 종교인으로 구성되어 있으며, 구 동맹계의 노동운동가, 우익학생운동 출신에 이르기까지 각 방면의 다채로운 인물로 구성되어 있다. 그들은 지금까지 일본의 전통·국체(國柄)에 기초한 개헌 추진, '국기·국가법'의 제정(실현), '공공심' '애국심' '풍부한 정조'교육 등을 담은 '신교육기본법'의 제정, 수상의 야스꾸니신사 참배의 추진, 야스꾸니를 대신하는 '국립추도시설' 건립반대, 여성 천황을 인정하는 '황실전범' 개정 반대, 외국인 참정권 반대, 가족해체를 촉진하는 '부부별성법안' 반대, 경찰 이상의 권한을 인권옹호위원에게 주는 '인권옹호법안'에의 반대, 남녀의 특성(gender)을 부정하는 '남녀공동참획기본법'의 개정, 지나친 지방분권을 추진하는 '자치기본조례'의 제정반대 등 사회 전반에 걸친 주요 쟁점에 대해 포괄적으로 보수우파적 시각을 강제하는 활동을 해왔다(http://ja.wikipedia.org/의 '日本會議' 항목, 2008년 4월 11일 검색).

6) 각료 경험자 혹은 현직 각료, 그리고 정부, 자민당 요직 등을 중심으로 한 주요 참여인사들은 다음과 같다. 부간사장은 아베 신조(安倍晋三), 이시바 시게루(石破茂), 코이께 유리꼬(小池百合子), 나까가와 요시오(中川義雄), 야마사끼 마사아끼(山崎正昭, 자민당참의원 간사장) 등이다. 주요 회원으로서는 후꾸다 야스오(福田康夫), 와까바야시 마사또시(若林正俊), 이즈미 신야(泉信也), 기시다 후미오(岸田文雄), 와따나베 요시미(渡辺喜美), 야마따니 에리꼬(山谷えり子), 오노 마쯔시게(大野松茂), 야마모또 아끼히꼬(山本明彦), 키무라 히또시(木村仁), 니시까와 케이꼬(西川京子), 이마무라 마사히로(今村雅弘), 이와나가 히로미(岩永浩美), 나까노 마사시(中野正志), 사꾸라이 이꾸조(櫻井郁三), 에또 아

에高市早苗 전 경산대신, 2002년), '방위·외교·영토 문제'(좌장, 아베 신조 간사장대리, 2002년), '헌법·황실·야스꾸니 문제'(좌장, 코노이께 요시따다鴻池祥肇 전 방재상, 2002년) 등 세 프로젝트팀을 설치하여 일본회의와 협력하여 일본회의의 요구와 정책을 국정에 반영하는 활동을 해왔다. 이러한 '협력'의 결과 만들어진 것이『마음의 노트(心のノート)』[7]이다(俵義文, 2005).

2) 헌법 개정문제

개헌문제와 관련해 적극성을 보여온 신보수우파 초당파 의원연맹은 '헌법조사추진의원연맹(憲法調査推進議員連盟)'이었다. 이 의련은 헌법 개정의 추진을 위해 1997년 5월에 결성되었는데, 국회에서의 지속적 논의와 개헌문제의 여론화를 위해 집중적인 노력을 전개하였다. 1998년 12월의 총회에서 "1999년 통상국회에 상임위원회 설치를 위한 국회법개정안을 제출할 것"을 결의했으나, 1999년 초에 민주당에서 상임위원회가 아니라 의안제출권이 없는 '헌법조사회'를 설치하자는 제안을 받아 우선은 '헌법조사회'를 국회에 설치하기로 합의하였다.[8] 2001년 현재 회장은 나까야마 타로(中山太郞, 중

끼노리(江渡聰德), 카또 카쯔노부(加藤勝信), 니시무라 아끼히로(西村明宏), 오까모또 요시로(岡本芳郎), 후루까와 요시히사(古川禎久), 우노 오사무(宇野治), 나까야마 야스히데(中山泰秀), 코이께 마사까쯔(小池正勝), 하라다 요시쯔구(原田令嗣), 호사까 타께시(保坂武), 야마모또 쥰조(山本順三), 아끼모또 츠까사(秋元司), 오노 키요꼬(小野淸子), 이부끼 분메이(伊吹文明), 이타가끼 사가까즈(谷垣禎一), 오츠지 히데히사(尾辻秀久) 등을 들 수 있다(http://ja.wikipedia.org/의 '日本會議' 항목, 2008년 4월 12일 검색).
7) 일본의 문부과학성이 2002년 4월에 전국 소·중학교에 배포한 도덕의 부교재인데, 심리학자 카와이 하야오(河合隼雄)를 중심으로 집필되었다. 예산은 2002년도만으로 7억 2,980만엔이 사용되었으며, 실질적인 도덕 국정교과서로 기능을 하고 있다. 한편 이『마음의 노트』는 그 배포의 문제, 사상의 자유와의 충돌 가능성 등 여러 차원에서 문제가 제기되고 있다. 이러한 문제제기는 室井修(2003)를 참조하라(http://ja.wikipedia.org/의 'こころのノート' 항목, 2008년 4월 13일 검색).
8) http://www1.sphere.ne.jp/KENPOU/(2008년 4월 13일 검색).

의원 헌법조사회 회장, 자민당), 최고고문으로 나까소네 야스히로, 하따 츠또무 (羽田孜, 전 수상, 민주), 카이후 토시끼(海部俊樹, 전 수상, 자민) 등이 참여하였고, 간사장은 타니까와 카즈오(谷川和穗, 자민), 간사장 대리는 마찌무라 노부따까(町村信孝, 자민)가 맡았다. 민주당은 부회장에 키따자와 토시미(北澤俊美), 오까와 카쯔야(小川勝也), 고문에 카노 미찌히꼬(鹿野道彦), 요시다 유끼히사(吉田之久) 등이 참여하였다(俵義文, 2005).

표2 헌법조사추진의원연맹의 구성

당파	중의원 의원수	참의원 의원수	합계
자민당	157	48	205
민주당	56	16	72
보수당	5	5	10
자유당	10	4	14
개혁클럽	9	2	11
공명	7	7	14
무소속	8	0	8
전 의원수	252	82	334

자료: http://www1.sphere.ne.jp/KENPOU/(2008년 4월 13일 검색).

한편 '헌법조사추진의원연맹'의 문제의식과 국회 헌법조사회에서 5년에 걸친 '논헌(論憲)'의 '성과'에 기초하여 2007년 5월에 초당파 의원연맹인 '신헌법제정촉진위원회준비회(新憲法制定促進委員會準備會, 이하 준비회)'가 설립되었다. 이 준비회는 2007년 5월 초 '신헌법대강안'을 발표하였는데, 그들의 개헌안은 일본의 전통과 문화, 애국심을 중시하고, 천황제를 중심으로 하는 국체[國柄], 국가원수로서의 천황, 집단적 자위권의 인정, 국방군의 인정, 국방의 의무 등과 같은 개헌의 중점을 제시한 바 있다. 그들의 개헌방침은 여러 개헌론 가운데에서도 과거회귀적이고 국가주의적이며, 강력한 국방주의를 특징으로 한다는 점에서 가장 전통적인 안보내셔널리즘, 즉 전형적인 '정통 신보수우파'의 지향을 보여주고 있다(준비회, 2007). 2007년 5월 싯점에서 준비회의 좌장은 자민당의 후루야 케이지(古屋圭司) 중의원의원, 사무국장은 자민당의 하기우다 코우이찌(萩生田光一) 중의원 의원이 담당하였다.[9]

3) '교육기본법' 개정 문제

최근 일본에서 진행된 핵심적 사회적 논쟁 중 하나는 '교육기본법'의 개정문제였다. 이는 교육문제를 둘러싸고 신보수우파 측에서 국가정체성과 관련해 제기한 핵심적 이념과 가치관 논쟁이었다. 지금까지 건전한 개인의 육성과 민주주의의 함양에 촛점을 맞추어오던 '교육기본법'에 사회적 책무 중시, 공공성, 애국심 등과 같은 '새로운'(?) 가치관을 반영하자는 것이었다. 그런 만큼 이와 관련하여 의원연맹 활동은 적극적으로 전개되었으며, 이를 통해 신보수우파, 정통 안보내셔널리스들의 이념적 정체성이 더욱 분명해졌다. 이와 관련해 우선 살펴보아야 할 것이 자민당 정무조사회의 '교육기본법검토특명위원회(敎育基本法檢討特命委員會, 이하 특명위)'이다. 특명위는 중앙

---

9) 2007년 5월 현재 준비회의 주요 회원들은 다음과 같다. [중의원] 자민당: 아까이께 마사아끼(赤池誠章), 이나다 토모미(稻田朋美), 이마즈 히로시(今津寬), 오꾸노 신스께(奧野信亮), 카또 카쯔노부(加藤勝信), 키하라 미노루(木原稔), 타까또리 슈이찌(高鳥修一), 토이다 토오루(戶井田徹), 니시까와 케이꼬(西川京子), 후루까와 요시히사(古川禎久), 마쯔모또 요헤이(松本洋平). 민주당: 마쯔바라 진(松原仁), 류 히로후미(笠浩史), 와시오 에이이찌로(鷲尾英一郎). 무소속: 히라누마 타께오. [참의원] 자민당: 아끼모또 츠까사(秋元司), 아리무라 하루꼬(有村治子), 코노이께 요시따다(鴻池祥肇), 나까가와 요시오(中川義雄), 후꾸시마 케이시로(福島啓史郞). 민주당: 오오에 야스히로(大江康弘), 시바 히로까즈(芝博一). 국민신당: 카메이 이꾸오(龜井郁夫).

교육심의회의 교육기본법 '개정' 논의가 시작된 2002년 초에 설치되었는데, 임원은 위원장 아소 타로, 위원장대리 나까소네 히로후미(中曾根弘文), 사무국장 카와무라 타께오(河村建夫), 최고고문 모리 요시로 등이었다. 특명위는 타까하시 시로(高橋史朗) '새역모' 부회장, 이시이 코이찌로(石井公一郎) 일본회의 부회장, 니시까와 쥰이찌(西澤潤一) '민간임조' 회장, 요꼬야마 요끼찌(橫山洋吉) 토오꾜오도(東京都) 교육장 등을 초빙해 회의를 개최한 후 '교육기본법'의 개정방침을 분명히 밝혔다. 그들의 개정방침은 가정, 향토애의 연장으로서 애국심의 필요성을 반영하고, 교육방향에서 '젠더프리'(gender free, 남녀 공동참획)의 정신을 배제하는 하는 것 등이었다.[10]

한편 자민당의 특명위와 더불어 '교육기본법' 개정을 더욱 본격적인 '사회운동'으로 이끌어간 것은 '교육기본법개정촉진위원회(敎育基本法改正促進委員會, 이하 교기법위원회)'였다. 교기법위원회는 2004년 2월에 일본회의 의련이 중심이 되어 민간교육임조와 제휴하는 초당파 의원연맹으로 설립되었다. 최고고문은 모리 요시로(자민), 니시오까 타께오(西岡武夫, 민주)였으며, 위원장은 카메이 이꾸오(龜井郁夫, 自民), 위원장대리는 시모무라 하꾸분(下村博文, 자민), 사무국장은 이와야 타께시(岩屋毅)가 담당하였다.[11] 이

---

10) 이 의련의 위원장대리를 맡은 나까소네 히로후미의 신문 인터뷰를 참조하라(『世界日報』, 2003年 6月 5日).
11) 나아가 사무국장대리는 마쯔무라 진(민주), 고문은 나까야마 타로, 아소 타로, 나까가와 쇼이찌, 히라누마 타께오, 마쯔무라 노부따까, 요사노 카오루(与謝野馨), 나까소네 히로후미, 하또야마 꾸니오(鳩山邦夫), 시마무라 요시노부(島村宣伸), 코노이께 요시따다, (이상 모두 자민당)·부위원장은 후루야 케이지(古屋圭司), 에또 세이이찌, 오노 신야(小野晋也), 오꼬노기 하찌로우(小此木八郎), 하시모또 세이꼬(橋本聖子), 호사까 산조(保坂三藏) 등 자민 17명과 니시무라 신고(西村眞吾), 나까야마 요시까쯔(中山義活), 하라구찌 카즈히로(原口一博), 와따나베 슈(渡辺周), 타무라 히데아끼(田村秀昭), 하따 유이찌로(羽田雄一郞) 등 민주 6명으로 구성되었다. 설립당시 자민당 274명, 민주당 40명, 개혁클럽 3명, 무소속 1명 등 의원 318명이 회원으로 참가했는데, 2004년 11월 말에 중참양원 전 의원수 727명의 과반수인 374명이 회원이 되었다. 이것은 2006년 '교육기본

들은 '교육기본법'의 개정을 위해 적극적으로 활동하였는데, 그 결과 2006년 12월에 새로운 '교육기본법'이 성립되었다. 이리하여 그간 전후 교육에서는 중시되지 않던 '애국심' '전통문화의 존중' '도덕심과 공공심의 존중' '가정교육의 중시' 등 신보수우파들의 국가주의 혹은 사회집단 우선적인 교육철학이 전면적으로 반영되게 되었다.[12]

4) 대외정책: 북한문제와 가치관 외교

일본이 안보내셔널리즘을 적극화함에 있어서 대외적인 '적(敵)'의 설정은 불가피하다. 이와 관련해서 우선 가장 본질적인 세력은 중국이다. 그런데도 중국에 적대하는 '의원연맹' 활동은 초기에는 비교적 가능하지 않았다. 반면 제4장에서 본 바와 마찬가지로 중국의 '위협'을 대신해준 것이 바로 북한이었다. 미사일 문제, 일본영해에서의 공작선 문제 등은 일본이 북한을 활용하는 비교적 '소규모' 쟁점들일 뿐이었다. 중국위협을 대신해 외부의 적으로서 일본 안보내셔널리즘의 명분을 충분히 준 것은 다름 아닌 북한의 납치문제였다. 납치문제를 둘러싼 의원연맹 활동은 대중의 대외적인 위협인식을 대대적으로 가공해내면서 사회 전반의 보수화를 가능하게 했다.

특히 이러한 과정에서 만들어진 것이 북한 납치사건과 관련 의원연맹('납치의련')이었다. 이리하여 첫째, '납치의련'이 등장하는데, 1997년에 나까야마 마사아끼(中山正暉) 중의원 의원이 회장이 되어 만든 '북조선 납치의혹 일본인구제 의원연맹(北朝鮮拉致疑惑日本人救濟議員連盟, 이하 구납치의련)'이 그것이다. 이 '구납치의련'은 "납치문제가 해결되기까지 식량지원을 해서

법개정안'이 통과되게 된 배경이 되었다.
12) 일본 교육기본법 원문은 'Wikisource: 日本の法律, 教育基本法'을 참조하라. 그리고 교육기본법의 개정이 갖는 정치적 의미에 대해서는 '일본회의' 홈페이지의 평가를 참조하라(http://ja.wikisource.org/의 '教育基本法' 항목, 2008년 4월 13일 검색; http://www.nipponkaigi.org/1300-kyoiku/1320-01kihonhou190109.html, 2008년 4월 13일 검색).

는 안된다"고 발언하면서 강경한 자세를 보였으나, 1997년 11월 방북한 이후 나까야마가 태도를 돌연 바꾸어 납치사건을 부인하는 발언을 하게 되었다. 이 결과 구납치의련은 운동으로서 신뢰를 상실하였고, 개점휴업 상황에 봉착하고 말았다.[13] 이러한 상황을 돌파하기 위해서 2002년 4월 신보수우파 정치세력들을 중심으로 북한 납치문제를 전담하기 위해 재결집한 것이 '북조선에 납치된 일본인을 조기에 구출하기 위하여 행동하는 의원연맹(北朝鮮に拉致された日本人を早期に救出するために行動する議員連盟, 이하 신납치의련)'이었다. 이는 자민, 민주 양당의원을 중심으로 구성되었고, 출범 당시 임원은 이시바 시게루 회장, 요시다 코이찌(吉田公一) 회장 대행체제였다. 2008년 초 현재 회장은 히라누마 다께오이며, 사무국장은 후루야 케이지이다. 이들은 납치문제와 관련한 반북적 국내정치 정세를 만들어냄과 동시에 북한을 여러 각도에서 압박하는 정책을 유도해냈다. 그들은 북한에 대한 제재를 서슴지 않았는데, 조총련계 조선은행에 대한 지원중단은 물론 북한선박의 입항 정지에 이르기까지 대북한 경제제재 제도를 확립함은 물론 그 조기발동을 위해 적극적으로 작용하였다. 이러한 활동의 결과 이 신보수우파들의 대북관은 자연스럽게 '북한붕괴(멸망)론'으로 치닫게 되었던 것이다.

한편 대외적 위협창출을 위한 신보수우파들의 활동은 납치의련과 같은 반북적 '의원연맹' 활동에 머물지 않고, 더욱 본격적으로 중국을 견제, 포위하기 위한 대외적 의원연맹 활동으로 확대된다. 이를 위해 그들은 2007년 5월에 이른바 '가치관 외교'라는 것을 제기하였는데, 인권·자유·민주주의 등 '동일한 가치관'을 갖는 국가와 외교관계를 유지한다는 취지였다. 구체적으로는 미국, 영국, 한국, 호주, 인도, 이스라엘, 그루지아 등은 동일한 가치관 국가이되, 북한, 이란, 중국, 미얀마 등은 패권주의와 독재국가이므로 선을 그어야 한다는 논리였던 것이다. 이는 '가치관 외교를 추진하는 의원모임(価

---

13) http://ja.wikipedia.org/의 '北朝鮮による日本人拉致問題' 항목(2008년 4월 13일 검색).

値觀外交を推進する議員の會'으로 지칭되는데, 동아시아 지역에서는 중국과 북한을 패스(pass)하고 포위하는 외교전략을 강제한다는 점에서 반중국, 반북한 프로젝트였던 것이다. 이 모임의 회장은 후루야 케이지이고 고문은 나까가와 쇼이찌가 담당하였다. 참여자 대부분은 아베 신조와 이념을 공유하고 있는데, 후루야와 나까가와 모두 선명한 반중적 태도를 보이고 있다. 여기에 참여한 이들은 대부분 납치문제와 역사문제 관련 의련에도 동시에 참여하는 이들이 많아 보수 일변도의 양상을 보여주었다. 2007년의 총재선거로 일시적으로 활동이 중단되었으나, 나까가와 쇼이찌에 의해 2007년 말 다시 활동이 재개되었다.[14]

5) 신사문제와 야스꾸니신사 참배 문제

신보수우파 주도의 일본 정치지형을 촉진한 또하나의 계기는 수상의 야스꾸니신사 참배 문제였고, 신사문제와 관련된 정교(政敎) 간 관계설정의 문제였다. 이와 관련해 우선 주목해야 할 의원연맹은 '신도정치연맹국회의원간담회(神道政治連盟國會議員懇談會, 이하 신도의련)'이다. '신도의련'은 1970년에 설립되었는데, 2000년 5월 창립 30주년 기념석상에서 모리 당시 수상이 "일본이란 나라는 천황을 중심으로 하는 신의 나라임을 국민에게 확실히 알려두어야 한다"는 "신의 나라" 발언을 해 무리를 빚은 바 있다. 2006년 1월 현재 회장은 와따누끼 타미스께(綿貫民輔, 자민, 중의원), 부회장은 카메이 히사오끼(龜井久興, 자민, 중의원), 고가 마꼬또(古賀誠, 자민, 중의원), 히라누마 타께오, 마찌무라 노부따까, 아오끼 미끼오(靑木幹雄, 자민, 참의원), 마나베 켄지(眞鍋賢二, 자민, 참의원), 간사장은 이부끼 분메이(伊吹文明, 자민, 중의원), 부간사장은 아리무라 하루꼬(有村治子, 자민, 참의원), 오쯔지 히데히

---

14) http://ja.wikipedia.org/의 '価値觀外交を推進する議員の會' 항목 참조(2008년 4월 13일 검색).

사(尾辻秀久, 자민, 참의원), 사꾸라이 신(櫻井新), 미즈오끼 토시에이(水落敏榮, 자민, 참의원), 야마따니 에리꼬(山谷えり子, 자민, 참의원), 사무국장은 아베 신조, 그리고 고문은 모리 요시로 전 수상이 맡았다. 당시 국회의원 223명이 회원으로 활동하였다.[15] 신도정치연맹은 강령에 "천황의 대대손손의 광영과 영구를 빈다. 이것이 일본인이 반복해온 축제(祭り)의 마음이고, 여기에 신도적인 일본 국민의 양심적인 사회관이 있으며 국가관이 있다"는 점을 분명히 밝히고 있다(俵義文, 2005). 나아가 신도정치연맹의 미야자끼 요시따까(宮崎義敬) 회장은 2005년 자민당 창당 50주년을 맞이한 요망서를 통해 "황실을 중심으로 한 우리나라의 역사 및 전통과 문화를 존중하는 귀 당의 방침을 이후에도 지속해줄 것"을 희망하고, "국가의 근간에 관한 문제들"로서 ① 야스꾸니신사 문제, ② 헌법 개정, ③ '교육기본법' 개정, ④ 소화의 날 제정 등에 최선을 다해줄 것을 요구한 바 있다. 특히 야스꾸니신사 문제와 관련해서는 전몰자 추도시설로서의 역사와 전통을 인정해야 하며 '국립추도시설'의 건설을 저지해야 함을 분명히 밝히고 있다. 그리고 개헌을 위한 '국민투표법안'의 통과 등을 촉구함으로써 헌법 개정을 촉구하였다. 결국 신도정치연맹이 "천황을 중심으로 한 신의 나라"를 실현하고 제반 사회쟁점에 대해 우파적인 입장을 견지하는 정치결사라고 한다면, '신도의련'은 이 입장을 지지하고, 국회와 정치의 장에서 이를 실현하려는 정치부대인 셈이다.[16]

한편 신사문제 중에서도 코이즈미 총리의 야스꾸니신사 참배는 일본의 정치사회뿐만 아니라 국제적인 쟁점이 되었다. 이는 야스꾸니신사가 단순한 종교시설이 아니라, 일본의 국가주의와 제국주의적 팽창을 정당화하고 찬미하기 위한 시설이었다는 점에서 아시아 국제사회와 일본 국내의 양심적 시민사회의 비판의 표적이 되었다. 한편 코이즈미 총리 이전부터 야스꾸니신

---

15) http://www.sinseiren.org/ouen/kokugikon.html(2008년 4월 12일 검색).
16) http://www.sinseiren.org/ouen/kokugikon.html(2008년 4월 12일 검색).

사 참배 행위를 정당화하고, 확산시키기 위한 초당파 의원연맹이 만들어졌
는데, 1981년 3월 '모두가 야스꾸니신사에 참배하는 국회의원의 모임(みん
なで靖國神社に參拜する國會議員の會, 야스꾸니의련)'이 그것이다. '야스꾸
니의련'은 "야스꾸니신사에서 제사지내는 과거 전쟁의 영령들에 대해 국회
의원 모두가 참배한다"는 취지를 갖고 있는데, 해마다 8월 15일 야스꾸니신
사 참배를 '결행'해왔다. 최근 아베・후꾸다 내각 이후에는 외교문제 등을
고려하여 각료 의원들은 참배를 자제하는 경향이 있지만, 야스꾸니의련은
이외에도 일본유족회를 중심으로 국회의원의 신사참배를 염원하는 단체도
지원하고 있다. 회장은 시마무라 요시노부(島村宜伸, 자민, 중의원)인데, 2007
년 10월에도 국회의원 67명이 야스꾸니신사를 참배한 것으로 보도되었다.[17]

---

17) 야스꾸니의련의 주요 참가자들은 다음과 같다. 2008년 초 현재 자민당의 참여자는 다
음과 같다. 각료로서 후꾸다 야스오(福田康夫, 총리), 하또야마 꾸니오(鳩山邦夫, 법무),
코무라 마사히꼬(高村正彦, 외무), 누까가 후꾸시로(額賀福志郎, 재무), 토까이 키사부로
(渡海紀三郎, 문과), 와까바야시 마사또시(若林正俊, 농림), 아마리 아끼라(甘利明, 경산),
이시바 시게루(방위), 이즈미 신야(泉信也, 국가공안), 와따나베 요시미(渡辺喜美, 금융,
행혁 담당) 등이 참여하고 있고, 자민당의 수뇌부로서는 이부끼 분메이(간사장), 타니가
끼 사다까즈(자민당 정조회장), 니까이 토시히로(二階俊博, 총무회장), 고가 마꼬또(선대
위원장), 오오시마 타다모리(大島理森, 국대위원장), 오쯔지 히데히사(참의원 의원회장),
야마사끼 마사아끼(참의원 간사장) 등이 참여하고 있다. 이외에 회원으로서는 아이사와
이찌로(逢澤一郎, 중의원), 아베 신조(전 총리, 중의원), 이노우에 신지(井上信治, 중의
원), 이나다 토모미(稻田朋美, 중의원), 이마즈 히로시(今津寬, 중의원), 이와나가 미네이
찌(岩永峯一, 중의원), 에또 아끼노리(江渡聰德, 중의원), 에사끼 테쯔마(江崎鐵磨, 중의
원), 오따 세이이찌(太田誠一, 중의원), 오오노 마쯔시게(중의원), 오까모또 요시로(중의
원), 오꾸노 신스께(중의원), 오노 키요꼬(전 참의원), 카따야마 토라노스께(片山虎之助,
참의원), 카와라 츠또무(瓦力, 중의원, 전 회장), 키따무라 시게오(北村茂男, 중의원), 키
무라 타로(木村太郎, 중의원), 코사까 켄지(小坂憲次, 중의원), 사꾸라이 이꾸조(중의원),
사또 아끼라(左藤章, 중의원), 사또 타이조(佐藤泰三, 전 참의원), 시찌조 아끼라(七條明,
중의원), 시바야마 마사히꼬(柴山昌彦, 중의원), 시마무라 요시노부(중의원, 현 회장), 스
기우라 세이껜(杉浦正健), 타까이찌 사나에(高市早苗, 중의원), 타께시따 와따루(竹下亘,
중의원), 타께다 료따(武田良太, 중의원), 타께베 츠또무(武部勤, 중의원), 타무라 노리히
사(田村憲久, 중의원), 츠시마 유지(津島雄二, 중의원), 도이 마사끼(土井眞樹, 중의원),

표 3 2000년대 초 야스꾸니의련의 야스꾸니 참배현황

	2000년	2001년	2002년	2003년	2004년
중의원	중의원 147명 자민 130명 민주 7명 무소속 5명	중의원 157명 자민 141명 민주 7명 보수 2명	중의원 128명 자민 120명 민주 3명 무소속 4명	중의원 129명 자민 120명 민주 3명 무소속 4명	중의원 112명 자민 107명 민주5명
참의원	참의원 55명 자민 49명 보수 3명	참의원 53명 자민 45명 보수 3명	참의원 53명 자민 49명 보수 3명	참의원 55명 자민 40명 민주 1명	참의원 47명 자민 44명 민주 3명
합계	202명	210명	181명	184명	154명

출처『週間金曜日』, 2000년 9월 1일; 2001년 9월 7일; 2002년 9월 13일, 2003년 9월 19일; 2004년 9월 17일. http://www.geocities.jp/social792/yasukuni/giin2004.html; http://www.geocities.jp/social792/yasukuni/giin2003.html; http://www.geocities.jp/social792/yasukuni/giin2002.html; http://www.geocities.jp/social792/yasukuni/giin2001.html; http://www.geocities.jp/social 792/yasukuni/giin2000.html의 데이터를 재구성.

나까노 키요시(中野淸, 중의원), 니시까와 코우야(西川公也, 중의원), 니시까와 케이꼬(西川京子, 중의원), 하시모또 가꾸(橋本岳, 중의원), 하야까와 추꼬우(早川忠孝, 중의원), 히라이 타꾸야(平井卓也, 중의원), 히라사와 카쯔에이(平澤勝榮, 중의원), 호리우찌 미쯔오(堀内光雄, 중의원), 미즈오찌 토시에이(참의원), 모리 요시로(전 총리), 야스오까 오끼하루(保岡興治, 중의원), 야마사끼 타꾸(山崎拓, 중의원) 등이다.

민주당의 주요 참가자들은 다음과 같다. 와따나베 히데오(渡辺秀央, 참의원), 스즈끼 카쯔마사(鈴木克昌, 중의원), 하따 츠또무(중의원, 전회장) 하따 유이찌로(羽田雄一郎, 참의원), 하라구찌 카즈히로(原口一博, 중의원), 마쯔바라 진(중의원) 등이다.

국민신당과 무소속 참여자들은 다음과 같다. 이또까와 마사아끼(糸川正晃, 국신, 중의원), 카메이 이꾸오(龜井郁夫, 국신, 참의원), 카메이 히사오끼(龜井久興, 국신, 중의원), 와따누끼 타미스께(綿貫民輔, 국신, 중의원 전 회장), 히라누마 타께오(무소속, 중의원), 니시무라 신고(西村愼吾, 무소속, 중의원), 노로다 호세이(野呂田芳成, 무소속, 전 중의원, 참의원), 타끼 마꼬또(瀧實, 무소속, 중의원), 스즈끼 무네오(鈴木宗男, 무소속, 중의원) 등이다(http://ja.wikipedia.org/의 'みんなで靖國神社に參拜する國會議員の會' 항목, 2008년 4월 12일 검색).

한편 코이즈미 총리의 야스꾸니신사 참배 문제가 정점에 이르던 2005년 6월에 총리의 야스꾸니 참배를 정면에서 엄호하려는 의원연맹이 만들어졌는데, 그것은 '평화를 바라고, 참된 국익을 생각해 야스꾸니 참배를 지지하는 소장국회의원의 모임(平和を願い眞の國益を考え靖國參拜を支持する若手國會議員の會, 이하 평화야스꾸니의련)'이었다. 이 '평화야스꾸니의련'은 아베 신조 당시 간사장대리 등 중의원 1~5회 당선자, 참의원 1~2회 당선자를 중심으로 조직되었는데, 대중국 강경파 등 신보수우파 116명이 참가하였다. 회장은 마쯔시따 타다히로(松下忠洋), 간사장은 야마따니 에리꼬가 맡았다. 이들은 자민당 내에서조차 베테랑 의원들을 중심으로 코이즈미 총리의 야스꾸니 참배 자제를 요구하는 상황에서 참배 반대 분위기에 대항하려는 의지를 표명하는 것이었고, 신보수우파의 소장층 결속을 위한 구심으로 활용되었다.[18]

6) 역사 재해석과 정당화 문제

신보수우파 주도체제로 집권세력을 재편하면서 가장 중요한 쟁점을 형성해준 것은 다름 아닌 역사문제였다. 자민당의 보수우파 세력들은 1990년대 초부터 전쟁과 이전의 역사를 둘러싼 반성사관——그들의 명명법으로는 '자학사관'——을 극복하고, 역사에 대한 정당화를 통해 전후 안보내셔널리즘의 애국주의적 기초를 확립하고자 했다. 이러한 그들의 우익적 '역사바로세우기' 운동은 대응체제, 문제설정, 정책 등의 면에서 이전의 '망언(妄言)' 행태들과 달리 아주 의도적이고 전략적이며 체계적으로 전개되었다. 결국 역사 정당화 문제는 신보수우파 안보내셔널리즘에서 '정통성'을 판가름하는 핵심적 쟁점 영역이 된다.

---

18) http://headlines.yahoo.co.jp/hl?a=20050628-00000237-kyodo-pol(2008년 4월 13일 검색).

1990년대 이래 역사의 재해석 및 정당화와 관련해 가장 먼저 주목해야 할 것은 1993년 자민당에 설치된 '역사·검토위원회(歷史·檢討委員會, 이하 역사검토위)'였다. 이는 자민당이 스스로의 손으로 '태평양전쟁(아시아태평양전쟁)' 관련 논의를 총괄할 목적으로 설치했는데, 1995년 2월까지 약 20회의 회의를 개최하였다. 회원은 자민당 중·참의원 합계 105명으로 구성되었는데, 위원장은 야마나까 사다노리(山中貞則, 중의원 전의원), 위원장 대리는 이토 슈이찌로(伊藤宗一郞, 중의원 전의원), 고문은 오꾸노 세이스께(奧野誠亮, 중의원 전의원), 하시모또 류따로, 후지오 마사유끼(藤尾正行, 중의원 전의원), 무토 카분(武藤嘉文, 중의원 전의원), 그리고 사무국장은 이따가끼 타다시(板垣正, 참의원 전의원)가 담당하였다.[19] 역사검토위는 나중에 '새로운 역사교과서를 만드는 모임'을 만든 니시오 칸지(西尾幹二)와 타까하시 시로(高橋史朗) 등을 강사로 초빙해 논의를 진전시켰는데, 이러한 논의를 모아 1995년 8월 15일 '일본의 전쟁은 정당했다'는 『태평양전쟁의 총괄』(展轉社)을 출판하였다. 이날은 자민당과 연립한 사민당의 무라야마 토미이찌(村山富市) 당시 총리가 침략전쟁과 식민지 지배를 반성하는 담화를 발표한 날이었는데, 이 책은 이 담화를 정면에서 부정하기 위해 쓴 것이었다. 역사검토위의 『총괄』은 일본이 행한 '태평양전쟁'이 자존·자위를 위한 아시아해방전쟁이었고 침략전쟁이 아니었다. 그리고 남경대학살과 '위안부'는 사실이 아니며,

---

19) 역사·검토위원회의 위원으로는 이시바시 카즈야(石橋一弥, 중의원 전의원), 에또 타까미(江藤隆美, 중의원 전의원), 에또 세이시(衛藤征士, 중의원 전의원, 참의원 현의원), 카지야마 세이로꾸(梶山靜六, 중의원 전의원), 시오까와 마사쥬로(塩川正十郎, 중의원 전의원), 스즈끼 무네오, 나까야마 타로(中山太郎, 중의원 의원), 누까가 후꾸시로, 호리코스께(保利耕輔, 중의원 의원), 마쯔나가 히까루(松永光, 중의원 의원), 미쯔즈까 히로시, 모리 요시로, 카따야마 토라노스께, 무라까미 마사꾸니(村上正邦, 중의원 전의원) 등 역대 문부대신과 파벌영수 등 자민당의 간부들이 참가하였다. 그리고 위원 중에는 앞으로 자민당의 리더그룹으로 성장한 아베 신조, 에또 세이이찌(衛藤晟一), 카와무라 타께오, 나까가와 쇼이찌, 히라누마 타께오 등이 포함되어 있었다(俵義文, 2005).

가해 및 범죄행위는 없었다는 결론을 내렸다. 그리고 침략전쟁과 가해의 기술을 교과서에서 삭제하기 위해서 '새로운 교과서의 투쟁'(교과서 '편향' 공격) 필요성을 강조하였다(俵義文, 2005).

한편 역사검토위의 역사정당화 관점의 연장에서 국회에서 준비되던 '종전50년 선언'을 앞두고 반대운동을 전개하려고 자민당 의원을 중심으로 의원연맹을 만들었는데, 1994년 말에 만들어진 자민당의 '종전50주년국회의원연맹(終戰50周年國會議員連盟, 이하 종전의련)'이 그것이었다. 일본의 패전 50년인 1995년 8월 15일에 침략전쟁을 반성하고 전후 처리문제에 일정한 가능성을 열어주고, 아시아의 화해를 실현하기 위한 국회 결의가 기획되고 있었는데, 이에 대한 대대적인 반대운동을 전개하기 위한 조직이었던 것이다. '종전의련'의 임원은 회장을 오꾸노 세이스께, 사무국장을 이따가끼 타다시, 고문을 하시모또 류따로가 담당했는데, 회원은 중·참원 의원 161명으로 구성되었다. 종전의련은 1994년에 '일본을 지키는 국민회의(日本を守る國民會議)' '일본유족회' '신사본청(神社本廳)' '영령에 보답하는 모임(英靈に応える會)' '신일본협의회(新日本協議會)' '메이지신궁(明治神宮)' '야스꾸니신사' '신도징치연맹' '교과서를 바로잡는 부모의 모임(敎科書を正す親の會)' 등 보수우파 사회세력들이 결성한 '종전50주년국민운동실행위원회'와 일체가 되어 "일본은 침략국이 아니다" "전쟁반성결의반대" "영령에 보답하는 결의" 등을 주장하였고, 지방의회의 결의(26개 현, 90개의 시정촌 결의)와 서명운동(456만명 서명)을 추진하였다. 이러한 운동의 결과 패전 50주년 국회결의는 애초의 취지를 크게 벗어나 침략전쟁에 대한 반성이 완전히 배제된 내용이 되었다. 종전의련은 1996년 6월에 '밝은 일본 국회의원연맹(明るい日本·國會議員連盟, 이하 밝은 의련, 오꾸노 세이스께 회장, 이따가끼 타다시 사무국장)'으로 개조되었다. '밝은 의련'은 역사검토위의 침략과 가해 부정을 내용으로 하는 '성과'를 계승하여 1995년 1월에 신진당(新進党) 내에 만든 '올바른 역사를 전하는 국회의원연맹(正しい歷史を傳える國會議員連盟, 오자와

타쯔오小澤辰男 회장)'과 공동으로 1996년 교과서 '편향'에 대한 공격에서 중심적인 역할을 했다. 밝은 의련은 "'위안부'는 없었으며, 상행위에 종사했던 사람들이며, 강제연행은 없었다"는 선전을 하고, 1996년 9월 이후에는 교과서의 '위안부' '남경대학살기술'을 공격해 교과서에서 삭제해달라고 요구하며 활동했다. 밝은 의련의 활동은 1997년 2월에 결성된 '교과서 의련'의 활동으로 흡수되었다(井上澄夫, 2007).

이렇듯 역사문제가 정치적으로 커다란 쟁점이 된 것을 배경으로 1997년 1월에 '새로운 역사교과서를 만드는 모임(이하 새역모)'이 출범하였다. 한 달 후 자민당의 5선 이하의 의원들이 모여 '일본의 전도와 역사교육을 생각하는 청년의원의 모임(日本の前途と歷史敎育を考える若手議員の會, 이하 청년의원모임)'을 만들었다. 발족 당시의 회장은 나까가와 쇼이찌, 사무국장은 아베 신조, 간사장은 히라누마 타께오였다.[20] '청년의원모임'은 '새역모'와 밀접하게 제휴하면서 '새역모'의 활동을 전면적으로 지원하였다. 1999년에 문부성의 교과서과장 등 간부와 교과서회사 사장, 교과서 집필자 등을 불러서, 침략전쟁과 위안부 문제의 교과서기술에 대해서 격렬하게 질책하고 추궁하였다. 그리고 위안부 문제로 구 일본군과 일본정부의 관여를 인정한 1993년 코노 요헤이(河野洋平) 관방장관 담화에 대해서 "확실한 증거도 없이 '강제성'을 상대방이 요구한 대로 인정했다"고 비난했고, 코노를 청년의원모임에 불러 철회를 요구하기도 했다. 이 모임의 실질적 좌장이던 아베 신조는 그의 홈페이지에서 "총 10회에 걸친 벤꼬오까이(勉强會)를 열어 일본의 역사교육에 얼마나 심각한 문제가 존재하는지, 혹은 소위 '위안부' 문제가 얼마나 왜곡되어 전해지고 있는지, 그리고 일본 외교의 사죄적 체질이 얼마나 오늘의 문제를 일으키는 큰 단초가 되었는지 등의 사실이 명확히 되었

---

20) 나까가와가 대신이 된 이후에 회장은 후루야 케이지(古屋圭司)가 되었고, 간사장은 에또 세이이찌(衛藤晟一)가 맡았다(2005년 9월까지의 체제) 나까야마 나리아끼(中山成彬)는 문부과학상에 취임하기 전까지 2004년 1월부터 9월까지 좌장을 담당하였다.

다"고 하면서 그것을 시정하기 위한 "국민운동을 정력적이고 다이내믹하게 전개해갈 것이다"고 선언하였다. 이 "국민운동"은 다름 아니라 새역모와 힘을 합친 교과서 공격이며, '새로운 교과서'의 채택지지 활동이었다. 청년의 원모임은 2001년 이후 잠시 활동을 멈추었다가, 2004년 2월 쎈터시험 문제의 조선인 강제연행 관련 문제를 중심으로 활동을 재개했다가 '일본의 전도와 역사교육을 생각하는 의원모임(日本の前途と歷史敎育を考える議員の會)'으로 개칭하였다. 그리고 같은 해 6월에는 '새로운 교과서'의 검정통과와 채택을 지지하는 자민당의 씸포지엄 등을 개최하였다(俵義文, 2005).

한편 역사 및 교과서 문제를 둘러싼 자민당 중심의 의련은 2001년 초당파 의련으로 확대되었다. 가령 '새로운 교과서'에 대한 일본 국내의 비판이 높아지고 채택 저지를 위한 시민운동이 시작된 상황에서, 교과서 채택활동을 지원하기 위해 자민당의 '청년의원모임'과 민주당 의원이 협력해 설립된 것이 '교과서 문제를 생각하는 모임(歷史敎科書問題を考える會, 이하 교과서의련)'이었다. '교과서의련'은 나까가와 쇼이찌를 회장으로 하여 자민당, 민주당, 자유당(당시), 보수신당(당시), 무소속의 의원들이 회원으로 참가하였다. 당시 교과서의련은 문부과학성 간부 등을 불러서 '난징(南京)의 희생자 수가 제로[零]에 가깝다는 설'도 교과서에 실으라, '난징 대학살 날조론'도 학설이므로 양론 병기해 기술하라, 검정기준의 '근린제국 조항'——일본의 침략전쟁 기술을 검정에서 삭제하거나 수정하지 않는다는 국내외에 대한 약속——을 없애라 등 무리한 요구를 하기도 하였다. 나아가 시민운동을 적대시하여 교과서 채택에 시민의 의사를 반영하는 것을 위법행위라고 주장했는데, 2001년 8월 교과서의 채택 이후에는 '인간 띠잇기' 등 시민활동을 배제하도록 문과성에 압력을 가했다. 이 요구를 수용해 문과성은 2002년 8월 교과서 채택에서 시민운동이 교육위원회에 요청하는 활동이 있는 경우에는 경찰의 도움을 얻어 대처하도록 한다는 통지를 도도부현의 교육위원회에 보냈다. 여기에는 당시 민주당에 소속되어 있던 마쯔자와 시게후미(松澤成文) 카나

가와현 지사, 우에다 키요시(上田清司) 사이따마현 지사, 나까다 히로시(中田宏) 요꼬하마 시장 등도 참여하였다(俵義文, 2005).

표4 일본 국회의원의 이념·개혁성향과 대표적 '의원연맹'

이념적 신보수우파 그룹	통상 국내개혁 이슈그룹	국제적 개혁 이슈 그룹	리버럴 및 양심세력(경향)
· '밝은 일본' 국회의 원연맹 · '소화의 날' 추진의 원연맹 · 가치관 외교를 추진하는 의원모임 · 코이즈미 개혁을 후퇴시키지 않는 의원모임 · 교육기본법개정촉진위원회 · 국가기본정책협의회 · 국련상임이사국진출을 생각하는 모임 · 국방성설치를 조기에 실현하는 의원연맹 · 국방의원연맹 · 군인은급의원연맹 · 대륙붕조사추진의원연맹 · 모두가 야스꾸니신사를 참배하는 국회의원의 모임 · 바른 일본을 창조하는 모임	· 21세기사회보장제도를 생각하는 의원연맹 · 개호노동문제의원연맹 · 국토보전과 지역격차를 생각하는 의원간담회 · 노동정책추진의원연맹 · 농림업유해조수대책의원연맹 · 농민의 건강을 지키는 모임 · 농산물 등 수출촉진연구회 · 도시하천정비의원연맹 · 도예추진의원연맹 · 맛있는 물 추진 의원연맹 · 모자가정의 어머니 취로를 지원하는 학습회 · 소자화대책의원연맹 · 식품산업진흥의원	· 2002년월드컵추진 국회의원연맹 · 21세기를 지탱할 에너지 선택의 합의 형성을 위한 의원연맹 · 국제볼룬티어지원대책추진 의원연맹 · 국제인구문제 의원간담회 · 국제협력NGO활동추진 의원연맹 · 동아시아 경제협의체(EAEC) 추진 일본위원회 · 세계연방 일본국제위원회 · 시각장애자 사회참가를 추진하는 참의원 의원간담회 · 아시아아프리카문제연구회 · 아시아에너지공동체 추진의원연맹 · 아시아태평양국회의원연맹 · 아시아태평양국회의원회의	· 리버럴의 모임 · 아시아평화의련 · 앰네스티 의원연맹 · 예외로 부부별성을 실현하는 모임 · 외국인참정권위원회 · 인권문제간화회 · 전국 페미니스트 의원연맹 · 항구평화를 위하여 진상규명법의 성립을 지향하는 의원연맹

이념적 신보수우파 그룹	통상 국내개혁 이슈그룹	국제적 개혁 이슈 그룹	리버럴 및 양심세력(경향)
· 북한에 납치된 일본인을 조기에 구출하기 위해 행동하는 의원연맹(구 '북한납치의혹일본인구원의원연맹') · 수상공선제를 실현하는 국회의원의 모임 · 신도정치연맹국회의원간담회 · 신일본창조의원연맹 · 여당·일조 관계와 인권을 생각하는 의원연맹 · 역사·검토위원회 · 역사교과서 문제를 생각하는 소장파의 모임 · 예방외교추진 국회의원연맹 · 외국인참정권의 신중한 취급을 요구하는 국회의원의 모임 · 우주에너지이용촉진의원연맹 · 위기돌파개혁의원연맹 · 위안부 문제와 난징사건의 진실을 검증하는 모임	연맹 · 쌀소비확대·순곡주추진의원연맹 · 야채진흥의원연맹 · 양계진흥의원연맹 · 영화의원연맹 · 유기자원이용추진의원연맹 · 일본의 농업을 지키는 특별행동 의원연맹 · 임정추진의원연맹 · 자연과의 공생을 생각하는 국회의원의 모임 · 전국보육문제의원연맹 · 전국보육의원연맹 · 중고자동차의원연맹 · 중소금융기본문제검토의원연맹 · 중소기업경영문제의원연맹 · 중소기업육성회(규제완화를 시정하는 모임) · 중소기업정책을 추진하는 국회의원모임 · 축구외교추진의원연맹	· 여성을 위한 아시아의원연맹 · 유네스코국회의원연맹 · 인구·식량·환경에 관한 의원연맹 · 자연에너지촉진 의원연맹 · 장애자 국제회의 추진 의원연맹 · 지적장애자대책의원연맹 · 환경순환형 사회 추진 의원연맹 · ILO활동추진 의원연맹	

이념적 신보수우파 그룹	통상 국내개혁 이슈그룹	국제적 개혁 이슈 그룹	리버럴 및 양심세력(경향)
· 유가족의원협의회 · 일본의 영토를 지키기 위해 행동하는 의원연맹 · 일본의 전도와 역사교육을 생각하는 의원모임(일본의 전도와 역사교육을 생각하는 소장의원모임) · 일본전통문화활성화의원연맹 · 일본회의국회의원 간담회 · 일화의원간담회 · 자유민주당 국방을 지탱하는 국회의원의 모임 · 재도전의원연맹 · 전통과 창조의 모임 · 전후강제억류자의 처우개선에 관한 의원연맹 · 중국의 항일기념관으로부터 부당한 사진의 철폐를 요구하는 국회의원의 모임 · 참된 인권 의원연맹 · 참의원방위성설치 추진국회의원연맹 · 티베트 문제를 생각하는 의원연맹 · 평화를 바라고 참된	· 치수의원연맹 · NPO 의원연맹 · 국회개혁추진의원 연맹 · 참의원을 일원으로 통합해 활력에 넘친 국정을 만드는 모임		

이념적 신보수우파 그룹	통상 국내개혁 이슈그룹	국제적 개혁 이슈 그룹	리버럴 및 양심세력(경향)
국익을 생각해 야스꾸니 참배를 지지하는 소장국회의원의 모임 · 해양의원연맹 · 해외파견자위대원을 지원하는 국회의원의 모임 · 핵융합에너지이용촉진의원연맹 · 헌법조사추진의원연맹 · 황실의 전통을 생각하는 국회의원모임			

출처 http://ja.wikipedia.org/wiki/%E8%AD%B0%E5%93%A1%E9%80%A3%E7%9B%9F%E4%B8%80%E8%A6%A7

주 1. 2000년 전후로 존재해왔던 의원연맹을 대상으로 함.
   2. 의원연맹의 수는 더욱 많지만, 사회·경제·정치 등의 개혁이슈와 관련된 것만을 추출함.

(3) '정통' 신보수우파 주도의 정치지형

앞서 살펴본 바와 같이 (초당파) 의원연맹들은 중요한 활동멤버가 중첩되고, 활동의 문제의식 또한 상당한 정도 상호 공유되는 양상을 보여주었다. 우리는 앞에서 주로 여섯 가지 활동범주를 중심으로 의원연맹 활동의 추이를 검토해왔다. 그것은 '종합 범주' '헌법 및 안보문제 범주' '교육문제 범주' '대외관계문제 범주' '(야스꾸니)신사 문제 범주' '역사문제 정당화 범주' 등이 그것이다. 이 영역들은 임원들과 구성원 면에서 상호 중첩되는 경우가 많고, 활동의 내용도 상호 연관 속에서 연대와 공유가 이루어져 왔다.

그런데 이러한 의원연맹 활동의 범주를 조금 더 일반화하자면 역사문제(역사 정당화 문제), 일본 전통 문제(천황제와 신사문제), 국가와 국민적 정체성 문제(국가주의, 애국주의), 안보문제와 전쟁체제(안보대국론), 대외관계 변수(대외적 위협 인식) 등 다섯 가지로 요약할 수 있을 것이다. 요컨대 이 다섯 가지 범주 모두에 걸쳐 보수우파적 입장을 견지하는 경우 그들을 '정통적 신보수우파' 정치인으로 규정해도 좋을 것이다. 한편 몇몇 인사의 경우에는 각각의 활동이 분절되는데, 특히 전자의 두 범주를 제외하고 후자의 세 범주를 중심으로 활동이 이루어지는 경우 또한 발견할 수 있다. 이 경우 그들은 '현대적 안보대국론자'라고 할 수 있을 것이다. 그만큼 '의련' 활동은 각 정치인의 정치적 정향을 판별할 수 있는 기준이 되기도 한다. 그리고 이러한 의원연맹 활동을 일반화해보면 '정통 신보수우파'로부터 '현대적 감각의 안보대국론'에 이르기까지의 광범위한 안보내셔널리즘의 스펙트럼이 존재할 수 있음을 알 수 있다.

그림1 일본 안보내셔널리즘의 구성요소와 이념층위

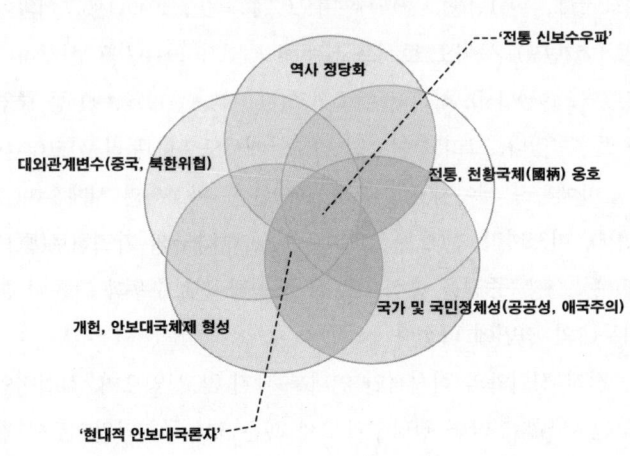

그러나 지금까지 상황을 보았을 때 이념적 스펙트럼의 다양화는 아직 불충분한 것으로 보이며 특히 '현대적 안보대국론'은 규모가 그리 크지 않지만 자민당의 소수와 민주당 중도 및 보수파를 중심으로 존재가 확인된다. 반면 자민당 정권기 일본정치는 정통 신보수우파라는 한 강고한 핵심들에 의해 지배받았으며, 이를 중심으로 약간씩 다른 형태의 안보내셔널리즘이 나타났다. 의원연맹 활동을 통해 그 존재를 부각시키고 현재 일본정치의 중심으로까지 부상한 대표적 정통 신보수우파 정치세력으로서 자민당 계열인 아베 신조(安部晋三, 1953년생), 아소 타로(麻生太郎, 1940년생), 나까가와 쇼이찌(中川昭一, 1953년생), 히라누마 타께오(平沼赳夫, 1939년생), 타까이찌 사나에(高市早苗, 1961년생), 히라사와 카쯔에이(平澤勝榮, 1943년생), 콘도 모또히꼬(近藤基彦, 1954년생), 코이께 유리꼬(小池百合子, 1952년생), 후지이 타까오(藤井孝男, 1943년생), 마찌무라 노부따까(町村信孝, 1944년생), 스즈끼 무네오(鈴木宗男, 1948년생), 누까가 후꾸시로(額賀福志郎, 1944년생), 에또 세이이찌(衛藤晟一, 1947년생), 이부끼 분메이(伊吹文明, 1938년생), 모리오까 마사히로(森岡正宏, 1943년생), 나까야마 나리아끼(中山成彬, 1943년생), 에또 세이시로(衛藤征士郎, 1941년생), 큐마 후미오(久間章生, 1940년생), 이와야 타께시(岩屋毅, 1957년생), 사이또 토시쯔구(齋藤斗志二, 1944년생), 사꾸라다 요시따까(櫻田義孝, 1949년생), 하마다 야스까즈(浜田靖一, 1955년생) 등 중견 및 소장세력을 들 수 있다. 그리고 야당인 민주당에서도 니시무라 신고(西村眞吾, 1948년생), 마에하라 세이지(前原誠司, 1962년생), 마쯔사와 시게후미(松澤成文, 1958년생), 마쯔바라 진(松原仁, 1956년생), 하라구찌 카즈히로(原口一博, 1959년생) 등 소장, 중견을 중심으로 한 핵심적 신보수우파 그룹이 본격적으로 정치무대의 전면에 나섰다.

이 대다수는 전전 정치와의 직접적인 연계를 갖지 않고 있으며, 직접적인 전쟁 경험자도 많지 않다. 반면 상당수가 2세 혹은 3세 국회의원으로서 전전정치와의 연계를 직간접적으로 갖고 있다.[21] 이들은 개헌문제와 안보문제

와 관련하여 일본이 9조 개헌을 통해 (집단적) 자위권과 자위군 등 무력보유권을 회복하고 미일동맹과 UN활동을 통해 전세계적 안보대국으로 성장해야 한다고 본다. 그리고 이를 위해서 일본의 전통, 국가, 사회집단을 우선하고 개인의 책임을 강조하는 방향으로 '교육기본법'을 개정하였다. 그리고 야스꾸니신사 참배와 역사교과서의 과거사 정당화는 일본의 국가적 자존심과 정체성 회복을 위한 중대사이므로 지속해야 하고, '납치범죄국가'인 북한에 대해서는 강공수단을 통해 붕괴시켜야 한다는 공통인식을 보여주었다. 나아가 중국에 대해서도 견제의지를 분명히 밝히고 대만과의 정치적 연계를 강화하려는 의도 또한 갖고 있었다(『サンデー・毎日』, 2002年 10月 6日).

4. 재계의 신국가전략

정치권에서 신보수우파의 세력 결집, 그리고 공세적 안보내셔널리즘 국가전략의 추구는 재계에 의해서도 강하게 뒷받침을 받았다. 2000년대 전반기에 들어 경제계에서는 앞으로 경제활동의 지침으로서 새로운 시대의 국가상과 국가전략을 반영한 새 헌법을 요구하기 시작하였다. 이는 재계의 입장에서 포스트 '경제대국' 단계에 걸맞은 새로운 국가정책의 지평 설정을 위한 것으로 세계와 일본의 구조적 전환 국면에 대한 전략적 대응의 일환인 것으로 보인다. 경제동우회(経濟同友會, 이하 동우회)는 2003년 4월에 개헌의견서를 제출하였으며, 일본경제단체연합(日本経濟団体連合, 이하 경단련)은 '국가

---

21) 이 중 2세 국회의원은 이시바 시게루(친부 이시바 지로), 히라누마 타께오(양부 히라누마 기이찌로), 니시무라 신고(친부 니시무라 에이이찌), 콘도 모또히꼬(친부 콘도 모또지), 나까가와 쇼이찌(친부 나까가와 이찌로), 마찌무라 노부따까(친부 마찌무라 킨고), 아베 신조(친부 아베 신따로, 외조부 기시 노부스께), 아소 타로(친부 아소 타까기찌, 외조부 요시다 시게루), 하마다 야스까즈(친부 하마다 코이찌) 등이다.

기본문제 검토위원회'를 가동하여 제언서를 제출하였고, 일본상공회의소(日本商工會議所) 또한 '헌법문제에 대한 간담회'를 가동시켰다(『東京讀賣新聞』 朝刊, 2004年 8月 8日).[22] 물론 재계의 이러한 안보내셔널리즘 지지를 둘러싸고 내부의 반발이 없었던 것은 아니다.[23] 그러나 주력산업에서 새로운 안보체제 형성에 대한 희망이 강력하였고, 재계인사들에 대한 정치계 신보수우파들의 영향력과 지지요구 또한 강력하였다. 게다가 경단련에서 그간 중단되었던 정치헌금이 재개되면서 우선적 판단기준으로 개헌과 안보정책이 포함되었다. 그에 따라 여야에 대한 재계의 안보내셔널리즘 요구는 더욱 체계

---

22) 일본상공회의소 간담회는 2005년 6월 16일에 「헌법문제에 관한 간담회 보고서: 헌법개정에 대한 의견」이라는 보고서를 공개하였다. 그에 따르면 일본상공회의소는 전문에서는 일본인의 국가관과 아이덴티티, 자부심의 강조, 제9조와 관련해서는 제2항에서 자위권을 명확히 하고, 제3항을 신설하여 국제사회의 평화유지・회복, 인도지원 등을 내용으로 하는 국제협력 활동에 자위대 투입을 가능하게 하는 개헌을 추진하는 것으로 드러났다. 집단적 자위권과 관련해서는 원칙적으로 새로이 인정되어야 할 자위권에 이것 또한 포함됨을 분명히 밝히지만, 구체적인 행사의 범위, 양태, 절차 등에 대해서는 상황에 맞게 법률 혹은 조약으로 정해, 주변국의 우려를 최소화해야 한다는 의견을 표명하고 있다(日本商工會議所, 2005).
23) 태평양전쟁 말기 중국대륙에서 전투와 포로수용소를 경험한 시나가와 마사지(品川正治, 현 국제개발센터 이사장) 동우회 종신간사는 "일본 외교 최대의 무기는 국권의 발동으로 외국인을 죽이지 않는다는 것이다. (9조가 있음으로 해서 비로소 일본경제는) 군산복합체를 갖지 않고 지금까지 성장해왔다. 어찌해 나서서 9조를 버리려고 하는지 이해할 수 없다"고 해 재계의 안보내셔널리즘 움직임에 강력한 비판을 가했으며, 코바야시 료타로(小林陽太郎) 후지제록스 회장(동우회 전 대표간사)도 코이즈미의 야스꾸니신사 참배 등에 신중할 것을 요구하는 발언을 했다가 화염병을 투척받기도 했다(『毎日新聞』 朝刊, 2004年 4月 29日; 『朝日新聞』 朝刊, 2005年 1月 19日) 그리고 2004년 7월에 카쯔마타 츠네히사(勝俣恒久) 토오꾜오전력 사장(경단련 당시 부회장) 또한 개헌에 대해 아주 신중한 의견을 표명했는데, 그는 "군대를 갖지 않는 것이 전후의 경제발전에 이바지해왔다. 엄격한 논의가 필요하다"고 하여 현행 헌법에 대한 '평화의 배당'을 평가하였다. 나아가 시바따 마사하루(柴田昌治, 일본카시오 회장)도 "헌법 개정은 국민이 정하는 것이다. 경단련이 선행해서 의견을 내야만 하는가"라는 신중론을 제기하였다(『朝日新聞』 朝刊, 2005年 3月 17日).

적으로 전개되었다.

(1) 경제동우회의 안보대국 지향성

신국가전략과 관련하여 가장 기동성있게 대응한 것은 동우회였다. 우선 동우회는 2001년 4월에 외교 및 안전보장에 대한 제언·의견서「평화와 번영의 21세기를 향해: 신시대에 적합한 적극적 외교와 안전보장정책의 전개를」을 발표했다. 이 제언에서 정보수집, 분석을 둘러싼 주체적 외교기반의 강화, 긴급사태에의 대응체제 정비(유사법제 정비와 주변 사태에의 적절한 대응), 미일동맹의 강화와 일본의 주체적 역할의 중요성, 국제적인 질서형성에의 적극적으로 참여(UN 상임위 진출과 PKO), 그리고 이를 위한 집단적 자위권의 허용, 나아가서는 개헌논의의 가속화 필요성 등 일본의 안보전략과 관련된 적극적 요구가 이루어졌다(経濟同友會安全保障委員會, 2001). 나아가 2002년 4월에는「헌법문제조사회보고」에서도 동일한 취지에서 헌법 9조의 개헌이 역설되었는데, 여기에서는 국제적 질서형성에의 적극적인 참여 및 이를 위한 집단적 자위권의 해금을 요구하고 있다. 이 보고서는 개헌 이전에라도 종래의 '전수방위' 개념에 속박되지 않고 집단적 자위권이 인정되어야 하며, 이를 위해서 '안전보장기본법'이 선행 제정되어야 한다고 주장했다(経濟同友會憲法問題調查會, 2002). 동우회는 2003년 4월에도「헌법문제조사회 의견서: 자립한 개인, 자립한 국가이기 위해서」라는 정책제언을 발표함으로써 국가전략과 관련된 종합적인 의견을 제시하였다. 우선 보고서는 헌법 개정의 지향점이 '자립적 개인'과 '자립적 국가'임을 분명히 밝히고 있다. 즉 사회적 책임과 의무에 의해 규정되는 개인, 그리고 국가이익을 위해 국제사회에 적극적으로 참여하는 주체로서 국가(일본)가 자신들이 지향하는 국가개혁의 상이라는 것이다. 그리고 헌법 전문에는 일본의 '개성'에 입각한 국제질서의 구축의지를 담아야 하며, 안전보장 문제에 대해서 집단적 자위권 행사의 정부해석을 변경하고 적정한 목적과 범위를 감안한 자위권 행사의 틀을 형성할 것을 요구하였다(経濟同友會憲法問題調査會, 2003).

(2) 일본경제단체연합회의 안보대국 지향성

일본 정부와 자민당의 안보내셔널리즘 국가전략에 대한 재계의 지지는 비교적 나중에 제출되었지만 경단련에 의해서 종합적으로 표명되었다. 2005년 1월에 발표된 경단련의 「일본의 기본 문제를 생각한다. 앞으로의 일본을 전망하며」라는 보고서는 대체로 이전에 발표된 동우회의 보고서들과 큰 틀에서 동일한 맥락을 갖고 있지만, 국제적 위협에 대한 체계적 인식, 국내외를 망라한 비전제시 등의 측면에서 더욱 종합적인 재계의 국가전략 제안으로 받아들일 수 있다. 안보 및 개헌 문제에 촛점을 맞추어 그 특징을 살펴보면 다음과 같다. 첫째, 보고서는 '국민과 기업을 위협하는 직접적 위기'로서 전 세계적인 위협──테러리즘과 같이 복잡하고 예측이 곤란한 위협──과 동아시아의 지역적 위협──한반도, 대만해협의 분쟁위기, 나아가서는 북한의 미사일 및 무장공작선, 중국과의 영토문제 및 해양권익 문제──을 일본이 국가적으로 대응해야 할 과제로 제기하고 있다. 둘째, 보고서는 국가전략의 기본 이념과 관련하여 일본의 역사와 전통에 대한 자긍심을 강조하고 있다. 셋째, 통상입국(通商立國)이며 경제대국인 일본에 걸맞게 '국가이익'을 추구하는 '주체적 방향'에서 국제사회의 평화와 안정에 대한 적극적 관여의 필요성을 강조하고 있다. 넷째, 일본 외교의 방향과 관련하여 동아시아는 경제와 안보 면에서 서로 다른 의미[24]를 가질 수 있다. 따라서 보고서는 미일동맹을 강화[25]하고 UN 상임이사국에 진출하는 등 국제적 지위를 강화하여 중국,

---

24) 가령 일본에 동아시아는 경제적으로는 성장시장, 국제경쟁의 상대, 심화된 상호 의존의 동반자 등의 의미가 있지만, 안보적으로는 일본과 세계를 위협하는 위험(risk)을 내재한 지역이다.

북한 등의 지역적·군사적 위협——핵 및 미사일 등——에 대응하고 해양수송로(sea-lane)의 안전을 확보할 수 있어야 한다고 주장한다. 다섯째, 이러한 활동을 위해 자위대의 국제활동은 일층 강화되어야 하며 새로운 상황에 걸맞게 방위력——방위생산, 기반기술을 포함하여——이 정비되어야 한다는 것이다. 마지막으로 이와같은 안보체제의 인식에서 개헌문제와 관련해 9조를 개정할 필요성을 역설하는데, 해외 작전활동을 위해 자위대를 현실적 무력으로 인정하고 집단적 자위권을 인정해야 하며, 개헌 이전에라도 '안전보장기본법'을 제정하여 집단적 자위권을 행사할 수 있도록 해야 한다고 주장하고 있다(日本経済団体連合會, 2005).

(3) 경제계의 안보내셔널리즘 지지의도

재계의 새로운 국가전략 요구는 안보전략, 개헌 등 제도정비, 이념적 역사인식 등의 측면에서 자민당 다수파——신보수우파——들의 안보내셔널리즘 국가전략과 일치하며, 일본 국내정치 맥락에서 자민당 다수파의 국가전략 비전을 굳건히 지지해주는 것이다. 그런데 일본사회에서 총자본의 역할을 수행하고 있는 재계가 이렇듯 자민당 신보수우파들의 국가전략을 지지했던 이유는 무엇일까? 특히 일본에 동아시아는 대외수출의 약 절반을 차지하고, 해외투자 면에서 약 1/4를 넘어서는 거대 시장이다. 그리고 중국은 무역과 투자 관계 면에서 아시아에서 가장 큰 시장으로 부상하고 있다. 그만큼 재계의 일각에서는 원활한 사업을 위해 일본의 아시아에 대한 안보 영향력 확대나 일본과 아시아, 특히 중국과의 군사적 충돌을 바라지 않을 수 있을 것이다.[26] 일본의 경제계가 세계 및 동아시아에 대한 적극적 안보전략을 핵심으

---

25) 공통 인식범위를 확대하고 주체적인 판단과 발언을 강화하는 것을 의미한다.
26) 반면 동우회의 코사카 세쯔조(高坂節三) 헌법문제조사위원회 위원장은 "중국은 '야스꾸니는 무례하다'고 하지만, 자위대의 이라크 파견에 대해 중국이 항의한 것을 들은 적

로 하는 국가전략, 즉 안보내셔널리즘을 지지하는 이유는 다음 세 가지 점에서 설명될 수 있다.

첫째, 위기에 봉착해 있는 일본 군수산업의 요구이다. 잘 알다시피 일본의 '군수산업'은 주로 민수산업의 일부로서 존재해왔고, 제조업 분야에서 민수기술들의 군수기술로의 융합·전환(spin-on)을 통해 새로운 기술의 차원을 열어왔다. 따라서 군수산업들은 경단련 내에서도 '방위산업위원회'라는 형태로 특정한 발언권을 행사해왔다. 그러나 이 '군수산업'들은 탈냉전의 상황, 군축의 예산제약, 나아가서는 무기수출 3원칙 등 판로제약 속에서 위기에 처했고, 특히 국제적 기업제휴 등과 관련해 새로운 활로를 찾지 못함으로써 군수분야 철수, 기업간 통합 등 구조개편을 할 수밖에 없었다. 군수산업의 입장에서는 당연히 일본의 안보전략을 적극화하고 전세계적인 미일동맹의 전개를 통해 방위장비의 판로를 확대하고 국제적인 기술제휴를 통해 새로운 활로를 모색할 필요가 있을 것이다. 특히 '군수분야'는 일본제조업의 핵심적 지위를 차지하고 있어서 이들의 요구를 경단련으로서도 수용할 수밖에 없었을 것이다(日本經濟団体連合會, 2004;『朝日新聞』朝刊, 2005年 1月 9日).

둘째, 일본의 '안보대국화'는 현재의 군수산업들에게 직접적이고 단기적인 이익을 가져다주겠지만, 전체 산업분야, 특히 IT, 항공, 우주, 통신, 전자전기, 기계산업 분야에서 방위 관련 부분의 비중을 확대해줄 것이다. 이 확대된 방위 관련 산업부문에서 종래 민수용 기술들의 융합 전환이 촉진될 것인바, 현재 포스트 캐치업 단계에 존재하는 일본 제조업들은 이 '기회'를 활용해 새로운 도약을 위한 기술적 전선(frontier)을 개척해갈 수 있을 것이다 (日本經濟団体連合會, 2005).

이 없다. … (그러므로 헌법을 개정하여 자위대의 활동범위에 대해) 여기까지는 할 것이며 이 이상은 하지 않을 것이라고 확실히 해서 내외에 발표하는 쪽이 낳다"는 의견을 피력함으로써 개헌과 관련해 중국은 큰 변수가 될 수 없음을 분명히 밝히고 있다(『每日新聞』朝刊, 2004年 4月 29日).

셋째, 재계가 현재의 민족주의적 국가전략을 지지하는 가장 큰 이유는 무엇보다도 일본의 새로운 국가전략이 현재 글로벌 전략을 추진하는 일본기업들의 국제적 생산네트워크를 군사안보적으로 보호해주고 정치적으로 안정성을 부여해줄 것이라는 판단 때문이다. 우선 무엇보다도 일본은 에너지를 필두로 한 핵심적 원료와 주요 시장을 해외에 의존하고 있다. 그리고 현재 일본기업들은 무역과 투자를 통해 동아시아와 전세계를 무대로 활동을 전개하고 있다. 특히 경제대국의 단계로 진입한 1980년대 말 이후 일본은 해외직접투자를 전세계로 확대했으며, '무역국가'에서 '투자국가'로의 면모를 강화하고 있다. 그러나 탈냉전의 상황은 세계 및 지역 차원에서 기업의 글로벌 전략을 불안정하게 만드는 요인을 갖고 있다. 가령 지역을 가로지르는 테러리즘과 정치적 불안정이 그 하나이며, 동아시아의 주요 투자지역에서도 정치불안과 분쟁상황을 일으킬 수 있다. 이러한 상황에서 재계는 강화된 미일동맹 혹은 향상된 자위대 독자의 힘을 통해 기업활동의 안정성을 부여받으려 할 것이다.[27] 한편 지역 차원에서 가장 중요한 문제는 중국의 미래일 것이다. 이는 경제적인 차원에서 정치군사적인 차원에 이르기까지 일본과 일

---

[27] 일본기업의 해외 전개와 글로벌전략을 보완하는 자위대의 전세계적 활동능력의 필요성은 다음과 같은 세 차원에서 생각해볼 수 있다. 첫째, 전세계적 혹은 지역적인 안보질서형성에 적극적으로 참여하고 일부의 과제를 분담함으로써 평화시의 질서에 대한 일본의 정치적 발언권을 강화하고 중국을 제어하며, 일본의 국가이익에 합당하도록 중동의 안정과 해양수송로의 안정에 이바지한다. 둘째, 일본기업이 투자한 지역이 불안정화될 가능성을 예비하여, 일본정부가 현지에 대한 상황통제와 제어능력을 갖추도록 한다. 셋째, 최종적으로는 투자지역에서 일본기업의 활동이 심각하게 방해받는 사건이 발생했을 시 자위대를 통한 구원, 피난, 재산보호 등 개입이 신속히 이루어질 수도 있다(『每日新聞』朝刊, 2004年 4月 29日) 한편 이와 관련해 오까자끼 테쯔지(岡崎哲二) 토오꾜오대학 경제학부 교수는 재계의 안보내셔널리즘 지지행동의 핵심적 원인이 버블 붕괴 이후 일본기업들의 미국기업들에 대한 경쟁력 상실에 있고, 따라서 일본기업들의 전세계적 활동을 미일동맹에 의해서 담보받을 수 없으므로 일본정부가 독자의 자위력을 강화하여 이를 뒷받침해주어야 한다는 재계의 희망에 있다고 지적하는데, 이 또한 참고할 만하다 (『朝日新聞』朝刊, 2005年 3月 17日).

본 산업에 상당한 위협요인이 될 것이다. 결국 미일동맹의 강화와 국제정치 질서에서의 지위상승을 통해 일본정부가 이 위기에 성공적으로 개입하고 새로운 지역질서 형성을 주도해주는 것이 일본 기업들에 가장 유리한 환경이 될 것이다.[28]

가령 다음 그림 2는 2002년 싯점에 동우회 회원들이 기대하는 미래 자위대의 역할과 사명(Role & Mission)에 대한 설문조사 결과를 보여준다.[29]

그림2 재계의 개헌 후 자위대 역할인식(2002년, 동우회)

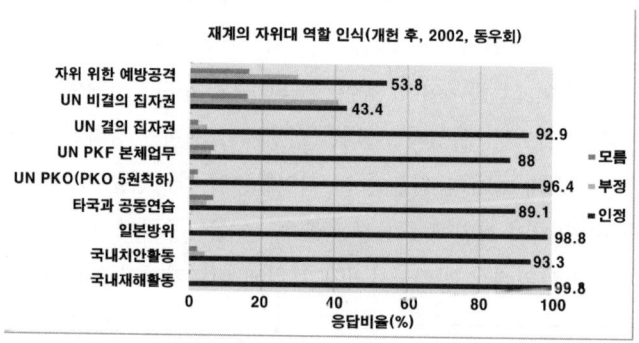

---

28) 세계적 테러와 중국의 동향의 불확실성 등 정치경제적 혼조 속에서 일본기업들은 문민개입, 경제외교 등을 중심으로 하던 종래 '경제대국'적 세계-지역전략에 대한 한계를 절감하는 것으로 보인다. 그러나 현재에는 일본기업의 요구에 맞게 세계-지역수준의 새로운 안보적 쎄팅, 즉 일본기업들의 글로벌한 경제활동에 합당하고 이를 뒷받침할 수 있는 거시적인 활동의 틀이 필요하다는 것이다. 이러한 점에서 일본의 정치・군사・안보 역량을 해방하여 획기적으로 재배치해야 한다는 것이 재계의 문제의식인 것으로 보인다. 이에 대해서는 미끼 시게미쯔(三木繁光) 당시 토오꾜오 미쯔비시 은행 두취[당시 경단련 '국가기본문제위원회' 위원장]의 설명을 음미할 필요가 있다(『東京讀賣新聞』 朝刊, 2005年 2月 3日; 日本經濟団体連合會, 2005; 経済同友會憲法問題調査會, 2002).

29) 이 그래프는 経済同友會憲法問題調査會(2002)의 첨부 문서「헌법문제에 대한 의식조사: 결과 집계」의 Q5 "일본이 안전보장상 수행해야 할 역할에 대해 현 헌법의 규정과 상관없이 어느 범위까지 인정되어야 한다고 보십니까?"에 대한 응답을 재구성한 것이다.

동우회 회원들은 자위대가 일국적 방위임무를 담당하는 데 그치지 않고, 타국과의 공동 군사연습, UN 결의하 모든 차원의 군사작전에 참여하는 것에 대해 대다수가 적극적인 찬동을 보내고 있다. 한편 UN과 무관한 미일동맹하의 집단적 자위권 행사나 특정 상황에서 자위를 위한 예방공격과 관련해서도 반대 혹은 신중 의견이 상당히 존재하지만 다수세력은 거의 제한 없는 자위대의 군사작전권을 기대하고 있다. UN 결의하의 집단적 자위권 행사, 미일동맹에 의한 집단적 자위권 행사, 예방공격 등은 지역적 패권대두를 억지하거나 테러 등 특정한 위협에 대응하기 위한 것으로 일본과 그 기업들의 세계적 활동에 유리한 질서를 형성해줄 수 있을 것이다.

5. 국회 내 개헌 정치지형의 변화

이렇듯 탈냉전기 일본에서 정치경제적 지형이 크게 변화함에 따라 안보내셔널리즘 국가전략을 현실화하기 위한 헌법 개정론이 국회에서 본격화된다. 특히 일본을 안보대국으로 만들기 위한 헌법 제9조 개헌론 또한 자민당과 민주당 등 주요 정당에서 본격적으로 전개된다. 여기에서는 1990년대 말과 비교하여 2000년대 초반과 중반 싯점에서 국회 여론의 변화를 검증하고자 한다.

(1) 탈냉전기 국회의원의 개헌의식 변화

『요미우리신문』의 조사에 따르면 일본 국회의원들의 개헌지지도는 1997년에 60.4% 정도이던 것이 2002년에는 70.6%까지 상승하였고 2004년에 들어서는 약 80% 정도까지 성장하였다. 특히 중의원 의원들의 태도만을 보았을 때 개헌지지 비율은 83.2%에 이르러 압도적 다수가 개헌을 지지하는 것으로 나타나고 있다. 한편 개헌의 이유를 중심으로 보았을 때 새로운 권리 도입의 필요성 또한 중요하지만, 국제공헌과 자위권 명기라는 '안보쟁점'이 가장 중요한 동기로 부각되었다.

정당별로 보았을 때 자민당의 개헌지지율은 1997년에 76%이던 것이 2000년대에 접어들어 90%대 후반으로 굳어졌고, 자민당과 연립내각을 꾸린 공명

그림3 국회의원의 헌법의식(요미우리 조사)

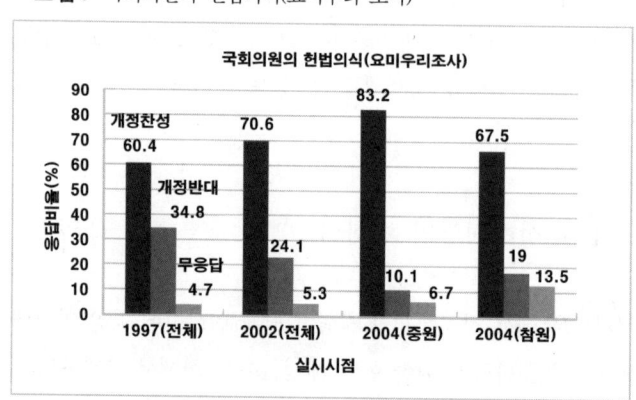

그림4 국회의원의 개헌지지 이유(요미우리 조사)

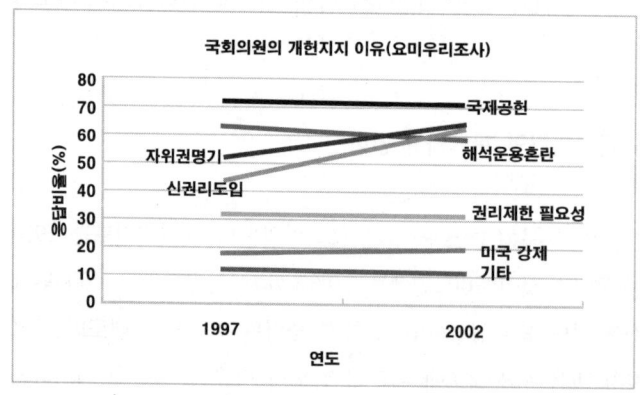

400

당은 44%에서 70~80%로 대폭 증가하고 있다. 한편 야당의 대표격인 민주당도 상황은 동일한데 개헌지지로 대폭적인 전환이 이루어지고 있다. 가령 민주당은 1997년에 26%의 개헌지지율이 2002년에는 65%로 상승하였고, 2004년에는 77%(중의원)까지 도달하였다. 연립여당을 이루던 자민당과 공명당의 개헌지지율이 그간 많이 증가한 것은 이상한 일이 아니다. 이와 함께 야당인 민주당도 압도적 다수가 개헌을 지지하는 것은 약간은 특이한 현상으로서 그만큼 국회 전반의 개헌여론이 2000년대 중반에 이르러 광범위하게 확산되었음을 알 수 있다.

그림 5 정당별 개헌 지지도(요미우리 조사)

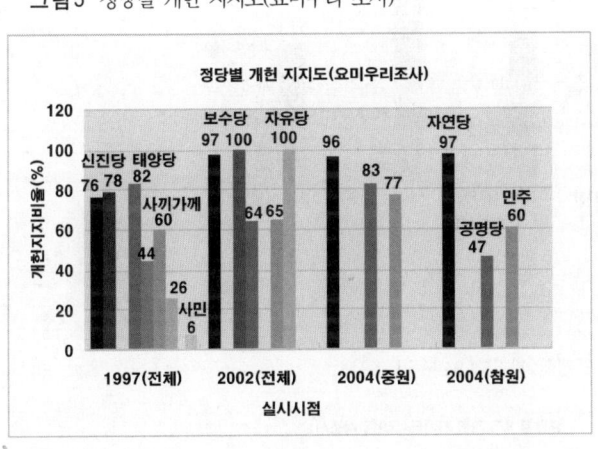

(2) 헌법 제9조 개정: 집단적 자위권과 국제공헌

개헌문제의 핵심인 헌법 제9조의 개정과 관련해서 국회의원들의 지지는 1997년에 40.6%에 머물렀지만, 2002년에는 55.4%로 성장했고, 2004년에는 70%(중의원)까지 성장하였다. 제9조를 중심으로 하는 개정론도 찬성이 반대를 압도하는 구도가 형성되었다. 정당별로 보더라도 2000년대에 들어 자민당의 9조 개헌 지지율은 이미 90%를 보이고 있으며, 민주당도 50% 정도이다. 두 거대 정당만을 보더라도 이미 9조 개정론은 기정사실이 되는 것으로 보인다.

그런데 9조 개헌의 구체적 내용과 관련해 집단적 자위권 인정 문제가 핵

그림6 9조 개정에 대한 국회의원의 견해(요미우리 조사)

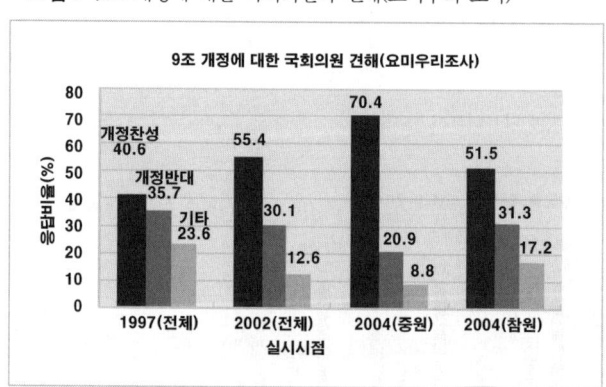

그림7 정당별 9조 개헌 지지도(요미우리 조사)

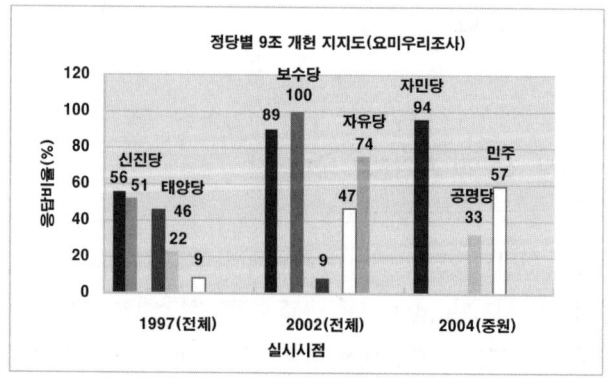

심적 문제임은 두말할 필요가 없다. 『요미우리신문』의 조사에 따르면 집단적 자위권 해금에 대해서 2002년에 국회의원의 53.9%가 찬성하는 것으로 나타났지만, 2004년 들어 중의원 의원들의 경우 66.3%가 찬성하는 것으로 드러났다. 2000년대에 들어 정당별 집단적 자위권에 대한 지지도는 자민당이 약 90%, 그리고 민주당이 57%(2004년 중의원), 공명당이 약 25%(2004년 중의원)를 보이는 것으로 확인되었다. 적어도 자민당과 민주당에서는 과반수

그림 8 집단적 자위권에 대한 국회의원의 견해(요미우리 조사)

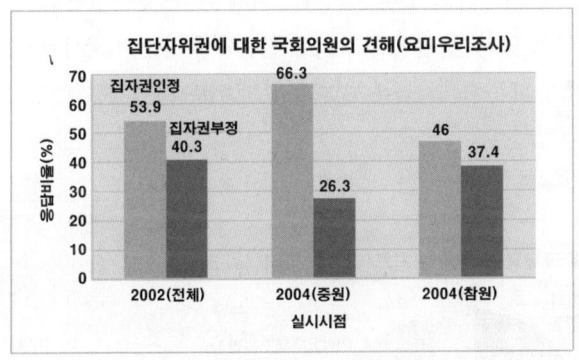

그림 9 정당별 집단적 자위권 지지도(요미우리 조사)

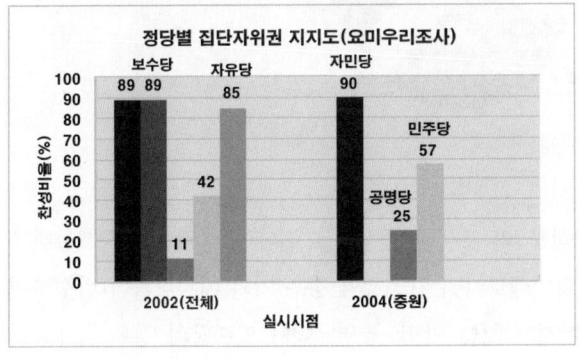

를 넘는 국회의원이 집단적 자위권의 해금을 지지하고 있다.

집단적 자위권의 실현방식을 둘러싸고 전형적인 '국제공헌론'과의 관계를 살펴볼 필요가 있다. 집단적 자위권을 엄격히 정의하면 아래 '국제공헌'을 지칭하는 그림에서 UN 결의하의 다국적군과 UN 결의 없는 동맹지원이라는 두 가지 군사행동의 경우만을 포함한다. 즉 UN의 집단안전보장행위나 미일동맹상의 작전을 의미한다. 2004년 『마이니찌신문』의 조사에 따르자면 국제공헌 내용 중에서 순수한 집단적 자위권에 대한 지지도는 약 41%로 나타났다. 반면 군사활동으로 전면적으로 환원되지 않는 PKO/재해구원 또한 38%라는 커다란 비중을 차지하고 있다. 그만큼 '국제공헌론'은 '집단적 자위권'적 요소도 포괄하고 있지만, 집단적 자위로 환원되지 않는 비군사적 요소 또한 포함하고 있기 때문에 더 높은 지지율을 보여준다.

그림10 국회의원의 자위대 국제공헌 내용 지지도(마이니찌 조사, 2004)

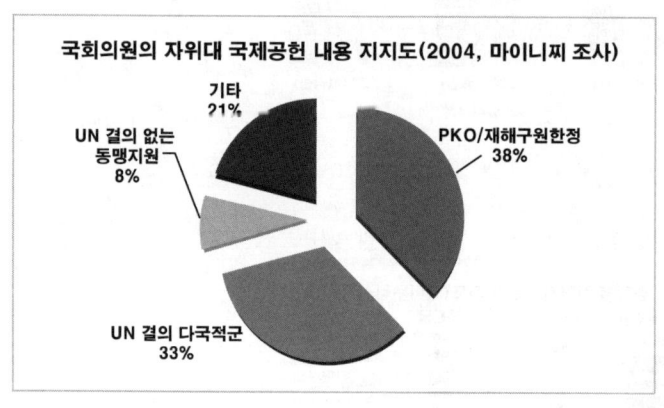

2004년 『마이니찌신문』의 조사를 중심으로 집단적 자위권과 국제공헌론의 관계를 정당별로 확인해보자면 자민당의 경우 거의 지지비율이 비슷하여 양자의 구별이 이루어지지 않는 반면, 공명당이나 민주당의 경우 국제공헌

론이 집단적 자위권보다 그 지지비중이 훨씬 높음을 확인할 수 있다. 즉 자민당의 경우 '국제공헌론'이라고 한다면, 이는 사실상 집단적 자위권의 회복을 의미하는 반면, 공명당과 민주당의 경우 국제공헌론은 PKO 및 비군사 활동영역과 군사 활동영역을 모두 포괄하고 있는데, 그만큼 집단적 자위권의 비중은 상대화될 수밖에 없다.

그림11 정당별 국제공헌과 집단적 자위권 인정비율(마이니찌 조사, 2004)

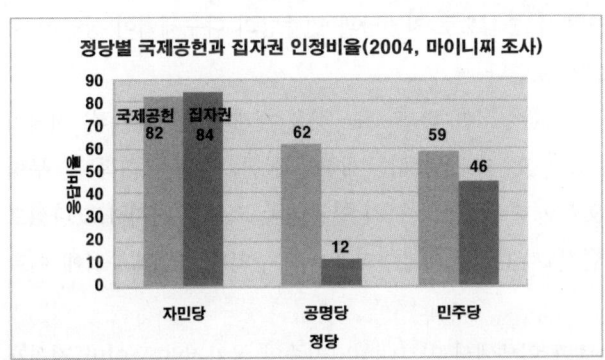

6. 맺음말

지금까지 일본이 탈냉전 상황에서 기존 국가목표 설정의 혼란을 경험할 수밖에 없었고, 특히 그것은 국내정치 면에서 55년 체제의 붕괴로 나타났음을 살펴보았다. 한편 이러한 과정에서 청년, 소장, 중견정치인 등 '정치신세대'를 중심으로 하는 신보수우파들이 일본 정치무대의 주도세력으로 등장하였다. 그들은 주로 종래 주도세력이던 보수본류가 갖고 있던 정치행태 및 이념지향—실용주의, 경제주의, 평화주의, 친아시아—에 대한 '안티테제'로 스스로를 정립하고 있다. 그들은 이념적 원리주의(일본주의, 애국주의), 정치우선주의, 자주국방주의, 친미주의 가치에 입각해 스스로의 안보내셔널리즘을 구성하고 있다. 특히 그들은 상호 연계되고 공유되는 헌법문제 및 안보문제, 교육문제, 야스꾸니신사 문제, 역사재해석 문제, 대외관계 문제 등을 중심으로 하는 (초당파) 의원연맹 활동을 통해 활동공간을 적극적으로 확대시켜왔을 뿐만 아니라 정통적 신보수우파로서 스스로의 정체성을 강화해왔다. 이 결과 신보수우파는 자민당에서 절대적 다수세력을 점하게 되었으며, 야당인 민주당에서도 다수세력에 접근하고 있다. 이러한 점에서 안보내셔널리즘이라는 새로운 국가전략을 중심으로 자민당과 민주당의 다수세력이 상당히 수렴되어가는 것으로도 보인다.

이러한 상황에 더욱 현실적인 힘을 주는 것은 재계의 '총 자본적' 지지이다. 경단련을 필두로 주요 경제3단체는 개헌은 물론, 자위권 회복 및 무력보유를 지향하는 9조 개헌에 이르기까지 안보대국 노선을 지지하고 나섰으며, 이를 위한 이념적 지표로서 애국주의와 국가주의를 용인해주기에 이르렀다.

이러한 점에서 보면 일본에서 안보내셔널리즘의 국가전략은 이미 정치계와 경제계, 즉 일본사회 주도층에서 지배적 흐름으로 자리잡고 있는 것으로 보인다. 그러나 이러한 객관적 정치경제적 지형에도 불구하고, 안보내셔널리즘의 국가전략은 궁극적인 실현싯점까지 상당한 우여곡절이 있을 것으로 보인다. 궁극적으로 국가전략을 실현하려면 헌법 개정이 관건이다. 현재 '개헌을 위한 국민투표법'이 성립되어 개헌 절차는 더욱 명료해졌다. 그런데 국회에서 개헌발의가 가능하게 하려면 적어도 자민당과 민주당 간의 개헌 혹은 정계재편을 둘러싼 일정한 합의가 형성되어야 할 것이다. 특히 민주당 집권 이후 헌법 9조의 개정에 대한 주도적 입장의 변화가 발생하고 있다. 과거 자민당 정권하에서 '전세계적 안보대국' 지향이 주도적 입장이었다면, 민주당 정권은 'UN 결의하 제한된 집단적 자위권'을 내용으로 하는 소위 '보통국가론'을 지향할 것이다. 개헌이 이루어지려면 민주당과 자민당 사이에 9조를 둘러싼 새로운 합의가 이루어져야 할 것이다. 객관적인 조건은 성숙해가는데, 이를 현실로 전화시킬 수 있는 정치적 역량의 성숙은 더욱 많은 시간을 요구할 것으로 보인다.

제4부

아시아주의와 내셔널리즘의 교착

제7장

안보내셔널리즘과 아시아주의의 변질:
자유무역협정 정책의 사례

1. 문제제기

전후 일본의 산업정책과 대외 경제정책은 동전의 양면처럼 동일한 맥락 속에서 전개되어왔다. 특히 1980년대 이후 극심한 미일 마찰을 배경으로 일본의 국내 산업정책과 대외 경제정책은 국제적 산업구조조정책에 의해 매개되면서 통합되는 양상까지 보여준다. 일본 국내의 산업구조를 고도화, 고부가치화하면서 종래 마찰의 표적이 되어왔던 표준적 수출공정을 해외, 특히 아시아로 확산·재편하려는 정책이 그것이었다. 이때부터 동아시아 지역을 대상으로 한 대외 경제정책과 일본 국내 산업정책은 더욱 전략적으로 결합되어 전개되었다.

1990년대 후반 동아시아 경제위기가 발발하면서 일본의 산업정책은 더욱 거시적인 목표와 수단을 동원하는 형태로 부활하였다. 경제산업성(이후 METI)은 친시장적이고 친기업적인 산업환경 정비라는 거시적 정책수단들을 통해 일본 국내산업의 공동화를 최대한 방지하고 일본이 계속 고부가가치 생산기지의 역할을 유지할 수 있도록 한다는 산업정책 목표를 제시하였다. 나아가 일본 국내의 산업정책 의도를 더욱 완벽히 달성하기 위해서 '내외일체적인 대외 경제정책'의 구사를 강조하였다. 즉 위기에 처한 일본 국내산업의 새로운 시장확보와 일본기업의 동아시아 분업망의 효율적 재구성을 위해 특정하게 설계된 대외 경제정책이 필요해지는데, 그 대표적인 사례가 자유무역협정(이하 FTA), 일본적 표현으로서 동아시아 '경제연계협정'(Economic Partnership Agreement, 이하 EPA)이었다.[1] 이것은 이미 제1장부터 제3장에 이르기까지 설명했던 바와 같이 새로운 아시아주의가 등장하는 한 가지 경로이기도 하였다.

이렇듯 일본의 공세적 대외 경제정책으로 부상한 FTA/EPA 정책은 '자유

---

1) 이후에는 이를 FTA/EPA라는 통합적 용어로 표현을 통일한다.

무역'이라는 외형적 언사에도 불구하고 일본 국내 산업정책의 목표의 연장선에 있었으며, 그만큼 신중상주의적 성격을 갖고 있었다고 할 수 있다. 일본은 FTA/EPA를 통해 동아시아 지역과 관계에서 두 가지 적극적인 경제 전략목표를 추구하였다. 첫째, 무역투자 자유화를 통해 일본의 수출을 증가시키고 일본기업 해외투자를 위한 안정적 조건을 확보해준다는 것이다. 둘째, 이러한 정책을 통해 궁극적으로는 일본과 동아시아 지역 간의 수직적 국제 분업을 강화하여 해외투자와 국내 생산기반 간의 호순환 관계를 창출한다는 것이었다(MOFA, 2008: 15면). 이는 일본의 새로운 아시아주의가 아시아와의 관련 속에서 경제민족주의 혹은 신중상주의적 성격이 있었음을 확인해준다. 그런데 초기에 정책이 형성될 때까지만 해도 FTA는 단계적이지만 아시아 전체의 통합을 염두에 둔 '대지역주의' 경향성을 보여주었다.

그러나 2000년대 이후 코이즈미 내각과 아베 내각에서 정점에 달한 안보내셔널리즘의 영향하에서 아시아주의 정책의 전형을 보여주던 FTA/EPA 정책은 중국을 배제한 소위 '중지역주의' 구상으로 변질되어갔다. 즉 중국과의 복잡한 정치·경제적 관계를 염두에 둔 경제민족주의와 안보적 대항사조가 동아시아 FTA/EPA 네트워크 구상에 직접적으로 반영되기 시작한 것이다. 일본은 동아시아 지역 전반을 하나로 통합해가는 지역포괄적 FTA 네트워크 구축을 포기하고, 중국을 배제하는 '안정과 번영의 호'에 따라 FTA 네트워크를 구축하기 시작했다. 이리하여 일본의 '동아시아 FTA'는 한국과 동남아시아를 잇는 동아시아 해양지역에서 출발해 호주, 뉴질랜드, 인도, 걸프지역 산유국 등으로 이어져 사실상 동아시아를 초월하고 있다. 이 장은 1990년대 후반에 새로운 아시아주의적 맥락에서 정책화된 FTA/EPA 정책이 2000년대에 어떻게 전개되었는지를 추적함으로써 FTA/EPA의 아시아주의적 속성이 어떠한 계기를 중심으로 어떻게 변질하는지를 분석하고자 한다.

이 과정은 일본의 자유무역협정 정책이 경제적 결합을 통한 동아시아의 통합지향적 '자유무역권' 형성을 지향하는 것이 아니라 경제민족주의와 안보적 경쟁구도가 착종하는 정치전략에 규정되면서 중국 포위[혹은 실질적 배제를 위한 일본 중심의 FTA/EPA 네트워크로 나아간 실질적 과정을 분석하는 것이기도 하다. 이를 위해 이 장에서는 일본이 추진하는 동아시아·태평양 FTA/EPA 구상 전반을 검토하고자 한다. 구체적으로 현재까지 협정체결이 완료된 일본과 ASEAN 4——타이, 말레이시아, 인도네시아, 필리핀——간의 쌍무적 접근과 일본-ASEAN 간의 다자적 포괄경제연계협정(CEP), 그리고 한일 FTA 등의 사례를 중심으로 그 성격을 분석하되 일본의 FTA/EPA 네트워크 형성기준이 신냉전적 전략에 의해 변질하는 과정에 촛점을 맞출 것이다.

2. 자유무역협정 정책의 국내적 배경: 장기 침체의 일본경제와 산업의 동아시아 전략

1980년대 산업정책과 적극적 지역주의 정책의 결합은 이 장에서 본격적으로 분석할 일본 FTA/EPA의 경제민족주의 혹은 신중상주의적 성격이 발생하는 원점에 해당하지만, 최근의 공세적 정책과는 상당히 다른 '온정주의'와 '비제도주의'적 요소가 있었다. 그 이유는 상승기에 있던 1980년대 일본경제의 자신감이 반영되어 있었기 때문이다. 물론 1980년대 말에 들어 버블의 기미가 감지되었지만, 그것은 산업구조의 혁신적 전환과정에서 발생한 일종의 부작용이기도 했다.

그러나 1990년대 접어들면서 상황은 정반대로 전개된다. 버블 붕괴 후 심각한 금융위기의 전개와 더불어 경제상황은 급격히 침체국면으로 빠져들었으며, 이 상황은 1990년대 후반의 동아시아 경제위기로 더욱 심화하게 된다. 이리하여 흔히 '잃어버린 10년'이라는 긴 터널이 시작되고, 일본 경제는 장기 침체, 해외투자의 가속화, 산업공동화, 동아시아를 무대로 한 일본기업

전략의 본격화 등 새로운 양상에 직면하게 된다. 이것이 직접적 산업 통제수단을 상실한 정책당국의 새로운 산업정책 방향을 규정하게 되었는데, 여기에서 온정주의와 비제도주의를 넘어선 제도적·의무적 지역주의 정책과 공세적 자유무역협정 정책이 탄생하게 된 것이다.

(1) 국내 경기의 장기 침체

'잃어버린 10년' 동안 일본경제는 표 1에서 알 수 있는 것처럼 1992년부터 2000년은 GDP의 연평균 성장율이 1%를 넘어서지 못했으며, 완전실업률은 4%를 상회하였다. 전후 유례없던 일본경제의 최악의 상황이 발생한 것이다. 이러한 현상은 버블 붕괴와 아시아 경제위기로 말미암은 거액의 부실채권으로 대은행(北海道拓殖銀行, 두 개의 장기 신용은행)과 거대증권회사(山一証券)가 도산하고, 이로 말미암은 대출회피가 도화선이 되었다. 이러한 경기침체는 '일본형 경영'의 해체로 인한 산업계의 구조조정과 업적 중시주의 대두, 그리고 소자·고령화 현상과 장래 사회보장에의 불안감 등이 중첩되면서 발생한 급격한 소비위축이 원인이 되었다. 소비위축은 도소매물가의 하락과 기업매출의 감소를 낳아 이른바 '디플레 악순환'(deflation spiral)의 조짐마저 보여주었다(柴坦和夫, 2001: 4면).

표 1 일본의 1990년대 주요 경제지표

	실질경제 성장률 90년 가격 (%)	실질민간 최종 소비 전년 대비 (%)	도매물가 전년 대비 상승률 (%)	소비자물가 전년 대비 상승률 (%)	정부장기 채무잔고 대 GDP비 (%)	실업률(%)	경상수지 (10억엔)
1990	5.5	4.1	1.6	3.1	–	2.1	6,474
1991	2.9	2.8	1.0	3.3	45.1	2.1	9,176
1992	0.3	1.1	-0.9	1.7	47.4	2.2	14,235

1993	0.4	1.7	-1.5	1.2	51.5	2.5	14,669
1994	0.6	1.5	-1.8	0.7	56.1	2.9	13,342
1995	3.0	3.2	-0.8	-0.1	60.6	3.2	10,386
1996	4.4	2.6	-1.6	0.2	64.4	3.4	7,158
1997	-0.0	-1.4	0.6	1.7	70.8	3.4	11,436
1998	-1.9	0.6	-1.5	0.6	82.5	4.1	15,785
1999	0.5	1.2	-1.5	0.3	-	4.7	12,174

출처『週刊東洋經濟臨時增刊 5641號・經濟統計年鑑 2000』; 日本銀行調査局. 1998. 『日本を 中心とした國際比較統計』; 日本銀行調査局. 『金融統計月報』등: 柴坦和夫(2001: 6면)에서 재인용.

(2) 제조업 산업공동화

장기간 경기침체는 제조업의 해외투자와 해외생산비율 증대를 촉진하지만, 새로운 산업이 이 공간을 메우지 못할 때 산업공동화를 불러오게 된다. 일본 산업 전반의 해외생산비율은 1990년 싯점에 약 6%이던 것이 2000년으로 가면 약 15%로 빠른 속도로 증가하고 있다.[2] 더구나 일본의 주력산업으로 전후방 산업 연관효과가 높은 산업들의 경우 해외생산비율은 더욱 크게 나타난다. 예컨대 같은 시기 동안 수송기계는 12%대이던 것이 33%로, 전기기계는 11%대이던 것이 25%로, 일반기계는 10%대이던 것이 15%로, 비철금속은 5%대이던 것이 15%로 급증하고 있다(公庫, 2002: 9면). 경제침체의 상황에서 해외생산비율의 급증은 국내의 신규 투자와 연구개발 투자를 회피하도록 함으로써 국내생산의 차질을 가져오게 된다. 특히 부품 외주

---

2) 물론 이 비율은 미국, 독일 등 타 선진국과 비교해보면 높은 비율은 아니다. 요컨대 같은 시기 동안 미국은 25~30%대였으며, 독일은 24~34%대를 보여주었다. 그런데도 종래 풀 쎄트형 산업구조의 관성 속에 존재해오던 일본의 증가율은 상대적으로 커다란 규모라 아니할 수 없다(公庫, 2002: 9면).

율(外注率)이 높은 기계조립산업 등 주력산업에서 해외생산비율의 현격한 증가는 국내생산에 중층적 영향을 일으킨다. 이것이 일반적인 공동화 효과이다.

나아가 일본 제조업의 해외투자 동기를 중심으로 살펴보았을 때, 특히 동아시아에 대한 투자는 일본에서의 수출을 대체하고 일본으로의 역수입을 증가시키는 경향——저비용 지향, 무역장벽 회피——을 가지므로 산업공동화에 미치는 영향이 더욱 크다고 할 수 있다(公庫, 17면). 가령 표 2에서 해외투자 동기가 현지판매와 원재료 확보 등을 제외하고, 비용삭감, 납입선 문제, 일본에의 역수입, 무역장벽 회피일 경우 국내수출을 대체하는 효과를 갖고 있다. 1999년을 기준으로 아시아 지역 해외투자의 55.1%, 그리고 중국 투자의 57%, ASEAN 투자의 약 58%가 바로 이러한 투자동기가 있었고, 결국 국내에 공동화 효과가 있었다고 할 수 있다.

표2 일본 제조업의 지역별 해외투자 동기(단위: %)

	미국	EU	아시아 전체	중국	ASEAN	전 지역
비용 삭감	18.1	12.0	36.9	40.1	37.6	30.0
납입선 관계	13.0	7.3	10.4	7.7	13.1	10.3
역수입	4.0	2.0	7.1	8.9	6.7	5.8
무역장벽 회피	3.3	3.5	0.7	0.3	0.6	1.5
현지판로 확대	38.1	51.8	28.5	26.1	27.4	33.5
원재료 확보	3.8	2.4	4.3	5.2	3.7	4.2
기타	19.7	21.0	12.1	11.7	10.9	14.7
합계	100.0	100.0	100.0	100.0	100.0	100.0

출처 經濟産業省 『平成11年度海外事業活動基本調査(第7回)』: 公庫(2002: 18면)의 표를 재구성.

한편 이 공동(空洞)을 새로운 국내산업이나 대내직접투자가 메워준다면, 공동화는 멈추거나 확대되지 않을 수 있다. 그러나 일본의 상황은 이와도 거리가 멀다. 표 3을 보면 써비스 분야를 포함한 비일차 산업분야와 제조업 분야 모두 1989년과 1991년 사이에 기업의 폐업율이 개업율을 앞지른 후 이 상황은 더욱 커지고 있다. 특히 제조업 분야의 경우 1990년대 중반 이래 간극이 엄청나게 확대되고 있다. 이 결과 1996년부터 1999년까지 비일차 산업분야에서 사업체수는 1만1천개 이상이 감소했으며, 제조업에 한정할 때 약 3만개 정도의 사업체가 폐업한 것으로 드러났다(公庫, 10면).

표3 일본 산업의 개업율과 폐업율(단위: %)

		75~78	78~81	81~86	86~89	89~91	91~94	94~96	96~99
비일차산업	개업율	6.2	6.1	4.7	4.2	4.1	4.6	3.7	5.9
	폐업율	3.4	3.8	4.0	3.6	4.7	4.7	3.8	4.1
제조업	개업율	3.4	3.7	3.1	3.1	2.8	3.1	1.5	1.9
	폐업율	2.3	2.5	3.1	2.9	4.0	4.5	4.0	5.8

출처 總務省統計局,『事業所・企業統計調査』; 中小企業廳,『中小企業白書』: 公庫(2002: 10면)의 도표 재구성.
주 위 비율은 연평균 비율

산업공동화 문제는 표 3에서도 드러나지만 제조업 분야의 기반을 크게 동요시켰던 것으로 드러난다. 즉 기업의 해외 이전에 의해 종래 부품업체와 조립산업, 그리고 부품산업 간의 국내분업(하청계열)이 해체되기 시작했으며, 기업들은 중복투자를 회피하기 위해 일부에서 R&D 국내투자도 자제하는 경향을 보여주기도 했다(公庫, 4~5면). 한편 이와 함께 공동화 문제는 일본경제의 구조적 한계를 드러내주는 문제로 주목되었다. 이와 관련하여 고비용의 사업 관련 인프라(지가, 임금, 물류, 세부담, 공공요금 등), 많은 신규 진입장벽

(각종 규제와 복잡한 인허가제도, 상관행 등), 창업자 인쎈티브의 결여 등이 지적되었다(公庫, 4~5면).

(3) 기업의 동아시아 활동전략의 강화

일본 국민경제가 부분적으로 공동화된 이면에는 기업편익을 좇는 대기업들의 적극적인 해외활동 전략이 존재한다. 기업들의 해외활동은 동아시아 경제위기 이전 시기인 1997년까지 적극적으로 이루어졌으며, 특히 제조업을 중심으로 살펴보았을 때 주요한 투자시장은 북미와 동아시아였다. 이렇듯 동아시아가 일본기업들의 전략무대로 각광을 받게 된 데에는 중국의 잠재적 시장규모와 AFTA 추진으로 말미암은 ASEAN 활동조건의 호전 등이 중요한 계기가 되었지만, 가장 큰 투자의 동기는 현지 생산거점의 구축이었다. 그리고 이 시기 동안 APEC을 중심으로 하는 자발적 자유화의 분위기 속에서 아시아·태평양의 대시장에 대한 기대감 또한 크게 작용했다. 즉 이른바 '신성장시장'(Emerging Market)으로서 동아시아가 부상한 것이다(송주명, 1997b: 7~19면; 송주명, 1998: 55~62면).

1980년대 이후 제조업의 대아시아 해외투자 상황을 통해 일본 산업의 국제분업 네트워크 속에서 아시아가 점하는 비중을 보도록 하자. 우선 1986년부터 1990년까지 전세계 누적투자액이 572억 달러였는데, 112억 달러가 아시아로 유입되었고, 이 중 73억 달러가 ASEAN 국가에 집중되고 있음을 알 수 있다. 이 비중은 아시아 전체로는 약 20%, 그리고 ASEAN이 총 투자액의 13%를 차지하는 것이다. 전체로 보아 큰 비중이 아닌 것처럼 보이지만, 이 기간에 대다수 투자가 선진국을 향해 있고, 선진국 모든 나라에서 발전도상국에 대한 투자가 거의 없었음을 상기할 때 엄청난 액수가 아닐 수 없다 (大藏省, 1986~1990). 이러한 경향은 아시아 경제위기가 일어난 1997년까지 확대되어 나타났다. 표 4에 따르면 누적액 면에서 1990년부터 1997년까지의 일본기업 해외투자는 아시아 지역이 전세계 해외투자에서 19%를 점하는 데, 특히 제조업은 32%라는 막대한 비중을 차지하고 있다.[3] 이는 일본기업들의 국제적 전략에서 아시아 지역의 중요성이 특히 증대하고 있음을 보여주며, 일본 대외 경제정책과 지역주의 정책이 동아시아를 중심으로 재구성되도록 하고 있다.

표4 1990년대 일본의 해외투자 현황(지역별, 단위: 억엔, %)

지역	1990~97	%	1998~2000	%	1990~2000	%	1951~99 누계(100만 달러)	%
북미	195,383	45	55,202	31	250,585	40	305,576	42
	60,482	42	31,848	42	92,330	42		
아시아	84,474	19	22,900	12	107,374	17	125,965	17
	46,332	32	13,672	18	60,004	27		
유럽	89,048	20	73,693	41	162,741	26	156,728	22
	25,716	18	24,741	33	50,457	23		
중남미	39,223	9	22,982	13	62,205	10	83,706	12
	6,246	4	3,718	5	9,964	5		
기타	31,791	7	5,472	3	37,263	6	51,757	7
	5,861	4	1,811	2	7,672	3		
합계	438,919	100	180,249	100	620,168	100	723,732	100
	144,637	100	75,790	100	220,427	100		

출처 대장성 자료: 『ジェトロ投資白書(2001年版)』: http://www.mof.go.jp/1c008.htm; http://www.mof.go.jp/fdi/sankou01.xls; http://www.mof.go.jp/fdi/sankou02.xls; http://www.mof.go.jp/fdi/sankou03.xls의 재구성.
주 1. 상단은 전 산업 누계   2. 하단은 제조업 누계
3. 1951~1999년 누계는 전 산업(달러 기준)

---

[3] 1998년부터 2000년의 시기는 동아시아 경제위기로 해외투자가 극히 자제되던 시기였으므로 주로 1990년부터 1997년까지의 '정상적' 시기를 기준으로 볼 필요가 있다.

특히 버블이 붕괴된 1993년부터 1997년까지의 제조업 해외투자(표 5)를 보면 ASEAN 주요 5개국——타이, 인도네시아, 말레이시아, 필리핀, 씽가포르——과 중국의 누적액은 아시아 전체 투자의 51%와 32%에 이른다. 그리고 1993년부터 2000년까지의 누적투자액이 1951년부터 2000년까지의 총 누적액에서 차지하는 비중을 볼 때 ASEAN은 45.4%를 차지하였으며, 중국은 무려 85.2%를 차지하였다. 1990년대 기간에 ASEAN과 중국에 대한 투자가 집중적으로 이루어졌음을 의미하며 양 지역이 일본기업의 핵심적 생산거점으로 부상했음을 보여준다. 그리고 업종별로 보아 아시아 지역투자의 주도산업들은 표 4에서 보는 바와 같이 전기, 화학, 철·비철, 자동차, 기계 등 현재 일본의 주력산업들이었다. 일본 국내의 주력산업들은 아시아의 '생산기지들'과 국제적 네트워크를 재구축하면서 전체 해외투자액의 약 1/3을 아시아에 집중시켰고, 특히 ASEAN과 중국지역을 전략적 거점으로 위치지었다.

표5 일본 제조업의 아시아 지역별 투자현황(단위: 억엔)

국가·지역	1993~1997	%	1998~2000	%	1951~2000	%
ANIEs3	3,874	11	2,973	22	17,204	19
ASEAN5	17,289	51	7,430	54	54,445	60
중국	10,786	32	2,470	18	15,564	17
기타	1,702	5	734	5	2,943	3
합계	33,833	100	13,672	100	90,947	100

출처 대장성 자료: http://www.mof.go.jp/1c008.htm; http://www.mof.go.jp/fdi/sankou01.xls; http://www.mof.go.jp/fdi/sankou02.xls; http://www.mof.go.jp/fdi/sankou03.xls의 재구성.
주 1. 투자액은 누계. %는 아시아 전체에서 차지하는 비율
   2. 기타는 베트남과 인도의 합산임   3. ANIEs3=한국, 홍콩, 대만
   4. ASEAN5=씽가포르, 인도네시아, 타이, 말레이시아, 필리핀

표6 아시아 지역 일본 제조업의 업종별 진출 상황(1990년대, 단위: 억엔)

업종	아시아 전체					
	1990~1997	%	1998~2000	%	1990~2000	%
식품	1,696	4	583	4	2,279	4
섬유	3,540	7	690	5	4,230	7
목재, 펄프	904	2	245	2	1,149	2
화학	7,619	16	1,957	14	9,576	16
철, 비철	4,865	11	1,965	14	6,830	11
기계	3,970	9	965	7	4,935	8
전기	12,248	26	3,471	25	15,719	26
수송기	4,518	10	2,335	17	6,853	11
기타	6,973	15	1,460	11	8,433	14
제조업계	46,332	100	13,672	100	60,004	100

출처 대장성 자료: http://www.mof.go.jp/1c008.htm; http://www.mof.go.jp/fdi/sankou01.xls; http://www.mof.go.jp/fdi/sankou02.xls; http://www.mof.go.jp/fdi/sankou03.xls의 재구성.

(4) 국제분업 패턴의 변화

일본기업들의 동아시아 전략의 가속화 속에서 종래 일본과 동아시아 간의 분업체계에서 일정한 변화가 진행되었다. 1980년대와 1990년대 초까지 일본기업의 동아시아 해외투자는 주로 저임노동력에 기초한 것으로 일본에 고부가가치 생산거점을 구축하여 주요한 부품을 일본으로부터 수입·조립하는 일종의 '수직적 국제분업 네트워크'를 구축하였다. 이러한 점에서 일본기업의 해외투자는 일본 내의 생산을 크게 대체하지는 않았으며 공동화로 직결되지는 않았다. 전체적으로 일본과 동아시아 간의 분업형태는 이른바 '안행발전'(flying geese)형의 수직적 위계성이 있었다.

그런데 1990년대 중반 이후 섬유, 전자(가전)산업을 중심으로 이러한 수직형 분업체제를 넘어서는 새로운 해외투자 양상이 발생하였다.[4] 이 산업은 동아시아 경제위기를 경험하면서 과잉생산의 상황에 직면하였다. 그들은 국내산업 일부를 과감하게 축소(scrap)하면서 해외생산에 더 많은 비중을 두게 되었는데, 이를 위해 필요한 부품생산체계까지 동반 이동하는 경향이 나타났다(土逸勉男, 1997). 이들은 중국과 ASEAN, 특히 중국에 강력한 생산거점을 구축하기 위해 일본 내의 부품산업 체계를 현지에 이식(transplant)시키는 전략, 즉 범동아시아적 초국적 네트워크의 형성전략을 취하였다. 도시바(東芝)의 경우 2001년부터 국내의 TV 생산을 중단하고, 첨단 디지털방식을 포함한 생산을 중국 다롄(大連)의 자회사에 이관했다. 같은 시기 리코도 업무용 레이저 프린터의 국내생산을 중국 센젠(深圳)의 공장으로 이관하였다(土逸勉男, 2001c). 특히 2000년대에 접어들어 일본기업의 중국 중시전략은 더욱 강화되었는데, 이 결과 중간기술 이상의 일본 부품산업이 다수 진출하여 현지에서 QC(품질관리) 활동 등 기술이식 또한 눈에 띄게 증가한다. 이리하여 일본으로부터 부품, 부재(部材)의 조달을 대체하여 완결(full-set)적 현지조달 양상을 보여주는 기업분야도 나타나기 시작했다(土逸勉男, 2001f; 土逸勉男, 2001g).

일부 산업에서 나타난 국제분업 전략화는 종래 일본 국내의 부품공급 체계와 생산거점 양상도 크게 변화시키고 있다. 우선 부품공급 체계와 관련하여 전자산업과 일부 자동차업계에서 이른바 EMS(Electronic Manufacturing Service)화를 도입함으로써 종래의 하청생산 체계가 더욱 개방되었다. 소니,

---

[4] METI의 동아시아 연구회가 조사한 바에 다르면 이외에도 현지시장을 대상으로 하는 기계, 소재, 의류, 자동차 부품의 현지조달은 90~100%대를 보여주는 경우가 있다 (METI, 2003a: 29~30면).

NEC 등 가전회사들은 자신의 부품생산 공장이나 자회사를 외자계 기업 등에게 매각한 뒤 부품을 아웃쏘싱(outsourcing)하려는 전략을 취하였는데(土逸勉男, 2001d), 이러한 현상은 일부 자동차 부품산업에서도 나타났다(土逸勉男 2000a). 특히 전자산업의 경우 1990년대 후반 이후 미국의 모듈생산과 한국의 수직통합 기업들과의 경쟁에 직면하면서 중하층 부가가치 공정의 부품과 단순하고 가격에 민감한 부품 등을 타이완의 부품회사들로부터 대량조달하는 양상을 보여주었다(Strugeon, 2007: 12~29면). 이는 조립메이커의 해외중시 전략과 더불어 국내 부품공급 체계의 불안정성을 가중했으며, 일부 산업의 공동화를 심화한 것으로 보인다.

한편 더욱 문제인 것은 해외생산을 통해 일본 국내로의 수출이 대규모로 증대하는 현상이다. 동아시아에 진출한 산업 중에 범용가전, 전자기기(부품) 산업은 대일 역수입 비중이 현저히 증가했으며, 의류와 식품산업은 거의 100% 대일 역수입을 지향하는 경우가 발견되었다(METI, 2003a: 31~32면). 이를 일본에서는 '유니크로'(Uniqlo) 현상이라고 했는데, 특히 중국과의 관계에서 섬유와 가전제품은 중국산 제품의 수입경향이 고착되고 있으며, 자동차산업도 이륜차(스쿠터 등)를 중심으로 이러한 현상이 일부 관찰되었다(土逸勉男, 2001e).

그러면 일본 산업은 과거 미국 다국적기업과 마찬가지로 국민경제를 버린 채 완전히 초국적화(trans-nationalization) 전략으로 나섰는가. 아직 아닌 것으로 보인다. 종래 일본과 동아시아 간의 수직분업이 여전히 주된 중심 경향으로 유지되기 때문이다. R&D의 경우 가전, 의류(현지용), 화장품 등 일부 산업에서 현지개발이 나타나고 있지만, 자동차와 그 부품, 전자기기(부품), 섬유, 화학(의약품, 자동차부품 등), 요업 등 주요 산업분야 전반에서 일본은 여전히 R&D 거점으로서의 위치를 부여받고 있다(METI, 2003a: 27~28면). 나아가 부품 조달 면에서도 부품을 모두 일본에서 조달하거나, 아니면 고기술부품을 일본에서 조달하고 저기술부품을 현지에서 균형있게 조달하는 수직분업

패턴은 여전히 중심이 되고 있다. 일본 산업의 주력인 자동차(완성차), 전자 부품, 산업기계, 소재산업과 정밀 화학품, 고급의류 등이 대표적인 사례로서 (METI, 2003a: 30~31면), 이들은 여전히 일본을 고부가가치 생산기지, 즉 핵심적 수출생산거점으로 위치지우고 있다.[5] 나아가 범동아시아 전략을 추구하는 전자산업도 일본을 고부가가치 부분품(components)을 생산하는 통합적 제조거점이나, 콘텐츠, 쏘프트웨어 생산을 중심으로 하는 고부가가치의 '지적제조업' 거점으로 재규정함으로써 일본의 국내적 기반을 중시하고 있다(土逸勉男, 2001b; 2001a; 2001b; 2001c; Sturgeon, 2007). 따라서 최근 동아시아 분산투자를 추구하는 산업에서조차도 일본은 해외생산 상품의 '부메랑 회귀' 지점——단순한 역수입시장——에 불과한 것이 아니라 고부가가치, 고기술을 중심으로 하는 핵심 공정의 투자집중의 거점이기도 한 것이다. 결국 이러한 점에서 일본기업의 해외생산은 일본을 정점으로 하는 '분산회귀형 분업' '수직적 안행형 분업'이라는 두 가지 국제분업 네트워크를 형성하는 것으로 보인다.[6]

3. 국가이익과 기업이익: 신중상주의적 FTA/EPA의 설계

장기적인 경제침체 속에서의 산업구조 공동화와 기업의 해외활동 강화는

---

[5] 자동차, 산업기계의 경우에 대해서는 土逸勉男(1997; 1998)을 참조하라.
[6] '분산회귀형 분업'이 의류, 식품, 전자산업 등과 같이 일본에 최소한도의 고기술 및 고부가가치 생산공정만을 남기고 동아시아 지역에 주력 생산거점을 확보하여 현지 및 동아시아 조달의 비중을 현저히 늘리고 현지조립을 통해 상당수 제품을 일본 국내로 역수입하는 수평적 국제분업 패턴이라고 한다면, '안행형 분업'은 일본을 부품 전반 혹은 고기술·고부가가치 부품의 강화된 생산기지로 위치지우고 해외생산이 일본의 부품 및 자본재, 제품 수출을 유인하도록 함으로써 해외생산과 국내생산이 호순환하는 수직적 국제분업 패턴을 의미한다.

국민경제 성장문제와 글로벌한 기업전략 간의 모순, 즉 국가이익과 기업편익 간의 모순이 역기능적으로 표현된 것이다. 물론 현재 기업의 해외활동 강화로 나타나는 새로운 국제분업 형태가 '분산회귀형'이라고 할지라도 미국 기업의 전례에서 보듯이 기업편익 기준만을 추구한다면 국내로 '투자회귀'는 보장되지는 않을 것이다. 이러한 점에서 공동화에 직면했던 일본의 국민경제와 기업의 강화된 해외활동은 모두 일종의 전환기적 상황을 보여주는 것이었다. 이 상황에 유효한 특정한 정책들이 취해지지 않는다면 동아시아 산업과의 경쟁 속에서 공동화는 더욱 심화하고, 국제분업의 주요 패턴도 수직 분업→분산회귀형 분업→투자분산으로 이어지는 수직 분업네트워크의 분해양상이 나타나게 될 것이다. 결국 국내 산업구조의 고도화·고부가가치화와 '투자 및 이익회귀'형 국제분업의 유지라는 두 과제는 결합되며, 전자는 후자에 의해 뒷받침이 되어야 할 것이다. 이것이 국내외를 가로지르는 '내외일체적' 산업정책의 배경이 된다.

(1) 국내 산업정책: 친기업적 시장환경 정비

새로운 세기에 접어들어 구체화하고 있는 일본의 산업정책은 이전 단계들의 '통제·유도형' '조직화·방향제시형' 정책들과 달리 '방향제시·환경정비형'의 양상을 보여주고 있다. 이미 국제화된 활동망을 가진 기업들을 통제하거나 조직화하는 것은 불가능하며, 현재와 같은 신자유주의적 자본주의에서 규제를 통해 공동화를 방지한다는 것 또한 불가능하기 때문이다. 따라서 산업정책의 기본적인 운영방향도 더욱 개방된 형태로, 거시 및 미시 정책을 통합하며, 국내와 해외를 일체적으로 파악하는 것이 중요해질 수밖에 없다(송주명, 2005). 그러나 이것이 국가의 역할을 방기하도록 하지는 않으며, 새로운 산업창출을 위한 방향제시와 환경정비, 그리고 적극적 대외 경제정책의 추진 등을 중심으로 도리어 더 확실한 '국가의 역할'을 요구한다(產業構造

審議會, 2000: 29, 35~36면).

1990년대 말부터 2000년대 초 제조업을 중심으로 한 산업정책의 핵심적인 방향을 간추려보면 다음과 같다. 첫째, 일본이 직면했던 제조업 공동화를 넘어서 미래 산업구조의 고도화, 고부가가치화를 추구하는 것이다. 새로운 산업정책은 과거 단순 양산품을 기초로 한 고성장을 포기하는 대신 현재 수준의 제조업을 써비스·정보화 기술을 통해 한 단계 고양하는 발전비전을 제시하였다. 가령 하드웨어와 쏘프트웨어의 특성을 결합하는 '서드웨어'(thirdware, 정보가전, 정보화자동차, 씨스템 일체적 로봇산업), 새로운 산업 개척분야(해양, 항공, 우주), 고령사회 대응산업(건강, 의료, 개호), 환경산업(환경보존, 공해방지, 리사이클), 감성산업(콘텐츠, 패션, 레저) 등은 종래 제조업의 건전한 기반 위에서 새로이 개척되어야 할 산업들이었다(産業構造審議會, 18~25면). 둘째, 캐치업 이후의 새로운 산업의 기반이 될 이노베이션과 기술개발을 정책적으로 주도하는 것이다. 여기에서 국가의 주도적 역할은 여전히 필수적인 것으로 간주하는데, 국가는 집중적 지원자금을 매개로 전략분야──① 정보가전, IT, ② 환경, 에너지, ③ 건강, 바이오테크놀로지, ④ 나노테크놀로지, 재료──를 설정하여 기업-대학-민간 등 기술개발 협력네트워크를 조직하도록 되어 있다(METI, 2003b; 産業構造審議會, 40~44면). 셋째, 현재의 공동화를 넘어서 경쟁력있는 기업을 창출하고 신규 사업을 전개하며 산업공동화를 막기 위한 산업환경을 정비하는 것이다. 이를 위해 각 기업의 사업 재구축과 신사업 도전을 촉진하는 시책──중소기업과 창업지원제도──을 실시하고 써비스산업의 활성화를 위해 노력한다. 금융 면에서의 지원과 중소기업의 안전망 확보와 같은 정책은 대표적이다(METI, 2003b). 나아가 공급 측면에서 경영자원의 선택과 집중, 미래의 산업개척을 용이하게 하는 거시적 환경창출을 위해 금융, 상거래, 공공·에너지 요금 등에 대한 규제완화를 적극적으로 추진하는 정책도 중요한 의미가 있다(与謝野馨, 1999).

한편 새로운 국내 산업정책은 예전과 달리 국가에 의한 의식적인 산업육성, 보호의 관점은 현격히 축소된 반면, 규제완화 등을 통해 시장환경을 개선하고 성장분야에 유리한 활동조건을 제공한다는 특징이 있다. 그러나 이러한 조치들이 단지 자유화를 가속하는 것이 아니라, 새로이 제시된 산업발전비전과 국가 주도의 기술혁신에 따라 산업구조의 고도화와 고부가가치화를 추진하려는 유일한 방책으로 제시되고 있다는 점에서 1980년대의 역동적 산업구조정책의 연장선에서 이해해야 할 것이다. 기업의 자율성이 예전과 달리 커진 상황에서 국가가 유망한 기업에게 유리한 시장환경을 제공하고 기업활동이 국가경제에 이바지할 수 있도록 한다는 것이다.

(2) 산업정책의 국제적 보완으로서 동아시아 FTA/EPA

일본이 새로운 단계의 산업구조를 형성해가기 위해서는 더이상 제조업 공동화는 방지되어야 할 것이었다. 왜냐하면 일본에 남아 있는 고부가가치 제조업이 차세대 고부가치산업을 형성하는 기반이 되며, 그 과정을 이끌 주체이기 때문이다. 그리고 산업구조의 전환을 위해서는 많은 에너지와 투자가 일본 국내로 집중・집적되어야만 했다(產業構造審議會, 18~21면; 公庫, 5, 25면). 따라서 해외로의 기업 유출요인을 최소화하고, 다양화된 국제분업의 성과가 일본을 중심으로 회귀・집중할 수 있도록 하는 국제제도가 필요해진다. 이러한 요구에 가장 합당한 제도는 공동화를 미연에 예방함과 동시에 장기 경기침체를 넘어서는 산업구조 전환의 발전적 계기들을 일본 국내로 환류하는 공세적인 대외 경제정책, 즉 FTA/EPA였다(田中均, 2000: 51~63면). 일본 산업정책의 핵심적인 정책방향으로 적극적(공세적)인 국제경제질서 형성과 아시아경제와 일본경제의 일체화, 즉 '내외일체의 대외 경제정책 추진'이 포함된 이유는 여기에 있다(產業構造審議會, 38~40, 47~49면; METI, 2003b; 与謝野馨, 1999).

일본이 추구하는 자유무역협정은 '자유화'를 가장 핵심적인 내용으로 하지만, 일찍이 New AID 플랜이나 APEC 구축정책과 관련하여 발전해온 '원활화' '경제협력' 등을 중층적으로 포괄하고 있다. 그리고 자유화 영역에서도 기존 FTA에서 다루어지지 않던 투자, 정부조달 등을 포함함으로써 범위 면에서 이른바 'WTO 플러스'라는 포괄적 양태를 갖도록 하였다. 이는 일본이 최초로 체결한 자유무역협정인 '일본·씽가포르 신시대경제연계협정'(JSEPA)이 체결된 이후 모델화된 것으로 일본이 시도하는 거의 모든 쌍무적 지역협정에서 이 기본 틀이 반복되고 있다.

FTA/EPA가 국내외 일본기업들에 새로운 시장을 제공하고 기업활동을 원활화함으로써 이익을 증대하도록 디자인되었다는 사실은 상식이다. 그런데 FTA/EPA는 어떤 방식으로 일본의 국민경제에 영향을 주는가. 그것은 일반적으로 두 가지 방향에서 논의할 수 있다. 첫째, 상품 및 써비스무역의 자유화(관세철폐, 비관세조치의 철폐)를 통해 일본 국내산업은 새로운 시장을 획득할 수 있고, 수출 확대를 통한 이익이 증가함으로써 맹목적인 해외투자 유인을 줄일 수 있다. 국내의 생산거점은 유지되거나 확대재생산될 수 있으며, 이로 말미암아 산업공동화를 중단시키거나 줄이는 효과를 가질 수 있다. 나아가 부품산업의 경우도 현지에서의 대일 수입가격이 낮아짐으로써 조립 대기업들이 해외생산비율을 높이더라도 일본 국내에서 부품을 공급할 수 있는 여지가 더욱 커진다. 이는 결과적으로 국내 산업구조 고도화의 기반이 될 제조업 기반을 강화시키는 결과를 가져올 것이며, 일본을 고부가가치 제품과 부품 공급기지로 하는 '수직형' 국제분업구조를 안착시키는 결과를 가져올 것이다(日商, 2004).[7]

둘째, 무역·투자의 자유화와 원활화를 통해 해외 일본기업들의 수익은

---

[7] 일본에 기반을 둔 수출제조업을 포괄하는 기계수출조합이 2003년 5월에 행한 앙케트 조사에 의하면 일본 국내 제조업들은 FTA/EPA와 관련하여 가장 큰 관심을 보인 항목이 '상품무역'이었으며, 이때 가장 핵심적인 문제는 역시 '고율의 수입관세'인 것으로 나타났다(機械組合, 2003: 24~27면).

증가할 것이며, 이익은 직간접적으로 일본경제로 환류한다. 우선 일본기업의 해외수익 증가는 기업에 대한 긍정적 평가를 낳고 연결 베이스의 기업이익을 증가하여 결국 주가상승으로 이어지고 일본경제를 활성화시킨다. 나아가 이 기업들은 해외수익 증가를 새로운 고부가가치생산을 위해 설비투자, R&D투자 등의 형태로 일본 국내로 재투자할 것이다. 결국 이로 말미암아 국내경제는 활성화될 것이며 산업구조의 전환에도 직접적인 이바지를 하게 된다. 뿐만 아니라 동아시아로부터의 '적정한' 경쟁압력의 도입으로 경제구조가 개혁될 것이며, 내외자본에 투자대상으로서의 매력이 증가할 것이다. 이러한 이득의 환류는 자연성장적으로 종래 '안행형' 국제 분업체제를 강화하는 경향을 낳을 것이며, 새로이 등장한 '분산회귀형' 분업체제에 대해서도 '투자회귀' 지향을 강화함으로써 투자의 집중점을 명확히 갖는 '확산·집중형' 분업체제로 변화시킬 것이다(METI, 2003a: 34면).

그림1 동아시아 비즈니스권의 사업 확대와 일본 국내에의 영향력

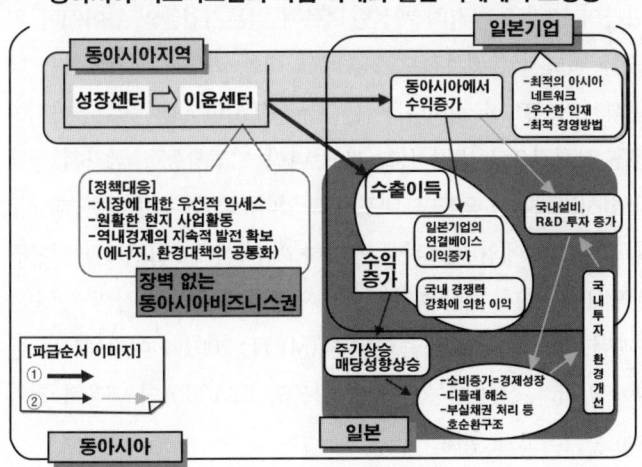

4. 경제민족주의와 동아시아 FTA/EPA의 현실화

(1) 일본의 동아시아 FTA/EPA론

일본의 동아시아 FTA/EPA는 ASEAN 전체와의 다자적 접근을 포함하여 한-일간, 일-ASEAN 5개국——타이, 인도네시아, 필리핀, 말레이시아, 씽가포르——간의 쌍무적 협정을 중심으로 하는 '동아시아 해양지역'의 쌍무적·다자적 망으로 재설계되고 있다. 이러한 해양지역 연계네트워크는 정치경제적으로 안정성을 갖고 있고, 경제적으로도 무역, 투자 면에서 일본과 경제적으로 긴밀히 연계되어 있으며 비교적 높은 무역장벽을 가진 지역들이다(MOFA, 2002). 특히 ASEAN 국가들과의 쌍무적 접근과 다자적 접근은 기업의 ASEAN 역내 수익성을 증대시키고 현지시장 통합을 촉진함으로써 대중국 투자의 집중으로 야기될 수 있는 정치적·경제적 위험성을 경감하는 데 주안이 있었다. 즉 기업들이 동아시아 사업거점을 중국과 ASEAN에 균형있게 배치할 수 있도록 한다는 것이다. 일본정부는 FTA/EPA를 통해 ASEAN에 대한 시장접근의 조건을 현격히 개선함으로써 일본기업들의 동아시아 역내 지역 선호도를 변화시켜 결과적으로 중국에 대한 집중적 투자흐름을 더욱 균형있게 변화시키려고 한 것이다. 이는 결국 FTA/EPA를 통해 동아시아 역내 시장조건을 정책적으로 변경하고, 그에 따라 기업활동을 국가적 정책목표에 더욱 근접시키겠다는 의도를 내포하고 있다. 즉 중국에 대한 대규모 투자가 일으킬 일본 국내에의 역효과를 경감하고, 대신에 ASEAN과 일본간의 체계적인 분업네트워크를 재구축함으로써 일본과 동아시아 간의 '선순환적' 국제분업 패턴을 만들어가겠다는 것이다(METI, 2003a) 여기에서는 현재까지 실현되어 있거나 실현 가능성이 큰 일본의 FTA/EPA의 내용과 전략적 핵심에 대해 분석하고자 한다.

(2) 수출 확대와 적극적 공동화 대책: 대상지역의 고관세 철폐

앞에서 논한 바와 같이 일본의 FTA/EPA 정책은 단순한 관세철폐만이 아니라 비관세장벽, 써비스무역, 투자, 인적 이동, 원활화, 경제협력 등 다양한 이슈와 영역을 포괄범위(scope)로 한다. 다음은 일본 경제산업성이 각 지역과 협상을 전개할 때 공통적으로 적용하는 일본 FTA/EPA의 핵심 틀이다 (METI, 2003a).

---

1. 국경장벽의 철폐
    (1) 무역·투자 자유화
        - ASEAN, 한국과의 작업 우선시
        - 범위/속도 면에서 WTO 플러스, ASEAN 5와도 선진국형 FTA
        - 정부조달, 원산지 규칙
    (2) ASEAN 다자접근과 AFTA 가속화
        - ASEAN 관세철폐 시한(A6는 2010년) 단축
        - AFTA form D 양식의 통일. ASEAN 3개국간 역내 거래도 AFTA 적용
        - AICO 스킴의 개선: 신규인가 기간 단축, 전 ASEAN국이 신규 인가건에 대해 AICO 세율 제로화
    (3) 인적 이동의 자유화, 원활화
        - 비즈니스맨의 이동, IT 기술자, 간호사, 개호사 특수기능보유자 이동원활화
    (4) 동아시아의 정책협조

2. 원활화
    (1) 고수준 기술자 등 인재육성
    (2) 지적재산권 강화
    (3) 무역 관련 절차
    (4) 기준인증 능력향상/조화
    (5) 전자상거래
    (6) 경쟁정책

3. 협력
    (1) ASEAN 중심의 폭넓은 경제협력

(2) 에너지 안정 공급
(3) 환경문제
(4) 통화, 금융

전체적으로 일본 산업정책 당국이 FTA/EPA에 대해 가진 가장 큰 관심은 수출을 촉진하고 기업 해외투자와 연관된 국제분업 관계를 조정하는 일일 것이다. 무역 면에서의 이득은 일본에서의 수출을 증대하여 일본 국내의 산업기반, 특히 제조업 기반을 강화할 수 있고 공동화 위험에서 벗어나도록 해 줄 것이다. 특히 상품무역에서 관세철폐가 가져올 긍정적 효과에 대해서는 일본의 주요 기업과 정부 모두 확연히 일치된 입장을 가지고 있으며, 사실상 일본으로서 가장 크게 기대하는 이익이다. 일본과 동아시아 간의 제조업 상품무역시장의 특징은 극히 대조적이며 비대칭적이다. 즉 일본은 기본적으로 수입품 중 무관세비율이 높으며, 섬유, 피혁, 신발 등의 일부 고관세 품목을 제외하면 대다수 제품이 0%에 근접하는 저관세의 상황이다. 여기에는 일본 기업의 동아시아 수출경쟁력의 우위가 반영되어 있다. 그리고 국내시장이 공급자 중심으로 잘 짜인 형태로 조직되어 있는데, 이것은 소위 여러 형태의 비관세조치들에 의해 보완되고 있다. 반면 동아시아는 일본에 비교해 제조업 경쟁력이 낮아서 수입에서 무관세 비율이 낮고, 일본으로부터 핵심적 제품과 부품을 상대적 고관세로 수입하고 있다. 따라서 제조업을 중심으로 보는 한 관세철폐의 효과는 일본과 동아시아 간에 확연한 일방성, 비대칭성이 존재한다. 일본 기계수출조합이 2003년에 조사한 바로는 아시아에서 3년 이내에 FTA를 체결하기를 희망하는 국가와 지역은 ASEAN 전체, 중국, 한국, 타이, 말레이시아, 인도네시아, 필리핀 등으로 나타났는데, 이 지역들은 일본의 제품과 부품 수출시장, 그리고 원재료 수입시장으로서 의미가 크며, 따라서 관세장벽을 철폐하여 지역시장을 자유화하는 것이 가장 큰 관심거리가 되고 있다(機械組合, 2003: 20~27면).

나아가 최근 동아시아 FTA/EPA 네트워크를 설계하면서 일본정부는 직접적으로 산업의 이해관계를 정책에 반영했다. 외무성 경제국의「FTA전략」이라는 문서에 따르면 FTA/EPA의 경제적 이점으로 무역창조・시장확대 효과, 경쟁 촉진・경제 활성화 효과, 규칙에 기초한 분쟁처리, 제도의 확대・조화 등을 들고 있지만 이 중에서 가장 중요한 요소는 역시 첫째, 무역창조・시장확대 효과이며, 이것이 일본의 경기회복과 발전에 결정적으로 이바지할 것임을 분명히 밝히고 있다. 나아가 FTA/EPA 체결의 전략적 우선순위를 결정하는 경제적 기준 또한 "일본 경제계의 요망에 대응"하여 "자유화가 지체된 국가들", 즉 비교적 높은 무역장벽을 가진 국가들임을 분명히 밝히고 있다(MOFA, 2002).

일본 제조업은 이미 ASEAN 및 중국과의 경쟁에 접어들고 있으며, 다수는 그 생산거점을 인건비가 싼 동아시아를 중심으로 한 지역으로 옮기고 있다. 해외 전개하고 있는 기업의 부품, 자본재의 일본에서의 조달을 용이하게 하고, 국내에서 활동을 계속하는 기업, 특히 최종 제품과 부품 등을 동지역에 수출하는 기업의 입장에서도 동아시아의 자유화를 진전시키는 것은 원활한 기업활동에 도움이 된다. … 여기에서 관세철폐로 대표되는 무역자유화를 통한 경제규모의 확대라는 FTA 본래의 취지가 사는 것이다. (MOFA, 2002)

이리하여 초기 FTA 전략에서 가장 우선되는 국가와 지역은 한국과 ASEAN 전체 및 ASEAN 5개국이었다. 물론 정치적 동맹 효과, 경제적 관계의 긴밀성 등 다른 요인도 중첩적으로 존재하지만, 일본정부는 이에 못지않게 공세적으로 이 국가, 지역의 관세철폐・무역자유화에 커다란 비중을 두었다. 가령 1950년대 이래 일본과 ASEAN 지역은 정치적・경제적으로 후견-피후견의 관계에 있었고, 일본은 이 지역들에 대해 전통적으로 의무적・법적 접근, 즉 엄격한 상호 주의적 접근을 자제해왔던 것이 사실이다. 그런데 후진적 발전도상지역을 포함하는 ASEAN 전체와의 다자협상을 제외하고(공동선언, 2002; 기본 틀, 2003), 한국과 ASEAN 4개국——타이, 말레이시아, 인도네시아, 필리핀——은 범위(scope)와 속도(speed) 면에서 WTO 플러스로, 즉 '선진국형'의 폭넓고 심도있는 '급진적' 자유화를 추구하였다(METI, 2003d). 이러한 공세적 태도는 일본정부가 동아시아의 FTA/EPA 체결을 국내 제조업 공동화 회피 및 경제회생, 산업구조 고도화라는 국민경제적 목표 달성을 위한 직접적 수단으로 인식하였음을 잘 보여준다(田中均, 2000).

한편 이러한 사정은 일본이 추진중인 FTA/EPA 상대국들과 일본 간의 관세구조를 분석해보면 더욱 극명하게 드러난다. 이를 통해 알 수 있는 것은 FTA/EPA를 통해 현재 일본의 주력 제조업의 수출시장이 획기적으로 확대될 것이라는 점이며, 결과적으로 일본 국내의 제조업 경쟁력을 더욱 강화할 수 있다는 것이다. 특히 ASEAN 지역과의 관계에서 관세철폐로 말미암아 일본 제조업 주력산업의 수출증가는 주로 현지에 진출한 일본계 기업에 대한 부품, 부분품 공급이 주가 된다는 점에서 국제분업에서 일본과 현지 간의 수직적 분업패턴을 더욱 강화할 수 있다. 초기 FTA 전략의 상대국·지역 중 2003년 12월에 협상이 시작되었지만 2005년에 협상이 중단된 한국[8]을 제외하면, ASEAN 5개국과의 쌍무협정 및 ASEAN과의 다자협정이 타결되었고, 상당수는 이미 협정 발효단계로 접어들었다.[9]

---

8) 한국과는 이명박 대통령 방일 이후 2008년 6월부터 협상이 재개되도록 논의되었으나, 이후 미국산 소고기를 둘러싼 촛불집회(광우병 반대 촛불집회) 등 한국의 국내 정치상황과 이후 전세계에 걸친 미국발 금융위기로 협상재개가 미루어졌다.

9) 씽가포르와는 이미 2002년 11월에 최초 협정이 발효되었는데 2006년 협정수정 협상이 시작되어 다음해 양국간 합의 후 현재 발효중이다. 말레이시아와의 협정은 2004년 1월에 협상을 시작하여 2006년 7월부터 협정이 발효되었다. 타이와의 협정은 2004년 2월에 협상이 시작되어 2007년 4월에 협상을 종료한 후 이 해 11월부터 발효중이다. 필리핀과 인도네시아의 경우는 각각 2006년과 2007년에 협상을 완료하고 정부간 서명 후 국회 승인을 기다리고 있다. 그리고 ASEAN 전체와의 다자협정은 2007년 11월 21일 ASEAN 정상회의에서 협상타결을 선언하고 일본정부가 서명한 후 ASEAN 각국의 서명

(3) 일본과 ASEAN 4개국간 쌍무협정

일본과 ASEAN 간의 전통적 경제관계하에서 FTA/EPA를 통해 ASEAN 국가들은 농수산물·제품, 목재, 석유제품 등이 대일수출을 확대할 수 있는 반면, 일본은 고부가가치 자동차와 전자, 통신기기, 정밀기기 부품, 철강 등에서 수출을 강화할 수 있다. 이러한 수출증대는 일본 국내제조업의 수출시장을 확대시키고 생산기반을 안정화하는 데 현저히 이바지하겠지만, 주목해야 할 것은 이러한 수출증대가 현지진출 일본기업의 조달과정에 의해 상당수 이루어질 것이라는 점이다. 즉 현지국가의 상대적 고관세의 철폐는 국제적 부품조달에서 일본 국내에서 생산된 고부가가치 부품 조달비용을 현저히 인하해줄 것이며, 결과적으로 일본에 고기술생산기지를 유지할 유인이 되기도 한다. 이러한 점에서 현지 진출한 기계조립업종 기업들의 경우 '부품체계 현지화'라는 명목으로 고부가가치 생산기지를 점진적으로 이전할 필요 없이 FTA/EPA의 조건에서 일본으로부터 더욱 원활하게 부품을 조달할 수 있다. 따라서 일본 산업의 동아시아 네트워크에서 이른바 '최적조달'의 핵심 거점으로 일본의 위상이 더욱 건재해질 수 있고, 결과적으로 기업의 해외투자는 일본을 중심으로 하는 수직적 국제분업 네트워크를 더욱 강화하는 결과를 가져올 것이다.[10]

을 기다리고 있다(MOFA, 2008: 18~19면).
10) 가령 일본정부도 일본과 ASEAN 간의 FTA/EPA의 특징을 다음과 같이 요약하고 있다. ① 일본의 직접투자에 견인된 상호 의존적인 경제실체를 전제로 관세·외자규제 등의 국경조치에 한정되지 않고 포괄적인 노력이 전개되었다. ② 역내 최대 투자국으로서 협력요소를 포함해 일본-ASEAN 간 쌍방의 발전에 도움이 되는 환경조성 지향했다. ③ 상품무역에 관해 고수준의 협정을 지향해 품목별로 교섭을 전개했다. 이는 ASEAN과의 FTA가 국가별로 발전단계의 상이성에 따라 협력적 내용을 가짐에도 불구하고 본질적으로는 높은 수준의 무역투자 자유화를 전제로 하는 일본 주도의 공세적 FTA임을 잘 보여준다. 그런 만큼 관심사항의 차이와 비대칭성이 존재하였다. 일본은 고부가가치·고도화된 산업의 관점에서 상대국의 시장을 장악하려는 것이었던 반면, ASEAN 국가들은 농

ASEAN 국가들과의 협정은 상품무역, 써비스무역, 투자협정, 지적재산권, 경쟁정책, 비즈니스 환경정비, 경제협력, 사람이동 등을 중심으로 이루어졌다. 그런데 상품무역의 경우를 제외하면 각국 협정 내용은 대체로 유사하다. 써비스무역의 경우 컴퓨터, 유통, 금융, 해운 등의 분야를 중심으로 외자제한 완화 등 WTO를 넘는 자유화를 추진했으며, 투자협정의 경우 원칙적으로 내국민 대우, 최혜국 대우의 상호 부여, 이행(performance) 요구의 금지 등을 포함함으로써 일본투자자에 대한 최대한의 자유와 보호를 의무화하고 있다. 지적재산권에 대해서는 지적재산제도의 투명성을 향상시키고 권리행사를 강화하는 방향으로 협정이 이루어지고 있다. 특히 써비스무역, 투자협정, 지적재산권, 경쟁정책, 비즈니즈 환경정비 등은 ASEAN 현지 지역보다는 경제발전 수준이 월등히 높은 일본에 유리하도록 높은 수준의 기준이 요구되었다. 한편 ASEAN 현지 경제에 이바지할 수 있는 분야는 경제협력 분야와 사람이동 분야였다. 경제협력 분야에는 인재육성, 금융써비스, 정보통신기술, 에너지, 환경, 과학기술, 무역・투자촉진, 중소기업, 관광, 운수・도로정비 등 10분야가 책정되었고, 사람이동 분야에는 간호사・개호복지사(介護福祉師) 등의 양국간 이동문제가 포함되었다. 그러나 경제협력 분야와 사람이동 분야는 무역투자자유화 등에서 야기되는 비대칭성을 보완하려는 것임에도 그 실질적 효과는 크게 개선되지 못한 것으로 나타난다(MOFA, 2008: 22~27면). 가령 사람이동과 관련하여 타이와는 요리사와 전통무용 등 지도원의 입국요건을 완화한 것, 그리고 인도네시아와는 간호사・개호사 후보들이 일본에 입국하여 일본 국내에서 자격을 취득하도록 조치한 것과 같은 한정된 성과를 제외하고 적극적인 조치는 발견하기 어렵다(MOFAT, 2007: 7

산물 시장접근, 간호개호사 등 현지 인력의 진출, 투자유치, 기술이전 등에 촛점을 맞추었다. 즉 협상의 기본 틀을 볼 때 제조업과 써비스시장은 일본 우위의 협상이 이루어진 반면, ASEAN 측은 농업 등 당면한 경쟁력 분야에서 일부의 이익과 경제협력에 따른 부수적 경제성과 획득을 기대하는 것이었다(MOFA, 2008: 15~16면).

면; MOFAI, 2007).

한편 상품무역과 관련된 각국 협정의 내용은 앞서 밝힌 일본 산업정책의 방향을 직접 관철하는 것이었다. 여기에서는 말레이시아, 타이, 인도네시아, 필리핀 등 ASEAN 4개국을 중심으로 양국간 협정의 상품무역과 관련된 주요내용을 살펴보기로 하자. 2000년대 중반을 전후하여 일본과 ASEAN 4개국의 무역구조는 대체로 유사한 양상을 보여주고 있다. 즉 일본의 주요 수출품목은 주로 기계·전기산업, 자동차와 그 부품, 철강·금속 등 주력제조업 제품들이었다. 한편 주요한 수입품은 일본계 기업으로부터의 '역수입'이 주종을 이루는 기계·전기산업이 가장 큰 비중을 차지하지만, 나머지 부분은 에너지자원, 농림제품 등 일차산품 혹은 그 가공품이 차지하였다.[11]

이렇듯 유사한 무역구조하에서 각국과의 제조업 관세철폐 패턴 또한 유사하게 전개되었다. 일본은 ASEAN 국가들에 일본농업과 직접 충돌하지 않는 일부 열대과일 등 농산물, 농산품의 무관세 수입을 허용하는 대신, 일본의 주력산업 제품인 철강, 자동차, 자동차부품 등의 현지 관세철폐를 통한 수출확대를 기대하고 있다. 특히 자동차부품을 포함해 부품산업 전반에 걸쳐 현지의 관세철폐를 유도함으로써 일본계 현지 기계조립산업을 대상으로 한 고

---

11) 말레이시아와의 경우 수출은 기계류·전기기계가 45%, 수송기기 15%, 철강·금속 14%, 화학공업 제품 6%, 정밀기계 5%의 비중이었는데, 수입은 기계·전기기계 39%, 광물성 제품 29%, 임산품 9%, 농수제품 4%, 화공제품 4%의 비중이었다(MOFAM, 2006: 1면). 타이의 경우 수출은 기계류·전기기계가 46%, 철강·금속 19%, 수송기기 11%, 화학공업 제품 7% 비중이었는데, 수입은 기계·전기기계 39%, 농림수산품 16%, 플라스틱·고무 제품 11%, 철강·금속 6%의 비중이었다(MOFAT, 2007: 1면). 필리핀의 경우 수출은 기계류·전기기계 70%, 수송기계 7%, 정밀기계 6%, 철강금속 5% 비중이었는데, 수입은 기계류·전기기계 67%, 농림수산품 14%, 광물성 제품 5%, 정밀기기 3%의 비중이었다(MOFAP, 2006: 1면). 인도네시아의 경우 수출은 일반기계 26%, 원료별 제품 25%, 전기기계 18%, 화학제품 12%, 자동차와 그 부품 11%의 비중이었는데, 수입은 광물성 원료 50%, 원료품 20%, 원료품별 제품 12%, 전기기계 5% 등의 비중이었다(MOFAI, 2007: 1면).

부가가치 부품수출을 촉진할 수 있도록 하였다. 이는 일본과 현지 간의 수직적 부품조달 관계를 더욱 강화할 것으로 보인다.

더 구체적으로 말레이시아와의 협정에 대해서 살펴보자. 이 협정으로 일본 수출액의 약 99%, 수입액의 94%가 관세철폐를 하게 되었다. 즉 거의 모든 광공업품이 10년 이내에 관세를 철폐하게 된 것이다. 철강산업의 경우 모든 관세를 10년 이내에 철폐하도록 하였다. 자동차와 자동차 부품의 경우 일본은 더욱 공세적으로 자유화를 요구하였다. 2000cc 이상의 승용차는 2010년, 기타 승용차는 2015년까지 관세를 단계적으로 철폐하도록 하였다. 자동차 부품과 관련해서는 현지 조립 자동차용 부품은 관세를 즉시 철폐하도록 하고 있다. 한편 농산물 분야에서 일본은 일부 열대과일의 관세를 즉시 철폐하도록 하고 있다(MOFAM, 2006).

타이와의 협정의 패턴도 크게 다를 바가 없는 것으로 나타났다. 타이와의 협정을 통해 수출액의 97%, 수입액의 92%가 관세철폐를 하게 되었다. 우선 철강의 경우에 전 수출액의 약 절반을 즉시 철폐하고 10년 이내에 모든 관세를 폐지한다고 합의했다. 자동차산업의 경우는 약간 다르다. 가령 3000cc 이상은 현행 세율 80%를 4년째까지 60%로 단계적으로 인하하는 것에 그치고, 3000cc 이하는 재협의하도록 하고 있다. 즉 완성차의 경우 타이는 더욱 신중한 자세를 취했던 것으로 보인다. 반면 자동차부품의 경우 5~7년 사이에 관세를 전면적으로 철폐하는 데 합의하고 있다. 그리고 농림수산품의 경우 일본이 열대과일의 관세를 즉시 철폐하고, 닭고기와 계육(鷄肉)제품의 경우 관세를 단계적으로 삭감하는 것에 합의하고 있다(MOFAT, 2007).

한편 의회의 승인을 기다리고 있는 인도네시아와 필리핀의 경우도 상황은 유사하다. 인도네시아와의 협정을 통해 일본은 수출액의 90%가, 그리고 수입액의 96% 전후가 관세를 철폐하게 되었다. 우선 인도네시아의 자동차 및 그 부품의 관세는 0~60%였다. 완성차의 경우 3000cc 이상 승용차는 2012년까지 관세를 철폐하고, 버스와 트럭을 포함한 기타 완성차는 2016년까지

5% 이하로 하도록 합의하였다. 자동차부품의 경우 현지 조립용 완성차의 전 부품(CDK)은 2012년까지 관세를 철폐하도록 하고 있다. 한편 철강의 경우 현재의 관세율은 0~20%인데 제조업용 고급 강재에 대해 관세를 적용하지 않도록 하는 조치가 강구되고 있으며, 전기·전자기기는 현행 세율이 0~15%인데 늦어도 2012년까지 관세를 철폐하도록 하고 있다. 한편 일본은 열대과일, 임산물, 해산물 등 농림수산 분야의 관세철폐 등 시장접근 조건을 개선하도록 하고 있다(MOFAI, 2007). 마지막으로 필리핀의 경우를 보자. 이 협정으로 인해 일본은 수출품의 97%, 수입품의 92%가 무관세가 되었다. 자동차 산업 중 완성차 부문에 대해서 3000cc 이상은 늦어도 2013년에 철폐하지만, 3000cc 이하는 2008년에 현행 30%를 20%로 낮추고, 2009년에 재협의하기로 하였다. 그리고 기타 차량은 관세를 단계적으로 인하하되 2013년에 철폐하는 것에 합의하였다. 자동차 부품의 경우 필리핀에서 생산되지 않는 부품의 경우 즉시 철폐하거나 늦어도 10년 이내에 철폐하고, 필리핀에서 생산되는 부품의 경우 2013년까지 관세를 철폐하도록 하였다. 철강의 경우 일본 수출량의 60%에 대해 관세를 즉시 철폐한 후 3년마다 재협의하기로 했으며, 농림수산품의 경우 일본은 설탕, 닭고기 등에 대해 관세할당 등을 부분적으로 제공하기로 하였다(MOFAP, 2006).

(4) 한일 FTA

동아시아에서 일본에 ASEAN 못지않게 커다란 경제적 실익을 가져다줄 FTA/EPA 대상국가는 다름 아닌 한국이다. 한일 FTA는 2003년 12월에 협상이 개시된 이후 2004년 11월까지 6회의 협상을 진행하다가 현재 중단된 상황이다. 이 기간에 김대중-코이즈미 정부에서 합의된 기본 방향을 그대로 수용해 한일 FTA 협상은 적극적으로 전개되었다. 협상내용이 전혀 공개되지는 않았지만, 협상의 진도는 양국이 관세양허안을 이미 제출하고 써비스,

비관세조치 등에 이르기까지 상당한 진전을 보았던 것으로 알려지고 있다. 그러나 협상은 2005년에 들어 농산물 분야에 대한 일본의 비타협적 태도를 이유로 갑자기 중단되었다. 필자의 판단으로는 2005년 이후 역사 및 독도 갈등 속에서 한국정부의 정치적 판단이 주요하게 작동한 것으로 보인다. 이명박 정부에 들어서서 협상재개가 합의되어 경제위기 등의 전개 여하에 따라서 본격적인 한일간 의제로 부활될 조짐을 보이고 있다.

표 7은 한국과 일본 간의 현행 실행관세율의 차이를 보여준다. 여기에서 알 수 있는 것은 한국은 일부 농수산 품목——야채(김치 등 9.0%), 밤(9.6%), 생선·명란(9.6%), 굴(7.0%), 냉동참치(3.5%) 등——과 일부 경공업 제조업 품목——섬유, 의류/피혁, 고무, 신발, 여행용구 등——에서 경쟁력이 있는 반면, 산업구조의 유사성상 양국 모두에서 주력산업에 해당되는 중화학공업, 기계조립 산업에서 일본의 확실한 경쟁력 우위, 즉 수출증가 가능성이 확인된다. 가령 일본의 대한 수출품목 상위 50종목 중 한국의 관세율은 기계류 8%, 전자부품 8%, 자동차부품 8%, 화학제품 8%, 전지 8%, 정밀특수기계 5%, 특수비철금속 8%로 한일 FTA/EPA 체결시 일본의 제품, 부품, 원재료 수출이 현저히 증대할 가능성이 있다. 이 산업영역은 일본 제조업의 중추영역이며, 고기술에 입각한 고부가가치 제품의 지속적 창출영역이자, 미래 산업구조고도화와 신산업 창출의 기반이 될 부분이다. 이러한 점에서 만일 한일 FTA가 실현된다면 일본의 경제민족주의와 산업정책적 목표에 가장 잘 이바지해줄 것으로 보인다. 반면 산업구조가 지극히 유사한 한국으로서는 경쟁력있는 몇몇 산업분야만을 제외하고 주력 산업부문 전반에서 상당한 타격이 예상된다. 한일 FTA와 관련된 더욱 구체적인 쟁점들은 이 장의 보론에서 한국의 관점으로부터 더욱 구체적인 분석과 평가를 제시할 것이다.

표 7 한일간 주요 무역품목의 관세율 비교

	무역가중평균실행율		무역가중평균양허관세율	
	한국(%)	일본(%)	한국(%)	일본(%)
농산품(수산품 제외)	84.04	10.6	93.94	15.8
수산품 및 수가공품	13.04	4.4	13.15	4.4
석유	4.51	0.9	5.04	3.7
목재, 펄프, 종이, 가구	3.97	1.4	4.93	1.9
섬유 및 의류품	9.76	9.3	22.78	9.4
피혁, 고무, 신발, 여행용구	6.73	11.0	10.80	11.0
금속	3.88	0.6	5.68	0.7
화학제품 및 사진용품	6.86	2.0	10.18	2.0
수송기기	4.95	0.0	7.40	0.0
기계류(전기기계 제외)	4.65	0.0	6.83	0.0
전기기계	2.29	0.1	3.20	0.1
광물성 생산품, 보석, 귀금속	2.94	0.6	5.25	0.3
기타 공업제품	5.54	0.7	7.44	0.7
전 품목	9.19	2.7	11.74	3.6

출처 한일산관학연구회(2003)

(5) 누적 원산지 규정과 일본-ASEAN 다자 EPA: 수직적 국제분업망의 재구축

일본과 ASEAN 전체 간의 다자간 협정은 현재 협상이 마무리되어 국가간에 서명이 진행중이다. 이 협정은 일본에는 최초의 복수국간 EPA로서의 의미가 있다. 이는 경제적인 의미도 있지만 정치적으로는 중국과 FTA를 체결

하는 ASEAN과의 전략적 관계를 강화하려는 시도이기도 하다. 나아가 누적 원산지 규칙을 일본과 ASEAN 간에 적용하여 역내 전체 생산네트워크를 강화시킨 것도 특징적인 내용이다. 협상에서 일본 측은 광공업품에 대해서는 거의 모든 물품에 대해서 10년 이내에 관세 철폐를 요구했으며, 농림수산품에 대해서는 지킬 것은 지키면서 ASEAN 측의 관심 품목에 대해서 관세 삭감 등을 통하여 일본으로서 가능한 조치를 한 것으로 보인다. 특히 누적 원산지 규칙에 따라 이득효과가 큰 품목——가령 초박형 텔레비전과 그 패널, 자동차부품 등——에 대해서 거의 모든 나라에서 충분한 관세의 철폐, 삭감 약속이 이루어졌다(MOFA, 2008).

한편 일본의 FTA/EPA 정책은 다자간 관세 철폐로 말미암은 지역통합 효과(ASEAN 전체에 대한 다자적 접근의 경우), 투자자유화 협정의 내포, 엄격한 지적재산 규정, 원산지 규정의 조정(누적 원산지 규정 및 원산지 규정의 이완) 등의 복합적 조치를 통해 동아시아와 일본 간, 그리고 동아시아 지역 내부의 분업 생산망과 조달을 최적화하려는 목표 또한 갖고 있다.

우선 FTA/EPA에는 투자자유화 협정, 엄격한 시석재산권 보호 등의 내용이 포함되게 되어 있는데, 이는 현재 일본기업들에 최대한 자유로운 현지(생산) 활동조건을 제공해주고, 기업경쟁 구조 속에서 기술력 격차를 확보해주며, 나아가서는 그 활동의 결과, 즉 수익의 증가를 일본경제로 회귀시키도록 설계되어 있다. 투자자유화협정(항목)을 통해 일본기업은 최혜국대우와 내국민대우를 받도록 되어 있고, 이행요구를 면제받을 수 있을 뿐만 아니라 최대한의 재산보호 및 송금의 자유, 지적 재산의 확보가 이루어지게 되어 있다. 이러한 점에서 FTA/EPA의 망에 포괄된 동아시아 지역의 일본기업은 활동의 자유를 부여받게 될 것이며, 그 활동의 결과를 종래 일본과 현지 간의 수직적 국제분업망을 통해 일본으로 집중할 수 있게 된다. 이러한 점에서도 FTA/EPA는 일본기업 해외투자의 재배치를 위한 인쎈티브가 있으며, 특정한 지역을 중심으로 현지와 일본간의 '수직적' 혹은 '집중형' 국제분업을 유도

하는 효과를 갖게 된다.

나아가 일본과 ASEAN과의 다자간 FTA/EPA의 추구는 다음 두 측면에서 분업관계의 정치한 재조정(최적화)이라는 목표와 불가분하게 결합되어 있다. 첫째, ASEAN 역내의 실질적 자유화(통합)를 진전함으로써 현지 일본기업에 최적의 분업망을 구축할 수 있도록 하는 것이다. 현재 일본의 자동차산업은 ASEAN 역내에 다음과 같은 부품생산 체계를 갖고 있으며, 역내의 관세철폐가 이루어지지 않은 조건에서도 BBC(Brand to Brand Complementation) 틀, 이후에는 AICO(ASEAN Industrial Cooperation) 틀 등을 활용해 부품의 상호 융통을 가능하게 노력해왔다. 그리고 이러한 무관세 혹은 저관세 부품융통 체계는 장래 AFTA(ASEAN Free Trade Area)라는 지역통합에 의해 대체되도록 되어 있었다. 그러나 현재 AICO는 수출입국 쌍방이 신청해야 하므로 각국간의 다자적 행동통일이 어렵고 승인까지는 1년 가까이 시일이 걸리는 등 결정적인 문제를 내포하고 있다. AFTA 또한 각국간의 이해관계 차이로 그 실천목표의 달성(2010) 시기를 연기하려는 움직임마저 있다. 이러한 조건에서 일본과 ASEAN 간의 다자적 FTA/EPA는 ASEAN 현지의 입장에서 보면 AFTA 실행을 앞당기는 효과가 있다. 이러한 점에서 일본과 ASEAN 간의 다자적 접근은 일본기업들의 역내 분업 체제를 최적화하고 상호 융통을 원활화하는 데 결정적인 의미가 있다(METI, 2003a).

둘째, 일본과 ASEAN 간의 다자적 접근은 이른바 누적 원산지 규정을 도입함으로써 일본을 정점으로 하는 기업의 수직적/수평적 국제분업을 더욱 원활히 하려는 목표가 있다. 이를 통해 ASEAN 역내 가공 부품의 일본 접근을 용이하게 할 뿐만 아니라 일본산 부품의 ASEAN 역내 유통을 더욱 원활히 할 수 있다는 것이다.

일본에 한국은 제품과 부품의 최종적 수출처로서의 의미가 강하다고 볼 수 있지만, 일본정부는 원산지 규정의 이완을 통해 ASEAN, 일본, 한국을 부품조달·조립·판매의 일관된 통합망으로 연계하려는 구상을 갖고 있다. 가

그림2 일본기업의 일본 및 ASEAN에서의 자동차부품 최적 생산

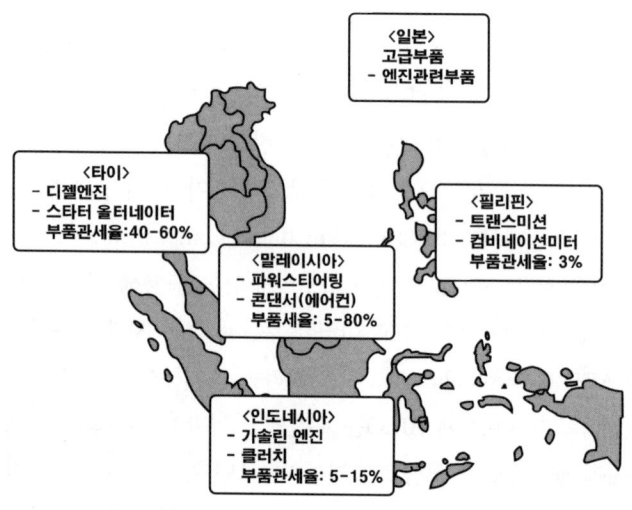

출처 METI(2003a).

령 완성차의 경우 일본이 관세철폐의 이점을 최대화하고 가격경쟁력을 한국 시장에서 갖기 위해서는 한일 FTA의 원산지 규정을 최대한 활용하고 ASEAN 내 일본기업이 저가로 생산한 부품과 일본 국내의 고가부품을 최적 조립한 제품이 일본원산을 획득할 수 있도록 할 필요가 있다. 이러한 점에서 원산지 규칙의 협상과정에서 일본 측은 최종 생산물에 근접한 '관세분류변경기준' 등 느슨한 규칙을 선호해왔다.

그림 3 누적 원산지 규정과 일본-ASEAN 다자FTA의 효과

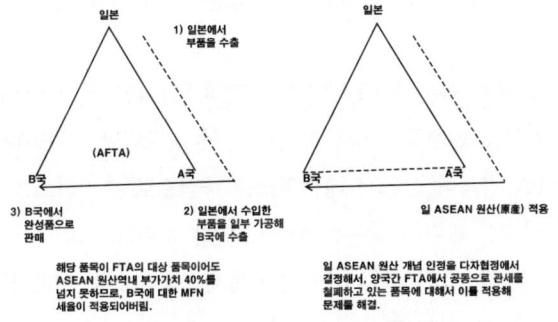

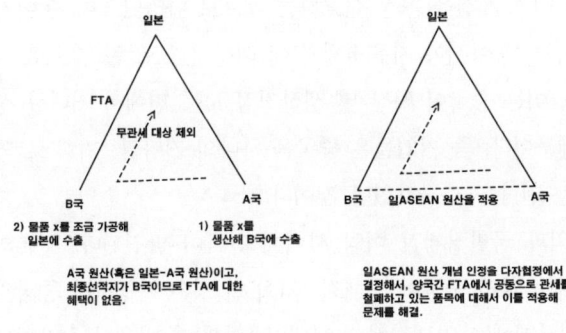

5. 신냉전주의적 FTA 네트워크의 전개

(1) 경제적 위협으로서 중국: 동아시아 해양벨트 FTA/EPA 네트워크

2002년 말 경제산업성은 『통상백서』에서 동아시아 지역과의 FTA/EPA체결과 관련하여 '동아시아 자유 비즈니스권'이라는 지역포괄적인 단어를 사

용한 바 있다(METI, 2003c). 이 용어는 당시 경단련을 중심으로 한 재계의 '동아시아 자유경제권'이라는 용어와 유사한 것으로 일본의 FTA/EPA는 동북아시아와 동남아시아를 포함하는 지역 포괄적 협정이어야 함을 환기한 것이었다(経団連, 2003).

그러나 현실화되고 있는 일본의 FTA/EPA는 지역포괄적인 것이 아니며 선별적인 국가들과 지역을 연계하는 쌍무적 협정들의 네트워크로 나타나고 있다. 일본의 FTA/EPA 정책이 선별적 네트워크를 중심으로 추진되고 있는 것은 경제적 국익과 관련한 판단이 작용한 이유도 있을 것이다. 그러나 근본적으로는 '위협과 기회'의 양면성이 있는 중국문제, 즉 '중국 딜레마'가 FTA/EPA 정책에 반영되고 있기 때문이기도 하다.

한편 일본 국내의 수출기업, 해외생산기업을 불문하고, 기업·재계 차원의 희망은 중국과의 FTA 체결을 가장 선호하는 것으로 나타났으며, 동아시아 전체를 하나로 묶는 '동아시아 자유경제권'에 대한 선호도 큰 것으로 나타났다(経団連, 2004). 이는 중국이 시장 및 생산거점 모든 면에서 거대한 성장 잠재력이 있기 때문이다. 즉 기업들은 중국을 하나의 커다란 '기회'로 인식하고, 그에 따르는 전략을 추구하였던 것이다.[12]

여기에서 기업편익과 국민경제적 이익 사이에 간극이 발견된다. 일본의 정책당국은 기업들과는 달리 중국이 잠재적 '기회'인 것은 분명하나 중국과의 EPA/FTA를 추진하기에는 일본경제 전체에의 '위협'적 비용이 수반되는 것으로 파악하고 있다. METI의 보고서도 지적하지만, 중국과의 전면적 FTA/EPA를 추진하는 것은 일본으로서는 감당하기 어려운 비용을 초래한다. 일본정부가 중국에 대해 느끼는 가장 큰 경제적 위협은 앞에 지적한 이른바 '유니크로' 현상이 주력산업으로 확대될 가능성에 대한 우려였다(METI,

---

12) 수출제조업의 경우 단기적이든 중기적이든 중국과의 FTA체결을 가장 선호하는 것으로 나타나고 있다(機械組合, 17면).

2003a: 24면).

　이는 이미 섬유나 가전에서 대규모로 나타난 바 있는데, 지극히 일부 품목의 문제를 과장한 측면이 있지만 자동차산업에서도 그 징후가 지적되기도 했다. 자동차산업은 현재 일본을 대표하는 가장 주요한 산업인데, 중국에서의 생산이 일본 국내생산과 수출을 서서히 대체하는 현상이 발생한다면 일본이 회복할 수 없는 공동화에 빠질 것이다(土逸勉男, 2001e; 2001f; 2001g). 결국 일본이 중국과의 FTA를 당면 과제로 추진한다면 일본은 신산업을 중심으로 한 산업구조 고도화가 채 이루어지기도 전에 중국의 거대한 소용돌이에 빨려 들어갈지 모른다는 것이다. 그외에도 SARS 파동, 제도의 불투명성, 에너지 제약, 정치적 안정성, 통상마찰 등 잠재적 위험성 또한 크다는 점 또한 지적되었다(METI, 2003a: 25면). 결국 중국과의 FTA는 일부 기업의 이익이 있다고 할지라도 이를 훨씬 뛰어넘는 '부메랑 회귀'가 나타날 가능성이 크며, 결과적으로 일본의 산업공동화를 대규모로 촉발하는 '분산형' 국제분업을 일반화할 가능성이 크다. 이는 결국 현재 일본이 추진하려는 산업구조 전환과 본국에 구심을 둔 개선된 수직분업이라는 정책목표와 정면에서 배치된다.

　나아가 일본정부는 그밖에 여러 차원의 중국시장의 위험성에도 주목하고 있다. 가령 투명한 제도적 조건의 불비로 말미암은 사업환경의 악화, 정책적 비일관성, 그리고 궁극적으로는 중국경제의 버블 가능성 등에 이르기까지 다양한 '중국위험론' 등이 제기되는 것은 이러한 맥락에서이다. 이 상황에서 중국과의 FTA 체결은 더 많은 대중투자를 유도할 수 있으며, 무엇보다 산재하는 다양한 중국위험에 일본이 노출될 수 있다는 것을 의미하기도 한다. 따라서 일본정부는 현실적인 중일 정치경제 관계 등을 이유로 실현 가능성이 적다고 보면서 중국과의 FTA 체결문제는 지극히 유보적인 태도를 보이고 있다. 중국은 WTO 협정에 정합적인 국내체제를 정비하고 경제개혁에 전념하는 단계일 수밖에 없으므로, 일본은 앞으로 중국경제의 진로에 대해 상당

기간 예의주시하는 것에 머무를 수밖에 없다는 것이다(MOFA, 2002).

(2) 외교와 안전보장 관점의 투영

일본의 FTA/EPA 정책이 이 장의 제3절과 제4절에서 본 바와 같이 신중상주의적이고 경제민족주의적인 경제적 동기에 따라 그 내용이 디자인 되었다면 또하나의 중요하고 결정적인 동기는 외교와 안전보장상의 동기이다. 2002년 말에 발표된 일본정부의 「FTA전략」에는 FTA의 정치외교상의 장점을 다음과 같이 정리하고 있다. (1) 작은 교섭상대와 기동적 협상을 통해 달성된 자유화와 규칙을 WTO에 적용하는 등 경제외교에서 전략적 유연성을 확보할 수 있고, 결과적으로 WTO에서 협상력을 강화할 수 있다. (2) 경제적 상호 의존성을 강화함으로써 정치적 연대와 신뢰를 증진하고 지정학적·전략적 일체감을 형성할 수 있다. (3) 미국의 이스라엘 및 요르단과의 FTA, 그리고 EU의 동방정책, 지중해·아프리카 지역과의 FTA 체결 등에서 보이는 바와 같이 전세계적인 외교적 영향력의 강화와 이익의 확대에 이바지할 수 있다(MOFA, 2002: 10면) 결국 FTA란 단지 본국에 경제적인 이득을 가져다주는 수단일 뿐만 아니라, WTO와 같은 전세계 경제기구, 그리고 전세계적 정치과정 속에서 일본의 입장을 강화해줄 수 있는 정치적 동맹을 구축하는 주요한 수단이 되기도 한다. 이러한 점에서 일본의 FTA/EPA 전략에는 애초에 선명하게 '피아(彼我)'를 구별하는 기준이 작동했던 셈이다. 이리하여 다음과 같은 FTA/EPA 체결 대상국 선별기준을 제시할 수 있었던 것이다 (MOFA, 2008: 7면).

협상 상대국·지역 결정에 관한 기준

1. 일본에 유익한 국제환경의 형성

(1) 동아시아에서의 커뮤니티 형성 및 안정과 번영을 향한 프레임워크에 도움이 되는지 여부
(2) 일본의 경제력 강화와 정치·외교상의 과제를 위한 프레임워크에 도움이 되는지 여부
(3) WTO 교섭 등 국제교섭에서 일본이 해당국·지역과의 제휴, 협력을 도모하여 일본의 입장을 강화할 수 있는지 여부

2. 일본 전체로서 경제이익의 확보
(1) 물품·써비스무역과 투자의 자유화에 의해 광공업품, 농림수산품의 수출과 써비스무역·투자의 실질적 확대, 원활화가 도모되는지 여부. 지적재산권 보호 등 각종 경제제도의 조화, 사람이동의 원활화 등에 의해 일본 진출기업의 비즈니스 환경이 개선되는지 여부
(2) EPA/FTA가 경제적 불이익을 해소하는 것이 불가결한지 여부
(3) 일본의 자원 및 안전하고 안심할 수 있는 식료의 안정적 수입, 수입선의 다원화에 도움이 되는지 여부
(4) 일본 경제사회의 구조개혁이 촉진되고 경제활동의 효율화와 활성화가 촉진되는지 여부. 그리고 농림수산 분야에 대해서 일본 식료안전보장의 관점과 구조개혁 노력에 악영향을 미치는지 여부
(5) 전문적·기술적 노동자의 수용이 더욱 촉진되고 일본 경제사회의 활성화와 국제화의 진전에 도움이 되는지 여부

3. 상대국의 지역상황과 EPA/FTA 실현 가능성
(1) 일본 및 상대국·지역이 각각 상대방과의 관계에 내포된 자유화가 곤란한 품목이 얼마나 있는가. 그러한 쌍방의 곤란성에 서로 적절한 배려를 할 수 있는지 여부
(2) 해당국·지역 이외의 국가·지역에 대해 무역투자상 생길 수 있는 영향을 둘러싼 마찰이 생겼는지 여부
(3) 해당국·지역에서 WTO 및 EPA/FTA상의 약속을 할 체제가 정비되어 있는지 여부
(4) 해당국·지역과의 경제제휴의 존재방식으로 관세 삭감, 철폐를 중심으로 하는 FTA가 가장 적절한지 여부

중국이 초기 전략단계에 FTA 대상지역에서 배제된 것은 앞서 살펴본 중국의 경제적 위협(threats)과 위험(risks) 요소에 대한 고려뿐만 아니라 중국에

대한 일본의 전략적 가치관, 안보적 태도 등도 아주 중요하게 작용하였다. 중국은 아직 WTO에 정합적인 국내체제를 갖춘 국가, 즉 온전한 의미의 시장(市場)국가가 아니며, 중일관계는 동맹적 관계로 발전하기 어려운 관계이며, 궁극적으로 ASEAN 및 한국과 FTA 구축 후 체결 여부를 결정할 대상이라는 것이다. 즉 중국은 일본의 입장에서 생각할 때 친구[友]라기보다는 이질적인 체제를 가진 존재이고, 따라서 FTA/EPA 네트워크의 안보다는 밖에 있어야 할 대상적 존재가 되어버렸다(MOFA, 2002: 18면).

(3) 동아시아 외연의 확대: '가치관 외교' '자유와 번영의 호'

FTA/EPA 네트워크를 형성함에 있어서 2002년 말을 전후로 하는 일본정부의 초기전략은 다음 다섯 가지 기준을 갖고 있었다. (1) 경제적 국가이익 기준 (2) 지역적 기준: 동아시아 우선 (3) 정치외교적 기준 (4) 현실적 가능성 기준 (5) 시간적 기준. 이러한 기준에 따라 중국을 제외한 동아시아 국가들, 즉 한국과 ASEAN 국가들과 FTA/EPA를 추진하는 것으로 초기 방침이 정해진 것이다. 이때 호주나 인도 등의 국가들은 중국과 마찬가지로 체결 가능성이 검토는 되었으되 당면한 체결대상에서는 배제되었다(MOFA, 2002: 14, 19, 22면). 그러나 특별한 계기도 없이 이 두 나라는 2004년을 전후해 적극적인 FTA 대상국 범위에 포함되었으며, 오늘날에는 '동아시아 FTA/EPA 네트워크'의 일부분으로 간주하고 있다. 여기에는 동아시아 정치 속에서 전개된 중국과 일본 간의 경쟁과 대립이 내포되어 있다. 즉 코이즈미 내각 이래 일본 정치에 있어서 내셔널리즘의 강화, 그것의 대외적 표현으로서 중국에 대한 견제심리의 강화, 그리고 동아시아에 대한 중국의 영향력을 약화하기 위한 특정한 세력범위 획정의 필요성 등이 본격적으로 제기된 것이다.

이러한 중일간의 '동아시아 정치무대'는 ASEAN+3(한중일)을 중심으로 주로 전개되었다. 2003년을 전후해 ASEAN+3에서는 한중일간의 FTA 가능성, 그리고 ASEAN+3 FTA를 통한 동아시아 공동체 형성이 논의되기 시작하였는데, 중국이 가장 강력하게 주장하였고, ASEAN과 한국이 이에 공감을 표시한 것으로 알려졌다. 특히 이 싯점에서 중국과 ASEAN 간의 FTA가 빠른 속도로 진척되었고 양 지역간의 정치경제적 협력이 가시화되기도 했다. 바로 이러한 흐름을 견제하기 위해 일본은 동아시아정상회의(EAS)에 호주, 뉴질랜드, 인도를 초청하자고 나섰다. 일본은 2004년 7월 EAS에 관한 의견서(issue paper)를 제출한 후 강력하게 이를 주장하여 한 해 뒤인 2005년 7월에 ASEAN+3 외상회의에서 3개국의 참가를 결정하게 되었다. 이리하여 2005년 말에 최초의 동아시아정상회의가 개최되었다(MOFA, 2005a; MOFA, 2005b). 이렇듯 '동아시아'에 호주와 인도가 참여하게 되었는데, 여기에는 두 가지 정치적 의미가 포함되어 있다. 첫째, 종래 일본의 정치적 영향력 아래 있던 ASEAN이 중국과의 FTA를 적극적으로 추진함에 따라 동아시아 정치과정에서 일본의 입장을 일관되게 지지해줄 세력이 필요했다는 점이다. 둘째, 일본의 외교적 범위를 지리적으로 동아시아에 한정하였을 때, 이 지역적 틀 속에서는 확대된 중국의 영향력에 직면할 수밖에 없다. 따라서 '동아시아'라는 용어법은 남기되, 실질적으로는 동아시아 밖에 있는 외부 '동맹'을 끌어들임으로써 중국을 견제하고 중국의 정치적 영향력을 중화하려는 의도가 존재하는 것이다. 코이즈미 내각에 이르러 오부찌 내각에서 '새로운 아시아주의'의 일환으로 도입되었던 'ASEAN+3'은 'ASEAN+6'에 의해서 그 아시아주의적 성격이 희석되고 형해화(形骸化)되어버린 것이다.

일본의 반중국적·신냉전적 외교 관념은 이후 아베 내각에 이르러 더욱 '체계적'으로 전개된다. 이른바 '가치관 외교'와 '자유와 번영의 호(自由と繁榮の弧)'라는 일본정부의 '신외교전략'이 그것이다.[13] 일본정부는 2002년

---

13) 이 '가치관 외교'와 '자유번영의 호' 구상은 일본 독자의 대중국전략으로 의미가 있지만, 구조적인 차원에서 접근해보자면 미일동맹 차원의 세계전략의 한 형태로 해석할 수도 있다. 요컨대 2001년 미국 국방부는 4년 주기로 발간하는 『국방검토보고서』(QDR)를

FTA 전략의 추진 이래 구상되어온 '동아시아 FTA/EPA 네트워크', 즉 한국, 필리핀, 타이, 말레이시아, 인도네시아, 호주, 뉴질랜드, 인도를 동일한 가치관을 가진 지역으로 간주하였다. 이들이 말하는 보편적 가치관이란 자유, 민주주의, 기본적 인권, 법치, 시장경제이며, 이 보편적 가치를 공유하는 유라시아대륙의 외주(外周)라인 국가들을 '자유와 번영의 호(自由と繁榮の弧)'로 지칭하여 일본 외교의 중점 대상으로 천명하였던 것이다(MOFA, 2006: 麻生太郞, 2006). 즉 아베 내각에 이르러 일본의 반중의식은 중국이 시장주의, 자유민주주의 등의 '보편적' 가치관을 공유하지 않는다는 '논리'로 더욱 체계화되고 정당화되었다. 이런 점에서 중국을 배제한 동아시아 FTA/EPA 네트워크는 정치적으로 일본적 관점의 '자유와 번영의 호'일지 모르지만, 이념적으로는 중국을 배제하는 '자유민주주의'의 신냉전주의적 포위망이 되는 것이다.[14]

통해 테러 등 비대칭적 위협―예측 불가능한 방식으로 약점을 파고드는 공격―수단을 가진 국가나 집단들이 몰려 있는 지역을 '불안정의 호(弧, Arc off Instability)'라고 칭한 바 있다. 가령 북한, 남아시아, 중앙아시아, 중동, 코카써스 산맥, 동아프리카, 발칸반도 등이 여기에 속하는데, 이 권역을 연결하면 활(弧) 모양이 된다. 일본은 이 '불안정의 호'의 외주(外周) 부분을 동맹적 관점에서 '자유와 번영의 호'라고 칭해 미국과 전통적인 우방관계를 형성해온 호주, 뉴질랜드, 인도 등을 여기에 포함하게 된 것이다. 이러한 점에서 일본의 '동아시아 16개국'정책은 크게 보아 미국 부시 행정부의 동아시아 전략을 답습하는 것이라 해도 틀린 것은 아니다. 그러나 이 '가치관 외교' '자유와 번영의 호' 정책이 미국의 동아시아 전략에 완벽히 종속되는 것으로 파악하는 것 또한 위험한 일이다. 왜냐하면 여기에는 일본 나름의 국가이익 계산이 투철하게 반영되었기 때문이다. 가령 하나는 중국봉쇄의 필요성이며, 다른 하나는 호주, 뉴질랜드, 인도 등 대시장이자 필수적 자원의 공급기지를 충분히 활용할 필요성을 지적해둘 수 있다.
14) 호주와는 2003년 7월 하워드 총리 방문시에 「일호무역경제프레임워크」에 서명하여 무역투자 자유화・원활화를 목표로 공동연구에 합의해 2005년 4월에 종료하였다. 그러나 이는 FTA/EPA를 직접적으로 검토한 것은 아니었다. 이러한 상황에 변화가 발생한 것은 2005년경이었는데 대중관계에서 일본의 경쟁심리가 강화된 것이었다. 이를 배경으로 2005년 4월 일호 정상회담에서 양국 정부간에 EPA의 장단점을 구체적으로 공동으로 연구할 것에 합의하였다. 이리하여 2006년 9월에 공동연구 제5회 모임을 개최하였

한편 중국견제의 정치적 분위기 속에서 2006년 4월 경제산업성이 '동아시아 EPA 구상'을 발표하였다. 이 구상은 당시 경제산업대신이던 니까이 토시히로(二階俊博)가 주도한 것으로 알려졌는데, 일정기간 그의 '친중성향' 때문에 논란에 휩쓸리기도 했다. 그 구상의 내용은 일본이 동아시아 공동체 형성과정에서 주도권을 갖기 위해 스스로가 주창해온 동아시아 정상회의 구성국 16개국을 중심으로 하는 다자 FTA/EPA를 추진해야 한다는 것이었다. 가령 2008년부터 ASEAN과의 다자협정의 발효, 그후 한중일 FTA의 추진, 그리고 최종적으로 호주, 뉴질랜드, 인도를 이 다자 FTA/EPA의 틀에 포함한다는 것이 그것이었다(METI, 2006). 한편 한중일 FTA의 형태로 중국을 FTA/EPA 대상범위에 포함한 것을 둘러싸고 일본정부 내에서 상당한 논쟁이 전개되기도 했다. 가령 정통 신보수우파 안보내셔널리스인 나까가와 쇼이찌(中川昭一)는 중국과의 FTA는 일본의 국가전략과 배치된다고 니카이를 정면에서 비판하였다(『朝日新聞』朝刊, 2006年 4月 7日). 중국을 FTA 대상범위에 포함한다는 점에서 이 안은 이른바 아시아주의적 요소를 갖고 있었다. 그럼에도 불구하고 이 구상은 크게 보아 일본의 신냉전주의적 FTA/EPA 정책

고, 12월에는 공동연구 최종 보고서를 제출하였다. 이를 기초로 2006년 12월 양국 정상 간의 전화회담에서 2007년부터 FTA/EPA 협상을 개시할 것에 합의하였다. 이리하여 2007년 4월부터 협상을 개시하여 2008년 2월에 제4회 협상을 실시한 상황이다(MOFAA, 2007; MOFA, 2008: 33) 그리고 인도와도 호주와 거의 비슷한 시기인 2004년 11월에 열린 코이즈미 총리와 인도 신 수상 간의 회담에서 FTA/EPA 방침이 결정되었다. 즉 양국간에 EPA의 가능성을 포함해 인도-일본 간의 포괄적 경제관계를 강화하기 위한 '일인(日印)공동연구회'의 설치가 합의된 것이다. 그리고 2006년 4월 코이즈미가 인도를 방문했을 때, 신 수상과의 회담에서 2005년 6월 중으로 공동연구회를 설립하고 보고서 제출하도록 결정하였다. 이리하여 2006년 7월 일인정상회담에 일인공동연구회(JSG) 보고서가 양국 정상에게 제출되었다. 그후 2006년 12월 신 수상과 아베 총리 간의 일인정상회담에서 EPA 협상을 조기에 개시하도록 결정하였고, 2007년 1월부터 2월에 걸쳐 제1회 협상을 실시하였고 2008년 1월까지 제5회 협상을 실시한 상황이다(MOFAIN, 2006; MOFA, 2008).

의 기본 성격을 크게 벗어나지 못하고 있다. 즉 여기에는 정치경제 체제가
일본과 비슷한 호주 등을 더해 협상조건을 용이하게 하고 잠재성장력이 큰
인도를 넣어 중국의 발언권을 견제하려는 의도가 명확히 포함되었기 때문이
다. 바로 이러한 점 때문에 이 구상은 중국 중심의 동아시아 FTA(ASEAN+3)
구상을 무력화하기 위한 안으로서 현실정치적 의미가 있었던 것이다(『朝日新
聞』朝刊, 2006年 8月 2日).

6. 맺음말

앞서 살펴보았지만 일본의 FTA/EPA 정책은 원래 동아시아 경제위기 상
황에서 '아시아주의'적 맥락에서 정책이 추진되었다. 그러나 이 정책은 일본
의 국가선별적 대외 경제정책으로 이해할 수 있으며, 본질적으로 자국의 산
업정책상 요구를 충족하는 신중상주의적 측면을 갖고 있었다. 이러한 점에
서 FTA/EPA 정책은 잘 고안된 일본의 국가전략이라고 해야 할 것이다. 세
기 전환기 일본경제의 가장 핵심적인 쟁점은 장기 침체, 기업의 대대적인 지
역적·세계적 전략, 그로 말미암은 일본과 동아시아 간의 수직적 국제분업
의 동요, 국내고용의 축소, 산업공동화 등과 같은 구조적인 이슈들이었다.
이러한 상황에 적절히 대처하려면 국내적으로는 산업구조의 고도화, 고부가
가치화가 이루어져야 하고, 대대적으로 해외활동을 전개하기 시작한 일본기
업의 국제분업이 이를 보완하는 방향으로 재구성·재구축되어야 한다. 이와
관련하여 국내에 거점을 둔 수출지향기업의 수출능력을 안정적으로 증대시
키는 방안을 확보하는 것과 해외 일본기업의 활동을 원활화·자유화하고 그
성과가 일본으로 회귀할 수 있도록 하는 것이 FTA/EPA의 핵심적 목표로 부
상한다.

'신중상주의적 국익론'은 선택적 자유화 전략인 FTA/EPA 정책에 합당한

체계적 대응논리이다. 그런데 일본의 FTA/EPA론은 2000년대 초반을 넘어서면서 새로운 기준에 따라 전반적 네트워크에 대한 재설계가 이루어지고 있다. 즉 2000년대 초반에는 주로 중국의 경제적 위협과 위험에 촛점을 맞추어 중국을 FTA/EPA 망으로부터 배제하여 일본기업 투자행동의 조건을 변화하려고 노력하였다. 한편 이러한 중국 배제론은 일본정치에서 안보내셔널리즘이 강화됨에 따라 더욱 체계적으로 전개되었는데, 신냉전주의의 이념적 경향이 강화된 것과 발맞추고 있다. 이른바 '가치관 외교'와 '자유와 번영의 호'라는 키워드에서 밝혀지는 바와 같이 중국을 잠재적 적(敵)으로 간주하고 중국을 포위하는 형상의 FTA 네트워크를 추진해온 것이 그것이다. 일본의 초기 FTA 구상과는 달리 이제 협정상대국들인 한국, 필리핀, 타이, 말레이시아, 인도네시아, 씽가포르, 호주, 인도 등은 '자유민주주의적 가치관'을 공유한 '자유와 번영의 호'의 일부로 재규정되고 있다.

나아가 경제산업성의 '동아시아 EPA구상'(니까이 구상)의 딜레마에서도 알 수 있지만, 일본 내의 친중파 조차 현실적으로 중국에 친화력을 갖는 정책을 추진하기 어려우며, 중국을 포함한 포괄적 지역통합방안을 제시하는 것 자체가 지극히 어려워졌다. 코이즈미와 아베 내각 시기 일본정치의 주류는 경제적 아시아주의를 자신들의 정치적·안보적 관점에 따라 재해석·변조하여 신냉전주의적인 '중지역으로서의 아시아론'을 제기였던 것이다.

제7장
보론

한일자유무역협정의 검증:
한국 관점에서의 재고

1. 문제제기: 한일 FTA의 경위와 문제점[1]

세계적 무역자유화의 선도체인 WTO에서 자유화 협상이 지지부진해진 것을 배경으로 전세계는 양국간 혹은 다자간 자유무역협정(Free Trade Agreement, 이하 FTA)의 '경쟁'에 접어들고 있다. 지역주의가 전세계적 자유화를 방해할 것이라는 전통적 논의는 거품처럼 사라지고, 지역주의야말로 세계적 자유화의 지름길이라는 인식이 주류가 되었다(Bhagwati, 1992; Pastor, 1993). 이른바 'WTO 플러스'의 지역주의 인식이 그것이다. 지역적·양국적 무역협정에 둔감하던 한국과 일본마저도 자유무역협정만이 살길임을 이제야 '터득'한 듯하다. 특히 양국의 외교와 산업정책 당국의 일부 부서들은 FTA로부터 '배제' 위험성을 내걸면서 경쟁적으로 협정 대상을 찾아 나서고 있다. 양국은 남미 일부 국가, 그리고 본격적으로는 동아시아 국가들과의 FTA를 모색하고 있다.[2] 새로운 성장시장(emerging market)인 '동아시아'는 양국의 FTA 정책에서 가장 중심적인 지역으로 부상하고 있다. 2005년 이래 양국간 협상이 중단되어 있기는 하지만, 향후 한일 FTA는 협상 재개와 더불어 커다란 쟁점을 다시 제기할 가능성이 크다.

한일 FTA의 역사는 지금으로부터 약 10년 전으로 거슬러 올라간다. 1998년 경제위기 직후에 주한 일본대사 오구라 카즈오(小倉和夫)가 전경련에서 이를 제안한 것이 최초의 논의였다(『外交フォーラム』, 1998년 6월). 당시 일본으로서는 미국 및 WTO 중심의 대외 경제정책에서 벗어남과 동시에, 경제 공동화와 더불어 진행된 지루한 경제침체에서 탈피하려는 중요한 전략으로 FTA 정책을 본격적으로 검토하기 시작했다(与謝野馨, 1999: 13~14면). 한편 이러한 논의과정에 공식성을 부여해주는 역할을 한 것이 김대중 정권이었

---

1) 이 보론은 송주명(2004)을 현재적 관점에서 보완한 글이다.
2) 물론 일본은 2001년 말에 일본·씽가포르 경제제휴협정, 한국은 2003년 말에 한·칠레 자유무역협정 등 실험적 의미가 있는 협정을 이미 체결한 바 있다.

다. 당시 IMF 경제관리체제하에서 경제정책의 기조를 신자유주의적인 방향으로 전환한 김대중 정권은 FTA 또한 경제 전반의 자유화를 촉진하는 유효한 정책수단이라고 판단했고, 일본정부는 획기적으로 일본에 대해 유연한 자세를 보이던 김대중 정권 시기를 놓치지 않고 가시적인 성과를 내려고 서둘렀던 것이다(畠山襄, 1999). 이리하여 1998년부터 2000년에 걸쳐서 한국의 대외경제정책연구원(KIEP)과 일본의 아시아경제연구소(JETRO IDE) 간에 정부연구소간 공동연구가 이루어졌으며, 이를 이어받아 2000년부터 2002년 사이에는 양국 재계간의 '한일 비즈니스 포럼'이 진행되었고, 정부관료를 포함한 사전협상으로서 2002년부터 2003년에 걸쳐 '한일 산관학 공동연구'가 이루어지게 되었다.

정권이 바뀐 2003년 말부터 한일 FTA 논의는 양 정부간 실질 협상으로 이어졌다. 결국 2003년 12월부터 2004년 11월 3일까지 정부간 본 협상이 6차까지 진행되고, 양국이 작성한 가협정문과 관세양허안을 기준으로 절충과 수정이 이루어졌던 것으로 알려졌다. 그러나 상세한 이유는 설명되지 않은 채 한일간의 정치적 관계 악화와 더불어 협상은 중단되었다. 그런데 한일 FTA에 대한 공식적 협의과정은 명확한 국민적 검증과는 무관하게 외무 및 일부 산업관료, 재계상층부, 개방경제의 '전문가'들 사이에서 마치 '꼬리말 잇기' 식의 정당화가 이루어져 왔다. 더구나 문제는 협상의 대항목을 제외한 대다수 협상의 중요한 내용이 철저히 베일 속에 감추어져 있다는 것이다. 따라서 양국 협상에서 쟁점이 무엇인지, 그리고 FTA가 실현되었을 때 국민경제와 국민의 삶은 어떠한 방향으로 변화될지에 대해 분명히 알려지지도 않았다.[3]

사실 한국으로서도 중장기적으로 동아시아 지역을 중심으로 하는 새로운

---

[3] 현재까지 한일 FTA 본 협상의 개요에 대해서는 한국 외교통상부와 일본 외무성 홈페이지에 간략하게 소개되어 있다.

발전전망을 만들고, 그 위에서 적극적으로 국가적·국민적 미래를 개척해가는 것은 매우 중요하다. 남북통일의 과제와 한반도의 지정학적 위치 등을 고려할 때 우리는 동아시아의 핵심 행위자들의 영향력으로부터 자유롭지 못하며, 우리에게 유리한 것이든 불리한 것이든 지역 내부의 여러 정치적·경제적 상호작용에 적극적으로 개입해 들어갈 수밖에 없다. 특히 새로운 세기를 맞이하여 지역적으로 그리고 전세계적으로 국제질서의 지반이 변화하는 오늘날 수동적으로 변화의 압력을 수용하는 자세를 넘어서 동아시아의 공존과 발전, 평화와 민주주의를 위한 비전을 제시하고 이를 실현하도록 애쓰는 것은 우리의 책무라고까지 생각할 수 있다. 바로 이러한 점에서도 한일 FTA에 대한 정확한 평가는 결정적인 의미가 있다. 이 보론은 현재 협상이 중단되었지만 비밀리에 협상이 상당부분 진행된 한일 FTA가 한국의 국민경제와 국민의 삶에 어떠한 영향을 미칠지, 지금까지 두 차례에 걸친 양국간 공동연구 자료를 중심으로 분석하고자 한다. 그리고 이것이 바람직한 '동아시아 비전'으로 이어질 수 있을지 검토해보고자 한다.

2. 정당화 논리와 실질적 이해관계

2003년 10월에 공표된 산관학 공동연구회 보고서에 따르자면 한일 FTA의 기본 원칙은 포괄성, 유의미하고 실질적인 자유화, 상호 이익의 확대, WTO 규칙과의 정합성, 지역통합의 모델로 요약된다.[4] 이는 한일 FTA가

---

[4] 한편 한일 FTA가 지역통합의 모델이 되어야 한다는 원칙은 한국 측에서 강하게 주장한 것으로 보이는데, 가령 한일 FTA를 한중일 FTA로, 그리고 궁극적으로는 동아시아 FTA로 확대해가야 한다는 의미이다. 그러나 주목해야 할 점은 이 원칙이 본 협상의 원칙에서는 배제되었으며, 나중에 구체적으로 논의하겠지만 이것은 한일 FTA의 발전방향에 대해 한일 양국간의 인식 차이가 큼을 시사해준다(산관학, 2003: 18~20면).

범위와 속도 면에서 포괄성과 비장기적 이행의 특징을 갖는 '선진국형 FTA', 즉 WTO를 앞서나가는 'WTO 플러스'로서 특징이 있음을 의미한다.

따라서 당시 전체회의와 총 일곱 개의 협상반을 통해 이루어지던 본 협상의 범위(scope)는 '자유화와 원활화'에 해당하는 14개 항목(관세, 비관세조치, 원산지규칙, 세관절차, 전자상거래, 무역구제조치, 무역의 기술적 장벽, 위생식물검역, 써비스무역, 투자, 인적이동, 지적재산권, 정부조달, 경쟁정책)과 '협력'에 해당되는 10개 항목(정보통신기술, 무역투자촉진, 과학기술, 운수, 방송, 관광, 환경, 금융, 인재육성) 등 지극히 포괄적이었다.[5] 그만큼 한일 FTA는 협의의 FTA와는 달리 북미자유무역협정(NAFTA) 이래 써비스무역과 투자자유화, 나아가 원활화와 경제협력 요소까지 포괄하는 새로운 유형의 포괄적 FTA이다.[6] 그러나 그렇다고 해서 한일 FTA가 FTA의 본질을 벗어나는 것은 아니며, 도리어 'WTO 플러스'라는 표현에서도 분명해지듯이 더욱 강화된 FTA 요소가 있다. 그런 만큼 한일 FTA에서 여전히 중요한 문제는 '무역', 특히 '상품무역'이며, 그 중에서도 관세철폐의 문제이다. 따라서 '관세철폐'에 따르는 손익이 양국간·산업간에 어떻게 발생할 것이며, 관세철폐의 손익을 다른 항목들(가령 비관세장벽 철폐, 투자 유인, 원활화의 이득)이 얼마나 '보전'해줄 것인가가 한일 FTA를 평가하는 기준이 될 수 있다.

그러면 지금까지 한일 FTA에 대해 '꼬리말 잇기' 식으로 정당화해온 기본 논리에 대해 살펴보자. 양국간 공동연구에 따르면 한일 FTA로 말미암아

---

5) 산관학 공동연구회에서 제시한 한일 FTA의 범위와 구체적 내용에 대해서는 산관학, 앞의 책 21~49면을 참조하라. 본 협상에서 일곱 개의 협상반은 ① 총칙, 분쟁해결, 최종 규정 ② 상품무역(관세, 무역구제조치 등) ③ 비관세조치(NTM), 위생식물검역(SPS), 무역의 기술장벽(TBT) ④ 써비스무역과 투자(금융·전기통신 등 써비스무역, 인적이동, 투자) ⑤ 기타 무역 관련 사항(정부조달, 지적소유권, 경쟁정책) ⑥ 협력(무역투자촉진, 중소기업 등) ⑦ 상호 승인협정(MRA) 등이다.
6) 이러한 포괄적 FTA를 일본에서는 전통적 무역정책으로서의 FTA와 구별해 경제제휴협정(Economic Partnership Agreement, EPA)이라고도 한다.

일본은 단기·장기 모두에 걸쳐 이득을 보지만, 한국은 단기적으로 손해이나 장기적으로는 이득을 볼 수 있다는 것이 결론이다. 현재 양국간에는 산업구조는 경합적이지만 산업경쟁력 및 관세구조가 지극히 비대칭적이다. 따라서 일본은 관세철폐에 의한 단기적 이득을 크게 향유할 것이며, 시장규모 확대·표준통일·경제효율화 등과 같은 중장기적 이득 또한 클 것이다. 한국도 단기적으로는 관세철폐로 대일무역수지가 더욱 악화할 것이지만, 중장기적으로는 일본의 비관세장벽의 철폐, 경쟁도입으로 말미암은 경제효율화 효과, 일본자본 등의 해외투자 유입으로 단기적 손해를 넘어서는 '이득'을 향유할 수 있다는 주장이다(IDE, 2000: 14~22면; KIEP·IDE 공동선언문, 2000). 사실 양국간의 관세철폐가 얼마나 큰 충격을 가져올 것인지에 대해서 양국 정부연구소 보고서나 산관학 연구보고서는 지극히 소략하게만 언급하고 있을 뿐이다(산관학, 15~16면; 21~24면). 특히 한국 측 보고서는 단기적 타격을 미래 어느 순간 장기적 이득이 압도하여 결국에는 '윈-윈'게임이 될 것이라고 수식으로 '증명'하기에 여념이 없어 보인다(KIEP 보도자료, 2000).

일본으로서는 관세문제가 최대한 쟁점이 되지 않는 것이 가장 유리하다. 왜냐하면 일본이 가장 큰 목표로 삼는 것이 한국의 관세철폐이기 때문이다. 2000년대 초반까지 일본은 1990년대 이래 기업의 해외활동 증가와 함께 산업공동화의 위기에 직면한 바 있다(中小企業金融公庫調査部, 2002). 특히 '중국변수'는 산업공동화의 속도를 가속하는 요인이었다(土逸勉男, 2001a; 2001b; 2001c). 따라서 일본정부로서는 동아시아의 주요 무역상대국의 관세철폐를 통해 일본 국내산업의 수출조건을 현저히 개선함과 동시에 일본기업의 국제적 활동조건을 정책적으로 조정할 필요가 있었다. 이것이 한일 FTA와 일-ASEAN FTA 추진의 경제적 이유이다. 이러한 점에서 일본이 한일 FTA에 대해 적극성을 보이는 것은 지극히 당연한 일이다. 반면 나중에 보겠지만 한일 FTA로 말미암아 한국은 경제적 이득보다는 손실이 훨씬 앞설 것으로 보인다. 그런 만큼 한국에서 FTA 추진의 경제적 동력은 그리 크지 않으며, 산업 전반에 걸친 반대 분위기 또한 크다. 그러나 한국의 협상당국은 관세인하가 가져올 파장을 축소하면서 장기적인 '이득'이 생길 가능성을 애써 과장하려는 궁색한 모습을 보여주고 있다.[7] 과연 단기적으로는 약간 손해인데 장기적으로는 이를 훨씬 뛰어넘는 이득이 가능할까? 여기에서 한국 측의 정당화 논리가 가진 두 가지 문제점을 재검토할 필요가 있다. 첫째, 관세철폐의 효과는 한국 산업에 어떠한 영향을 미칠 것인가. 가령 대일적자, 즉 무역수지불균형은 약간 심화하지만 적정한 경쟁의 도입으로 주력산업이 효율성과 경쟁력을 회복할 것인가. 둘째, 장기적 이득의 '원천'으로 간주되는 일본의 비관세장벽 철폐와 일본기업의 대한국 투자가 기대대로 이루어질 것인가.

3. 관세철폐의 효과

한국과 일본의 관세율은 양국간 산업 경쟁력의 격차를 반영하여 선명한 비대칭성을 보여준다. 즉 양국간 무역에서 무관세 비율은 한국이 28%라면, 일본은 57%이며, 10% 미만의 경우 한국이 70%, 일본은 25%에 해당한다. 특히 일본의 경우 주력산업의 대다수가 무관세이거나 0%에 가까운 저관세임에 비해 한국은 약 8%대의 상대적 고관세가 주력산업에 부과되고 있다. 결국 관세철폐의 충격은 한국의 주력산업에 상당한 타격을 줄 것으로 예상된다. 그러면 구체적으로 어떤 부문에서 어떠한 효과가 나타날지 살펴보자.

---

[7] 이 지점에서 한국정부가 FTA를 추진하려는 '진의'가 무엇인지 궁금해진다. 한국 국내의 지지기반이 약화하고 도리어 반대론이 점점 커지고 있는 현 상황에서도 그들은 여전히 위의 장기적 '경제이득', 동아시아 FTA로의 발전 가능성 등 구태의연한 정당화 논리만을 내세우고 있다. 그러나 이마저도 논리적으로 부정되는 상황에서는 '정부간 약속'의 신뢰성을 위해 FTA는 꿋꿋이 추진되어야 한다는 궁색한 말을 하기도 한다. 여기에서 한일 FTA를 추진하는 관료의 입장이 얼마나 체계적으로 준비되고 책임성이 뒷받침되고 있는지 의문을 갖지 않을 수 없다.

표1 한일간 관세율 비교

	무역가중평균실행율		무역가중평균양허관세율	
	한국(%)	일본(%)	한국(%)	일본(%)
농산품(수산품 제외)	84.04	10.6	93.94	15.8
수산품 및 수가공품	13.04	4.4	13.15	4.4
석유	4.51	0.9	5.04	3.7
목재, 펄프, 종이, 가구	3.97	1.4	4.93	1.9
섬유 및 의류품	9.76	9.3	22.78	9.4
피혁, 고무, 신발, 여행용구	6.73	11.0	10.80	11.0
금속	3.88	0.6	5.68	0.7
화학제품 및 사진용품	6.86	2.0	10.18	2.0
수송기기	4.95	0.0	7.40	0.0
기계류(전기기계 제외)	4.65	0.0	6.83	0.0
전기기계	2.29	0.1	3.20	0.1
광물성 생산품, 보석, 귀금속	2.94	0.6	5.25	0.3
기타 공업제품	5.54	0.7	7.44	0.7
전 품목	9.19	2.7	11.74	3.6

출처 APEC IAP 2002; 산관학(2003)에서 재인용.

먼저 한일 FTA로 약간의 득이 예상되는 부문을 들어보자. 농림수산품의 일부 품목과 섬유(특히 의류품), 그리고 피혁과 고무 등이 해당된다. 농림수산품의 경우 증류주(소주, 관세율 16%), 채소(김치 등, 9.0%), 밤(9.6%), 생선·명란(9.6%), 굴(7.0%), 냉동참치(3.5%) 등의 경우는 수출증가가 예상된다. 반면 한일간의 무역에서 농산물 무역의 유세(有稅) 품목은 8.8% 정도에 불과하며, 평균 관세율은 일본이 12%임에 비해 한국은 62%이다. 따라서 농림수산 분야 전반에 걸친 이득이 발생할 것으로 기대할 수는 없다(『日本農業新聞』, 2003년 6월 10일).[8] 의류산업의 경우 전통적 중소기업·경공업 분야에 해당하지만 일본의 관세가 16%이므로 수출은 증대될 것이다.

반면 관세철폐는 기계조립산업, 중화학공업 등 현재 한국의 주력산업에서 부정적 효과가 집중될 것으로 보인다. 구체적으로 일본의 대한수출 상위 50품목에서 한국의 수입관세는 기계류·전자부품·자동차부품·화학제품·전지·특수비철금속 등이 8%, 정밀특수기계는 5%인데, 관세철폐의 경우 수입증대는 극명하게 나타날 것이다. 나아가 현재는 주요한 대일수입품목이 아니지만, 가전산업의 경우 디지털 TV, 디지털 카메라 등 고부가가치제품에서, 그리고 자동차(완성차) 산업의 경우 최근 한국판매에 성공하는 중대형 승용차 부문에서 대일수입이 급증할 것이다(『스탁데일리』, 2004년 5월 24일). 나아가 석유화학산업과 철강산업에서도 문제는 단순하지 않다. 철강과 석유화학산업의 경우 일부 품목의 가격경쟁력은 존재하나, 고부가가치제품이나 특수제품을 중심으로 하는 수입이 급증할 것이며 해외시장을 둘러싼 양국 기업간의 경쟁이 치열해질 것이다(『매일경제』, 2004년 5월 4일; 『스탁데일리』, 2004년 5월 24일). 특히 2002년 현재 한일간 무역에서 한국의 유세(有稅) 품목은 71.7%에 이르는데 그 안에는 기계와 전기기기(22.9%), 금속(14.3%), 광학기기·사진용기기(6.4%), 플라스틱과 고무류(5.0%), 차량·항공기·선박(3.0%), 석유제품(2.1%) 등 주력산업 대부분이 포함되어 있다. 반면 일본에서 이 산업제품들은 대다수 무세(無稅)이거나 지극히 저관세이므로, 한국의 산업들은 수입증가로 말미암은 타격을 대일수출의 확대로 만회할 수도 없게

---

[8] 이와 함께 고급 과일, 녹차, 담배 등의 분야에서는 일본의 대한수출력이 강화될 것으로 평가한다(『日本農業新聞』, 2003년 10월 29일자).

된다(『朝日新聞』朝刊, 2003年 12月 20日).

　더욱 중요한 점은 한일간 관세철폐 효과가 누적됨에 따라 한국경제는 무역적자와 같은 일시적 '양적 피해'에 그치지 않고, 양국간에 비대칭적 특화와 산업구조의 파행화에 따르는 '구조적·질적 피해'를 받을 수밖에 없다는 것이다. 첫째, 현행 관세가 유지되는 상황에서도 한국의 대일 무역적자는 2003년 현재 190억 달러에 이르는데, 그중 약 80%가 자본재·부품·소재류 등에서 발생한다(『日本經濟新聞』朝刊, 2004年 3月 1日). 이 분야는 한국의 고부가가치 부품생산부문과 중첩되는데, 관세철폐의 경우 대일편중 수입구조는 고착될 것이며, 한국은 산업구조 고도화의 전략적 영역을 완전히 포기해야만 할 것이다. 둘째, 지금까지는 관세요인과 가격경쟁력요인으로 수입되지 않던 고부가가치제품의 수입 또한 대폭으로 확대할 것이며, 가전이나 완성차 부문에서 고부가가치·고기술제품의 생산이 커다란 타격을 받게 될 것이다. 결국 이러한 점에서 한일간 관세철폐는 부품·완제품을 가리지 않고, 한국의 주력산업에서 산업구조의 고도화와 고부가치화를 이끌 첨단·고기술 분야를 무력화함으로써 산업발전의 미래 전망을 어둡게 할 것이다. 셋째, 일부 중부가가치 부품산업의 경우에도 일본 수입부품의 가격경쟁력에 의해 대기업이 부품조달선을 변경함으로써 연쇄적인 타격을 받을 것임은 분명하다(『연합뉴스』, 2004년 7월 9일).

　바로 이러한 점에서 한일 FTA는 산업구조 고도화를 이끌 새로운 프론티어의 경쟁력을 약화시킬 뿐만 아니라 중소기업의 대대적인 사업 축소와 정리를 불가피하게 만들어 산업공동화를 더욱 촉진할 것이다. 한편 대일수출을 중심으로 볼 때 한국은 일부 수출이 증대할 농수산품·섬유제품을 중심으로 하던 1960년대와 유사하게 경공업 특화구조로 퇴행할 가능성을 부정하기 어렵다. 결과적으로 한국과 일본 간에는 저부가가치(저기술)생산과 고부가가치(고기술)생산, 조립생산과 부품공급기지, 경공업과 핵심적 기계산업 등과 같은 종속적 수직분업구조가 고착될 것이다.

4. 비관세장벽과 대한투자, 경제협력

한일 FTA의 성격을 분명히 밝히기 위해 두번째 쟁점으로 넘어가보도록 하자. 우선 한국 측이 관세철폐로 말미암은 손해를 '만회'할 수 있는 대안으로 제시한 것은 일본의 비관세조치(Non-Tariff Measures, NTMs) 철폐였다. 비관세조치란 사전적으로 정부 및 비정부 차원에서 외국기업을 차별하는 반경쟁적 제도나 관행을 가리킨다(산관학, 24~26면). 여기에는 수량제한, 무역의 기술장벽, 위생식물검역, 유통장벽 등 제도적 차원의 문제도 포함되나, 안전지향, 소비관행, 제품 및 기업 선호 등과 같은 문화적 차원의 문제 또한 중요한 문제이다. 비관세조치에는 일부 정부차원에서 조정할 수 있는 것도 있으나, 대다수는 기술·제도·문화가 사회적으로 복잡하게 조직된 일본시장의 여러 측면일 경우가 많다. 한국 측은 "일본의 관세율이 지극히 낮지만 대일수출이 확대되지 않는 이유는 일본시장이 비관세조치에 의해 조직되어 있기 때문이며, 따라서 이 비관세조치를 철폐한다면 한국의 대일수출이 늘어날 것이다"고 판단한다(KIEP 보도자료, 2000).[9] 국제무역에서 비관세조치가

---

[9] 한일 FTA 산관학 공동연구에서 한국 측이 요구한 개혁대상 일본의 비관세조치는 다음 28가지에 이른다. 해양수산물의 수입할당 확대, 가전 재활용요금제도 개선, DVR 검사면제, 외국인 주주의 이동방송 조인트벤처시 투표권보유 임원 인정, 활어 운반 등 특수차량 일본도로 주행허가, 항만사용료 인하, 일본자치체 공공 공사 입찰시 보험증권요건 개정, 외국기업에 독자적 공공 공사 입찰자격 부여, 주재원의 주재기간 갱신절차 개선, 비자취득 및 체제기간 갱신절차 개선, 법원 경매물건 감정평가서 공개, 법원 공탁제도의 개선, 세관검사시 밀가루 조정품 정의기준 개선, 식재 수입업자에게 세관검사 분석방법, 검사결과 통지예정일을 서면통지, 법원인정 이전 미회수 이자 비과세, 주류소매업 면허 개선, 한국산 자동차 카펫·시트에 대한 별도의 관세분류구분, 은행계좌 설치시 여권 신분증명, 신규 수입차 검사의 PHP 방식, 한국산 조개·굴에 대한 검역제도 개선, 화물선 적/하역시 일본항운협회와 선박회사 간의 의무적 협의 폐지, 수입 생선, 채소에 대한 검역건수 상한의 폐지, 한국산 증제피혁분(蒸製皮革粉) 수입해금, 식품수입의 사전검사시 한국수입업자가 제출한 쌤플의 인정, 일본 폴리올레핀 등 위생협의회의 규제개선, IT 입찰불공정 관행의 개선.

중요하다는 것은 이미 상식이다. 그러나 문제는 양국간 협상을 통해 일본의 비관세조치를 광범위하게 철폐할 수 있으며, 더구나 이렇게 함으로써 관세철폐로 말미암은 손해를 만회할 수 있을 것이라는 순진한 사고이다.

실제로 외국상품의 일본시장 진입을 가로막는 대다수 장벽은 기술·유통구조·소비관행·문화 등이 복합적으로 작용하는 사적 비관세조치인 경우들이 많으며, 정책적 비관세조치들은 빙산의 일각에 불과하다. 가령 1990년 미일구조협의(SII)가 종결될 때까지 약 10여 년에 걸쳐 미일마찰의 주요 논점은 다름 아닌 이 비관세조치였다. 그러나 미국의 집요한 압력에도 일본시장이 '열리지' 않았던 이유가 무엇이었는지 상기해볼 필요가 있다(長岡豊, 1987: 52~54면; 三橋規宏 外, 1994: 235~37면). 이 사적 비관세조치를 혹여 없앨 수 있다면 한국이 관세철폐로 입을 손해를 만회할 수 있을지 모른다. 그러나 SII의 사례에서도 알 수 있지만, 양국간 협상을 통해 일본의 조직된 시장이 개방되리라고 상상하기는 어려운 일이다. 더구나 2년도 못되는 협상을 통해 일본의 비관세조치를 없애겠다는 주장을 누가 믿을 수 있겠는가.

다음으로 한국 측이 관세철폐의 손해를 만회할 대안으로 찾은 것은 일본으로부터의 제조업 해외투자 유입이다. 현재 한일간에는 양국간 투자협정(Bilateral Investment Treaty, BIT)이 체결된 상황이다. 이 협정은 약간의 논의와 손질을 통해 한일 FTA의 투자자유화 항목에 포괄될 것으로 알려졌다. 한일 BIT는 최혜국대우나 내국민대우 중 유리한 방향을 적용하기로 함으로써 최대의 정책 인쎈티브를 부여하고, 이행(performance) 요구를 금지함으로써 수입국의 투자통제 가능성을 최소화하며, 자유화의 예외조치를 최소한으로 규정하고, 수용·국유화의 경우나 국가별 위험성에 대처하여 투자가의 재산을 최대로 보장하며, 완전한 송금의 자유를 보장하게 되어 있다(BIT, 2002). 이러한 점에서 현재 BIT만으로도 해외투자에 대해 거의 완전한 자유화와 보호조치를 주고 있다고 해도 과언이 아니다. 한국은 한일 FTA와 투자자유화의 효과가 발휘되어 일본 제조업의 대규모 대한투자가 이루어지기를 희망하고 있다. 그러나 다국적기업의 행태에 대해 연구해온 결과는 유치희 망국의 투자자유화와 정책적 인쎈티브가 투자를 실현하는 데 필요조건일지 언정 충분조건은 아님을 잘 보여주고 있다(UNCTC, 1991). 현실적으로 투자가 이루어지느냐 여부는 본국에서의 상대적 자본의 양, 경영상태와 기업전략, 본국 정부의 산업과 투자정책 등에 의해 일차적으로 규정되며, 그 위에서 투자유치국의 시장규모, 산업상황 및 기술, 노동력의 질, 시장의 전략적 가치, 지경학적 위치 등 투자기업 측에서의 장점(advantage)이 국가선택에서 중요한 역할을 한다. 이렇듯 투자자와 유치국의 조건이 합치되었을 때 비로소 투자유치국의 자유화나 정책 인쎈티브가 기능할 수 있는 것이다. 이러한 상황은 한일 BIT 체결 이후에 일본의 대한투자가 거의 이루어지지 않았다는 점에서도 잘 확인된다.[10]

 FTA는 해외투자의 확대요인이 되기도 하고 동결요인이 되기도 한다. 이미 국내생산에서 경쟁력을 잃은 산업이 상대적으로 과잉이라면, FTA로 인해 낮은 비용구조를 갖고 있는 상대국으로의 자본유입이 촉진될 것이다. 반면 자본이 과소 상황에 있거나 국내생산에 경쟁력이 있는 부분만이 잔존해 있다면, 이 경우 관세철폐는 본국에서 수출조건의 개선을 가져와 해외투자를 억제하는 효과가 있을 것이다. 일본의 경우 1980년대와 1990년대 초반까지 자본의 양이 상대적으로 과잉 상황에 있었으며, 이를 반영하여 정부와 기업은 적극적으로 해외투자전략을 추진하였다. 그러나 1990년대 중반부터 상황은 급변하고 있다. 이때의 해외투자는 국내생산에서 경쟁력있는 부분까지도 포함되어 이루어지기 시작했으며, 이것은 일본 국내의 제조업 공동화로 직결되었다(中小企業金融公庫調査部, 2002). 이 상황에서 정부의 산업정책이나

---

10) 한국정부, 즉 산업자원부와 대한무역투자진흥공사(KOTRA)는 이러한 투자유입 결여 상황을 탈피하기 위해 일본기업의 대한투자를 유치하기 위한 필사적 노력을 기울이는 것으로 보인다. 일례로 2004년 6월에는 일본의 부품, 소재업체 등 8개 기업 총 4억8천5백만 달러의 유치사실이 대대적으로 홍보된 바 있다(『국정브리핑』, 2004년 6월 9일).

투자정책의 방향은 해외투자를 억제하고 수출을 강화하는 방향으로 나아가고 있는데, 멀리에서 찾을 필요도 없이 현재의 FTA 정책이 가장 대표적인 경우일 것이다(日本機械輸出組合, 2003: 20~27면; MOFA, 2003). 이러한 맥락과 무관하게 한국 측은 산업협력이나 정책적 해외투자를 유도해줄 것을 일본에 강하게 요구한 것으로 보인다. 그러나 일본 측은 수미일관하게 투자문제가 민간영역의 문제이므로 개입하기 어렵다는 태도를 취했다. 떡 줄 사람은 생각이 없는데, 형식적 가능성, 그것도 잘못된 억측에 입각해 FTA가 투자유입을 촉진해 관세철폐의 손해를 만회해줄 것이라는 주장은 허무한 것이다.

5. 한일 FTA와 노동규제

한일 FTA는 한국민의 삶을 윤택하게 만들어줄 것인가. 그 답은 상당히 부정적일 수밖에 없다. 여기에는 국가간 자본게임과 노동을 향한 자본의 공세가 중첩되기 때문이다. 먼저 앞선 논의에서도 분명하지만, 한일간 관세철폐의 결과 한국산업의 대다수 주력산업들이 사활적 경쟁압력에 내밀리게 될 것으로 보인다. 자유화로 인한 경쟁압력은 상대적으로 비교우위에 있는 일본의 주력산업들에게는 기업의 건강성을 보강해주는 '보약'이 될 것이다(田中均, 2000). 반면 지극히 일부의 기업들을 제외하고 비교열위에 있는 한국기업들에는 생사를 가름하는 '극약처방'이 될 수도 있다. 결국 대규모 산업공동화와 더불어 이미 '한국기업'이라고 말하기 어려운 상층부 몇몇 기업, '극약처방'에서 살아남은 잔존 기업, 경공업품 중심의 전통산업을 중심으로 하는 기형적 산업구조가 나타날 가능성이 있다. 이는 대규모의 구조조정을 필수적인 것으로 만들 것이며, 결과적으로 노동에는 실업과 고용불안이라는 뼈저린 시련을 가져다줄 것이다. 인구 1억7천만, 총 5조 달러 규모에 이르는 '대시장의 창출'이라는 장밋빛 환상의 이면에서 한국인들은 국민경제와 국민의 삶이 파괴되는 불유쾌한 현실을 경험해야 할지 모른다.

그러지 않아도 한국의 노동은 50%를 뛰어넘는 비정규직·청년실업 등 고용불안 조건에 허덕이고 있다. 한일 FTA는 이러한 한국의 상황을 더욱 악화시키면 시켰지 호전시키리라고 보기는 어렵다. 이러한 상황을 예감하여 일본 측은 한국 노동운동의 저항을 억제하기 위해 적극적으로 나서고 있다. 산관학 공동연구회 산하의 비관세조치 협의회에서 일본 측이 개혁을 요구한 한국의 비관세조치 열세개 항목 중 거의 절반에 해당되는 여섯개 항목이 노동운동을 억제하는 조항이다. 종업원 지주제에 대한 우선적 신주할당의 폐지 혹은 외국기업 예외화, 노동쟁의의 억제, 무노동 무임금의 철저관철, 노동자 미사용노동 급료지급 의무화 폐지, 퇴직금 계산의 유연화, 불법노동행위의 엄정·신속조치 등이 그것이다(산관학, 79~80면). 만약 일본 측의 요구가 그대로 수용된다면, 마치 1960~70년대 일본기업을 유치하기 위해 만들었던 수출가공구형의 전근대적 노동상황이 재현될 수도 있다.

6. 한일 FTA와 한중일, 동아시아 FTA

한일 FTA를 정당화하는 또다른 논리는 한일 FTA를 디딤돌로 한중일 FTA로 나아가고, 궁극적으로 동아시아 통합으로 나아갈 수 있다는 주장이다(산관학, 19면). 필자도 한일간의 건강한 관계가 한국의 동아시아 전략에 결정적인 의미가 있다고 생각한다. 그러나 우리가 여기에서 명확히 해두어야 할 점은 일본의 FTA 정책은 한국이 생각하는 동아시아 전략과는 거리가 있다는 사실이다.

1990년대 초반 중국위협론이 대두한 이래 일본은 중국을 염두에 둔 내셔널리즘 전략을 추구하고 있다. 뿐만 아니라 1990년대 중후반 이래의 대규모 대중국투자로 말미암아 확대되는 부메랑 효과를 경험하고 있으며, 이것이

경제적으로도 중국을 위협으로 바라보는 배경이 되고 있다. 최근 일본정부는 중국을 '기회'보다는 '위협'적 존재로 인식하기 시작했으며, 이 결과 중국을 배제하는 동아시아 FTA 네트워크의 형성이 추진되고 있다(外交關係タスクフォース, 2002). 중국과의 FTA는 일본기업의 대중국투자 러시를 조장하는 결과를 가져올 것이며, 이 새로운 투자흐름이 확대되는 부메랑 효과와 더불어 일본 산업에 치명적 공동화를 일으킬 것에 대한 우려 때문이다(METI, 2003). 결과적으로 일본의 동아시아 FTA 구상은 명확한 손익계산 위에서 한국, 대만, 씽가포르, 말레이시아, 타이, 인도네시아, 필리핀, ASEAN 10(다자적 접근) 등 중국을 견제하는 해양벨트 중심의 쌍무적·다자적 네트워크가 되는 것이다. 뿐만 아니라 이러한 일본의 네트워크형 FTA 정책은 안보전략상의 의미 또한 크다. 실제로 대상국 선별에서 정치적 친화력(가치공유)이나 실질적 동맹의 강화 가능성 등이 중요한 기준이 되고 있는데, 여기에도 '이질적인' 중국과의 경쟁관계라는 변수가 중요하게 작용한다. 특히 한일 FTA는 중국을 견제하는 해양 중심의 FTA 네트워크를 형성하면서 가장 중요한 동맹축, 즉 중심축으로서의 의미가 있다(MOFA, 2003). 이것이야말로 한일 FTA가 한중일 FTA로 확대되기 어려운 핵심 장애이며, 한일 FTA를 중국 나름의 정치적 시선으로 해석하게 하는 가장 커다란 요인이 된다.

7. 동아시아 협력의 새로운 비전

지금까지 살펴본 바와 같이 한일 FTA는 관세철폐의 효과만으로 대규모의 산업공동화, 산업구조 전환의 선두 부분 상실, 대량의 실업 및 고용불안 등의 문제를 일으킬 것으로 보인다. 그리고 산업구조 면에서도 심각한 파행을 불러와 지극히 일부의 고기술산업을 제외하고는 전통적 경공업을 중심으로 특화할 가능성이 크다. 반면 일본은 현재 국내 제조업 기반의 공동화를 최소화하면서 새로운 산업을 창조하고 산업구조를 전환할 중요한 기회를 부여받을 것이다. 양국간 산업구조의 경합성과 경쟁력 구조의 비대칭 상황에서 '자유화'는 극단적으로 대조되는 결과를 낳을 수 있다. 나아가 한일 FTA는 동아시아 전체를 하나로 통합하는 결과를 가져오기보다는 해양과 대륙으로 양분하는 결과를 가져올 것이다. 결국 한일 FTA는 한국이 동아시아의 대통합을 추구하기보다는 정치·경제적으로 '해양진영'(미국·일본)에 더욱 속박되도록 하는 장치가 될 수도 있다. 그것은 미중간·중일 간의 동아시아 갈등에 한국이 더욱 깊숙이 편입됨을 의미한다.

사실 동아시아에서 발생되는 최근의 FTA 경쟁은 시장을 둘러싼 신중상주의적 경쟁, 즉 자유화란 이름의 중상주의에 불과하다. 이러한 점에서 FTA를 통해 동아시아 시장을 지역적으로 통합해간다는 것은 지극히 어려운 일로 보인다. 그러나 동아시아의 중규모 국가로서 통일과 민주주의의 공고화, 그리고 산업발전의 새로운 계기 확보라는 과제에 직면해 있는 우리로서는 평화·공존·발전 등의 가치가 조화롭게 실현될 수 있는 지역협력 대안을 찾아내야만 할 것이다. 동아시아에서는 지역대국인 중국과 일본 간의 경쟁과 갈등이 더욱 구조적인 양상으로 전개되고, 청산되지 못한 왜곡된 과거사를 둘러싼 갈등이 지속하고 있으며, 기나긴 냉전의 그늘 속에서 부단히 내셔널리즘 충동이 일어나고 있기 때문에 단기간 내에 실현될 수 있는 유효한 통합대안을 찾아내기가 쉽지 않다. 특히 국가간, 사회계급·계층간 손익 구분선이 분명한 무역, 금융 자유화를 중심으로 하는 단시일 내 지역통합 논의는 더욱 성공하기 어렵다. 최근 중국의 경제성장과 더불어 한중일 FTA를 중심으로 하는 자유화와 지역협력에 대한 문제제기가 힘을 얻은 것으로 보인다. 그러나 중국의 '폭발적' 성장 그 자체가 가진 국제질서 및 주변국에의 파급력, 그리고 일본에서 비등하는 '중국위협론' 및 내셔널리즘은 지역의 미래에 대한 불확실성을 증가시키고 있으며, '동아시아'의 핵심인 한중일 3국간의 협력론을 추상화해버리고 있다.

그런데도 세계적 패권질서의 변화 국면에서 한반도의 평화적 통일과 한국의 새로운 발전, 나아가서는 우리 사회의 점진적 진보에 적합한 국제환경을 창출하기 위해서 한국은 동아시아 전반을 하나의 수렴적인 협력단위로 묶어가야만 한다. 이를 위해서는 갈등요인이 심각하게 내재하여 있지만, 우선 한중일 3국을 핵으로 하는 동북아의 명시적 협력이 이루어질 수 있는 대안을 제시할 필요가 있을 것이다. 이러한 동북아의 통합지향성을 갖는 협력은 그만큼 잘 준비된 체계적인 전략을 필요로 한다. 한국의 객관적 '국력'조건은 중국이나 일본에 비견될 수 없을 정도로 허약함을 인정해야 한다. 결국 한국은 중일간의 균형 위에서 그 지정학적 위치를 최대한 활용하면서 전략적 외교능력을 통해 허약한 '국력'조건을 보완하고 이를 국제정치적 '비교우위'로 활용해가야 할 것이다. 필자가 한일 FTA가 수식(數式) 중심의 경제논리나 단견적 동맹논리의 무반성적 귀결이며, 한국이 추구해야 할 '동아시아 비전'과는 무관한 것임을 애써 강조하는 이유는 여기에 있다. 동아시아 협력전략은 한중일 3국간의 협력을 중심으로 하면서도 국내정책, 가능한 협력분야와 협력방식, 시간대를 고려한 협력의 단계설정 등 다면적 측면을 가져야 한다.

우선 동아시아 전략은 국내정책의 차원에서 한국의 산업구조 고도화와 고부가가치화, 나아가서는 개방적이면서도 건전한 국민경제를 재구축할 산업·경제정책, 기존 한미동맹관계의 유연화 속에서 전방위적 국제협력을 가능케 하는 외교전략 개념의 도입 등 새로운 정책환경이 있어야 한다. 그리고 불확실성 속에서도 미중일 3개국의 상호작용을 고려한 동아시아의 미래상에 대한 과학적 씨나리오를 구축할 능력 또한 결여되어서는 안되는 부분이다. 다음으로 동아시아 전략이 고려해야 할 차원은 가능한 협력분야와 협력방식을 획정하는 일이다. 필자는 한중일간의 FTA는 정치적이거나 선언적 의미가 있을 수 있을지언정 단기적으로 실현 가능한 협력대안은 아니라고 생각한다. 우선 경제적으로 중국의 성장이 가진 폭발력과 심도, 광범위성에 대한 한국과 일본의 불확실성 인식이 계속되고 있으며, 이는 특히 일본에서 '경제적 중국위협론'으로까지 진척되어 있다. 나아가 중국의 발전도상적 성격 그 자체가 이른바 '선진국형의 FTA' 논의를 가로막는 중요한 이유가 되고 있 다. 뿐만 아니라 일본의 정치적 내셔널리즘은 최근 친미적 전략을 더욱 강화 하고 있으며, 동아시아에 '내재화된' 미국 변수가 이 지역의 3개국이 결합되 는 데 중대한 장애가 되고 있다. 이러한 점에서 한중일 FTA는 동아시아 지 역통합의 출발점이라기보다는 단계적 '목표지점'일지도 모른다.

한편 동아시아 협력은 궁극적으로 공동체 지향의 통합을 지향하면서도 현 실적으로 가능한 영역, 즉 협력의 차원은 낮을 수 있으나 필수적인 생존재 (生存財)를 공유하는 영역으로부터 출발할 수밖에 없을 것이다. 현재 동아시 아 경제의 가장 핵심적인 문제는 '중국의 성장' 그 자체이다. 성장시장으로 서 중국에 대한 동아시아 각국의 의존도는 더욱 증대하고 있으며, 이는 한편 으로 '기회'로서의 의미가 있다. 그러나 동시에 중국의 성장은 그 규모로 말 미암아 이른바 '지속 가능한 성장'의 문제를 제기하는 것도 사실이다. 현재 와 같은 중국의 고성장이 미래에도 유지되려면 현존의 국제경제질서가 심대 하게 변화되어야 할 것이며, 이는 필수적으로 국가간의 갈등을 초래할 가능 성이 크다. 이러한 점에서 중국의 지속성장과 이른바 '소강(小康)'사회로의 연착륙은 국제사회의 협력을 필수적인 것으로 요구한다. 한편 현재와 같은 상호 의존 구조하에서 중국의 지속성장과 연착륙의 문제는 동아시아 국가들 의 생존문제와 직결되는 공통의 과제를 제기한다. 가령 중국의 지속성장을 위한 전제조건인 식량, 에너지, 환경문제와 내륙개발을 위한 (인프라) 투자 등의 문제는 동아시아 각국의 생존조건에 심각한 영향을 미치는 문제일 뿐 만 아니라 광범위한 국제협력을 통해서만 해결 가능한 문제들이다. 이러한 점에서 동아시아가 '통합된 동아시아'로서의 비전을 갖기 위한 출발점은 식 량, 에너지, 물류, 환경, 개발(투자)협력 등 배제가 불가능한 다원적 생존이슈 에 대한 중층적 협력관계일 수밖에 없을 것이다. 이러한 협력관계는 중국의 성장과정에 대한 동아시아의 강화된 관여(engagement)를 가능하게 할 뿐만 아니라 중국의 성장을 '동아시아'라는 지역 속에 포용・포섭해 들이는 중요한 계기가 될 것이다. 나아가 이 협력은 '동아시아'라는 공동운명체 인식, 즉 지역정체성의 형성과정일 것이므로 이를 통해 일본과 중국 내부의 내셔널리즘을 이완할 수도 있을 것이다. 그리고 국제분업, 무역구조, 각국간 산업구조의 질서있는 조정을 위한 한 차원 높은 협력의 기초를 제공해줄 수도 있을 것이다. 바로 이러한 이유로 '동아시아 비전'은 상당히 장시간에 걸치는 집요한 노력이 필요하며, 가능한 (경제)'협력'의 차원으로부터 더욱 진전된 '생존영역'의 공유, 나아가서는 궁극적인 지역공동체 인식에 이르기까지 여러 중간적 단계들이 개재(介在)될 수밖에 없을 것이다.

결국 현재 국민경제와 노동 등 시민사회의 존립조건을 왜곡하는 단견적 한일 FTA의 구상은 '통합적 동아시아 비전'과 국민적 합의 속에서 전면적인 수정이 필요할 것으로 보인다. 따라서 현재 중단되었지만 밀실 속에서 이루어져 온 한일 FTA 협상은 그 내용이 공개되어 국민적 토론을 통해 검증되어야 하며, 바람직한 '동아시아 비전' 전략의 형성과 관련하여 그 방향은 원점에서 재검토할 필요가 있다고 본다.

동아시아 속의 일본을 지향하여

제8장

내셔널리즘을 넘어 동아시아 속의 한일관계로

1. 동아시아 속의 한일관계를 위하여

지금까지 필자는 일본의 대외 정책사조로서 새로운 아시아주의와 안보내셔널리즘에 대해서 그 내용과 사회적 기반을 중심으로 분석하였다. 그리고 안보내셔널리즘을 중심으로 한 아시아주의의 왜곡된 재편 가능성을 논하였는데, 그 한 가지 사례를 일본의 FTA 정책에서 발견할 수 있었다. 이러한 대외전략 혹은 국가전략 패러다임의 교체과정은 제6장에서 분석하였지만 정통 신보수우파들이 주도하는 안보내셔널리즘이 일본정치의 지배적 이념체계로 성장하는 과정이기도 하였다. 한편 일본에서 안보내셔널리즘의 전면화는 역사・영토문제, 북한문제, 중국인식, 동맹구상 등에 걸쳐 한일간의 협조가능성을 위축시키는 한편, 본질적으로는 동아시아 전반에 걸친 지역협력을 심각하게 교란시키는 요인이 되어왔다. 그러나 이미 일본은 정치・경제적으로 세계적 영향력이 있는 전세계적 행위자이며, 중국과 더불어 동아시아의 운명을 결정할 지역패권국가 중 하나이다. 게다가 한국은 지정학적으로 일본의 최인접국(最隣接國)이며, 일본의 정치적 선택에 의해 가장 크게 영향을 받을 수밖에 없는 국가이다. 이러한 점에서 일본은 세계질서, 지역질서의 형성에 결정적인 영향력을 가진 주요한 행위자이며, 한국의 국가이익이라는 관점에서 당면한 과제와 중장기적 과제를 해결하는 데 건설적 협조를 얻어야만 할 중요한 협력 파트너일 수밖에 없다. 이러한 문제의식에 따라 이 장은 한일관계라는 실천적 입장에서 과거 자민당 정권의 주류 이념인 일본 안보내셔널리즘의 편향과 위험성을 극복하기 위한 전략적인 방향에 대해 논하고자 한다.[1] 물론 최근 민주당의 집권으로 자민당 식의 안보내셔널리즘은 그 형태와 강도, 속도 면에서 상당한 변화가 이루어질 수밖에 없을 것이다. 그러나 향후 상당기간 동안 탈냉전과 세계화에 대응하는 일본의 민족주의

---

[1] 이하의 논의는 송주명(2006)과 송주명(2007a)의 논리적 틀을 따르고 있다.

국가전략 기조 그 자체는 유지될 것이라는 점에서 안보내셔널리즘에 대한 실천적 대응방향을 점검해두는 것은 전략적으로 아주 중요하다.

동아시아에서 한국의 국가이익(외교목표)은 각국의 민족주의에 따라 촉발되는 극한적 대결과 제로섬 경쟁을 지양하고 지역적 다자협력을 구축함으로써 안전보장을 이루고 생존과 지속적 번영을 확보하는 것이다. 한국과 일본은 가장 가까운 인접국으로서 전환기 동아시아에 대한 공동인식과 공동전략을 발전해 나가야 할 위치에 있다. 이 공동인식과 전략은 현재까지 지역적 '힘의 균형'을 넘어 한국, 북한, 미국, 중국, 일본, 러시아 등 관련 당사국들이 이익을 공유하는 바람직한 협력적 지역질서를 형성하기 위한 것이다. 이 전략은 지역의 위기적 상황에 대한 올바른 진단에 기초하는 것이어야 한다. 북핵위기와 한반도 문제, 중국의 고도성장이 파생시키는 문제는 동아시아 전체에 걸치는 위기요인으로 부상하고 있다. 이 위기를 지역국가들이 슬기롭게 해결한다면 새로운 협력적 질서로 나아가는 기회가 될 수도 있다. 이러한 점에서 북핵위기, 한반도 문제를 평화공존과 동아시아의 발전이라는 관점에서 올바로 해결하고, 중국의 성장을 국제적 합의와 협조의 틀 속에서 적절히 관리할 수 있는 가장 합당한 방안을 만들어내는 것이 긴요하다. 이는 지역 전체의 과제이기도 하거니와, 지정학적·경제적 관계에서 볼 때 한일 양국에는 사활적인 문제일 수 있다. 한일 양국은 평화, 발전, 생존의 관점에서 지역의 다자협력질서를 올바로 구축할 수 있도록 공동으로 노력해야만 할 것이다. 그리고 이를 위해서 지금까지 왜곡된 한일관계를 청산하고, 공존과 상호 발전, 번영을 기약할 수 있도록 새로이 양국 관계가 재구축되어야 한다. 미래지향적인 한국의 대일정책기조는 세계, 그리고 동아시아 차원에서 일본이 현재의 내셔널리즘 국가전략을 약화시키고 평화적인 국제공헌국가로서의 면모를 강화할 수 있도록 하는 것이어야 한다. 민주당의 집권으로 일본은 지나친 '친미' 일변도 전략을 넘어서 동아시아를 중시하는 '새로운 아시아주의' 전략을 강화해갈 것이다. 이러한 점에서 일본이 신보수우파 안보내셔널리즘의 편협성을 극복하고 궁극적으로 다자주의적 원리와 동아시아로의 '융해'라는 외교방향을 수용하도록 적극적으로 소통하는 것이 무엇보다 중요한 과제가 된다. 이러한 소통이 실질적으로 추진되려면 세계와 동아시아의 국가들, 그리고 시민사회의 평화적 발전비전과 역량을 효과적으로 조직화해야 할 것이다. 나아가 다자주의를 통한 '지역융해' 전략을 보완하고 바람직한 한일 양국 관계를 성취하기 위해 경제와 사회문화 분야를 중심으로 존재하는 양국 관계의 구조적 왜곡요인을 극복하고 공존적 상호 발전이라는 비전하에서 국제분업과 협력관계가 재구축되어야 한다. 이 장에서는 지금까지 논의한 일본 내셔널리즘의 제반 쟁점들을 요약하면서 세계, 동아시아, 한일 양국 관계라는 세 차원에서 미래 일본 내셔널리즘의 전개방향과 쟁점을 안보관계, 경제관계, 사회문화적 관계를 중심으로 전망하고 이에 대한 우리의 대응방향을 논할 것이다.

2. 동아시아 정치의 '탈냉전'과 한일관계의 부정교합: 일본의 '포스트 민주주의'와 한국의 '민주주의 심화'

탈냉전기 한일관계의 구조적 변동 양상을 올바로 이해하려면 냉전기 동아시아 국가간 체제의 특징에 대한 인식이 선행되어야 한다. 냉전기 국가간 관계의 원형 속에서 구조적으로 동결되었던 요인들이 탈냉전을 배경으로 본격적으로 해동되고, 그것이 새로운 동력이 되어 탈냉전기 국가간 관계의 주요 측면이 부상하기 때문이다. 우선 냉전은 일본에 미국 주도의 '전후 민주개혁'과 '평화주의'를 가져다주었다. 이 민주주의와 평화주의는 일본이 전후 경제대국으로 재부상할 수 있도록 하는 기초가 되었다. 특히 전후의 보수본류 경제대국 노선, 즉 경제주의는 민주주의와 평화주의를 실용적으로 활용하고 안보비용을 최소화하면서 전후 번영을 일구어왔다. 전후에 자주국방을 앞세우고 자립적 발전을 중시한 이른바 보수우파적 정치인, 관료 들은 정치무대의 비주류로 후퇴할 수밖에 없었으며, 그들의 자주적 정치노선 또한 현실 속에 동결될 수밖에 없었다(山口二郎, 2005). 한편 한국은 동일한 냉전상황 속에서도 일본과 전혀 다른 규정을 받게 된다. 한국은 북한 및 대소전선의 최선두에서 민간과 군부 권위주의가 연속되어 민주주의가 극도로 억압되고 군사적 대립체제가 자리잡았다. 이 상황에서 보수적 발전노선이 사회 전반의 지배적 노선으로 부상하는 한편, 시민사회의 자율적 발전계기는 여러 억압기제에 의해서 동결될 수밖에 없었다. 그리고 전반적 지역질서도 사회주의 국가로서 중국이 거시적인 봉쇄망 속에 동결되어 있어서 비교적 단순한 구조가 있었고, 한일간의 냉전적 정치상황——그러나 사뭇 대조적인——은 미국 패권하에서 통합되었다.

냉전기 특히 국교정상화 이후 한일관계는 양국간의 조건 차이와 부분적인 갈등에도 불구하고, 미국의 매개 속에서 일본 자민당 보수본류와 한국의 권위주의 세력 간의 보수적 연대를 통해 조정되고 안정화될 수 있었다. 일본에서 민주주의와 평화주의라는 큰 틀 속에서 보수본류 세력이 주도하는 경제대국노선은 한국 권위주의 세력들에게 상대적으로 낮은 정치적 위협감 속에서 실용적 협력을 가능하게 한 것으로 보인다. 특히 냉전적 대립과 남북분단의 현실, 그리고 보수세력으로서 '유사한' 목표하에서 일본과 남한의 보수세력은 강력하게 연대할 수 있었고, '보수파' '친한파' '친(지)일파'가 동일시되는 경향적 등식이 만들어졌다. 반면 일본의 진보세력은 북한과의 관계진전에 중점을 두게 되었는데, 이 결과 일본의 진보파는 '반한파'와 '친북파'로 동일시되고, 한국 진보파는 '반일파'로 등치되는 왜곡되고 비대칭적인 관계가 성립되었다. 이 기간에 한국의 진보세력, 즉 시민사회는 냉전적 '과대성장국가'에서 왜소하게 억압되었을 뿐만 아니라 엄혹한 반공, 반북 이데올로기 속에서 일본 진보세력과도 연대의 길이 지극히 제약되었다. 결국 냉전적 보수동맹의 구조 속에서 양국의 진보세력이 힘을 합쳐 한일관계에 개입하는 것은 효과적으로 배제하였고, 양국의 정치적 보수연대는 안정적으로 유지될 수 있었다(金榮鎬, 2003).

한편 1990년대 이래 전개된 탈냉전은 동아시아에도 '획기적'인 변화를 가져왔다. 1990년대가 과도적 시기로서 그 에너지가 응축되는 시기였다면[2] 탈냉전의 '가시적' 변화는 2000년대에 들어서 가장 본격적이고 직접적인 양상을 띠면서 전개되었다. 일본은 지역질서의 해동 및 중국의 대두를 인지하면서 경제대국의 위상에 걸맞은 정치군사적 위상을 갖추기 위해 내셔널리즘을 동원하고 있다. 이 과정에서 미국에 의해 '강요된' '과잉 민주화'와 '평화주의'를 극복하려는 자주파적 움직임이 본격화되었다. 즉 탈냉전은 일본에 '전후형' 민주주의와 평화주의를 극복하고 내셔널리즘과 국제적 군사능력에 의해 지탱되는 세계적 안보대국으로의 길을 주요한 대안으로 택하도록 하고 있다. 특히 자민당 집권기 일본의 안보내셔널리즘은 북한위협과 적대감을 활용하면서 더욱 강고한 지지기반을 획득하였다.[3] 최근 민주당 집권으로 그 정도가 상대적으로 약화되고 형태 또한 변화되겠지만, 소위 '전후체제'와 현행 헌법을 뛰어넘어 더욱 적극적인 안보국가로 나아가려는 내셔널리즘 경향은 지속될 것이다. 반면 한국은 냉전시기 동안 이루어져 온 경제성장과 시민사회 성장, 그리고 부단한 사회운동에 힘입어 민주화를 달성하였고, 현재에는 민주주의를 심화함과 동시에 남북간의 전쟁상태를 종식하고 평화체제를 달성하기 위한 노력을 기울이고 있다. 특히 1990년대 말 국민의 정부 수립, 2000년대 초 참여정부 수립은 한국정치의 지배적 이념에 자유주의적 이념을 '추가'하는 결과를 가져왔다. 한편 한국에서는 2008년 보수적인 이명박

---

[2] 일본에서 1990년대라는 시기는 탈냉전의 효과를 받으면서도 또 한편에서 국내정치 진로의 심각한 방향모색이 동시에 전개되는 상황이었지만, 국가전략이나 대외정책의 행태 면에서 확연한 변화가 수반되지는 않았던 과도적 상황이었다. 이러한 점에서 탈냉전의 정치적 효과는 일정한 시간적 지체(time-lag)를 수반한다고 할 수 있다.

[3] 일본 민족주의(내셔널리즘)가 대두하는 거시적 배경과 구조에 대한 개략은 송주명 (2005a; 2005b)을 참조하라.

정권이 수립되어 거의 모든 측면에서 이념적 역전환이 모색되는 것도 사실이다. 그러나 적어도 시민사회 수준에서 한국은 일본과는 달리 '민주주의의 심화' '평화주의', 그리고 시민적 민족주의 흐름이 여전히 주요한 경향으로 자리잡고 있다.[4]

한일관계에서 발생한 탈냉전의 대조적 결과는 특히 일본의 내셔널리즘과 한국의 민주화가 본격적으로 '조우'한 2000년대에 들어 양국간 발전방향에서 엇박자를 가져오고, 양국의 전통적 보수연대가 해체되면서 종래 관계의 저류로부터 표류와 동요 요인이 부상하고 있다. 일본에서는 보수화가 진전해 '평화주의'와 '민주주의'를 뛰어넘으려는 '세계적 안보대국' 노선과 '내셔널리즘'이 주도적 정치관념이 되었다. 반면 한국에서는 보수적 정치세력이 10년 만에 정치권력으로 복귀하였지만, 여전히 시민사회에서는 '군사주의' '남북대립' '보수주의'를 넘어서는 '평화주의' '통일지향' '민주주의 심화' 등이 주요한 대안가치로 제기되고 있다.

최근 양국 관계에서 발생한 갈등의 가장 큰 촛점은 이전 시기와 마찬가지로 역사문제였다. 역사문제는 국내정치용의 일시적 돌출변수가 아니라 일본 내셔널리즘의 정당화를 위한 하나의 이데올로기적 고리이다. 그럼에도 불구하고 일본은 번영과 평화를 공유하는 동아시아를 구축하고 바람직한 통일의 기반을 확보하기 위해 한국의 필수불가결한 전략적 협력상대일 수밖에 없다. 결국 한일관계의 바람직한 미래를 재구축하려면 현재의 한일관계의 역사구조적 맥락을 냉철히 파악하고, 그에 걸맞은 포괄적이고 객관적인 전략방향을 새로이 모색하는 과학적 사실주의(scientific realism)가 필요하다.

---

4) 한국의 민주화 이후 지배적 정치이념의 변화와 보수적 지배이념의 탈피를 향한 사회변동의 방향에 대해서는 宋柱明(2006)을 참조하라.

3. 문제의 소재: 정통 신보수우파 안보내셔널리즘

(1) 탈냉전기 일본 내셔널리즘의 방향

한편 일본에서 내셔널리즘 전개형태는 일본의 전세계 및 지역전략, 한일관계의 진전에 직접적인 영향을 미친다. 가령 일본 내셔널리즘의 목표가 '국제협조국가'인지, '보통국가'인지, '세계적 안보대국'인지, 그리고 내셔널리즘 성취의 주된 이념형태가 '역사' '일본정신' '일본문화' 등 전통적 방향인지, 더욱 현대화된 정치 현실주의인지에 따라 일본의 대외전략은 상당히 달라질 것이다. 우선 지금까지의 평화국가 노선에서 벗어나는 내셔널리즘의 대안적 목표는 대강 다음의 세 종류로 정리해볼 수 있다.

① 국제협조국가: 국제협조국가는 지금까지 UN 중심의 평화유지활동(PKO)이나 국제적 인도활동에서 비전투분야의 참여를 확대하고 자위대의 고유 업무를 국제활동까지 확대함으로써 경제대국에 걸맞은 정치안보적 지위를 국제사회에서 획득하려는 것이다. 국제협조국가는 오늘날 평화헌법 개정의 가장 큰 쟁점이 되는 집단적 자위권 인정과 무관하게 도달할 수 있는 가장 온화한 민족주의 형태에 해당된다. 그만큼 민족주의의 목표 면에서 국제협조국가는 동아시아 주변국들에 수용 가능한 대안 중 하나이다. 그러나 오늘날 일본의 현실정치를 볼 때 '국제협조국가'론은 정치적 지지기반이 축소되고 있고, 현실화의 가능성이 상당히 낮다.

② 보통국가: 지금까지 일본 민족주의의 일반적인 목표는 흔히 '보통국가'론으로 정당화되어왔다. 그러나 엄격히 말해 보통국가론은 현 민주당 간사장(전 대표) 오자와 이찌로(小澤一郎)의 지론으로 자민당 정권시기 동안 추구되어온 광역에 걸치는, 그리고 공격적인 집단적 자위권 구상과는 다른 의미를 갖고 있다. 즉 오자와 민주당 중도파 및 우파에 의해 지지되는 '보통국가'론은 UN의 집단안전보장 조치 및 평화유지활동—혹은 UN 결의에 뒷받침

을 받는 국제적 안전보장조치——에 한해 일본의 자위대를 국제연합 대기군으로 파견하자는 것이다. 이는 일본의 집단적 자위권을 UN 활동에 한정해 부활하자는 것으로 확장적이지만 자제적인 내셔널리즘 목표에 해당한다. 이러한 입장은 지금까지와는 달리 일본의 세계적 위상을 현저히 증대하겠지만, 자위대의 활동을 UN 활동의 범주 내에 억지할 수 있다는 점에서 동아시아 국가들은 UN을 안전판으로 활용할 수 있을 것이다(小澤一郞, 1993; 1999).

③ 세계적 안보대국: 지금까지 확인된 자민당 주도의 집단적 자위권 회복 방안은 '보통국가'의 한도를 이미 벗어나는 것으로 드러나고 있다. 자민당이 지향하는 집단적 자위권의 회복은 UN의 결의에 구속되지 않고, 미일동맹의 전략적 틀을 활용하여 지역적이고 전세계적인 활동을 전개하는 '세계적 안보대국'으로서의 성장을 지향하고 있다. 이 안보대국 노선은 현재 자립적 군사전략을 직접적으로 전제하는 것은 아니며 전략적(혹은 일체화된) 미일동맹을 전제로 하지만, 일본의 지역패권 프로젝트가 가능해진다는 점에서 지역의 안보환경에 새로운 불안정 요인으로 등장할 수 있다. 결국 내셔널리즘의 최고 목표인 안보대국 노선은 동아시아 국가들의 입장에서 가장 받아들이기 어려운 대안임이 분명하다. 반면 일본 국내의 정치현실에서 볼 때 자민당 다수세력과 우파 등 상당한 정치세력이 아직도 이 입장을 지지한다는 점에서 '세계적 안보대국'화를 둘러싼 동아시아의 갈등요인이 남아 있다고 할 수 있다.[5]

한편 내셔널리즘 목표를 달성하기 위한 이념형태 문제는 지금까지 분명한 흐름으로 유형화·다양화되지는 못했다. 그러나 제6장에서 본 바와 마찬가지로 불충분하나마 다음 두 흐름간의 분지는 확인할 수 있는 것으로 보인다.

---

5) 자민당의 개헌안의 안보조항(9조)은 현행 '평화주의'항(1항)을 유지하되, 실질적 전투전력으로서 자위군(自衛軍)을 인정하고, 나아가 자위군의 '국제활동'을 인정하는 방향을 제시하고 있다. 자민당은 대외적인 여론을 반영해 '국제활동'으로 표현하고 있지만, 이는 평화헌법에 '국제분쟁을 해결하는 수단으로서'의 집단적 자위권을 부정하는 것과 연동해서 보면 더욱 포괄적이고 일반적인 표현으로서 집단적 자위권의 부활을 선언하고 있다(諸橋邦彦, 2006: 4면).

① 자민당 집권기 가장 우세한 흐름으로 과거 역사를 정당화하고 일본의 전통과 정신, 문화를 중시하는 소위 '정통파'적 접근을 지적할 수 있다. 즉 일본 내셔널리즘의 뒷받침을 위한 '자긍심(自矜心)'의 이데올로기 체계로서 역사와 전통을 중시하는 경향이 전면에 부상했다. 자민당 내에서 1990년대 초부터 추진되어온 '역사바로세우기'──이와 동일한 맥락의 '새역모' 교과서──총리, 각료, 정치인 들의 야스꾸니신사 참배, 위안부 관련 사실 부정 등 정치가 개인의 인기몰이를 위한 일시적 국내정치 카드가 아니라 내셔널리즘 재구축을 위한 목적의식적 전통 요소의 '재활용' 혹은 이데올로기 상징투쟁들에 해당한다. 이런 점에서 오늘날 한일관계에서 역사문제는 단지 '과거사'의 문제가 아니라 오늘날 일본 내셔널리즘의 위험성을 가장 집약적으로, 그리고 상징적으로 표현해주는 이데올로기적 고리에 해당한다(송주명, 2005a).

② 한편 비교적 소수지만 민족주의의 이념적 요소와 관련해 역사와 전통 요소에 절대적 가치를 부여하지 않는 다른 흐름 또한 발견된다. 가령 민주당 다수와 자민당의 일부 정치인은 집단적 자위권 회복을 통한 내셔널리즘 전략에는 동의하지만, 동아시아 국가와 갈등이 빈발하는 역사문제를 회피할 필요가 있음을 역설하고 있다. 그들은 자국 안보위협에 대한 대응이나 미일동맹 혹은 UN을 중심으로 하는 국제 안보노력에 대한 협조 필요성을 중심으로 내셔널리즘 논리를 더 현대화하고 현실주의적으로 재구성해야 한다고 생각한다.

표1 일본 내셔널리즘의 목표수준과 이념형태

	국제협조국가	보통국가	세계적 안보대국
정통주의(역사, 전통)			자민당 신보수우파
현실주의(안보, 국제)		민주당 중도파, 보수파	자민당 국방족 민주당 우파

나중에 상론하겠지만 자민당 집권기 동안 일본의 주류 내셔널리즘 지형은 정통주의에 따라 안보대국을 지향하는 이른바 안보내셔널리즘의 길이었다. 그런데 한일관계를 포함해 일본과 동아시아 간의 관계는 주로 이 안보내셔널리즘의 역사적 요소가 전면화할 때 격렬한 갈등을 일으키게 되며, 이러한 양상은 참여정부 5년간 한일관계의 기본을 이루어왔다. 반면 현실주의 노선의 경우 보통국가론과 안보대국론 일부에 해당하지만, 이 경우 민족주의의 목표수준과 이념형태 면에서 동아시아 국가들과의 갈등요인은 현격히 줄어들 가능성이 있다. 한편 여기에서 한 가지 가능한 새로운 조합으로서 생각해 볼 수 있는 것은 일본이 동아시아 국가들과의 갈등 경험을 전략적으로 '반추'해 역사문제에 대한 정통주의를 접고 안보대국 노선과 현실주의 이념형태의 결합을 더욱 본격적으로 모색하는 현실주의적 내셔널리즘이다. 이 경우 일본 내셔널리즘의 본질적 지향은 변화하지 않겠지만, 주변국의 갈등과 반발 소재를 크게 축소할 수는 있을 것이다.

(2) 갈등의 단초로서 자민당 안보내셔널리즘

자민당의 안보내셔널리즘 전략은 코이즈미 시기에 전반적인 틀이 형성되었고, 아베 내각에서 개헌 절차, 집단적 자위권 문제 등 일부 내용이 더욱 진전되었다고 할 수 있다. 다만 아베는 동아시아와의 지나친 관계단절을 회피하기 위해 가장 첨예한 정치쟁점이던 '신사참배' 문제를 애매하게 회피했으며, 과거 사죄와 위안부 결의 등에 대한 자신의 지론을 공식적으로 보류하는 입장을 보였을 뿐이다.

우선 코이즈미 시기 형성되었던 안보내셔널리즘의 기본 구조를 정치와 경제 면에서 간략히 정리해두자. 첫째, 안보전략 면에서 2004년 '안보간담회', 2005년의 '방위대강'에서 그 주요한 내용을 확인할 수 있는데, 일본은 일국안보의 틀을 뛰어넘어 세계, 지역, 일국 차원 등 세 차원의 중층적 구조의 안보정책을 추구해왔다. 먼저 세계적 차원에서 일본은 자위대의 전세계적 안보활동에 기초해 UN의 정치과정에 영향력을 확대하고 미일동맹에서 주체적 권한을 강화함으로써 세계적 안보질서의 형성에 적극적으로 참여하겠다는 의도를 분명히했다. 동아시아 지역차원과 관련해서 일본이 가장 중요한 개입영역으로 설정하는 대상은 중국인데, 특히 일본은 MD 도입을 통해 중국의 탄도미사일에 대한 봉쇄의사를 분명히해왔고, 중국-대만 간 갈등에 대해서도 적극적인 개입의사를 표명해왔다. 일본이 이러한 지역개입을 현실화하기 위해서는 국제질서 속에서 일본의 정치적 위상제고와 영향력 확대, 그리고 현행 헌법이 금지하는 '집단적 자위권'의 부활이 필요하다. 이 안보전략은 동아시아 지역 속에서 궁극적으로는 지역패권 질서를 잠식하거나 동요시킬 수 있는 중국의 대두를 억지, 제어하려는 방향을 갖고 있으며, 미일동맹에 의탁해 지역패권국 기능을 일본이 분담하겠다는 것을 의미한다(懇談會, 2004). 한편 이러한 일본의 안보전략은 탈냉전기 주일미군 재편과 미일동맹 '변혁'계획과 함께 미국과 더욱 일체화된 방향으로 진전해왔다.[6]

둘째, 경제전략면에서 종래 일본은 전세계를 지향하는 통상국가 노선을 추구했다고 한다면, 2000년대에는 실체경제 관계의 변화를 반영하여 쌍무주의(bilateralism), 지역주의(regionalism)와 전세계주의(globalism)를 중층적으

---

[6] 이러한 일본의 대중국 견제론은 탈냉전기 미일동맹 전체의 중국관을 주도하는 경향을 보여준다. 가령 미국은 냉전시기에 미일안보조약의 대상범위에 극동지역을 포함하고 그 안에 대만방어를 핵심 요소로 둠으로써 중국 견제의 기본 방향을 가져왔으며, 오늘날에는 중국의 패권화 억제라는 의도하에서 중국에 대한 다양한 견제와 경쟁정책을 취하고 있다. 그러나 미국은 엄격히 말해 지리적으로 동아시아 국가지역의 '역외자'이다. 한편 일본의 경우는 다르다. 중국의 성장 그 자체가 동아시아 지역질서의 변경을 가져오며, 특히 이러한 맥락의 연장에서 대만이 중국 영향권으로 편입된다면, 일본에는 해양수송로 해양지역에 대한 주권과 자원 주장, 동남아시아에 대한 영향력 등에 걸쳐 이른바 '생존권'(Lebensraum)을 직접적으로 위협받을 수밖에 없다. 이러한 점에서 최근 미일동맹의 중국견제론 혹은 봉쇄론에는 미국의 대외정책 요소도 크게 작용하지만, 실질적 측면에서 일본의 전략적 판단이 강하게 작용한 결과이기도 하다.

로 결합하는 노선으로 전환이 이루어졌다(通産省, 2000). 불균등하지만 경제 정책 면에서는 부분적으로 동아시아를 중시하는 노선이 대두한 것만은 사실이다. 그러나 여기에서 주목할 점은 제7장에서 본 바와 마찬가지로 경제전략 또한 '안보전략'의 영향을 심각하게 받았다는 점이다. 변화는 크게 두 방향에서 전개되었다. 첫째, 과거의 경제노선이 경제대국적 '자신감'에 기초해 주로 실리적 조정형으로 전개되었다면, 탈냉전기 경제전략은 일본의 경제적 국가이익을 극대화하는 방향에서 지극히 공세적 성격을 띠게 되었다는 것이다. 둘째, 대중국 경제관계의 양면성——거대무역파트너임과 동시에 최대의 무역적자국——을 고려하여 무역과 투자 면에서의 '중국위험'을 회피하려는 통상정책이 전면화해왔다는 것이다. 경제전략 또한 '경제적 중국위협론'과 아시아에 대한 '공세적 개입론'에 의해 크게 영향을 받았다. 결국 안보와 경제 등 모든 면에 걸쳐 일본의 내셔널리즘 국가전략에서 아시아는 '공존'과 '융해'의 대상이라기보다는 '차별화'와 '공세적 개입'(때로는 돌파)의 대상이 되었으며, 그 핵심에는 정치경제적 '위협'(threat)이자 경제적 '위험'(risk)으로서 중국변수가 작용하고 있었다.

한편 코이즈미 시기 안보내셔널리즘 전략은 자민당 정권이 과거의 경무장 '전수방위국가'에서 중무장 '안보대국'으로 변환을 모색하였음을 의미하며, 이는 결국 헌법 개정을 통해 제반조건이 완성될 것이다. 전후 헌법은 전문에 절대적 평화주의, 제9조에 전쟁포기 조항과 무력 불보유 조항을 명기함으로써 '국제분쟁 해결을 위한 전쟁'과 '이를 위한 무력보유'는 엄격히 금지한다. 따라서 종래 일본정부는 헌법 해석을 통해 집단적 자위권 행사가 금지된다는 공식 견해를 표명해왔다. 그러나 1990년대 후반 이후 국회에 헌법조사회의 활동(日本國立國會図書館外交防衛調査室・課, 2006: 1~3면)[7]으로 개헌문제가

---

7) 이는 5년간의 한시적 활동시한이 있어서 2005년 최종 보고서를 제출하고 해소되었다. 이후 헌법 개정안 심사제출 권한을 갖는 헌법심의회법이 통과되었다.

공론화됨으로써 헌법 개정을 둘러싼 움직임은 가속화되고 있다.[8] 특히 자민당은 자위대를 실질적 군사력(자위군)으로 명확히 인정하고, UN의 결의에 한정되지 않고 미일동맹상의 필요에 따르는 해외 전쟁활동에 자위대가 제약 없이 참여할 수 있는 '세계적 안보대국'형 개헌을 추진하고 있다.

그리고 자민당 정권의 일본은 '안보대국'으로의 길을 위해 전전 국가주의 및 전쟁의 역사를 내셔널리즘의 이념적 정당화 기제로 활용하였다. 1990년대 초까지 전전의 국가주의 및 전쟁은 '반성'의 대상이었다. 이 '반성'이야 말로 '전후 민주주의'와 '평화주의'의 출발점이었고 동아시아와 공존의 기초가 되었다. 그러나 자민당은 정반대로 과거사에 대한 왜곡과 정당화를 민족주의적 국가전략의 일환으로 체계적으로 추진하였다. 요컨대 '세계적 안보대국'으로의 변신, 그리고 유사법제와 같은 국내의 '총력전 체제'는 무엇보다도 과거 전쟁범죄에 대한 죄악감으로부터의 해방을 필요로 한다. 나아가 과거 역사와 국가로서 일본에 대한 자긍심으로 무장한 국민의 애국주의를 필요로 한다. 이러한 점에서 일본이 범한 전쟁의 역사는 '범죄'가 아니라 아시아 민중의 '해방'을 위한 것으로 윤색되어왔다(扶桑社, 2005).

코이즈미와 달리 동아시아와의 '관계개선'에 힘을 기울였던 아베도 사실은 이러한 '세계적 안보대국'형의 내셔널리즘 국가를 실현하려 했던 전형적 안보내셔널리스트이다. 특히 그는 전후 세대 정치인으로서 소위 "전후체제로부터의 탈각"을 내세우며, "주장하는 외교, 강한 일본, 신뢰받는 일본"과 같은 공격적인(assertive) 대외정책 목표를 제시하며 평화헌법 개정을 위한 정치사회적 조건 확보를 정권의 핵심 목표로 내걸었다. 그는 한걸음 더 나아가 일본의 '세계적 안보대국'화를 헌법 개정 이전에 현실화하기 위해 해석개헌을 통한 집단적 자위권의 회복을 모색하기까지 했다. 한편 그는 1990년대

---

8) 국회의원의 초당파 의원연맹인 '헌법조사추진의원연맹'에는 2005년 현재 중의원 252명, 참의원 82명 등 국회의원 다수가 참여하였다(http://www.sphere.ne.jp/KENPOU).

초 소장 국회의원 시절에 나까가와 쇼이찌(中川昭一) 등과 더불어 자민당 내부의 신보수적 흐름을 이끈 인물로서 주로 과거 역사를 우익적 입장에서 정당화한 '역사 바로 세우기'를 주도했다. 그가 총리선거 무렵에 내세운 '아름다운 나라'란 일본의 역사, 전통, 문화 등에서 자긍심을 가질 수 있는 안보대국에 다름 아니며, 이런 점에서 아베는 정확히 정통 신보수 우익의 가장 중심에 있는 인물이었다(조양현, 2006).

정통 안보내셔널리즘의 아베는 중국과 한국 등 주변국과의 관계개선을 위해 잠정적으로 신사참배와 같은 쟁점 영역을 회피하는 '애매함'의 외교를 전개하기도 했다. 그러나 그것이 얼마나 표피적이었던가는 그의 외교정책에서 잘 입증된다. 아베는 '애매함'의 외교로 중일관계의 개선을 도모하면서도 외무성 외교전략의 새 기축으로 유라시아의 대륙 외주부분(外周部分)을 '자유와 번영의 호(弧)'로 지칭해 중시하기 시작했는데, 이는 남한, 대만, 동남아시아 국가들, 호주, 뉴질랜드, 인도, 중앙아시아로 이어지는 중국 포위벨트 구상이었다(日本國會図書館外交防衛調査室, 2006: 1~2면). 결국 단명에 그쳤지만 아베 내각은 애초에 정통 안보내셔널리즘이 가진 동아시아 국가들과의 갈등요인을 획기적으로 정정할 수 있는 능력과 의지를 결여했으며, 궁극적으로는 중일대립을 기본으로 동아시아의 분열을 심화하는 경향을 갖고 있었다. 아베는 코이즈미 시기의 동아시아 외교의 결여에 대한 대대적인 비판——야당은 물론 공명당과 자민당의 상당수 비주류파도 포함된——에 직면하여 역사문제 등에 일부 '애매함'의 태도를 유지하기는 했지만 실질적으로는 '가치관 외교'로 호칭하는 신냉전적 중국 포위전략을 추구했다. 이러한 점에서 한국, 중국 등 동아시아 국가와의 관계를 애매함으로 이끌어가려던 그의 전술은 도리어 통치행위 전반의 혼란을 가져오게 되고, 결과적으로 정권운영에 실패하게 되었다.

4. 세계 속의 일본: 국제평화와 발전에 공헌하는 문민국가

일본은 이미 2005년 방위비 지출 면에서 세계 제4위(약 403억 달러), 2006년 세계 GDP 점유율 9%를 차지하는 세계적 안보국가와 경제대국이다. 최근 민족주의적 국가전략은 국제질서 속에서 객관적 위상에 걸맞은 세계체제 상의 지위와 역할('안보대국화'를 통한 국제질서 형성자 반열로의 진입)을 획득하려는 의도를 갖고 있다. 결국 일본 안보내셔널리즘은 일본의 군사 개입범위를 전세계로 확대할 것이기 때문에 세계평화와 안전에 일종의 불안정 요인이 될 가능성이 크다. 이러한 점에서 세계사회와의 협조를 통해 일본의 국력을 국제평화와 발전을 위해 사용하도록 노력하는 것이 중요하다.

표2 주요 국가의 국방비, 육군병력

	국방비(방위비)	육군(지상군, 자위대)
미국	4,605억 달러	50만명
영국	490억 달러	12만명
독일	297억 달러	19만명
캐나다	101억 달러	2만명
프랑스	400억 달러	14만명
호주	117억 달러	3만명
러시아	652억 달러	36만명
중국	250억 달러	160만명
한국	164억 달러	56만명
일본	403억 달러	15만명

출처 『防衛年鑑』(2005年版) 등에서 작성: 『北海道新聞』 2005年 12月 17日.
참고 국방비는 2004년. 러시아는 03년도 추정. 일본 방위비는 2005년 예산액을 1달러=120엔으로 산출.

(1) 안보내셔널리즘과 집단적 자위권, 그리고 공격적 미일동맹

미래 10년을 전후해 미국 주도의 세계적 안보체제는 유지될 것이며, 국제적 위협상황의 복잡화, 테러 및 분쟁의 다양화에 따라 미국 주도하의 세계적 동맹체제——미일동맹과 미영동맹——를 중심으로 유연하고 기동적인 대처능력이 강화될 것으로 보인다. 그리고 개헌에 대한 국민여론 및 정치세력 편성이 현재처럼 지속된다면 일본은 2015년 정도를 목표로 헌법을 개정하고 집단적 자위권을 회복하기 위해 노력할 것이며, UN 개혁에 대한 더욱 타협적 방안을 제시하여 상임이사국 진출을 위해서도 다시 나설 것으로 보인다(北岡伸一, 2005). 그런데 제5장에서 보았지만 일본 국민의 국제적 역할에 대한 지지는 집단적 자위권 등 군사적 역할보다 포괄적인 국제공헌이 약 2배 정도 높은 것으로 나타나고 있다. 결국 미래의 상황에 크게 의존하겠지만, 헌법개정의 표현형태는 더욱 유연하게 조정될 가능성이 크며, 제9조 개정도 '집단적 자위권'과 같은 명시적 표현보다는 '국제평화에의 적극적 이바지'와 같은 일반적 표현이 선택될 가능성이 있다. 그러나 제4장에서 본 바와 마찬가지로 국제분쟁에 자위대의 개입을 보편화하는 방향으로 헌법9조가 개정된다면 집단적 자위권 회복과 동일한 결과를 가져올 것이다. 특히 일본경제의 세계화와 일본기업의 세계적 활동망(분업망) 구축과 더불어 세계적 안보대국을 향한 일본의 지향은 더욱 강해지고 있다. 제6장에서 분석한 대로 코이즈미 내각과 재계는 일본기업의 세계적 분업 네트워크를 보완할 수 있고 일본의 세계적 이익에 합치하는 방향으로 국제안보질서가 재구축되어야 한다고 보았다. 그리고 일본기업의 활동이 국제테러나 무력분쟁에 의해 교란되지 않도록 일본 자위대의 세계적 개입과 군사활동이 보장되어야 한다고 강조한 바 있다(経団連, 2005) 일본 자위대는 미일동맹, UN 결의 등을 통해 실질적으로 세계적인 활동반경을 구축할 것이며, 미일공동훈련 및 분쟁지역에의 실전배치 등을 통해 미군의 후방지원부대, UN 평화유지군과 같은 비전투군의 성격을 탈피하여 전투군의 '무력구조'(forcestructure)를 갖게 될 것이다. 따라서 미일동맹의 성격 또한 현재 미영동맹——양국군의 공동 전투행위가 가능한——을 모델로 하는 동맹유형으로 전환될 것이다. 이러한 과정은 자연성장적으로 전세계에 걸친 일본의 군사적 역할강화를 가져올 것이다(淺井基文, 2002).

표3 일본의 정치안보 대국화와 미일동맹

작전능력	자위대 Role & Mission	무기체제	관련 제도	미일동맹의 정도	미국 허용범위
낮음 ↑ ↓ 높음	인도적 임무, 재해출동(국내)	-	문민 규정	일방적 미일동맹 -미국: 안보공약 -일본: 경무장 전수방위	민주당의 허용 범위(나이 이니셔티브)
	일본 국내방위	재래식 무기 공동MD	자위대법 유사법제		
	지역 내 비전쟁 작전행동	개인화기(PKO)	PKO협력법		
	지역 외 비전쟁 작전행동	개인화기(PKO)	PKO협력법		
	지역적 위기대응	보급/수송/정보 재래식대응전력 공동작전(전투)력 한정전력수송능력 공동MD	지침(1997)/주변사태법(2000) 반테러특조법 이라크특조법 유사법제	종래 미일동맹 개선 (재정의) -미군: 전방 -자위대: 후방 지원(비전투전쟁활동)	
	지역패권국 글로벌 위기 대응	공동작전(전투)력 재래식대응능력 공동MD 공중급유기	집단적 자위권 유사법제 2005년 방위대강 개헌 필요(9조)	긴밀하고 전략적으로 결합한 새 유형의 미일동맹(미영동맹모델)	공화당의 허용 범위(아미티지 이니셔티브)

		대규모항공, 해상수송력 폭격기 정보/정찰위성 대지순항미사일 탄도미사일 항모 핵무기		-공동훈련, 공동작전 -공동개발, 생산 -자위대: 무제한적 후방지원, 제한적 공격능력	
	세계적 군사대국	원자력잠수함 독자MD		느슨한 동맹 동맹의 해체	불인정

(2) 공세적 경제민족주의의 통상전략

 일본은 2006년 GDP가 4조3천억 달러(명목)이고 세계생산의 9%를 점하는 제2위의 경제대국이다. 그리고 1인당 GNI는 38,410달러에 달한다(外務省 経濟局調查室, 2008). 그에 걸맞게 일본은 1990년대 아시아에 대한 수출이 꾸준히 증가하지만, 미국과 유럽지역에 대해서도 상당한 수출비중을 유지한다. 일본의 세계 전체 수출은 1988년 약 3,390억 달러이던 것이 2006년에는 7,330억 달러로 대폭 증가하고 있다. 지역별로는 유럽이 약 1,202억 달러로 1988년 이후 현상을 유지하고 있고, 미국의 경우 1988년에 1,150억 달러에서 2006년에 1,723억 달러로 점진적으로 증가하였다. 한편 아시아에 대한 수출은 1988년에 약 987억 달러이던 것이 2006년에는 약 3,304억 달러로 급증하고 있다. 세계시장에 대한 일본의 무역수지는 2006년에 약 633억 달러의 흑자를 기록하였다. 이러한 점에서 아시아, 미국, 유럽은 그 어느 하나 일본에 버릴 수 없는 큰 시장들이며, 일본이 WTO를 중심으로 하는 세계 통상정책 구도를 유지할 수밖에 없는 가장 큰 이유가 된다(JETRO, 2007).

그림1 통상국가 일본의 전세계 무역추이

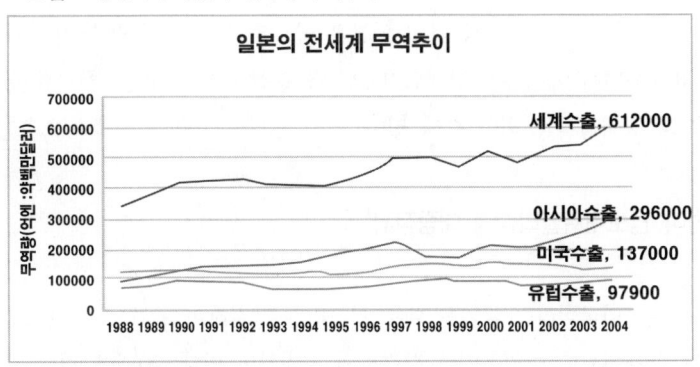

출처 일본 財務省 貿易統計(1988~2005)

해외직접투자 면에서도 1980년대 말부터 2004년까지 일본은 약 4~9백억 달러를 해마다 세계에 투자하였다(재무성 무역통계, 2005). 무역과 투자 양면에 걸친 일본경제의 세계화는 앞으로 상당 기간 일본으로 하여금 전세계적 무역투자레짐을 지지하도록 하는 강한 유인이 될 것이며, 일본 외무성과 경제산업성의 목표이기도 한 일본의 국제경제질서의 '형성자'(makers) 반열로의 진입을 촉진하는 요인이 될 것이다. 그러나 일본의 신중상주의적 무역과 투자관행이 앞으로도 일정기간 지속할 것으로 본다면 국제경제질서의 '형성자'로의 진입을 위한 일본의 노력은 미국, 유럽, 동아시아 등의 세계적 경쟁환경 속에서 자국의 경제적 이익을 우선적으로 옹호하기 위한 것으로 보인다. 특히 1990년대 '잃어버린 10년'을 경과한 후 일본의 대외 경제정책은 타협을 중심으로 하는 국제협조노선보다는 자국의 경제이익을 극대화하려는 공세적 노선, 즉 자기주장노선이 전면화되었다. 더구나 2008년에 들어 전대미문의 미국발 경제위기가 발생하였다. 이 위기는 전세계로 파급되었으며, 일본 및 동아시아 경제의 심각한 위기 또한 가중시킬 것이다. 이러한 상황에서 제2장과 3장에서 보았지만 일본이 세계경제위기의 위험성을 회피 혹은 경감하기 위해 새로운 아시아주의 경향의 경제정책을 집중적으로 모색할 수도 있을 것이다. 그러지 않는다면 일본은 앞으로 상당 기간 동안 미국과 거리를 유지하면서 아시아에 경제위기 요인을 분산·전가하려는 공세적 경제민족주의 경제정책을 취할 수도 있다.

(3) 친미 안보내셔널리즘의 대중정서

일본인들은 미국이라는 국가를 매우 친근하게 생각하며, 스스로의 안보를 보장하는 방안에서도 미일동맹을 강력하게 지지하고 있다. 20년에 걸쳐 진행된 일본 내각부의 여론조사에 따르면 일본인의 대미 친근도는 70~80%대에 이르며, 1980년대 이래 미일동맹 유지에 대한 지지도는 70%대에 이른다(내각부 외교조사, 1978~2007). 현재 일본정부의 미국 추수전략은 강력한 사회적 지지기반을 가지고 있는 것이다. 나아가 미국에서 실시된 대일여론조사의 결과를 보더라도 2000년대에 들어 일반인들의 대일 친근도는 60~70%대——여론주도층의 경우는 약 90%대——이며, 미일동맹에 대한 지지도 약 85% 정도를 유지하고 있다(外務省, 2005c). 특히 일본 내각부의 자위대·방위문제에 관한 여론조사를 보면 2006년 초 일본인의 76% 이상이 미일동맹을 유지하면서 동시에 자위대를 강화해야 한다는 의견을 보인 반면, 안보동맹을 파기해야 한다는 의견은 15% 전후에 불과하였다(내각부 자위대·방위문제조사, 1969~2006). 이같은 조사에 근거해볼 때 대중정서 면에서 앞으로 10년 이상은 미일관계가 커다란 갈등을 수반하지 않고 동맹관계를 유지해갈 것으로 예측된다.

나아가 국제사회에서 일본의 역할과 관련하여 2000년대 이후에 군사력을 수반한 국제기여에 대한 지지가 특히 강해지고 있다. 이는 전 국민의 관심하에서 전개되고 있는 안보내셔널리즘 국가전략의 대두와 관련해서 이해할 수

그림 2 일본인의 대중적 미국 선호도

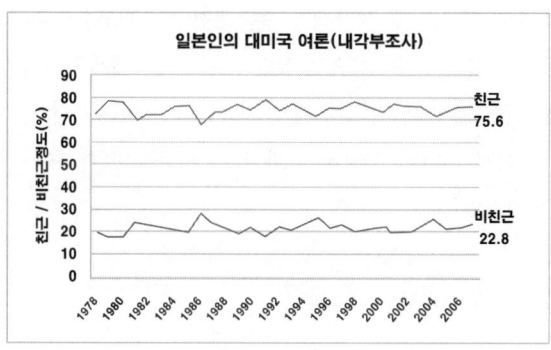

출처 일본 內閣府(外交に關する世論調査, 1978~2007).

그림 3 방위방법에 관한 일본인의 대중적 태도

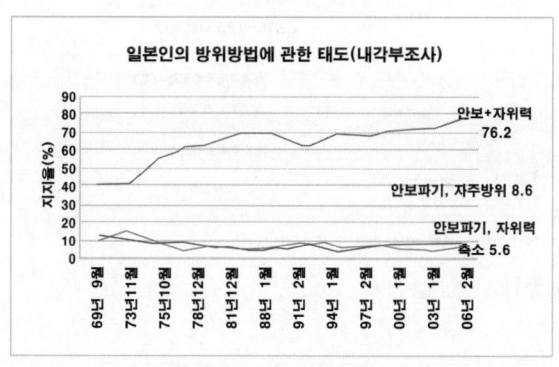

출처 일본 內閣府(自衛隊・防衛問題に關する世論調査, 1969~2006)

있는 현상이다. 나아가 경제적 차원에서도 개발도상국 발전의 지원, 세계경제에 공헌 등에 대한 지지도가 1990년대부터 2000년대에 걸쳐 현격히 퇴조하고 있음이 발견된다. 이는 일본이 1990년대 '잃어버린 10년'을 경과하면서 발생한 일국적 경제민족주의의 직접적 표현이라고 할 수 있다. 한편 주목해야 할 것은 군사적 국제공헌에 대한 지지여론이 강화되다가 경제적으로 안정성을 되찾은 2001년 이후에는 그 성장세가 주춤해졌고, 2006년 이후 상당한 감소가 관찰된다는 점이다. 이는 앞으로 상당 기간 동안 세계적·지역적 경제위기가 발생하지 않고 현재의 안정추세가 지속한다면 일본의 정치·경제적 내셔널리즘의 사회적 기반이 상당히 약화할 수 있음을 보여주는 것이다(내각부 외교조사, 1990~2007).

그림 4 일본인의 국제공헌에 대한 대중적 태도추이

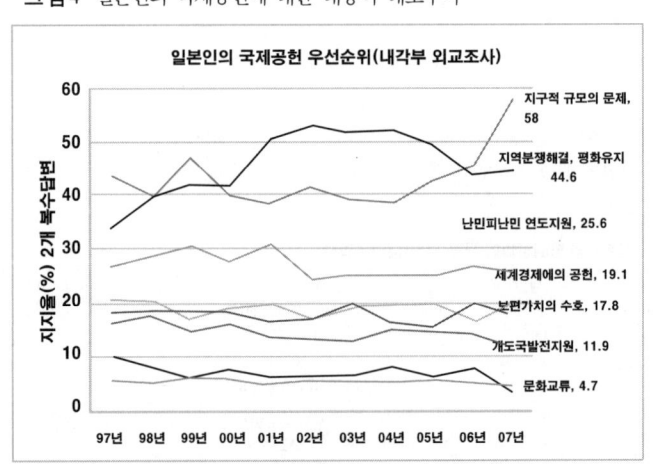

출처 일본 內閣府(外交に關する世論調査, 1997~2007)

(4) 평화적으로 국제공헌하는 '문민국가' 일본

장래 일본이 강화된 미일동맹과 UN에서의 지위향상을 통해 '세계적 안보대국'으로 부상하고 경제민족주의적 경향을 더욱 강화하는 것은 세계적이나 지역적으로 결코 바람직하지 못하다. 따라서 인접국인 한국은 평화애호국들 및 국제 시민사회와 결합하여 일본이 평화지향적이며 세계발전에 건강하게 이바지할 수 있도록 노력할 필요가 있다. 물론 정치경제적으로 일본의 국제적 지위가 향상되는 것은 '정상화'의 길이고 '바람직한' 결과를 가져올 수도 있다. 그러나 문제는 안보와 경제 양면에서 전개되는 공격적 민족주의이다. 일본의 공격적 민족주의는 국제사회의의 평화와 공존, 그리고 발전을 위해(危害)하는 요인이 될 수 있다. 이를 약화하기 위해서 한국은 세 가지 정도의 정책방향을 일관되게 유지할 필요가 있다. 첫째, 한국은 현재 발전하는 시민적 평화주의의 관점에서 일본이 군사대국으로서보다 국제평화를 위해 문민적·외교적으로 이바지하는 것을 선호한다는 입장을 국제사회에 확고히 표명해야 한다. 이를 위해 UN 개혁에 대한 한국의 입장을 분명히 밝히고, UN을 무대로 하는 '대일외교'——가령 중국, ASEAN, 유럽, 아프리카, 중남미 등의 국제적 여론을 조직화하는——에 더욱 많은 비중을 둘 필요가 있다. 그리고 일본이 국제사회의 결의와 무관한 미일동맹 위주의 군사활동을 자제하고 다자주의 원리와 UN 결의에 구속되는 평화활동에 주력하도록 촉구해가야 할 것이다.

둘째, 국제경제질서에서 일본의 '형성자' 역할은 한국에 이중적인 의미가 있을 것이다. 우선 일본은 종래 미국 중심의 국제무역질서를 상대화하고 '민주화'하기 위해 노력할 수밖에 없을 것인데, 이는 한국과 같은 중규모 국가나 발전도상국들과 일본의 협력 가능성을 확대할 것이다. 이러한 점에서 WTO, IMF 등에서 일본을 포함한 느슨한 '민주화 블록'을 형성하는 것은 신자유주의 국제경제질서를 정정하는 데 긍정적 효과가 있을 것으로 보인다. 셋째, 일본이 경제대국의 지위에 걸맞게 '형성국' 반열에 진입하려는 것은 스스로 경제민족주의적 경향에 의해서 강하게 동기지어져 있다. 이 경우 일본은 자국의 경제적 이익을 극대화하는 방향에서 국제경제 레짐을 형성해가려고 할 것인데, 이는 한국과 다른 발전도상국의 보편적 이익과 상충할 가능성이 크다. 이 상황에서 한국은 중규모 국가와 발전도상국들에 공통된 '신국제질서'를 대변하여 세계경제체제의 위상에 맞는 일본의 책임을 요구해가야 할 것이다. 가령 정부개발원조(ODA)의 확대, 그리고 공여조건 및 대상지역의 개선, 국제적 금융협력의 적극화, 시장개방과 제품흡수자(absorber) 역할의 개선 등은 발전도상국 및 세계경제에 대해 일본의 국제적 책임성을 높이기 위한 정책적 요구이다.

5. 동아시아 속의 일본: 동아시아로의 '융해'와 통합을 위한 노력

이 책 제4장에서 이미 논하였지만, 자민당의 친미 안보내셔널리즘 국가전략은 창끝을 중국과 북한으로 향하고 있다는 점에서 동아시아에서 집약적으로 문제가 발생할 수 있다. 동아시아라는 지역은 한국과 일본이 공유하는 지정학적 공간이며, 그만큼 일본의 동아시아 전략은 최인접국인 한국의 운명에도 직접적인 영향을 미칠 것이다. 이러한 점에서 한국은 동아시아 국가 대다수가 공유할 수 있고, 한반도 문제의 해결에 이바지할 수 있는 평화와 상호 발전의 지역협력 방안을 제시하고 이를 현실화하기 위한 한일간의 협력 가능성을 적극적으로 타진해야 한다. 한국은 일본 민주당 정권이 편협한 안보내셔널리즘을 넘어서 확고히 동아시아를 중시하는 전략——'아시아주의'——로 전환하고, 더 나아가서는 '진보적 아시아주의'라고 할 수 있는 다자주의와 '융해'적 지역협력 전략을 수용하도록 종합적인 외교 노력을 기울여야 할 것이다.

(1) 동아시아의 안전보장 문제

단기적 미래에 동아시아에서는 핵문제를 포함해 북한문제, 해양권익·에너지를 둘러싼 중일간의 갈등, 일본의 신보수우파 전략으로 말미암은 역사논쟁 등이 여전히 중요한 쟁점으로 남을 것이다. 특히 일본 내에서 자민당 정통 신보수우파와 민주당 우파의 정치적 영향력이 향후에도 어느정도 유지된다고 볼 때, 역사문제, 자원, 영토, 해양수송로 등을 둘러싼 현재 중일간의 정치 갈등구조는 잠재적이지만 지속될 것이다. 한편 동아시아 안보문제와 관련해 중국의 향배가 본격적인 쟁점으로 부각할 싯점은 베이징올림픽과 상하이박람회가 끝난 후 성장기조가 조정국면에 접어들 2015년 전후일 것으로 생각된다.

이 싯점에 안보내셔널리즘 국가전략이 재추진되어 핵심 제도개혁인 헌법 개정이 이루어지고, 현재 미일간 공동개발 단계에 있는 MD체제가 실용화되어 생산과 배치가 대대적으로 이루어질 뿐만 아니라 미지상군의 기동 대응전략이 본격화된다고 상정해보자. 이때 지역 억지력 구조와 강대국간 세력대치 양상은 근본적으로 변화할 것이며, 이를 둘러싼 미중·중일 간의 논쟁과 갈등은 더욱 첨예화할 것이다. 이러한 점에서 동아시아 안보문제는 미국과 일본 대 중국을 대립의 기본 축으로 하면서 북한문제, 중국문제(중국위협과 중국위협의 문제), 대만문제 등이 순차적인 쟁점으로 떠오를 가능성이 크다. 그러나 앞으로 동아시아 정치쟁점의 전개방향을 예상해볼 때 정치경제적 파급력이 가장 크고 결정적인 쟁점은 중국문제이다.

(2) 북한문제와 일본의 딜레마

북한문제의 중심 의제는 핵문제이다. 북한 핵문제가 지속되면서 잠재적 핵개발 능력의 '선진국'인 일본은 여러 경로를 통해 우회적으로 핵무장 가능성을 내비친 바 있다.[9] 그러나 북한의 핵개발 프로그램의 포기, 북미간 평화공존을 원칙으로 하는 6자회담의 '타협'과 미국 행정부의 북핵 타결 의지 등

---

9) 약 25년 전인 1981년 『요미우리신문』의 여론조사에 따르면 이미 일본 국민의 약 1/3(33.1%)이 10년 이내에 핵무장을 할 것이라고 판단하고 있었다(「讀賣新聞社世論調查屬性別データ」, 1981년 4월).

을 중심으로 볼 때 조만간 핵문제의 해결구도가 가시화할 것이다. 한편 핵문제의 해결방향이 국제사회와 북미 간에 합의됨으로써 북한문제는 더욱 복합적인 쟁점들을 중심으로 더욱 넓은 범위에 걸쳐 전개될 가능성이 크다. 북한 핵 프로그램의 완전 폐기가 이루어짐으로써 북미간의 평화공존, 남북간 평화체제의 형성, 북한 경제위기의 해소와 경제구조 개혁, 경제개발, 인권문제, 정치체제 개혁과 민주화 문제 등 중장기적이고 해결이 어려운 새로운 과제들이 본격적으로 제기될 가능성이 크다.

한편 자민당 정권은 북한문제에 대한 개입과 관련해 상당한 딜레마에 봉착하였다. 우선 다자구도를 중심으로 북한문제의 해결가닥이 잡혀갈 때, 일본은 안보내셔널리즘에 발목이 잡혀 한국이나 중국보다 유연성을 결여하고 있었기 때문이다. 동아시아의 '패권문제'를 고려해야 하는 일본으로서는 입장의 열세를 극복하고 북한문제의 해결과정에 더욱 적극적으로 나서야만 하는 처지이다. 그러나 일본 내부에서 안보내셔널리즘을 전면화하는 소재가 된 '납치문제'가 지나치게 사회화·정치화되어 일본의 대북전략을 강경 일변도로 치닫게 한 것이다. 이러한 딜레마를 새로운 민주당 정권이 어떻게 극복해갈지 주목된다.

일본의 대북협상 방식 변화 또한 대북정책의 유연성을 감소시켰다. 과거 일본의 대북협상은 자민당 보수보류와 사회당의 폭넓은 지지하에 외무성의 타협적 협상파들이 이끌어온 것에 비해 탈냉전기 자민당 집권기 동안은 외무성의 공세파들이 전면에 나서고 총리와 신보수우파 정치인들이 이를 지지하는 양상을 보여주었다(송주명, 2002). 그리고 이 협상라인에 대해 정치적·사회적으로 조직화한 강력한 반북 여론이 압박의 수위를 높여왔다(橋爪大三郎, 2004). 그러나 외무성은 북한문제의 해결과정에 적극적으로 개입함으로써 동아시아의 새로운 질서구축과정에 대해 일본의 영향력을 증가해야 한다는 자각을 하고 있다. 이러한 점에서 일본정부는 핵문제에 대한 대체적 합의가 이루어지기 전에 대북관계를 진전하기 위한 기민한 대응에 나설 필요가 있다. 그러나 북한문제와 이를 둘러싼 국내여론이 안보내셔널리즘 국가전략의 진전에 커다란 '정치적 카드'로 활용되어온 점을 고려할 때 정책전환의 상당한 비용이 요구될 것으로 보인다.

한편 북한문제의 해결에서 일본에 경제적 역할이 기대되고 있지만, 그 또한 그리 크지 못할 것이다. 이미 북일간 '평양선언'에서 합의된 한일간 국교정상화 모델——무상 3억, 유상 2억의 경제협력 자금지원——에 따른다면 국교정상화 이후 일본의 대북 경제 지원규모는 약 1백억 달러에 이를 것으로 추산되고 있다. 그러나 일본의 국내적 제약——ODA의 재정제약, 반북감정——으로 지원규모, 방법 면에서 엄격한 제한이 뒤따를 것으로 판단된다. 따라서 현재 일본의 내셔널리즘과 반북구도가 지속하는 한 북한문제 해결과정에서 현실적 지원은 빈약할 것으로 보이는 반면, 북한문제의 해결방향을 둘러싸고 미중일러 4개국, 그리고 남북한 상호간의 이견과 대립은 강화될 가능성이 크다. 이러한 점에서 한반도가 동아시아 평화의 중심으로 나아가기보다는 중일간의 안보 각축장으로 변질할 가능성도 있다(송주명, 2002).

(3) '중국문제'와 일본

앞으로 동아시아 질서 변화를 둘러싼 정치의 핵심에 있는 것은 중국이다. 중국은 1978년 개혁개방 이래 고도성장을 지속하고, 자본과 자원 흡수, 그리고 세계시장 확대 면에서 존재감이 크게 증대하고 있다. 한편 이러한 상황을 배경으로 1990년대 초반 미국과 일본에서 중국위협 논쟁이 전개되었다. 현실주의 계열의 전통적 중국위협론자들이 단선적인 성장지속론에 기초하여 중국의 정치적 패권주의 대두를 주장했다면, 자유주의 계열의 논자들은 성장의 제약요인들에 주목해 국제질서 속으로 중국의 수용 가능성을 주장했던 것이다. 이 논쟁은 '위협으로서의 중국'과 '기회로서의 중국'이라는 상반되는 전략적 인식구도가 있었다. 그러나 이 논쟁은 현재 규모를 동반한 중국의 성장이 일으키는 제반의 위력, 모순, 딜레마를 지나치게 단순화하고 있다는 점에서 일면적이다. 특히 전통적 중국위협론은 근거가 부족한 중국의 지속성장에 대한 환상에 기초해 전세계적 패권도전의 상을 그리고 있다. 이러한 점에서 전통적 중국위협론에는 과장과 상황조작이 포함되어 있다. 중국이 전세계적인 패권 도전의사가 없다고 할지라도 중국의 성장 그 자체가 만들어내는 현실은 동아시아 지역질서의 커다란 변경요인으로 대두하고 있다. 첫째, 중국이 미국의 세계 패권에 직접적으로 도전할 의지와 능력을 결여하고 있다고 할지라도 중국의 성장은 지속성을 담보받기 위해서 반드시 동아시아 지역질서를 변경할 수밖에 없으며 동아시아 현상질서에 대한 '위협'(threat)이 된다. 둘째, 현재 중국의 성장은 그 규모와 내부 상황, 그리고 대외적 자원조달 등의 면에서 지속 가능성에 의문이 제기되고 있다. 중국은 동아시아 및 세계경제의 '블랙홀'로서 수많은 이익이 중첩되는 지역이며, 그 지속성장의 위기는 동아시아와 세계의 거대한 '위험'(risk)이 될 수밖에 없다. 따라서 중국의 성장은 동아시아에 대해 거대한 '위협'과 '위험'요인을 동시에 던지고 있다(백창재, 2006).

한편 성장하는 중국과 동아시아라는 지리공간을 공유하는 또하나의 지역대국이 바로 일본이다. 일본의 안보내셔널리즘 국가전략과 세계적 안보대국화의 길은 크게 보아 중국의 성장과 군사강국으로의 재부상, 즉 '중국위협'에 대한 대응의 맥락에서 가속화되었고, 중국의 변화와 직접적으로 상호작용하는 양상을 보여주었다. 즉 일본이 지향하는 세계적 안보대국은 중국의 대두를 억지·견제하고 일본의 이익에 걸맞게 동아시아 지역질서를 재구축하려는 지역패권 프로젝트로서의 의미가 있다(송주명, 2005a; 2005b).

이러한 와중에서 미일동맹 변혁은 중국의 성장이 일으키는 문제——위협과 위험——를 억지·견제하고 미일이 중심이 되는 지역질서를 유지하기 위한 중요한 정책방향으로 간주한다. 가령 중국의 성장으로 지역질서의 핵심적인 부분이 변화할 수밖에 없다고 한다면 일본은 '생존권역'(Lebensraum)

면에서 가장 큰 타격을 받을 것으로 생각되며, 미국 또한 동아시아에 대한 개입의 발판이 크게 위축될 것이다.

이러한 점에서 중국의 성장으로 말미암은 지역질서의 변동, 즉 중국 중심의 지역질서 형성은 미국과 일본 모두에 허용되기 어려운 사항이다. 그간 자민당은 미국에 대한 '편승'(bandwagon)을 더욱 강화하고, 집단적 자위권 회복, 안보범위 확대, 지역적 안보능력 강화, MD 참여 등 지금까지 자국의 세계적 안보대국화 전략을 동맹에 투영함으로써 미일동맹이 중국을 실질적으로 억지할 수 있도록 변화를 유도해왔다. 그리고 미국 또한 이른바 반테러전쟁——아프간, 이라크——과 북핵문제에 대해, 그리고 '불안정의 호'에서의 지원역량의 강화를 위해 미일동맹의 강화를 적극적으로 추진해왔다. 이러한 맥락에서 미국과 일본은 2005년 2월 '공동의 전략적 목표'에서 '대만문제에의 개입'을 명시적 목표로 하는 동맹의 재구축을 선언하였다. 이리하여 미일동맹은 중국을 대만이서(臺灣以西) 지역에 억지함으로써 일본의 해양 생존권을 확보하고 미국의 안정적 지역개입을 보장하기 위한 강력한 수단으로 재규정되었다(河村純彦, 2001). 한편 집권 민주당으로서는 동아시아를 중시하는 맥락에서 종래 중국에 대한 대결정책을 재평가하고 미일동맹의 새로운 발전방향을 제시해야만 할 것이다. 이 과정에서 성장하는 중국을 포함한 동아시아질서를 일본이 어떻게 설계하고 관리해갈 것인지 하는 점이 커다란 과제로 대두할 수밖에 없다. 그리고 오바마 정권이 추진하고 있는 새로운 미국의 대외전략 방향을 적확히 파악하고, 자신들이 희망하는 '평등한' 관계의 기반을 만들기 위해 노력해야만 할 것이다. 이러한 점에서 일본의 신생 민주당 정권의 동아시아 정책은 지난한 과제를 안고 있다고 할 것이다.

(4) 동아시아 경제와 일본의 국가이익 중심주의

수출비중을 중심으로 볼 때 1988년에 일본의 아시아, 미국, 유럽 수출은 각기 29.1%, 33.1%, 21.3%로 미국시장을 중심으로 고른 양상을 보여주었으나, 2004년에는 48.4%, 22.4%, 16%로 아시아의 급신장이 눈에 띤다(재무성 무역통계, 2005). 1988년 이래 일본의 대아시아 무역수지 흑자는 동아시아 경제위기 이후 2001년까지 둔화, 감소하는 양상을 보이지만, 이후 급격한 회복양상을 보이면서 상승하고 있다(2004년 약 740억 달러). 이는 일본 산업이 아시아 시장에서 높은 수익률을 기록하고 있음을 의미한다. 그리고 일본 해외투자 전체에서 차지하는 아시아 투자의 비율은 1989년에 11.17%였는데, 2004년에는 26.4%로 상승하고 있다. 이는 일본기업 해외투자의 큰 부분이 여전히 선진국 투자로 향하고 있지만, 전체 투자액의 약 1/4 이상이 아시아 지역에 집중되고 있음을 의미한다(재무성 무역통계, 2005). 일본경제와 동아시아 간의 상호 의존 추세는 앞으로 10년 뒤에도 더욱 심화될 전망이며, 일본이 세계시장과 동아시아 시장을 동시에 배려하는 중층적 대외 경제정책을 취할 수밖에 없는 근본적 이유가 되고 있다.

아시아에서 단일시장으로서 일본의 최대 시장은 중국이다. 중국은 2004년에는 일본 대아시아 수출의 약 27%를 점하기에 이르렀다. 수입 면에서도 이러한 경향은 더욱 분명히 나타나고 있는데, 1988년의 약 17%로부터 꾸준히 성장하여 1990년대 초 20%를 돌파한 이래 2004년에는 약 46%에 이르고 있다. 나아가 2000년대 초까지 중국은 고성장과 더불어 아시아에서 가장 큰 투자시장으로 부상하였다. 일본의 대중국투자는 2003년에 들어 ASEAN 투자를 추월하는데, 2004년에 이르러서 아시아 투자에서 점하는 중국의 비중은 약 48.6%를 차지하게 되었다.

그러나 제7장에서 본 바와 마찬가지로 중국시장은 일본에서 이중성이 있다. 일본의 대중무역수지 적자는 구조화된 양상을 보여주고 있다. 1988년에 일본의 대중무역수지는 거의 균형을 이루었으나, 1993년부터 적자가 급증하여 2004년에는 약 2조2천억 엔의 적자에 이르게 되었다. 이러한 무역적자는 일본계 기업의 현지조달(일본의 수출대체)이 늘어나는 반면, 중국의 노동집약

그림 5 일본의 아시아 수출에서 중국의 비중

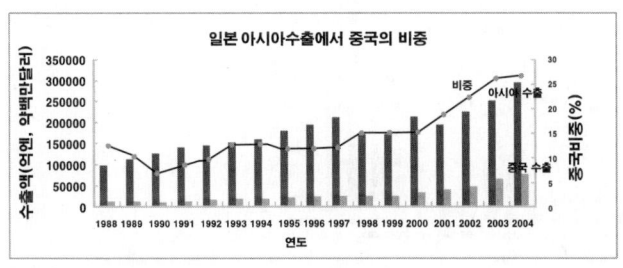

出處 일본 財務省 貿易統計(1988~2005)

집약제품의 전통적 수출에 더해 농산물, 의류, 전자 등을 중심으로 일본기업들이 가공수입 혹은 역수입 형태로 현지수입을 확대한 결과이다. 일본기업의 가공수입은 중국의 기술력 향상, 일본 국내비용의 증가와 함께 앞으로 상당 기간 계속될 것으로 보인다. 중국에서 수입하는 양은 점차로 확대되겠지만 부품 및 중간재를 중심으로 하는 일본의 수출은 현지조달로 대체되는 경향이 있어서 일본기업의 대중국 국제분업 전략이 도리어 국민경제에 부담을 주는 전형적 사례가 된다. 결국 이러한 일본기업들의 전략이 계속되는 한 중국시장은 일본기업에는 '기회'일지 모르나 일본 정부와 국민에게는 잠재적 '위협'요인이 될 수도 있다. 나아가 일본 국민경제 차원에서 중국시장은 상당한 위험요인을 수반하는 시장——제도 불비, SARS 혹은 중국 경기과열의 붕괴 등——이라는 인식이 확대되고 있으며, 과중한 중국시장 의존에 대한 우려가 제기되는 상황이다.

이러한 대중국 구조적 무역적자는 일본정부가 대중무역과 투자를 적극적으로 장려하지 못하는 주저요인이 되고 있다. 현재 일본은 중일간 FTA의 가능성은 배제한 채 아시아의 흑자국들과 FTA를 정력적으로 추진하고 있다. 일본의 FTA 전략은 아시아 흑자국들과의 '선진국형' FTA의 체결과 '해양국가 중심'의 FTA 네트워크 형성으로 요약할 수 있다. 이 전략에는 일본의 경

그림 6 일본의 대중국 수출입과 무역수지

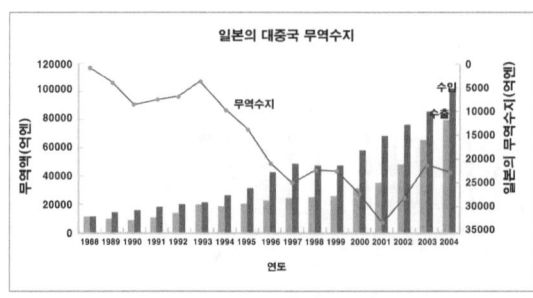

출처 일본 財務省 貿易統計(1988~2005)

제적 국가이익——흑자의 확대와 일본 국내기업에 대한 활로 제공——과 더불어 장기적으로 중국 리스크를 헷지하기 위한 '준동맹'의 형성이라는 안보이익이 동시에 반영되어 있다. 일본은 아시아에서 흑자 상대국이며 정치적으로도 비교적 친화력이 높은 국가들, 즉 한국, ASEAN, 호주, 인도 등과 쌍무적·다자적 FTA를 단계적으로 성사해가고 있다. 한편 일본은 중국과 ASEAN을 놓고 경쟁하면서도 중국-ASEAN FTA를 기업차원에서 활용하도록 전략적으로 배려하고 있기도 하다(外務省, 2002).

과거 일본은 금융분야에서 '엔의 국제화' 정책을 추진해왔다. 동아시아 경제위기를 배경으로 그 정책들은 아시아통화기금(AMF) 구상으로 집약되었는데, 미국의 반대, 중국의 소극적 태도 등으로 실현되지는 못하였다. 이후 이와 동일한 문제의식에서 동아시아 통화간의 융통을 가능하게 하는 치앙마이 이니셔티브, 사무라이채 육성과 엔 연동 자금의 동아시아 환류를 목표로 한 신미야자와 구상 등 경제적 아시아주의 정책이 전개되기도 했다. 동아시아 경제가 상대적으로 안정기에 있고, 아시아주의 정책기조가 퇴조된 현 상황에서 이러한 정책들은 중요한 관심을 끌고 있지 못하다. 그러나 2008년 이후 전세계적 경제위기가 장기화하면서 미국의 보호주의가 강화되고, 경기회복을 위해 일본과 동아시아 경제의 희생이 강요된다면 통화·금융 협력을 포함한 일본의 아시아주의의 정책이 재개될 가능성이 전혀 없지는 않다. 특히 일본 민주당의 동아시아 공동체 구상은 이러한 가능성을 더욱 높여주고 있다.

에너지 문제를 둘러싼 일본의 정책은 영토문제와 맞물리면서 지극히 배타적인 양상을 보이며, 이 경향은 상당기간 지속될 것이다. 그리고 국제적 에너지공급원을 선점하기 위한 경쟁에서 중일 양대국은 최선두에 서 있다고 할 수 있는데, 러시아, 이란, 동중국해에서 석유와 천연가스 자원확보를 위한 갈등이 그것이다. 이러한 경쟁은 중장기적으로 에너지 시장구조의 근본적인 변화에 대한 예측과 더불어 더욱 확대할 가능성이 크다. 수요 면에서는 중국, 인도의 신규 석유수요, 종래 거대 에너지 소비국가인 미국의 석유 대외의존도 증가, 일본, 한국 등의 지속적 석유수입 필요성 등의 요인으로 수요의 급증이 예상된다. 반면 공급 측면에서는 산유국의 정정불안, 공급여력의 제한과 함께, 석유생산 정점화(oil peak)——석유생산증가의 근본적 한도를 의미하며 이후 생산의 급감이 이루어지는——의 점진적이고 불균등한 현실화가 이루어지고 있다. 이리하여 수요에 필적할 공급이 뒤따라주지 못하는 수요·공급의 구조적 불일치가 발생할 수 있다. 결국 이 상황에서 제한된 에너지 공급을 확보하기 위한 에너지 확보경쟁이 발생하기 쉬워 궁극적으로 '에너지 안보의 딜레마'——에너지 공급원의 제약하에서 발생하는 국가 간의 격렬한 경쟁은 수급간의 착란요인을 증대시키고 공급 측의 협상력을 일방적으로 강화하여 도리어 에너지의 안정공급을 저해할 수 있다는——에 빠질 수도 있다.

(5) 내셔널리즘과 대중의 중국 혐오의식

한편 또하나 중요한 문제는 동아시아의 양대국인 중국과 일본 간의 대중정서적 감정충돌이라고 할 수 있다. 중국의 개혁개방이 이루어진 1970년대 후반부터 1990년대 이전까지 일본인들의 대중인식은 친근감이 압도적이었다(70~80%대). 그리고 1990년대 중반까지는 큰 차이는 아니지만 그래도 친근감의 정서가 상당히 앞서고 있었다(50~60%). 1990년대 중반까지 일본사회 전반이 중국을 경쟁대상이라기보다 하나의 기회로 인식했던 것과 일맥상통한다. 그러나 1990년대 후반 친근감과 비친근감이 거의 동일한 수준(50%대)으로 근접하다가, 2004년에 이르면 비친근감이 친근감을 앞지르기에 이른다(60%). 2008년에는 중국에 대해 친근감을 느끼는 사람들이 31.8%(2007년, 34.0%)에 불과했지만, 비친근감을 느끼는 사람들이 66.6%(2007년, 63.5%)여서 압도적 다수가 중국을 혐오하는 것으로 나타났다. 이러한 중국 혐오인식은 1990년대 말 중국에 대한 '경제적 위협'인식의 대두와 더불어 2000년대에 들어 전개된 역사문제, 영토문제를 둘러싼 중일간의 정치적 대립과 '중국위협론'을 반영한 대중정서의 표현이라고 할 수 있다(내각부 외교조사, 1978~2008).

사회문화 차원에서 일본 대중인식의 변화와 더불어 한 가지 주목할 것은

그림 7 일본인의 대중적 중국 선호도

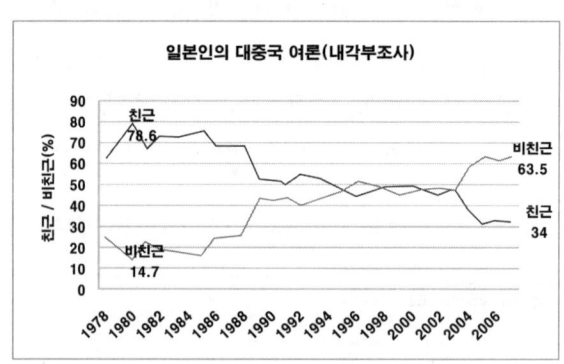

출처 일본 內閣府(外交に關する世論調査: 1978~2007)

중국 대중 차원의 '자발적' 반일주의이다. 일본의 역사인식 문제와 관련된 중국 대중의 반응은 즉자적인 폭력시위로 발전하는 등 일종의 정서적 민족주의의 특징을 그대로 보여주고 있다. 사회문화 차원에서 중일간에는 이러한 정서적·민족주의적 악순환이 발생하고 있다(吉田裕, 2005).

(6) 일본의 동아시아로의 융해

최근까지 일본의 동아시아에 대한 가장 주도적인 미래전략은 '중국위협론'과 '북한위협론'을 전제로 하는 안보내셔널리즘 전략이었다. 이 전략은 미일협력에 근거한 개입적 지역패권 전략의 성격이 강하며, 동아시아의 통합적 발전보다는 분열과 대립을 격화하는 요소가 있다. 즉 동아시아에 대한 일본의 안보내셔널리즘은 '지역융해적' 패권이 아니라 '독립'과 '지배'를 추구하는 일본 중심의 '약탈적' 패권을 추구하는 것이었다. 이러한 전략은 정치안보·경제·사회문화에 걸쳐 지역의 안정과 평화를 저해할 수 있다는 점에서 정정되어야 한다. 요컨대 동아시아에 가장 필요한 일본의 태도는 아시아로부터의 '독립'노선을 버리고 단계적으로 아시아주의를 거쳐 궁극적으로는 동아시아의 다자협력을 수용하는 '동아시아 속의 일본'이라는 노선을 취하는 것이다.

이를 위해 우선 안보 면에서 한국은 일본 내셔널리즘 안보노선과 미일동맹 중심주의를 일정 정도 견제할 필요가 있다. 군사적 투명성을 높이기 위한 한일간의 군사교류, 안보분야의 협력은 적극적으로 추진되어야 한다. 그러나 양국의 노력은 동아시아 전반에 걸치는 지역안정을 구축하려는 것이어야 한다. 따라서 궁극적 지향점은 동아시아 지역다자안보의 실현에 두고, 여기에 한국과 일본이 바람직한 형태로 참여할 수 있도록 하는 노력이 중요하다. 한국은 단순한 '균형자'이거나 일본의 '실질적 동맹'이어서는 안되며, 스스로 동아시아 다자안보의 방향을 제시하고 설득해가는 지역안보의 잠정적 허브

(hub)를 자임할 필요가 있다. 한국은 과도적으로 동아시아의 주요 6개국간의 쌍무적·삼국간 안보협력——한미, 한일, 한중, 한러, 남북한 그리고 한미일, 한중일, 한러일과 같은——을 교차방식으로 추진하고, 더욱 진전된 다자협력의 기본 틀을 제시하기 위해 노력해야 한다. 특히 이를 위해 무엇보다도 한미동맹을 유연화하는 것이 중요하다. 즉 한미동맹과 한미일 협조관계를 기본 축으로 가져가되 이것들을 더욱 넓은 6개국 다자협력의 틀로 흡수, 재구성해가야 한다는 것이다.

이 과정에서 무엇보다 시급한 것은 현재 북한문제를 둘러싸고 진행되고 있는 6자회담을 북한압박제도에서 본격적인 지역평화협력체로 전환하고 국가간 결합의 수준을 높여 초보적 안보협력의 틀로 발전하는 것이다. 이러한 점에서 북한문제가 미중, 중일간의 영향력 경쟁의 공간이 아니라 다자구도 속에서 평화공존과 한반도의 자주적 통일, 그리고 동아시아의 안정적 발전을 기할 수 있는 공동협력의 공간으로 재규정되어야 한다. 그리고 다자안보협력을 위한 노력을 통해 동아시아 갈등의 가장 본질적인 쟁점인 중국위협론을 약화하고, 더 나아가서는 이른바 '중국위험'을 관리하면서 합리적 수준의 지속성장을 보장하는 방안이 강구되어야 할 것이다. 결국 송승석 시익나 자안보협력의 모색과 이에 대한 일본의 건설적 관여 가능성을 제시하는 것이야말로 앞으로 일본 안보내셔널리즘을 약화하는 가장 효과적인 길이라고 생각한다. 특히 중국의 미래 씨나리오와 관련해 중국경제의 경착륙 씨나리오를 회피하고 국제협조 속에서 중국이 성장을 지속할 수 있도록 하는 정치적 합의 형성이 중요하다.

일본의 대외경제전략은 중국의 경제적 '위험'과 '위협'을 최소화하고 동아시아 '성장'의 이득을 최대로 향유하기 위한 공세적이고 신중상주의적인 지역정책으로 이해할 수 있다. 그 대표적인 사례가 FTA 정책이다. 현재 추세로 보아 동아시아에서 FTA 네트워크의 중층적 확대는 상당한 속도로 전개할 것으로 보인다. 다만 일본의 안보내셔널리즘이 본격적으로 가동되는 상황에서는 일본의 FTA 정책과 안보정책은 연동할 수밖에 없을 것이다. 따라서 일본만이 동아시아 FTA 네트워크의 허브가 되기에는 많은 한계가 있다. 이보다는 일본과 중국이 중심 허브를 지향하면서 경쟁하고 한국과 ASEAN 5——씽가포르, 타이, 말레이시아, 인도네시아, 필리핀—— 등이 보조 허브가 되는 복합적이고 중층적인 FTA 네트워크가 형성될 가능성이 크다. 따라서 단기적으로는 통합효과를 극대화할 수 있도록 이 네트워크들에 대한 동아시아 차원의 조율과 조정이 필요할 것이며, 장기적으로는 이를 토대로 한중일이 공히 참여하는 대지역적 협력모델을 새로이 설계해야 할 것이다.

나아가 동아시아의 지속성장을 위해서는 수많은 기능적 협력분야가 존재한다. 즉 미국발 세계경제위기의 극복, 중국위험의 최소화(중국의 연착륙), 북한문제의 올바른 해결을 위해서는 거시경제, 국제경제분업, 시장, 금융, 개발자금, 에너지 등 필수적·기능적 분야를 중심으로 지역협력이 적극적으로 추진되어야 할 것이다. 그리고 이 협력을 지역차원에서 총괄적으로 관리하기 위해 동아시아의 경제정책 협조(조정)체제의 구축이 불가피할 것으로 생각된다. 예컨대 기능별 지역협력은 아시아의 통화금융 협력체제, 개발투융자기관, 에너지정책부서 간 협력 등 가장 필수적인 협력분야에서 출발해야 한다. 나아가 경제정책 협조체제는 기능적 협력들을 총괄하면서도 국가간의 거시경제적 협조를 목표로 한 정상과 핵심 각료 수준의 제도인데, 가령 한국, 북한, 일본, 중국, 미국, 러시아로 구성되는 동북아시아판 G6, 나아가 ASEAN 5를 포함하는 동아시아판 G11이 그것이다. 이러한 협력제도들은 동아시아의 번영과 발전이라는 일상적 기능과 역할도 중요하나, 특히 세계경제의 위기와 중국경제의 성장조정 국면에서 발생할 수 있는 위험을 최소화하기 위한 다자적 협조를 제공해주게 될 것이다. 한편 이러한 경제협력에서 실질적 자금력과 경제능력 면에서 세계 제1, 2위의 경제대국인 미국과 일본의 책임과 역할이 막중하다. 특히 일본은 이 제도적 틀에 참여함으로써 일국적(근시안적) 경제대국의 한계를 넘어 지역융해적인 경제대국으로 스스로의 정체성을 재정립해야 할 것이다.

동아시아 지역의 사회문화적 차원에서 정서적·민족주의적 대립도 큰 문제이다. 이러한 대립을 극복하기 이해서는 한중일 3국간의 문화적·시민적 교류와 네트워크 구축이 아주 중요한 일이다. 가령 평화, 생명, 환경, 민주주의, 국제주의를 지향하는 포괄적인 '동아시아 시민사회네트워크'의 구축은 진보적인 동아시아 정체성의 출발점이 될 뿐만 아니라 일본을 비롯해 동아시아 각국에서 발생하고 있는 공격적 내셔널리즘을 완충하고 순화하는 데 중요한 역할을 할 수 있을 것이다. 그리고 동아시아 시민사회네트워크'는 안보와 경제에 걸친 국가간 협력을 감시하고 그 협력이 더욱 진전되고 심화하도록 하는 '압력정치'의 근간이 될 수 있다.

6. 한일 쌍무관계의 재조정

현재 한일간에는 안보·경제·사회문화 등 모든 차원에서 상호간에 기대편차와 비대칭적 인식이 크다고 볼 수 있다. 그러나 건강하고 발전적인 한일관계를 위해서, 그리고 동아시아 다자협력을 양국이 협조하여 추진해가려면 양국간 관계에서 해결되어야만 하는 과제들이 산적해 있다.

(1) 지역 안보구상의 대조

현재까지 한일간의 군사안보적 협력은 미국을 매개로 전개되어왔으며, 국방장관 회담(1994년부터), 국방정책, 정보, 방공 분야의 실무교류(1998년부터), 해상 공동수색과 구조훈련 등의 교류가 전개되어왔다. 앞으로 한일 양국은 미국과의 동맹의 전개에 따라 더욱 높은 안보대화와 협력관계로 나아갈 가능성이 크다. 그러나 이러한 협력은 양국의 안전보장 전략과 군사력의 투명성을 높이고, 특히 일본의 안보내셔널리즘 전략을 억지하는 효과를 가질 수 있도록 재설계할 필요가 있다. 즉 미일 및 한미관계라는 쌍무관계에 지나치게 편중되거나 한미일의 동맹적 협력관계(이른바 '남방동맹'?)로 편협한 진전을 경계하면서 한일 양국은 지역 다자안보구도의 이행과 실천을 위한 협력을 적극적으로 추진해야 한다. 즉 한일 안보관계는 동아시아 차원의 협력외교를 공동의 비전으로 발전하여 나가야 한다. 이를 위해 한일 양국은 지나친 국익 중심의 외교구도, 중국과 북한을 창끝으로 하는 국방정책의 틀을 유연화하기 위한 의제를 채택하고, 신뢰와 이해의 기반을 진전하려는 노력을 기울여야 한다. 한국으로서는 특히 북일관계의 정상화 과정에 대한 관여와 협력을 강화해야 한다. 이러한 관여와 협력을 통해 일본이 북한문제를 평화적·건설적으로 해결하는 데 실질적으로 이바지하도록 해야 하기 때문이다.

(2) 구조적 무역역조

한일간 경제관계의 가장 큰 특징은 무역관계의 구조적 비대칭성이라 할 수 있다. 가령 한일간 무역수지는 1990년대 후반의 아시아 경제위기 시기 일시적인 호조를 제외하고 구조적으로 심화하는 경향이 있다. 한국의 대일 무역적자는 2000년대에 들어 악화일로를 걷는데, 2007년의 적자는 약 299억 달러에 이르렀다(무역협회 무역통계, 2007). 한편 이러한 무역수지 적자는 양국 산업구조의 경합성과 구조적 비대칭성에서 비롯된다고 할 수 있는데, 주로 고부가가치 자본재, 부품, 소재의 수입이 중심이 되고 있다(일본 재무성 통계). 자동차 등 수송기계는 국산화 비율이 진척되어 적자는 대체로 10억 달러 미만으로 양호한 편이다. 반면 철강, 정밀기계, 화공생산품, 전기기계, 일반기계 등 전 부품소재산업이 구조적 적자상황에 있는데, 이 산업들은 2003년 30~50억 달러가량씩 적자를 기록하고 있다. 한편 해외투자의 경우 일본의 대한투자는 1999년에 최고치를 기록하였는데, 이후 약 10억 달러 이하 소량의 투자만이 이루어지고 있다. 결국 한국은 일본자본의 투자지로서 커다란 매력이 없음을 보여주는데, 한일투자협정(BIT) 등 정책적 노력이 이러한 상황을 얼마나 개선할 수 있을지는 의문이다.

그림 8 한국의 무역수지 동향과 한일무역수지

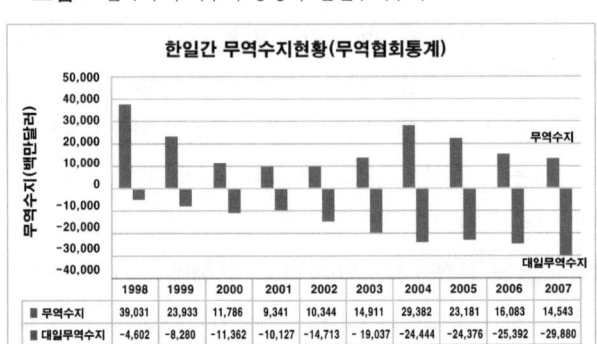

출처 한국 무역협회 국가별 무역통계(1998~2007).

그림 9 한일간 부품 중간재 무역실태

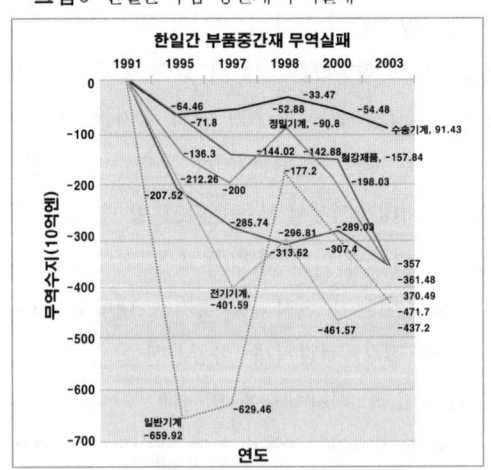

출처 일본 財務省 貿易統計(1991~2004).

한일 FTA 협상은 현재 한일관계의 악화, 한국산업계의 반대 등으로 진전이 이루어지지 못하고 있지만, 이명박 정권 성립 이후 협상재개가 모색되고 있다. 제7장의 보론에서 상세히 논하였지만 한일 FTA로 양국간의 '무역량'은 현격히 증대할 것이나, 이에 비례해 한일간의 구조적 무역적자도 확대할 것이다. 결과적으로 한일 FTA는 한국의 부품산업에는 중하층 부가가치 및 기술분야로의 특화라는 커다란 시련을 안겨줄 것으로 보이며, 한국의 조립산업(대기업)과 일본의 부품산업(중소기업) 간의 국제적 조달 네트워크가 더욱 보편화하는 결과를 초래할 수 있다. 이는 중규모 경제국가로서 한국이 추구해야 할 개방적이며 건강한 국민경제의 재구축이라는 과제를 몹시 어렵게 만들 것이다(송주명, 2004).

따라서 한일간의 경제협력은 FTA라는 의무적 자유화보다는 산업정책과 중소기업의 새로운 발전 가능성을 허용하는 포괄적 협력의 형태로 재설계되어야 할 것이다. 요컨대 한일간의 포괄적 경제협력은 동아시아 통합적 발전의 비전을 가져야 하며 양국간의 건전한 국제분업을 통해 한국의 산업구조 고도화를 가능하게 하고 북한의 '이륙'에 도움이 되도록 하는 협력질서여야 할 것이다. 나아가 에너지, 물류분야 등 기능적 차원에서 동아시아 차원의 발전전망을 가지면서 한일간의 사전협력을 구축하는 것도 아주 중요한 과제가 된다.

(3) 충돌, 공유, 연대의 사회문화적 관계

한일간의 사회문화적 관계는 역사문제, 영토문제 등으로 여전히 관계가 악화할 가능성을 갖고 있다. 그러나 한일 양국 간의 관계는 중일관계와는 달리 양국의 연성문화 자원에 대해 상대적으로 넓은 공유가 이루어진 편이며, 이를 기초로 비교적 역동적인 관계 복원력을 갖고 있다고 할 수 있다. 특히 2000년대 이후에 일본인들의 대한인식은 크게 개선된 것으로 나타나고 있다. 2007년 싯점에서 일본인들의 55%가 한국을 친근하게 받아들이는 반면, 친근감을 느끼지 못하는 사람들은 43% 정도에 머물고 있다(내각부 외교조사, 1978~2007). 이러한 현상은 영화, 드라마 등을 중심으로 하는 이른바 '한류열풍'에 의해 크게 자극을 받은 것으로 이해할 수 있다. 한국에서도 역사문제 등으로 최근 약간 퇴조경향이 보이나, 만화, 게임, 애니메이션 등에 대한 청년층의 일본문화 친화력은 여전히 강한 편이다.

그림10 일본인의 대중적 한국 선호도

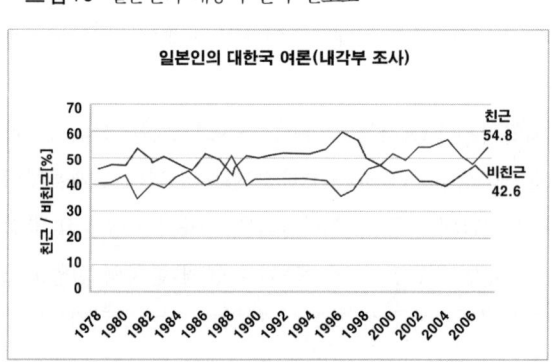

출처 일본 內閣府(外交に関する世論調査, 1978~2007).

한편 한일간의 역사문제, 영토문제는 현재 일본 국가전략의 한 고리로서 등장해 일본사회에 보수적 시민권을 구축했다는 점에서 크게 후퇴할 전망은 보이지 않는다. 이러한 상황에서 안보내셔널리즘의 보수우익적 사관은 일본사회의 '주류적' 사관의 하나로 현실적 지위를 인정받아가고 있다. 한편 야스꾸니신사 참배 문제는 아베, 후꾸다 야스오(福田康夫), 아소 타로(麻生太郎) 등 총리들이 참배를 자제함으로써 커다란 쟁점이 되고 있지는 않다. 그러나 일본의 국가주의·제국주의적 발전의 상징으로써 야스꾸니신사가 그 기능을 유지하는 한, 자민당과 민주당의 신보수우파 정치세력은 야스꾸니신사를 이념적 정체성의 거점으로 활용하려 할 것이다. 이때 일본의 안보내셔널리즘 지향성에 대한 한국, 그리고 일본 시민사회 일각에서의 비판은 계속 이어질 것이며, 새로운 동아시아의 협력을 지향하는 한일 양국의 진보적 시민사회간에 커뮤니케이션과 연대가 더욱 진전될 것이다.

(4) 상반된 발전의 한일관계 개혁

안보내셔널리즘의 근저를 극복할 수 있는 유일한 방안이라고 생각한다. 그러나 탈냉전기 한일간에는 사회발전 경로의 차이, 그로 말미암은 정치적 발전방향의 차이, 나아가서는 주도적 정치세력의 차이 등 일종의 구조적 불일치(괴리)가 존재해왔다. 이 결과 한일간의 정치적 커뮤니케이션은 지극히 어려웠으며 그 성과 또한 미미하였다. 잘 알다시피 냉전시기 한일간의 정치적 협력관계는 보수정치인, 재계 인맥 등을 중심으로 양국간에 보수적이고 폐쇄적인 '인맥(人脈)'의 형태로 존재해왔다. 그러나 양국은 발전방향의 '괴리'를 경험해왔고, 그에 따라 양국 정치인간의 가치관과 세계관 차이가 나타나고 있으며 종래 방식의 인맥은 기능부전에 빠지게 되었다. 따라서 이러한 구조적 불일치와 상반성을 충분히 이해하고 상호 설득이 가능한 새로운 커뮤니케이션 네트워크를 확보하는 것이 시급한 것으로 보인다. 이를 위해 한국으로서는 한일간의 광범위하고 다면적인 커뮤니케이션과 정책 네트워크(policy networks)를 재구성해야 한다. 즉 시민사회 활동가, 합리적 정치인, 관료 등을 중심으로 전략적 정책네트워크를 구축하되, 중요한 신보수우파 정치세력들과도 의견교환이 가능하도록 입체적인 커뮤니케이션 채널을 구축하는 것이다.

내셔널리즘 그 자체가 일국 구도 속에 가두어진 국가발전 프로젝트이듯이 양국 관계의 건전한 발전을 위해서는 이 내셔널리즘의 일방성, 일국성, 폐쇄성을 완화하고 해체할 수 있는 방향에서 정책 네트워크의 재구축 문제가 고려되어야 할 것이다. 과거 보수적 인맥을 뛰어넘는 정책 네트워크의 재구축 문제는 다음 세 차원을 고려해야 할 것으로 보인다.

첫째, 시민사회 수준의 다면적 의사소통, 문화공유망의 확보가 중요하다. 가령 한류(韓流), 일류(日流)와 같이 시민사회간에 대중의 자발적 문화교류가 증대될 수 있도록 장애물을 제거하기 위한 노력이 중요하다. 그리고 양국 문제와 국제문제를 둘러싼 시민사회간의 활동가적 교류와 연대가 증대할 수 있도록 노력하는 것 또한 아주 중요하다. 요컨대 이러한 노력을 통해 양국 내부의 국수적 흐름을 비판하고 억제할 수 있는 양심의 대중적 국제연대가 가능해질 수 있을 것이다.

둘째, 정치인과 의회 간에 새로운 정책 네트워크가 구축될 수 있도록 노력하는 것이 중요하다. 특히 일본이 의원내각제 정부형태이므로 의회 내의 정세가 직접적으로 정부의 정책방향에 영향을 미친다. 이러한 점에서 의회 내 다수세력이 합리적인 정책결정을 할 수 있도록 의원들간의 커뮤니케이션과 협력 네트워크가 광범위하게 구축되는 것은 양국외교의 저변을 확대하는 결과를 가져올 것이다. 양국의 자유주의, 진보세력 간의 교류는 물론이고, 자유주의와 보수주의의 왜곡 없는 교류를 위한 제도적 장치가 마련된다면 외교적 지평확대에 결정적으로 이바지를 할 수 있을 것이다.

셋째, 양국간 외교원칙과 방향의 명확한 이해, 그리고 신뢰감의 증대를 위한 정부간 정책 네트워크를 정례화·상시화(常時化)하는 것이다. 이러한 정책대화는 양국간 외교원칙의 차이, 독립적 입장 등을 전제하는 것으로 외교당국뿐만 아니라 정부 핵심 분야를 포괄한 다층적 구조를 가질 필요가 있다. 나아가 이러한 정책 네트워크와 정상외교가 효과적으로 기능을 하기 위해서는 동아시아 다자안보질서에 대한 설계자로서 한국의 중추적 위상이 명확해야 할 것이며, 나아가서는 유연하고 다양한 외교안보의 축살(spokes)을 운용할 수 있는 능력이 필수적이다(송주명, 2007b).

미래 발전적인 한일관계가 기약되기 위해서 가장 중요한 양국 관계영역은 경제분야이다. 한일간 부품산업의 무역역조는 양국 산업구조의 비대칭성을 표현하는 것이며, 한국 산업구조의 허약성을 보여주는 것이다. 특히 중일의 틈바구니에서 한국 산업은 머지않은 싯점에 힘든 전환기 상황에 직면할 것이다. 따라서 한일 양국의 경제협력을 통해 한국의 산업구조 고도화와 제조업기반 강화에 이바지할 특별 프로그램을 형성하기 위해 노력해야만 한다. 특히 한일 경제협력의 재설계와 연관하여 한일 분업질서의 조정방안, 일본 비관세조치(NTMs)에 대한 전략, 기술적 시너지를 촉발할 수 있는 고기술 분야에서 한일간 투자협력의 가능성이 적극적으로 검토되어야 한다. 나아가 에너지 위기 혹은 경제위기 상황을 예비하여 비축, 상호 융통, 자원개발, 신에너지 개발 등의 분야에서 양국간 협력은 더욱 진전될 필요가 있다.

 나아가 사회문화적 차원에서는 동아시아의 시민사회 네트워크를 지향하는 한일 시민사회 간의 다양하고 다층적인 협력 네트워크를 구축하는 것이 필요하다. 이러한 시민사회 협력망은 민주주의, 평화공존, 국제협력이라는 기본 가치와 동아시아 근현대사에 대한 기본 인식을 공유함으로써 한일 양국에서 대두하는 극단적 민족주의를 억제하는 역할을 할 수 있다. 특히 한국은 한국문화의 강점과 과거 한국 민주화 운동의 경험이라는 연성자원을 최대로 활용하고, 한일 시민사회의 협력을 통해 동아시아의 지역적 정체성을 재구축하려는 노력을 적극적으로 전개할 필요가 있다.

7. 정서적 접근을 넘어 현실주의 접근으로

 한일관계는 구조적으로 변화하는 국면에 접어들었기 때문에 새로운 외교 원칙과 방향을 재점검하는 것은 아주 필요한 일이다. 우선 변전하는 한일관계와 관련해 외교의 실패를 줄일 수 있는 가장 중요한 관점은 양국 발전노선의 편차를 객관적이고 냉정하게 인식하는 것이다. 즉 일본 내셔널리즘에 대한 인정 여부와 무관하게 일본의 미래 행로(行路)에 대한 과학적 인식과 판단이 아주 중요하다는 것이다. 특히 외교를 통해 타국의 내정을 변화시키는 데 한계가 있다면, 상대국 내정 변화의 객관적 흐름을 체계적으로 인식하고 그것이 파생할 중단기적·장기적 대외관계의 변화경향을 미리 파악하는 능력 여부는 아주 중요하다. 특히 한일간의 관계는 가장 인접한 국가이고, 그만큼 일본의 변화 그 자체가 한국에 큰 영향을 미치기 때문에 중장기적인 대응방안을 모색하려면 커다란 흐름을 과학적으로 예측해내는 능력이 매우 중요하다(송주명, 2007a).

다음으로 대일외교의 새로운 원점을 확인하는 것 또한 중요할 것이다. 앞에서 살펴본 바와 같이 일본의 경로를 객관적인 것으로 인식한다고 했을 때, 대일관계에서 우리의 발전방향을 관철하는 것 또한 중요한 일이 될 것이다. 특히 새로운 정세 속에서 한국의 국가이익은 남북관계의 적극적 해결을 통해 미래 평화적 통일과 번영을 기하고 이를 기초로 동아시아에서 주도적 역할을 해나갈 수 있도록 하는 바람직한 국제적 조건을 창출하는 것이다. 이와 관련하여 첫째, 한일관계는 일본 안보내셔널리즘이 편협성을 극복하고 동아시아의 공동 발전을 위한 협력을 위해 기여해야 한다. 특히 군사적 관계를 중심으로 한미일간의 협조가 강화될 것으로 전망되지만, 한일간 관계에서는 자율성의 폭을 넓힐 수 있도록 한미관계와 한미동맹의 성격을 더욱 자주적으로 재규정할 것이 요구된다. 둘째, 앞으로 한일관계에서는 가장 인접한 우방국으로서 '협조'를 다해가지만 우리의 새로운 국가이익 기준에 따라 적극적으로 냉정하게 '발언'해가는 원칙을 견지할 필요가 있다. 그에 따라 양국은 변화해가는 상대방의 외교원칙에 서로 적응할 필요가 있고, 궁극적으로 이에 기초한 새로운 상호작용의 패턴을 확보해야 할 것이다. 셋째, 일본의 세계적 안보대국 노선이 동아시아 질서에 불안정 요인이 될 수 있다는 점을 인정한다면, 일본이 동아시아에서 실질적으로 공헌하고 지역질서 속에 순치되어갈 수 있도록 한국의 지역적 관여(engagement) 능력을 배가할 필요가 있다. 즉 한국은 지역국가들, 특히 한중일이 필수적 혹은 사활적으로 공유하는 협력분야를 중심으로 동아시아 협력 프레임워크를 제시하고 여기에 일본을 적극적으로 초대하는 노력을 기울여야 할 것으로 보인다. 이러한 노력을 통해 '동아시아 속의 일본'이라는 바람직한 발전방향을 환기할 필요가 있는 것이다(송주명, 2007a).

앞에서 누누이 지적하였지만 민주당이 집권하더라도 일본의 안보내셔널리즘이 전면적으로 사라질 것으로 보기 힘들다. 따라서 미래 한일관계를 관리함에 있어서 역사문제와 영토문제 등에 국한된 정서적 대응은 사태의 본질에 맞는 정확한 대응이 되지 못한다.

그러한 만큼 한국은 현실의 변화를 냉철히 인식한 위에서 그 변화의 악영향을 최소화할 수 있도록 '현실주의'적이고 전략적인 대응을 해야 할 것이다. 그리하여 일본이 세계적 안보대국, 지역패권국가, 신중상주의적 통상국가라는 일국적이고 편협한 국가전략을 넘어 평화지향적인 문민국가, 그리고 동아시아에 융해되는 '지역국가'로 재정립될 수 있도록 해야 할 것이다. 나아가 이러한 방향으로 일본의 진로가 변경하려면 제로섬적인 한일관계가 공존과 공동발전이라는 가치를 중심으로 재편되어야 한다.

세계차원에서 한국은 정치안보 면에서 UN 등을 무대로 하는 세계외교에서 국제적 평화여론을 조직함으로써 일본이 미일동맹에 지나치게 의존하지 않고 세계적 다자주의 원칙에 따라 UN의 정책과정을 더욱 중시하도록 촉구할 필요가 있다. 그리고 경제적으로 한국은 일본에 대해서 협력과 요구라는 이중적 태도를 보일 필요가 있는데, 세계경제체제와 제도의 민주화라는 과제와 관련해서는 협력정책을 취해 나가야 하지만, 중규모 발전도상국가들의 신국제질서 수립의 요구와 관련해서는 경제대국으로서 일본의 건전한 책무를 요구할 필요가 있다.

그리고 동아시아 지역차원에서의 정책이 가장 중요한데, 한국이 취해야 할 정책방향을 한마디로 요약하자면 '동아시아 속의 일본'을 지향하는 것이다. 이를 위해 안보 면에서 한국은 동아시아 지역 다자안보의 모델과 실천적 디딤돌을 제시함으로써 일본이 주체적 협력 파트너로 나설 수 있도록 재규정해주는 것이 중요하다. 지역안보협력은 남북한과 미중일러 등 6개국 간의 원활한 협력이 중심이 되어야 할 것이며, 북한문제의 원만한 해결을 위한 다자협력의 틀을 발전적으로 계승하는 것이어야 한다.

나아가 이러한 안보협력의 틀은 중국문제——중국위협과 중국위험——에 대한 올바른 대처수단으로도 적용될 수 있을 것이다. 다음으로 경제적 차원에서는 일본이 적극적으로 추진하는 지역 FTA망에 대한 조율과 조정, 그리고 한중일이 포함되는 대지역적 협력모델에 대한 설계가 중요하다. 그리고 현재의 세계경제위기 등에 대응할 수 있는 거시경제, 국제분업, 시장, 금융, 개발자금, 에너지 등을 중심으로 하는 필수분야의 기능적 협력과, 지역국가 전반의 거시경제정책의 협조적 조정을 주된 내용으로 하는 종합적 동아시아 정책 협조체제의 구축이 필요하다. 이러한 기능적-종합적 협력제도는 세계경제와 동아시아 전반의 지속성장을 위해 반드시 필요한 것이다. 이와 관련해서 동아시아 제1의 경제대국인 일본의 건설적인 역할이 반드시 필요하다. 마지막으로 사회문화적 차원에서는 평화를 지향하는 동아시아 시민사회 네트워크를 구축하고 이를 통해 공격적 민족주의를 경감시키려는 노력 또한 아주 중요하다.

한일 양국 차원의 과제는 우선 정치안보 면에서 한일간의 비대칭성과 장벽을 극복할 수 있는 포괄적인 커뮤니케이션-정책 네트워크의 재구성이 필요하며, 정상 외교에서의 리더십 발휘를 통한 대일 설득의 강화가 결정적으로 중요할 것으로 보인다. 이를 위해 한국 외교체제 전반의 능력이 총체적으로 재검토되어야 할 것이다. 경제 면에서 한일관계의 가장 핵심적 과제는 구조적 무역역조를 개선하는 것인바, 한일 FTA의 재설계를 통해 양국간 분업질서를 재구축하고, 고기술 분야의 투자협력을 유도하는 등 특단의 노력이 이루어져야 할 것이다. 마지막으로 사회문화 차원에서는 한국 민주화 운동의 역사와 경험, 한국 문화의 매력이라는 '연성자원'을 활용해 민주주의, 평화, 국제협력을 지향하는 한일 시민사회간의 협력 네트워크를 더욱 강하게 구축할 필요가 있다.

에필로그
민주당과 '새로운 아시아주의'의 재림

　이 책의 마지막 교정이 이루어지는 중에 일본에서는 정권교체라는 '대격변'이 이루어졌다. 민주당은 중의원 의석의 과반수를 훨씬 넘어서 308석을 획득했고, 자민당은 119석을 얻는 데 그쳤다. 이는 집권을 향한 민주당의 염원이 실현된 것을 의미하기도 하지만, 일본정치의 기나긴 일당우위제에 종지부를 찍고 이제 명실상부한 양당제가 시작되었음을 의미하기도 한다. 이번 일본의 정권교체는 1955년 자민당 장기 집권 시작 이래 54년 만의 일이요, 1993년 8개 정파로 구성된 호소까와 수상의 비자민 연립정권 수립으로 자민당 장기 집권의 불안정화가 확인된 이래 실로 16년 만의 일이다. 여기에서는 이 책의 결론에 대신하여 민주당 집권의 국가전략적 의미를 검토하고 그에 대한 우리의 관점을 간략히 논하고자 한다.

냉전과 탈냉전: 발전주의 국가, 경무장·평화노선의 위기

　자민당은 집권한 이래 일본의 발전주의 국가(developmental state)를 이끌어온 정치세력이었고, 1980년대까지 이러한 국가전략은 성공적으로 유지되었다. 일본 국내의 발전주의 전략은 미국의 안보우선에 대한 편승과 경무장・평화주의라는 대외전략에 의해 뒷받침을 받았다. 비록 극심한 미일 경제마찰과 1990년대 초의 버블 붕괴로 그 기반이 심각하게 흔들리기는 했지만, 1980년대 일본이 달성했던 '세계 2위의 경제대국' 지위는 그러한 발전국가 전략의 정점을 의미했고, 그 전략의 사령탑으로서 자민당 정치가 절정기에 있었음을 보여주는 것이었다.

그러나 일본이 그 어느 나라보다 심각한 위기(The lost decade)를 경험했던 1990년대에 상황은 급변한다. 발전국가 전략을 뒷받침해주던 냉전, 관리된 자본주의 이념, 경제적 소국으로서 일본의 지위 등과 같은 국제적 조건들이 근본적으로 사라지게 된다. 세계적으로 냉전이 붕괴되었고, 시장에 대한 절대적 신념에 기반을 둔 신자유주의가 전면화되었으며, 일본 스스로 이미 세계적 경제대국의 반열에 올라 있었다. 그리고 냉전적 안보틀의 효용성에 대한 의심이 본격화됨에 따라 일본이 의존해오던 대외적 전략 또한 그 기반이 심각하게 흔들리게 된다. 일본은 더욱 근본적인 대책을 강구해야 하는 구조적 변화에 직면하였다. 이 상황에서 발전국가의 주도 정당인 자민당도 일시적으로 권좌에서 물러나야만 하는 위기를 경험했지만, 야당들의 정권 담당 능력 부족으로 쉽게 정권에 복귀할 수 있었다.

자민당 정권의 탈냉전 국가전략: 신자유주의와 안보내셔널리즘

1990년대 탈냉전과 신자유주의적 세계화 시기 자민당 정권이 취한 국가전략의 주요한 방향은 안보내셔널리즘과 신자유주의적 구조개혁 정책으로 요약된다. 제5장에서 본 바와 마찬가지로 두 가지 대응방향은 국가의 역할과 관련하여 상호 모순적인 성격이 있다. 그러나 일본에서 이 두 가지의 '모순적' 전략방향은 두 가지 경로를 통해 2000년대 중반 이전까지 상승적으로 결합되어왔다. 첫째, 신자유주의 승자인 일본 자본주의 상층계급이 경제대국의 지위를 강화하기 위해 내셔널리즘을 지지한 것이다. 둘째, 신자유주의 패자인 하층 중간층과 노동자층이 일종의 초월심리적 '치유책'(theraphy), 즉 정치적 돌파구로서 '일본적 자긍심' '강국주의' '강한 일본주의' 등을 희구했는데, 이를 신보수우파 정치가들이 정치적으로 동원하고 활용한 것이다. 일본에서 안보내셔널리즘과 신자유주의의 '모순성'을 정치적으로 가장 성공적으로, 그리고 드라마틱하게 활용했던 이가 다름 아닌 코이즈미 준이찌로였다. 이 시기에 자민당은 실질적으로 강력한 신자유주의의 옹호자였고, 일본 국민에게 경제적 불안정성을 강요하는 전략의 정점에 있었지만, 다른 한편으로 강한 일본과 개혁을 추구할 수 있는 가장 책임있는 세력으로 비추어졌다. 2005년 총선거에서 코이즈미와 자민당에 보내준 일본 국민의 지지는 그만큼 압도적이었다. 그러나 코이즈미 이후 탈냉전기 자민당 정권의 두 가지 국가전략 방향은 도리어 자민당 정권의 전통적 기반을 약화시키는 결과를 가져왔고, 그 심각한 모순을 드러내고야 말았다.

비전 고갈의 자민당, 신자유주의에의 피로감

2009년 총선거의 쟁점은 아주 선명한 것은 아니었다. 2005년 총선거가 코이즈미의 우정개혁과 관련된 '개혁'과 '반개혁'의 선명한 전선을 중심으로 전개되었던 것에 비하면 이상할 정도이다. 그러나 결과는 엄청나게 파국적이었다. 민주당의 압도적 승리와 정권장악이 그것이다. 아주 구체적인 쟁점은 불분명하였으되, 아소내각의 신임 여부, 코이즈미 구조개혁 노선의 총괄, 우정민영화의 정정 등 지난 자민당 정권의 일반적인 능력이나 경제(개혁)노선이 전반적인 문제가 되었다. 물론 연금 문제나 지방분권 문제, 소자화·고령화 문제 등도 쟁점이 되기는 하였으나 이 또한 자민당의 정책능력을 판가름하는 시금석들이었다.

그만큼 총선거의 결과는 민주당의 구체적 대안제시나 정권 담당능력이 주효했다기보다 탈냉전 자민당 재집권 16년에 대한 총체적 평가로서의 의미가 컸다. 1993년에 자민당이 부패로 자기 붕괴했듯이 이번에도 자민당은 급변하는 상황에 대해 비전 제시를 하지 못한 채 내부에서 무너져 내리는 모습을 보여준 것이다. 2006년 코이즈미 퇴진 이후 아베, 후꾸다, 아소로 이어지는 총리들은 당내의 빠른 세대교체와 파벌 변화 속에서 탄생한 소위 '새로운 세대' 지도부를 대표하고 있었다. 그들은 코이즈미와의 연계 속에서 차세대 지도부로서 기대를 모으며 비교적 높은 인기를 누리던 인물들이었다. 그러나 그들은 코이즈미와 달리 강한 리더십하에서 '신자유주의'와 '안보내셔널리즘'을 정책적으로 연계짓고 이를 정치적으로 활용할 만한 능력을 갖추지는 못하였다. 후꾸다는 정치적으로 무색무취였고, 아베와 아소는 신보수 정통 안보내셔널리스로서 스스로의 정체성을 유지는 하였으되 '신자유주의'를 활용한 '개혁' 이미지의 연출에는 실패하였다. 특히 아베 정권은 코이즈미 이래 자민당 보수우파의 가장 대표적인 차세대 주자로 기대되었는데도 분명한 경제개혁적 비전을 보여주지 못하고, 우정반대파의 복당 문제, 각료의 부패 문제, 연금기록 문제 등의 해결과정에서 국민의 실망을 샀다. 이는 참의원 통상선거에서 패배를 야기했고, 아베 이후 자민당 정권 자체가 역전 국회 속에서 정책적으로 마비상황에 빠지게 되는 결과를 낳았다. 이렇듯 역전국회와 자민당의 정책적 마비상황은 야당으로부터 자민당의 집권능력에 대한 결정적인 공격을 받도록 했다. 이리하여 자민당은 검증이 안되고 비전을 결여한 무능력한 정당이 되었으며, 이 와중에서 내부의 분란 또한 끊이지 않게 된다.

한편 이 와중에서 분명해진 것은 신자유주의 경제의 지속 가능성 문제였다. 지금까지 자민당이든 민주당이든 신자유주의의 도입과 경제개혁을 동일시해왔다. 이러한 정책들은 1990년대 이래 경제적 난관에 봉착한 일본기업들이 회생하는 데 도움이 되었을지 모르지만, '총중류'의 일본 사회체제를 해체하고 사회적 불안정성을 가중시킨 결과를 가져왔다. 우리가 제5장에서 살펴본 사회적 패자의 신자유주의 긍정 심리는 서서히 피로감을 보이기 시작했다. 표류하는 자민당과 신자유주의에 대한 일본 국민의 회의는 자민당 장기 집권에 대한 심판으로 이어졌다. 사실 민주당은 선거과정에서 양육비 지원, 안정적 연금 지급과 제도 수립 약속, 지방 지원과 농업 보조금 지급 약속 등 구체적인 금전지원 약속을 통해 대중적 지지를 호소하기는 했지만, 자민당의 정책적 한계를 적극적으로 넘어설 수 있는 사회경제 정책적 대안 모델을 제시해오지는 못했다. 이러한 점에서 민주당의 승리는 민주당이 이긴 것이 아니라 자민당의 비전 결여, 신자유주의 정책에 대한 피로감 증가로 말미암아 민주당에 승리가 안겨진 것이라 해야 할 것이다.

민주당의 국가전략 1: 완화된 안보내셔널리즘과 아시아주의의 결합

민주당의 집권으로 자민당이 만들어온 탈냉전의 정치기조는 어떻게 변화할 것인가. 우선 안보내셔널리즘의 기조가 어떻게 바뀔지를 살펴보도록 하다. 일본은 그간 자민당의 주도로 탈아론적인 색채가 강한 친미 내셔널리즘의 길을 걸어왔다. 이러한 친미 안보내셔널리즘의 구도를 민주당은 어떻게 변화시킬 것인가. 첫째, 미국 민주당 정권의 수립, 북한 핵문제의 진전에 따라 안보내셔널리즘을 야기한 국제적 구조는 상당한 변화를 겪을 것으로 보인다. 미국 민주당 정권의 동아시아 관여정책의 강화 속에서 중국과 미국의 협력관계는 더욱 진전될 것으로 보이며, 특히 북한 핵문제의 해결을 둘러싼 협상이 가속화될 것이다. 이러한 상황에서 일본은 북한과 중국을 모선으로 진행해오던 친미 안보내셔널리즘의 기조를 유지하기는 어려울 것으로 보인다.

둘째, 이러한 자민당 식 안보내셔널리즘의 조건이 퇴조한다고 할지라도 앞으로 중국의 부상으로 말미암은 동아시아 안보질서의 변화가 계속될 것이고, 이와 연동해 일본 국내의 민족주의적 대중정서가 부단히 재생산될 것이며, 민주당 내부의 보수세력의 주도로 안보정책을 둘러싼 내셔널리즘 기조가 획기적으로 반전되기는 어려울 것이다. 특히 민주당은 이번 선거에 임하면서 자신들의 개헌방침을 분명히 밝혀 자신들의 정책구도가 새로운 내셔널리즘 기조에 서 있음을 분명히 밝혔다. 이러한 점에서 민주당이 취할 새로운 내셔널리즘의 기조는 다음과 같은 두 가지 방향을 취할 것으로 보인다. 하나는 현재 민주당 개헌방침으로 포함되어 있는 오자와 식의 '보통국가'론 형태의 안보내셔널리즘, 즉 자민당의 안보내셔널리즘보다는 여러모로 제약을 가한 새로운 내셔널리즘이 주류로 대두할 것으로 보인다. 국제적으로 UN 중심의 정제된(?) 집단적 자위권 행사를 중심으로 하는 안보내셔널리즘이 외화될 가능성이 크며, 때로는 친미내셔널리즘의 기조가 부분적으로 약화되고, 일본 독자의 안보정책 결정 경향이 나타날 수도 있을 것이다. 미일동맹을 활용한 지나친 군사화 양상은 줄어드는 반면, 국제공헌론을 중심으로 하는 일본의 글로벌 강국화, 이를 위한 군사-민간의 안보외교 체제 강화, 유엔에서의 역할 강화 및 군사체제 참여 등 새로운 안보내셔널리즘의 양상이 전개될 것으로 보인다. 다른 하나는 민주당의 새로운 내셔널리즘은 이 책의 제4장, 5장, 6장, 8장에서 심도있게 분석하였지만, 자민당의 정통 안보내셔널리즘이 보여준 과거지향적 역사인식 및 국가주의·애국주의적 이념지향과는 상당한 거리를 둘 것으로 보인다. 물론 내부 정치구성의 다양성, 사회적 보수세력의 영향력 등이 있기 때문에 근본적으로 역사인식과 이념지향을 변화시키기는 어려울 것이다. 그러나 자민당 정권과 달리 역사문제와 관련해 아시아 국가들과의 불필요한 마찰을 회피하는 차원에서라도 부분적인 문제해결을 나서리라고 본다. 이러한 점에서 민주당의 새로운 내셔널리즘은 제8장에서 본 바와 마찬가지로 자민당의 정통 안보내셔널리즘의 역사와 이념문제를 상당히 탈각할 것으로 보이며, 안보문제를 둘러싼 국가전략 또한 자민당보다는 완화되고 제약된 '안보대국화'로 나아갈 가능성이 크다.

셋째, 민주당은 자민당의 정통 안보내셔널리즘을 완화된 새로운 내셔널리즘으로 전환함과 동시에, 우리가 이 책의 제2장과 3장에서 논한 바 있던 새로운 아시아주의 전략을 더욱 강하게 추진할 가능성이 있다. 민주당은 그들의 총선거 '매니페스토' 외교 항목의 첫째 커다란 두 항목을 '긴밀하고 대등한 미일관계를 구축한다' '동아시아 공동체의 구축을 지향해 아시아 외교를 강화한다'로 하고 있다. 이는 종래 미일관계를 더욱 수평적으로 평등하게 재조정하고, 동아시아 공동체의 구축에 주력하겠다는 것을 의미한다. 우선 민주당은 대미관계 면에서 일본이 더 주체적인 입장에 서서 미국과 역할분담을 추진하고 일본의 책임을 다하겠다는 선언을 함으로써 미일관계의 재조정 의사를 분명히 밝히고 있다. 다음으로 동아시아 공동체의 구축과 관련해서 중국 및 한국과의 적극적 협력을 전제로, FTA를 포함해 다면적이고 다기능적인 역내 협력의 추진의사를 분명히 밝히고 있다. 이러한 구상은 더 구체적인 역내 질서에 대한 논의가 뒷받침되어야 하겠으나, 제2장과 제8장에서 논한 새로운 아시아주의적 경향과 일맥상통한다. 일본의 민주당은 미국과 일정하게 거리를 두면서 아시아로 접근한다는 새로운 아시아주의적 국가전략을 더욱 적극적으로 추진할 것으로 보인다. 이는 과거 2007년 참의원선거를 전후하여 과거 오부찌 정권 시절에 새로운 아시아주의 경향을 보여주던 주요 정책결정자들이 대규모로 민주당의 정책 브레인으로 참여하는 것에서도 잘 확인된다.

이러한 점에서 민주당 정권의 대외적 국가전략은 크게 보아 원래적 의미의 '보통국가론'——다른 말로 제약되고 완화된 새로운 내셔널리즘——과 '새로운 아시아주의'가 결합되는 방향성을 갖고 있는데, 이것은 자민당의 안보 내셔널리즘을 대신하는 완화된 내셔널리즘(moderate nationalism) 전략이라고도 할 수 있다.

민주당의 국가전략 2: 신자유주의와 구래의 복지모델 사이에서

다음으로 자민당에 의해 줄곧 추구되어오던 국가전략의 또다른 측면인 신자유주의 문제는 어떻게 변화할 것인가. 사실 탈냉전기 일본의 민족주의 국가전략의 장래를 이해함에 있어서 신자유주의 향방을 판단하는 것이 매우 중요하다. 제5장에서 밝혔지만 신자유주의는 건전하지 못한 내셔널리즘을 지속적으로 양산하는 불안정한 사회토양을 계속 만들어내기 때문이다. 민주당이 이렇듯 자민당의 안보내셔널리즘 국가전략의 토양을 근본적으로 바꾸려고 한다면 경제와 노동복지정책에 있어서도 신자유주의를 뛰어넘는 새로운 정책방향을 제시해야만 한다.

잘 알다시피 1990년대 중반 이래 자민당 정권은 오부찌 정권 시기를 제외하고 탈냉전과 세계화에 대응하려는 노력으로 신자유주의적 구조개혁 노선을 채용하였다. 가령 하시모또 류따로나 고이즈미 준이찌로는 상대적으로 파벌과 이익유착 구조와의 연계가 약했고, 개인적 인기와 카리스마가 있었기 때문에 '행재정개혁'과 '구조개혁'을 적극적으로 추진할 수 있었다. 스스로 좋든 싫든 자민당이 '캐치업 발전국가'의 대안, 즉 경제개혁 대안으로 제시해온 것은 '발전국가'의 '상대편'에 있는 '신자유주의'였던 것이다. 그러나 이 기간 동안 민주당은 어떠했는가. 민주당은 '발전국가'와 '신자유주의'를 넘어선 적극적 대안을 제시하기보다는 자민당 개혁노선의 한계를 손쉽게 공격할 수 있었기 때문에 더 완벽한 미국식 의미의 '신자유주의'를 개혁대안으로 선택해오고는 했다. 그러나 집권한 이후에도 민주당은 이러한 신자유주의 노선을 답습할 것인가. 신자유주의 전략은 독점자본가와 경제적 지배계층으로부터 크게 지지를 받을 것이고, 과거 '신자유주의 패자층'에게도 과단성있는 개혁노선으로 칭송받기도 했다. 그러나 이 신자유주의가 얼마나 지속 가능한 사회기반을 형성할 수 있을지가 가장 큰 문제이다.

민주당은 이번 총선거의 '매니페스토'에서 '작은 정부'와 '투명행정' 등

낭비 행정을 일소하겠다고 선언한 이후 다음과 같은 복지 관련 항목을 제시했다. 자민당이 신자유주의 마법에 걸려 어중간한 정책경향을 보이는 데 반해 민주당의 복지 관련 공약은 대중의 인기를 끌기에 적합한 것이었다. ① 양육 및 교육: 출산수당 인상, 어린이 보육수당 지급, 공립고교 무상교육, 보육지원 등 ② 연금 및 의료: 연금기록 피해자 '일괄 보상' 등 ③ 지역주권: 자동차 관련 세법 잠정세율 폐지, 농산어촌의 호별 소득보상제도 ④ 고용 및 경제: 중소기업 감세, 중소기업 지원 및 보호, 보조금 제도하 직업훈련제도 도입, 고용보험 확대, 파견 금지, 최저임금 인상 등. 물론 이러한 정책에는 총선거에서 득표를 의식한 소위 '단타성(短打性)' 선거용 공약이 상당히 포함되어 있다. 그러나 이러한 정책은 적어도 신자유주의적인 정책 관점하에서 만들어지기 어려운 것들이다. 이러한 점에서 민주당은 종래 신자유주의적 '개혁' 관점에서 신자유주의를 뛰어넘는 '개혁관'을 취하기 시작한 것만은 사실로 보인다.

특히 이미 자동차산업을 중심으로 일본의 일부 기업사회에서는 기업경영 패턴에서 지나친 신자유주의 경영이 도리어 경쟁력을 훼손하고 있음을 인식하고, 일본적 기술축적구조에 적합한 새로운 제조업 사상(architecture)과 경영론을 재정립하기 위해 노력하고 있다. 그리고 지나친 비정규직화와 그로 말미암은 사회조직의 해체가 일본 사회씨스템 전반을 불안정하게 동요시키고, 그것이 도리어 정치 불안정과 비합리적 보수기반을 강화한다는 점이 누누이 지적되어왔다. 이러한 경제·사회적 흐름의 변화 속에서 민주당의 '신자유주의 뛰어넘기' 구상이 어떠한 논리틀로서 재구성될지 관심을 끌고 있다. 45년의 '발전국가' 경험과 20여 년의 '신자유주의 국가' 경험을 총괄적으로 자기비판하여 성찰적으로 새로운 사회경제적 모델을 제시하는 것이 민주당의 새로운 과제이다. 민주당이 사회경제에 대한 새로운 아이디어를 모으고 현재의 경제사회 영역에서 이루어지는 실험과 시도를 적극적으로 조직해간다면 의외로 민주당의 정책적 힘은 배증될 수도 있다. 그러나 아직 민주당의 경제정책은 어느 방향으로 구체화될지 미지수이다. 자민당의 실패는 분명하나, 그 실패를 극복하고 대체할 만한 대안을 민주당이 제시하고 추진해갈 수 있는지가 관건이다. 물론 현재의 정권교체는 1993년과는 비교가 안 될 정도로 파급력이 크기 때문에 민주당의 집권이 의외로 길어질 가능성이 있다. 그러나 자민당의 정책방향을 넘어서는 근본적인 대안을 제시하지 못할 경우 정치적 혼란은 길어질 것이고 긴 여로(旅路) 끝에 '미워도 자민당'이 재현될 가능성이 전혀 없지는 않다.

'이제 본격적으로' 동아시아 속의 일본을 향해

민주당의 집권으로 다시 일본의 국가전략의 진자가 동아시아를 향하고 있다. 1990년대 말 일본 현대사에서 섬광과 같이 잠깐 등장했던 '새로운 아시아주의'의 흐름이 하나의 국가전략으로 도도히 전개될 것인가. 민주당에 의해서 주창되는 '새로운 아시아주의'는 제7장과 그 보론에서 분석한 바 있는 안보내셔널리즘에 따라 재구성된 '지배적 아시아주의'보다는 여러가지 협력의 가능성을 내포하고 있다는 점에서 다시 한번 우리의 관심을 끌고 있다. 물론 아직 민주당은 여러모로 검증되지 않았고 미지(未知)의 상태에 있는 정당이다. 그만큼 불확실성은 존재한다. 그러나 이 '새로운 아시아주의'는 배타적 국수주의에 가까운 내셔널리즘이 아니라 일정하게 '절제된' 내셔널리즘 전략의 하나라는 점에서 상당한 협상과 협력을 기대할 수 있으리라고 본다. 물론 민주당의 보수파들 또한 자민당의 안보내셔널리스트들과 마찬가지로 국가이익 기준에 충실한 '민족파'들이므로 그에 따라 유의할 점들은 충분히 있을 것이다.

한편 민주당의 '새로운 아시아주의'는 지난한 대외적 조정의 과제를 안고 있다. 미일관계의 수평적 조정을 어떻게 할 것인지, 구체적으로 오바마 민주당 행정부의 동아시아 관여정책에 어떻게 대응할 것인지, 그리고 앞으로도 성장해갈 지역강국 중국과의 새로운 관계패턴을 어떻게 형성해갈 것인지, 나아가 북한 핵문제, 납치문제 등에 대한 새로운 해결구도를 어떻게 제시할 것인지, 그리고 이미 진행하는 FTA 등 지역무역 의제를 어떻게 재구성해갈 것인가 등이 그것이다.

나아가 북한문제, 중국문제, 그리고 국내의 구조적 경제 불안정성 등으로 지속적 재생산 기반과 활동기반을 갖게 된 보수적 경제사회와 시민사회, 그리고 이러한 보수적 사회기반에 의존해 자신들의 활동공간을 강화하고자 할 '정통 신보수우파' 안보내셔널리스트들의 탈아론적(국수주의적) 행태를 어떻게 제어하고 완화해갈지 하는 것 또한 중대한 과제가 아닐 수 없다. 이러한 과제에도 민주당이 스스로 집권 기반을 강화하고 정체성을 더욱 분명히 밝히려면 새로운 아시아주의와 같은 정책 드라이브를 가져갈 수밖에 없을 것이다.

이 책의 제8장에서는 자민당 중심의 안보내셔널리즘이 앞으로도 일정기간 영향력을 가질 것을 전제로 바람직한 동아시아의 미래를 위해 필요한 정책적 접근을 세계, 동아시아, 양국 관계라는 세 차원에서 논한 바 있다. 이 장에서 필자는 한국의 대일정책의 기본적 과제를 세계적 차원에서는 평화적으로 국제공헌하는 '문민국가' 일본의 재구성, 동아시아 차원에서 지역에 융해해 들어가는 선도적이고 책임있는 일본, 상반되는 발전방향의 한일관계 조정 등을 제시한 바 있다. 그리고 이러한 노력의 궁극적 지향점이 민주적이고 다자적인 동아시아 차원의 지역적 국제협력의 전면적 전개라고 한다면, 그 중간적 매개단계가 일본의 '새로운 아시아주의'일 수 있음을 밝힌 바 있다. 이러한 점에서 8장의 바람직한 미래 한일관계를 위한 결론적 제안은 민주당 정권하에서 더욱 적실한 의미가 있을 것이다. 여러가지 스스로 해결해야 하는 과제를 안고 있지만, 민주당 정권은 완화되거나 제약된 내셔널리즘(새로운 내셔널리즘) 관점에 입각한 '새로운 아시아주의' 정책을 취할 것으로 보이기 때문이다. 민주당의 '새로운 아시아주의' 국가전략을 제8장에서 논한 다자적·민주적 협력체제로 나아가는 과도단계로 간주하고 필요한 협력과 소통을 더욱 적극적으로 전개할 필요가 있다.

【참고문헌】

제1장 탈냉전기 새로운 민족주의의 역사적 진화

김양희 2006 「아베체제와 FTA: 동아시아 FTA 정책, 어떻게 풀어갈까?」, 『프레시안』, 9월 25일.
송주명 2000a 「2000년 일본 중의원 총선거: 정치체제의 재편방향과 핵심 쟁점」, 『한신사회과학연구』, 9월 창간호.
_____ 2000b 「보수적 정치지형과 일본의 적극적 대북정책: 새로운 북일 국교정상화 정책의 전개와 향후 전망」, 『냉전체제 한반도 어디로 갈 것인가』, 2000년 한국정치연구회 정기학술씸포지엄 12월 19일.
_____ 2002a 「위기 속의 개혁, 개혁 속의 위기: 북일정상회담과 북한개혁의 국제적 조건」, 『동향과 전망』 통권 54호(가을호).
_____ 2002b 「북한개혁의 거시적 조건: 북일정상회담, 핵문제, 그리고 가중되는 위기」, 『황해문화』 37권 겨울호.
_____ 2002c 「세기 전환기 일본의 동아시아 정책과 한반도정책」, 『21세기 한반도 어디로 갈 것인가?』, 동녘.
_____ 2007 「한일관계의 회고와 전망: 구조적 갈등과 새 외교의 단초」, 『국제문제연구』 제7권 4호 겨울호.
閣議 2001 「テロ對策特措法案について」, http://www.kantei.go.jp/jp/kakugikettei/2001/1018terohougaiyou.htm(2003년 4월 1일 검색), 반테러특조법.
岡崎久彦 2000 「歷史・謝罪問題: 過去を引きずる愚」, 『東京讀賣新聞』 朝刊, 4월 17일.
大藏省 1998 「アジア通貨危機支援に關する新構想: 新宮澤構想」, http://www.mof.go.jp/daijin/1e041.htm.

鈴木健二 1994 「'アジアの時代'に名を借りた力の外交への危險性」,『エコノミスト』3月 15日.
森喜郎 2000a 「所信表明演說全文」,『朝日新聞』夕刊, 4月 7日.
_____ 2000b 「所信表明演說全文」,『朝日新聞』夕刊, 7月 28日.
石田英敬 1999 「スペクタクル社會の'日の丸'・'君が代'」,『世界』9月.
船橋洋一 2000 「未完成, 小淵外交の無念」,『朝日新聞』朝刊 4月 6日.
_____ 2001 「チャンバレンではない」,『朝日新聞』朝刊, 6月 7日.
細谷實 1999 「'日の丸・君が代'の論点整理」,『世界』5月.
小淵惠三 2000 「施政方針演說全文」,『朝日新聞』夕刊, 1月 28日.
小泉純一郎 2001a 「所信表明演說全文」,『朝日新聞』夕刊, 5月 7日.
_____ 2001b 「所信表明演說全文」,『每日新聞』夕刊 9月 27日.
安部晋三 2006a 『美しい國へ』, 東京: 文藝春秋.
_____ 2006b 『政權構想, 美しい國, 日本』, 安部晋三 홈페이지 http://newtop.s-abe.or.jp/(2008년 4월 15일 검색).
若宮啓文 1995 『戰後保守のアジア觀』, 東京: 朝日新聞社.
外務省 2004 「日中韓外相三者委員會(槪要)」 6月 21日, http://www.mofa.go.jp/mofaj/kaidan/g_kawaguchi/acd_04/jck_gai.html(2007년 12월 21일 검색).
_____ 2005 「釜山APEC閣僚會合の際の日韓外相會談および晩餐會」11月 14日, http://www.mofa.go.jp/mofaj/kaidan/g_aso/apec05/g_kaidann.htm(2007년 12월 21일 검색).
이라크특조법 2003 「イラクにおける人道的復興支援活動及び安全確保支援活動の實施に關する特別措置法」.
田久保忠衛 2001 『新しい日米同盟: 親米ナショナリズムへの戰略』, 東京: PHP新書.
朝日新聞社 2000 「開票を終えて: 2000年總選擧を分析」, http://www.asahi.com/senkyo2000/bunseki/list.htm(2000년 12월 20일 검색).
佐藤俊樹 2000 『不平等社會日本: さよなら總中流』, 東京: 中公新書.
中西輝政 2001 「今首相を問う」,『東京讀賣新聞』朝刊, 4月 14日.
國立國會図書館外交防衛調査室・課 2007 「日本の当面する外交防衛分野の諸課

題: 2007年春以降の主要な論点」,『調査と情報 ISSUE BRIEF』no. 569(Mar 13).

榊原英資 1999 「IMF對AMF」,『東京讀賣新聞』 朝刊, 11月 26日.

經濟産業省 2006 「二階經産相記者會見」 4月 4日, http://www.meti.go.jp/policy/trade_policy/whats_new/frame/000683.html(2007년 12월 21일 검색).

『東京讀賣新聞』 1994~2001.

『外交靑書』 1997~2000.

『朝日新聞』 1994~2001.

『每日新聞』 1994~2001.

Nye, Jr., Joseph S. 1995 "The Case for Deep Engagement," *Foreign Affairs*, 74. 4. July/August.

제2장 새로운 아시아주의 대외전략 사조의 논리

송주명 1997a 「해외투자와 '삼변적' 산업정책: 1980년대 일본의 대동남아시아 해외투자정책」,『국제지역연구』제6권, 제3·4호.

_____ 1997b 「외압에 대한 전략적 대응으로서 해외투자정책: 1980년대 일본의 '확장적' 신중상주의적 산업재편전략」,『국제정치논총』제36집 3호.

_____ 1998 「일본의 APEC 정책, 1988~1996: 신중상주의적 지역주도」,『경제와사회』제39호(가을호).

_____ 1999 「제1장 아·태지역동향: APEC 중심」,『아시아·태평양 1998~1999』, 서울대학교출판부.

_____ 2000 「제1장 아·태지역: APEC을 중심으로」,『아시아·태평양 2000』, 서울대학교출판부.

_____ 2001 「제1장 아·태지역: 2000년 APEC 회의를 중심으로」,『아시아·태평양 2001』, 서울대학교출판부.

_____ 2002 「일본 경제외교에서 '아시아'의 부활: 1990년대 이후 '새로운 아시아주의'의 대두」,『세계화와 일본의 구조전환』, 서울대학교출판부.

오명석, 한경구, 장수현, 최호림(오명석 외) 2004『동북아 문화공동체 형성을 위한 협력적 아시아 인식의 모색』, 통일연구원.
이리에 아키라 저, 이성환 역 1993『일본의 외교』, 푸른산.
JETRO 2007 「2006年の日中貿易; 資料」, http://www.jetro.go.jp/news/releases/20070308682-news(2008년 2월 14일 검색).
「'日本的経營'論争」(座談會),『中央公論』1999. 1.
「過去を越えるために」(對談),『外交フォーラム』1998. 6.
「冷戰後アジアに日米中で建設的パートナーシップを: 経済危機と台湾・朝鮮半島問題に立ち向かう安保構想」(座談會),『世界』1998. 7.
「父と子の對米戰略會議: 逆襲せよ, 日本!」,『文芸春秋』1999. 1
「新世紀を迎える日本外交」(座談會),『國際問題』2001. 1.
「日米關係の新局面と中國・北朝鮮」(座談會),『エコノミスト』1994. 3. 15.
「日本型 vs アメリカ型, 勝つのはどっちだ」(對談),『文芸春秋』1999. 10.
「日本経済は必ず夏活する」(對談),『中央公論』2000. 2.
「日本に今できること」(座談會),『中央公論』1999. 6.
「日本はどこまでアジアか」(座談會),『中央公論』1998. 7.
「中國はどこまで"したたか"か」(座談會),『中央公論』1999. 12.
「國民は'石原愼太郎'を選んだ」(인터뷰),『文芸春秋』2000. 8.
「経済對策で宮澤首相に'変化'」(コラム),『エコノミスト』1992. 9. 1.
「アジア太平洋経済協力の展望と日本の役割」(座談會),『通産ジャーナル』1990. 2.
間宮陽介 1996「アジア論は多様なアジアを解いたか」,『エコノミスト』1月 9日.
岡崎久彦 1999「アジアにも半世紀の平和を: 21世紀を向けての日本の國家戰略」,『中央公論』7月.
堺屋太一 2000「徹底した商人國家で行け」,『中央公論』4月.
古川榮一 1993「東アジア地域主義と日本」,『關稅と貿易』3月.
宮内義彦 2000「新日本型経營の挑戰」,『中央公論』3月.
吉川元忠 1999「日本よ, 円を捨てなさい」,『文芸春秋』3月.
大塚和彦 1986「産構審中間報告のポイント」,『通産ジャーナル』5月.
渡辺昭夫 1987「戰後初期の日米關係と東南アジア: 戰前型'三角貿易'から戰後型

'半月弧'へ」, 細谷千博・有賀貞編『國際環境の変容と日米關係』, 東京: 東京大學出版會.

渡辺良智 2006 「日本人のアジア認識」, 『青山學院好短期大學綜合文化研究所報』vol. 14.

藤村正哉 1998 「日韓の新時代に向けて」, 『外交フォーラム』6月.

鈴木健二 1994 「特集 新たなアジア主義の危さ 'アジア時代'に名を借りた力の外交への危險性」, 『エコノミスト』3月 15日.

木坂順一郎 1992 「大東亞共榮圈」, 外務省外交史料館日本外交史辭典編纂委員會編『日本外交史辭典』, 東京: 山川出版社.

白石隆 2000 「連載 海の帝國・最終回: アジアをどう考えるか」, 『中央公論』4月.

福川伸次 1986 「産業構造調整への政策構想: 昭和62年度通商産業政策を中心に」, 『通産ジャーナル』12月.

寺島實郎 1999 「これからの日米關係とアジア」, 『關税と貿易』12月.

山本榮治 1999 「アジア通貨危機と國際金融: 域內経済安定のためには円の國際化が必要」, 『貿易と産業』7月/8月.

山澤逸平 2000 「21世紀の日韓経済關係はいかにあるべきか」, 『通産ジャーナル』11月.

三橋規宏・内田茂男 1994 『昭和経済史 下』, 東京: 日本経済新聞社.

森嶋通夫 1998 「中國を再訪して, 日本を考える」, 『世界』12月.

_____ 2001 『日本にできることは何か: 東アジア共同体を提案する』, 岩波書店.

_____ 2004 『なぜ日本は行き詰まったか』, 岩波書店.

西村吉正 1997 「アメリカ型市場経済」, 『貿易と關税』11月.

石原愼太郎 1989 『'NO(ノー)'と言える日本—新日米關係の方策(カード)』光文社.

_____ 1998 「新アジア攘夷論」, 『文芸春秋』8月.

船橋洋一 1998 「中國とのつきあいかたを誤るな」, 『中央公論』7月.

細谷千博 1987 「日米中三國關係の構図: 吉田書簡からニクソン・ショックまで」, 細谷千博・有賀貞 編『國際關係の変容と日米關係』, 東京: 東京大學出版會.

_____ 1994 「特集 米國の競爭相手(コンペテイター)として日本. 日米關係を再構築し多層的な外交を」, 『エコノミスト』3月 15日.

小島淸 1989 『海外投資のマクロ分析』, 東京: 文眞堂.
阿南惟茂 1998 「日中關係: 21세기の文脈で讀み解く」, 『外交フォーラム』11月.
野口悠紀雄 1995 『1940年体制: さらば'戰時経濟'』, 東京: 東洋経濟新報社.
若宮啓文 1995 『戰後保守のアジア觀』, 東京: 朝日新書.
有馬裕(外務省北米局北米第1課) 1999 「日米關係の根底にあるもの」, 『貿易と産業』 4月.
入江昭 1998 「21세기の米中日關係: 地政學認識から國際主義的認識へ」, 『世界』 9月.
自民党國際金融調査會円の國際化に關する小委員會 1998 「円の國際化に向けた具体的措置について」, http://www.jimin.or.jp/jimin/saishin/seisaku-18(2000년 3월 15일 검색).
畠山襄 1996 『通商交涉: 國益を巡るドラマ』, 東京: 日本経濟新聞社.
_____ 1999 「自由貿易協定と日本」, 『貿易と關稅』 8月.
田中均 2000 「日本経濟外交の新展開: 自由貿易協定に向けて」, 『中央公論』 11月.
田中明彦 2000 「新しい東アジアの形成: 日本外交が目指すもの」, 『中央公論』 6月.
田中平藏 1999 「勝負は10年・日米は再逆轉する」, 『文芸春秋』 6月.
井上壽一 1998 「戰後日本のアジア外交の形成」, 日本政治學會 編 『日本外交におけるアジア主義』, 東京: 岩波書店.
佐藤光夫 1999 「通貨危機と今後」, 『貿易と關稅』 4月.
佐藤重和 1998 「平和友好條約20年を迎えた日中關係」, 『中央公論』 10月.
中谷巖 1998 『日本経濟 '混沌'からの出發』, 東京: 日本経濟新聞社.
中嶋嶺雄 1995 「行き詰まりの總和としての大中華ナショナリズム」, 『エコノミスト』 10月 10日.
_____ 2000 「最近の中國・台湾問題について」, 『貿易と關稅』 1月.
中西輝政 1975 「日本におけるデモクラシーとアジア主義」, 『亞細亞大學経濟學紀要』 vol. 1, no. 2.
_____ 1999 「世界の敵'中華帝國'は必ず滅びる」, 『文芸春秋』 6月.
_____ 2000a 「'第2の戰後'の國家目標」, 『中央公論』 2月.
_____ 2000b 「今, 再生を阻むのは何か: 日本の'敵'」, 『文芸春秋』 3月.

与謝野馨 1999「21世紀に向けた日本の挑戦」,『通産ジャーナル』2月.
池田維 1994「'アジア主義'ではないアジア外交を」,『外交フォーラム』2月.
津田博 1989「産業政策對話」,『貿易ト産業』12月.
沖本, D. I.・スティブン D, クラスナ 1987「日本の通商姿勢の変容」 細谷千博・有賀貞 編『國際環境の変容と日米關係』, 東京: 東京大學出版會.
通産省大臣官房企畫室 2000「21世紀經濟産業政策の課題と展望の策定に向けて」(その4)『通産ジャーナル』3月.
通産省通商政策局アジア大洋州課 1998「日・アセアン協力の新展開」,『通産ジャーナル』3月.
通商産業大臣官房企畫室 編 1986『世界の中の日本を考える: 21世紀を向けての役割と貢獻』, 東京: 通商産業調査會.
通商産業省 1987『新アジア工業化總合協力プラン: What is New 'AID' Plan?』6月.
_____ 1989『經濟協力白書 1989』, 東京: 通商産業調査會.
通商産業省産業政策局 編 1986『21世紀産業社會の基本構想』, 東京: 通商産業調査會.
通商産業省通商政策局北西アジア課 2000「日韓FTAに向けての取り組み」,『通産ジャーナル』11月.
通商産業省通商政策局地域協力課 2000「日本・シンガポール新時代經濟連携協定について」,『通産ジャーナル』11月.
団野廣一 2000「グローバル化への對応: アジアとの共生」,『貿易と關税』8月.
河野康子 1998「日本外交と地域主義: アジア太平洋地域概念の形成」, 日本政治學會 編『日本外交におけるアジア主義』, 東京: 岩波書店.
和田春樹 2003『東北アジア共同の家: 新地域主義宣言』, 平凡社.
_____ 2005「東アジア共同体と東北アジア共同の家」, http://www.wadaharuki.com/newpaper.html(2008년 4월 15일 검색).
榮澤幸二 1995『'大東亞共榮圏'の思想』, 東京: 講談社.
榊原英資 1999「榊原英資回想記 IMF對AMF」,『東京讀賣新聞』朝刊, 11月 26日.
経濟企畫廳總合計畫局 編 1985『'世界の中の日本' その新しい役割, 新しい活

力: 我が國經濟社會の國際化の考え方(國際化研究會 報告書)』, 東京: 大藏省印刷局.

緒方貞子 1992 「日中國交正常化」, 外務省外交史料館日本外交史辭典編纂委員會編『日本外交史辭典』, 東京: 有斐閣.

靑木昌彦 1996 『經濟システムの進化と多元性: 比較制度分析序説』, 東京: 東洋經濟新報社.

黑木彬文 2005 「興亞會のアジア主義」, 『九州大學法政硏究』, vol, 71 no. 4.

『東京讀賣新聞』 朝刊.

『日本經濟新聞』 朝刊.

『朝日新聞』 朝刊.

『每日新聞』 朝刊.

Cronin, Richard P. 1992, *Japan, the United States, and Prospects for the Asia-Pacific Century: Three Scenarios for the Future*, Singapore: Institute of Southeast Asian Studies.

Gilpin, Robert 1987, *The Political Economy of International Relations*, Princeton: Princeton University Press.

OECF 1991, "Issues Related to the World Bank's Approach to Structural Adjustment: Proposal from a Major Patner," OECF Occasional Paper, no. 1, October.

Sato, Seizaburo and Kenichi Koyama, Shunpei Kumon, 1990 *Postwar Politician: The Life of Former Prime Minister Masayoshi Ohira*, Tokyo and New York: Kodansha International Ltd.

Sudo, Sueo 1992, *The Fukuda Doctrine and ASEAN: New Dimension in Japanese Foreign Policy*, Singapore: Institute of Southeast Asian Studies.

United Nations 1991, *National Accounts Statistics: Analysis of Main Aggregates 1988~1989*, New York: United Nations.

제3장 새로운 아시아주의의 국제적 조건과 사회경제적 기반

송주명 1997 「외압에 대한 전략적 대응으로서 해외투자정책: 1980년대 일본의 '확장적' 신중상주의적 산업재편전략」, 『국제정치논총』 제36집 제3호.
_____ 1998 「일본의 APEC 정책 1998~1996: 신중상주의적 지역주도」, 『경제와사회』 제39호 가을호.
_____ 2002a 「일본경제외교에서 '아시아'의 부활: 1990년대 이후 '새로운 아시아주의'의 대두」, 『세계화와 일본의 구조전환』, 서울대학교출판부.
_____ 2002b 「일본의 새로운 아시아주의: 그 사회적 기반과 성격」, 『국제지역연구』 제11권 제1호 봄호.
이면우·송주명 2001 『코이즈미 일본의 향방: 참의원 선거결과와 8·15 정국을 중심으로』 정책보고서 2001-5, 통권 36호, 9월.
KC 『Keidanren Clip』 각 호.
岡崎久彦 1999 「アジアにも半世紀の平和を: 21世紀を向けての日本の國家戰略」, 『中央公論』 7月.
大藏省 『金融財政統計月報』, 각 년.
木坂順一郎 1992 「大東亞共榮圈」, 外務省外交史料館日本外交史辭典編纂委員會 編 『日本外交史辭典』, 東京: 山川出版社.
白石隆 2000 「アジアをどう考えるか」, 『中央公論』 4月.
山根俊彦·吉川康之 1998 「アジア經濟危機と日本企業」, 『第一勸銀總研レビュー』 4号.
石原愼太郎 1988 「新アジア攘夷論」, 『文芸春秋』 8月.
船橋洋一 1998 「中國とのつきあいかたを誤るな」, 『中央公論』 7月.
_____ 2004a 「日本＠世界: アジアのアジア化」, 『朝日新聞』 12月 4日.
_____ 2004b 「日本＠世界: 世界民生大國として」, 『朝日新聞』 12月 16日.
_____ 2004c 「日本＠世界: 戰後60年, 「歷史」が主役に」, 『朝日新聞』 12月 30日.
松本健一 2000 「アジア主義は終焉したか: 竹内好「日本のアジア主義」精讀」, 松本健一編著 『竹内好「日本のアジア主義」精讀』, 東京: 岩波書店.
若宮啓文 1995 『戰後日本のアジア觀』, 東京: 朝日新書.

外務省 1987 「1986年度日本及び國際主要事項(1986年 4月 1日~87年 3月 31日)」, http://www.mofa.go.jp/mofaj/gaiko/bluebook/1987/s62-nenpyo.htm.
_____ 2007 「日本經濟關係年表(1990年 代以降)」, http://www.mofa.go.jp/mofaj/area/usa/keizai/nenpyo.html(2008년 2월 11일 검색).
田久保忠衛 2001 『新しい日米同盟: 親米ナショナリズムへの戰略』, 東京: PHP新書.
田中明彦 2000 「新しい東アジアの形成: 日本外交が目指すもの」, 『中央公論』 6月.
田中平藏 1999 「勝負は10年・日米は再逆轉する」, 『文芸春秋』 6月.
佐藤誠三郞 1997 「新・一党優位制」, 『中央公論』 4月.
竹内好 2000 「日本のアジア主義」, 松本健一 編著 『竹内好「日本のアジア主義」精讀』, 東京: 岩波書店.
中西輝政 1999 「世界の敵'中華帝國'は必ず滅びる」, 『文芸春秋』 6月.
_____ 2000a 「'第2の戰後'の國家目標」, 『中央公論』 2月.
_____ 2000b 「今, 再生を阻むのは何か: 日本の'敵'」, 『文芸春秋』 3月.
重村智計 1999 『日米文明の衝突: 病人同士の憎み合う』, 東京: 光文社.
池田維 1994 「'アジア主義'ではないアジア外交を」, 『外交フォーラム』 2月.
沖本, D. I.・スティブン・D クラスナ 1987 「日本の通商姿勢の変容」, 細谷千博・有賀貞 編 『國際關係の変容と日米關係』, 東京: 東京大學出版會.
品川正治 2000 「平和憲法にふさわしい日本經濟システムを」, 『經濟』7月.
海津政信・西澤隆 1997 「自動車, 機械, 素材を直擊: 支えるはずの日本が苦しい」, 『エコノミスト』 12月 16日.
廣松涉 1989 『「近代の超克」論: 昭和思想史への一視覺』, 東京: 講談社.
榮澤幸二 1995 『'大東亞共榮圈'の思想』, 東京: 講談社.
橫江芳惠 2000 「低迷する先進國銀行の對アジア融資」, 『アジア・マンスリー』 2月, http://www.jri.co.jp/asia/2000/200002/AM200002loan.html(2008년 5월 19일 검색).
経団連金融制度委員會(경단련제) 2000 『円の國際化に向けて: 貿易決濟通貨としての円の國際化について』 3月 2日.
經濟団体連合會(경단련) 2000a 『アジア經濟再構築のための提言』 3月 13日.

_____ 2000b 『自由貿易協定の積極的な推進を望む: 通商政策の新たな展開に向けて』7月 18日.

關靜雄 編著 1999 『近代日本外交思想史入門: 原典で學ぶ17人の思想』, 東京: ミネルヴァ書房.

Cox, Robert W. 1989, "Production, States and Change in World Order," in Ernst-Otto Czempiel and James N. Rosenau eds., *Global Changes and Theoretical Challenges: Approaches to World Politics for the 1990s*, Lexington: Lexington Books.

Cronin, Richard P. 1992, *Japan, the United States, and Prospects for the Asia-Pacific Century: Three Scenarios for the Future*, Singapore: Institute of Southeast Asian Studies.

Gilpin, Robert 1975, *U. S. Power and the Multinational Corporation: The Political Economy of Foreign Direct Investment and U. S. Foreign Policy*, Princeton: Princeton University Press.

Gilpin, Robert 1987, *The Political Economy of International Relations*, Princeton: Princeton University Press.

Krasner, Stephen D. 1978, "United States Commercial and Monetary Policy," in Peter J. Katzenstein ed. *Between Power and Plenty: Foreign Economic Policies of Advanced Industrial States*, Madison: The University of Wisconsin Press.

제4장 안보내셔널리즘과 동아시아 분열

송주명 2002 「북한개혁의 거시적 조건: 북일정상회담, 핵문제, 그리고 가중되는 위기」, 『황해문화』 37호(겨울호).

_____ 2007 「한·일관계의 회고와 전망: 구조적 갈등과 새외교의 단초」, 『국제문제연구』 제7권 제4호(겨울호).

이오키베 마꼬또 외 2002 『일본 외교: 어제와 오늘』, 다락원.

間宮陽介 1996「アジア論は多樣なアジアを解いたか」,『エコノミスト』1月 9日.
懇談會(安全保障と防衛力に關する懇談會) 2004 "'安全保障と防衛力に關する懇談會'報告書: 未來への安全保障・防衛力ビジョン」, 安全保障と防衛力に關する懇談會 10月.
岡崎久彦 1999 「アジアも半世紀の平和を: 21世紀に向けての日本の國家戰略」, 『中央公論』7月.
_____ 2003「대만의 전략적 지위를 생각한다」,『일본포럼』여름;「台湾の戰略的地位を考える」,『Voice』5月.
兼淸賢介 2003 「日ロエネルギープロジェクトと極東向けパイプラインの意義」, http://www.pecj.or.jp/chosa-report-pdf/03cho0918kanekiyo.Rev.pdf.
丹羽宇一郞 2004「중국 비즈니스 성공을 위한 10개조」,『일본포럼』2004年 여름호;「中國ビジネス成功への十か條」,『文藝春秋』5月.
民主党憲法調査會 2004「創憲に向けて, 憲法提言中間報告: '法の支配'を確立し, 國民の手に憲法を取り戻すために」6月 22日.
白石隆 2000「海の帝國: アジアをどう考えるか」,『中央公論』4月.
北岡伸一 2003「일미안보를 기축으로 한 '유엔중시'로」,『일본포럼』여름호;「日米安保を基軸とした'國連重視'を」,『中央公論』2000年 5月.
小池政行 2004『戰爭と有事法制』, 東京: 講談社.
小澤一郎 1993『日本改造計畵』, 東京: 講談社.
_____ 1999「日本國憲法改正試案」,『文藝春秋』9月(特別号).
松村尙子 1999「生活の現代的特徵と主婦役割」女性史總合硏究會 編『日本女性生活史5 現代』, 東京; 東京大學出版會.
水野賢一 2004「우리 젊은 의원들이 생각한 '북한제재법안'의 의의」,『일본포럼』여름;「私たち若手議員が考えた'北朝鮮制裁法案'の意義」,『正論』5月.
若宮啓文 1995『戰後保守のアジア觀』, 東京: 朝日新聞社.
五十嵐武士 1999『日米關係と東アジア: 歷史的文脈と未來の構想』, 東京: 東京大學出版會.
外務省 2004「日中韓外相三者委員會(槪要)」, 6月 21日, http://www.mofa.go.jp/mofaj/kaidan/g_kawaguchi/acd_04/jck_gai.html(2008년 11월 27일 검색).

_____ 2005a「平成17年度 我が國の重点外交政策: 國民を守り, 主張する日本外交」, http://www.mofa.go.jp/mofaj/gaiko/jg_seisaku/j_gaiko.html(2008년 11월 27일 검색).

_____ 2005b「釜山APEC閣僚會合の際の日韓外相會談および晩餐會」, 11月 14日, http:// www.mofa.go.jp/mofaj/kaidan/g_aso/apec05/g_kaidann.htm(2008년 11월 27일 검색).

_____ 2006 「平成18年度 我が國の重点外交政策: 凛とした志の高い外交」, http://www.mofa.go.jp/mofaj/gaiko/jg_seisaku/j_gaiko_18.html(2008년 11월 27일 검색).

_____ 2007「平成19年度 我が國の重点外交政策」, http://www.mofa.go.jp/mofaj/gaiko/jg_seisaku/j_gaiko_19.html(2008년 11월 27일 검색).

_____ 2008「平成20年度 我が國の重点外交政策」, http://www.mofa.go.jp/mofaj/gaiko/jg_seisaku/j_gaiko_20.html(2008년 11월 27일 검색).

有事法制 2003「有事法制とは?」www.no-yujihousei.net(2008년 11월 27일 검색).

이라크특조법 2003 「イラクにおける人道的復興支援活動及び安全確保支援活動の實施に關する特別措置法」.

自民党新憲法起草委員會(素案) 2005「自民党新憲法起草委員會・第一次素案」7月 7日.

自民党新憲法起草委員會(要綱) 2005「自民党新憲法起草委員會・要綱」7月 7日.

田久保忠衛 2001『新しい日米同盟: 親米ナショナリズムへの戰略』, 東京: PHP硏究所.

井尻秀憲 1992「特集 台湾は靜かにアジア安保を考える: 日台斷交20年と中韓國交の次に來るもの」,『エコノミスト』9月 29日.

朝日 2004 「有事で日本はどう動く」, http://www.asahi.com/special/security/yuji.html.

中嶋嶺雄 2000「最近の中國・台湾問題について」,『貿易と關稅』10月.

中西寬 2004 "'공포와의 전쟁'시대: 테러와 동아시아의 양면대응이 요구되는 일본의 안전」,『일본포럼』가을; 「'恐怖との戰爭'の時代」,『中央公論』6月.

中西輝政 1999「世界の'敵'中華帝國は必ず滅びる」,『文藝春秋』6月.

_____ 2000a 「'第二の戰後'の國家目標」, 『中央公論』 2月.
_____ 2000b 「今, 再生を阻むのは何か: 日本の'敵'」, 『文藝春秋』 3月.
_____ 2001 「驕れる'中華帝國'久しからず」, 『文藝春秋』 10月.
中央公論 1998 「日本はどこまでアジアか」, 『中央公論』 7月.
중의원(衆議院憲法調査會事務局) 2004 『衆議院憲法調査會(平成 12年 1月~平成 16年 3月)』 3月.
衆議院憲法調査會 2005 『衆議院憲法調査會報告書』 4月.
春山明哲 2006 「靖國神社とは何か: 資料研究の視座からの序論」, 『レファレンス』, no. 666, 7月.
반테러특조법 2001 「平成十三年九月十一日のアメリカ合衆國において發生したテロリストによる攻撃などに對應して行われる國際連合憲章の目的達成のための諸外國の活動に對してわが國が實施する措置及び關連する國際連合決議等に基づく人道的措置に關する特別措置法」.
테스크포스(外交關係タスクフォース) 2002 「21世紀日本外交の基本戰略: 新たな時代, 新たなビジョン, 新たな外交」, 外交關係タスクフォース, 11月 28日.
平松茂雄・舛添要一 2004 「동중국해자원채굴은 국가존망의 중대사라고 인식하라: 중국에게 줄곧 당해도 되는가」, 『일본포럼』 가을호; 「東シナ海資源採掘は國家存亡の大事と認識せよ」, 『正論』 8月.
エコノミスト 1994 「日米關係新局面と中國・北朝鮮」(座談會) 『エコノミスト』 3月 15日.
_____ 1995 「特集 行き詰まりの總和としての大中華ナショナリズム」, 『エコノミスト』 10月 10日.

제4장 보론 안보내셔널리즘의 역사인식

손승철 2005 「일본중학교 역사교과서의 역사왜곡 실상과 문제점: 2005년 후소샤판 검정통과본을 중심으로」, 『신아세아』 제12권 제3호, 9월.
신주백 2005 「일본 중학교 역사교과서 2005년도 검정본 분석」, 『한국근현대사

연구』제33집, 6월.
이리에 아키라 저, 이성환 역 1993 『일본의 외교』, 푸른산.
東京書籍 刊 2005 『中學校歷史』(2005년 검정신청본).
扶桑社 刊 2005 『中學校歷史』(2005년 검정신청본).
日本書籍 刊 2005 『中學校歷史』(2005년 검정신청본).

제5장 안보내셔널리즘의 사회적 기반

이광일 2007 「동아시아 국가주의, 민족주의와 진보좌파의 대응」, 『문화/과학』 통권 52호(겨울호).
iMi 2005 「次期總理大臣は誰!半數以上が安倍晋三氏と予想」(http://www.imi. ne.jp/blogs/research/2005/10/post_30.html. 2006년 6월 25일 검색).
加茂直樹 2007 「グローバリゼーションについて」, 『彦根論叢』 vol. 366, 5월.
經濟企劃廳 編 1990 『さらなる構造調整を目指して: 經濟審議會構造調整部會報告』, 東京: 大藏省印刷局.
經濟企劃廳總合計劃局 編 1985 『'世界の中の日本' その新しい役割, 新しい活力: 我が國經濟社會の國際化の考え方(國際化研究會報告)』, 東京: 大藏省印刷局.
橘川武郎 2000 「『喪失の十年―1990年代の日本の企業』構成案」, 第十一回プロジェクト・セミナー, 東京大學社會科學硏究所 2月 22日(http://project.issu.u-tokyo.ac.jp/seminar/11th.htm, 2006년 6월 11일 검색).
大嶽秀夫 2007 「新自由主義と草の根ナショナリズム: 現代史の中の小泉政權とブッシュ(Jr)政權」, 京都大學大學院法學硏究科21世紀 COEプログラム 平成 19年度 第2回 連續市民公開講座 『新自由主義の席卷?』ぱるるプラザ京都 6月 16日.
山田久 2005 「正社員・非正社員の處遇格差の是正に向けた視点」, 『日本總硏: Business & Economic Review』 7月.
山田昌弘 2004 『希望格差社會: <負け組>の絶望感が日本を引き裂く』, 東京:

筑摩書房.
三浦展 2005『下流社會: 新たな階層集團の出現』, 東京: 光文社.
小熊英二・上野陽子 2003『＜癒し＞のナショナリズム: 草の根保守運動の實証
　　　硏究』, 東京: 慶応義塾大學出版會.
小澤一郎 1999「日本國憲法改革試案」『文藝春秋』9月.
阿部潔 2001『彷徨えるナショナリズム: グローバリゼーション, ジャパン, オ
　　　リエンタリズム』, 東京: 世界思想社.
日本政府 2001「平成十三年九月十一日のアメリカ合衆國において發生したテロ
　　　リストによる攻擊等に對応して行われる國際連合憲章の目的達成のため
　　　の諸外國の活動に對して我が國が實施する措置及び關連する國際連合決
　　　議等に基づく人道的措置に關する特別措置法(案)」(http://www.kantei.
　　　go.jp/jp/kakugikettei/2001/1005terohouan.html. 2006년 7월 7일 검색).
_____ 2003「イラクにおける人道復興支援活動及び安全確保支援活動の實施に
　　　關する特別措置法」(http://www.kantei.go.jp/jp/houan/2003/iraq/
　　　030613iraq.html, 2006년 7월 7일 검색).
朝日新 2005/4. #4「あなたはいま, 日本の社會は行き詰まっていると感じます
　　　か。」,「面接調査(憲法)」(屬性別集計).
_____ 2005/4. #9「あなたは「改憲」という言葉にどんなイメージを持ってい
　　　ますか。」,「面接調査(憲法)」(屬性別集計).
_____ 2006/2. #5「今の社會についてうかがいます。最近の日本は所得などの
　　　格差が擴大しているという見方があります。あなたの實感として格差は
　　　廣がってきていると思いますか, そうは思いませんか。」,「RDD調査」(屬
　　　性別集計).
朝日新聞 2005/4. #14「日米安保條約や自衛隊の海外の活動などをめぐって, 集
　　　團的自衛權の問題が議論されています。集團的自衛權とは同盟國やその
　　　軍隊が攻擊をされたときに, 日本が攻擊されなくても, 日本に對する攻擊
　　　と見なして一緒に戰う權利のことです。日本はこの權利を持っているが,
　　　憲法第九條により使うことができない, というのが政府の解釋です。あな
　　　たは集團的自衛權についてどのように考えますか。」「面接調査(憲法)」(屬

性別集計).

朝日新聞 2006/2. #7「小泉首相は, 行政サービスをできるだけ民間などに任せて行政組織を小さくする, いわゆる<小さな政府>路線を進めてきました。あなたは次の首相にも, この路線をこのまま續けてほしいですか。路線はいいがやり方を見直してほしいですか。路線そのものを轉換してほしいですか。」「RDD調査」(屬性別集計).

朝日新聞九 1997. #20; 2001. #18; 2004. #10; 2005. #16「あなたは,「戰爭を放棄し, 軍隊は持たない」と決めている憲法第九條を變える方がよいと思いますか。變えない方がよいと思いますか。」(1997〜2004);「あなたは, 憲法第九條を變える方がよいと思いますか。變えない方がよいと思いますか。」(2005),「面接調査(憲法)』(屬性別集計).

朝日新聞憲 1983/2, 1983/5, 1986/12, 1997/4, #21; 2001/4. #20; 2004/4. #18; 2005/4. #25「あなたはいまの憲法を改正することに贊成ですか。反對ですか。」(1983〜1986);「憲法全體をみて, あなたはいまの憲法を改正する必要があると思いますか。改正する必要はないと思いますか。」(1997〜2005),「面接調査(憲法)」(屬性別集計).

佐藤俊樹 2002『不平等社會日本』, 東京: 中央公論社.

中村眞人 1999「社會構造の變動と勞使關係」,『社會政策學會第99回大會報告要旨集 ＜共同論題＞ 社會構造の變動と勞使問題』 10月 23〜24日(http://oohara.mt.tama.hosei.ac.jp/sssp/99youshi.html, 2006년 6월 12일 검색).

內閣府防 2006. #24「圖24. 日本が戰爭に卷き込まれる危險性」,「世論調査報告書 平成18年2月調査:自衛隊・防衛問題に關する世論調査」(http://www8.cao.go.jp/survey/h17/h17-bouei/index.html. 2006년 7월 7일 검색).

內閣府社a 1981, 1982. #12; 1983, 1984. #11; 1985. #8; 1986. #6; 1987. #4; 1988, 1989. #3; 1991, 1992. #6; 1993. #8; 1994. #11; 1995, 1996, 1997. #9; 1998, 2000. #7; 2002, 2004, 2005, 2006. #8.「あなたは, 日本の國や國民について, 誇りに思うことはどんなことですか。この中からいくつでもあげてください。」(M. A.)「長い歷史と傳統」,「社會意識に關する調査」(集計表, http://www8.cao.go.jp/survey/index-sha. html.

2006년 7월 5일 검색).

_____. 1981. #16; 1982. #17; 1983, 1984. #16; 1985. #13; 1986. #12; 1987. #9; 1988, 1989, 1990, 1991, 1992. #8; 1993, 1994. #10; 1995, 1996, 1997. #8; 1998, 2000. #9; 2002, 2004, 2005, 2006. #10 「あなたは，今後，國民の間に「國を愛する」という氣持ちをもっと育てる必要があると思いますか，それとも，そうは思いませんか。」，「社會意識に關する調査」(集計表)(http://www8.cao.go.jp/survey/index-sha.html. 2006년 7월 5일 검색).

_____. 1981, 1982, 1983, 1984. #9; 1985. #6; 1986. #4; 1987. #2; 1988, 1989, 1990. #1; 1991, 1992. #4; 1993. #6; 1994. #4; 1995, 1996, 1997, 1998, 2000, 2002, 2004, 2005, 2006. #1 「國民は，「國や社會のことにもっと目を向けるべきだ」という意見と，「個人生活の充實をもっと重視すべきだ」という意見がありますが，あなたのお考えは，このうちどちらの意見に近いですか。」 「社會意識に關する調査」(集計表, http://www8.cao.go.jp/survey/index-sha.html. 2006년 7월 5일 검색).

內閣府外 1990, 2002. #14; 1991, 1994, 1996. #18; 1992, 2001. #16; 1993, 1998. #19; 1995. #20; 1997. #22; 1999. #11; 2000. #13; 2003. #12; 2004, 2005. #15 「あなたは，日本は國際社會で，主としてどのような役割を果たすべきだとお考えになりますか。この中から２つまであげてください。」(2M. A.) 「外交に關する世論調査」(http://www8.cao.go.jp/survey/index-gai.html. 2006년 7월 6일 검색).

內閣府國a 1999, 2001, 2002, 2003, 2004, 2005. #1「去年と比べた生活の向上感」 「國民生活に關する世論調査」(http://www8.cao.go.jp/survey/index-ko.html. 2006년 7월 1일 검색).

_____. 1999, 2001, 2002, 2003, 2004, 2005. #2「現在の生活に對する滿足度」 「國民生活に關する世論調査」(http://www8.cao.go.jp/survey/index-ko. html. 2006년 7월 1일 검색).

太田清 2005 『フリーターの増加と勞働所得格差の擴大』(セミナーpaper)，東京: 內閣府経濟社會總合研究所.

香山リカ 2002 『ぷちナショナリズム症候群: 若者たちのニッポン主義』, 東京: 中央公論社.

_____ 2003「これは＜ぷちナショナリズム＞なのか」, 香山リカ・福田和也 編著 『＜愛國＞問答: これは＜ぷちナショナリズム＞なのか』, 東京: 中央公論社.

厚生勞働省 2003『雇用構造調査(就業形態の多樣化に關する總合實態調査)』(http://wwwdbtk.mhlw.go.jp/toukei/kouhyo/indexkr_26_2.html. 2006년 6월 30일 검색).

_____ 2003a「性・年齡階級・學歷・主な生活源・職種, 就業形態別勞働者割合」 (http://wwwdbtk.mhlw.go.jp/toukei/kouhyo/data-rou26/data15/h15-k1.xls. 2006년 6월 28일 검색).

_____ 2003b「性, 産業(大中分類)・企業規模・事業所規模・事業所の形態, 就業形態別勞働者割合」(http://wwwdbtk.mhlw.go.jp/toukei/kouhyo/rou26/data15/kouzou-h15-j2.xls. 2006년 6월 28일 검색).

_____ 2003c「性・産業・事業所規模, 年齡階級別派遣勞働者の割合及び平均年齡」(http://wwwdbtk.mhlw.go.jp/toukei/kouhyo/data-rou35/data16/ha-hyo1-1.xls. 2006년 6월 28일 검색).

厚生勞働省 2005a「就業形態, 性別入職・離職率(1991～2004)」(http://wwwdbtk.mhlw.go.jp/toukei/kouhyo/data-rou14/jikei/kd-jikeiretu-01.xls. 2006년 6월 28일 검색).

_____ 2005b「性, 年齡階級別入職率(1991～2004)」(http://wwwdbtk.mhlw.go.jp/toukei/kouhyo/data-rou14/jikei/kd-jikeiretu-04-1.xls. 2006년 6월 28일 검색).

_____ 2005c「新規學卒者の性, 學歷別入職者構成比(1991～2004)」(http://wwwdbtk.mhlw.go.jp/toukei/kouhyo/data-rou14/jikei/kd-jikeiretu-06.xls. 2006년 6월 28일 검색).

_____ 2005d 「産業(大分類)別入職・離職率」(http://wwwdbtk.mhlw.go.jp/toukei/kouhyo/data-rou14/jikei/kd-jikeiretu-02.xls. 2006년 6월 30일 검색).

暉峻淑子 2005『格差社會をこえて』, 東京: 岩波ブックレット(no. 650).

每日新聞九 2000/9, 2001/9. #10; 2005/9. #10a; 2006/2. #10「戰爭放棄と戰力不保持を定めた憲法9條について, あなたは, どのようにすべきだと思

いますか。」(2000~2001); 「戰爭放棄や戰力の不保持を定めた憲法9條を変えるべきだと思いますか。」(2005); 「憲法9條は第1項で戰爭放棄を, 第2項で戰力の不保持を定めています。9條改正についてあなたは, どう考えますか。」(2006) 「宋敎授用・憲法デ―タ」(每日新聞社提供 CD-ROM).

每日新聞憲 1982/4, 1993/4, 1994/12, 1995/12, 1996/12, 2000/4, 2000/9, 2001/9, 2002/9, 2003/9, 2004/4, 2004/9, 2005/4, 2005/9, 2006/2. #7a「今の憲法を改める方がよいと思いますか, 改めない方がよいと思いますか。「(1982/4~2004/9); 「憲法を改正すべきだと思いますか, 思いませんか。」(2004/4, 2005/4); 「あなたは, 今の憲法を改めることに賛成ですか, 反對ですか。」(2005/9, 2006/2) 「宋敎授用・憲法デ―タ」(每日新聞社提供CD-ROM).

總務省統計局 2003 「資本金階級別法人數(昭和32年~平成14年)」(http://www.stat.go.jp/data/chouki/zuhyou/06-09.xls. 2006년 6월 28일 검색).

_____ 2004a 「平成16年事業所・企業統計調査: 全國結果 事業所にする集計」(http://www.stat.go.jp/data/jigyou/2004/zenkoku/index.htm. 2006년 6월 28일 검색).

_____ 2004b 「経營組織(8區分), 存續・新設・廢業別民事業所及び男女別從業者數―全國, 都道府縣, 13大都市(平成16年・13年)」(http://www.stat.go.jp/data/jigyou/2004/zenkoku/zuhyou/a001.xls. 2006년 6월 28일 검색).

_____ 2004c 「從業者規模(10區分), 存續・新設・廢業別民營事業所數及び男女別從業者數―全國, 都道府縣, 13大都市圈(平成16年・13年)」(http://www.stat.go.jp/data/jigyou/2004/zenkoku/zuhyou/a002.xls. 2006년 6월 28일 검색).

_____ 2004d 「産業(大分類), 本所・支所(3區分), 存續・新設・廢業別民營事業所數及び男女別從業者數―全國(平成16年・13年)」(http://www.stat.go.jp/data/jigyou/2004/zenkoku/zuhyou/a003.xls. 2006년 6월 28일 검색).

_____ 2004e 「産業(小分類), 存續・新設・廢業別民營事業所數及び男女別從業者數―全國(平成16年・13年)」(http://www.cstat.go.jp/data/jigyou/2004/zenkoku/zuhyou/a004.xls. 2006년 6월 28일 검색).

_____ 2005a 「事業所・企業統計調査」(http://www.stat.go.jp/data/guide/download/jigyou/index.htm. 2006년 6월 28일 검색).

_____ 2005b 「産業, 從業上の地位別就業者(1970~2004)」(http://www.stat.go.jp/data/nihon/zuhyou/n1600400.xls. 2006년 6월 28일 검색).

_____ 2005c 「職業別就業者數(1980~2004)」(http://www.stat.go.jp/data/nihon/zuhyou/n1600700.xls. 2006년 6월 28일 검색).

_____ 2005d 「年齡階級別常用者の有求人倍率(1975~2004)」(http://www.stat.go.jp/data/nihon/zuhyou/n1601300.xls. 2006년 6월 28일 검색).

_____ 2006a 「年齡階級別完全失業率(長期時系列データ)」(http://www.stat.go.jp/data/roudou/sokuhou/tsuki/zuhyou/05413.xls. 2006년 6월 28일 검색).

_____ 2006b 「從業上の地位, 男女別就業者數(1953~2005)」(http://www.stat.go.jp/data/roudou/longtime/zuhyou/lt04.xls. 2006년 6월 28일 검색).

_____ 2006c 「勞働力調査(長期時系列データ)」(http://www.stat.go.jp/ata/roudou/longtime/03roudou.htm. 2006년 6월 26일 조사).

_____ 1975~2005 『勞働力調査年鑑』, 東京: 總務省(廳)統計局

讀賣新聞 2003 #21「望ましい社會のあり方について, 次の2つの意見のうち, あなたの考えに近い方をあげて下さい。」, 「讀賣全國世論調査」(屬性別集計).

_____ 2006 「小泉政權5年總括」(讀賣新聞世論調査, 2006년 4월 8~9일, http://ww.omiuri.co.jp/feature/fe6100/koumoku/20060425.html, 2006년 6월 17일 검색).

讀賣新聞九 1981. #7; 1986. #18; 1991. #7; 2002. #10; 2003. #13; 2004. #18; 2005. #12「憲法第九條の戰爭放棄の規定と自衛權との關係について, 次のような意見がありますが, あなたはどう思いますか。」(1981, 1986) 「憲法第九條の戰爭放棄の規定と自衛權との關係について, あなたのお考えに最も近いものを一つだけあげて下さい。」(1991) 「あなたは, 戰爭を放棄し, 戰力を持たないとした憲法第九條について, 今後どうすればよいと思いますか。次の中から, 一つだけあげて下さい。」(2002~2005) 「讀賣全國世論調査」(屬性別集計).

讀賣新聞有 1981. #8; 2001. #18; 2002. #13; 2003. #15 「「戰爭など<有事>に備えて, 國が交通・通信・經濟の統制など非常の措置をとれるよう, 平時から準備をしておくべきだ」という意見と「そのような制度は民主主義と人權にとって危險だから設けるべきではない」という意見がありますが, あなた

はどう思いますか。」(1981); 「外國からの武力攻擊を受けた場合に自衛隊が支障なく活動できるようにするための法律を整備すべきだという意見があります。あなたはこの意見に贊成ですか, 反對ですか。」(2001~2005) 「讀賣全國世論調査」(屬性別集計).

讀賣新聞自 1995, 1996. #12S1; 1997. #13S1; 1998, 1999. #12S1; 2000. #21S1; 2001. #14S1「國としての自衛權を持てることをはっきり書いた方がよい』という意見についてはその通だと思いますか, そうは思いませんか。」,「讀賣全國世論調査」(屬性別集計).

讀賣新聞集 2002. #11; 2003. #14; 2004. #19; 2005. #13「集団的自衛權について, 政府は, この權利を持っているが, 憲法解釋上, 使うことはできないとしています。次のなかから, あなたの考えに最も近いものを１つだけあげて下さい。」,「讀賣全國世論調査」(屬性別集計).

讀賣新聞國 1995, 1996, 1998. #12S2; 1997. #13S2; 1999, 2000. #21S2; 2001. #17; 2003. #22; 2004. #20; 2005. #14「「國際機關の平和活動や人道的支援に, 自衛力の一部を提供するなど, 積極的に協力することをはっきり書いた方がよい」という意見についてどうですか。」(1995~2000); 「國連の平和維持活動(PKO)への自衛隊派遣について, 次の２つの意見のうち, あなたの考えはどちらに近いですか。」(2001); 「國際社會の平和と安定のために, 日本が, 安全保障の分野で積極的な役割を果たすべきだという意見がありますが, あなたはそう思いますか, そうは思いませんか。」(2003); 「あなたは, 日本が國際的な平和協力活動に參加する場合, 今の憲法で, 十分な役割を果たせると思いますか, そうは思いませんか。」(2004) 「政府は, 現在, イラクやアフガニスタンに, 自衛隊を派遣しています。あなたは日本が國際的な平和協力活動に參加する場合, 今の憲法で, 十分な役割を果たせると思いますか。」(2005)「讀賣全國世論調査」(屬性別集計).

讀賣新聞憲 1981. #20; 1986. #19; 1991. #8; 1993. #24; 1994. #23; 1995. #10; 1996. #11; 1997. #12; 1998. #11; 1999, 2000. #20; 2001. #13; 2002. #8; 2003. #12; 2004. #17; 2005. #11「あなたはいまの憲法を改正する方がよいと思いますか。」(1981, 1986); 「あなたは, いまの憲法を改正

する 方がよいと思いますか, 改正しない方がよいと思いますか。」「讀賣全國世論調査」(屬性別集計).
リクルートワークス硏究所「第一章 自營業が急速に減りつつある日本」,『勞働市場と人材ビジネスの新たな方向性』, 2000(http://www.orks-i.om/labor/art1.html, 2006년 6월 12일 검색).
Gourevitch, Peter, 1978 "Second Image Reversed: The International Sources of Domestic Politics," *International Organization*, 32. 4. Autumn.

제6장 탈냉전의 정치·경제 지형과 안보내셔널리즘

小熊英二·上野陽子 2003 『<癒し>のナショナリズム: 草の根保守運動の實證硏究』慶応義塾大學出版會.
新憲法制定促進委員會準備會 2007 「新憲法大綱案」, http://www.furuya-keiji.jp/images/%BF%B7%B7%FB%CB%A1%C2%E7%B9%CB%B0%C6%A1%A1%BF%B7%B7%FB%CB%A1%C0%A9%C4%EA%C2%A5%BF%CA%B0%D1%B0%F7%B2%F1%BD%E0%C8%F7%B2%F1.pdf(2008년 4월 15일 검색).
室井修 2003 「『心のノート』の教育法·教育行政上の問題点」,『大阪教法硏ニュース』 第210号(10月).
阿部潔 2001『彷徨えるナショナリズム: グローバリゼーション, ジャパン, オリエンタリズム』世界思想社.
若宮啓文 1995『戰後日本保守のアジア觀』朝日新書.
日本商工會議所 2005 「憲法問題に關する懇談會報告書: 憲法改正についての意見」 6月 16日.
日本經濟団体連合會 2004 「今後の防衛力整備のあり方について: 防衛生産·技術基盤の強化に向けて」 7月 20日.
_____ 2005 「わが國の基本問題を考える: これからの日本を展望して」 1月 18日.
井上澄夫 1997 「右派勢力の教科書攻擊に關する略年表」, http://www.jca.apc.org/

~tomo/kyokasho/index.html(2008년 4월 13일 검색).

俵義文 2005 「(資料)小泉第三次改造內閣の超たか派の大臣たち」, http://www.linkclub.or.jp/~teppei-y/tawara%20HP/2005.10.20/1.html(2008년 4월 15일 검색).

經濟同友會安全保障委員會 2001 「平和と繁榮の21世紀を目指して: 新時代にふさわしい積極的な外交と安全保障政策の展開を」, 經濟同友會 4月 25日.

_____ 2002 「憲法問題調査會活動報告」, 經濟同友會 4月 22日.

_____ 2003 「憲法問題調査會意見書: 自立した個人, 自立した國たるために」, 4月.

ジェラルド・カーティス 1987 『'日本型政治'の本質: 自民党支配の民主主義』, TBSブリタニカ.

제7장 안보내셔널리즘과 아시아주의의 변질

송주명 1997b 「APEC 동향」, 홍원탁 편 『아시아・태평양 1997』, 까치.

_____ 1998 「일본의 APEC 정책, 1988~1996: 신중상주의적 지역주도」, 『경제와사회』 가을호 통권 39호.

METI 2003a 「東アジア企業戰略を考える硏究會中間取まとめ」, 9月.

_____ 2003b 「重点的に取り組んでいる課題」, http://www.meti.go.jp.

_____ 2003c 「東アジアビジネス圈構想」, http://www.meti.go.jp.

_____ 2003d 「ASEANとの經濟連携」, 『通商白書 2003年版』, http://www.meti.go.jp.

_____ 2006 「東アジアEPA構想: 東アジアを中心とするEPAアクションプラン」, 4月.

MITI通商政策局國際經濟部 1988 「アジア太平洋貿易開發硏究會中間取まとめ: 新たなアジア太平洋協力を求めて, コンセンサス・アプローチによる多層的・漸進的協力の推進」, 6月.

MITI通商政策局北西アジア課 2000 「日韓FTAに向けての取り組み」, 『通産ジャー

ナル」11月.
MOFa 2006 「'擴がる外交の地平': 日本外交の新機軸」11月.
MOFA(外務省) 2005a 「東アジア首腦會議(EAS)に向けた途のり」10月.
_____ 2005b 「小泉總理の東アジア首腦會議等への出席: 槪要と取りあえずの評価」12月.
MOFA(外務省經濟局) 2002 「日本のFTA戰略」10月.
_____ 2008 「日本の經濟連携協定(EPA)交涉: 現狀と課題」4月.
MOFAA(外務省) 2007 「日本・オーストラリア經濟連携協定: これまでの流れ」4月.
MOFAI(外務省) 2007 「日インドネシア經濟連携協定の署名 2007年 8月 20日」8月.
MOFAIN(外務省) 2006 「日本・インド經濟連携: これまでの流れ」12月.
MOFAM(外務省經濟局) 2006 「日マレーシア經濟連携協定署名 2005年 12月 13日」1月.
MOFAP(外務省經濟局) 2006 「日フィリピン經濟連携協定署名 2006年 9月 9日」9月.
MOFAT(外務省) 2007 「日タイ經濟連携協定の署名 2007年 4月 3日」4月.
公庫(中小企業金融公庫調査部) 2002 「わが國の産業の空洞化を巡る諸問題について: 産業の空洞化を考えるQ&A」, no. 41(調査レポート no. 14-2) 8月.
공동선언 2002 「日・ASEAN包括的經濟連携構想に關する首腦達の共同宣言」11月 5日(프놈펜)
機械組合(日本機械輸出組合) 2003 「わが國FTAと東アジア經濟圏形成に關する提言: 'わが國FTAと東アジア經濟圏形成に關するアンケート調査'の分析と提言」8月.
기본 틀 2003 「日本國と東南アジア諸國連合との間の包括的經濟連携の枠組み」10月 8日.
大藏省 각 년 『金融財政統計月報』.
麻生太郞 2006 「'自由と繁榮の弧'をつくる」, 日本國際問題硏究所セミナー講演, ホテルオークラ 11月 30日.

産業構造審議會 2000 「21世紀經濟産業政策の課題と展望: 競爭力ある多參畵社會の形成に向けて(最終答申)」3月.
山澤逸平 1993 「アジア太平洋地域の國際投資を促進するために: アジア太平洋投資コードの提案」,『貿易と産業』10月.
柴坦和夫 2001 「覺書・逆說的90年代日本資本主義論」,『武藏大學論集』48卷 3號, 3月.
日商(日本商工會議所) 2004 「東アジアとの競爭と連携」, www.cin.or.jp.
畠山襄 1996 『通商交涉: 國益を巡るドラマ』日本經濟新聞社.
前田格 1990 「アジア太平洋地域における我が國の役割」,『貿易と産業』7月.
田中均 2000 「日本經濟外交の新展開: 自由貿易協定に向けて」,『中央公論』11月.
井上隆一朗 1992 「擴大・激化する米國ーアジア摩擦」,『ジェトロセンサ』5月.
与謝野馨 1999 「21世紀に向けた日本の挑戰」,『通産ジャーナル』2月.
土逸勉男 1997 「アジア通貨危機と對応策: アジア大のスクラップ・ビルド戰略」,『MRI Today』12月 9日.
土逸勉男 1998 「アジア經濟の見通しとアジア事業」,『MRI Today』10月 13日.
_____ 2000a 「日本自動車部品メーカの國際的再編動向」,『MRI Today』7月 19日.
_____ 2000b 「日本企業: 物作り復活の動き」,『MRI Today』11月 15日.
_____ 2001a 「日本製造業の未來」,『MRI Today』2月 14日.
_____ 2001b 「エレクトロニクス・メーカの経営革新戰略: ソニーvs松下電器産業」,『MRI Today』4月 18日.
_____ 2001c 「日本製造業の危機」,『MRI Today』7月 18日.
_____ 2001d 「日本型生産分業体型の變動」,『MRI Today』8月 15日.
_____ 2001e 「一段と向上する中國の國際競爭力; 二輪車, トラック市場でもユニクロ化が進む」,『MRI Today』9月 19日.
_____ 2001f 「中國との國際分業を再考する(その一)」,『MRI Today』10月 17日.
_____ 2001g 「中國との國際分業を再考する(その二)」,『MRI Today』11月 14日.
海津政信・西澤隆 1997 「自動車, 機械, 素材を直擊: 支えるはずの日本が苦しい」,『エコノミスト』12月 16日.

経団連 2004 「経済連携の强化に向けた緊急提言: 経済連携協定(EPA)を戦略的に推進するための具体的方策」3月.
アジア太平洋協力推進懇談會 1989 「開かれた'協力による發展の時代'へ」 6月 15日.
Sturgeon, Timothy J., 2007 "How Globalization Drives Institutional Diversity: The Japanese Electronics Industry's Response to Value Chain Modularity," *Journal of East Asian Studies*, 7.

제7장 보론 한일자유무역협정의 검증

송주명 2004 「베일 속의 한일자유무역협정: 한국의 산업, 노동, '동아시아 협력'」, 『창작과비평』 겨울호.
BIT 2002 『投資の自由化, 促進及び保護に關する日本政府と大韓民國政府との間の協定』.
IDE(日本貿易振興會アジア経済研究所) 2000 『21世紀日韓経済關係硏究會報告書: 21世紀の日韓経済關係はいかにあるべきか』.
KIEP(대외경제정책연구원) 보도자료 2000 「한·일 자유무역협정(FTA)의 구상: 평가와 전망」 5월.
KIEP·IDE 공동선언문 「보다 긴밀한 한일경제관계의 모색: 21세기 파트너십 구축을 위한 제안」 2000년 5월 24일.
METI(経済産業省) 2003 「東アジア企業戦略を考える硏究會中間取まとめ」9월.
MOFA(外務省経済局) 2003 「日本のFTA戦略」 10월.
산관학 2003 『日韓自由貿易協定共同研究會報告書』 日本外務省.
三橋規宏 外 1994 『昭和経済史(下)』 日本経済新聞社.
外交關係タスクフォース 2002 「21世紀日本外交の基本戦略: 新たな時代, 新たなビジョン, 新たな外交」 11월.
日本機械輸出組合 2003 『わが國FTAと東アジア経済圈形成に關する提言: 'わが國FTAと東アジア経済圈形成に關するアンケート調査'の分析と提言』 8월.

長岡豊 1987 『日米經濟摩擦』, 中央經濟社.
畠山襄 1999 「自由貿易協定と日本」,『貿易と關稅』8월.
田中均 2000 「日本經濟外交の新展開: 自由貿易協定に向けて」,『中央公論』11월.
中小企業金融公庫調査部 2002 「わが國の産業の空洞化を巡る諸問題について: 産業の空洞化を考えるQ&A」, no. 41(調査レポート no. 14-2) 8월.
与謝野馨 1999 「21世紀に向けた日本の挑戰」,『通産ジャーナル』2월.
土逸勉男 2001a 「一段と向上する中國の國際競爭力; 二輪車, トラック市場でもユニクロ化が進む」,『MRI Today』9월 19일.
_____ 2001b 「中國との國際分業を再考する(その一)」,『MRI Today』10월 17일.
_____ 2001c 「中國との國際分業を再考する(その二)」,『MRI Today』11월 14일.
Bhagwat, Jadish, 1992 "Regionalism vs Multilateralism," *World Economy*, 15(8).
Pastor, Robert, 1993a *Integration with Mexico: Options for U. S. Policy*, The 20th Century Fund Press.
UNCTC(유엔다국적기업위원회) 1991 *Government Policies and Foreign Direct Investment*, UN.

제8장 내셔널리즘을 넘어 동아시아 속의 한일관계로

백창재 2006 「한국의 동아시아 외교의 중요성과 방향」,『동아시아시대 새로운 외교지형의 구축』, 경기개발연구원.
송주명 2002 「위기 속의 개혁, 개혁 속의 위기: 북일정상회담과 북한개혁의 국제적 조건」,『동향과 전망』가을호.
_____ 2004 「베일 속의 한일자유무역협정: 한국의 산업, 노동, '동아시아 협력'」,『창작과비평』겨울호.
_____ 2005a 「일본의 민족주의적 국가전략과 한반도 평화」,『기억과 전망』통권 11호(여름호).
_____ 2005b 「일본의 민족주의적 국가전략: '경제대국'을 넘어 '안보대국'으로」,

『황해문화』 통권 48호(가을호).

_____ 2006 「일본의 동아시아 전략과 한일관계」,『동아시아시대 새로운 외교지형의 구축』, 경기개발연구원.

_____ 2007a 「탈냉전기의 한일관계: 구조적 갈등과 새외교의 단초」,『국제문제연구』 제7권 4호(겨울호).

_____ 2007b 「민족주의시대 한일관계의 강화를 위한 양국 의회의 전략적 협력방안 연구: 제도적 네트워크의 창출과 국제협력」(2007년 국회용역보고서), 의회발전연구회.

조양현 2006 「아베 시대의 일본 안보정책은 어디로 가나」,『프레시안』 10월 4일, http://www.pressian.com/scripts/section/article.asp?article_num=40061004172743(2007년 12월 20일 검색).

外務省(外務省廣報文化交流總合計畫課) 2005 「米國における對日世論調查について」.

山口二郎 2005 「戰後の終りが見えてきた」,『論座』 2月.

通産省 2000 「21世紀經濟産業政策の課題と展望の策定に向けて」(その4),『通産ジャーナル』 3月.

安全保障と防衛力に關する懇談會(懇談會) 2004 「'安全保障と防衛力に關する懇談會'報告書: 未來への安全保障と防衛力ビジョン」, 安全保障と防衛力に關する懇談會 10月.

田久保忠衛 2001 『新しい日米同盟: 親米ナショナリズムへの戰略』 PHP新書.

北岡伸一 2005 「常任理事國入りは日本が果たすべき責任である」,『中央公論』 1月.

経団連 2005 「わが國の基本問題を考える: これからの日本を展望して」 日本経濟団体連合會 1月 18日.

淺井基文 2002 『集団的自衛權と日本國憲法』, 東京: 集英社.

橋爪大三郎 2004 「國交正常化を目的にしてはならない」,『論座』 7月.

伊豆見元 2004 「拉致の呪縛は解けたが核がまだ残っている」,『中央公論』 7月.

外務省 2002 「日本のFTA戰略」 外務省經濟局.

經濟産業省 2003 「エネルギー基本計畫」 経濟産業省資源エネルギー廳.

吉田裕 2005 「台頭・噴出する若者の反中國感情: 靖國神社問題と日本ナショナリ

ズム」,『論座』3月.

金榮鎬 2003 「韓國の對日行動: 國家の正統性と社會の「記憶」」, 現代韓國朝鮮學會第四回定例研究會 6月 21日.

宋柱明 2006 「韓國市民社會の發展と保守的支配理念の龜裂: 保守の危機, 自由主義の模索, 進步の矮小化」, 服部民夫・張達重 編『日韓政治社會の比較分析』, 慶応義塾大學出版會.

小澤一郎 1993 『日本改造計畵』講談社.

＿＿＿＿＿ 1999 「日本國憲法改正試案」,『文藝春秋』9月(特別号).

川村純彦 2001 「21世紀のシーレーン防衛とは何か」,『外交フォーラム』11月.

諸橋邦彦 2006 「主な日本゛國憲法改正試案及び提言: 平成17年 3月～11月」,『調査と情報 ISSUE BRIEF』no. 537(APR 2).

國立國會図書館外交防衛調査室・課 2006 「日本の当面する外交防衛分野の諸課題: 2006年春以降の主要な論点」,『調査と情報 ISSUE BRIEF』, no. 529(Mar 30).

扶桑社 2005 『中學校社會科教科書(歷史的分野)』扶桑社.

國會図書館外交防衛調査室 2006 「日本の当面する外交防衛分野の諸課題: 第165回國會(臨時會)以降の主要な論点」,『調査と情報 ISSUE BRIEF』 no. 552(Oct 17).

外務省経済局調査室 2008 「主要経済指標(日本及び海外)」5月 2日, http://www.mofa.go.jp/mofaj/area/ecodata/pdfs/k_shihyo.pdf(2008년 5월 21일 검색).

日本貿易振興機構(JETRO) 2007 「貿易・投資・國際收支統計」, http://www.jetro.go.jp/jpn/stats/bop/(2008년 5월 21일 검색).

【찾아보기】

ㄱ

가치관 외교 452, 453, 498
가헌론 234, 235
개방적 지역주의 135
개헌론 205, 320~22, 324, 332, 337,
    346, 352, 354, 372, 399
견미(牽美) 115
견미입아(牽美入亞) 127, 172, 138, 139
경단련 191, 391, 392, 394, 396, 398,
    406, 448
경제동우회 126, 168
경제민족주의 43~46, 50, 53, 83, 98,
    105, 107, 130, 140, 155, 157, 159,
    166, 169, 170, 172, 173, 176, 177,
    192, 193, 414, 415, 432, 442, 450,
    502, 504~507
경제산업성 44, 77, 146, 157, 174, 413,
    433, 447, 455, 457, 503

경제제휴협정 52, 150, 461, 464
고가 마고또(古賀誠) 168
고노담화(河野談話) 76
고령화 41, 106, 416
공명당 50, 68, 69, 79, 201, 229, 230,
    234, 235, 317, 400, 403, 404, 498
과거사 160, 178, 183, 236, 247, 255,
    391, 476, 493, 497
관리무역론 125
교과서 문제 208, 247, 311, 348, 384
교육개혁 258, 368
교육기본법 57, 74, 76, 207, 208, 249,
    258, 270, 367, 372~74, 377, 391
교육칙어(敎育勅語) 207, 257, 258
국가개조운동 254
국가주의 42, 43, 44, 54, 57, 58, 72,
    73, 91, 93~95, 133, 207, 208, 232,
    249, 253, 257, 258, 260, 261, 270,

576

275, 307, 314, 339, 345, 346, 350, 355, 372, 374, 377, 389, 406, 497, 526
국기・국가법　54, 207, 351, 369
국민투표법　236, 406
국제안보국가　342
국제주의　124, 167, 177, 178, 201, 342, 522
국제협조국가　491
국체(國体)　44
국체(國柄)　369
군인칙유(軍人勅諭)　257
그린(Michael Green)　63
근대의 초극론　249, 251
근린제국　72, 208, 384
근본주의　251
기미가요(君が代)　44, 54, 207
기시 노부스께(岸信介)　43, 96, 113, 131, 204, 391
김대중　58, 441, 461, 462

ㄴ

나까가와 쇼이찌(中川昭一)　168, 368, 369, 373, 376, 381, 383, 384, 390, 455, 498
나까따니 겐(中谷元)　68, 230
나까소네 야스히로(中曽根康弘)　43, 64, 66, 57, 102, 114, 182, 205, 213, 227, 168, 204, 295, 371
나까야마 타로(中山太郎)　120, 228, 367, 370, 373, 381
납치문제　70
납치자 구원 의원연맹　238
내부 식민지주의　254
내셔널리즘　39, 40, 43, 61, 70, 72, 74, 83, 84, 95, 96, 107, 128, 130~34, 142, 153, 156, 158, 164, 165, 168, 170, 173, 176, 201, 207, 209, 214, 215, 223, 225, 242, 247, 273~80, 289~91, 304, 306~308, 314, 316, 317, 320~24, 328, 330, 337, 339~45, 347~49, 351~58, 452, 474, 476, 478, 479, 486, 487, 489~94, 496, 497, 506, 511, 517, 519, 522, 527, 529
냉전주의　43, 118, 248, 261
노나까 히로무(野中廣務)　168, 364
노무현　75
니까이 토시히로(二階俊博)　378, 455
니시무라 신고(西村眞悟)　131, 168, 373, 379, 390, 391
닉슨쇼크　101

ㄷ

다이쇼데모크라시　259
달러 페그제　145

대동아공엔권(大東亞共円圈) 132
대동아공영권 94, 133, 134, 173, 267, 268
대동아회의 251, 268
대등연대론 94, 95
대아시아주의 93, 94, 112
대장성 44, 51, 52, 109, 126, 142, 144, 146, 174, 283
대중화민족주의(大中華民族主義) 121
WTO 52, 56, 91, 111, 115, 136, 139, 140, 143, 149, 430, 438, 450~52, 461, 463, 464, 502, 507
WTO 플러스 433, 436, 461
독립주의 178
동아시아 모델 184
동아시아 자유 비즈니스권 447
동아시아 자유경제권 448
동아시아경제협력체 45, 52
동아시아 비전 463, 477, 479
동아시아정상회의 77, 212, 453

ㄹ

라이스(Condoleezza Rice) 63

ㅁ

마닐라 프레임워크 51
마닐라 행동계획 47
마에하라 세이지(前原誠司) 168, 390

『마음의 노트(心のノート)』 370
마이크 혼다(Mike Honda) 81
마하티르(Mahathir bin Mohamad) 45, 52, 105, 109
만주사변 266
'매니페스토 2007' 235
메이지유신 249, 250, 262
모리 요시로(森喜朗) 168, 367, 369, 373, 377, 379, 381
모리시마 미찌오(森嶋通夫) 120, 152, 174
MOSS 협의 182
무라야마 담화(村山談話) 76
무라야마 토미이찌(村山富市) 58, 381
무력공격사태법 202, 219
무사정신 250
문민국가 499, 506, 531
분부성 72, 208, 247, 383
미국화 109, 114
미군행동원활화법 220
미야자와 키이찌(宮澤喜一) 51, 168, 364
미일경제마찰 40, 53, 91, 103, 283
미일구조협의(SII) 471
미일기축론 46, 147, 213
미일동맹 41, 65, 72, 78, 91, 114, 171, 201, 202, 204, 205, 212, 213, 220, 223~25, 236, 240, 241, 336, 391, 393, 394, 396~99, 404, 453, 492, 493, 495, 497, 500, 501, 504, 506,

512, 519, 531
미일물품용역상호제공협정(ACSA)　220
미일방위협력지침　47, 67, 202, 225, 336
미일신안보선언　47
민족주의　39~43, 46~49, 60, 64, 84, 94, 106, 107, 110, 111, 128, 135, 152, 154~57, 167, 170, 173, 179, 201, 203, 216, 273, 275, 363, 367, 397, 486, 490, 491, 493, 494, 497, 499, 507, 519, 529, 532
민족파　349
민주당　43, 57, 69, 70, 79~82, 168, 229, 233, 234, 236, 363, 370~73, 379, 384, 390, 399, 401~406, 491~93

ㅂ
바스켓 통화제도　145, 146
반응적 외교　41
반테러전쟁　61, 65, 66, 68, 221, 513
반테러특조법　66~69, 336
방위대강　223, 235, 494
방위청　43, 68, 69, 77, 114, 202, 230
배타적 지역주의　135
보고르 선언　47
보수본류　58, 61, 68, 96, 100, 113, 117, 168, 176, 204, 213, 215, 361~64, 366, 405, 487, 488
보수연합　317
보수우파　42, 43, 44, 48, 61, 64, 66, 84, 96, 100, 114, 117, 131, 168, 204, 205, 218, 247, 332, 361, 363, 366, 369, 382, 389, 488
보통국가　201, 202, 225, 234, 238, 242, 491, 492, 494
보호주의　125, 516
부메랑 효과　177, 474
부시(George W. Bush)　39, 66, 80
부실채권　106, 188, 189, 285, 416
북방영토　254
북일정상회담　55
북조선 납치의혹 구원 의원연맹　368
북조선에 납치된 일본인을 조기에 구출하기 위하여 행동하는 의원연맹　368, 375
북한 공작선 사건　55
북한문제　70, 71, 75, 242, 367, 374, 485, 508~10, 520, 521, 523, 532
북한위협론　54, 70, 71, 202, 211, 237, 519
분산회귀형 분업　426
비관세장벽　433, 464, 466, 470
비관세조치　124, 152, 430, 434, 442, 464, 470, 471, 474, 529
비국가주의적 보수　42
비군사 평화주의　44
비아시아주의　127, 128, 141

비자민 연립정권　108

ㅅ
사까끼바라 에이스께(榊原英資)　142, 174
사까이야 타이찌(堺屋太一)　130, 168
사무라이채(サムライ債)　51, 145, 516
사회당　47, 54, 69, 173, 215, 316, 362,
　　363, 510
산업공동화　124, 240, 415, 417~19, 428,
　　430, 449, 456, 465, 469, 473, 475
상인국가론　130
새로운 교과서를 만드는 모임　208
새로운 아시아주의　40, 45, 53, 84, 85,
　　91~93, 95~99, 104~107, 109,
　　110, 112, 117, 118, 122~24, 127,
　　128, 140~42, 144, 146, 152, 155,
　　157~59, 163~78, 180~84, 189,
　　191~94, 413, 414, 453, 485, 504
새로운 역사교과서　247, 256~64, 266~
　　68, 270, 346, 351
생활 내셔널리즘　355
세계민생대국　171
세계적 문민대국론　169, 171, 269
세계적 안보국가　202, 203, 235, 242, 499
세계화　43, 44, 50, 91, 96~98, 110, 116,
　　119, 142, 150, 154, 166, 273, 276,
　　279, 283~85, 345, 353, 500, 503
세이란까이　367

센까꾸 제도(尖角諸島)　48
소일본주의　130, 167, 168, 173, 323
소자화(少子化)　41
수직적 국제분업 네트워크　423, 437
수직적 안행형 분업　426
수출자율규제　182
시퍼(J. Thomas Schieffer)　80
식민지 근대화론　264
신경제　276, 278~80, 283, 285~92,
　　294~98, 301, 303~305, 309, 311,
　　314, 315, 322, 324, 328, 330, 344,
　　347, 353, 354, 356, 357, 361
신국제질서　507, 531
신냉전　65, 102, 128, 158, 210, 235, 238,
　　241, 252, 415, 453, 498
신당 사끼가께　47, 168, 316
신도정치연맹 국회의원 간담회　368
신미야자와 구상　51, 145, 191, 516
신반공동맹　132
신보수우파　238, 247, 275, 340, 349, 352,
　　362~64, 366~70, 372, 374~76,
　　380, 388~92, 395, 405, 406, 455,
　　485, 490, 491, 508, 510, 526, 527
신성장시장　420
신세기 안전보장체제를 확립하는 소장의
　　원의 모임　368
신안보선언　217
신자유주의　84, 110, 111, 139, 193, 194,

207, 273~81, 284, 285, 295, 297, 300, 302~307, 314, 320~23, 327, 330, 339~42, 344~47, 352~54, 356~58, 361, 427, 462, 507
신중상주의 45, 53, 85, 98, 104, 105, 123~25, 127, 136, 144, 150, 155, 159, 166, 172, 177, 183, 193, 194, 414, 415, 426, 450, 456, 476, 503, 520, 531
신탁아론 40, 128, 170
신헌법 230
쌍무주의 495

ㅇ

아미티지(Richard Lee Armitage) 63
아베 신조(安部晋三) 168, 352, 367, 369, 370, 376~78, 380, 381, 383, 390, 391
『아사히신문』 135, 168, 169, 281, 282, 300, 301, 303, 304, 314~16, 320, 322, 324, 333~35, 352
아소 타로(麻生太郎) 80, 168, 369, 373, 390, 526
아시아 부흥은행 133
아시아맹주론 94~96, 165
아시아연대론 94, 95
아시아주의 40, 45, 46, 49~53, 55~57, 60, 61, 83, 85, 92~99, 104, 105, 107, 109~12, 118, 120, 127~30, 133, 134, 140, 142, 147, 152, 153 ~58, 164~68, 173, 178, 180~82, 194, 201, 210, 414, 453, 455, 457, 485, 508, 516, 519
아시아통화기금 51, 111, 144, 516
안보국가 277, 323, 324, 326, 340, 354
안보내셔널리즘 40, 43, 44, 46, 48~50, 54~58, 60, 61, 63~66, 68~76, 79, 81, 83, 84, 158, 160, 163, 170, 171, 177, 194, 201~15, 217, 224, 225, 227, 230, 232, 234~37, 241, 242, 244, 247, 248, 252, 258, 270, 273~81, 309, 316, 340, 342, 343, 349, 353, 357, 361~63, 367, 372, 374, 380, 389~92, 394~97, 399, 406, 414, 457, 485, 487, 494, 498, 499, 504, 508~10, 512, 519, 520, 523, 526, 530
안전확보지원활동 67, 202, 222
안행발전 111, 125, 127, 136, 150, 159, 424
야마사끼 타구(山崎拓) 379
야스꾸니신사 369
야스꾸니신사 참배 61, 64, 73, 75, 208, 233, 236, 247, 351, 376, 377, 380, 391, 392, 493, 526
AFTA 420, 445

APEC   47, 52, 56, 91, 96, 103, 104, 111, 136~40, 143, 148, 420, 430
ASEAN   77, 101, 105, 138, 149, 185, 190, 212, 415, 418, 420, 422, 424, 432, 434~39, 441, 443~46, 452, 453, 455, 465, 507, 514, 516
ASEAN+3   52, 56, 77, 212, 452, 456
ASEAN+6   77, 212, 453
FTA   413~15, 429, 430, 432~37, 441~50, 452, 454, 455, 457, 461~66, 472~77, 485, 515, 520, 525
엔고   108
엔의 국제화   51, 92, 142, 144~46, 159, 163, 174, 183, 184, 189, 191, 192, 194, 516
엔차관   51, 119
역사·검토위원회   75, 381
역사교과서를 생각하는 모임   368
역사문제   74, 75, 129, 156, 158, 163, 171, 208, 209, 237, 247, 248, 273, 351, 352, 367, 368, 376, 380, 383, 388~90, 493, 494, 498, 509, 518, 525, 526, 531
역사왜곡   44, 247
역사인식   73, 75, 79, 83, 153, 208, 247, 248, 395, 496, 519
역사정당화   75, 208, 237, 382, 389
역인종주의   261, 262

연미입아   47, 49, 60, 83, 85, 127, 134, 137, 139, 157, 171
오구라 카즈오(小倉和夫)   146, 174, 461
오까꾸라 텐신(岡倉天心)   94, 128
오까자끼 히사히꼬(岡崎久彦)   108, 114, 121, 128, 170, 210
오꾸다(奧田碩)   52
오부찌 케이조(小淵惠三)   364, 369
55년 체제   405
오오사까 행동지침   47
오자와 이찌로(小澤一郎)   201, 234, 342
오까다 카쯔야(岡田克也)   168, 371
오히라 마사요시(大平正芳)   102
와다 하루끼(和田春樹)   152, 154, 174
YKK   64
외무성   43, 44, 49, 52, 58, 68~70, 72, 96, 99~101, 105, 108, 113, 114, 119, 120, 122, 128, 135, 137, 146, 148, 149, 151, 170, 171, 174, 189, 211, 238, 435, 462, 498, 503, 510
『요미우리신문』   69, 70, 119, 138, 238, 281, 282, 300, 304, 306, 315, 316, 320, 322, 327, 399, 403, 509
요시다 시게루(吉田茂)   96, 113, 391
원리주의   232, 249~51, 261, 405
위로부터의 내셔널리즘   340, 349
위안부 문제   80, 81, 383, 498
유니크로   425, 448

유사법제 61, 68~70, 202, 219, 220, 224,
    227, 235, 326~28, 330, 334, 335,
    339, 341, 343, 351, 354, 393, 497
UN 대기부대 233, 234
의원연맹 71, 238, 275, 351, 367, 368,
    371~76, 378, 380, 382, 388~90,
    406, 497
이께다 하야또(池田勇人) 96
이라크특조법 67, 202, 222, 223, 225,
    235, 336, 351
이미(離美) 107, 109, 116, 117, 133, 141,
    148, 149
이미입아(離美入亞) 127, 147, 158, 175,
    180
이산이주민 155
이시하라 신따로(石原愼太郎) 109, 117,
    131, 168, 173, 352, 366
2·26사건 260
EPA 150, 413~15, 429, 430, 432~37,
    441~45, 448, 450, 452, 454~56,
    464
인도부흥지원활동 67, 202, 222
일류국가 41
일방주의 61, 85, 340
일본 때리기 48
일본·씽가포르 신시대경제연계협정 430
일본경제단체연합 391
일본모델 41, 106, 125

일본의 방위를 연구하는 소장의원의 모임
    368
일본의 전도와 역사교육을 생각하는 의원
    모임 75, 80, 384
일본의 전도와 역사문제를 생각하는 소장
    의원의 모임 368
일본인 납치 55, 59, 348
일본정신 249, 250, 491
일본주의 43, 251
일본형 경제씨스템 276, 283~85
일본회의 국회의원 간담회 75
잃어버린 10년 41, 42, 56, 106, 152, 157,
    275, 276, 284, 288, 320, 415, 416,
    503, 505

ㅈ

자민당 43, 45~47, 49, 50, 57, 58, 64,
    68~70, 74~76, 79, 80, 97, 100,
    108, 113, 120, 168, 176, 183, 215,
    218, 228, 230~35, 238, 247, 249,
    258, 316, 349, 351, 352, 361~64,
    366~69, 371~73, 377, 378, 380
    ~84, 390, 394, 395, 399~401,
    403, 404, 406, 488, 491~94, 497,
    498, 508, 510
자유무역협정 52, 85, 92, 111, 147, 148,
    150, 151, 153, 156, 159, 163, 174,
    176, 177, 183, 184, 189, 191, 192,

194, 413, 414, 416, 429, 430, 461
자유민권운동 94, 256
자유주의사관연구회 351
자유혁신파 348
자주국방론 205, 206, 213
자주국방주의 406
자주적 친미주의 212
자학사관 346, 351, 380
재무성 44, 146, 503, 514, 523
전수방위 233, 393, 496
전역미사일방어계획(TMD) 55
전통형 안보내셔널리즘 354
전후민주주의 254, 261, 269, 363, 497
전후체제 254, 497
전후형 내셔널리즘 340, 342, 343, 349, 354~57
정부개발원조(ODA) 123, 507
정한론 250, 262, 263
제국주의적 아시아주의 93, 96, 97
조은(朝銀) 문제를 생각하는 초당파 의원 모임 368
조화된 자주적 행동 원칙 136
존왕양이 250
주변사태법 68, 202, 215, 217, 218, 220, 222, 227, 235
주변지역 48, 67, 215, 217, 218, 264
준(準)군사작전 67
중국 패권주의 121

중국문제 120, 153, 156, 177, 243, 448, 509, 532
중국붕괴론 141
중국위험 84, 156, 449, 496, 509, 520, 521, 532
중국위협 43, 44, 118, 175, 374, 509, 511, 512, 532
중류화 289
중일전쟁 94, 266, 267
지역융해적 패권 519
지침 개정 47, 48, 217, 218
진보적 아시아주의 508
집단자위권 64~67, 77, 201, 205, 206, 214, 221, 222, 227, 228, 392, 399, 405

ㅊ

천황기관설 256
천황주권설 256, 257
초엔고 45, 108, 182, 183
치앙마이 이니셔티브 51
친미내셔널리즘 75, 80, 163
친미주의 73, 75, 77, 213, 406

ㅋ

카또 코이찌(加藤紘一) 47, 64, 168, 218
카메이 시즈까(龜井靜香) 49, 131
카이후 토시끼(海部俊樹) 371

카지야마 세이로꾸(梶山正六) 49, 218, 367
칸 나오또(菅直人) 168
켈리(James A. Kelly) 63
코바야시 요시노리(小林よしのり) 347
코이즈미 칠드런 364
코이즈미 준이찌로(小泉純一郞) 39, 114, 163

ㅌ
타께무라 마사요시(武村正義) 168
타께시따 노보루(竹下登) 364
타꾸보 타다에(田久保忠衞) 170
타나까 카꾸에이(田中角榮) 64
타나까 마끼꼬(田中眞紀子) 64
탈냉전 40, 42, 91, 92, 109, 155, 164, 166, 203, 207, 214, 252, 276, 312, 349, 350, 361, 362, 396, 397, 405, 487, 489
탈아론 93, 129, 163, 212
탈아입구 93, 264
태평양전쟁 75, 266, 267, 381, 392
통산성 44, 51, 52, 96, 100, 102, 103, 105, 108, 115, 119, 130, 137~39, 146, 148, 150, 151, 157, 170, 172, 174, 176, 189, 283
통상국가노선 495
특정선박 입항금지법 238

ㅍ
파시즘 207, 253, 254, 257~61, 267, 273, 278, 355
파월(Colin L. Powell) 62
팍스 컨소르티스 102~104, 106, 226
판적봉환 250
패권주의 43, 117, 120, 375, 511
패터슨(Torkel Patterson) 63
평화국가 323, 324, 491
평화주의 114, 171, 201, 213, 226, 230, 231, 233~35, 254, 262, 269, 314, 323, 341, 342, 363, 405, 487~89, 492, 496, 497, 507
평화헌법 204, 206, 491, 492, 497
폐번치현 250
폐색감 41, 300, 303
포스트 민주주의 487
포퓰리즘 274, 352
프리타 291, 302
프티 내셔널리즘 273, 274, 279, 280, 289, 291, 303, 304, 320, 355
플라자 합의 108, 182
PKO협력법 222

ㅎ
하또야마 이찌로(鳩山一郞) 43, 204
하시모또 류따로(橋本龍太郞) 47, 364
한미일 삼각동맹 205

한일 비즈니스 포럼　462
한일 산관학 공동연구　462
핫따 요이찌(八田与一)　264
핸디캡 국가　44, 54
헌법 개정　64~66, 74, 76, 91, 202, 204,
　　　205, 213, 220, 227, 228, 230, 231,
　　　269, 362, 370, 377, 392, 393, 406,
　　　491, 496, 497, 500, 509
헌법논쟁[論憲]　54
헌법조사추진의원연맹　368, 370, 371,
　　　497
헌법조사회　54, 206, 227, 228, 233, 351,
　　　370, 371, 496
혐미　45, 46, 49, 97, 107~109, 112, 121,
　　　141, 146, 147, 157, 163
협조주의　41
호헌론자　346
환태평양연대구상　101
후꾸다 다께오(福田赳夫)　64, 114, 204
후꾸다 선언　101
후나바시 요이찌(船橋洋一)　118, 168, 171
후발 자본주의　249
후발형 산업화　258
후소샤　73, 247, 248
히노마루(日の丸)　44
힘의 균형　39, 44, 46, 62, 63, 85, 93,
　　　114, 121, 129, 158, 202, 241, 361,
　　　486

서남동양학술총서
탈냉전기 일본의 국가전략
안보내셔널리즘과 새로운 아시아주의

초판 1쇄 발행/2009년 9월 28일
초판 2쇄 발행/2010년 6월 30일

지은이/송주명
펴낸이/고세현
책임편집/신선희
펴낸곳/(주)창비
등록/1986년 8월 5일 제85호
주소/413-756 경기도 파주시 교하읍 문발리 513-11
전화/031-955-3333
팩시밀리/영업 031-955-3399 · 편집 031-955-3400
홈페이지/www.changbi.com
전자우편/human@changbi.com
인쇄/상지사P&B

ⓒ 송주명 2009
ISBN 978-89-364-1316-3 93300

* 이 책은 서남재단으로부터 연구비를 지원받아 발간됩니다.
  서남재단은 동양그룹 창업주 故 瑞南 李洋球 회장이 설립한 비영리 공익법인입니다.
* 이 책 내용의 일부 또는 전부를 재사용하려면
  반드시 저작권자와 창비 양측의 동의를 받아야 합니다.
* 책값은 뒤표지에 표시되어 있습니다.